Hans Welzel

Abhandlungen zum Strafrecht und zur Rechtsphilosophie

Hans Welzel

Abhandlungen zum Strafrecht und zur Rechtsphilosophie

W DE G

1975

Walter de Gruyter · Berlin · New York

CIP-Kurztitelaufnahme der Deutschen Bibliothek

Welzel, Hans
[Sammlung]
Abhandlungen zum Strafrecht und zur Rechtsphilosophie.
ISBN 3-11-004792-6

Printed in Germany
Satz und Druck: Kupijai & Prochnow, Berlin
Buchbinderei: Wübben & Co., 1 Berlin 42

VORWORT

Auf Wunsch meiner Freunde und Schüler gebe ich eine Sammlung früherer Schriften und Vorträge von mir heraus, teils strafrechtlicher, teils rechtsphilosophischer Art. Eine Vollständigkeit ist dabei nicht beabsichtigt gewesen. Da die hier abgedruckten Arbeiten zum größeren Teil schwer zugänglich sind, dürfte diese Sammlung, wie ich hoffe, willkommen sein.

Ich widme diesen Band den Mitarbeitern an meiner Festschrift, zugleich der Juristischen Fakultät der Universität Saloniki als Ausdruck des Dankes für die Verleihung der Ehrendoktorwürde. Gleichzeitig danke ich meinen Schülern Professor Dr. Hans-Ludwig Schreiber und Dr. Fritz Loos für ihre freundliche Mithilfe bei der Herausgabe sowie dem Verlag Walter de Gruyter, der sowohl meine Festschrift als auch diese Sammlung betreut hat. Herzlich danken möchte ich auch Herrn Hans Lilie, Fräulein Gundula Müller-Dethard und Herrn Hartwig Schneidereit, die die Korrekturen besorgt haben.

Bonn, im April 1975 Welzel

INHALTSVERZEICHNIS

STRAFRECHT UND PHILOSOPHIE*

Ein bekannter, kürzlich verstorbener Rechtslehrer hat einmal gesagt, daß, wie jeder gebildete Mensch neben seiner Muttersprache eine andere Sprache beherrschen müßte, auch jeder Jurist neben dem Recht seines Landes ein fremdes mindestens in den Grundzügen kennen müßte. Ich glaube, daß man mit noch viel größerer Berechtigung von jedem Juristen verlangen könnte, während seines Studiums sich wenigstens die Grundlagen irgendeiner anderen Disziplin anzueignen. Praktisch ist es ja so, daß zum Referendarexamen Kenntnisse in der Nationalökonomie verlangt werden. Aber bestimmt nicht weniger wichtig für manche spätere Berufstätigkeit, z. B. als Strafrichter, Staatsanwalt, Verteidiger sind Kenntnisse in Psychologie, Psychiatrie und Medizin. Doch auch andere Wissenschaften haben mit der Jurisprudenz eine Fülle von Berührungspunkten, aus denen unsere Wissenschaft unzählige Anregungen und neue Einsichten gewinnen kann. Historisch sei nur daran erinnert, daß bei der Ausbildung eines Kerngebietes des heutigen strafrechtlichen Systems, nämlich der Zurechnungslehre, die — Theologie Pate gestanden hat (durch S. *Pufendorf*). Wenn im folgenden die Beziehungen der Strafrechtswissenschaft zur Philosophie nach der einen oder anderen Richtung hin kurz skizziert werden, so geschieht das aus mehreren Gründen. Einmal ist von jeher das Strafrecht ein Haupteinfallstor für die Philosophie gewesen. Weiter aber drängt die augenblickliche wissenschaftliche Lage zu einer vertieften philosophischen Fundierung strafrechtlicher Grundbegriffe. Die Zeiten des Positivismus sind vorüber. Bei aller Anhäufung positiver Einzelergebnisse hat er uns nicht das sie umschlingende „geistige Band" zu zeigen vermocht. Die Frage nach dem Grundlegenden, Allgemeinen und Ganzen wird immer dringlicher. Dazu kommt, daß wir strafrechtlich gleichsam an einer Zeitenwende stehen. Das noch geltende Strafgesetz ist überaltert, und das neue, sehnlichst erwartete liegt immer noch im Dunkel des Reichstags. Die geltenden gesetzlichen Tatbestände sind im großen und ganzen interpretativ erschöpft. Die Wissenschaft wendet sich daher mehr den bleibenden, grundlegenden, also philosophischen Elementen einer Strafgesetzgebung zu. Und auch da, wo Neufassungen des Strafgesetzbuches aus jüngster Zeit kritisch erörtert werden, geschieht das in einem großen Zusammenhange, der von den früheren

* Aus: Hans *Welzel*, Vom Bleibenden und vom Vergänglichen in der Strafrechtswissenschaft, Marburg 1964, S. 27 ff.

Lösungsversuchen über den augenblicklichen hinweg zu Reformmöglichkeiten führt[1]. All das bedingt ein immer stärkeres Eindringen philosophischer Fragestellungen in strafrechtliche Erörterungen.

Bezeichnend hierfür ist das erwachende Interesse an methodologischen Untersuchungen[2]. Die Frage nach den Prinzipien strafrechtlicher Begriffsbildung ist ja weitgehend unabhängig von dem jeweiligen Inhalt der gegebenen Rechtsordnung. Eine Methodologie muß mit der Aufzeigung des Verhältnisses von Erkenntnis und deren Gegenstand beginnen. Ist nun alle Erkenntnis intentional, d. h. auf einen Gegenstand gerichtet, so muß eine methodologische Untersuchung, weil sie den Weg darlegen soll, den die Erkenntnis am Gegenstand zu nehmen hat, zugleich den logischen Aufbau des Gegenstandes aufzeigen. Eine Methodologie des Strafrechts bedeutet zugleich die Analyse des Gegenstandes des Strafrechts. Was kennzeichnet die spezifische Eigenart des strafrechtlichen Gegenstandes?

Hier ist nun mit voller Entschiedenheit einer Ansicht entgegenzutreten, die in der gegenwärtigen strafrechtlichen Literatur häufig vertreten wird und die sich ganz zu Unrecht auf den Namen *Kants* beruft. Sie besagt, wir selbst machten erst die Dinge zu dem, als was sie uns erscheinen, wir selbst seien die Schöpfer der Dinge in dieser ihrer Eigenart; von der jeweiligen Betrachtungsweise hinge es ab, wie uns das Objekt erscheint. Da uns nun die Objekte immer nur so gegeben sind, wie sie uns „erscheinen", so müssen sie konsequent je nach der Betrachtungsweise, je nach der Wissenschaft, nicht nur verschieden erscheinen, sondern auch verschieden sein[3]. Danach wäre etwa das Wollen in der Psychologie etwas ganz anderes als in der Ethik und dem Strafrecht. So wird allen Ernstes beim Problem der sog. Willensfreiheit die Frage aufgeworfen, ob das Objekt der Psychologie oder das der Ethik höher einzusetzen ist[4]!

Wir sagten, daß diese Lehre sich zu Unrecht auf den Namen *Kants* beruft. *Kant* hat niemals gesagt, daß w i r die Dinge erst zu dem machten, als was sie uns „erscheinen". Wenn er sagt, der Verstand schreibt den Dingen die Gesetze vor, so meint er damit nicht unseren menschlichen Verstand, sondern den „reinen" Verstand als die synthetische Einheit der Kategorien. Die Kategorien aber sind nicht Formen „unseres" Erkennens[5], „Betrachtungsweisen", Denk-„Brillen", sondern apriorische, d. h. rein logische Bedingungen der Möglichkeit der Gegenstände der Erfahrung; sie sagen nichts über die Art unserer Betrachtung, sondern über die objektive Artung (Gesetzlichkeit) der Gegenstände aus.

---

[1] S. *Bohne*, „Kuppelei" in der Frank-Festschrift, Bd. 2, S. 440 ff.

[2] S. bes. *Schwinge*, Teleologische Begriffsbildung im Strafrecht, 1930, und *Grünhut*, Begriffsbildung und Rechtsanwendung im Strafrecht, 1926.

[3] S. *Sauer*, Grundlagen des Strafrechts, S. 19 ff., bes. S. 22.

[4] S. *Sauer*, a. a. O. S. 512.

[5] *Liszt-Schmidt*, Strafrecht S. 161.

Doch mag hier die *Kant*ische Lehre dahingestellt bleiben[6]. Keinesfalls kann Erkennen bestimmt werden als Gestaltung eines X durch unsere Betrachtungsweisen. In Wahrheit liefe das auf eine Umänderung, also Verfälschung des gegenständlich Gegebenen hinaus. Erkennen kann immer nur sein: Einsichtigwerden des Gegenstandes so, wie er ist. Wenn darum ein Gegenstand Objekt mehrerer Wissenschaften ist, so bleibt er trotzdem in allen identisch derselbe; nur tritt er nicht in jeder Wissenschaft in der Ganzheit seiner Bestimmtheiten auf. Vielmehr werden in der einen Wissenschaft andere Bestimmtheiten oder Seiten betrachtet wie in der anderen Wissenschaft oder aber die gleichen in der Komplexion mit anderen Seiten. So ist es derselbe Schuß, an dem der Naturwissenschaftler die Wurfparabel studiert, der den Strafrechtler zusammen mit anderen Seiten als Tötungsdelikt beschäftigt. Die verschiedenen Wissenschaften „formen" nicht einen Stoff verschieden um, sondern umgekehrt abstrahiert jede Wissenschaft an dem fertig „geformten" Gegenstand von vielen Seiten, die allein oder mit den Seiten der ersteren Wissenschaft Objekt einer anderen Wissenschaft werden. Nur dadurch ist es möglich, daß die Gesetze der einen Wissenschaft, z. B. die Kausal- oder Motivationsgesetze, Teilkomponenten einer anderen werden, und ist es erforderlich, daß sich die Einsichten der einen Wissenschaft nicht mit denen der anderen in Widerspruch setzen. Es gibt nur eine Wahrheit und das, was in der einen Wissenschaft wahr ist, muß auch in der anderen seine Stelle finden können.

All diese Überlegungen haben keineswegs nur theoretischen Wert, sondern eminent praktische Bedeutung. Gerade weil die strafrechtliche „Betrachtungsweise" keine neuen Gegenstände „schafft", sondern Gegenstände, die auch Objekt der Physik, Chemie, Medizin, Psychiatrie, Psychologie sein können, nur eben nach anderen Seiten hin oder in höheren Komplexionen betrachtet, darf sie nicht an den Ergebnissen dieser Wissenschaften vorübergehen.

Damit ist auch die Ansicht von der „stoffgestaltenden Funktion der Methode" abgelehnt. Nicht hat sich der Gegenstand nach der Methode, sondern die Methode nach dem Gegenstand zu bestimmen. Gewiß gibt es verschiedene Methoden, aber diese „gestalten" nicht einen identischen amorphen „Stoff" verschieden, sondern richten sich nach den verschiedenen „Seiten" des Gegenstandes. Überhaupt ist uns nichts „Amorphes" gegeben, das erst noch zu gestalten wäre, sondern unser Wissen vom Gegenstand ist es, das zunächst „amorph" ist und sich langsam „gestaltet".

Auf der anderen Seite muß die methodische Besinnung, daß jede Wissenschaft nur einen Gegenstandsausschnitt zum „Gegenstand" ihrer Unter-

---

[6] Immerhin kommen gewisse Grundlehren des transzendentalen Idealismus jener abgelehnten Auffassung leise entgegen, natürlich beileibe nicht dieser psychologistischen Form! Hierüber, besonders bez. ähnlicher Tendenzen in der Phänomenologie *Husserls* vgl. neuestens P. F. *Linke*, Grundfragen der Wahnehmungslehre 2. Aufl., S. 368 ff.

suchung hat, besonders davor bewahren, die Abstraktionen der einen Wissenschaft schon für das Ganze des Gegenstandes zu halten. Die Verkennung gerade dieser Tatsache hat in der strafrechtlichen Kausalitätslehre große Verwirrung gestiftet. Ganz recht ist neuerdings bemerkt worden, daß sich die Kausalitätslehre z. Z. in einer offenen Krise befindet, die die Grenzen der Herrschaft des Kausalbegriffes selbst betrifft[7]. Die Kausalitätslehre war bisher am Kausalbegriff der exakten Naturwissenschaften orientiert. Die Ablaufsordnung des physikalischen, chemischen, wohl auch biologischen und z. T. psychologischen Geschehens wurde dogmatisch für die einzige Determinationsweise des realen Geschehens erklärt. Entscheidend für diesen Kausalbegriff ist es, daß nicht nur das Spätere von einem Früheren als notwendige Folge (Wirkung) hervorgebracht wird, sondern daß auch das Ursächlichwerden des Früheren in jeder Beziehung, d. h. daß und wie es als Ursache tätig wird und zu welcher Wirkung es führt, durch ein noch Früheres bewirkt ist, usf. So entstand jene berühmte Kette der Kausalität, deren Klirren den Strafrechtler schon von weitem ankündigte.

Nun ist es einfach nicht wahr, daß es nur diese eine reale Ablaufsordnung geben müßte und gibt. Für die Aufzeigung einer anderen, gerade für das Strafrecht entscheidenden Ablaufsordnung ist der von *Brentano* herausgestellte Begriff der Intentionalität seelischer Akte von größter Bedeutung. Allerdings hat bei *Brentano* die Intentionalität noch gleichsam statischen Charakter, aber Ansätze zur Erweiterung dieses Begriffes zur dynamischen Ablaufsordnung sind bereits vorhanden, wobei hier nur *Erismann* (Eigenart des Geistigen) und *Hönigswald* (Denkpsychologie) genannt seien. Besonders *Hönigswald* stellt die „Ordnung des Geschehens“ und die „Ordnung des Meinens“ scharf gegenüber und faßt gerade auch die Handlung unter die Ordnung des Meinens[8]. Schon die vorrechtliche Handlung ist keineswegs bloß eine „willentliche Körperbewegung mit der Wirkung gewisser Veränderungen in der Außenwelt“[9]. Sie ist nicht lediglich kausal verursacht, sondern intentional „gesetzt“, d. h. auch der in ihr wirkende kausale Mechanismus untersteht einer neuartigen Determination, die durch das Merkmal der Intentionalität gekennzeichnet ist, einer Ordnung im Sinne oder der Sinnbewußtheit.

Die kausalen Prozesse der Außenwelt sind ja im Hinblick auf ihre Brauchbarkeit zur Erreichung des intendierten Zieles ausgewählt und gesetzt, ihre Verursachung erfolgte auf Grund und in Ausführung eines Zielbewußtseins. Die kausalen Prozesse schließen sich darum mitsamt ihren Setzungsakten zur Handlung als einer Sinneinheit, und zwar einer Sinneinheit, die nicht durch den Begriff „werthaft“ ausreichend charakterisiert ist — werthaft kann jeder Regenguß sein —, sondern deren Einheit auf

[7] S. *Honig*, Kausalität und objektive Zurechnung, Frank-Festschrift, Bd. 1, S. 174 ff.

[8] Denkpsychologie S. 148 u. 292.

[9] *Radbruch*, Zur Systematik der Verbrechenslehre, Frank-Festschrift, S. 161.

ihrer Abhängigkeit von der Sinnbewußtheit (und deren Gesetzlichkeit, der Intentionalität) beruht. Von hier aus erst kann es voll verständlich werden, daß, wie *Honig* bemerkt, der eigentliche Sinn der strafrechtlichen Kausalitätslehre letzten Endes die Herausarbeitung eines brauchbaren Handlungsbegriffes ist[10]. Im Gegensatz zu *Radbruch* muß betont werden, daß gerade die Klarstellung des vorrechtlichen Handlungsbegriffes sowohl für die „Kausalitäts"-Lehre, wie für die Rechtswidrigkeits- und Schuldlehre von wesentlicher Bedeutung ist, eben weil jener vorrechtliche Begriff Teilmoment des rechtlichen ist. Allerdings darf als Handlung nicht jene physikalisch-physiologische Abstraktion *Radbruchs* angesehen werden. Die Sinneinheit der Handlung ist also nur dann gewährleistet, wenn die sie setzenden seelischen Akte im Medium des Sinnes verlaufen. Nun ist die Intentionalität eine Ablaufsordnung, in der die Richtung der Akte nicht durch ein noch Früheres kausal bestimmt ist, sondern in der und vermöge deren das Ich den Weg zur Einsicht bzw. Entschluß durch sukzessives Aufdecken des gegenständlichen Sinnes, d. h. der gegenständlichen Strukturen und Werte selbst findet. Die Strukturen und Werte aber sind nicht Realursachen hierfür — sie können ja wie Zahlen oder Vergangenes unwirklich sein —, sondern logische Gründe, auf die sich die Einsicht oder der Willensentschluß stützt und aus denen sie sich rechtfertigen[11]. Von hier aus fällt neues Licht auf jene berühmte Definition der Zurechnungsfähigkeit als normaler Determinierbarkeit. Normalität bezeichnet hier nicht etwa eine Durchschnittsgröße oder einen Ausschnitt aus dem kausalen Geschehen, sondern eine qualitativ von der Kausalität verschiedene Determinationsweise[12]. Ferner ergibt sich, daß das Ich keineswegs halb Schauplatz, halb Zuschauer eines „Kampfes der Motive" und Beute des überwiegenden ist, sondern daß es notwendiges Bestimmungselement aller Aktschritte ist. Der gegenständliche Sinn wird nur dann Motiv, wenn ihn das Ich durch Hinwendung zu ihm aufdeckt, „begreift". Erst eine Klärung dieser Zusammenhänge wird den spezifischen Gegenstand des rechtlichen Schuldvorwurfs aufzeigen und das ihm immanente besondere sittliche Pathos verständlich machen, das z. B. der Mißbilligung einer Schadensverursachung durch einen Geisteskranken durchaus abgeht.

Doch darf man auch hier nicht einen Gegenstandsausschnitt schon für das Ganze nehmen. Natürlich spielen auch im Verlauf von Denk- und Willensprozessen kausale Faktoren, wie Assoziationen, Gewohnheiten, Triebe etc., eine wichtige Rolle, die jene intentionalbedingte Ablaufsordnung fördern, hemmen und ausschließen können. Dazu treten außerbewußte Zusammenhänge, auf die neuerdings mit besonderem Nachdruck die Tiefenpsychologie hingewiesen hat. Daß diese Theorien, die in ihrer Ausbildung innerhalb der

---

[10] A. a. O. S. 196.
[11] S. A. *Pfänder*, Motive und Motivation, 1930.
[12] S. *Hönigswald*, Denkpsychologie, S. 236 ff.

einzelnen Schulen, zumal *Freuds*, zu starken Übertreibungen geführt haben, in ihrem Kern auch strafrechtlich bedeutsam sind, haben *Bohne*[13] und neuerdings auch *Mezger* gezeigt.

Diese Ausführungen mögen genügen, um zu zeigen, wie tief schon die einfachste methodologische Überlegung in konkrete strafrechtliche Arbeit hineinführt. Eine Fortführung der methodologischen Untersuchungen müßte die Gesamtheit der intentionalen Sphäre durchgehen und prüfen, welchen Platz die Norm als Gegenstand der Strafrechtswissenschaft darin einnimmt. Ist sie ein Diesartiges (Individuelles) oder ein Allgemeines? Welche Beziehungen bestehen zwischen dem Allgemeinen und dem Individuellen? Kann sie gegebenenfalls Moment an einem realen Individuellen sein, und welches ist das Kriterium der Realität? Ferner fragt es sich, ob sie ohne jene spezifische Beziehung zwischen Gegenstand und Ich charakterisierbar ist, auf der der Wert eines Gegenstandes beruht, oder ob das nicht der Fall ist. Das führt weiter zu einer Überlegung über das Wesen des Wertes und damit des Sollens und der Geltung.

---

[13] S. z. B. *Bohne*, Psychoanalyse und Strafrecht. Zeitschr. f. ges. Strafr.-Wissensch. Bd. 47, S. 439 ff.

KAUSALITÄT UND HANDLUNG

Es ist kürzlich mit Recht betont worden, daß sich die Lehre vom Kausalzusammenhang im Strafrecht z. Z. in einer offenen Krise befindet, die die Grenzen der Herrschaft des Kausalbegriffs selbst betrifft[1]. Die an sich logisch ganz einwandfrei durchgeführte Bedingungstheorie sieht sich gerade in den Grenzfällen, besonders bei den durch den Erfolg qualifizierten Delikten, zu einer Preisgabe ihrer scheinbar so fest begründeten Position gedrängt. Dagegen hat die praktisch befriedigende Lehre von der adäquaten Verursachung, soweit sie als Kausallehre auftritt, d. h. die ontologische Bedeutung der Kausalität unangetastet läßt[2], mit Schwierigkeiten bei ihrer theoretischen Rechtfertigung zu kämpfen. Doch ehe wir auf das letztere noch etwas näher eingehen, wollen wir die gemeinsame Grundlage beider Theorien, die Kausalität, schärfer ins Auge fassen.

Das ist aus dem Grunde erforderlich, weil in der modernen Strafrechtswissenschaft in angeblichem Anschluß an den an *Kant* anknüpfenden transzendentalen Idealismus sehr viel Unrichtiges und zum mindesten Mißverständliches über sie berichtet wird. Man wird nicht zuviel sagen, wenn man als herrschend die Ansicht bezeichnet, der M. E. *Mayer* den Ausdruck gegeben hat, daß es „die ureigenste Funktion des menschlichen Verstandes sei, Erscheinungen kausal zu verknüpfen"; daß der Beweis für die Allgemeingültigkeit des Kausalitätsgesetzes nur „eine Berufung auf die Natur des menschlichen Verstandes ist"[3]. Diese Ansicht kehrt in den mannigfachsten Wendungen fast überall wieder, so, wenn es heißt, die Kausalität folge aus unserem psychischen Apparat[4], sei eine Form unseres Erkennens[5], sie führt schließlich zu der ganz allgemeinen Behauptung, daß vom transzendentalen Standpunkt aus die Menschen es seien, die der Natur eine Gesetzmäßigkeit vorschreiben[6].

Nun hat allerdings *Kant* Wendungen gebraucht, die ganz ähnlich psychologistisch klingen, und manche, die es tatsächlich sind; aber träfen jene

---

[1] S. *Honig*, Kausalität und objektive Zurechnung. Frank-Festschrift, Bd. 1, S. 174.

[2] A. a. O. S. 178.

[3] M. E. *Mayer*, Allgemeiner Teil des Deutschen Strafrechts, S. 446.

[4] *Gerland*, Deutsches Reichstrafrecht, S. 91.

[5] *Liszt-Schmidt*, Lehrbuch des Deutschen Strafrechts, S. 161.

[6] W. *Sauer*, Grundlagen der Wissenschaft und der Wissenschaften, S. 103; vgl. auch *Sauer*, Grundlagen des Strafrechts, S. 19 ff.

Äußerungen wirklich den Kern der kantischen Lehre, so wäre die Kritik der reinen Vernunft eine recht unbedeutende psychologische Arbeit und stünden die Kategorien auf gleicher Ebene mit optischen Täuschungen. Gänzlich verfehlt aber ist es, hierin den Kern des transzendentalen Idealismus überhaupt zu sehen. Gewiß hat *Kant* niemals die transzendental-psychologische Frage außer acht gelassen, d. h. die Frage, wie eine Erkenntnis des Apriori (der Kategorien), da sie nicht aus der Erfahrung stammt, möglich sei; die Fähigkeit zu dieser Erkenntnis muß angeboren sein. Aber das eigentliche Ziel seiner Untersuchungen geht dahin, die „Rechtmäßigkeit"[7] oder „Gültigkeit und Werte"[8] der Erkenntnisformen zu deduzieren; klarzulegen, „wie subjektive Bedingungen des Denkens sollten objektive Gültigkeit haben"[9]. Das haben sie deshalb, weil „die Bedingungen der Möglichkeit der Erfahrung überhaupt zugleich Bedingungen der Möglichkeit der Gegenstände der Erfahrung sind"[10], d. h. weil die Gegenstandskategorien identisch sind mit den Erkenntniskategorien. Das menschliche Erkennen legt nicht etwas in die Dinge hinein, was ihnen nicht schon „an sich" zukäme (nach Art einer Denkbrille), sondern es erfaßt die dem Gegenstand übergeordnete Gesetzlichkeit, weil diese auch die Gesetzlichkeit seiner Richtigkeit ist. Die menschliche Erkenntnis und die Gegenstände, auf die sie sich richtet, sind einer identischen Gesetzlichkeit, den Kategorien, unterworfen[11], deren allgemeinstes Prinzip *Kant* den „reinen Verstand" nennt. Der „reine Verstand" ist also kein Vermögen eines realen, etwa menschlichen Subjekts, sondern — auf das erkennende Subjekt gewendet — das Prinzip oder der Maßstab seiner Richtigkeit, — auf den Gegenstand gewendet — der rationale Gehalt oder die apriorische Struktur des Gegenstandes. Wenn es darum heißt, „der Verstand schöpft seine Gesetze nicht aus der Natur, sondern schreibt sie dieser vor"[12], so ist damit selbstverständlich nicht „unser" „menschlicher" Verstand, sondern der reine Verstand gemeint[13]. Die Natur ist als Kosmos, als geordnete Einheit, die sie wirklich ist, nur möglich, weil sie (rationalen) Ordnungsgesetzen untersteht, die ihr ihre geordnete Einheit „vorschreiben".

So ist nach transzendentaler Auffassung auch die Kausalität nicht eine subjektive Verknüpfungsweise „unseres" Erkenntnisapparates, die „wir" auf die Gegenstände anwenden, weil „wir" sie nicht anders erkennen können, sondern sie ist ein logisches, d. h. gegenständliches Gesetz, dem die Gegen-

---

[7] *Kant*, Kritik der reinen Vernunft (Meiner), S. 139.
[8] *Kant*, a. a. O. S. 53.
[9] *Kant*, a. a. O. S. 143.
[10] *Kant*, a. a. O. S. 197 f.
[11] S. auch R. *Kroner*, Von Kant bis Hegel I, S. 62 ff.
[12] *Kant*, Prolegomena (Meiner), S. 82. § 36.
[13] *Bauch*, Immanuel Kant, S. 139 f., 227 ff.; zum Ganzen S. 130 ff.

stände unterworfen sind, auch wenn „wir“ nicht existieren[13a]. „Die transzendentale Methode ist durchaus auf gegenständliche Erkenntnis gerichtet, nicht auf das Subjekt und seinen jeweiligen Zustand“[14].

Im übrigen können hier die Lehren des transzendentalen Idealismus dahingestellt bleiben; nur sei betont, daß der Idealismus in der Ablehnung der Auffassung, daß wir als erkennende Subjekte die Gegenstände bestimmten, völlig mit der realistischen Auffassung übereinstimmt; was beide Lehren trennt, liegt auf ganz anderem, hier nicht interessierendem Boden[15].

Nachdem wir damit festgestellt haben, daß auch für den kritischen Idealismus die Kausalität eine Gegenstandskategorie ist, die mit der Organisation des Subjekts absolut nichts zu tun hat, können wir uns wieder der Lehre von der adäquaten Kausalität zuwenden. Für eine Theorie wie die der adäquaten Verursachung, die die Grundvoraussetzung der Bedingungstheorie unangetastet läßt, daß nämlich die Kausalität die einzige Determinationsweise des realen Geschehens sei, besteht die Schwierigkeit darin, das Prinzip anzugeben, nach welchem sich die für das Strafrecht relevanten Faktoren eines Kausalverlaufs von den gleichgültigen unterscheiden. Wenn die durchgängige kausale Verknüpfung alles Geschehens zugegeben wird, so muß dieses Prinzip außerhalb der ontologischen Bedeutung der Kausalität liegen, da rein kausal betrachtet alle Faktoren gleich notwendig und darum in dieser Beziehung „gleichwertig“ sind. Das muß dann leicht dazu führen, dieses Prinzip für ein axiologisches zu erklären; und zwar soll die Wertbeurteilung, der ein gegebener Kausalzusammenhang damit unterworfen wird, dahin gehen, „ob dieser Zusammenhang auch für die Rechtsordnung bedeutsam ist, ob er den Anforderungen der Rechtsordnung genügt“[16].

Aber handelt es sich hier wirklich um Wertungen? Werturteile sind fundiert in Seinsurteilen, d. h. Werte setzen ein ontologisch allseitig bestimmtes Objekt voraus, das sie in einer bestimmten neuartigen (positiven oder negativen) Richtung hin charakterisieren. Nun kann nicht jedes Objekt Träger eines bestimmten Wertes sein, vielmehr setzt jeder Wert ein bestimmt geartetes Objekt voraus, gerade d e s s e n Wert er ist, z. B. die sittlichen Werte die Person[17]. So sind auch die Wertungen des Strafrechts

---

[13a] Der vitiöse Zirkel der psychologistischen Auffassung liegt übrigens ziemlich klar auf der Hand: Wenn man erklärt, die Kausalität sei „nur“ eine Funktion unseres psychischen Apparates, so führt man damit zugleich unsere kausalen Verknüpfungsakte auf die Beschaffenheit unseres Intellekts als deren Ursache (!) zurück. Man setzt also als gegenständlich (real) vorhanden das voraus, was man als nur phänomenal erklären will. Es ist das der gleiche Fehler, den *Hume* beging, als er die objektive Realität der Kausalität leugnete und dennoch die Entstehung unserer Kausalauffassung durch die Gewohnheit, also kausal erklärte!

[14] *Bauch*, a. a. O. S. 139 f.

[15] Vgl. hierzu neuestens P. F. *Linke*, Grundfragen der Wahrnehmungslehre, S. 369 f.

[16] S. *Honig*, a. a. O. S. 179.

[17] Vgl. hierzu N. *Hartmann*, Ethik, S. 131.

(rechtmäßig — rechtswidrig; subjektiv gerechtfertigt — vorwerfbar) in einem bestimmt gearteten Sinn fundiert, dessen Wertprädikate sie sind. Wenn darum die Strafrechtsordnung ihre Wertprädikate nicht an jedes reale Geschehen anknüpft, so müssen ontologische Unterschiede bestehen, aus denen diese verschiedene Behandlung folgt. Gewiß ist die Rechtsordnung frei, an jedes beliebige Geschehen Rechtsfolgen für einen Menschen zu knüpfen. Soll aber die unterschiedliche Behandlung, wonach nur ein bestimmter Ausschnitt des realen Geschehens strafrechtlicher Bewertung unterworfen wird, einen über die bloße Willkür hinausgehenden, d. h. überhaupt einen Sinn haben, so muß sie sich auf gegenständliche Unterschiede gründen. Es ist ja eigentlich auch selbstverständlich: die Überlegung, ob ein gegebener Geschehenszusammenhang für die Rechtsordnung bedeutsam ist, wertet nicht, sondern will feststellen, ob der vorhandene Tatbestand so beschaffen ist, daß die Rechtsordnung an ihn ihre Wertprädikate knüpfen kann. Das ist auch gerade der Sinn der adäquaten Theorie: denjenigen spezifischen Zusammenhang des realen Seins zu erfassen, an welchem eine strafrechtliche Wertung erst möglich ist. So führt auch die angeblich axiologische Betrachtung wieder auf ontologische Unterschiede zurück.

Hier fragt es sich also erneut, welche Unterschiede im realen Geschehen maßgebend sind, daß nicht an allem (vom menschlichen Willen ausgehenden) Geschehen die Strafrechtsordnung ihre Wertprädikate anknüpft (bzw. richtigerweise anknüpfen kann), wenn alles Geschehen nach der Behauptung sämtlicher Kausaltheorien einer einzigen Determinationsweise, nämlich der Kausalität, untersteht. Kann diese Frage durch den Hinweis auf eine der Rechtsordnung charakteristische teleologische Betrachtungsweise gelöst werden? Nun ist allerdings zuzugeben, daß der Hinweis auf die Teleologie u. E. auf den richtigen Ansatzpunkt aufmerksam macht, daß er aber eigentlich nur das Problem, nicht die Lösung gibt. Denn es ist zu betonen, daß, wenn die Teleologie in vorliegendem Zusammenhange nur eine „Betrachtungsweise“ oder, wie *Kant* sagt, ein „heuristisches Prinzip“ wäre, sie zur Lösung unseres Problems nichts beitragen könnte[18]. Einer teleologischen „Betrachtung“ kann jedes Geschehen unterworfen werden; man kann jede beliebige Wirkung herausgreifen und ihre Ursachen als bloße Mittel für die Existenz jener Wirkung betrachten. Es bleibt also wieder die Frage, warum die Strafrechtsordnung nicht jede tatbestandlich festgelegte Wirkung, die mit dem menschlichen Willen ursächlich verknüpft ist, ihrer teleologischen Betrachtungsweise unterwirft; oder anders ausgedrückt, warum die Anhänger der adäquaten wie der Bedingungstheorie in gleicher Weise davor zurückschrek-

---

[18] Als heuristisches Prinzip bedeutet die Teleologie für Kant nicht eine besondere Determinationsweise, sondern setzt die Kausalität als alleinige Ablaufsordnung voraus; sie will nur bezüglich des organischen Geschehens für unser Nachforschen eine Methode angeben, die es ermöglichen soll, die kausale Verknüpfung dieses Geschehens aufzufinden. S. z. B. *Kant*, Kritik der Urteilskraft (Meiner), S. 277 und Br. *Bauch*, a. a. O. S. 435 ff.

ken, diese Konsequenz für die durch den Erfolg qualifizierten Delikte zu ziehen. Wir werden also auch über die bloße „Betrachtungsweise" hinweg wieder auf ontologische Unterschiede verwiesen.

Schließlich auch dann, wenn wir von den durch den Erfolg qualifizierten Delikten als den „Rudimenten aus einer längst überwundenen Strafrechtsauffassung"[19] absehen, fragt es sich dennoch, welche ontologische Beschaffenheit eines Geschehens maßgebend ist, daß die Rechtsordnung gerade an sie ihre Wertprädikate knüpft, und daß Bestimmungen, die jene ontologischen Unterschiede nicht beachten, als „Rudimente einer überwundenen Strafrechtsauffassung" gelten können. Es erhebt sich überhaupt das ganz allgemeine Problem, welche spezifischen Merkmale ein reales Geschehen aufweisen muß, damit es Träger oder Gegenstand strafrechtlicher Werte, insbesondere des Schuldvorwurfs, sein kann.

Nach alledem bleibt nichts anderes übrig, als die Grundvoraussetzung der Kausaltheorien überhaupt, daß die Kausalität die einzige und alleinige Determination des realen Geschehens sei, in Frage zu ziehen. Läßt sich eine neuartige (und zwar reale!) Ablaufsordnung feststellen, die neben der Kausalität steht und vielleicht in die Kausalreihen selbst lenkend eingreifen kann, so wäre möglicherweise darin die gesuchte ontologische Grundlage für die strafrechtlichen Wertungen gefunden.

Schon diese Fragestellung allein mag zunächst ganz unerhört klingen; aber das Überraschen beweist nur, wie tief wir trotz aller Betonung von „Wertgesichtspunkten" noch im naturwissenschaftlich-mechanistischen Denken stecken. Auch sollte man nicht auf *Kants* Kategorientafel verweisen, in der Kausalität und Wechselwirkung als einzige Kategorien des realen Geschehens verzeichnet sind; denn daß die Kategorientafel, die historisch an den damaligen Zustand der Urteilstafel anknüpft, etwa ein vollständiger, geschlossener Katalog wäre, darüber ist die moderne Transzendentalphilosophie längst hinweggeschritten[20]. In der Tat hindert uns nichts daran, das Gegebene unvoreingenommen auf eine neuartige Determination hin zu untersuchen. Diese Untersuchung erfordert eine eingehende Mitarbeit an den modernsten philosophischen und psychologischen Problemen, da der Begriff jener neuartigen Determination sich erst nach dem Zusammenbruch der Assoziationspsychologie, die eine durchgängige kausale Erklärung des psychischen Geschehens vergeblich versucht hatte, entwickeln konnte.

Wenn wir nun im folgenden unvoreingenommen die Struktur der Handlung betrachten wollen, um die Gesetzlichkeit ihres Ablaufs festzustellen,

---

[19] *Liszt-Schmidt*, a. a. O. S. 163.

[20] Vgl. z. B. *Bauch*, Wahrheit, Wert und Wirklichkeit, S. 211. Bezeichnend ist auch, daß der Kantianer *Hönigswald* einer der entschiedensten Vertreter der Intentionalität als „Ordnung des Meinens" im Gegensatz zur „Ordnung des Geschehens" (der Kausalität) ist. Vgl. *Hönigswald*, Grundlagen der Denkpsychologie, besonders S. 256 ff.

müssen wir notwendig auch das Wesen der in ihr vorausgesetzten Akte des Wollens und Erkennens untersuchen. Erst die Einsicht in die Gesetzlichkeit dieser Akte vermag uns die besondere Ablaufsordnung der Handlung zu enthüllen.

Hier ist es eine der wichtigsten Erkenntnisse der neueren Psychologie, daß sich die Akte des Wahrnehmens, Vorstellens, Denkens, Wollens usw. auf etwas als ihren Gegenstand richten, das sie nicht selbst sind, das auch nicht ein Zustand oder Teil ihres aktuellen psychischen Erlebens ist, sondern das als einer selbständigen (realen oder irrealen) Schicht angehörig ihnen gegenübersteht. Die rote Kugel, die ich wahrnehme oder über deren stereometrische Struktur ich nachdenke, wird durch diese Akte nicht zu etwas Psychischem. Sie erhält ebensowenig psychische Eigenschaften wie der Akt gegenständliche (rot, kugelig), sondern bleibt, was sie ist, nämlich aktfremd. Trotzdem ist der Akt ein Bewußtsein „von" ihr, er „meint" sie oder „ergreift" sie, hat sie zu seinem Gegenstand, kurz: er ist intentional auf sie gerichtet. Diese eigenartige Beziehung jener seelischen Akte auf etwas als ihren Gegenstand hat in der nicht-psychischen oder physischen Welt — mag sie real oder irreal (bloß „vorgestellt") sein — kein Analogon. Zwar stehen auch die Gegenstände der physischen Welt (der Stein, das Elektron) untereinander in mannigfachen (kausalen und relationalen) Beziehungen, aber niemals sind sie so auf ein außer ihnen liegendes Etwas gerichtet, daß die es als ihren Gegenstand „meinend" erfaßten. Die Intentionalität ist vielmehr eine spezifische Beziehung zwischen bestimmten seelischen Erlebnissen und deren Gegenstand. Trotzdem ist damit nicht gesagt, daß die intentionalen Akte von jeder kausalen oder relationalen Beziehung frei wären, sondern lediglich, daß in ihnen neben diesen Beziehungen noch ein neuartiger Beziehungsfaktor auftritt[21].

Indessen scheinen auch diese Bestimmungen noch keine erhebliche Änderung unserer Problemlage herbeizuführen; denn wenn auch bestimmte seelische Erlebnisse in jener spezifischen Weise mit ihrem Gegenstand „gekoppelt" sind, so können doch die Akte selbst untereinander durchgängigen kausalen Gesetzen unterworfen sein. Tatsächlich ist das auch z. B. bei den Vorstellungsassoziationen oder bei dem Kampf der Triebe (Strebungen) miteinander der Fall.

Trotzdem ist auch schon die bisherige Bestimmung der Intentionalität für uns von entscheidender Bedeutung. Auf sie baut sich nämlich für die Akte des Denkens und Wollens usw. eine ganz spezifische Ablaufsordnung auf. Bei diesen höheren geistigen Akten gibt die Intentionalität nicht nur die Richtung a u f die Gegenstände, sondern für den Ablauf dieser Akte auch die Richtung n a c h der Gegenstandsstruktur. Die Intentionalität, die bis-

---

[21] Vgl. hierzu besonders P. F. *Linke*, Grundfragen der Wahrnehmungslehre, 2. Aufl. 1929 passim und besonders S. 55 ff. (61).

her nur gleichsam statischen Charakter hatte, nimmt hier dynamische Funktion an, sie wird zur Ablaufsordnung gegenstandsgerichteter Akte.

Das Denken erschöpft sich nicht wie Wahrnehmen oder Vorstellen im Hinblicken und Festhalten eines identischen Gegenstandes, sondern sucht „Sachverhalte" zu erfassen, d. h. die Gegenstände in ihren Beziehungen zu anderen Gegenständen zu erkennen. Sein Ziel ist die Einsicht in die Beschaffenheit und die Strukturzusammenhänge eines Sachverhalts. Nun kann die Konkordanz, in welcher der einsichtige Akt mit dem Gegenstand steht, keine zufällige sein, d. h. ohne in der Korrelation Akt-Gegenstand entscheidend begründet zu sein. Vielmehr müssen, wenn überhaupt eine Einsicht vorliegen soll, die gegenständlichen Zusammenhänge und Bestimmtheiten die logischen Grundlagen sein, auf die sich der Akt stützt und auf die gestützt er sich erkennend weiß. Die Einsicht vollzieht sich innerhalb des Erkenntnisaktes durch das bewußte Sich-Stützen des Aktes auf die gegenständliche Struktur als seinen logischen Grund. Im Gegenstand selbst hat das Denken den Grund seiner Einsicht und die Gewähr seiner Richtigkeit zu suchen. Darum richtete er sich nicht nur a u f den Gegenstand, sondern gerade n a c h ihm. So läuft es von einem Gegenstand zum andern, von der einen Gegenstandsbestimmtheit zur andern und sucht das zwischen ihnen bestehende Verhältnis einsichtig zu erfassen. Die Intentionalität übernimmt hier denkleitende Funktion. Durch sie gewinnt die Sachverhaltsbestimmtheit, die Gegenstandsgesetzlichkeit, Einfluß auf das seelische Geschehen. Die Intentionalität richtet das Denken nach der Gesetzlichkeit der Gegenstände; oder besser: vermöge seines intentionalen Charakters kann sich das Denken nach der Gesetzlichkeit der Gegenstände richten. So ist die Intentionalität der entscheidende Faktor dafür, daß eine wesensmäßig im Erkenntnisakt begründete Konkordanz von Akt und Gegenstand und damit überhaupt eine Einsicht möglich ist[22].

Hier haben wir in der Tat ein Geschehen vor uns, dessen Ablaufsordnung ganz anderer als kausaler Art ist. Das entscheidende Merkmal des durchgängig kausal bestimmten Geschehens ist ja nicht nur, daß ein Früheres (d. h. eine Mehrheit individueller Seinsgegenstände) durch einen uns unbekannten inneren Prozeß[23] ein Späteres als seine notwendige Folge (Wir-

---

[22] Diese Erkenntnis bedeutet den endgültigen Bruch mit der alten Elementen- oder Assoziationspsychologie, die sich unfähig erwiesen hatte, auch nur den einfachsten Denkakt verständlich zu machen. Die Bedeutung der von *Brentano* erstmalig herausgestellten Intentionalität und die Wichtigkeit ihrer Weiterführung wird immer stärker anerkannt. Vgl. insbesondere Th. *Erismann*, Die Eigenart des Geistigen; R. *Hönigswald*, Die Grundlagen der Denkpsychologie; K. *Bühler*, Die Krise der Psychologie (S. 67); E. *Jaensch*, in den Jahrbüchern der Philosophie III, S. 136 (1927); W. *Peters*, in Zeitschr. f. Psychologie Bd. 112, S. 413 f., 436 f. Im übrigen die scharfsinnige Wahrnehmungslehre von *Linke* a. a. O.

[23] Vgl. N. *Hartmann*, Metaphysik der Erkenntnis, 2. Aufl., S. 263 u. 265. S. auch *Lotze*, Metaphysik, S. 149 ff.

kung) hervorbringt, sondern daß auch das Ursächlichwerden des Früheren in jeder Beziehung, d. h. daß und wie es als Ursache tätig wird und zu welcher Wirkung es führt, durch ein noch Früheres notwendig bedingt ist usf. „Die Kausalreihe läuft vollkommen gleichgültig gegen das Resultat ab“[24] und zwar infolge der spezifischen Artung ihrer Ablaufsordnung.

In der intentionalen Beziehung dagegen, in der das Denken auf den Sachverhalt und nach dessen Struktur gerichtet ist, ist eine Ablaufsordnung gegeben, bei der ein Früheres, nämlich der Zustand des Erkenntnisstrebens, den späteren Zustand der gewonnenen Einsicht verwirklicht, indem es den Weg zu diesem Ziele in eigener Tätigkeit durch sukzessives Aufdecken der gegenständlichen Zusammenhänge selbst findet. Die Richtung, die das Denken dabei einschlägt, die Schritte, die es hierfür unternimmt, können niemals durch ein noch Früheres kausalnotwendig bestimmt sein, da es diese Schritte stets aus dem intendierten Sachverhalt rechtfertigen muß. Die gegenständlichen Bestimmtheiten aber sind keine Realursachen hierfür — sie können ja, wenn sie z. B. der Vergangenheit oder der Zukunft angehören oder mathematischer Art sind, auch unwirklich sein —, sondern eben logische Grundlagen des Denkens.

Die Ordnung des Denkgeschehens ist eine Ordnung nach den gegenständlichen Zusammenhängen, nach dem „Sinn“ der intendierten Gegenstände. Trotzdem ist sie nicht die Ordnung des Sinnes selbst, sondern die Ordnung des Erfassens des Sinnes, d. h. die Ordnung des Sinnerfassens ist insofern nach der Ordnung des Sinnes selbst gerichtet, als im Erfassen sich der Sinn selbst „widerspiegelt“ oder durch das Erfassen ins Bewußtsein „eingeht“.

Damit stehen wir zugleich vor einer letzten, unableitbaren und dennoch täglich neu erlebten Gegebenheit; denn die Worte „widerspiegeln“ oder „ins Bewußtsein eingehen“ sind natürlich nicht wörtlich zu verstehen, daß sich etwa die Gegenstände tatsächlich im Bewußtsein spiegelten oder daß Stücke von ihnen tatsächlich hinüberwanderten, sondern sollen bildlich das spezifische, in keine sonstige Beziehung auflösbare Merkmal des „Verstehens“ oder „Einsichtigwerdens“ von intendierten Sachverhalten ausdrücken.

Die Ordnung des Denkens ist darum weder kausal noch rein logisch, sondern sinngerichtet, sinn-intentional. Die Kausalität, bei der jede Ursache nur Durchgangsglied eines in ihr stattfindenden Geschehens ist, ist eben nur eine Form neben anderen möglichen Determinationsformen. Der sinn-intentional geregelte Denkverlauf ist keineswegs regellos, „willkürlich“, indeterminiert, sondern durchaus in jeder Beziehung determiniert, aber nicht so, daß sein Ziel die blind-notwendige Folge eines in den Akten durch frühere Ursachen angelegten Prozesses ist, sondern so, daß das Ich seine Aktschritte nach den gegenständlichen Zusammenhängen selbst reguliert, sich auf sie stützend und gründend.

---

[24] N. *Hartmann*, Ethik, S. 601.

Trotzdem ist mit alledem nicht gesagt, daß das Denken der Kausaldetermination gänzlich enthoben sei, daß gar keine Beziehung es mit dem übrigen Geschehen verbände. Schon eine einfache Überlegung kann uns vom Gegenteil überzeugen. Unaufhörlich sehen wir unsere seelischen Erlebnisse mit dem gesamten seelischen und körperlichen Leben verknüpft. Fühle ich mich frisch und gesund, so gelingen mir Denkakte leichter und besser, als wenn ich matt und wie „erschlagen" bin. Schließlich können derartige Faktoren den Vollzug von Denkakten ganz ausschließen.

Doch alle diese Faktoren betreffen nur die Existenz eines Denkaktes und lassen die Sonderdetermination im Vollzug des Denkaktes völlig unberührt. Sie sind nur Voraussetzungen dafür, daß das Denken als realer seelischer Vorgang überhaupt auftreten (existieren) kann, besagen aber nichts über die Richtung, die das Denken nimmt: liegt einmal — irgendwie kausal hervorgerufen — das Denken als realer seelischer Akt vor, so regelt sich der Vollzug dieses Aktes nach einer völlig unkausalen, sinn-intentionalen Gesetzmäßigkeit. So trägt und umfaßt die Kausalität die Intentionalität, ohne sie in irgendeiner Weise zu schmälern oder zu beeinträchtigen. Vielmehr bietet gerade das Zusammenbestehenkönnen beider Determinationsarten die Gewähr dafür, daß der Sinn, der durch die Intentionalität dem Denken dessen Richtung gibt, auch in das kausale Geschehen Eingang finden kann.

Mit diesen letzten Überlegungen werden wir unmittelbar zum Problem des Wollens weitergeführt; denn das Wollen geht schon insofern über das Denken hinaus, als es das, worauf es sich gründet und stützt, als im kausalen Geschehen zu verwirklichen sich vornimmt. Das Wollen ist keine rein erkennende Einstellung, sondern eine aktiv sein Verhalten bestimmende Stellungnahme des Ich, die aber ebenfalls ihre Begründung und Rechtfertigung in dem intendierten Sinngehalt findet, d. h. auch die Willensmotivation untersteht der Gesetzlichkeit der Sinnintentionalität.

Doch ehe wir darauf im einzelnen eingehen, wollen wir die Wesensart eines anderen, vom Willensakt durchaus verschiedenen, aber oft mit ihm zusammengeworfenen intentionalen Erlebnisses betrachten, das sich ebenfalls auf ein Objekt als den zu erreichenden Gegenstand richtet. Wir meinen diejenigen Erlebnisse, die wir im folgenden als Strebungen bezeichnen wollen und die dadurch charakterisiert sind, daß sich bei ihnen das Ich von dem intendierten Gegenstande zu einem tätigen Verhältnis ihm gegenüber gedrängt oder getrieben fühlt, und zwar indem es sich entweder als zu dem Gegenstande hingezogen und hingetrieben oder als von ihm abgestoßen und weggetrieben erlebt.

Die Strebung hat demnach eine doppelte Richtungsmöglichkeit: entweder zum Gegenstand hin (Hinstreben) oder vom Gegenstand weg (Widerstreben).

Die spezifische Eigenart der Strebung liegt darin, daß das Ich leidend, passiv in einem zum Gegenstand hinziehenden oder von ihm wegtreibenden

Spannungsverhältnis darin steht. Es ist ein Geschehen, das im und am Ich ohne dessen Dazutun stattfindet, ein Ziehen und Treiben zum Gegenstand hin, ein Drängen und Stoßen vom Gegenstand weg. Es erwacht plötzlich im Ich, irgendwie kausal verursacht, ohne daß das Ich unmittelbar dieses Streben in sich hervorrufen, sich (in dieser passiven Weise) „strebend" zum Gegenstand hinwenden könnte; es kann nur die Bedingungen herstellen (z. B. durch Hinlenken des Blicks auf den erregenden Gegenstand), die das Streben in ihm bewirken[25].

Die elementarste Art von Strebungen sind die vitalen Triebregungen, deren Namen schon das Charakteristische an ihnen, das Getriebenwerden, hervorhebt. Die Regungen des Selbsterhaltungs-, Geschlechts- und Machttriebes sind hier die wichtigsten Beispiele geworden. Aber neben ihnen gibt es die unübersehbare Fülle von Strebungen nicht allein sinnlicher, sondern auch „geistiger" Art, nach ästhetischem Erleben, schöpferischem Tun usw. Jedes Streben empfängt so seine Eigenart aus dem Gegenstand, der ihm zugeordnet ist und auf den es in dieser Zuordnung fest eingespannt ist. Starr zielt es auf ihn hin und ist blind gegenüber der „Bedeutung" seines Gegenstandes, gegenüber dem Wertverhältnis zu anderen Gegenständen. Trifft es auf ein zweites, ihm widerstreitendes Streben, so wird das Ich bald nach dem einen, bald nach dem anderen Ziele hingezogen bzw. abgestoßen, oder bildlich[26] ausgedrückt: es findet ein Kampf der widerstreitenden Strebungen (Triebe) statt. Solange das Ich in diesem passiven Zustande verharrt, kann eine Entscheidung nur auf Grund des gegenseitigen Stärkeverhältnisses der Akte fallen: dasjenige Streben siegt, nach dessen Gegenstand das Ich am heftigsten und intensivsten hingezogen wird. Die Entscheidung fällt also nicht auf Grund des Sinnes oder der Bedeutung des Erstrebten, sondern gemäß der Stärke der Strebungs*akte*, nicht sinn-intentional, sondern kausal. Es ist ähnlich wie bei den Vorstellungsassoziationen; wie dort die Verknüpfung der Gegenstände, so reguliert sich hier die Auswahl der Ziele nach einem kausalen Mechanismus der Akte.

Ganz anders wird die Situation, wenn das Ich seinen Blick auf Sinn und Bedeutung dessen richtet, wohin das Streben geht. Dabei ist zu beachten, daß hier Sinn und Bedeutung etwas anderes und mehr meinen als die bloße Strukturgesetzlichkeit des Gegenstandes. Stellte diese die jedem und allem Gegenständlichen immanente Seinsgesetzlichkeit dar, so weist der „Sinn" im vorliegenden Zusammenhang auf eine spezifische Dualität des Gegenständlichen hin, wonach die einen Gegenstände als wertvoll, die anderen als wertwidrig charakterisiert werden. „Sinn" bedeutet hier die Werthaftigkeit des

---

[25] Siehe hierzu besonders: A. *Pfänder*, Motive und Motivation 1930, S. 136 ff.

[26] Bildlich ist diese Ausdrucksweise deshalb, weil die Strebungen natürlich nichts Selbständiges neben dem Ich, sondern eben Akte des Ich selbst sind. Das Ich bleibt stets Subjekt der Akte. Da aber die Akte des Ich jene oben geschilderten spezifischen Charakter der Passivität haben, liegt das Bild eines Kampfes nahe. Man muß sich aber seiner Bildhaftigkeit stets bewußt bleiben.

Gegenstandes (in positiver oder negativer Hinsicht). Es wird darum erforderlich, wenigstens mit einigen Worten auf das Wertproblem einzugehen.

Die beiden bedeutendsten Wertlehren der Gegenwart sind vom südwestdeutschen Kantianismus (*Windelband-Rickert*) und der Phänomenologie (*Scheler-Hartmann*) ausgebildet worden. Nach beiden Lehren gehört der Wert nicht der Realität, sondern einer idealen Schicht an. Nach der ersteren ist er ein irreal geltendes Sinngebilde, nach der letzteren eine idealseiende Sinn-Qualität, und die realen Objekte sind nur „Güter", an denen die irrealen Werte „haften". Dem Subjekt steht so ein objektiv in sich gegründetes irreales Wertreich gegenüber, das als Sollen an ihn herantritt.

Weiter brauchen wir hier auf diese Lehren nicht einzugehen. Für unseren Zusammenhang genügt es, festzustellen, daß das Ich in diesem Wertreich die gegenständliche Objektswelt hat, nach der es sich intentional zu richten hat.

Nach unserer Auffassung, die wir hier nicht näher begründen können, gibt es kein derartiges selbständiges Reich irreal geltender oder seiender Sinngebilde oder Sinnqualitäten[27]. Vielmehr ist uns der Wert eine Bezogenheit des Gegenstandes auf ein Ich, dem etwas „wert" ist.

Die intentionale Beziehung des Ich auf den Gegenstand erschöpft sich nicht in der rein erkenntnismäßigen Herübernahme oder Einsichtnahme in die dem Gegenstand an sich, d. h. auch außerhalb dieser Beziehung zukommenden Bestimmtheiten, sondern darüber hinaus tritt das Ich diesen Bestimmtheiten interessiert, anteilnehmend, bejahend oder verneinend gegenüber. Sie „treffen" oder „berühren" das Ich, daß es ihnen gegenüber nicht „gleichgültig" bleibt, sondern sich freundlich oder feindlich auf sie einstellt. Dabei kann das Ich in verschiedener Weise von ihnen angesprochen oder berührt werden. Die Unterschiede, die wir hier meinen, sind uns allen geläufig und liegen z. B. vor, wenn wir die „sinnliche" Anteilnahme von der „geistigen" (ästhetischen, ethischen usw.) trennen. Diese Unterschiede bestehen nicht bloß in einer qualitativ verschiedenen Weise des Berührtwerdens des Ich, sondern auch in einer verschiedenrangigen Bedeutung für das Ich. Die einen Einstellungen treffen das Ich tiefer als die anderen; in ihnen fühlt sich das Ich in seinem Wesen tiefer und reiner gepackt als in anderen. Es ist die „Tiefe des Persönlichkeitsmoments"[28], das diese Bedeutungsunterschiede ausmachen.

Blicken wir von hier aus noch einmal auf die Strebungen zurück. Die Strebungen sind, wie wir sahen, starr auf ihren Gegenstand eingespannt

---

[27] Vgl. hierzu: J. E. *Heyde*, Wert 1926 und *Brentano*, Psychologie, herausgegeben von O. *Kraus* (Meiner) Bd. I, S. XLIV ff.; s. auch *Jaensch*, Jahrbücher der Philosophie Bd. 3 (1927), S. 132 Anm.

[28] Th. *Lipps*, Leitfaden der Psychologie, 2. Aufl. 1900, S. 296.

und deshalb blind gegenüber der Bedeutung ihres Gegenstandes für das Ich. Wer darum den Wert mit dem identifiziert, was erstrebt wird oder — womit er dasselbe meint — was im „Lichte der Lust" steht, der übersieht, daß das Ich der qualitativen und Bedeutungsunterschiede dieser Beziehungen des Ich zum Gegenstand bewußt werden kann. Gewiß ist die Lust (mit der meist ein Streben verbunden ist) ein wesentliches Moment des Werterlebnisses, aber nicht die Lust (bzw. die Strebung) als solche, sondern ihre Richtigkeit, ihre Bedeutung für das Ich konstituiert den Wert des Gegenstandes, über den wir Lust empfinden. Wer das nicht beachtet, der bleibt unfähig, Werte als Sinn- und Bedeutungseinheiten zu begreifen, als welche wir sie ständig voraussetzen, wenn wir über die Richtigkeit eines Werterlebnisses nachgrübeln. Er tut das einer puren (kausalen) Theorie zuliebe, deren Unzulänglichkeit sich schon auf theoretischem Gebiet offenbart hat. Strebungen und Wert sind streng zu unterscheiden. Strebungen können wertvoll sein, brauchen es aber nicht. Vielmehr ist Wert die Bestimmtheit eines (erstrebten oder auch nicht erstrebten) Gegenstandes, auf ein Ich in einer spezifischen, qualitativ und nach der Tiefe des Persönlichkeitsmoments verschiedenen Weise bezogen zu sein.

Diese Bezogenheiten und ihren verschiedenen Gehalt aufzudecken ist die Aufgabe des Werterfassens. Es ist das ein echter Erkenntnisakt, insofern sich auch hier der Akt nach dem zu Erkennenden richten, in ihm sich gründen und auf ihn sich stützen muß, nur daß hier das Ich selbst in seiner spezifischen (emotionalen) Beziehung zum Gegenstand Teilmoment des gesamten intentionalen Erkenntnisgegenstandes wird. Darin liegt nichts Geheimnisvolles, daß das Ich hier sich selbst zum Gegenstand wird. Denn dies ist schon in jedem Akt des Selbstbewußtseins gegeben. Nur wird hier die Erkenntnis irrationaler als in der rein theoretischen Einsicht, bei der von der emotionalen Einstellung des Ich möglichst vollkommen abstrahiert wird.

Das Ich braucht nun nicht in dieser erkenntnismäßigen Einstellung auf den Wert verharren, sondern es kann darüber hinaus sein Verhalten nach dem erkannten Wert bestimmen. In der wollenden Einstellung ist das Ich ebenfalls auf den Wert gerichtet, es stützt und gründet seinen Entschluß auf ihn und zwar so, daß es sich die Verwirklichung des erkannten Wertes vornimmt, eben weil es seine So-Beschaffenheit erkannt und erwogen hat. Wie in der rein erkenntnismäßigen Einstellung, so sind auch beim Wollen die Werte „logische" (d. h. unkausale, gegenständliche) Grundlagen, die das Ich aufdeckt, deren gegenseitigen Sinn es erwägt und auf die es seinen Entschluß stützt und gründet. Die Willensmotive sind ebenso wie die Denkmotive nicht Ursachen, sondern logische Stützen oder Grundlagen[29]. Gewiß gibt es auch Ursachen (z. B. letzten Endes irgendwelche Gehirnprozesse), aber — genau wie beim Erkennen — sind diese Ursachen reale Faktoren für das Dasein des Willensaktes, besagen aber nichts über die Richtung, die der Akt einschlägt. Diese Richtung bestimmt das Ich selbst gemäß dem

[29] Vgl. A. *Pfänder*, Motive und Motivation, S. 157 ff.

Wertgehalt des Gegenstandes durch sukzessives Aufdecken und Erwägen dieses Gehaltes.

Auch der Ablauf der Willensakte untersteht also jener spezifischen sinnintentionalen Determination, deren Gesetzlichkeit wir im Ablauf der Denkakte klar zu erkennen vermochten und die — wie wir nun ganz allgemein sagen können — überall da vorhanden sein muß, wo das seelische Erlebnisgefüge in Beziehung zu dem Sinngehalt der Welt, zu den den Gegenständen immanenten Gesetzlichkeiten und zu ihren Wertbestimmtheiten, treten soll.

Für unser Problem müssen wir den Willensakt weiter dahin verfolgen, wo das Ich über den gefaßten Entschluß hinaus zur Verwirklichung des Gewollten schreitet, oder — anders ausgedrückt — wo der Entschluß zur Willens*handlung* führt. An den seelischen Akt schließt sich ein kausaler Prozeß in der physischen Welt an, der seinerseits weitere Wirkungen zur Folge hat. Nun ist klar: So gewiß dieser sich anschließende Prozeß kausaler Natur ist, insofern das weitere Ursächlichwerden der jeweiligen Wirkungen allseitig bedingt ist durch ihre vorangegangenen Ursachen, so gewiß ist auch, daß den Ablauf dieser Kausalkette noch ein weiteres Moment bedingt. Die Willensimpulse, die über einen noch völlig ungeklärten psychophysischen Mechanismus hinweg die Kausalkette in der physischen Welt in Bewegung setzen, müssen, wenn sie Ausführung des Entschlusses sein wollen, sich in diesem Entschluß gründen. Ihre Richtigkeit kann nicht rein kausal bedingt sein — ohne Rücksicht auf das Resultat —, sondern muß sich bewußt nach dem Ziel bestimmen, das durch den Entschluß gesetzt ist. Gerade auch die Willensimpulsakte sind intentional bedingt, insofern sie ihre Richtung nach den durch sie in Bewegung zu setzenden Mitteln, d. h. nach der Geeignetheit der kausalen Ursachen zur Herbeiführung des gewollten Erfolges bestimmen müssen, ferner insofern sie ihren Ablauf danach richten müssen, in welcher Reihenfolge und Ordnung die Ursachen zu setzen sind, wenn die verschiedenen in Bewegung gesetzten Kausalreihen in dem geplanten Erfolg konvergieren sollen. Darum sind die physischen Ursachen eines Erfolges nicht rein kausal hervorgerufen, sondern zugleich sinn-intentional, d. h. im Hinblick auf ihre Geeignetheit zur Herbeiführung des geplanten Erfolges „gesetzt".

Daraus folgt, daß das Geschehen, das vom Entschluß über die Willensimpulse zum Erfolg führt, eine gesetzte Sinneinheit ist, die sich durch das Moment der Sinngesetztheit aus dem übrigen kausalen Geschehen heraushebt. Bezeichnen wir diese Sinneinheit als Handlung, so folgt, daß der Handlungszusammenhang zwischen Erfolg und Entschluß kein bloß kausaler, sondern ein teleologischer Sinnsetzungszusammenhang ist. Der kausale Zusammenhang ist nur Teilkomponente des Sinnzusammenhanges, bestimmt und gelenkt durch die sinn-intentionale Gesetzlichkeit des Handlungszusammenhanges.

Blicken wir von hier aus auf unsere Problemstellung zurück, so haben wir in der Tat einen tiefgreifenden ontologischen Unterschied im realen Geschehen gefunden. Neben dem kausalen Geschehen und dieses teilweise übergreifend und in sich einbeziehend steht ein andersartiges Geschehen, das nicht der Ordnung der Kausalität, sondern der der Sinn-Intentionalität unterliegt. Während das kausale Geschehen dadurch gekennzeichnet ist, daß jede Ursache infolge eines durch frühere Ursachen allseitig angelegten Prozesses ein bloßes Durchgangsglied zur Wirkung ist, bestimmt im sinn-intentionalen (teleologischen) Geschehen ein Früheres, und zwar ein personales Subjekt, sein Ursächlichwerden selbst nach dem Sinngehalt der möglichen intendierten Gegenstände. Der Erfolg gehört darum dem Subjekt in ganz anderer Weise zu als eine bloße Wirkung ihrer Ursache. Ist die Ursache lediglich Durchgangsglied eines kausalen Prozesses, so ist die Verwirklichung des Erfolges die eigene Tat des Subjekts: von der im Medium des Sinnes erfolgenden Selbstbestimmung des Ich hängt das Dasein des Erfolges ab. Soweit diese Abhängigkeit reicht, ist das Geschehen dem Subjekt als eigene Tat zugehörig oder, um es anders auszudrücken, (objektiv) zurechenbar. Diese (objektive) Zurechnung bedeutet nicht Zurechnung zur Schuld, sie besagt überhaupt nichts über die Werthaftigkeit des zuzurechnenden Geschehens, sondern führt nur die zur Handlungseinheit zusammengeschlossenen einzelnen Geschehensfakta auf den sie beherrschenden personalen Zentralpunkt zurück. Wohl aber ergibt sich, daß nur das objektiv zurechenbare Geschehen fähig ist, einem Täter zur Schuld zugerechnet zu werden, da nur das sich selbst sinnhaft bestimmende personale Subjekt für den von ihm gesetzten Erfolg verantwortlich gemacht werden kann. Damit haben wir die gesuchte ontologische Grundlage für mögliche strafrechtliche Wertungen aufgedeckt: nur dasjenige Geschehen, das von einer sinnhaften Setzung eines Subjekts abhängig ist, ist fähig, diesem Subjekt zu Verdienst oder Schuld zugerechnet zu werden. Wohlgemerkt: nur die ontologische Grundlage oder der „Träger“ für mögliche Wertungen ist aufgedeckt, nicht aber ist ein Werturteil selbst abgegeben. Ob das zurechenbare Geschehen positiv oder negativ bewertet, ob es gerechtfertigt, entschuldigt oder vorgeworfen wird, ob die Rechtsordnung überhaupt Anlaß findet, es in irgendeiner Hinsicht zu werten, darüber ist nichts ausgemacht. Aber wir haben den ontologischen Bezirk und seine spezifische Gesetzlichkeit aufgezeigt, innerhalb deren sich allein die strafrechtlich relevanten Gegenstände vorfinden: was bloß kausal ist und nicht zu dem teleologischen Setzungszusammenhang der Intentionalität gehört, das scheidet für eine strafrechtliche Beurteilung von vornherein aus[30].

Im Vorangegangenen war explizite nur von dem positiv gesetzten Erfolg die Rede. Die Abhängigkeit äußerer Wirkungen (bzw. überhaupt äußerer

---

[30] Wir freuen uns, im Endergebnis mit den schönen Ausführungen von *Larenz*, Hegels Zurechnungslehre und der Begriff der objektiven Zurechnung, übereinzustimmen, auch wenn unser Ausgangspunkt ein ganz anderer ist. Verf., der selbst von der Transzendentalphilosophie ausgegangen ist, glaubt von den metaphysischen Belastungen, die u. E. die Ausführung L.s beeinträchtigen, absehen zu sollen.

Tatsachen) von einem Subjekt (und damit auch deren Zurechenbarkeit) besteht jedoch auch dann, wenn diese Gegebenheiten nicht willentlich gesetzt sind, ihre Verhinderung aber intentional setzbar war. Dabei sind zwei Fälle möglich: einmal, wenn das Subjekt nicht völlig den Sinngehalt aufdeckt, insbesondere wenn es im Stadium der Willensimpulse in die kausale Bedeutsamkeit der intendierten Mittel nicht volle Einsicht nimmt, obwohl es das vermöge seiner intentionalen Selbststeuerung konnte, da bringt es Erfolge hervor, deren Ursachen es nicht in ihrer vollen kausalen Bedeutung sinnhaft gesetzt hat, obwohl es das vermöge seiner intentionalen Selbststeuerung hätte tun können. Zweitens, wenn das Subjekt überhaupt nicht in die äußere Welt eingreift, aber durch ein sinnhaft gesetztes Eingreifen das Fortbestehen oder das Entstehen eines bestimmten Zustandes abgewendet hätte, ist der äußere Zustand als von der intentionalen Selbstbestimmung des Subjekts abhängig diesem zurechenbar[30a]. In beiden Fällen grenzt die Intentionalität, d. h. die Möglichkeit, einen bestimmten Erfolg vorherzusehen und sich nach ihm sinnhaft zu bestimmen, aus dem kausalen Geschehen denjenigen Bezirk ab, der einer strafrechtlichen Bewertung fähig ist.

So ergibt sich ganz allgemein, daß nicht der kausale Zusammenhang, sondern der auf der Gesetzlichkeit der Intentionalität beruhende teleologische[31] Zusammenhang zwischen Erfolg und Subjekt die gegenständliche Seinsgrundlage möglichst strafrechtlicher Wertungen ist. Hier, in der Aufzeigung einer neuen spezifischen Determinationsform des realen Geschehens finden auch die Bemühungen der adäquaten Theorie ihre logische Rechtfertigung, allerdings nicht, soweit sie Kausaltheorie, sondern soweit sie eine verkappte teleologische Theorie ist. Als eigene Tat oder Handlung einem Subjekt zugehörig und in diesem Sinne objektiv zurechenbar ist jeder tatbestandlich festgelegte Erfolg, der vom Täter sinnhaft gesetzt oder dessen Abwendung vorhersehbar und sinnhaft setzbar war.

Welche Bedeutung diese Einsichten für das strafrechtliche System haben, kann hier nicht mehr erörtert werden. Jedenfalls ergibt sich auch von dieser Seite wieder die Unmöglichkeit einer völligen Trennung von subjektivem und objektivem Tatbestand, weil ja auch der objektive Tatbestand der Gesetzlichkeit des subjektiven unterstehen oder mindestens auf diesen bezogen sein muß. Auch die Schuldlehre dürfte von hier aus neues Licht erhalten, insofern erst durch die Aufzeigung der intentionalen Determination der eigentliche Gegenstand des Schuldvorwurfs deutlich zu werden vermag[32].

[30a] Vgl. hierzu auch: *Sigwart*, der Begriff des Wollens und sein Verhältnis zum Begriff der Ursache 1879. S. 33.

[31] Aus dem Vorangegangenen dürfte deutlich geworden sein, daß hier „Teleologie" keine bloße Betrachtungsweise, sondern den intentionalbegründeten Handlungszusammenhang meint.

[32] Zum Problem der Unzurechnungsfähigkeit vgl. *Hönigswald* a. a. O. S. 236 ff.

Endlich — um noch darauf hinzuweisen — kann auch die Teilnahmelehre von hier aus neu aufgerollt werden, weil die Verschiedenheit der Teilnahmeformen in der Verschiedenartigkeit des Setzungsumfangs und des Setzungsinhalts begründet ist.

ÜBER WERTUNGEN IM STRAFRECHT*

Eine prinzipielle Bemerkung zur sog. emotional-normativen Logik.

Es ist neuerdings von verschiedenen Seiten auf die Bedeutung der sogenannten „emotional-normativen Logik" für das Strafrecht hingewiesen worden (insbesondere von E. *Mezger*, Subjektivismus und Objektivismus in der strafgerichtlichen Rechtsprechung des Reichsgerichts (Festgabe f. d. Reichsgericht, Bd. V S. 16), Eb. *Schmidt*, Mittelbare Täterschaft (Frank-Festschrift, Bd. II S. 106), vgl. auch *Honig*, Kausalität und objektive Zurechnung (Frank-Festschrift, Bd. I S. 178). Derartige Bestrebungen sind insofern von größter Wichtigkeit, als sie gegenüber einer einseitig naturwissenschaftlich orientierten Denkrichtung in der Strafrechtswissenschaft des ausgehenden 19. Jahrhunderts den eigentlichen und vollen Gegenstand des Strafrechts aufzuzeigen vermögen, der keinesfalls entsprechend dem Ideal der Naturwissenschaften als wertfrei, sondern im Hinblick auf die im Wesen des Strafrechts liegende Bewertungsfunktion notwendig als wertdifferent voll erfaßt werden kann. Der Ausdruck: „emotional-normative Logik" weist außerdem auf den richtigen und bedeutsamen Gedanken hin, daß auch das emotionale Leben keineswegs völlig regellos, willkürlich, „subjektiv" oder „relativ" ist, sondern daß es eine ihr immanente Logik besitzt, daß es nach dem schönen, von *Scheler*[1] wiederentdeckten Worte Blaise Pascals eine „ordre" oder „logique du cœur" gibt, daß auch bei den wertenden Stellungnahmen des Menschen der Unterschied des Richtigen und Falschen seinen Platz hat.

So bedeutungsvoll also die Ansätze zu einer emotional-normativen Logik sind, so müssen doch manche in dieser Richtung gemachten Ausführungen erheblichen Bedenken unterliegen, und zwar dahingehend, ob nicht oft die Grenze zwischen dem Wert und dem Gegenstand, von dem der Wert prädiziert wird, verwischt, ob nicht manches, was ein ontologisches Merkmal des Gegenstandes darstellt, für einen Wert ausgegeben worden ist. Das gilt insbesondere auf dem Gebiete der Kausalitäts- und der Teilnahmelehre. So hat man gesagt, daß es sich „bei der Frage, nach welchen Prinzipien unter den notwendigen Bedingungen die eine oder die andere zur Ursache zu erheben ist, gar nicht mehr um ein ontologisches Problem" handele, sondern diese Frage wertwissenschaftlicher Beurteilung unterliege; daß es sich bei den Auswahltheorien nicht „um den Nachweis eines Kausalzusammenhanges,

---

* Aus: Der Gerichtssaal, Bd. 103 (1933), S. 340.

1 S. Formalismus in der Ethik, S. 261.

sondern um die Beurteilung des bereits als vorhanden erwiesenen" handele. (*Honig*, a. a. O. S. 178; s. auch *Mezger*, a. a. O. S. 16.) Ebenso sei „der Unterschied zwischen Täterschaft und Teilnahme im Bereich der strafrechtlichen Wertungen zu suchen"; der Begriff „Täter" sei ein Wertbegriff, und zwar ein strafrechtliches Unwerturteil, welches einen Kausalzusammenhang als „täterschaftlich" werte. (E. *Schmidt*, a. a. O. S. 113, 114, 117; s. auch *Mezger*, a. a. O. S. 16.) Damit wird nicht mehr und nicht weniger gesagt, als daß die Begriffe „adäquater Kausalzusammenhang", „Täter", „Anstifter", „Gehilfe" Wertbegriffe, Werturteile oder noch schärfer: Beurteilungen (nicht Seinsfeststellungen) eines vorhandenen Kausalzusammenhanges seien, und man glaubt damit an ontologischen oder „kognitiv-naturalistischen Fragestellungen" vorbeikommen zu können. (S. *Schmidt*, a. a. O. S. 112.)

Gegen diese Behauptungen müssen vom werttheoretischen Standpunkt aus erhebliche Bedenken geltend gemacht werden, und es ist nötig, um diese Bedenken klar zu erfassen, eine prinzipielle Erörterung über das Verhältnis von Wert und werthaftem Gegenstand voranzustellen.

Es wird nicht nur im täglichen Leben, sondern auch in werttheoretischen Untersuchungen sehr häufig leichthin gesagt, ein Kunstwerk, etwa Michelangelos Moses, s e i ein Wert oder s e i ein verwirklichter Wert, und man meint damit dasselbe, wie: das Kunstwerk h a b e Wert. Diese so unverfänglich klingende Gleichsetzung bildet das πρῶτον ψεῦδος der meisten werttheoretischen Erörterungen[2], in welchem wir zugleich eines der besten Beispiele für den häufig verwirrenden Einfluß des Sprachgebrauchs auf das wissenschaftliche Denken haben. Niemand würde auf den Gedanken kommen, die Urteile: „Ich habe Geld" und: „Ich bin Geld" gleichzusetzen; aber bei Terminus Wert tut man es unbedenklich und gerät damit fast naturnotwendig zu ganz irrigen Folgerungen. Natürlich ist jene Gleichsetzung nur dadurch möglich, daß „Wert" in beiden Sätzen etwas ganz Verschiedenes bedeutet. „Wert" in dem Satze: „Das Kunstwerk h a t Wert" bezeichnet ein Moment, ein Merkmal a m Kunstwerk, die „Wertheit" des Objekts. Dagegen bedeutet „Wert" in dem Satze: „Das Kunstwerk i s t ein Wert" nichts anderes, als daß jenes Kunstwerk ein wertvoller Gegenstand ist; d. h. Wert in dieser zweiten Bedeutung bezeichnet nicht lediglich ein Moment a m Objekt, die „Wertheit", sondern dieses Objekt selbst p l u s jenem Merkmal „Wertheit" (oder „Wert" in der ersten Bedeutung). Wert in der ersten Bedeutung ist das Moment, das einen ontologisch (d. h. nach seinen primären und sekundären Qualitäten) irgendwie bestimmten Gegenstand neuartig, nämlich als werthaft charakterisiert, bezeichnet also das zu den ontologischen Merkmalen hinzukommende nicht-ontologische Moment: „Wertheit". Dagegen Wert in der zweiten Bedeutung bezeichnet den vollen Gegenstand selbst, bestehend aus den ontologischen Merkmalen (primären und sekun-

---

2 Hierauf aufmerksam gemacht zu haben, ist das große Verdienst der Schrift von Joh. E. *Heyde*, Wert, 1926, S. 22 ff.

dären Qualitäten und den ihm immanenten Seinsgesetzlichkeiten) zuzüglich jenes neuartigen Momentes „Wertheit". Oder anders ausgedrückt: „Wert" im Sinne von: „Das Objekt hat Wert" bezeichnet den Objektswert; dagegen „Wert" im Sinne von: „Das Objekt ist ein Wert" meint das Wertobjekt (d. h. Objekt plus Wert), und zwischen beiden besteht einigermaßen ein ähnlicher Unterschied wie zwischen dem Rosenrot und der roten Rose. Trotzdem bezeichnet man beide gleichmäßig als „Wert" oder als „Wertbetriffe".

Um ein strafrechtliches Beispiel anzuführen, so ist der Begriff „Mord" nicht ein Objektswert, eine „Wertung" eines ontologischen Seins, sondern ein (begrifflich-allgemeines) Wertobjekt, bestehend aus

1. den ontologischen Momenten: vorsätzliche, mit Überlegung ausgeführte Tötung eines Menschen, und
2. den Objektswerten („Wertungen"): rechtswidrig und vorwerfbar.

In dieser Weise bestehen sämtliche Wertbegriffe, welche (begrifflich-allgemeine) Wertobjekte sind, aus einem ontologischen und einem normativen Teil.

Will man ernsthaft die Bedeutung des Begriffes „Wert" fruchtbar erhalten, so beschränke man ihn auf seine eigentliche Bedeutung als Objektwert und sage nicht bei der Subsumtion eines ontologischen Geschehens unter die ontologischen Merkmale des gesetzlichen Tatbestandes, etwa bei der Subsumtion eines Geschehens unter den Begriff „töten", man „bewerte" jenes Geschehen als Tötung, während es sich in Wahrheit um die (ontologische) Qualifikation, um die (kognitive) Feststellung handelt, daß der reale Sachverhalt die ontologischen Eigenschaften des gesetzlichen Tatbestandes aufweist. *Unter keinen Umständen darf man das ontologische Substrat mit dem Wert in irgendeiner Weise identifizieren. Der ontologisch bestimmte Gegenstand ist nur der „Träger" des Wertes, aber nicht der Wert selbst.* Diese Feststellung ist unabhängig davon, als was man das Wesen des Wertes ansieht, ob man es als eine spezifische Beziehung des Gegenstandes zum Ich[3], oder entsprechend der Lehre der südwestdeutschen Schule als ein irreal geltendes Sinngebilde oder schließlich nach der phänomenologischen Ansicht als irreal seiende Sinnqualität auffaßt. Denn auch *Rickert* unterscheidet scharf zwischen dem realen „Gut", d. h. dem Objekt, an dem die Werte haften, und dem stets irrealen Wert selbst. Noch schärfer trennt N. *Hartmann* die „Materie" von dem „Wert", wobei die Materie lediglich das inhaltliche Gebilde, die ontische Struktur ist, die den Wertcharakter hat, der aber der ontischen Struktur wesenhaft heterogen, eine Wesenheit anderer Art ist, der Materie ewig transzendent diese überbaut und überlagert, ihr den Schimmer einer Bedeutung höherer Ordnung verleiht[4].

---

[3] Vgl. meinen Aufsatz über Kausalität und Handlung, ZStW. Bd. 51, S. 715.

[4] N. *Hartmann*, Ethik, S. 133 f.

Von hier aus läßt sich entscheiden, in welchem Sinne die Begriff: Täter, Anstifter, Gehilfe als „Wertbegriffe" bezeichnet werden können: natürlich nur in dem Sinne von (begrifflich-allgemeinen) Wertobjekten bestehend aus

1. ontologischen Momenten wie z. B. bei der Anstiftung aus vorsätzlicher Bestimmung eines anderen zu einem bestimmten Verhalten oder bei der Beihilfe aus wissentlicher Hilfeleistung zu einem bestimmten Verhalten eines anderen;
2. aus den Bewertungsmomenten:
   a) daß das Verhalten des anderen rechtswidrig und vorwerfbar (bei der Beihilfe sogar in erhöhtem Maße rechtswidrig und vorwerfbar) ist,
   b) daß die Bestimmung bzw. Hilfeleistung selbst ebenfalls rechtswidrig und vorwerfbar sind.

Die adäquate Kausalität dagegen stellt noch nicht einmal ein W e r t objekt dar, sondern es handelt sich bei ihr rein um die Frage nach der ontologischen Struktur des Trägers (*Honig*, a. a. O. S. 178: „Grundlage"!) strafrechtlicher Wertungen, d. h. um die Frage nach den kategorialen Bestimmtheiten der menschlichen Willenshandlung[5].

Daraus folgt mit zwingender Notwendigkeit, bei der Wesensbestimmung jener sog. „Wertbegriffe" in erster und besonderer Linie die kategorialen ontologischen Merkmale herauszuarbeiten, die den Unterschied jener Begriffe und — was zu beachten ist — auch den Unterschied in der Beurteilung jener begrifflichen Objekte begründen. Gewiß nimmt das Recht gegenüber den verschiedenen Mitwirksamkeiten bei einer Tatbestandsverwirklichung eine verschiedene wertende Stellung ein, wie es das bei allen übrigen Handlungen, z. B. bei Diebstahl im Verhältnis zu Raub tut. Aber nicht diese Unterschiede in der Bewertung machen den begrifflichen Unterschied zwischen Gehilfenschaft und Täterschaft aus — ebensowenig wie man Raum vom Diebstahl begrifflich durch den aus dem Strafmaß zu entnehmenden Bewertungsgrad unterscheiden wird —, sondern die maßgebenden Unterschiede liegen in der ontologisch verschieden gearteten Handlung und deren kategorialen Verschiedenheiten.

Das Gesetz nimmt bestimmte ontologische Verschiedenheiten zum Anlaß, sie in verschiedener Weise strafrechtlich zu beurteilen; ob im Einzelfall zu Recht oder zu Unrecht, muß bei einer p o s i t i v rechtlichen Erörterung dahingestellt bleiben. Aufgabe der Interpretation des positiven Rechts ist es, diejenigen ontologischen Merkmale zu erforschen und herauszuarbeiten, an die das Gesetz seine Bewertungen geknüpft hat. Nur dadurch wird auch die Forderung des Rechtsstaats erfüllt, das, was als sozialschädlich strafbar sein

---

[5] Die Frage *Honigs* (a. a. O. S. 196), ob die auswählenden Kausaltheorien nicht letzten Endes einen brauchbaren Handlungsbegriff anstreben, muß darum mit Entschiedenheit bejaht werden (s. meinen Aufsatz über Kausalität und Handlung, ZStW. Bd. 51, S. 718).

soll, soweit wie möglich nicht dem Werturteil des Richters zu überlassen, sondern für das richterliche Urteil durch Festlegung der ontologischen Voraussetzungen der Bestrafung kognitiv feststellbare Grenzen aufzurichten.

Aus diesen Überlegungen hat sich ergeben, daß der Zweck, den man mit Hilfe der emotional-normativen Logik auf dem Gebiete der Teilnahme- und Kausallehre zu erreichen hoffte, nicht erreicht werden kann. Zur Klärung jener Begriffe ist es einfach nicht möglich, an den ontologischen oder den „kognitiv-naturalistischen" Fragestellungen vorbeizukommen[6]. Nur darf man allerdings nicht das ontologische Gebiet des Strafrechts einfach mit dem Gebiet der Naturwissenschaften gleichsetzen, — hierin steckt der richtige Kern der Reaktion der emotional-normativen Logik gegen die „naturalistische" Denkrichtung der vorigen Generation. Es war der Grundirrtum dieser naturalistischen Richtung, daß die Kategorien des bewußten geistigen Lebens und Handelns dieselben wären, wie die der Mechanik oder der Elektrodynamik, daß insbesondere die einzige Abhängigkeitsordnung der geistigen Akte dieselbe Kausalität wäre, die den Gegenstand der exakten Naturwissenschaften beherrscht. Nur dann, wenn die spezifischen Kategorien der intentionalen Akte herausgearbeitet sind, wird die Kausal- und Teilnahmelehre einer Lösung zugeführt werden können[7].

An diesem Ergebnis, durch welches die unersetzliche Bedeutung ontologischer Untersuchungen, insbesondere z. B. über den Handlungsbegriff, deutlich geworden ist, kann auch durch Berufung auf die Tatbestandsmäßigkeit[8] nichts geändert werden. Hierzu sei nur folgendes bemerkt:

Die Rechtsordnung bestimmt von sich aus, welche ontologischen Gegebenheiten sie bewerten und mit Rechtsfolgen verknüpfen will. Aber die Gegebenheiten selbst kann sie nicht ändern, wenn sie sie in Tatbeständen vertypt. Sie kann sie mit Worten bezeichnen, ihre Merkmale herausheben, aber sie selbst sind das gegenständlich Individuelle, das jeder möglichen rechtlichen Bewertung zugrunde liegt und das darum jeder möglichen rechtlichen Regelung v o r gegeben ist. Die Tatbestände können dies vorgegeben ontologische Material nur „wiederspiegeln", sprachlich und begrifflich umreißen, aber der Gehalt der sprachlichen und begrifflichen „Wiederspiegelungen" kann nur durch eindringende Einsichtnahme in die ontologische Wesensstruktur des Gegenständlichen selbst herausgehoben werden. Daraus folgt für die Methodologie, daß die Wissenschaft vom Strafrecht zwar immer vom

---

[6] Es ist in dieser Hinsicht bezeichnend, daß auch E. *Schmidt* das konstitutive Moment der mittelbaren Täterschaft nicht etwa in einer Bewertung, sondern im Mangel des Vorsatzes beim Vermittler sieht (a. a. O. S. 123).

[7] Vgl. hierzu meinen oben zitierten Aufsatz.

[8] S. *Radbruch*, Zur Systematik der Verbrechenslehre (Frank-Festschrift, S. 161 f.; zugleich ein typisches Beispiel für die verfehlte Gleichsetzung des ontologischen Substrats der kulturellen Wirklichkeit mit der naturwissenschaftlichen Abstraktion aus diesem Substrat).

Tatbestand ausgehen muß, — denn das, was außerhalb jeder tatbestandlichen Fixierung liegt, kommt für das Strafrecht überhaupt nicht in Betracht, — daß sie aber immerfort den Tatbestand transzendieren und in die vorgegeben ontologische Sphäre hinabsteigen muß, um den Gehalt der begrifflichen Fixierungen zu verstehen, und um — wie wir hier hinzufügen wollen — auch die rechtlichen Wertungen richtig zu erfassen. Denn alles Werten setzt, was J. E. *Heyde*[9] besonders hervorhebt, die adäquate Erkenntnis des Objekts eines Wertes voraus[10].

---

[9] S. Joh. E. *Heyde*, Wert, S. 199.

[10] Um jedes Mißverständnis auszuschließen, sei betont, daß wir — wie unsere einleitenden Bemerkungen schon gezeigt haben — mit der Feststellung der ontologischen Momente der tatbestandlichen Begriffe die strafrechtliche Begriffsbildung keineswegs für erschöpft halten. Uns kam es in diesem Zusammenhang nur auf prinzipielle kritische Bemerkungen gegen Tendenzen an, die unter Berufung auf die emotional-normative Logik (bzw. auf die Tatbestandsmäßigkeit) die ontologischen Momente zu sehr in den Hintergrund zu drängen suchten. Eine durchgeführte Begriffslehre des Strafrechts könnte nur in einer umfassenden Untersuchung über den Gegenstand des Strafrechts gegeben werden.

NATURALISMUS UND WERTPHILOSOPHIE

ERSTER TEIL

FRANZ VON LISZT UND DIE POSITIVISTISCHE PHILOSOPHIE

1. Kapitel

DAS WELTBILD DES POSITIVISMUS

Der Zusammenbruch der *Hegel*schen Philosophie, der bald nach dem Tode ihres Schöpfers offenbar wurde — in der einen Wissenschaft früher, in der anderen später, — bedeutete mehr als den Niedergang eines beliebigen philosophischen Systems. Wie *Hegel* als letzter Polyhistor alle Zweige menschlichen Wissens und Wesens seiner Zeit in sich aufgenommen und mit der gewaltigen spekulativ-konstruktiven Kraft seines Denkens in dem System des absoluten Idealismus dialektisch bewältigt hatte, so hatte das ganze wissenschaftliche Leben seiner Zeit mehr oder minder unter seinem Banne gestanden, der um so größer war, als er durch seinen Einfluß auf die preußische Staatsführung als der preußische „Staatsphilosoph" galt. Sein System bildete den Höhepunkt und Abschluß der deutschen idealistischen Philosophie, an deren Anfang Kant gestanden hatte; zugleich flossen in ihm die Ströme der klassischen und romantischen deutschen Bildung zusammen. Der Zusammenbruch seines Lehrgebäudes bedeutete darum nichts anderes als die Ermattung des philosophischen Geistes überhaupt. „Dieses eine große Haus hat nur falliert, weil dieser ganze Geschäftszweig darniederliegt", sagte damals *Haym* in drastischen Worten[1]

Die Erbschaft der Philosophie glaubte in erster Linie die Geschichtswissenschaft antreten zu können[2]. In der Tat schwangen in jenen liberalen Historikern, in den *Sybel, Droysen, Haym, Treitschke, Mommsen,* die letzten Nachklänge der deutschen idealistischen Epoche[3] mit, wenn sie sich auch von dem objektiv-überindividuellen Idealismus *Hegels* wieder zu dem *Kant*ischen Idealismus der ethischen Persönlichkeit hinwandten.

Aber die Basis der Historie war viel zu schmal, als daß sie die große Lücke, die der Sturz der Philosophie gerissen hatte, auch nur vorübergehend

---

[1] *Haym*, Hegel und seine Zeit, 1857, S. 5.

[2] *Haym*, a. a. O. S. 466.

[3] Vgl. dazu O. *Westphal*, Feinde Bismarcks. Geistige Grundlagen der deutschen Opposition 1848—1918, München 1930.

hätte ausfüllen können. In diese Lücke deutschen Geistes strömte darum um so ungehemmter ausländisches, westeuropäisches Gedankengut ein. *Kant* war es gewesen, der die deutsche Philosophie vom westeuropäischen Denken „abgehängt" hatte. Jetzt, nach dem Zusammenbruch des deutschen Idealismus schickte sich die französische und englische Philosophie an, ihre alte Machtstellung wiederherzustellen, die sie besonders zur Zeit der Aufklärung in Deutschland besessen hatte. In Frankreich und England war ja der Zusammenhang mit der Aufklärung und dem naturwissenschaftlich orientierten Rationalismus und Empirismus eines *Descartes, Bakons, Lockes, Hobbes, Humes* usw. nie unterbrochen worden. Diese Zusammenhänge verdichteten sich um die Mitte des 19. Jahrhunderts zu einer neuen Konzeption spezifisch westeuropäischen Geistes im französisch-englischen Positivismus. Sein eigentlicher Begründer wurde — auf dem Sozialphilosophen *Saint-Simon* fußend — August *Comte*, der in seinem 1830/42 erschienenen cours de Philosophie positive die Grundlagen der positivistischen Philosophie schuf. Der Positivismus griff rasch nach England über, wo er seine bedeutendsten Anhänger in J. St. *Mill* und in Herbert *Spenzer* gewann. Die Schlacken unpositivistischen, metaphysisch-universalistischen Geistes, die noch bei *Comte* infolge seiner katholisierenden Tendenzen erhalten waren, wurden in den Systemen der nüchternern Engländern bald ausgewachsen, und in *Spenzers* Philosophie, die den inzwischen begründeten darwinistischen Evolutionismus — *Darwins* Hauptwerk erschien 1859! — in sich aufnehmen konnte, erklomm der Positivismus seinen höchsten Gipfelpunkt.

Die Grundtendenz des Positivismus war zunächst eine negative: die entschiedene Ablehnung alles dessen, was auch nur entfernt an Metaphysik anklingen konnte; und Metaphysik war für ihn alles, was das Gebiet menschlicher „Beobachtung" übersteigt. Diese Beschränkung der menschlichen Forschung auf die Beobachtung bedeutet den Verzicht auf alles Begreifen und Erklären, das über die Konstatierung von Tatsachen und deren äußeren Zusammenhängen hinausgeht, die Beschränkung auf das, „was sich wägen, messen und berechnen läßt"[4]. Was übrigbleibt, sind die äußeren Zusammenhänge der Dinge in ihrem Nebeneinander und ihrer Aufeinanderfolge. Die Aufgabe der „positiven" Wissenschaft soll deshalb darin bestehen, die Gesetze dieser Zusammenhänge des Mit- und Nacheinanders der Erscheinung in Statik und Dynamik zu erforschen. Daß derartige Gesetze überhaupt existieren, das ist allerdings die erste und wichtigste Voraussetzung, die der Positivismus machen muß. Aber dieses „fundamentalste Dogma der gesamten positiven Philosophie", die Gesetzmäßigkeit aller Erscheinungen, ist kein apriorisches Axiom, sondern entspringt nur „einer ungeheuren Induktion, ohne aus irgendeinem Begriff deduziert werden zu können"[5].

---

[4] *Eucken*, Zur Würdigung Comtes und des Positivismus in den Eduard Zeller gewidmeten Philosophischen Aufsätzen, Leipzig 1887, S. 53 ff.

[5] *Comte*, ungedruckter Brief an Papot; zit. bei Lévy-Bruhl, Die Philosophie August Comtes, deutsche Übersetzung, Leipzig 1902, S. 62.

Diese Gesetzmäßigkeit bedeutet für den Positivismus lediglich die Tatsache der konstanten Beziehung zwischen den beobachteten Erscheinungen[6]. Durch sie wird jede Erscheinung, sei sie natürlicher oder kultureller Art, zum bloßen Sonderfall allgemeiner Gesetze, deren Kenntnis den Menschen befähigt, den realen Verlauf der Dinge vorauszusehen. In der Voraussicht der Erscheinung aber liegt der Hauptzweck der Wissenschaft[7], und das Kriterium ihrer Vollendung besteht in der Exaktheit, mit der sie diese Voraussagen treffen kann. Das Vorauswissen bedeutet aber zugleich den Besitz der Macht über die Erscheinungen. Kennt der Mensch erst die Gesetze der Naturordnung, dann vermag er sie auch zu seinem Vorteil entweder abzuwandeln oder sich wenigstens ihr anzupassen, damit sie ihm keinen weiteren Schaden bringt[8]: savoir pour prévoir, afin de pourvoir.

Die Wissenschaft wird damit dem Herrschaftswillen des Menschen über die Welt unterstellt, und wie sie in der Naturwissenschaft seit Galilei die technische Herrschaft des Menschen über die Natur begründet hatte, so muß auch das politische und moralische Leben der Gesellschaft und des Einzelnen dieser technischen Gesetzmäßigkeit unterworfen werden. Darin sieht die positive Philosophie ihre Hauptaufgabe beschlossen.

Die Angleichung des kulturellen Lebens an das der Naturwissenschaft unterliegende Geschehen bedeutet aber zugleich eine durchgängige Mechanisierung alles Denkens. Die Größe und der Fortschritt der modernen Astronomie, Physik, Chemie usw. bestehen ja darin, die Zweckursachen des anthropomorphischen oder „theologischen" Zeitalters überwunden zu haben; sie haben den Begriff der Teleologie in den der Kausalität zusammen mit dem der gegebenen Existenzbedingungen (des „Milieu") umgewandelt[9]. Diese wissenschaftlichen Ergebnisse legten den Begriff der Kausalität in einem rein mechanischen Sinne fest, d. h. die Kausalität wurde zur blinden, zweckindifferenten Ablaufsordnung des Geschehens, die sich dadurch charakterisiert, daß die Wirkung die gleichgültige Resultante blinder Komponenten ist. Alle Zweckmäßigkeit ist das — vom Standpunkt der Werthaftigkeit des Ergebnisses aus betrachtet — rein „zufällige" günstige Resultat der gerade vorhandenen realen Bedingungen. Den größten Triumph feierte diese mechanische Denkweise, als *Darwin* 1859 sein Hauptwerk „Ueber die Entstehung der Arten durch natürliche Zuchtwahl" erscheinen ließ[10]. Die Zweck-

---

6 *Comte*, Discours sur l'esprit positif, übersetzt von Sebrecht: Abhandlung über den Geist des Positivismus, Leipzig 1915, S. 17.

7 *Comte*, Entwurf der wissenschaftlichen Arbeiten, welche für eine Reorganisation der Gesellschaft erforderlich sind (Plan des travaux scientifiques nécessaires pour réorganiser la société 1822), übersetzt von Ostwald, Leipzig 1914, S. 157.

8 *Comte*, Geist des Positivismus, S. 34.

9 *Comte*, cours de philosophie positive. 2. Aufl. bes. v. E. Littré, Paris 1864, II, S. 27 ff.; III, S. 320; Reorganisation der Gesellschaft, S. 155.

10 Ein eindrucksvolles Beispiel für die tiefgehende weltanschauliche Wirkung dieses Buches auf die Zeitgenossen findet sich in Haeckels Briefen „Himmelhoch jauchzend" 1927, S. 332.

mäßigkeiten des biologischen Lebens spotteten am längsten einer rein mechanischen Erklärung. Da zeigte *Darwin*, wie die Entstehung des Zweckmäßigen rein mechanisch erklärt werden kann: die blind-kausale, d. h. im Hinblick auf die Erfordernisse der neuen Lebensbedingungen rein zufällig auftretende, angepaßtere biologische Variation gibt ihrem Träger einen Vorsprung im Kampf ums Dasein, so daß er die nichtbegünstigten Artgenossen überlebt und durch vermehrte Fortpflanzung die Erhaltung der angepaßten Variation befördert. Die Entstehung der Zweckmäßigkeit beruht darum nicht auf einem geheimnisvollen, transmechanischen Prozeß, sondern — wie *Rickert* treffend formuliert — „wir nennen das zweckmäßig, was unter der Menge der verschiedensten, mechanisch entstehenden Formen gerade so geworden ist, daß es bestehen bleiben konnte“[11]. Die Zweckmäßigkeit ist nichts anderes als ein rein mechanisches Anpassungsergebnis.

Diese mechanische Kausalität, die in der Naturwissenschaft so große Erfolge gezeigt hatte, galt es nun auf die kulturelle Welt auszudehnen. Das mußte um so näher liegen, als für *Darwin* selbst bei der Aufstellung seines Grundprinzips vom Kampf ums Dasein die Malthusische Bevölkerungstheorie mit zugrunde gelegen hatte. So war es keine μετάβασις εἰς ἄλλο γένος, sondern nur die Rückübertragung eines Prinzips, das sich schon auf kulturellem Gebiet bewährt hatte, auf biologische Verhältnisse. So wurde für den Positivismus nach den Worten *Spenzers*[12] die Kultur zur bloßen Phase im Naturgeschehen wie die Entwicklung eines Embryo oder das Erblühen einer Blume; die Umwandlung, die die Menschheit durchlief und noch durchläuft, sind das Ergebnis eines Gesetzes, das der ganzen organischen Schöpfung zugrunde liegt.

Durch die Identifizierung jeder Ablaufsgesetzlichkeit mit der einen mechanischen Kausalität erhält die positivistische Philosophie jenen eminent mechanischen Charakter, der ihr ganzes Denken kennzeichnet. Auch da, wo sie von Organismen und organischem Leben spricht, handelt es sich im Grunde doch nur um komplizierte mechanische Prozesse, und die organische Entwicklung besteht in Wahrheit nur in einer zunehmenden Komplizierung mechanischer Gleichgewichtssysteme. Es ist mehr als bloße Namengebung, daß *Comte* seine Wissenschaft vom sozialen Leben eine „physique sociale“ nannte, ganz zu schweigen von *Quételet*, dessen physique social nach seinen eigenen Worten eine zweite Mechanik des Himmels bilden sollte[13].

Der tiefere Grund für die ausschließliche Anerkennung der mechanischen Kausalität liegt in dem Machtwillen des positivistischen Menschen. Wenn die „rationelle Auffassung von der praktischen Wirksamkeit des Menschen

[11] *Rickert*, Philosophie des Lebens, 1920, S. 88.

[12] *Spenzer*, Social statics 1856.

[13] *Quételet*, du systéme social 1848, deutsche Übersetzung: Zur Naturgeschichte der Gesellschaft, Hamburg 1856, S. 102, ^{2}28.

in der Natur“ auf die politische und moralische Wirksamkeit ausgedehnt werden soll[14], so kann dies in vollendeter Form nur in einer durchweg mechanisierten Welt geschehen. Eindeutig bestimmbar und damit dem menschlichen Eingreifen am sichersten unterworfen ist die Welt nur da, wo sie ein Mechanismus ist. Sämtliche technischen Errungenschaften legen dafür ein erdrückendes Zeugnis ab. So sind auch alle Positivisten von *Saint-Simon* bis *Spenzer* darin einig, daß die höchste Entwicklungsstufe der menschlichen Zivilisation eine industriell-technische Epoche ist[15].

Diese mechanisch-technische Blickrichtung ist von der fundamentalsten Bedeutung für die ganze positivistische Weltanschauung, ist ihr eigentliches Herzstück. Sie gestaltet alle Einzellehren und gibt ihnen das typisch positivistische Gepräge. Ihre weittragendste Konsequenz ist die Zurückdrängung aller geistig-ideellen Gehalte aus dem Leben des einzelnen wie aus dem der Gesamtheit. Die Ideen, die das historisch gegebene Geistesleben ausmachen und in deren geistig-realer Auseinandersetzung das kulturelle Leben des einzelnen und die geschichtliche Entwicklung der Gesamtheit bestehen, sind für eine mechanisch-technische Blickrichtung inhaltlich gleichgültig, nur in ihrer abstrakt-kausalen Funktion haben sie Bedeutung. Welchen geistigen Gehalt sie repräsentieren oder gar ob sie inhaltlich wertvoll oder wertwidrig sind, muß irrelevant bleiben, entscheidend ist nur, daß sie als kausale Wirkungsfaktoren den gesellschaftlichen Gleichgewichtszustand aufrechterhalten. Den Mut, diese Konsequenz am entschiedensten ausgesprochen zu haben, besitzt auch hier *Quételet:* „Wenn mehrere Kräfte gleichzeitig auf einen Punkt wirken, bringen sie ein Resultat hervor, das in gewissen Fällen gleich Null sein kann. Stellt sich dieses Gleichgewicht nicht von selbst her, dann kann man es künstlich schaffen, indem man zu den vorhandenen Kräften eine gleich starke neue Kraft von entgegengesetzter Wirkung hinzufügt. Auf der richtigen Schätzung der Natur und Richtung dieser Wirkungen beruht die ganze Regierungskunst[16].“

Wo der Positivismus über dieses mechanische System hinausgeht, wie besonders bei *Comte* in der näheren Ausgestaltung seines Drei-Stadien-Gesetzes, z. B. in seiner Forderung eines „pouvoir spirituel“ u. dgl., da umgibt er sich mit einem fremden glänzenderen Gewand, das er eben doch nur geborgt hatte (*Eucken* a. a. O., S. 80). Das letztlich Wesentliche bleibt ihm immer die äußere Organisation, der berechenbare Mechanismus des Ineinandergreifens von kausalen Kräften, der gerade wegen seiner Berechenbarkeit durch kluges Eingreifen der menschlichen Intelligenz rascher und reibungsloser zu seinem naturgesetzlich vorgeschriebenen „Ziele“ gebracht wer-

---

[14] *Comte*, Geist des Positivismus, S. 35.

[15] Siehe dazu *Comte*, Reorganisation der Gesellschaft, S. 145 ff.; *Mill,* Logik, 6. Buch X § 6; *Spenzer*, Principles of Sociology § 260, §§ 562/82.

[16] *Quételet*, Zur Naturgeschichte der Gesellschaft, S. 278.

den kann. Alles Qualitative muß zugunsten des Quantitativen, des Meß- und Berechenbaren, zurücktreten. Das wissenschaftliche Ideal des Positivismus ist eine die materielle Wirklichkeit wie das geistige und kulturelle Leben umfassende Welt, die in Statik und Dynamik, d. h. in dem gesetzmäßigen Mit- und Nacheinander ihrer Phänomene, exakt berechenbar ist, und wo dies noch nicht voll möglich ist — wie in der Geschichte —, da tröstet sich der Positivismus damit, daß mit fortschreitender Zivilisation auch die Entwicklung der Menschheit immer gleichmäßiger und damit berechenbarer wird[17].

Dieser rationellen, technisch-mechanischen Weltauffassung entspricht als kongeniale Idee vom Menschen der Mensch als technische *Intelligenz*. Wo die Welt ein großer Mechanismus ist, da muß das höchste Menschentum im technischen Wissen liegen, während alle übrigen Seiten des menschlichen Wesens, die körperlichen und moralischen Eigenschaften, dahinter völlig zurücktreten. Nur der Intelligenz, nicht den moralischen oder körperlichen Eigenschaften, gehört im positiven Zeitalter die Suprematie[18]. Auch die Geschichtsentwicklung beruht letzten Endes allein auf der Entwicklung der Intelligenz, und zwar in der Ausbreitung unserer Kenntnisse von den kausalen Gesetzen[19]. So gesteht *Spenzer*, daß sich der geistige Fortschritt in nichts so getreu widerspiegelt wie in der Entwicklung der Idee von der Kausalität[20]. Hierin offenbart sich der Positivismus[20a] als legitimer Vater des modernen Intellektualismus, der unser Kulturleben bis in die jüngste Vergangenheit hinein maßgebend bestimmt hat. Unter der Parole „Wissen ist Macht" setzte er die kluge Berechnung der wirtschaftlichen, gesellschaftlichen, politischen Strömungen an die Stelle aller letzten ethischen und existenziell-blutmäßigen Bindungen.

Doch wird der positivistische Mensch trotz seiner technischen Intelligenz seines Sieges nicht froh. Er, der die ganze Welt in den Bann eines blindmechanischen Zwanges wirft, um sie eindeutig beherrschen zu können, schmiedet sich damit die Ketten seiner eigenen Unfreiheit. Sein blindmechanisches System wendet sich gegen ihn selbst und macht ihn letztlich zur blindkausalen Komponente des kausalen Allgeschehens. Im Assoziationsmechanismus seiner Psychologie und im Evolutionismus seiner Geschichtsphilosophie verfällt er selbst den Ketten des Allmechanismus. Zwar hat er sich verzweifelt dagegen zu wehren versucht. So *Mill*, indem er auf

---

[17] *Comte*, cours IV. 270. *Mill*, Logik 6. Buch XI § 4.

[18] *Quételet*, Zur Naturgeschichte des Menschen S. 270.

[19] „Das intellektuelle Element ist der hervorragendste Faktor in der Geschichte". *Mill*, Logik 6. Buch XI § 2; *Buckles* Geschichte der Zivilisation in England beruht auf diesem Gedanken.

[20] *Spenzer*, Principles of morality § 17.

[20a] Seinerseits allerdings wieder bedingt durch den westeuropäischen Rationalismus und Empirismus der vorangegangenen Jahrhunderte, vor allem durch *Bacons* Grundmaxime scientia est potentia.

die kausale Wirksamkeit der Willensakte hinweist[21]); aber dies steht hier nicht in Frage, sondern die reale Möglichkeit zur Bildung sinnhafter und sinnbewußter Willensakte, die durch den Assoziationsmechanismus — der wie jeder Mechanismus ein blind-kausaler Verknüpfungsprozeß ist[22] — nicht begriffen werden kann. Müder ist schon *Spenzer*, der auf den Einwand, daß nach seiner Auffassung von Anfang bis zu Ende alles unbewußt und unwiderstehlich gehen müsse, zugesteht, daß die soziale Entwicklung in der Tat großenteils ohne irgendwelche menschliche Absicht abläuft[23]. Es ist der unlösbare innere Widerspruch, dem jeder kausal-mechanische Determinismus verfällt: das sinnvolle Begreifen der Welt ist niemals auf Grund einer blind-kausalen Allgesetzlichkeit möglich. „Es bleibt die Unmöglichkeit, aus elementarem Naturgeschehen die Sinngehalte des geistigen Lebens und die Stufenfolge ihrer Entwicklung herauszupressen, geschweige denn denjenigen Geist, der die Natur erkennend durchschaut und zwecktätig benutzt, als Teil oder Produkt eben dieser Natur abzuleiten und zu begreifen[24].“

Das Assoziationsprinzip, das in der frühen englischen Psychologie von *Locke*, *Hartley*, *Priestley* und *Hume* entwickelt war, übernahm der Positivismus hauptsächlich von James *Mill*, dem Vater John Stuart *Mills*. Hier im Positivismus wurde er zum „Gravitationsgesetz des seelischen Lebens“ (*Mill*). Nach ihm beruhen alle seelischen Verbindungen bis in die höchsten geistigen Vorgänge des Wollens und Denkens ausschließlich auf „Vorstellungsverkittungen“, die dadurch zustande kommen, daß zwei Bewußtseinselemente (wiederholt) zusammen oder nacheinander in einem Bewußtsein auftreten[25, 26]. Atomismus und Mechanismus kennzeichnen das Wesen der Assoziationspsychologie: das Seelenleben wird nach physikalischem Vorbild in eine Summe einzelner disparater Atome (Elemente)[27] zerstäubt, die nach ihrem „zufälligen“ kausalen Zusammensein oder ihrer Aufeinanderfolge im Bewußtsein sich miteinander assoziieren und damit alles seelische Geschehen regulieren. Nicht die intentionalen Sinnbeziehungen der Akte auf und nach Gegenstandsstrukturen[28], sondern ausschließlich die rein mechanisch-kausale, blind-zufällige Berührung (Kontiguität) von disparaten Vorstellungselementen reguliert alles seelische Geschehen.

---

[21] *Mill*, Logik 6. Buch XI § 3.
[22] Siehe darüber unten S. 24 ff.
[23] *Spenzer*, Erfahrungen und Betrachtungen aus der Zeit, Stuttgart 1904 S. 292 ff.
[24] *Litt*, Ethik der Neuzeit im Handbuch der Philosophie S. 146. Siehe dazu weiter unten S. 24 ff.
[25] *Mill*, Logik 6. Buch IV § 3 ff.; *Spenzer*, Principles of Psychology §§ 189 ff.
[26] Vgl. dazu etwa *Jaspers*, Psychopathologie S. 124 ff. und zum Ganzen: *Bühler*, Die Krise der Psychologie, Jena 1929; *Frenkel*, Atomismus und Mechanismus in der Assoziationspsychologie, Zeitschrift f. Psychologie I. Abt. Bd. 123 S. 193 ff.
[27] Siehe „Elementenpsychologie“ bei *Spranger*, Lebensformen S. 9 ff.
[28] Siehe dazu meinen Aufsatz über „Kausalität und Handlung“ in ZStW. 51 S. 703 ff. und weiter unten S. 24 ff.

Dieses Assoziationsschema baute *Spenzer* in seine große Entwicklungslehre ein, nach der alle Lebensentwicklung die kontinuierliche Anpassung der inneren Bedingungen an die äußeren ist[29]. Jeder Fortschritt besteht darin, daß zu den bereits vorhandenen angepaßten inneren Bedingungen neue hinzugefügt werden[30]. Die geistige Entwicklung bedeutet dann die immer vollkommener werdende Anpassung des Subjekts an die äußeren Verhältnisse[31]. Selbst die Vollkommenheit der höchsten menschlichen Verstandestätigkeit besteht lediglich darin, daß der Anpassungsautomat vermöge des Assoziationsmechanismus am kompliziertesten und damit der Kompliziertheit der äußeren Verhältnisse am angepaßtesten geworden ist. Darum ist kein qualitativer Unterschied zwischen Reflex, Instinkt und Vernunft vorhanden, sondern ihre Verschiedenheit liegt lediglich in der steigenden Komplizierung der Anpassungsautomatismen[32]. Wie der *Darwin*ismus die Zweckmäßigkeit der biologischen Funktionen rein mechanisch erklärte, so unternimmt es die Assoziationspsychologie, die Teleologik der zweckbewußten, intentionalen Akte des Denkens und Wollens auf blind-mechanische Assoziationsautomatismen zurückzuführen.

Seine Hauptaufgabe sieht jedoch der Positivismus in der Erforschung der Gesetze des sozialen Lebens, die den Gegenstand der „sozialen Physik“ oder der „Soziologie“ ausmachen. Der Grundbegriff der Soziologie ist bezeichnenderweise nicht Volk oder Staat, sondern die Gesellschaft. Diese wird als „Organismus“ definiert, d. h. als gegliedertes Aggregat von letzten sozialen Einheiten[33], die in Arbeitsteilung[34] zusammenwirken und dadurch wechselseitig voneinander abhängen. Die Arbeitsteilung unter den Gliedern ist das, was die Gesellschaft wie den biologischen Organismus zu dem lebenden Ganzen macht[35]. Die soziale Entwicklung besteht in einer immer stärker werdenden Differenzierung der Tätigkeiten der einzelnen und damit — infolge der wachsenden gegenseitigen Abhängigkeit — in der immer stärkeren „Integrierung“ des Ganzen. Das Band, das die Gesellschaft zusammenhält, ist vornehmlich das des intellektuellen Zusammenwirkens, nicht — wie in der Familie — ein affektiv-moralisches Band[36], oder wie

---

[29] *Spenzer*, Principles of Biology § 30.

[30] *Spenzer*, Principles of Biology § 32.

[31] *Spenzer*, Principles of Psychology § 131.

[32] Siehe Principles of Psychology § 190, § 381. Ein charakteristisches Beispiel für die rein mechanisch-automatische Auffassung des Denkens findet sich in Principles of Psychology § 204.

[33] Die nach *Comte* (cours IV S. 398, 408, 416) die Familien, nach *Spenzer* (Principles of Sociology § 7) die Einzelindividuen sind; aber auch für *Comte* ist der soziale Organismus seinen Funktionen nach individuell, Système de politique positive 3. Aufl., Paris 1890—1895 II S. 265.

[34] Ein bezeichnenderweise aus der Nationalökonomie — von Adam *Smith* — entlehnter Begriff.

[35] *Spenzer*, Principles of Sociology § 217; vgl. auch *Comte*, cours IV S. 419 ff.

[36] *Comte*, cours IV S. 419 ff.

Spenzer es sehr viel eindeutiger sagt, die Menschen bleiben assoziiert wegen der Vorteile, die ihnen das Zusammenwirken verschafft[37].

Nach positivistischer Anschauung bedeutet also der übergreifende Einheitscharakter der Gesellschaft nichts anderes als das in sich ausbalanzierte System der kausalen Wechselwirkungen der infolge der Arbeitsteilung aufeinander angewiesenen Individuen. Die Gesellschaft ist das große Gleichgewichtssystem der ineinander verschlungenen Tätigkeiten der Individuen. Die soziale Entwicklung ist — wie jede Entwicklung des Lebens[38] — die immer vollkommener werdende Ausgestaltung und Differenzierung dieses großen beweglichen Gleichgewichtszustandes[39].

Von hier aus wird verständlich, weshalb der Positivismus nur die Gesellschaft und nicht den Staat zum Grundbegriff seiner Sozialtheorie machen konnte. Wo der Staat nicht lediglich als Apparaturstaat aufgefaßt wird, — der allerdings nichts anderes ist als das Korrelat des positivistischen Gesellschaftsbegriffs als äußerer Regulator des gesellschaftlichen Gleichgewichtszustandes, — wo er inhaltlich-substantiell auftritt — gleichgültig, ob als Wirklichkeit der ganzen sittlichen Idee selbst (*Hegel*) oder nur als Teilausdruck dieser Idee —, da weist er auf eine völlig anders geartete Einheit hin, nämlich auf die durch eine konkrete Idee, eine umfassende weltanschauliche Position gegliederte und durchstrahlte Einheit des gesamten materiellen und geistigen Lebens einer Nation. Ein derartig ideel-geistiger Gehalt als konstituierender Ganzheitsfaktor aber wäre ein Fremdkörper in einem mechanischen System, der mit einer physikalisch naturwissenschaftlichen Methodik nicht bewältigt werden könnte, für welche das Ganze eben nur eine naturgesetzlich gegliederte Ansammlung von Einzelelementen und seine Entwicklung eine gesetzmäßig durch mehrere Stadien laufende Veränderungsreihe ist. Wo der Positivismus den ideellen Gehalten Einfluß gewährt, — wie es *Comte* in seinem pouvoir spirituel[40] tat, der er die Aufgabe zuweist, eine einheitliche Weltanschauung im Staate herzustellen, — da sprengt er sein System, und *Comtes* Größe liegt nicht zum wenigsten in dieser Inkonsequenz[41]. Hier haben die Engländer *Mill* und besonders *Spenzer* die positivistischen Grundgedanken mit größerer Konsequenz zu Ende gedacht.

Der Druck des mechanischen Ausgangspunktes mußte den Positivismus immer wieder dahin drängen, die statischen und dynamischen Struktur-

---

[37] *Spenzer*, Principles of Sociology § 440.

[38] *Spenzer*, Principles of morality § 28.

[39] Siehe z. B. *Spenzer*, First Principles §§ 170 ff., 175.

[40] Siehe darüber *Lévy-Bruhl*, Die Philosophie August *Comtes* S. 192 ff.; *Eucken* a. a. O. S. 68 f., 77.

[41] Charakteristisch ist *Comtes* ausgesprochene Vorliebe für das Mittelalter wegen der dort verwirklichten weltanschaulichen Einheit und seine Hochschätzung des Katholizismus. Trotz aller Überspitzung hat der Satz *Nietzsches* einen wahren Kern in sich: „Jener klügste Jesuit A. *Comte* hat seine Franzosen auf dem Umweg der Wissenschaft nach Rom führen wollen." Götzendämmerung S. 58.

gesetze der Gesellschaft in blind abrollende Kausalstränge aufzulösen. Das brachte ihn u. a. in einen entschiedenen Gegensatz zur alten Naturrechtslehre, die den Staat zum künstlichen Produkt des klügelnden Verstandes, zum juristisch-berechneten Effekt des Gesellschaftsvertrages gemacht hatte. Hiergegen hatten schon die Romantik und *Hegel* leidenschaftlichen Protest eingelegt. Aber welcher Abgrund trennt den Positivismus von der Auffassung der Romantiker und *Hegels*! Bei diesen war es der stillwaltende Volksgeist oder der objektive Geist, der Recht und Staat — eine ideengeladene Wirklichkeit — aus sich erzeugte. Der Positivismus dagegen senkt den Staat tief in eine ideenlose mechanisch ablaufende Naturwirklichkeit hinein, um ihn um so besser rationell verstehen und technisch beherrschen zu können.

So ist das große „Wunder" des verwickelten gesellschaftlichen Organismus ähnlich wie das des biologischen Organismus im Grunde nur das „zufällige" Produkt kausaler Komponenten. „Die umfassende und verwickelte Organisation der Gesellschaft, vermöge deren ihr ganzer Lebensprozeß sich abspielt, ist das Ergebnis des spontanen Zusammenwirkens von Menschen, die eigentlich nur ihre privaten Zwecke verfolgten[42]."

Aber auch die konkreteren Formen des gesellschaftlichen Zusammenwirkens zeigen — im großen gesehen — eine deutliche mechanische Gesetzmäßigkeit. Zwar können die sozialen Einzelerscheinungen und die einzelnen Handlungen der Individuen wegen der Unübersehbarkeit der mitwirkenden Ursachen nicht mathematisch exakt vorausbestimmt werden, aber der größte Teil von ihnen, und zwar gerade diejenigen Handlungen, die am dringendsten menschlicher Voraussicht und Beeinflussung unterworfen werden müssen, werden von „allgemeinen Ursachen" bestimmt, d. h. von Umständen und Eigenschaften, die nicht individuell, sondern vielen oder den meisten Menschen gemeinsam sind[43]. Diese Regelmäßigkeiten sozialer Erscheinungen finden ihren sichtbaren Niederschlag in den statistischen Erhebungen, so daß die statistische Methode das wichtigste Hilfsmittel zur Erforschung der den sozialen Regelmäßigkeiten zugrunde liegenden Gesetze darstellt. Die Statistik zeigt uns, wie die anscheinend individuellsten menschlichen Handlungen — Eheschließung und Zeugung, Selbstmord und Verbrechen, ja sogar das primitive Vergessen der Briefadressierung en masse betrachtet — einer fast mathematischen Regelmäßigkeit unterliegen. Der belgische Astronom *Quételet* machte deshalb die Statistik zur Grundlage seiner sozialen Physik (1835); seine Ergebnisse drangen bald in den englischen Positivismus ein, wo sie z. B. in *Buckles* Geschichte der Zivilisation in England und in *Mills* Logik Aufnahme fanden. Auf Grund der Statistik läßt sich nach *Quételet* geradezu ein „Budget" aufstellen, „das mit erschrekkender Regelmäßigkeit bezahlt wird, nämlich das der Gefängnisse, Galee-

[42] *Spenzer*, Principles of morality § 378. Ähnlich in éErfahrungen und Betrachtungen aus der Zeit" S. 294.

[43] Siehe *Mill*, Logik B. Buch Kap. III § 2 und 3. Buch Kap. XXIII § 7.

ren und Schafotte"[44]. Wenn aber die gesetzliche Regelmäßigkeit der Verbrechen auf allgemeinen Ursachen beruht, dann scheinen die Verbrechen „das notwendige Ergebnis unserer sozialen Organisation zu sein". „Die Erfahrung beweist in der Tat ..., daß die Gesellschaft es ist, die das Verbrechen vorbereitet, und daß der Schuldige nur das ausführende Werkzeug ist. ... Sein Verbrechen ist die Frucht der Verhältnisse, in die er versetzt war"; er selbst „gewissermaßen ein Sühnopfer der Gesellschaft"[45].

Aber die naturgesetzliche Regelmäßigkeit hat „bei näherer Betrachtung etwas Tröstliches, weil sie auf die Möglichkeit hinweist, die Menschen durch Veränderung ihrer Einrichtungen, ihrer Gewohnheiten, ihres Bildungsstandes und überhaupt alles dessen, was auf ihre Lebensweise Einfluß hat, zu bessern"[46].

Die Bedeutung des Milieus für das Individuum, auf die *Quételet* damit hinweist — der Terminus „Milieu"[47] bürgerte sich hauptsächlich seit *Comte* ein[48] —, rückte später besonders in der französischen Soziologie in den Mittelpunkt der Sozialtheorie und fand in dem Schüler *Comtes*, *Taine*, ihren glänzendsten Vorkämpfer.

Die Besserung der sozialen Zustände, wie überhaupt die ganze Entwicklung der Gesellschaft unterliegt jedoch ebenfalls unveränderlichen kausalen Gesetzen, die die gesellschaftliche Dynamik ausmachen. Der Dynamik galt die Vorliebe der Positivisten, in ihr glaubten sie die Geschichte zum Range einer Wissenschaft erhoben zu haben. Den bisherigen geschichtlichen Werken erkannten sie höchstens den Charakter von Annalen zu, die bestenfalls eine Materialsammlung für die echte wissenschaftliche Historie abgeben können[49]. Die wissenschaftliche Geschichte ist eine „histoire sans noms", sie erforscht die Gesetze des Fortschritts, d. h. den Gang der Gesellschaft durch eine Reihe notwendig bestimmter Stufen hindurch. Das Historisch-Individuelle interessiert hier höchstens als beliebiger Spezialfall[50] des allgemeinen Fortschrittsgesetzes, das in der Stufenreihe der übrigen Gesellschaften seine entsprechenden Exemplare hat.

Auch hier zerstört die naturwissenschaftliche Methode den inhaltlichen Reichtum, der allein im historisch Einmaligen Gestalt gewinnt, erfaßte an ihm nur das, was beliebig wiederholbar ein Gattungsallgemeines ausmacht, und reiht die Summation dieser Gattungsallgemeinheiten als historische Phasen in einer gesetzlich formulierbaren zeitlichen Abfolge aneinander, die

---

[44] *Quételet*, Soziale Physik, übersetzt von *Dorn*, Jena 1914 Bd. I S. 107.
[45] *Quételet*, Soziale Physik II. S. 444.
[46] *Quételet*, Soziale Physik I S. 107.
[47] Siehe cours IV S. 352 f.
[48] Siehe dazu Paul *Barth*, Die Philosophie der Geschichte als Soziologie, 3. und 4. Aufl., Leipzig 1922 S. 178.
[49] *Comte*, Reorganisation der Gesellschaft S. 192; cours IV S. 324 f.
[50] *Comte*, cours IV S. 304.

alle Gesellschaften und somit die ganze Menschheit naturnotwendig durchlaufen müssen.

Auch dieser gesetzmäßige Ablauf ist im letzten Grunde nur die kausale Folge der naturgesetzlichen Entwicklung der menschlichen Intelligenz. Die Intelligenz ist das wahrhaft Fortschreitende in der Geschichte, wobei unter der Intelligenz ausschließlich die Kenntnis der kausalen Gesetze zu verstehen ist[51]. So beruht das Drei-Stadien-Gesetz *Comtes* letztlich auf der Entwicklung der menschlichen Kausalauffassung: In der theologischen Epoche wird die Kausalität anthropomorphisch, in der metaphysischen substantiell-dinghaft, in der positiven als reine Gesetzmäßigkeit der notwendigen Aufeinanderfolge der Erscheinungen erfaßt. Nicht der weltanschauliche Kampf der in den Nationen und Epochen realisierten Ideen formt den Lauf der Geschichte, sondern das natürliche Wachstum der Intelligenz schiebt die Menschheit stufenweise vorwärts. Noch deutlicher wird der blind-mechanische Charakter des Fortschrittsgesetzes bei *Spenzer.* Für ihn, der das Vehikel des Fortschritts in der mechanischen Auslese des *Darwin*ismus erblickt ,ist die Entwicklung des Menschen die kontinuierliche Vervollkommnung seiner Anpassung an die natürlichen und gesellschaftlichen Zustände. Durch die gesellschaftliche Anpassung wird das bewegliche Gleichgewicht der Gesellschaft dauerhafter und durch die Anpassung an die materielle Welt (d. h. durch die Kenntnis ihrer kausalen Gesetze) wird die industrielle Differenzierung der Gesellschaft immer vollkommener und zugleich die Integration stärker. So geht nach ihm die Entwicklung der menschlichen Gesellschaft vom abergläubisch-despotisch-militärischen Zwangsstaat, in welchem die Individuen infolge des Drucks des äußeren Kampfes ums Dasein unter eine jegliche Tätigkeit reglementierende, hierarchisch aufgebaute Zwangsgewalt assoziiert sind[52], zum liberalistisch-industriell-pazifistischen Minimalstaat, in dem das soziale Zusammenwirken der Individuen auf freiem vertraglichen Austausch beruht und die staatliche Tätigkeit sich darauf beschränkt, Übergriffe nicht voll angepaßter Individuen in die Freiheitssphäre der anderen zu verhindern[53]. So erhält und entwickelt sich der ganze komplizierte Organismus des industriellen Gesellschaftszustands rein mechanisch von selbst dadurch, daß jedes Individuum seine eigenen Interessen verfolgt, nur beschränkt durch die Rücksichtnahme auf die gleiche Freiheit der übrigen[54]. Die nichtangepaßten Individuen müssen die Folgen ihrer gesellschaftswidrigen Handlungen selbst tragen und werden entweder durch den natürlichen gesellschaftlichen Ausleseprozeß langsam ausgeschieden oder verfallen der künstlichen Selektion der staatlichen Strafe. Auch die Strafe untersteht so dem großen Prinzip der natürlichen Zuchtwahl[55].

---

[51] Siehe oben S. 34.

[52] *Spenzer,* Principles of Sociology § 259, §§ 547/61.

[53] *Spenzer,* Principles of Sociology § 260, §§ 562/82.

[54] *Spenzer,* Erfahrungen und Betrachtungen aus der Zeit S. 294.

[55] Principles of morality § 420.

Das gesamte gesellschaftliche Leben ist damit in Statik und Dynamik unabänderlichen kausalen Gesetzen unterworfen, die zwangsläufig abrollen und durch kein staatliches Eingreifen in andere Bahnen gelenkt werden können. Der Gesetzgeber vermag den spontanen Gang der Gesellschaft bestenfalls zu unterstützen, ihn aber nicht aufzuhalten oder in andere Richtung zu zwingen[56]. Erweist sich so die Macht politischer Maßregeln als sehr beschränkt[57], dann ist es nur folgerichtig, wenn *Mill* und *Spenzer* den Staat von Eingriffen in das spontane gesellschaftliche Leben möglichst fernhalten wollen. Ihnen fehlt der Glaube, daß gesetzgeberische Vorschriften einen förderlichen Einfluß auf die sozialen Prozesse ausüben könnten[58]. Dazu kommt, daß in einer Sozialtheorie, die alles Überindividuelle funktionalisiert, d. h. in ein mechanisches Gleichgewichtssystem individuellen Zusammenwirkens auflöst, die eigentliche Substanz, der letzte Wert, auf den alles bezogen ist, beim Individuum bleiben muß. Die positivistische Staatsidee muß — trotz *Comte* — individualistisch-liberalistisch sein. *Spenzer* beweist das anschaulich an dem Gegensatz des biologischen und sozialen Organismus: im biologischen Organismus ist das Bewußtsein in einem einzigen Organsystem, dem Nervensystem, konzentriert; das biologische Aggregat hat nur ein „kooperatives" Bewußtsein. Im sozialen Organismus dagegen ist jedes Glied bewußtseinsbegabt: alle Einheiten haben die Fähigkeit zu Glück und Elend; das Aggregat als solches hat kein eigenes Bewußtsein. Das ist nach *Spenzer* der tiefste Grund dafür, „daß, während im Einzelorganismus die Einheiten zum Nutzen des Aggregats da sind, im sozialen Organismus vielmehr das Aggregat dem Nutzen der Einheiten dient"[59]. „Die Gesellschaft existiert zum Nutzen der Glieder und nicht die Glieder zum Nutzen der Gesellschaft[60]." So liegt die eigentliche Substanz des staatlich-gesellschaftlichen Lebens im Individuum, und der Staat hat nur die Aufgabe, dafür zu sorgen, daß sich die Persönlichkeit frei entfalten kann, lediglich beschränkt durch die Rücksichtnahme auf die gleiche Freiheit der Mitmenschen[61]. Das oberste Prinzip der Gerechtigkeit lautet daher: „Es steht jedermann frei zu tun, was er will, soweit er nicht die Freiheit jedes einzelnen beeinträchtigt[62]." Wo der Staat diese nur durch

[56] *Comte*, Système de politique positive, Einleitung, übers. von E. *Roschlau* unter dem Titel: Der Positivismus in seinem Wesen und seiner Bedeutung. 1894 S. 111, cours IV S. 244 ff., 284 ff., 292.

[57] *Comte*, Brief an Valat, siehe Lévy-Bruhl, S. 202.

[58] *Spenzer*, Principles of Sociology § 574.

[59] *Spenzer*, Principles of Sociology, Nachschrift zum II. Teil.

[60] *Spenzer*, Principles of Sociology § 22.

[61] *Spenzer*, Principles of morality § 365 und zum Ganzen *Mill*, On Liberty 1859.

[62] *Spenzer*, Principles of morality § 272. Auf die Ähnlichkeit mit *Kants* Definition des Rechts (Metaphysik der Sitten. §§ B u. C) weist *Spenzer* selbst hin (Principles of morality IV. Teil Anhang A). Das rechtsphilosophische Spätwerk des gealterten *Kant* enthält im stärksten Maße Gedankengut des aufklärerischen Naturrechts.

die Rücksichtnahme auf die Mitmenschen begrenzte Freiheit des einzelnen weiter einschränken will, da überschreitet er seine Machtbefugnis und begeht selbst Unrecht[63].

So wird auch die Staatsgewalt in feste berechenbare Grenzen eingespannt, und ihre Ausübung wird zur wissenschaftlichen Politik erhoben, die jede Willkür ausschließen soll. „In dieser Politik wird das Menschengeschlecht betrachtet als einem Naturgesetz unterworfen, welches durch die Beobachtung bestimmt werden kann und welches in jedem Augenblick auf die unzweideutigste Weise angibt, welche politische Betätigung ausgeübt werden soll. Die Willkür verschwindet somit notwendig. Die Verwaltung der Dinge tritt an die Stelle der Regierung der Menschen. Erst dann werden in der Politik wirkliche Gesetze zur Geltung kommen[64].“ *Comte* selbst hat diese Sätze vielleicht nicht so sehr im Interesse des Individuums geschrieben, aber sie geben, unter dem Blickwinkel des konsequenteren (englischen) Positivismus gesehen, der notwendig individualistisch-liberalistisch ist, die Bestrebungen wieder, die Staatstätigkeit zugunsten des Individuums festen, jederzeit berechenbaren Grenzen zu unterwerfen, innerhalb deren sich das Individuum frei entfalten kann[64a]. Und ist die Berechenbarkeit nur Voraussetzung für die menschliche Macht über Dinge, so muß auch für *Comte* letzten Endes die Berechenbarkeit staatlicher Tätigkeit den Ausdruck individueller Macht und Freiheit bilden.

So bleibt noch übrig, die Substanz des menschlichen Lebens, den letzten Wert, der die Handlungen bestimmt und leitet, zu erforschen. Es ist charakteristisch, daß gerade hier, in der Axiologie, der Intellektualismus und Mechanismus des positivistischen Denkens zur vollsten Entfaltung kommen.

Was James *Mill* auf dem Gebiete der Psychologie war, das bedeutet in der Ethik Jeremy *Bentham* (1748—1832) für den Positivismus. *Bentham*

---

[63] *Spenzer*, Principles of morality § 365.

[64] *Comte*, Reorganisation der Gesellschaft S. 122.

[64a] Am schärfsten und eindeutigsten waren diese Tendenzen schon vor *Comte* von *Bentham* formuliert worden, und zwar in „dem weitaus wichtigsten Gegenstand der Gesetze, nämlich der Sorge für die Sicherheit“. Diese Gesetzessicherheit — nach *Bentham* ein unterscheidendes Zeichen der Zivilisation — besteht gerade in der Berechenbarkeit der Gesetze durch die Individuen oder — wie *Bentham* es ausdrückt — in der Erfüllung der durch das Gesetz hervorgerufenen „Erwartungen“ (expertations) der Einzelnen. „Das Prinzip der Sicherheit umfaßt die Erhaltung aller dieser Erwartungen: seine Vorschrift ist, daß alle Schicksale, soweit sie von den Gesetzen abhängen, den Erwartungen gemäß seien, durch welche sie vorgebildet worden sind.“ *Bentham*, traités de la législation civile et pénale, hg. v. *Dumont*, Paris 1802; übers. v. *Beneke*, 1830, Bd. 1 S. 273 ff., 276. Vgl. auch C. *Schmitt*, Über die drei Arten des rechtswiss. Denkens S. 33.

ist der umfassende Systematiker des (hedonischen) Utilitarismus. Für ihn bestimmt sich die Moralität der Handlung nicht nach der Gesinnung, aus der sie hervorgeht, sondern ausschließlich nach dem Erfolg, und zwar danach, ob sie „die Lust der Person, deren Interesse in Frage steht, zu vermehren oder zu vermindern" geeignet ist[65]. Der Grundwert der *Bentham*schen Ethik ist die individuelle Glückseligkeit, „sie will keine Art von Lust hindern, es sei denn, daß sie von einem allzugroßen Schmerz aufgewogen werde. Mit einem Wort: sie reguliert den Egoismus"[66].

Damit enthüllt *Bentham* das Grundgeheimnis seiner Ethik: sie will den Egoismus regulieren. Die Methode, mit der er dieses Ziel zu erreichen sucht, ist originell genug: nämlich die Arithmetik. Die Sittlichkeit wird zur Rechenaufgabe, und die unsittliche Handlung ist nichts anderes als die falsche Berechnung des eigenen Interesses[67]. Zu diesem Zweck löst *Bentham* alle Lust und Unlustgefühle in sieben quantitative Größen auf: in Intensität, Dauer, Gewißheit, Nähe, Fruchtbarkeit, Unvermischtheit und Ausdehnung[68]. Nach diesen sieben Kategorien kann die Güte einer Handlung arithmetisch exakt veranschlagt werden: je nachdem, ob das Gewinn- oder Verlustkonto überwiegt, ist die Handlung gut oder schlecht. Zwar ist die Grundlage der Ethik das Eigeninteresse, aber das Einzelinteresse ist eng mit dem Allgemeininteresse verknüpft, weil jeder einzelne auf die Rücksichtnahme und das Wohlwollen der übrigen angewiesen ist. Darum ist die Berücksichtigung des Allgemeininteresses gerade im wohlverstandenen Eigeninteresse notwendig. „Alle tugendhaften Handlungen eines Menschen sind eine sichere Einzahlung in eine gemeinschaftliche Kasse, eine Art Depositenkasse des allgemeinen Wohlwollens; ein soziales Kapital, aus dem der Mensch von seinesgleichen Zinsen zu erwarten hat in Form von Diensten aller Art[69]." Darum trägt die Vermehrung der allgemeinen Glückseligkeit am stärksten zur Förderung des eigenen Glückes bei. So kommt *Bentham* zu seiner berühmten Formel für das Ziel alles individuellen wie staatlichen Handelns: das größtmöglichste Glück der größtmöglichen Zahl (the greatest happiness of the greatest number). Die Formel selbst stammt nicht von *Bentham*, er hat sie offenbar *Beccaria*, Über Verbrechen und Strafen, § 1, entnommen, der sie seinerseits wahrscheinlich bei den englischen Moralisten des 17. und 18. Jahrhunderts gefunden hatte, wo *Hutcheson* als erster sie in dieser Form prägte[70, 71].

---

[65] *Bentham*, Einführung in die Moralprinzipien (Introduction to the Principles of Morals and Legislation) 1789 I § 2, Deontology I Kap. X.

[66] *Bentham*, Deontology Bd. I Kap. XI.

[67] Deontology I Kap. XI.

[68] *Bentham*, traités, 1. Bd. I Kap. VIII, deutsche Übers. S. 152 ff.

[69] *Bentham*, Deontology II Kap. V.

[70] Vgl. dazu A. G. *Sinclair*, Der Utilitarismus bei *Sidgwick* und *Spenzer*, Heidelberg 1907 S. 3 f. und Anhang zum 1. Teil der Deontology, hgg. v. *Bowring*.

Der Utilitarismus wird die Grundlage der positivistischen Ethik. Während *Bentham* den Egoismus durch den Hinweis auf die äußere Koinzidenz von Eigen- und Gesamtwohl „regulierte", beruht bei J. St. *Mill* die Verknüpfung des Eigen- und Gesamtinteresses auf dem Mechanismus der Ideenassoziation: durch das dauernde Zusammenleben im sozialen Verband assoziiert sich die Rücksichtnahme auf die Interessen anderer mit dem Eigeninteresse derart, daß die Achtung vor der Glückseligkeit anderer die Eigenschaft eines natürlichen Gefühls angenommen hat[72]. Im Gegensatz zu *Bentham*, der alle Lust in quantitative Beziehungen auflöst, kennt er Lustqualitäten[73]. Aber das Kriterium dafür, welche Lustqualität die wertvollere ist, sieht er in dem Urteil der Majorität; also wiederum in einem quantitativen Prinzip[74]!

Den Höhepunkt der positivistischen Ethik erreicht wieder *Spenzer*, der sie als Teilstück seiner universellen Mechanik angliedert. Ist die Gesellschaft ein bewegliches Gleichgewichtssystem des individuellen Zusammenwirkens, so muß die sittliche Handlung diejenige sein, die sich als in ihren Wirkungen klug berechnete Komponente in jenes Gleichgewichtssystem einfügt. „Physikalisch" gesehen, „charakterisiert sich das Rechttun dadurch, daß unter den gegebenen Verhältnissen die das Handeln zusammensetzenden kombinierten Bewegungen sich in einer Weise folgen, die geradezu berechnet werden kann", während unsittlich das unberechenbare und darum unmäßige und unzuverlässige Handeln ist[75]. Die sittliche Entwicklung des Handelns besteht darin, daß es in seiner Gesamtheit — auf Grund seiner Berechenbarkeit — einem beweglichen Gleichgewicht zustrebt. „Vollkommenes Handeln in einer vollkommenen Gesellschaft ist nur ein anderer Ausdruck für vollkommenes Gleichgewicht zwischen den koordinierten Tätigkeiten jeder einzelnen sozialen Einheit und denen des Aggregats der Einheiten[76]." Damit ist die Ethik völlig in eine mechanische Theorie über-

---

[71] Anklänge an diese „heilige Wahrheit" *Benthams* — allerdings offenbar nicht *Bentham*, sondern *Beccaria* entnommen — finden sich in *Mezgers* Formel für den „Endzweck allen Rechts", als „Streben nach größtmöglichster Befriedigung der größtmöglichsten Zahl von Interessen" oder in der „Tendenz nach dem kompossiblen Maximum der Lebenswerte im Sinne empirisch-subjektiver Wertungen" (Gerichtssaal Bd. 89 S. 242 Anm. 1); noch schwächer in Lehrbuch S. 204. Grundlage der ganzen Rechtsphilosophie ist das Prinzip des größten Glücks der größten Zahl bei *Baumgarten*. S. „Rechtsphilosophie" im Handb. d. Philos. 1929.

[72] Siehe *Mill*, Das Nützlichkeitsprinzip (Utilitarianisme 1863), deutsche Übersetzung, herausgegeben von *Gomperz* 1869 (in *Mills* Gesammelten Werken Bd. I) Kap. III.

[73] Wie überhaupt bei *Mill*, auf den W. v. *Humbold* und *Carlyle* eingewirkt haben, ethisch erheblich vollere Töne zu hören sind.

[74] *Mill*, ebenda S. 138.

[75] *Spenzer*, Principles of morality § 25.

[76] *Spenzer*, Principles of morality § 28.

geführt. Ihr einziger Gehalt, das höchste moralische Ziel, bleibt auch für *Spenzer* die Glückseligkeit[77], aber diese nimmt in seiner biologistischen Lehre eine neue charakteristische Färbung an: Der Hedonismus gerät in den Bann der vitalen Wertsphäre. „Jede Freude steigert die Lebenskraft, jedes Leiden vermindert sie. Jede Freude läßt die Flut des Lebens höher steigen, jeder Schmerz die Ebbe des Lebens tiefer sinken[78].“ So ist denn vom abschließenden soziologischen Gesichtspunkt aus die Ethik die Lehre desjenigen Handelns, durch das sich „das Leben jedes einzelnen und aller übrigen seiner Länge wie seiner Tiefe nach so vollkommen als möglich gestalten kann“[79]. Das größte Glück der größten Zahl wird zur größten Lebenskraft der größten Zahl[80]. Ähnlich hatte *Darwin* das höchste Gut in der größten Zahl der Individuen in voller Kraft und Gesundheit (full vigor and health) gesehen. Damit versucht der positivistische Utilitarismus schließlich in eine vitale Axiologie einzumünden.

Was bleibt nun aber nach der positivistischen Lehre für die Philosophie selbst? Abgesehen von der Ethik sind alle übrigen vom Positivismus behandelten Wissensgebiete Gegenstand besonderer Wissenschaften. In der Tat läßt der Positivismus für die Philosophie recht wenig übrig. Zwar wollte *Comte* die Wissenschaften in Philosophie umwandeln, aber das Umgewandelte ist in Wahrheit nicht die Wissenschaft, sondern die Philosophie; denn ihr wird als einzige Aufgabe zugewiesen, die höchsten Ergebnisse der Einzelwissenschaften zu verallgemeinern und damit eine Totalisation der Erfahrung zu geben. Philosophie — sagte *Spenzer* ganz im Geiste *Comtes* — ist „Erkenntnis vom allerhöchsten Grad der Allgemeinheit“. „Wie jede weitere Verallgemeinerung der Wissenschaft die beschränkteren Verallgemeinerungen ihrer eigenen Abteilungen umfaßt und befestigt, so umfassen und befestigen die Verallgemeinerungen der Philosophie die weitesten Verallgemeinerungen der Wissenschaft[81].“

Der Geist, der eine derartige „Philosophie“ bewegt, charakterisiert sich vielleicht durch nichts so gut wie durch die Methode, mit der er den Begriff der Philosophie zu gewinnen versuchte, indem er unternimmt, „alle Ansichten von derselben Gattung (nämlich über die Philosophie) zu vergleichen, jene mannigfaltigen speziellen und konkreten Elemente, in denen sich die Ansichten widersprechen, da sie sich gegenseitig mehr oder weniger aufheben, beiseite zu schaffen, zu beobachten, was nach Beseitigung der

---

[77] *Spenzer*, Principles of morality § 16.
[78] *Spenzer*, Principles of morality § 36.
[79] *Spenzer*, Principles of morality § 48.
[80] Auch hier finden sich Anklänge bei *Mezger*: Aus der „Konkurrenz der mannigfachen Einzelinteressen im verbundenen Zusammensein entspringt das „Wohl des Ganzen“, d. h. die Erhaltung der größtmöglichen Zahl der lebenskräftigsten Individuen“. (Sein und Sollen im Recht S. 103).
[81] *Spenzer*, First Principles §§ 36, 37.

gegensätzlichen Bestandteile übrigbleibt, und für diesen übrigbleibenden Faktor einen abstrakten Ausdruck zu finden, der sich in allen auseinandergehenden Abänderungen als der richtige bewährt"[82].

Die ganze positivistische Philosophie[83] macht den Eindruck, als wäre die Erkenntniskritik Kants nie geschrieben worden. Unkritisch nimmt sie die unmittelbare emprische Erfahrung hin und macht sie dogmatisch zur alleinigen Grundlage ihres Systems. Stolz auf ihre metaphysikfreie „Positivität" verfällt sie in eine extrem-einseitige mechanistische Metaphysik. Dauernd verwechselt sie Genese mit Axiologie. Die Notwendigkeit ihrer kausalmechanischen Prozesse kann die Werthaftigkeit des Produkts nicht begründen. Gewiß, sie erkennt es selbst und setzt „Entwicklung" statt „Fortschritt" (développement bzw. evolution statt perfectionnement bzw. progress)[84], aber trotz dieser Namensänderung geht sie weiter von dem Glauben aus, daß der naturnotwendige Prozeß der Differenzierung und Integrierung und der Erreichung eines dauerhaften Gleichgewichtszustandes der Erscheinungen stets ein Schritt nach oben sei. Und indem sie diesen Fortschritt dann qualitativ in der Steigerung der Lebenskraft sieht, verfällt sie in die folgenschwersten Äquivokationen. Nur in der rein biologisch-vitalen Sphäre bildet die „Lebenskraft" den Gegenstand echt vitaler Werte. In der Gesellschaftsordnung des liberal-kapitalistischen Industrialismus *Spenzers* ist der „Lebenskräftigste" lediglich der „Angepaßteste", d. h. der Geschickteste, Gerissenste, Skrupelloseste, und biologisch-vital — meist — der Dekadenteste[85]. So ist auch der Glanz der vitalen Wertsphäre nur geborgt, nur die äußere Drapierung, hinter der sich ideenentkleidete wirtschaftliche und politische Machtverhältnisse verbergen.

Damit kommen wir zum letzten vom Positivismus noch Aussagbaren. Wie kommt es, daß seit dem Beginn der Neuzeit, seit *Galilei*, *Bacon* und *Deskartes* im englischen Empirismus und im französischen Rationalismus, in der Aufklärung und schließlich im Positivismus zuerst die Natur, dann das seelische und das staatlich-kulturelle Leben immer ausschließlicher und entschiedener mechanischen Gesetzmäßigkeiten unterworfen wird? Am Positivismus läßt sich die Antwort hierauf leicht ablesen[86]: Es war das Macht- und Herrschaftsstreben des Menschen der entstehenden bürgerlichen Gesell-

---

[82] *Spenzer*, First Principles § 35.

[83] Die tiefste Untersuchung über den Positivismus findet sich bei *Eucken*, Zur Würdigung *Comtes* und des Positivismus, in den *Zeller* gewidmeten philosophischen Aufsätzen, 1887.

[84] Siehe *Comte*, cours IV S. 264, 274 ff.; *Mill*, Logik 6. Buch X § 3; *Spenzer*, Erfahrungen aus der Zeit S. 302.

[85] Hierauf beruht insbesondere der Einwand des sozialistischen Darwinismus. Siehe dazu *Ferri*, Sozialismus und moderne Wissenschaft, übersetzt von *Kurella*, Leipzig 1895, S. 41 ff.

[86] Vgl. dazu auch *Quételet*, Soziale Physik II S. 446.

schaft, die im hochkapitalistischen Industrialismus ihre höchste Blüte erlebte. *Scheler* hat diese Zusammenhänge treffend formuliert: „Nicht der „reine Verstand“ ... entwarf zu Beginn der Neuzeit das gewaltige Programm einer allseitigen mechanischen Natur- und Seelenerklärung, sondern der ... neue Macht- und Arbeitswille einer neuaufsteigenden Gesellschaft“[87].

Die mittelalterliche Welt basierte auf einer völlig andersgearteten Vorstellung von menschlichen Herrschaftsverhältnissen. Dort war es das existentielle Eingebettetsein des einzelnen in gegliederte überindividuelle Einheiten, deren Über- und Unterordnungsbeziehungen auf der Kraft und Dignität einer Idee basierte, mag dies nun — wie im kirchlichen Kreis — der Erlösungsgedanke, oder — wie im weltlichen — vor allem der blut- und traditionsmäßig fundierte Treuegedanke sein, der den Gefolgsmann und den Gefolgsherrn wechselseitig verband (vgl. dazu v. *Schwerin*, Freiheit und Gebundenheit im germanischen Staat, 1933). Ihr entsprach der Versuch, das ganze Weltgeschehen final, als Wirken sinnhafter Mächte und Kräfte zu deuten — ein Weltbild, das seinen grandiosesten Ausdruck in der christlichen Kosmologie fand[88].

Die mittelalterliche Weltauffassung und ihre Herrschaftsformen brachen zusammen unter den Schlägen der kausal-mechanischen Naturwissenschaften und der an ihnen orientierten Philosophie der „ratio“, in denen sich das Individuum die Waffen gegen die alten Bindungen schmiedete. Ihrem besseren, exakten Wissen fiel die teleologische Weltdeutung, die das ganze natürliche Sein anthropozentrisch in den ideellen Prozeß der menschlichen Heilsgeschichte vom Sündenfall bis zum letzten Gericht einbezogen hatte, zum Opfer und mit ihr die ihr entsprechenden Herrschaftsverhältnisse. Die naturwissenschaftliche, rationalistische Denkweise unternahm es in der Folgezeit, die ganze Welt in ein mechanisch berechen- und beherrschbares System zu verwandeln. „Ihr Werden war eine Welteroberung durch die Erkenntnis, die Welt mit allen ihren Hintergründen und Tiefen sollte der Bemeisterung durch den rationalen Begriff, durch Berechenbarkeit, Konstruierbarkeit und Technik unterworfen werden[89].“

Zwei Geistesmächte stemmten sich diesem umfassenden Versuch entgegen[90]: der Protestantismus, der das freigewordene Individuum strengster

---

[87] *Scheler*, Die Wissensformen und die Gesellschaft, 1926 S. 240; vgl. weiter dazu *Dilthey*, Gesammelte Schriften Bd. 1 u. 2; *Troeltsch*, Aufsätze zur Geistesgeschichte und Religionssoziologie, hgg. von *Baron*.

[88] Siehe besonders *Dilthey*, Einleitung in die Geisteswissenschaften (Ges.-Schr. I) S. 328 ff.

[89] *Krieck*, Das Ende einer Wissenschaftsideologie. Deutsches Recht 1934 S. 297.

[90] Auch sonst ist es bemerkenswert, daß die Einwirkungen, die von Westeuropa das deutsche Denken beeinflußten, hier regelmäßig spezifisch ideel umgebogen wurden. *Leibniz* sei nur erwähnt; aber auch im Naturrecht läßt sich diese Erscheinung aufzeigen. So hat der größte deutsche Naturrechtler, S. *Pufendorf*, der rein naturalistischen Naturrechtslehre eines *Hobbes* und *Spinoza* durch seine

innerlicher Bindung an das Gewissen unterwarf[91], und der deutsche Idealismus, dessen Programm *Kant* in den tiefen Worten der Vernunftkritik dahin formulierte: „Die Welt muß als aus einer Idee entsprungen vorgestellt werden, wenn sie mit demjenigen Vernunftgebrauch, ohne welchen wir uns selbst der Vernunft unwürdig halten würden, nämlich dem moralischen, als welcher durchaus auf der Idee des höchsten Gutes beruht, zusammenstimmen soll[92]."

Ihren universellen philosophischen Niederschlag fand die mechanische Weltdeutung gleichzeitig mit der höchsten Blüte der technisch-industriellen Kultur im Positivismus, der im Grunde überhaupt „keine Philosophie, sondern nur eine spezifisch westeuropäische Ideologie des spät-abendländischen Industrialismus ist"[93]. Er ist die Machtideologie des kapitalistischen Bürgertums der industriellen Epoche, das seine Herrschaft über die Natur wie über die Menschen auf der klug berechneten kausalen Beeinflussung aufbaute, für die die „Ideen" bestenfalls subjektiv-psychologische Faktoren der Seelenleitung bilden[94]. Soweit die Welt ein Mechanismus ist — und das ist sie nicht nur im physikalischen, sondern bis tief in das biologische und seelische Geschehen hinein —, bleibt dem Positivismus sein unverlierbares Recht; aber wo er den Mechansmus zum Weltprinzip erhebt, führt er zu einer ungeheuren Verarmung und Entwertung des Weltinhalts. Diese Weltentleerung geschieht zur ideologischen Rechtfertigung der Machtstellung der industriellen bürgerlichen Gesellschaft, wie umgekehrt die entsprechende Weltentleerung durch den Marxismus nur als Gegenideologie zur Rechtfertigung des proletarisch-marxistischen Machtanspruchs aufgestellt wird. „Die Erhebung der mechanischen Naturlehre — die in den Grenzen ihrer aufgewiesenen Gültigkeit und Ungültigkeit als streng formale Lehre ein nie aufhebbares Recht besitzt, nämlich als „Technologie aller Technologien", als

---

geniale Konzeption der entia moralia eine spezifisch kulturphilosophische Naturrechtslehre gegenübergestellt. Siehe dazu meinen Aufsatz über „Die kulturphilosophischen Grundlagen der Naturrechtslehre S. *Pufendorfs* und ihre kulturhistorische Bedeutung", in Vierteljahresschrift für Literaturwissenschaft und Geistesgeschichte, Bd. IX S. 585 ff. und „Die Naturrechtslehre S. *Pufendorfs*", Jenaer Diss. 1930.

[91] Inwiefern allerdings auch der Protestantismus im Endergebnis einer der Wegbereiter des modernen Kapitalismus geworden ist, hat Max *Weber* in seiner berühmten Schrift über „Die protestantische Ethik und der Geist des Kapitalismus" nachgewiesen.

[92] *Kant*, Kritik der reinen Vernunft 2. Aufl. S. 844. Die tiefere Ausführung dieses Gedankens hat *Kant* erst in der Kritik der Urteilskraft gegeben, und seinen umfassendsten Ausdruck fand er in dem absoluten Idealismus *Hegels*.

[93] *Scheler*, Die Wissensformen und die Gesellschaft S. 61.

[94] Siehe dazu *Quételet*, Zur Naturgeschichte der Gesellschaft S. 190: „Es ist von höchster Wichtigkeit, daß Sitten und Gesetze eines Volkes im Einklang stehen; fehlte diese Übereinstimmung, dann muß notwendig der eine oder andere Faktor im Widerstreit weichen."

die dauernde gedankliche Leiterin und Führerin menschlicher Herrschaft über die Natur, und das heißt indirekt zur Befreiung des Geistes im Menschen; die aber als metaphysische Lehre und Wegsperrung aller anderen Arten von Naturerkenntnis und möglichem Wissen um die Welt überhaupt ebenso notwendig zur Ertötung des Geistes und Vernichtung aller Freiheit führt — war nur eine „Ideologie" der aufstrebenden „bürgerlichen Gesellschaft", ja die Ideologie, die oberste Grundideologie dieser Gesellschaft[95]."

Erst unter diesem universellen Aspekt wird die Ausgestaltung, die auch Staat und Recht im Entwicklungsgang der bürgerlichen Gesellschaft erfuhren, in ihrem ganzen Umfang und in ihrer vollen Bedeutung verständlich[96]. All die Beziehungen von Staat und Individuum, Staat und Gesellschaft, Gesetz und Richtertum im liberal-bürgerlichen Staat und dergleichen sind nur Ausstrahlungen einer allumfassenden geistigen Grundhaltung, die sich keineswegs auf das rechtlich-staatliche Leben beschränkt. Die Entwicklung des liberal-bürgerlichen Denkens über Staat und Recht ist vielmehr nur ein kleiner Ausschnitt aus dem gewaltigen Technisierungsprozeß, dem die ganze Welt in Verwirklichung der Machtideologie der bürgerlichen Gesellschaft unterworfen wurde. Unter der Herrschaft dieser Ideologie mußten auch Staat und Recht zu eindeutig berechenbaren technischen Größen gemacht werden. Alles staatliche und rechtliche Geschehen mußte an rational vorausbestimmte generelle Regeln gebunden und innerhalb dieser Regeln alles Qualitativ-Werthafte zugunsten (möglichst) naturwissenschaftlich-beschreibender Begriffe zurückgedrängt wurde. Als Substanz des Staates erschien die Gesellschaft, deren komplizierte Prozesse sich nach autonomen spontanen Gesetzen regulieren und in die darum der Staat mit seinen Rechtsvorschriften möglichst wenig eingreifen durfte außer zum Schutze eben dieser spontanen Gesetze gegen nichtangepaßte, die Grenzen gleicher Freiheit überschreitende Individuen. Substanz der Gesellschaft, und damit letzter Wert des Staates, wurde das Individuum, dem der Staat gleiche Betätigungsfreiheit im Rahmen des gesellschaftlichen Zusammenwirkens garantieren muß. Diese Garantien, in Form vorausbestimmter berechenbarer Rechtsregeln, bildeten nicht nur einen Schutzwall gegen Übergriffe anderer Individuen, sondern konstituierten ebensosehr einen Freiheitsraum gegenüber dem Staat, in welchem sich das Individuum frei und ungehemmt entfalten kann. Der Staat wurde zum technischen Apparaturstaat, der dem Schutz und der Entfaltung des Individuums diente, das Recht zu den technischen Regeln über das Funktionieren dieses großen Apparates. Hatte sich das bürgerliche Recht schon frühzeitig dieser Entwicklung durch die Rezeption des spät-römischen Rechts angepaßt, so wurde

[95] *Scheler*, Die Wissensformen und die Gesellschaft S. 483.

[96] Vgl. dazu auch die ausgezeichneten Ausführungen bei Carl *Schmitt*, Über die drei Arten des rechtswissenschaftlichen Denkens, 1934 S. 40 ff. und *Henkel*, Strafrichter und Gesetz im neuen Staat, 1934.

jetzt auch das Staats-[97] und Strafrecht dem Technisierungsprozeß unterworfen[97a]. Bei all der ungeheuren Entleerung von ideellen Gehalten, die eine konsequente Technisierung zur Folge haben mußte, muß aber auch hier — wie bei der Technisierung der Natur — das beschränkte Recht des Positivismus anerkannt bleiben: Auch das Rechtssystem enthält weite Gebiete mit der Funktion technischer Berechenbarkeit und der Notwendigkeit dieser Funktion, so vor allem große Teile im Recht des kaufmännischen Handelsverkehrs mit dem dazugehörigen Prozeßrecht, wie schließlich auch in allen übrigen Rechtsgebieten mehr oder minder stark stets Fäden technischen Einschlags vorhanden sein müssen[98]. Der Grundirrtum des Positivismus besteht nur darin, die Technik zum Grundprinzip auch des Rechts haben erheben zu wollen, mit der Folge, daß sich alle Wertsubstanz ins Individuell-Subjektive verflüchtigen mußte.

---

[97] Vgl. dazu *Forsthoff*, Der Formalismus im öffentlichen Recht. Deutsches Recht 1934 S. 347.

[97a] Im Zivilprozeß wurde das Einfallstor des mechanistischen Denkens die Verhandlungsmaxime. Vgl. dazu m e i n e Schrift über „Die Wahrheitspflicht im Zivilprozeß" 1935.

[98] Vgl. dazu bes. *Lange*, Heinrich, Vom alten zum neuen Schuldrecht 1934 S. 22 ff.; *Henkel*, Strafrichter und Gesetz im neuen Staat, bes. S. 67; *Dahm*, Strafrichter und Gesetz im neuen Staat. Deutsches Recht 1934 S. 248; *Schaffstein*, Formalismus im Strafrecht. Deutsches Recht 1934 S. 349; vgl. auch *Freisler*, Recht, Richter und Gesetz, Deutsche Justiz 1933 S. 694 ff., 1934 S. 333 ff.

2. Kapitel

DIE PHILOSOPHISCHEN GRUNDLAGEN DES STRAFRECHTLICHEN SYSTEMS FRANZ VON LISZTS

Nach dem Niedergang der deutschen idealistischen Philosophie konnten die westeuropäischen positivistischen Gedankenmassen fast widerstandslos in Deutschland einbrechen, sie durchdrangen bald alle Kulturgebiete und versahen sie in mehr oder minder starkem Maße mit der typisch positivistisch-naturalistischen Färbung. Sie zeigten sich in dem Aufstiege der naturwissenschaftlichen Elementenpsychologie und Psychophysik unter der Führung Wilhelm *Wundts*[1], der das mechanische Weltbild für „das einzig widerspruchlose" erklärte[2]. In ihnen wurzelten die Geschichtsauffassung *Lamprechts*, der echt positivistisch die Weltgeschichte in eine „äußerliche, typisierende Feststellung von Gleichförmigkeiten"[3] auflöste, und die Geopolitik im Sinne *Ratzels*, wonach „die Entfaltung des Menschengeschlechts nur als ein Teil der allgemeinen Vegetation erscheint"[4]. Auf strafrechtlichem Gebiete fanden sie ihren stärksten Niederschlag im Denken Franz von *Liszts*[5].

In dem Werke des großen Kriminalpolitikers zeigt sich deutlicher als irgendwo gerade die in ihren Grenzen durchaus fruchtbare Kraft der positivistischen Gedanken, aber gleichzeitig auch ihre ungeheure Einseitigkeit. Man darf wohl sagen, daß *Liszt* seine entscheidenden Anregungen dem Positivismus verdankt. Schon die Entwicklung der Zweckstrafe im Marburger Programm 1882 ist eine rein evolutionistisch fundierte Hypothese. Aber die ganze Grundlage der eigentlich „wissenschaftlichen Aufgabe der Strafrechtswissenschaft", nämlich der „kausalen Erklärung von Verbrechen und Strafe"[6], bildet die durchgängige kausale Determiniertheit alles Geschehens, auch der verbrecherischen Lebensäußerungen, deren Ursachen

---

[1] Vgl. dazu: *Troeltsch*, Die Dynamik der Geschichte nach der Geschichtsphilosophie des Positivismus S. 67 ff.

[2] Wilhelm *Wundt*, Die Grundlagen der mechanischen Naturansicht.

[3] *Westphal*, Feinde *Bismarcks*, München und Berlin, 1930 S. 197.

[4] *Westphal*, Feinde *Bismarcks* S. 267.

[5] Wogegen *Bindings* System vor allem die strafrechtliche Parallelerscheinung zu der liberalhistorischen Strömung des ausgehenden 19. Jahrhunderts darstellt.

[6] v. *Liszt*, Strafrechtliche Aufsätze und Vorträge II S. 289.

darum nur durch die „naturwissenschaftliche Methode“ erforscht werden können, d. h. durch „systematische Massenbeobachtung, vorbereitet, geprüft, ergänzt durch die wissenschaftlich-exakte Beobachtung einzelner Fälle“[7]. *Quételet* insbesondere ist es, der neben den von *Comte* abhängigen französischen Soziologen (G. *Tarde*!) am kriminalpolitischen System *Liszts* Pate gestanden hat[8].

Das Entscheidende aber ist, daß das kausal-monistische Grunddogma des Positivismus bei *Liszt* den gleichen mechanischen Charakter annimmt, der den Positivismus kennzeichnete. *Liszt* selbst hat sich gegen diesen Vorwurf gewehrt, indem er darauf verwies, daß er neben der mechanischen Determination stets die Bestimmbarkeit des Menschen durch Vorstellungen anerkannt habe[9]. Das ist natürlich selbstverständlich, trifft aber den Kern des Problems nicht; denn es fragt sich nicht, ob es eine psychisch vermittelte Determination des Menschen gibt — eine solche muß jeder Strafrechtler als selbstverständlich voraussetzen —, sondern welche Struktur diese Determination aufweist. Hat sie denselben mechanischen Bau, wie die Determination des physikalischen Geschehens, wonach der Effekt die „zufällige“, d. h. gleichgültige Resultante blinder Komponenten ist, deren Konstellation sich in dem unendlichen Verlauf des Geschehens gerade so fügte, daß jene Wirkung herauskommen mußte. In dieser mechanischen Weise hatte ja auch die Assoziationspsychologie das ganze menschliche Seelenleben zu erklären versucht. Es ist charakteristisch genug, daß *Liszt*, für den „alle Psychologie Naturwissenschaft“ ist[10], bei Erörterung psychologischer Fragen in den gleichen physikalischen Bildern redet. So begründet er die Notwendigkeit des (kausalen) Determinismus für das Strafrecht damit: „Gerade wenn die Handlung notwendiges Produkt ihrer Faktoren ist, gerade wenn sie, dem Kräfteparallelogramm gemäß, notwendig in der Richtung des stäksten Motivs erfolgt, kann durch Einführung neuer Faktoren in der Gestalt neuer Motive sowie durch Verstärkung der in den gegebenen Faktoren vorhandenen motivierenden Kraft die Richtung der Handlung bestimmt werden[11].“ Noch eindeutiger sind die Ausführungen in der zweiten Auflage seines Lehrbuchs (S. 107): „Meist ruft eine Vorstellung kraft der Gesetze der Ideen-Verknüpfung andere Vorstellungen wach, welche die erstere unterstützen oder bekämpfen oder aber dem Begehren neue Bahnen weisen. ... Den Sieg des Motivs über die kontrastierenden Vorstellungen nennen wir, ihn als subjektive Entscheidung unseres Ichs über Wert und Unwert der Vorstellung auffassend: Entschluss.“ Also: die (sinnhafte) Entscheidung unseres Ich über Wert und

[7] *Liszt*, Aufsätze II S. 290.
[8] Siehe dazu *Liszt*, Aufsätze II S. 5 ff., 233.
[9] Siehe z. B. *Liszt*, Aufsätze II S. 40.
[10] Aufsätze II S. 191.
[11] *Liszt*, Reichsstrafrecht 1881 S. 5.

Unwert ist nur subjektiver Schein, in Wahrheit reguliert sich alles nach dem (sinnfreien) kausalen Mechanismus der Vorstellungen entsprechend ihrer verschiedenen kausalen Stärke. Setzt man in den *Liszt*schen Satz statt „Wert" und „Unwert": „Wahrheit" und „Falschheit" ein, so hat sich der kausale Determinismus selbst gefangen. Es ist, wie *Rickert* treffend sagt[12], gar nicht so sehr das Bedürfnis des atheoretischen, praktischen Lebens, daß das höchste Geistesleben des Menschen dem blinden Kausalmechanismus enthoben sein muß, sondern einfach die unerläßliche Voraussetzung jedes theoretischen Satzes, den der Mensch aufstellt. Der kausale Determinist kann von jedem Satz nur aussagen, daß er das notwendige Produkt der vorhandenen kausalen Faktoren sei; daß der eine „richtig", d. h. sachlich-logisch begründet ist, der andere nicht, dafür fehlen ihm alle Maßstäbe; dazu sind eben andere Beziehungen zwischen dem Ich und dem Gegenstand notwendig als die bloßen kausalen Verknüpfungen zwischen den Vorstellungen[13]. Der konsequente kausale Determinist müßte deshalb überhaupt die Möglichkeit einer objektiven Erkenntnis durch Menschen leugnen, wobei er sofort im Widerspruch mit seinem Ausgangssatz gerät, der doch eine Erkenntnis enthalten muß.

Es ist notwendig, an diesem Punkte etwas länger zu verweilen, da die Strafrechtswissenschaft gerade an dieser entscheidenden Stelle das πρῶτον ψεῦδος der mechanischen Naturauffassung, speziell der Assoziationspsychologie bis in die Gegenwart hinein konserviert hat. Gewiß, es gibt auch im seelischen Geschehen rein „mechanische" Ablaufsordnungen, die Assoziationsverknüpfungen und den „Kampf der Triebe". Aber aus ihnen läßt sich niemals das höhere Geistesleben, das Denken und Wollen herleiten. Die Assoziationsverknüpfung bedeutet lediglich, daß zwei Vorstellungen gleichzeitig oder nacheinander im Bewußtsein waren, besagt aber nicht das mindeste über die sachliche Verknüpfung der vorgestellten Gegenstände. Darum kann natürlich auch die kausale Stärke einer bestimmten Assoziation, mit der sie die schwächeren Assoziationen verdrängt und die auf der häufigeren Wiederholung dieser Assoziation, auf Aufmerksamkeit, Interessebetontheit und dergleichen beruht, über die sachliche Richtigkeit ihrer Verknüpfung nichts ausmachen. Erkenntnis kann nur gewonnen werden, wenn das Ich seinen Blick auf die in den Vorstellungen repräsentierten Gegenstände selbst richtet und die in ihnen liegenden gesetzlichen Strukturen und Beziehungen begreifend heraushebt; wenn es in dem, was es erkennt, sich logisch auf den gegenständlichen Gehalt, den „Sinn" stützt, sich aus ihm rechtfertigt und in ihm begründet[14]. Nicht die blinde kausale Stärke der Vorstellungen bzw. ihrer Assoziationen, sondern die erkannte (gesehene) logische Dignität der aufgefundenen Gründe ist es, die das Ich zu seiner Erkenntnis „determiniert". Das Ich ist keineswegs

---

[12] *Rickert*, System der Philosophie I S. 302.

[13] Vgl. dazu meinen Aufsatz „Kausalität und Handlung", ZStW. 51 S. 703 ff.

[14] Vgl. ZStW. 51 S. 710.

bloß „halb Schauplatz, halb Beobachter"[15] des unabhängig von ihm stattfindenden kausalen Kampfes der Motive, um schließlich die Beute des überlebenden stärksten Motivs zu werden, sondern es reguliert aktiv die Schritte seines Denkens nach dem zu erkennenden Gegenstand; die Richtung, die es nimmt, ist nicht blindkausal „von hinten" festgelegt, sondern bestimmt sich „von vorn" nach dem zu erkennenden Gegenstand, dessen mögliche ihm immanente Sachstrukturen es untersucht und auf ihre logische Dignität prüft und danach verwirft oder annimmt.

Das gleiche gilt für das Wollen: hier ist es zwar nicht die logische Dignität, aber der innere Wertgehalt, der den Entschluß begründet und aus dem dieser sich rechtfertigt. Immer ist es also das, was *Liszt* für subjektiven Schein erklären wollte: die sinnhafte Entscheidung des Ich über die logische Dignität des gefundenen Grundes oder über Wert und Unwert des intendierten Gegenstandes. Diese Entscheidung ist natürlich auch „determiniert" — sie stützt sich ja auf den Grund oder den Wert und rechtfertigt sich aus ihnen —, aber diese Determination ist keine mechanisch-kausale, nicht die blind-zufällige Resultante gleichgültiger Komponenten. *Das* πρῶτον ψεῦδος jeder mechanischen Weltauffassung, des Positivismus, *Liszts* und weiter Teile der bisherigen Strafrechtswissenschaft liegt in der dogmatischen Identifizierung der Determiniertheit alles Seienden mit der kausalen Determination, die eben nur ein Sonderfall der Determiniertheit überhaupt ist[16, 17].

---

[15] *Hönigswald*, Die Grundlagen der Denkpsychologie S. 149.

[16] Siehe dazu insbesondere E. *Jaensch*, Jahrbücher der Philosophie III (1927) S. 93 ff.; insbesondere S. 136; *Bühler*, Die Krise der Psychologie 2. Aufl. Jena 1929; R. *Hönigswald*, Grundlagen der Denkpsychologie; *Erismann*, Eigenart des Geistigen 1924; überhaupt die Arbeiten der an *Külpe* anknüpfenden Denkpsychologen, besonders *Selz. Scheler,* Jahrbücher der Philosophie II (1914) S. 116; Nicolai *Hartmann*, Über die Beweisbarkeit des Kausalgesetzes, Kantstudien Bd. 24 S. 261 ff.; siehe auch meinen Aufsatz über „Kausalität und Handlung" in ZStW. 51 S. 703 ff.

Es ist erfreulich, daß diese Gedanken endlich auch in die Strafrechtswissenschaft einzudringen beginnen. Das Verdienst hierfür gebührt *Nagler*, Gerichtssaal Bd. 102 S. 465 Anm.

[17] Das Problem der Kausalen Determination ist durch die neueste Entwicklung der Quantenphysik in den Mittelpunkt auch des außerphysikalischen Interesses gerückt, weil es zweifelhaft geworden ist, ob die elementarsten physikalischen Prozesse im Atominneren überhaupt noch kausal determiniert verlaufen. Ein Urteil über die eigentlich physikalischen Fragen müssen wir natürlich völlig dem Physiker und dem physikalisch durchgeschulten Philosophen überlassen. Jedoch scheint es von Wichtigkeit zu sein, bei den Erörterungen dieser Probleme auf eine meist übersehene Mehrdeutigkeit im Begriff der Kausalität zu achten. „Kausalität" — oder wie es charakteristisch meist heißt: das „Kausalgesetz" — kann erstens im Sinne eines allgemeinen Gesetzes = Naturgesetzes verwandt werden, welches im allgemeinsten Sinne besagt, daß gleiche Ursachen gleiche Wirkungen haben (vgl. z. B. *Bavink* [s. u.] S. 188). Auf diesem Begriff baut sich die Berechenbarkeit und Voraussehbarkeit der Natur auf; darum war er das Grund-

Gerade bei *Liszt* zeigt es sich, daß der mechanische Ansatzpunkt kein beliebiges Beiwerk ist, sondern daß er bei konsequenter Durchführung die Ausgestaltung des strafrechtlichen Systems bis in die entferntesten Folgerungen hinein bestimmen muß. Ist alles Geschehen das notwendige Produkt

---

axiom nicht nur des Positivismus, sondern auch der klassischen Physik überhaupt und mit ihr Inhalt der kantischen Kategorie (Kategorie als objektive „R e g e l" der Erscheinungen). Zweitens kann aber „Kausalität" ohne jeden Gedanken an eine „allgemeine Gesetzlichkeit" als „individuelle" Kausalität (*Rickert*, Gegenstand S. 357 ff.) verstanden werden, d. h. lediglich die Tatsache meinen, daß zwischen zwei aufeinanderfolgenden Seinsgegebenheiten ein — nicht weiter rückführbarer — innerer Zusammenhang besteht, demzufolge die spätere die notwendige Folge der früheren ist. Jeder dieser inneren Zusammenhänge ist einmalig und unwiederholbar — individuell.

Betrachtet man von hier aus die neueste Entwicklung der Physik, so hat sich wohl als zweifelsfrei herausgestellt, daß die Kausalität als allgemeines Kausalg e s e t z für die subatomaren Prozesse unanwendbar geworden ist, weil die uns zur Verfügung stehenden Meßinstrumente auf die zu beobachtenden feinsten physikalischen Vorgänge in einer prinzipiell nicht mehr kontrollierbaren Weise störend einwirken, so daß es unmöglich ist, die für kausale Voraussagen erforderlichen Bedingungen eines isolierten Systems zu ermitteln. Streitig ist jedoch, ob diese Unanwendbarkeit einer allgemeinen Kausalgesetzlichkeit nur „für uns" gilt infolge prinzipieller Grenzen menschlicher Beobachtungsfähigkeit, so daß die Prozesse „an sich" durchaus kausal - g e s e t z l i c h verlaufen. (So besonders *Planck*.) Oder ob — was nach den neuesten Forschungen näherliegt — die Welt überhaupt nicht so eingerichtet ist, wie es die Prämissen der klassischen Mechanik voraussetzen, nach der sich der jeweilige Weltzustand aus einem zwar kontingenten, aber festliegenden früheren („Anfangs"-)Zustand durch allgemeine Naturgesetze eindeutig determiniert entwickelt; und zwar sind die Prämissen darum falsch, weil es keinen derartig statisch feststellbaren Anfangszustand gibt; vielmehr sind die letzten Welteinheiten dynamische Wirkenseinheiten, die sich über den ganzen Bereich der vierdimensionalen Welt erstrecken, so daß die Kontingenz auch deren zeitlichen Ablauf mitumfaßt. Damit wäre die Idee eines Kausal g e s e t z e s nicht lediglich unanwendbar, sondern ontisch selbst falsch. Das Axiom von der Gleichheit von Ursachen und Wirkungen ist ontisch nicht realisiert, eine strenge Voraussage darum unmöglich, und an ihre Stelle tritt das Wahrscheinlichkeitskalkül.

Mit alledem ist aber über den Kausalbegriff im zweiten Sinne nichts ausgemacht, der allerdings nur besagt, daß zwischen den aufeinanderfolgenden Seinsgegebenheiten ein (individueller) innerer Zusammenhang besteht. Im Gegenteil, diesen inneren Zusammenhang des Seins setzt die Physik offensichtlich voraus — auf ihm beruht vor allem der Satz von der Erhaltung der Energie —, und tatsächlich wäre ein zusammenhang- und ursachloses Entstehen der Gegebenheiten unendlich viel „unwahrscheinlicher" als das Bestehen eines solchen Zusammenhangs. Aber das für den Physiker Entscheidende ist, daß diese „Kausalität" über den Satz von dem Zusammenhang des Seins hinaus nichts weiter besagt, vor allem nichts darüber, zu welchen Gestaltungen die Prozesse führen. Ihr Inhalt ist kontingent, und wir müssen uns mit Wahrscheinlichkeitsaussagen begnügen. Damit lösen sich auch die Naturgesetze unserer makroskopischen Welt

kausaler Faktoren, so mag es wohl „an sich" objektiven Wert und objektive Wahrheit geben, aber beide sind für Menschen prinzipiell unerreichbar; der seelische Apparat produziert nur kausal notwendige Erzeugnisse, ohne über deren Dignität etwas aussagen zu können[18]. Für ihren „Wert" können darum auch nur kausale Eigenschaften an ihnen maßgebend sein: entweder die Dauerhaftigkeit ihres Weiterwirkens oder die Tatsache, daß sie bei der Mehrzahl der Menschen in gleicher oder ähnlicher Weise produziert werden. Infolgedessen ist auch das Recht nur dasjenige kausale Produkt, das in seiner eigenen Ursächlichkeit auf die sozialen Lebensäußerungen der Menschen dauerhaft einzuwirken imstande ist; d. i. eine bestimmtgeartete Gewalt. So zitiert *Liszt* beifällig *Iherings* Worte: „Das Recht ist in meinen Augen nur die ihres eigenen Vorteils und damit der Notwendigkeit des Maßes sich bewußt gewordene Gewalt, nicht also etwas seinem Wesen nach von letzterer Verschiedenes, sondern nur eine Erscheinungsform derselben: die rechte, richtige, weil an Regeln sich bindende, also disziplinierte Gewalt im Gegensatz der wilden, rohen, weil nur durch den augenblicklichen Vorteil bestimmten, also der regellosen Gewalt[19]." Darum sind auch Recht und Ethik durchaus verschieden, und es ist verfehlt, „das rechtliche (soziale) Werturteil durch ein sittlich-ästhetisches

---

theoretisch in statistische Regeln auf, deren Voraussagegenauigkeit aber bei der ungeheuren Fülle von Elementarprozessen in jedem makroskopischen Vorgang, die sämtlich den Wahrscheinlichkeitsregeln folgen, praktisch der Gewißheit gleichkommt. — Darum wäre es auf juristischem Gebiet natürlich eine Fehlauswertung dieser physikalischen Theorien, wollte man annehmen, daß nunmehr die Adäquanztheorie vor der Bedingungstheorie einen logischen Vorsprung habe. Unsere Naturgesetze gelten in unserer Welt mit derselben Gewißheit wie bisher, und das bewußte Absehen von vorhandenen (makroskopischen) kausalen Bedingungen in der Adäquanztheorie hat mit der Struktur der Quantenvorgänge nichts zu tun. — Aber eines zeigt diese Entwicklung in der Physik klar, daß es sich bei der „Kausalität" nicht um eine „Denkform" oder „Denknotwendigkeit" handelt — weder im erkenntnistheoretisch-logischen noch im psychologischen Sinne einer „Denkbrille" (wie sie meist im Strafrecht fälschlich als erkenntnistheoretisch angesehen wurde (vgl. dazu ZStW. 51 S. 704 ff.) —, sondern daß bei ihr die Struktur des Seins selbst in Frage steht, d. h. daß sie eine ontologische Kategorie ist.

Zum Ganzen siehe: *Planck*, Wege zur physikalischen Erkenntnis 1933, besonders S. 233 ff.; *Heisenberg*, Die physikalischen Prinzipien der Quantentheorie 1930 S. 48; „Erkenntnis" II (1931) S. 172 ff.; *Hönigswald*, Kausalität und Physik, Sonderausgabe aus den Sitzungsberichten der preußischen Akademie der Wissenschaften, phys-math. Klasse 1933 XVII; *Bäumler*, Männerbund und Wissenschaft 1934 S. 75 ff. (Die geistesgeschichtliche Lage im Spiegel der Mathematik und Physik); *Bavink*, Ergebnisse und Probleme der Naturwissenschaften 5. Aufl. 1933 S. 187 ff. (Für Nichtphysiker wohl die vorzüglichste Übersicht.)

[18] Dieser Zusammenhang des Determinismus mit dem Relativismus zeigt sich deutlich in *Liszts* Auseinandersetzung mit *Stammler*, ZStW. 18 S. 264.

[19] *Liszt*, Aufsätze I S. 150.

ersetzen zu wollen. ... Die Zeiten sind dahin, in denen Ehre und Recht nächstverwandte Begriffe waren"[20].

Die weitere Konsequenz aus dem mechanischen Ansatzpunkt betrifft die Probleme von Zurechnungsfähigkeit und Schuld. Wenn alles seelische Geschehen das notwendige Produkt kausaler Faktoren ist, worin soll sich der geistig Gesunde vom Unzurechnungsfähigen unterscheiden? *Liszt* erblickt „das Wesen der Zurechnungsfähigkeit in der normalen Bestimmbarkeit durch Motive. ... Wer auf Motive in normaler Weise reagiert, ist zurechnungsfähig"[21]. Aber *Liszt* selbst erhebt die bange Frage: „Was ist normale Reaktion?"[22]. Im Anschluß an *Tardes* similitude sociale sieht er die Normalität in der „Ähnlichkeit des anderen mit uns", in „seiner Übereinstimmung mit dem aus unserer Erfahrung abstrahierten Typus"[23]. Aber wer sind diese „Wir"? Ist es die Mehrheit oder ist es eine irgendwie qualifizierte Minderheit? An einer Stelle gibt *Liszt* darüber klare Auskunft: „Wir, die herrschende Klasse, bestimmen heute, wer gestraft werden soll, wer nicht. Es ist gar nicht ausgeschlossen, daß dieses unser Werturteil von dem der breiten unteren Volksschichten abweicht. Wir erklären den Geisteskranken heute für nicht straffähig[24]."

Unterstützend läuft ein anderer Gedankengang *Liszts* nebenher, wonach Zurechnungsfähigkeit „die Empfänglichkeit für die durch die Strafe bezweckte Motivsetzung" ist[25]. Strafzweck ist die Anpassung an das geordnete Gemeinschaftsleben, an die Rechtsordnung. Hier wird also die normale Motivierung mit einem Ziel, das sie erreichen soll, in Verbindung gebracht, und damit scheint ein echtes Kriterium für die Normalität gefunden zu sein. Aber war die Rechtsordnung nicht selbst nur die dauerhafte Gewalt, d. h. das kausalnotwendige seelische Produkt der „herrschenden Klasse"? Damit kommen wir also doch wieder auf das alte Ergebnis zurück, daß die Zurechnungsfähigkeit die Ähnlichkeit des seelischen Apparats mit dem Typus der herrschenden Klasse ist.

Eine letzte Möglichkeit, aus diesem Ring herauszukommen, scheint für den kausalen Deterministen noch offen, indem er darauf verweist, daß der seelische Apparat der herrschenden Klasse und der ihr „Ähnlichkeit", d. h. der Zurechnungsfähigen, eine „Ordnung" produziert, während das bei den

---

[20] Aufsätze II S. 191 Anm. Es ist zwar nicht konsequent, zeugt aber für das starke soziale Empfinden *Liszts*, wenn er häufig betont, daß das Recht sozialethisch ausgestattet sein müsse: „Ein Strafgesetzbuch, das die ethischen Anschauungen des Volkes nicht nur nicht befriedigt, sondern in der großen Masse seiner Bestimmungen geradezu verletzt, hat das Recht verloren, Recht zu sein!" Aufsätze II S. 362.

[21] Aufsätze II S. 219.

[22] Aufsätze II S. 221.

[23] Lehrbuch § 37 I.

[24] ZStW. 18 S. 256.

[25] Aufsätze II S. 221.

Unzurechnungsfähigen gerade nicht der Fall sein würde. Die Zurechnungsfähigen wären danach die Ordentlichen, Berechenbaren, die Unzurechnungsfähigen wären die Ungeordneten, Unberechenbaren. Es ist interessant, daß *Liszt* den an *Spenzers* Definition des Gerechten als des Berechenbaren erinnernden Gedanken verwendet, indem er den Zurechnungsfähigen für den Berechenbaren erklärt, für denjenigen, der „der psychischen Einwirkung, mithin der Berechnung" unterliegt[26]. Aber dieses Urteil, daß in einem Fall eine Ordnung, im anderen eine Unordnung vorliegt, setzt eine Wertentscheidung voraus, die der kausale Determinist gar nicht vornehmen darf. Für ihn sind alle Urteile streng kausale Produkte, und das Urteil des Geisteskranken, der über die Ordnung der herrschenden Klasse sicher ganz anderer Ansicht sein wird, ist kausal ebenso „richtig" zustande gekommen wie das der geistig Gesunden. Es kommt also im letzten Grunde immer wieder darauf zurück, wer die „dauerhafte Gewalt" besitzt.

Endlich muß auch die Schuldauffassung von der kausal-mechanischen Grundlage ergriffen werden. Wo nicht der Entschluß als die auf den Sinn von Wert und Unwert sich gründende Entscheidung des Ich zugunsten des niederen Wertes entgegen dem höheren erkannt wird, sondern als blindnotwendige Folge der gerade bestehenden kausalen Konstellation erscheint, da muß die Schuld als das die Persönlichkeit, das Ich, sittlich belastende Werturteil fallen, wie überhaupt die Persönlichkeit als das Sinn und Wert vernehmende und die Wirklichkeit danach gestaltende Wesen, das dadurch allein zu Verdienst und Schuld fähig ist, negiert wird. Dann können Gesetzgeber und Richter dem Verbrechen nicht anders gegenüberstehen als einem naturnotwendigen Krankheitsprozeß: den heilbaren Körper haben sie durch pönale Motivation zu heilen, den unheilbaren auszumerzen. Schuld und Strafe dürfen keine „ethische Brandmarkung" sein; „es ist nicht unser ‚Verdienst', daß wir nicht längst schon vor den Strafrichter gekommen sind, und es ist nicht seine ‚Schuld', daß ihn die Verhältnisse auf die Bahn des Verbrechens getrieben haben"[27]. Den Aussätzigen zu verachten, ist ebenso töricht wie unsittlich; „der Determinist kann und darf dem Verbrecher gegenüber keine andere Empfindung haben"[28]. Wo damit die Strafe zur „heilenden Besserung und sichernden Verwahrung" wird, muß sie jede über die Bedürfnisse der Besserung hinausgehende Strenge vermeiden. „Das Mitleid werden wir auch dem Unverbesserlichen nicht versagen." In dem ihn umschließenden Zuchthaus wird derselbe Geist walten, wie in der den gemeingefährlichen Kranken verwahrenden Irrenanstalt: „der Geist wohlwollender Milde, fürsorgender Pflege"[29]. „Die Begriffe ‚Schuld' und ‚Sühne' mögen in den Schöpfungen unserer Dichter weiterleben wie bisher; strenger Kritik der geläuterten wissenschaftlichen Erkenntnis vermögen sie nicht

---

[26] Aufsätze II S. 44; siehe auch Lehrbuch § 37 I.
[27] Aufsätze II S. 45.
[28] Aufsätze II S. 46.
[29] Aufsätze II S. 229.

standzuhalten[30]." Von dieser Auffassung her datiert die später immer stärker zunehmende Milderung der Strafjustiz und des Strafvollzugs, die in dem Verbrecher fast mit *Quételet* das „Sühneopfer der Gesellschaft" erblickte[31, 32].

Gleichzeitig werden auch die Grenzen zwischen Gefängnis und Krankenanstalt immer flüssiger. Wenn der Unzurechnungsfähige durch die Strafe nicht mehr motiviert werden kann, dann muß auch der Unverbesserliche unzurechnungsfähig sein. Nur die heute noch herrschenden rechtlich-sittlichen Anschauungen des Volkes verlangen die Scheidung von Verbrechen und Wahnsinn, von Zuchthaus und Irrenanstalt, und ihnen muß der Gesetzgeber das Opfer besserer wissenschaftlicher Überzeugung bringen[33].

So baut *Liszt* sein kriminalpolitisches System völlig auf der kausalmechanischen Grundthese des Positivismus auf. Grundlage der Kriminalpolitik ist die Kriminalsoziologie, ein Zweig der allgemeinen Soziologie. Ihre Methode ist die „allen wahren Wissenschaften gemeinsame: die unbefangene, methodische Beobachtung gegebener Tatsachen"[34]. Sie ist eine Naturwissenschaft, die die Aufgabe hat, die Kriminalität k a u s a l zu erklären, d. h. das Verbrechen als eine bestimmten Gesetzen unterworfene Erscheinung zu erkennen. Ihre Methode ist die der systematischen Massenbeobachtung, der Kriminalstatistik, unterstützt durch die methodische Einzelbeobachtung. *Liszt* erweist sich hier in allen wesentlichen Punkten als Schüler *Quételets*. Und wenn er *Quételet* vorwirft, die Gesetze der Kriminalität für unabänderlich gehalten zu haben, gegen die anzukämpfen vergeblich wäre, so ist es gerade *Quételet* gewesen, der mit Hilfe der Kenntnis dieser Gesetze die Zustände bessern wollte (s. oben S. 11). „Gerade weil diese Verhältnisse durch Gesetze bestimmt sind, glauben wir, auf sie einwirken zu können. So wie wir dem Fluß sein Bett weisen und die Dampfkraft unseren Zwecken dienstbar machen, so glauben wir, daß wir die gesellschaftlichen Verhältnisse bestimmen können und mit ihnen den Gang der Kriminalität[35]." So und ähnlich haben wir es auch bei *Quételet*, *Comte*, *Mill*, *Spenzer* usw. lesen können.

Das Verdienst *Liszts* ist es, eine erhebliche Verfeinerung der kriminalsoziologischen Methode herbeigeführt zu haben. Hatte er zunächst einfach die Statistik im Sinne *Quételets* übernommen[36], so findet er später (1902) scharfe Worte darüber, daß „wir über das Rechnen mit den großen Durch-

---

[30] Aufsätze II S. 229.

[31] Siehe Aufsätze II S. 66: „Wer hat heute noch den Mut, die Mitschuld der Gesellschaft zu leugnen?"

[32] Vgl. dazu *Dahm-Schaffstein*, Liberales oder autoritäres Strafrecht? 1933.

[33] Aufsätze II S. 228.

[34] Aufsätze II S. 78.

[35] Aufsätze II S. 8.

[36] Aufsätze I S. 162.

schnittszahlen nicht hinausgekommen sind"[37]. Er fordert, „für möglichst kleine, örtlich abgegrenzte Gebiete die sämtlichen Faktoren zu untersuchen, die auf die Gestaltung der Kriminalität bestimmenden Einfluß ausüben"[38]. Noch im selben Jahr (1902) gesteht er, „daß wir nicht einmal noch die Methode gefunden haben, mit der die Lösung der Aufgabe in der gegründeten Hoffnung auf Erfolg unternommen werden kann"[39]. Er verlangt nunmehr Untersuchung der Gesetze der Kriminalität innerhalb der „gesellschaftlichen Zellen", d. h. der Individuengruppen, die — wie er wenig treffend sagt — „durch die Gemeinsamkeit ihrer Interessen miteinander verbunden sind". Unter solchen Gruppen versteht er die Rasse, die nationalen, religiösen, politischen und besonders die wirtschaftlichen Gruppen[40].

Aber bei allen Wandlungen sieht *Liszt* d e n Satz als gesichert an, daß jedes Verbrechen das Produkt aus der Eigenart des Täters im Augenblick der Tat und aus den ihn in diesem Augenblick umgebenden äußeren Verhältnissen ist[41]. Dabei mißt er mit *Quételet* und insbesondere den französischen Milieutheoretikern (*Taine*, *Tarde*) gegen *Lombroso* den äußeren, gesellschaftlichen Faktoren die ungleich größere Bedeutung zu. Ja, er führt letztlich sogar die biologische Eigenart wieder auf die gesellschaftlichen Verhältnisse zurück, da auch die angeborene Eigenart des Täters „auf den gesellschaftlichen Verhältnissen beruht, die nicht nur ihn, sondern auch seine Erzeuger bestimmten!"[42]. Bemerkenswert ist, daß *Liszt* den „biologischen" Faktor mit dem „individuellen" identifiziert, was seinen Grund nicht im Gegenstand, sondern in der Methode der Biologie hat, die für *Liszt* die der Einzelbeobachtung ist. Durch dieses Abstellen auf die (angebliche) Methode kommt bei *Liszt* eine eigenartige Auffassung der Kriminalbiologie heraus; so umfaßt der sog. „biologische" Faktor im Sinne *Liszts* nicht nur die angeborene, sondern auch die erworbene Eigenart, also nicht nur die echt biologischen Faktoren, sondern auch die psychologische Motivierung, wie dieser biologische Faktor umgekehrt als „individueller" Faktor gar nicht lediglich Individuelles, sondern biologisch-rassisch Generelles enthält[43].

Neben die Untersuchung des bestehenden Zustands der gesellschaftlichen Verhältnisse in ihrer Ursächlichkeit für die Kriminalität tritt die Erforschung der großen Entwicklungsströme des gesellschaftlichen Lebens, oder — mit den Ausdrücken *Comtes* — neben die Statik die Dynamik. Auch für *Liszt* ist ganz im positivistischen Sinne die geschichtliche Entwicklung festen, unabänderlichen blindkausalen Gesetzen unterworfen, nach denen sie unabhängig von jeder menschlichen Zwecksetzung ihren Entwicklungs-

---

[37] Aufsätze II S. 419.
[38] Aufsätze II S. 420.
[39] Aufsätze II S. 436.
[40] Aufsätze II S. 442 ff.
[41] Z. B. Aufsätze II S. 234, 290; Lehrbuch § 3.
[42] Aufsätze II S. 65 Anm., S. 83.
[43] Siehe dazu Aufsätze II S. 232, 290; Lehrbuch § 3.

gang nimmt. „Für unsere menschliche Zwecksetzung bleibt uns nur die Hemmung oder Förderung eines von menschlicher Willkür unabhängigen Entwicklungsganges[44].“ Darum kann die Aufgabe eines Staatsmanns niemals darin bestehen, „den großen Entwicklungsströmen entgegenzutreten, die zu einer gegebenen Zeit das gesellschaftliche Leben beherrschen. ... Er kann dafür Sorge tragen, daß der Strom in ein ruhiges Bett geleitet werde; er soll auf Mittel und Wege sinnen, damit die unaufhaltbare Bewegung langsam, gleichmäßig und ohne zu große Erschütterungen sowie unter möglichster Schonung der in den Hintergrund gedrängten gesellschaftlichen Gruppen vor sich geht: Er kann die vorhandene Bewegung regeln, er kann ihr aber nicht die Richtung vorzeichnen“[45].

Dabei geht die naturnotwendige Entwicklung im großen gesehen unaufhaltsam nach aufwärts, so daß das Kommende auch das Wertvollere ist, das Seinmüssende zugleich das Seinsollende. „Indem wir das Seiende als ein geschichtlich Gewordenes betrachten und darnach das Werdende bestimmen, erkennen wir das Seinsollende. Werdendes und Seinsollendes sind insoweit identische Begriffe. Nur die erkannte Entwicklungstendenz gibt uns über das Seinsollende Aufschluß[46].“ All das sind bekannte Töne des evolutionistischen Positivismus.

Die Methode der Erforschung der Entwicklungstendenzen ist die vergleichende, universalgeschichtliche Betrachtung. Auch für *Liszt* löst sich der ganze Geschichtsverlauf in eine kausale Veränderungsreihe typisch wiederkehrender Entwicklungsstadien auf[47]. Durch die vergleichende Methode gelangen wir zur „Aufstellung von typisch wiederkehrenden Entwicklungsstufen, von Rechtstypen insbesondere. Erst die Erkenntnis der Entwicklungstypen aber gestattet es uns, die in unserer nationalen Entwicklung erreichte Entwicklungsstufe im ganzen wie im einzelnen richtig einzuschätzen und damit zur Erkenntnis des Werdenden, des Seinsollenden zu gelangen“[48]. Auch hier zeigt *Liszt* wieder das bekannte positivistisch-evolutionistische Bild: die Rechtsvergleichung soll uns nicht lediglich das Material liefern, wie andere Nationen das innerstaatliche gesellschaftliche, wirtschaftliche, politische Leben rechtlich eingefangen haben, damit wir selbst über die u n s e r e r nationalen Eigenart adäquate Rechtsgestaltung klarer werden, sondern soll uns an vielleicht „fortgeschritteneren“ Nationen[49] diejenige typische Entwicklungsstufe zeigen, die vor uns liegt und die kommen wird und muß, mögen wir wollen oder nicht. Menschliche Aufgabe ist es dann immer nur, etwas flinker zu sein, als das Geschehen, und ihm die Tür zu öffnen, die es sonst

---

[44] ZStW. 26 S. 556.
[45] Aufsätze II S. 446.
[46] ZStW. 26 S. 556; siehe auch VDA. 3 S. 90 f.
[47] Aufsätze II S. 452; ZStW. 26 S. 556.
[48] ZStW. 26 S. 556.
[49] Über diesen „Internationalismus“ siehe auch E. *Wolf*, Krisis und Neubau der Strafrechtsreform 1933 S. 3.

eingestoßen hätte. Was an diesem spezifisch positivistischen Bilde fehlt, ist das Individuell-Schöpferische nicht nur genialer Einzelpersönlichkeiten, sondern auch großer Völkerindividualitäten, die stets mehr sind als bloße Exemplare qualitativ gleich wiederkehrender Entwicklungsstadien und die der Geschichte das Tor zu neuen ungeahnten Weiten aufstoßen.

So ist denn auch kennzeichnend, worin *Liszt* die Gesamtentwicklung sieht: „Tier- und Pflanzengattungen sind ausgestorben, Weltstaaten sind zertrümmert worden, und doch ist die Entwicklung weitergegangen und hat vollkommenere Organismen[50] und differenziertere, lebenskräftigere Gesellschaften geschaffen[51].“ Auch hier wieder die typisch evolutionistischen Wertungen des Differenzierten, Komplizierten, Lebenskräftigen. Überraschend ist, daß *Liszt* die heutigen Staaten für lebenskräftiger hält als die früheren, eine Behauptung, für die er schwerlich einen Beweis erbringen dürfte.

Es ist selbstverständlich, daß der Mechanismus dieser Höherentwicklung die Selektion sein muß. So wendet *Liszt* ausdrücklich das Selektionsprinzip auf die gesellschaftliche Entwicklung an: Die Gesellschaft scheidet die völlig ungeeigneten Elemente aus, „die Untauglichen gehen rettungslos zugrunde, nach ein oder zwei Generationen ist die Fähigkeit zur Fortpflanzung(!) erschöpft“. „Aber dieser gesellschaftliche Selektionsprozeß geht nur langsam vor sich und ist mit schweren Opfern für die Gesellschaft verbunden.“ Darum muß der Gesetzgeber eingreifen; er hat als Kriminalpolitiker „die Schwächeren zu schützen, solange es irgend möglich ist, damit sie im Kampf ums Dasein nicht unterliegen. Er hat überall dort, wo Hilfe nicht mehr möglich ist, dafür Sorge zu tragen, daß die für das gesellschaftliche Zusammenleben mit seinen jeweiligen Anforderungen völlig ungeeigneten Elemente ausgeschieden werden“[52].

Aber auch hier fragt es sich wieder, wer im gesellschaftlichen Entwicklungsprozeß der Lebenskräftigere, Tauglichere, Angepaßtere ist. Im rein biologischen Leben ist es der Vitalere, Kraftvollere. In der kapitalistisch-industriellen Gesellschaft des liberalen Staates ist es der Geschicktere, Gerissenere, während vielleicht der Vitalere, der im wirtschaftlichen Kampf dem Gerisseneren unterliegt und sich nun aus seiner Vitalität heraus gegen ihn wendet, dem Selektionsprozeß der Strafjustiz verfällt.

Die größte Bedeutung erhielt die evolutionistische Theorie für *Liszt* dadurch, daß er auf sie den Eckpfeiler seiner kriminalpolitischen Stellung, seine Zwecktheorie von der Strafe gründete. Noch ein Vierteljahrhundert nach seinem Marburger Programm behauptete er unzweideutig, daß er für die Schutzstrafe nicht wegen ihres immanenten Wertes, ihrer sachlichen

---

[50] Was er darunter versteht, hat er vorher gesagt, daß „der vielgestaltige, mit differenzierten Organen arbeitende Organismus“ „vollkommener sei als die einfache Zelle, aus der er sich entwickelt hat“. ZStW. 27 S. 94.

[51] ZStW. 27 S. 95.

[52] Aufsätze II S. 446.

Dignität eingetreten sei und die Vergeltungsstrafe nicht wegen ihrer Wertwidrigkeit verworfen habe, sondern dies deshalb getan habe, weil die Zweckstrafe „uns den späteren und darum höheren Entwicklungstypus der Strafe darstellt"[53].

Betrachtet man genauer die Ausführungen im Marburger Programm[54], so zeigen sie überraschend klar das typisch evolutionistische Gepräge, und *Liszt* hatte ganz recht, wenn er für seine Theorie die Bezeichnung einer „evolutionistischen Theorie" vorschlug[55]. Seine Darstellung, wie „die Triebhandlung in die Willenshandlung sich umsetzt" — wobei er sich stark auf den Darwinisten G. H. *Schneider* stützt (Der tierische Wille, 1880, und Der menschliche Wille, vom Standpunkt der neueren Entwicklungstheorien, 1882) —, findet sich so und ähnlich auch bei *Spenzer* und jedem sonstigen Evolutionisten (s. z. B. *Spenzer*, Principles of morality, §§ 2 ff. „Die Entwicklung des Handelns"). Wir sahen schon bei *Spenzer*, daß nach der evolutionistischen Theorie die Zweckbewußtheit der Willenshandlung nichts anderes ist als eine höhere Entwicklungsstufe niederer zweckmäßiger Reaktionsformen der Lebewesen in der Anpassung innerer an äußere Bedingungen; und wie die Zweckmäßigkeit der Triebreaktionen, so ist auch die Zweckbewußtheit der Willensbildung nur das blind-kausale Selektionsprodukt erhöhter Anpassung. Zweckmäßigkeit und Zweckbewußtheit sind nur glückliche, nicht qualitativ, sondern bloß quantitativ verschiedene Sonderfälle des Mechanisch-Kausalen.

Diese Auffassung liegt auch den *Liszt*schen Ausführungen zugrunde. Ursprünglich ist die Strafe eine zwar zweckmäßige, aber zweckunbewußte, blinde Triebhandlung, die unmittelbar im Dienste der Selbsterhaltung, mittelbar im Dienste der Arterhaltung steht und darum von Anfang an gesellschaftlichen Charakter trägt als soziale Reaktion gegen soziale Störungen. Sie ist instinktiv-zweckmäßig, indem sie die Lebensbedingungen des einzelnen wie der ganzen Gruppe gegen äußere Störungen schützt. Nach dem „Grundgedanken der Entwicklungslehre", daß „die Summierung unmerklich kleiner quantitativer Unterschiede allmählich zu scheinbar (!) qualitativer Differenzierung führen könne"[56], setzt sich mit dem Fortschritt in der geistigen Entwicklung der Menschheit die Triebhandlung in die Willenshandlung um: „Der Trieb wird in den Dienst des Zweckes gestellt, die Handlung dem Zwecke angepaßt." Die Zweckbewußtheit ist also nur eine vollkommenere Anpassungsform der Zweckmäßigkeit.

Für die Strafe bedeutet das, daß nunmehr die zu schützenden Lebensbedingungen, die Störung dieser Lebensbedingungen und die schützende Kraft der Strafe erkannt und begriffen werden[57]. Diese Erkenntnis ist aber

[53] ZStW. 26 S. 557; 27 S. 95 f.; siehe auch Aufsätze II S. 426.
[54] Vgl. auch Lehrbuch 1. Aufl. S. 14 ff.
[55] Aufsätze I S. 133.
[56] Aufsätze I S. 151.
[57] Aufsätze I S. 146.

nur möglich durch unbefangene, affektlose Betrachtung seitens unbeteiligter, unbefangen prüfender Organe. Erst mit dem vollen Übergang der Strafe auf den Staat ist der entscheidende Schritt von der Trieb- zur Zweckhandlung getan[58]. Die Objektivierung der Strafe hat zugleich die Selbstbeschränkung der Strafgewalt zur Folge, einmal durch Fixierung der Rechtsgüter und Katalogisierung der sie schützenden Normen, zweitens durch Begrenzung von Maß und Ziel der Strafe im Dienste des Rechtsgüterschutzes. Diese Selbstbeschränkung hat für die Strafgewalt die größte Bedeutung: durch sie wird sie überhaupt erst zum Recht: „Durch Selbstbeschränkung ist die Strafgewalt zum Strafrecht, durch Aufnahme des Zweckgedankens die blinde, zügellose Reaktion zur Rechtsstrafe geworden[59].“ Damit wird zugleich „der Wert klar, welchen die Objektivierung auch für den Verbrecher und gerade für ihn hat“[60].

Im ganzen ist die *Liszt*sche Beweisführung eine durchaus unhistorische evolutionistische Konstruktion. Versteht man allerdings unter Strafe die primitivste „repulsive Reaktion“ jedes Lebewesens gegen äußere Störungen[61], dann ist sie in der Tat eine bloße reflexartige Triebbewegung. Aber dann hat sie mit der menschlichen Geschichte nichts mehr gemein. Den Menschen kennen wir bis in die frühesten vorgeschichtlichen Zeiten immer zugleich als Wesen mit der Fähigkeit zu zweckbewußten Willenshandlungen. Auch die älteste Rache war zweckbewußte Willenshandlung, bei der sowohl die (verletzten) Lebensbedingungen der Sippe, wie auch die Störung dieser Lebensbedingungen, wie endlich die schützende Kraft der Rachehandlung erkannt waren, wenn auch vielleicht der Schutz weder das alleinige noch das Hauptmotiv der Rache gewesen sein mag.

Aber wesentlicher als diese evolutionistische Konstruktion ist das Ergebnis, daß für *Liszt* die Strafgewalt zum Strafrecht erst durch die eigene Selbstbeschränkung wird, die ihren Wert gerade für den Verbrecher erweist. Hier zeigt sich, daß der magna-charta-Gedanke bei *Liszt* kein äußerliches, jederzeit abtrennbares Beiwerk ist, sondern daß er keine geringere Funktion hat als die Konstituierung des Rechtsbegriffs selbst. „Strafrecht ist die rechtlich begrenzte Strafgewalt des Staates: Rechtlich begrenzt nach Voraussetzung und Inhalt; rechtlich begrenzt im Interesse der individuellen Freiheit. Nullum crimen sine lege, nulla poena sine lege: Diese beiden Sätze sind das Bollwerk des Staatsbürgers gegenüber der staatlichen Allgewalt; sie schützen den einzelnen gegen die rücksichtslose Macht der Mehrheit, gegen den Leviathan[62].“

---

[58] Aufsätze I S. 146.
[59] Aufsätze I S. 150.
[60] Aufsätze I S. 151.
[61] Aufsätze I S. 143.
[62] Aufsätze II S. 60; siehe auch S. 80.

Hier tritt noch einmal die ganze Staatskonstruktion *Liszts* zutage. Da er als konsequenter Kausaldeterminist Staat und Recht nicht auf die inhaltliche Fülle und Würde einer Idee aufbauen konnte, mußte er bei der „disziplinierten Gewalt“ bleiben, ausgefüllt von den gesellschaftlichen Werturteilen der herrschenden Klasse. Dann aber wird das Wesen des Rechts hauptsächlich nur durch ein Negativum bestimmt, nämlich durch die eigene Begrenztheit im Interesse der individuellen Freiheitssphäre. Das involviert die weitere Folge, daß als letzte Substanz des Rechts das individuelle menschliche Dasein erscheint: „Rechtsgut als Gegenstand des Rechtsschutzes ist in letzter Linie stets das menschliche Dasein in seinen verschiedenen Ausgestaltungen. Dieses erscheint entweder als das Dasein des als Einzelwesen betrachteten Menschen oder als Dasein des einzelnen (!) in der Gesamtheit der Rechtsgenossen[63].“ Charakteristisch ist in diesem Zusammenhang auch, daß *Liszt* in seinen kriminalpolitischen Erörterungen fast ausschließlich von der Gesellschaft statt vom Staate spricht. Er selbst zwar hält die Begriffe Staat und Gesellschaft hier für gleichbedeutend[64]. In Wahrheit aber beruht — überall im Positivismus[65] — die Ersetzung des Staates durch die Gesellschaft auf immanenten individualistischen Tendenzen, da „der Staat“ schon begrifflich auf einen ganz anderen Einheitscharakter, auf eine „Vorordnung des Ganzen vor den einzelnen“[66] hinweist, während die Gesellschaft nur die in ihrem Zusammenwirken voneinander abhängigen Individuen oder — um in Worten *Liszts* zu reden — die vielen „einzelnen in der Gesamtheit der Rechtsgenossen“ ist.

Immerhin würde das Bild *Liszts* unvollständig bleiben, wollte man sein starkes soziales Mitgefühl unberücksichtigt lassen, das ihn gerade bei seinen sozialpolitischen Gedankengängen bewegte. Doch muß ebenso klar betont werden, daß dieser *Liszt*sche „Sozialismus“ eine die proletarischen Probleme vom Standpunkt der herrschenden bürgerlichen Klasse aus betrachtende Einstellung war und daß ihm die Idee einer *alle „Klassen“* umfassenden Volksgemeinschaft völlig fremd geblieben ist[67], die erst das gewaltige Programm des Nationalsozialismus wurde und mit der unser künftiges staatliches und nationales Eigenleben steht und fällt.

Durch die Selbstbeschränkung der Strafgewalt in den — die magna charta des Verbrechers bildenden — einzelnen Tatbeständen findet *Liszt* den Anschluß zur dogmatisch-juristischen Behandlung des Verbrechens, die er als

---

[63] Lehrbuch § 79.

[64] Aufsätze I S. 292.

[65] Siehe oben S. 8; interessant ist, daß auch für *Lamprecht* der Staat die crux seiner Geschichtsauffassung bildet. Siehe dazu *Westphal*, Feinde *Bismarcks* S. 192.

[66] *Troeltsch*, Die Dynamik der Geschichte nach der Geschichtsphilosophie des Positivismus 1919 S. 10.

[67] Deshalb trifft die Annahme eines anfänglichen sozialistischen Schwungs der *Liszt*schen Thesen (*Henkel*, Strafrichter und Gesetz im neuen Staat S. 30) nur sehr bedingt zu.

die technisch-juristische Betrachtung der soziologisch-naturwissenschaftlichen gegenüberstellt[68]. Die Methode der theoretischen Jurisprudenz ist die Logik, ihr Gegenstand sind die Rechtssätze, und ihre Aufgabe erschöpft sich in der logischen Verknüpfung der abstrahierenden Begriffe[69]. Hier, in der Dogmatik, ist er im wesentlichen mit der klassischen Schule einig. Mag diese auch da und dort „auf die Abwege formal-juristischer Spitzfindigkeit geraten sein, im großen und ganzen hat sie mit der richtigen Methode gearbeitet. Sie ist von der breiten empirischen Grundlage ausgegangen, die durch die Fülle der positivrechtlichen Bestimmungen geboten wird; und sie hat in unablässiger ... Arbeit sich bemüht, durch immer weiter geführte sorgfältigste Abstraktionen die obersten Grundsätze, die höchsten und feinsten Begriffe zu gewinnen und so das geschlossene System des Strafrechts aufzubauen“[70]. Es ist frappierend, daß *Liszt*, der *Binding* die denkwürdigen Worte entgegengehalten hatte, „daß mit dem ‚Rechtsgute‘ der Zweckgedanke seinen Einzug in das Gebiet der Rechtslehre hält, daß die teleologische Betrachtung des Rechts beginnt und die formallogische ihr Ende findet“[71], doch schließlich wieder Aufgabe und Methode der Dogmatik ganz im formallogischen Sinn als logische Begriffsverknüpfung und aufsteigende Begriffsabstraktion bestimmt. So beruht auch sein Lehrbuch im wesentlichen auf rein begriffsjuristischer Methodologie[72], und so wendet er sich z. B. gegen die „Kurzsichtigen“, die es als Begriffsjurisprudenz verspotteten, als das Reichsgericht es ablehnte, die Entziehung der elektrischen Arbeit als Diebstahl zu bestrafen[73].

Der tiefere Grund für das Hinneigen des Dogmatikers *Liszt* zur Begriffsjurisprudenz liegt — wobei man nicht übersehen darf, daß *Liszt* schon in jenem früheren Aufsatz über *Bindings* Rechtsgutsbegriff das Rechtsgut nur für einen Grenzbegriff der Dogmatik erklärt hatte — in zwei Momenten: den einen spricht er offen aus, daß in der „dogmatischen Gebundenheit des Strafrichters eines der wichtigsten Bollwerke der bürgerlichen Freiheit uns gegeben ist“[74]. Der zweite liegt in seinem kausal-mechanischen Ausgangspunkt, durch den er sich die Sicht auf ein echtes τέλος von vornherein verbaut hatte. Beide Momente wurzeln im tiefsten Grunde in der Machtideologie der positivistischen bürgerlichen Gesellschaft: wie der mechanische Kausalbegriff infolge der durch ihn eröffneten technischen Berechenbarkeit des Geschehens dem Menschen die Herrschaft über die Natur und über das geistige und gesellschaftliche Leben verleiht, soweit er sich nicht selbst dem naturnotwendigen Prozeß einfügen muß, so gibt der technisch-formale,

[68] Aufsätze II S. 230.
[69] Aufsätze II S. 77f.
[70] Aufsätze II S. 434.
[71] Aufsätze I S. 223.
[72] Vgl. hierzu A. *Schwarzschild,* Franz v. *Liszt* als Strafrechtsdogmatiker 1933.
[73] Aufsätze II S. 434.
[74] Aufsätze II S. 435.

berechenbare Rechtsbegriff dem einzelnen das Optimum individueller Betätigungsfreiheit und Betätigungsmacht a u c h g e g e n den Staat.

Aus dieser Ideologie heraus ist es ferner zu verstehen, daß *Liszt*, der von seinen kriminalpolitischen Grundgedanken aus eigentlich zur Gesinnungsstrafe hatte kommen müssen[75], hinsichtlich der Voraussetzungen der Strafverhängung entschiedener Objektivist war, der auch für die Versuchsbestrafung eine objektiv gefährliche Handlung forderte.

Die positivistisch-naturalistische Orientierung veranlaßte ihn weiter, den Gehalt der rechtlichen Begriffe so vollkommen wie möglich auf Daten der naturwissenschaftlichen (Abstraktions-)Realität zu reduzieren. Das, was als Wirkliches dem Begriff des Verbrechens entspricht, ist „jederzeit eine, wenn auch noch so unscheinbare materielle, sinnlich wahrnehmbare Veränderung der Außenwelt, .. mag sie sich auch, wie regelmäßig bei den durch das gesprochene Wort begangenen Verbrechen, auf die Erregung von Luftschwingungen und von physiologischen Prozessen in dem Nervensystem des Angegriffenen beschränken“[76, 77]. Die Rechtssätze selbst sind nur Abstraktionen aus diesen Tatsachen der Sinnenwelt[78]. „Von Ereignissen der Sinnenwelt ist alle Gesetzgebung und alle juristische Begriffsbildung ausgegangen, auf Ereignisse der Sinnenwelt zielt alle Rechtswissenschaft ab[79].“ So gelangt *Liszt* zu seinem sog. rein „natürlichen“ Handlungsbegriff — Handlung als willkürliche Verursachung oder Nichthinderung einer sinnfälligen Veränderung in der Außenwelt[80] —, den er in den Mittelpunkt seines Systems stellt und auf den er Rechtswidrigkeit und Schuld bezieht und seine Versuchs-, Teilnahme- und Konkurrenzlehre aufbaut[81].

Obwohl diese stark materialistisch fundierte Wirklichkeitsauffassung *Liszts* bei seinen Nachfolgern vielfach durch die „Welt des praktischen Handelns“[82] ersetzt wurde, so bildet sie dennoch — wie wir im einzelnen noch sehen werden — in etwas abgeschwächter Form bis in die jüngste Vergangenheit mehr oder minder klar ausgesprochen die ontische Basis der Dogmatik, insbesondere der Tatbestandslehre; so wenn z. B. *Radbruch* den vorrechtlichen Handlungsbegriff „ganz naturalistisch als willentliche Körperbewegung mit der Wirkung gewisser Veränderungen in der Außenwelt“

---

[75] Aufsätze II S. 16.

[76] Lehrbuch, 2. Aufl. S. 107, siehe auch Aufsätze I S. 222, 241. Noch in der letzten von ihm besorgten Auflage des Lehrbuchs versteht er unter Erfolg die s i n n l i c h wahrnehmbare Veränderung der Außenwelt (§ 28).

[77] Ähnlich lehrt auch *Spenzer* (Principles of morality § 24), daß das Handeln, wie es sich tatsächlich unserer Erfahrung darbietet, aus nichts anderem als aus den durch Gefühl, Gesicht und Gehör erkannten Veränderungen besteht.

[78] Aufsätze I S. 217.

[79] Aufsätze I S. 241.

[80] Lehrbuch 10. Aufl. § 28.

[81] Vgl. dazu die angeführte Schrift von A. *Schwarzschild* S. 16 ff.

[82] Vgl. z. B. *Kohlrausch*, Irrtum und Schuldbegriff im Strafrecht 1903 S. 101.

bestimmt und demnach die „Beleidigung etwa als eine Reihe von Kehlkopfbewegungen, Schallwellenerregungen, Gehörreizungen und Gehirnvorgängen"[83] definiert: streng genommen müßte dann sogar erst durch das Recht der sprachliche Sinn und die soziale Bedeutung zu diesen materiellen Prozessen hinzukommen! Auch hier spricht die Anschauung heraus, daß die Wirklichkeit der Naturwissenschaft die einzig wahre und echte Realität sei.

Allerdings ist es das Ideal der Naturwissenschaften, die Struktur des Seins unabhängig von aller „subjektiven" Organisation des Menschen zu erforschen[84]. Das hindert natürlich nicht daran, daß auch das von ihr künstlich eingeklammerte geistige (nicht nur seelische!)[85] Sein des Menschen ebensosehr real ist wie die materiellen Prozesse. Zu diesem geistigen Sein gehören nicht nur das Sinnverstehen und seine spezifischen determinativen Gesetze — wodurch für den Nichtphysiker alle materiellen Prozesse einer Sinnäußerung zu bloßen nichtinteressierenden Trägern des verstehbaren Sinnes werden —, sondern auch die Bezogenheit des (Außer-Ich-)Seienden auf das geistige Sein des Ich, wodurch jenes diesem als „wert" oder „unwert" konstituiert wird[86]. Dieses geistige Sein und seine Relationen sind keineswegs bloße „Umformungen" einer letzten Realität, sondern bilden mit den materiellen „Substanzen" und deren Relationen die eine wahre Realität selbst, aus der die Naturwissenschaft eben nur einen Teil zu ihrem Forschungsgegenstand hat[87].

Liszts Auffassung von der juristischen Dogmatik als Herausarbeitung eines Systems auf dem Wege formallogischer Begriffsabstraktion führte ihn zu *Merkels* Gedanken über eine „allgemeine Rechtslehre", die dazu berufen sein soll, an die Stelle der Rechtsphilosophie zu treten[88]. Die allgemeine Rechtslehre bestimmte *Merkel* als die wichtigste Ablagerungsstätte für die Resultate jener philosophischen Arbeit innerhalb der „juridischen Partialdisziplin", welche er schon in der bloßen Begriffsverallgemeinerung erblickt. „Hier finden sich die Elemente, aus welchen die besonderen Rechtssätze sich zusammensetzen, an sich und in ihrem allgemeinen Verhalten zueinander

---

83 *Radbruch*, Zur Systematik der Verbrechenslehren. *Frank* Festschrift I S. 161. Vgl. dazu unten S. 104 Anm. 54.

84 Vgl. dazu aber S. 54 Anm. 17.

85 „Geist" als die logischen und emotionalen Richtungsfaktoren des Seelischen.

86 Siehe dazu ZStW. 51 S. 715; J. E. *Heyde*, Wert 1926; *Brentano*, Psychologie vom empirischen Standpunkt, herausgegeben von O. *Kraus* (*Meiner*) I S. XLIV ff.; ferner unten S. 55 ff.

87 Die positivistische Überschätzung der Naturwissenschaft brachte *Liszt* sogar in Zweifel, ob die Jurisprudenz noch als Wissenschaft anzusprechen sei. Läßt er diese Frage in seinem Gutachten für die JKV. 1893 (Aufsätze II S. 77 f.) noch offen, so sieht er in seiner Berliner Antrittsvorlesung die Jurisprudenz nur als pädagogische Unterweisung des kriminalistischen Praktikers an, während die zweite, die wissenschaftliche Aufgabe der Strafrechtswissenschaft, in der kausalen Erklärung von Verbrechen und Strafe liege (siehe dazu Aufsätze II S. 289, 296).

88 Lehrbuch 1. Aufl. S. 16; Aufsätze I S. 215 ff.

charakterisiert[89, 90]." So soll dadurch, daß die Doktrin „immer beträchtlichere Höhen der Abstraktion" erklimmt, ihre Arbeit „immer mehr eine philosophische werden"[91], um schließlich in eine allgemeine Wissenschaftslehre einzumünden, die die höchsten Abstraktionen der einzelnen Wissenschaften in noch allgemeinere zusammenfaßt[92].

Es ist das die typisch positivistische Auffassung[93] von der Philosophie, die ihren prägnantesten Ausdruck bei *Spenzer* gefunden hatte (s. oben S. 16 f.), eine Auffassung, die auf dem dogmatischen Empirismus beruht, mit dem der Positivismus alles, was über das Gebiet der aposteriorischen Beobachtung hinausgeht, von vornherein ausgeschlossen hatte und damit ebenso die Frage nach dem die Erscheinungen erst konstituierenden apriorischen Wesen wie nach ihren letzten Werten.

Damit gliedert sich *Liszt* auch in dieser allgemeinsten methodologischen Position in den Gesamtrahmen des Positivismus ein. Im ganzen gesehen erweist sich so sein System — sowohl in den Voraussetzungen wie in den Ergebnissen — als eine der vollkommensten Anwendungen positivistischen Gedankenguts auf den Bereich einer Einzelwissenschaft überhaupt: In dieser inneren Abhängigkeit werden ihm zugleich Bedeutung und Bedingtheit zugewiesen.

---

89 Adolf *Merkel,* Gesammelte Abhandlungen aus dem Gebiet der allgemeinen Rechtslehre und des Strafrechts, Bd. I S. 298.

90 Ganz in diesem Sinne baute *Liszt* sein Lehrbuch auf; so z. B. § 44 I: Die bisher entwickelte Begriffsbestimmung des Unrechts beansprucht Geltung für die sämtlichen Rechtsgebiete.

91 *Merkel* a. a. O. Bd. I S. 306.

92 *Liszt,* Aufsätze I S. 216.

93 Der *Merkel*sche Aufsatz über „Das Verhältnis der Rechtsphilosophie zur ‚positiven' Rechtswissenschaft" ist eine Fundgrube positivistischer Gedanken, aus der *Liszt* offenbar zahlreiche seiner positivistischen Elemente geschöpft hat. So findet sich hier nicht nur der Gedanke der allgemeinen Rechtslehre, sondern auch die universalhistorische, typisierende Auffassung der Geschichte (S. 300) und die damit zusammenhängende Anschauung vom internationalen Charakter der wesentlichen Elemente des Rechts und der Rechtswissenschaft (S. 305).

ZWEITER TEIL

DIE MODERNE STRAFRECHTSDOGMATIK (INSBESONDERE DIE TATBESTANDSLEHRE) UND DIE WERTPHILOSOPHIE

1. Kapitel

DER BEGINN DES NEUKANTIANISMUS UND DIE WERTPHILOSOPHIE

Noch in der Zeit der Hochblüte des Positivismus begann sich in Deutschland wieder ein ursprünglicher philosophischer Geist zu regen. Abgesehen von großen Einzelerscheinungen verschiedenster Herkunft und Artung, wie vor allem *Lotze* und *Nietzsche*, waren es in den sechziger Jahren des vorigen Jahrhunderts die ersten Anfänge der *Kant*-Renaissance, die durch das historische Werk Kuno *Fischers* angeregt waren und zu Beginn des neuen Jahrhunderts in den verschiedenen Richtungen des Neukantianismus das philosophische Leben Deutschlands maßgebend bestimmten. 1865 proklamierte Otto *Liebmann* in seinem eindrucksvollen „*Kant* und die Epigonen" die Rückkehr zu *Kant*; 1866 erschien F. A. *Langes* Geschichte des Materialismus, die die dogmatische Metaphysik des materialistisch-naturalistischen Positivismus entlarvte und sie mit Mitteln des *Kant*ischen Denkens zu überwinden versuchte. Während die an *Lange* anknüpfende Marburger Schule, *Cohen* und *Natorp*, vornehmlich diese Tendenz auf die exakten Wissenschaften beibehielt, wandte sich die südwestdeutsche Schule mit *Windelband* und *Rickert* der Geschichtswissenschaft zu und gelangte auf diesem Wege zu dem umfassenden System der sog. Wertphilosophie. Gerade vermöge dieser kulturphilosophischen Einstellung übte die südwestdeutsche Schule ungleich stärker als die Marburger einen teilweise tiefgehenden Einfluß auf die geisteswissenschaftlichen Disziplinen aus, dem vor allem die Geschichtswissenschaft, die Nationalökonomie (Max *Weber*!) und die Jurisprudenz unterlagen, letztere besonders seit dem Erscheinen der Rechtsphilosophie Emil *Lasks*, der selbst lange Zeit rechtswissenschaftliche Studien getrieben hatte. Auch hier war es in erster Linie die Strafrechtswissenschaft, in die jener philosophische Geist eindrang; seine Vermittler wurden M. E. *Mayer*, *Radbruch*, *Mezger*, *Grünhut* und — in klarster Prägung — die ersten Schriften Erik *Wolfs*.

Man ist im allgemeinen gewohnt, den Neukantianismus in einen absoluten Gegensatz zum Positivismus zu sehen. Aber jeder Gegner ist mit seinem Feind nicht lediglich durch das Negative, durch seine Feinschaft verbunden, sondern ebensosehr durch den gemeinsamen Boden, der den Kampf erst ermöglicht, mag auch die Gegnerschaft diese Gemeinsamkeit — zumal für die Kämpfenden selbst — allzu leicht übersehen lassen. So teilt auch der Neukantianismus beider Richtungen mit dem Positivismus mehr oder minder modifiziert einen Bestand gleicher Überzeugungen, so daß man[1] ihn mit einem gewissen Recht geradezu als eine Komplementärtheorie des Positivismus bezeichnen konnte; lehnt doch sogar *Rickert* selbst den Vorwurf der Konzession an den Positivismus nicht ganz ab[2]. Dazu kommt, daß der Kantianismus wesentlichste Teile des historischen *Kant* ganz unbeachtet ließ und sich fast ausschließlich, jedenfalls im stärksten Maße auf die Erkenntnistheorie *Kants* warf. So wirkte es fast als Entdeckung, als man plötzlich in *Kant* den Metaphysiker erkannte[3]. Sah man in den tiefen metaphysischen Motiven bestenfalls Reste der vorkritischen Metaphysik, so schränkte man den Begriff der Philosophie — um mit *Kant* zu reden (Kritik der reinen Vernunft 2. Aufl. S. 866) — zur Philosophie im „Schulbegriff" ein, d. h. zu „einem System der Erkenntnis, die nur als Wissenschaft gesucht wird", und lehnte eine Philosophie im „Weltbegriff", in welchem „der Philosoph nicht nur Vernunftkünstler, sondern der Gesetzgeber der menschlichen Vernunft" ist, ausdrücklich ab. Den Primat der praktischen Vernunft *Kants* überhöhte man[4] durch einen Primat der theoretischen Vernunft, nach dem „die Wahrheit rein im Sinne der objektiven Geltung das System der Werte überhaupt umspannt"[4].

Schon in dieser „szientistischen" Einstellung und in der entschiedenen Ablehnung jeder Metaphysik zeigen sich Gemeinsamkeiten des Kantianismus mit dem Positivismus. Ungleich bedeutungsvoller aber ist die Übereinstimmung, die der Wirklichkeitsbegriff beider Lehren aufweist. D e r e m p i r i s c h e R e a l i s m u s, mit dem übereinzustimmen der transzendentale Idealismus von Anbeginn an peinlichst bestrebt war, trägt im Neukantianismus im stärksten Maße positivistische Züge. D i e e m p i r i s c h e R e a l i t ä t ist die sinn- und wertfreie Gegebenheit realer Dinge, deren wichtigste Kategorie die blind-mechanische Kausalität ist; oder wie *Rickert* es kurz sagt: bei der „objektven" Realität handelt es sich „um eine aus wirkenden Dingen bestehende reale Welt in Raum und Zeit"[5], eine Begriffs-

---

1 Erich *Jaensch*, Die Psychologie in Deutschland und die inneren Richtlinien ihrer Forschungsarbeit, in Jahrbücher der Philosophie, hgg. v. *Moog* III (1927) S. 100 und „Wirklichkeit und Wert" 1929 S. 70 ff.

2 Siehe *Rickert*, Grenzen der naturwissenschaftlichen Begriffsbildung 3. und 4. Aufl. S. XVI; Gegenstand der Erkenntnis 4. und 5. Aufl. S. 363 Anm. 2.

3 Siehe *Heimsoeth*, Metaphysische Motive in der Ausbildung des kritischen Idealismus. Kantstudien XXIV und Max *Wundt*, Kant als Metaphysiker 1924.

4 Siehe Bruno *Bauch*, Wahrheit, Wert und Wirklichkeit S. 483 ff., S. 486.

5 *Rickert*, Gegenstand S. 338.

bestimmung, von der er mit Recht sagen konnte, sie halte „an dem positivistischen Wirklichkeitsbegriff fest“[6].

Während nun der Positivismus diesen Wirklichkeitsbegriff dogmatisch hinnahm, wird es das unvergängliche Verdienst des Neukantianismus bleiben, wieder auf echt philosophische Problemstellungen hingelenkt zu haben, indem er nach dem apriorischen Wesen, den kategorialen Grundvoraussetzungen der Wirklichkeit, den ὑποθέσεις im platonischen Sinne fragte. So geht er von der empirischen Realität als gemeinsamer Basis mit dem Positvismus aus und erforscht „nach unten“ die apriorischen Stützen dieser Basis und „nach oben“ ihre regulativen Werte. Damit ergänzt er die Wirklichkeit durch ein System unwirklicher „geltender Formen“, die sie überhaupt erst zu dieser empirischen Realität machen und sie darüber hinaus an Sinn und Wert teilnehmen lassen. Diese Auffassung gibt das Recht dafür, den Kantianismus eine Komplementärtheorie des Positivismus zu nennen. Der K a n t i a n i s m u s ergänzt die positivistische Welt mit Ergänzungsstücken einer anderen Sphäre, nämlich d e r S p h ä r e d e r U n w i r k l i c h k e i t, so daß er die Wirklichkeit selbst um so unbedenklicher dem Positivismus überlassen konnte. Soweit sich der Positivismus mit der Rolle des empirischen Realismus beschied, konnte er mit dem Kantianismus nicht in Konflikt kommen, weil die Forschungsstätten beider auf ganz verschiedenen Ebenen lagen.

Das, was für den empirischen Realismus die unmittelbar gegebene „objektive Realität“ ist, bildet für den Kantianismus — wobei wir im folgenden hauptsächlich an die südwestdeutsche Schule[7] denken, und auch hier in erster Linie an die für die Strafrechtswissenschaft bedeutsamste Gestaltung durch *Rickert* und *Lask*[8] — ein Produkt theoretischer Formung. Unmittelbar gegeben ist nur ein „Gewühl“ oder ein „Chaos“ der Erlebnisse[9]; erst durch theoretische Akte, durch die wir das chaotische Erlebnismaterial in eine theoretische Form bringen, wird das Chaos zum geordneten und gegliederten Kosmos. Ganz ähnlich hatte auch *Kant* von einem „Gewühl des Empfindungsmaterials“ gesprochen, das erst durch die synthetischen Formen des Verstandes zur Einheit des Objekts geformt würde. Diese eigenartige Auffassung des Apriorischen als erzeugender Verstandestätigkeit geht — worauf gerade *Scheler* vielfach hinweist[10] — auf das Grunddogma des englischen Sensualismus zurück, das hier *Kant* unbesehen von *Hume* über-

---

[6] *Rickert*, Grenzen S. XVII.

[7] Die Marburger Schule hatte für die Strafrechtswissenschaft nicht im entferntesten die gleiche Bedeutung wie die südwestdeutsche Wertphilosophie: innerhalb der modernen Tatbestandslehre stammen a l l e entscheidenden philosophischen Gesichtspunkte aus der südwestdeutschen Schule.

[8] Demgegenüber bietet z. B. die Begriffstheorie B. *Bauchs* eine zum Teil wesentlich abweichende Auffassung. Siehe dazu *Bauch*, Das Naturgesetz, und Wahrheit, Wert und Wirklichkeit.

[9] *Rickert*, System der Philosophie I S. 50 und Philosophie des Lebens S. 14, 148.

[10] *Scheler*, Der Formalismus in der Ethik 3. Aufl. S. 62.

nommen hatte, nämlich daß unmittelbar immer nur ein Chaos reizproportionaler Empfindungen gegeben sei. Dieses sensualistische Grunddogma ist, wie auch die neuere Psychologie gezeigt hat, in Wahrheit nur ein „physikalistisches Vorurteil“[11]. Auch unsere Wahrnehmungswelt ist primär und ursprünglich stets eine Gegenstandswelt[12], aber keine Welt eines „pulverisierten Empfindungsgemenges (*Scheler*), das erst durch formende Verstandesakte zur Gegenstandswelt aufgebaut werden müßte. Fällt dieses sensualistische Vorurteil, dann fällt auch die Deutung des Apriorischen als formender Verstandestätigkeit, dann ist das Apriorische nichts anderes als die immanente, sachliche Wesenstruktur, der apriorische Gehalt des Gegenständlichen bei *Kant*, besonders in seinem „obersten Grundsatz aller synthetischen Urteile“, in dem er die Identität der ontologischen Gegenstandskategorien mit den Erkenntniskategorien proklamiert: „Die Bedingungen der Möglichkeit der Erfahrung überhaupt sind zugleich die Bedingungen der Möglichkeit der Gegenstände der Erfahrung und haben darum objektive Gültigkeit in einem synthetischen Urteil a priori[13].“

So rein „theoretisch“ diese von *Rickert* rezipierte Deutung des Apriorischen als formender Verstandestätigkeit erscheinen mag, so bedeutungsvoll ist sie als ganz untheoretischer Ansatzpunkt für die weltanschauliche Grundhaltung der Wertphilosophie. Eine Philosophie, die das unmittelbar Gegebene, den Weltinhalt als chaotisches Gewühl bestimmt, muß innerlich in einen Gegensatz zu dem Gegebenen, zum Inhaltlichen treten und allen Wert und Bedeutung in die theoretische Formung verlegen: „Daß die objektive Wirklichkeit inhaltlich irrational ist, sollte für den wissenschaftlichen Menschen lediglich ein Ansporn sein, ihre ‚Unvernünftigkeit‘ durch Begriffsbildung (!) zu überwinden[14].“ Die Welt hat nicht die Ordnung und „Vernunft“, die sie braucht, in sich, sondern diese müssen ihr erst von außen von einem — wenn auch überempirisch verankerten — Subjekt beigelegt werden. Ist aber das unmittelbar Gegebene, die Erlebniswelt, das „Leben“ ein dunkles, namenloses, sinn- und wertfreies chaotisches Gewühl, dann muß die Formen- und Wertewelt einer derartigen Philosophie erstarren, Formen und Werte müssen zu Feinden des lebendigen Lebens werden, können ins Leben nur eingehen, indem sie es „töten“. Es ist das große theoretische Verdienst der Philosophie *Rickerts*, diese Grundhaltung am klarsten durchgeführt zu haben[15], so daß ihre Konsequenzen bis in die entferntesten Gebiete hinein sichtbar werden.

---

[11] E. *Jaensch*, Jahrbücher d. Philos. III S. 127.

[12] Vgl. dazu auch *Jaensch* a. a. O. S. 126 f.; S. 140 Anm. 32.

[13] *Kant*, Kritik der reinen Vernunft, S. 197; vgl. dazu Nicolai *Hartmann*, Grundzüge einer Metaphysik der Erkenntnis, 2. Aufl., 1925 S. 150 f., 339.

[14] *Rickert*, Gegenstand S. 374.

[15] Siehe darüber weiter unten im Text. Auch bei *Kant* finden sich ähnliche Tendenzen, dazu *Scheler*, Formalismus S. 63 und *Krieck*, Das Ende einer Wissenschaftsideologie, Deutsches Recht 1934 S. 298.

Während für *Kant* die Kategorien als synthetische Formen des reinen Verstandes die objektive Wirklichkeit im Sinne der Naturwissenschaft konstituierten, nämlich als „Dasein der Dinge, sofern es nach allgemeinen Gesetzen bestimmt ist“[16], weicht hier *Rickert* von *Kant* in höchst charakteristischer Weise ab. Die „konstitutiven Wirklichkeitsformen“, zu denen vor allem die Kausalität im Sinne einer „individuellen Kausalität“ gehört, konstituieren das objektiv Wirkliche in seiner einmaligen, unwiederholbar individuellen Gegebenheit, wogegen die allgemeinen Kausalgesetze der Naturwissenschaft „methodologische Auffassungsformen“ der empirischen Subjekte des Erkennens sind, die die objektive Wirklichkeit in die naturwissenschaftliche Begriffswelt „umformen“. Der in den wissenschaftlichen Begriffen und Gesetzen niedergelegte gegenständliche Gehalt betrifft also keine dem objektiv Wirklichen selbst immanente Strukturen, Gesetzmäßigkeiten, Affinitäten u. dgl. Begriffe und Gesetze sind keine „Ausfaserungen“ des im individuell Realen konkretisierten gegenständlich-generellen Gehalts[17], sondern sind methodologische „Umgestaltungen“ oder „Umformungen“ des objektiv Realen durch die erkennenden emipirischen Subjekte. „Weil diese neuen Formen nicht zu dem gehören, was die objektive Wirklichkeit konstituiert, sind sie auch für den empirischen Realismus nicht im wirklichen Material der Erkenntnis enthalten, d. h. sie bestimmen das Erkennen so, daß dieses sogar dem Einzelforscher nicht mehr als ein abbildendes, sondern nur als ein umbildendes Auffassen gelten kann. . . .[18].“

So ist z. B. der Unterschied des Physischen und Psychischen nichts im realen Sein selbst Vorfindbares, sondern „erst ein Produkt der wissenschaftlichen oder vorwissenschaftlichen Begriffsbildung mit ihren methodologischen Formen“[19]. „An sich ist nichts physisch oder psychisch, unser Denken macht es erst dazu![20].“ Es muß ein Geheimnis dieser eigenartigen Begriffslehre *Rickerts* bleiben, wie die erkennenden Subjekte zu jenen verschiedenen begrifflichen Gehalten kommen können[21], wenn das reale Sein „von dem Gegensatz, der mit den Worten physisch und psychisch bezeichnet wird, noch frei zu denken ist“[22]. Wenn *Rickert* allerdings später ausführt, daß jenem Dualismus „im Inhalt des tatsächlich Gegebenen gewisse spezifische (!) Differenzen“[23] entsprechen, so hebt er damit im Grunde seine ganze Umformungslehre aus den Angeln, weil er implizite zugibt, daß der Gehalt der

---

[16] *Kant*, Prolegomena § 24.
[17] Wie es im wesentlichen z. B. *Bauch* in seiner Theorie vom „konkreszenten Begriff“ lehrt; siehe Warheit, Wert und Wirklichkeit S. 283 ff.
[18] *Rickert*, Gegenstand S. 353.
[19] *Rickert*, Gegenstand S. 369.
[20] *Rickert*, System S. 202.
[21] In Gegenstand S. 372 stellt *Rickert* selbst diese Frage.
[22] *Rickert*, Gegenstand S. 369.
[23] *Rickert*, Gegenstand S. 371.

wissenschaftlichen Begriffe ontologische, im realen Sein selbst vorfindliche spezifische Strukturdifferenzen aufnimmt.

Entscheidend für die ganze theoretische Blickrichtung, zu der die Umformungslehre führt, ist, daß nach ihr die Gehalte der wissenschaftlichen Begriffe eine gegenüber der objektiven Wirklichkeit neuartige und in gewisser Hinsicht selbständige begriffliche Welt bilden, eben weil sie nicht „Reproduktionen" von ontologischen Strukturen sind, die schon „im wirklichen Material der Erkenntnis enthalten" wären, sondern bloße Produkte methodologischer Auffassungsformen der empirischen Subjekte von dieser objektiven Wirklichkeit. So sind beispielsweise die Atome nicht „wirklich" letzte Bausteine der Materie, wie sie der Physiker zu entdecken und exakt zu erforschen bestrebt ist, sondern lediglich „Produkte unseres wissenschaftlichen Denkens"[24, 25].

Auch für die viel genannte Unterscheidung *Rickerts* zwischen Naturwissenschaften und Kulturwissenschaften ist materialer Ausgangspunkt beider Wissenschaftsgruppen die eine „objektive Wirklichkeit". Sie bildet das identische Material beider Wissenschaften, das die eine generalisierend zu allgemeinen Begriffen und Gesetzen, die andere individualisierend zu Begriffen vom Historisch-Einmaligen umformt oder bearbeitet[26]. „Das individualisierende und das generalisierende Verfahren setzen beide die objektive Wirklichkeit als Material voraus, und ihre Formen müssen daher in gleicher Weise von den konstitutiven Wirklichkeitsformen getrennt werden[27]." Beide entfernen sich übereinstimmend im Fortgang ihres begrifflichen Umformungsprozesses immer stärker von der objektiven Wirklichkeit. Die Differenz ihrer endgültigen begrifflichen Produkte muß demnach auf das Konto der methodologischen Umformung gesetzt werden, da das Ausgangsmaterial beider identisch ist[28]. Daraus ergibt sich, daß die Natur der Naturwissenschaften ebenso wie die Geschichte der Geschichtswissenschaft nicht Teilstücke einer unabhängig von diesen Wissenschaften bestehenden objektiven Wirklichkeit sind, sondern lediglich begriffliche Produkte wissenschaftlicher Umformungsprozesse. „Das Historische ... ist ... wie die ‚Natur' ebenfalls eine Auffassung oder Umformung des wirklichen Materials durch das erkennende Subjekt[29]."

Allerdings schaltet *Rickert* in die formale Kategoriendifferenz einen materialen Unterschied ein, indem er hinzufügt, daß die Naturwissenschaften

---

24 *Rickert*, System S. 183.

25 Siehe dazu *Linke*, Grundfragen der Wahrnehmungslehre 2. Aufl. 1929 S. 198 § 82; *Bavink*, Ergebnisse und Probleme der Naturwissenschaften 5. Aufl. S. 26, 239. — Auch hier scheinen bei *Rickert* positivistische Einflüsse vorzuliegen. Vgl. dazu *Bavink* a. a. O. S. 27 ff.

26 *Rickert*, Grenzen S. 173.

27 *Rickert*, Gegenstand S. 368.

28 Siehe auch *Rickert*, Grenzen S. 165.

29 *Rickert*, Gegenstand S. 367.

wertindifferent, die Kulturwissenschaften wertbeziehend verfahren. Das ändert aber nichts an der Tatsache, daß für *Rickert* das Ausgangsmaterial beider Wissenschaften die eine wertfreie objektive Realität ist, und es kann nur gefragt werden, von wo für die Geschichtswissenschaft plötzlich die Werte herkommen, von denen die objektive Realität durchaus noch frei sein soll[30].

Auch nach diesem ergänzenden Zusatz, daß die Kulturwissenschaften (vornehmlich die Geschichte) nicht nur individualisierend, sondern auch wertbeziehend verfahren, bleibt es dabei, daß die Geschichte selbst nicht etwa ein Teil der objektiven Realität, sondern ebenso wie die Natur der Naturwissenschaft ein Produkt wissenschaftlicher Begriffsbildung ist. Nach *Lasks* Interpretation ist diese Lehre nur eine Übertragung des „kopernikanischen Standpunkts auf die Schöpfungen der einzelwissenschaftlichen Auslesetätigkeit“[31]. Der Ausdruck „Auslesetätigkeit“ legt allerdings die Vorstellung nahe, als seien die Geschichte oder die Natur eben doch Teile der objektiven Wirklichkeit, so daß z. B. die Geschichtswissenschaft die geschichtlichen Tatsachen aus der objektiven Wirklichkeit unter Fortlassung der ungeschichtlichen Elemente „ausliest“; ebenso wie die Naturwissenschaften die überall identisch vorkommenden „spezifischen Strukturdifferenzen“ im odontologischen Geschehen „ausliest“ und in den „Naturgesetzen“ niederlegt, so daß jede Wissenschaft nur Teilstücke, aber auch wirklich Teilstücke der objektiven Wirklichkeit begrifflich „reproduziert“. Aber so ist es gerade nicht gemeint; die Geschichte ist nicht bloß ausgefaserter Teil der objektiven Wirklichkeit, ebensowenig wie es die Natur ist; beide sind vielmehr in ihrem sachlichen Gehalt neuartig begriffliche Umformungen einer identischen ursprünglichen objektiven Wirklichkeit, die weder ontisch-generelle Strukturen in sich trägt, noch wertdifferent ist. Die Kulturwirklichkeit (Geschichte) ist das Erzeugnis der die (wertfreie) objektive Wirklichkeit begrifflich umformenden Kulturwissenschaften (Historie) ebenso wie die Natur des Physikers, Chemikers, Biologen usw. als ein Produkt umformender Begriffsbildungen erscheint. Gerade durch den Hinweis auf die „Übertragung des kopernikanischen Standpunktes“ zeigt *Lask* die mit dieser Auffassung verbundenen Folgerungen am klarsten auf: Wie die objektive Wirklichkeit „Erzeugnis kategorialer Synthesen“ ist, so sind die Natur und die Kulturwirklichkeit Schöpfungen formender Begriffsbildungen; aber während jene das Produkt eines überempirischen, transzendentalen Subjekts ist, bilden diese lediglich Umformungen jener „objektiven“ Wirklichkeit durch die empirischen, die reale Wissenschaft betreibenden Forschungssubjekte. So erblickt er „in den Atomen und Naturgesetzen Produkte der naturwissenschaftlichen, in den Ereignissen der Weltge-

[30] Hierauf beruht insbesondere die Kritik, die *Kroner* an *Rickerts* Umformungslehre übt. Siehe Logos XII S. 124 ff.

[31] *Lask*, Rechtsphilosophie, in: Die Philosophie im Beginn des zwanzigsten Jahrhunderts 2. Aufl. S. 299.

schichte, in den rechtlichen, staatlichen und wirtschaftlichen Phänomenen Produkte der kultur w i s s e n s c h a f t l i c h e n Begriffsbildung". Dem Einwand, daß „den großen historischen Ereignissen ihre weltgeschichtliche Rolle doch nicht erst durch den Geschichtsschreiber zudiktiert wird", glaubt er durch den Hinweis auf die vorwissenschaftliche Begriffsbildung zu entgehen, die dem Wissenschaftler eine erste primitive Disziplinierung des Stoffes darbiete, aber gegenüber der wissenschaftlichen Begriffsbildung keine grundsätzlichen methodologischen Unterschiede aufweise. In Wahrheit wird damit jener Einwand nur schlagend bestätigt: Nicht im ontischen Wirken der großen geschichtlichen Persönlichkeiten und Mächte, das ganz unabhängig ist von jeder begrifflich-wissenschaftlichen Reflexion darauf, sieht *Lask* die geschichtliche Wirklichkeit, sondern in dem Produkt nachzeichnender (nach ihm allerdings „erzeugender") begrifflicher Reflexion, die ihre vollkommene Ausprägung in der Wissenschaft findet. So gesteht er klipp und klar: „Vom einseitig methodologischen Standpunkt aus[32] können nicht nur die Kulturwissenschaften, sondern auch die einzelnen Kulturgebiete selbst als geronnene theoretische Vernunft, eben als Verkörperungen von — allerdings vorwissenschaftlichen — ‚Begriffsbildungen' angesehen werden." Die Kulturwirklichkeit ist „Halbfabrikat" vorwissenschaftlicher Begriffsbildungen, und zwar aus der von jeder Art von Wertbeziehung noch freien — unmittelbar gegebenen — Wirklichkeit, und Fertigfabrikat der Kultur w i s s e n s c h a f t , die in der „Heraushebung einer spezifisch kultur w i s s e n s c h a f t l i c h e n (!) Welt" ihren kopernikanischen Beruf besitzt[33].

Diese Ausführungen *Lasks* eröffnen wohl den tiefsten Einblick in die geistige Grundhaltung der Wertphilosophie zum ontischen Sein, die trotz der Berufung auf *Kants* kopernikanische Wendung von der des Metaphysikers *Kant* weltenweit entfernt ist. Es ist eine Einstellung, die man am treffendsten als eine „scientistische" bezeichnen könnte: wie Naturalismus oder Psychologismus den Übergriff des Kausal-Mechanischen oder der Psychologie auf nichtmechanische und unpsychologische Gebiete bezeichnen, so soll der „Scientismus" den Übergriff der Wissenschaft auf das Ontische zum Ausdruck bringen. Der Scientismus sieht in erster Linie die wissenschaftlichen Begriffe, nicht das Ontische. Er depraviert das Ontische zum wertfreien heterogenen Kontinuum, indem er aus ihm die dem Sein immanente gesetzmäßige Ordnung und Wertdifferenz herausnimmt und in eine „unwirkliche Begriffswelt"[34] verlegt. So entkleidet er die Geschichte und die

---

[32] *Lask* ist es offenbar nicht recht behaglich zumute: Was soll das heißen: „einseitig" methodologischer Standpunkt? Für *Rickert-Lask* können Natur und Kultur nur Produkte methodologischer Begriffsbildung sein, also nur „einseitig" methodologisch angesehen werden.

[33] Siehe zum ganzen *Lask*, Rechtsphilosophie S. 299 f.

[34] *Rickert*, Gegenstand S. 353.

Natur ihres ontischen Daseinscharakters und macht sie zu Erzeugnissen methodologischer Begriffsbildungen, zu Stücken geronnener theoretischer Vernunft. Die Wertphilosophie gibt damit unmittelbar die Rechtfertigung für den Grundzug der hochliberalen Wissenschaft (vor allem der Kulturwissenschaften): die Bevorzugung des Begriffs zuungunsten des ontischen Seins. *Jaensch* hat ganz recht, wenn er von dieser jüngsten Vergangenheit sagt, ihr habe es gänzlich ferngelegen, „was für uns heute der Gegenstand von heißem Bemühen, Ehrfurcht und Sehnsucht ist: der Wunsch, in die Tiefen der Wirklichkeit einen Einblick zu gewinnen“[35].

Der tiefste irrationale Grund dafür war letztlich die Angst vor dem Ontischen, das sich in der Metaphysik des Positivismus als brutaler sinnloser Mechanismus gezeigt hatte. Würde das von der damaligen Naturwissenschaft gebotene Weltbild tatsächlich die alleinige wahre Wirklichkeit sein, dann wäre allerdings ein sinnvolles historisches Geschehen ausgeschlossen. Da aber *Rickert* an diesem Weltbild nichts ändern konnte und wollte[36], insbesondere dessen Grundlage, die Allherrschaft der mechanischen Kausalität, ungesehen akzeptierte, konnte er die Geschichte nur retten, indem er beide, die Geschichte wie die „Natur“, zu bloßen begrifflichen Auffassungsformen degradierte: nur so glaubte er es verständlich machen zu können, warum beide als „verschiedene wissenschaftliche Bearbeitungen derselben objektiven Wirklichkeit friedlich (!) nebeneinander bestehen können“[37].

Aber dieser um so teuren Preis erkaufte Friede ist ein reiner Scheinfriede. In den Tiefen einzelwissenschaftlicher Forschung läßt sich der Anteil, den die verschiedenen Wissenschaften an dem konkreten Gegenstand beanspruchen, den etwa Biologie und Rasseforschung[38] an der Erkenntnis konkreter historischer Ereignisse verlangen, nicht durch den Hinweis auf verschiedene Auffassungsformen erledigen: nicht eine identische objektive Wirklichkeit wird von der einen Wissenschaft zu allgemeinen Gesetzesbegriffen, von der anderen zu historischen Gegenständen „verarbeitet“, sondern die Biologie will an dem historischen Gegenstand (nicht an dem „ungeformten“ wertfreien Material) naturwissenschaftliche Momente beisteuern, die diesen historischen Prozeß (als historischen) maßgeblich mitbeeinflußt haben (wie beispielsweise die Bedeutung der Rassenmischung für den Verfall des alten Rom). Die wissenschaftlichen Begriffe sind nicht verschiedenartige „Umformungen“ eines identischen wertfreien Materials, sondern „Reproduktionen“ von Teilstücken eines komplexen ontischen Seins,

---

[35] *Jaensch* a. a. O. S. 104 f.

[36] Siehe z. B. *Rickert*, Philosophie des Lebens 1910 S. 37: „Die physikalische Auffassung ist für die Körperwelt nun einmal die umfassendste, und der allgemeinste, also ‚philosophische‘ Begriff für die räumliche Natur wird daher wissenschaftlich stets an der Physik orientiert sein!“

[37] *Rickert*, Gegenstand S. 376.

[38] Siehe dazu Eugen *Fischer*, Der völkische Staat, biologisch gesehen, 1933.

das die gesetzlichen Strukturen und die Wertdifferenzen immanent in sich trägt und nicht erst von der Wissenschaft herangetragen bekommt. Überall kämpfen die Wissenschaften miteinander um den Umfang ihrer Erkenntnisse: der Psychiater macht dem Juristen, der Jurist dem Psychiater die Berechtigung bestimmter Erkenntnisse streitig. Dieser Streit läßt sich nicht durch den einfachen Hinweis auf bloße Verschiedenheiten methodologischer Begriffsbildungen aus der Welt schaffen, was im Grunde nur auf eine doppelte Wahrheit hinauslaufen würde, sondern läßt sich nur durch unbefangene Erforschung des Ontischen (im weitesten Sinne) selbst schlichten, nämlich dadurch, ob die verschiedenen Erkenntnisse der verschiedenen Wissenschaften dasselbe Stück des Seins betreffen oder ob eine Grenzüberschreitung der einen Wissenschaft vorliegt (so z. B. wenn der Psychiater Gesetze des niederen oder kranken Seelenlebens auf das höhere sinnhafte ablaufende Geistesleben überträgt).

Daraus folgt aber weiter, daß nicht die Methode den Erkenntnisgegenstand bestimmt, sondern daß sich umgekehrt die Methode wesensnotwendig nach dem Gegenstand als dem ontischen Seinsstück richten muß, das es zu erforschen gilt[39]. Die Vorstellung von der gegenstandsbestimmenden Methode, die zum Dogma der spät-liberalen Wissenschaft insbesondere im Strafrecht wurde[39a], ist nichts anderes als ein Ausfluß der szientistischen Grundhaltung, die die „methodologisch geformten" Begriffe an die Stelle des Ontischen setzte: Das Sein läßt sich wissenschaftlich-theoretisch nicht „formen", sondern nur praktisch-tätig; theoretisch formen läßt sich nur eine unwirkliche Begriffswelt, die ihrerseits der praktischen Formung entzogen ist. Nur wo die Wissenschaft in einer unwirklichen Begriffswelt lebt und den Konnex zum Ontischen (und zum praktisch-tätigen Leben) verloren hat, ist der Gedanke einer gegenstandsbestimmenden Methode möglich.

Das eine zieht das andere nach sich. Ausgangspunkt war eine „pure konstruktive Erklärung" des Apriorischen als formender Verstandestätigkeit (*Scheler)*, die die sensualistische These zur Voraussetzung hatte, daß das unmittelbar Gegebene, das „Wirkliche"[40] ein chaotisches Gewühl sei. Ist erst diese Voraussetzung akzeptiert, wonach das Ontische Ordnung und Sinn

---

[39] Siehe dazu N. *Hartmann*, Eigenart des geistigen Seins 1933 S. 26: „Methode ist allemal bedingt durch den Gegenstand einerseits und die Struktur des verwickelten Aktes, den wir Erkenntnis nennen, andererseits ... Jede Art von Gegenständen verlangt ihre eigene Methode." *Husserl*, Logos I S. 309: „Die wahre Methode folgt der Natur der zu erforschenden Sachen." Siehe auch Logische Untersuchungen I S. 15: „Nicht wir erfinden die Systematik, sondern sie liegt in den Dingen, wo wir sie vorfinden, entdecken."

[39a] Siehe unten S. 96 f.

[40] Siehe *Rickert*, Philosophie des Lebens S. 114: „Realität" oder „Wirklichkeit" selbst sind nur Erkenntnisformen und gehören als solche nicht zum realen oder wirklichen Leben.

nicht schon ursprünglich in sich trägt[41], dann muß der Kosmos, d. h. das Geformte und Geordnete, „etwas vom Standpunkte des Chaos schon Vergewaltigtes"[42] sein und darum eine dem wirklichen Sein ferne, unwirkliche Begriffswelt bilden. Diese Wirklichkeitsferne der begrifflichen Gehalte muß sich schließlich auf die sie erzeugende Wissenschaft als Lebenserscheinung übertragen. „Lebensferne ist demnach nicht nur mit den Produkten der Erkenntnis oder den Begriffen verknüpft, sondern gehört auch zum Wesen des theoretischen Menschen selbst[43]." Wissenschaft hat sich auf ein rein theoretisch-kontemplatives Verhalten zur Welt zu beschränken. Ob eine praktische Verwertbarkeit ihrer Erkenntnisse fürs Leben (im weitesten Sinne) herausspringt, ist für den Theoretiker prinzipiell gleichgültig[44]. Dieses theoretisch-kontemplative Verhalten muß der Wissenschaftler auch den Werten gegenüber beobachten, mit denen er in seiner Wissenschaft in Berührung kommt. Wie die kulturwissenschaftlichen Einzeldisziplinen nicht wertend, sondern lediglich wertbeziehend verfahren dürfen, d. h. nur festzustellen haben, daß ein wertdifferentes Kulturgut vorliegt, nicht, ob es positiv oder negativ werthaft ist, so ist die Philosophie auch bezüglich des Atheoretischen auf ein theoretisches Wertverständnis[45] beschränkt. Philosophie ist und gibt „nicht Weltanschauung als Gesinnung oder als Glauben oder als

---

[41] Hierfür seien die schönen Worte *Lotzes* angeführt, mit denen er seine Metaphysik beschließt:

„Es ist ein wahres Wort, daß Gott alles nach Maß und Zahl geordnet habe; aber nicht Maße und Zahlen ordnete er, sondern das, was Maß und Zahl zu haben verdiente oder verlangte; nicht ein inhaltloses, wesenloses Reale, das nur bestimmt gewesen wäre, mathematischen Bestimmungen als Träger zu dienen und unbenannten Zahlen irgendeine Benennung zu geben; sondern der Sinn der Welt ist das erste und ist nicht nur das, was jener Ordnung sich unterwarf, vielmehr aus ihm allein rührt das Bedürfnis der Ordnung und die Gestalt her, in welcher sie verwirklicht ist. Alle jene Gesetze, welche wir mit dem Gesamtnamen mathematischer Mechanik bezeichnen können, alle selbstverständlichen Wahrheiten und alle tatsächlich überall gültigen Bestimmungen, welche dieser Name zusammenfaßt, bestehen dennoch nicht aus eigener Autorität als ein grundloses Schicksal, dem die Welt sich zu fügen hätte; sie sind, menschlich ausgedrückt, nur die ersten Konsequenzen, welche der lebendige tätige Sinn der Welt um deswillen, was er wollte, dem Zusammenhang aller einzelnen Wirklichkeiten als umfassendes Gebot zugrunde gelegt hat." S. 603; siehe auch S. 80 ff., 163 u. a.

[42] *Rickert*, Philosophie des Lebens S. 148.

[43] *Rickert*, a. a. O. S. 158 „So wird ein Dualismus von Leben und Denken auch in jeden Menschen, der Wissenschaft treibt, hineingebracht. Das ‚Leben' im logischen ‚Sinn' oder in der Wahrheit liegt vom vitalen Leben weit ab und kann nicht als biologisches Leben bezeichnet werden" (ebenda). Gewiß, aber das biologische Leben ist nur ein Teil des Lebens, nicht das ganze Leben selbst, was sogar der Biologe anerkennt. Siehe z. B. *Fischer*, Der völkische Staat, biologisch gesehen, S. 15 ff.

[44] *Rickert*, System S. 31 f.

[45] *Rickert*, System S. 152 ff.

Imperativ", als die „Überzeugungen, die den Halt im Leben geben"[46], sondern sie ist nur theoretische L e h r e von den möglichen Weltanschauungen, d. h. von den verschiedenartigen Wertungen, auf denen diese beruhen. „Alle die verschiedenen Wertbegriffe hat die Philosophie zu bestimmen, voneinander zu trennen und schließlich ein System aufzustellen, in dem sie alle geordnet ihren Platz finden[47]." Im übrigen muß sie es „jedem überlassen, aus der Klarheit, die sie schafft, für seine Person die praktischen Konsequenzen zu ziehen. . . . Die Rede, daß die Philosophie mehr geben solle als wissenschaftliche Klarheit, ist entschieden abzuweisen"[48]; sie bedeutet „Verfall in unwissenschaftliches Prophetentum"[49]. Wie jeder bewußten Tätigkeit auf geistigem Gebiete ein bestimmtes Pathos zugrunde liegt, so nimmt *Rickert* für seine Philosophie das „Pathos der Pathoslosigkeit" in Anspruch, das nach seiner Ansicht allen großen Philosophen eigentümlich ist[50].

Wenn nach dem Worte *Hegels* die Philosophie nichts anderes ist, als ihre Zeit in Gedanken erfaßt[51] — ein Wort, das trotz der Einbettung der Philosophie in die zeitliche Situation das schönste Lob für sie bedeutet —, so gebührt der *Rickert*schen Philosophie dieses höchste Lob, das einer Philosophie gespendet werden kann. Sie ist der umfassendste und am tiefsten begründete geistige Ausdruck des spät-liberalen Denkens um die Wende und den Anfang unseres Jahrhunderts[52, 53].

Wie in einem prismatischen Spiegel liegt in den Ausführungen *Rickerts* die Farbenskala der liberalen Geisteshaltung, vor allem der Wissenschaft, vor uns. Wo gibt es eine tiefere Begründung und Rechtfertigung der Lebens- und Wirklichkeitsferne der liberalen Wissenschaft, als sie *Rickert* unmittelbar und rein „logisch" aus seiner Begriffsbildungslehre entwickelte? Mit der Abtrennung der Wirklichkeit schließt sich die Wissenschaft zu einem eigenen selbständigen Reich zusammen, das von autonomen Gesetzen beherrscht wird, die von denen des Lebens weitab liegen; mögen im Leben Wertungen unverweidlich sein, die Wissenschaft ist prinzipiell davon frei; sie „ist befreit von allem Streit" (Jakob *Boehme*). Sie hat bestenfalls die

---

[46] *Rickert*, System S. 31, 406 ff.

[47] *Rickert*, System S. 154.

[48] *Rickert*, System S. 155.

[49] *Rickert*, System S. 153.

[50] *Rickert*, System S. 155.

[51] *Hegel*, Philosophie des Rechts, Vorrede.

[52] Wie der W e r t r e l a t i v i s m u s als niedere Abart der Wertphilosophie die Ideologie der parlamentarisch-demokratischen Nachkriegszeit ist. Siehe dazu die Schriften *Kelsens*, insbesondere Staatsform und Weltanschauung, 1933; ferner auch *Radbruchs* und M. E. *Mayers* Rechtsphilosophie.

[53] Vgl. dazu auch die schönen Worte in *Bäumlers* Berliner Antrittsvorlesung (Männerbund und Wissenschaft) S. 130: „In den Gedanken selber treten die Zeitalter einander gegenüber, und jedes Zeitalter hat die Aufgabe, sich selber so rein als möglich auszusprechen."

möglichen Wertungen theoretisch zu klären; für eine von ihnen Stellung zu nehmen, ist ihr als Wissenschaft versagt. Ihr Pathos der Pathoslosigkeit ist nichts anderes als das Pathos absoluter Wertneutralität. Allerdings, ganz hält *Rickert* dieses unpathetische Pathos nicht durch, auch er wertet sehr entschieden, aber — wie wir sehen werden — in einer für seine Zeit höchst charakteristischen Weise. *Kants* „Weltbegriff" der Philosophie, bei der der Philosoph zum Gesetzgeber der Vernunft wird, lehnt er wie alle Weltanschauungsphilosophie als Verfall in unwissenschaftliches Prophetentum ab: „Der Philosoph ist kein Gesetzgeber, solange er Wissenschaft treibt"[54]. An Stelle des Weltbegriffes der Philosophie setzt er das „offene System", das in seiner bloß f o r m a l e n Geschlossenheit material-neuen Wertinhalten jederzeit offensteht[55]. So verbindet sich die materiale Wertneutralität mit dem formalen Aufgeschlossensein gegenüber allen Werten, und beide zusammen ergeben — ins Politisch-Staatliche gewendet — die tiefste theoretische Grundlegung für die liberal-neutrale Staatsidee.

Der Glaube, die Werte rein theoretisch-neutral behandeln zu können, ist nur möglich unter der Voraussetzung einer bestimmten Auffassung von den Werten, die ebenfalls in der szientistischen Grundhaltung wurzelt. Dabei zeigt der Szientismus hier eine noch schärfere Ausprägung als in der Methodologie, d. h. die Trennung der Unwirklichkeitssphäre von der Wirklichkeit wird noch entschiedener vollzogen als dort: „Werte lassen sich als Werte überhaupt nicht verwirklichen, und wo wir von ‚Wertverwirklichung' sprechen, ist das stets cum grano salis zu verstehen. Gemeint ist immer die Verwirklichung von Gütern, an denen unwirkliche Werte haften[56]." Auf die naheliegende entscheidende Frage, wie ein derartiges bildliches „Haften" gegenständlich zu verstehen ist, gibt *Rickert* allerdings keine Antwort. Hat man die Wertsphäre und die Wirklichkeitssphäre derart extrem auseinandergerissen, so vermag das Bild von dem „Haften an" nichts zu erklären; dies ganz besonders deshalb, weil nach *Rickert* das Wirkliche nicht etwa die Materie des Wertes[57] bildet, sondern die Wertmaterie, d. h. die konkreten inhaltlich-erfüllten Wertgebilde, „ebenso zum Unwirklichen gehören wie die formalen Werte in ihrer Abstraktheit"[58]. Daraus folgt, daß man das Haften der Werte am Wirklichen — so unbegreiflich es im einzelnen auch sein mag — jedenfalls nur als ein äußerliches Verknüpftsein, nicht als ein inneres Durchdrungensein des Wirklichen durch den Wert und umgekehrt nicht als materiale Differenziertheit des Wertes durch das Wirkliche vorzustellen hat. Im Grunde laufen beide Welten, die irreale Wertwelt und die reale Seinswelt, unverbunden nebeneinander her. Ja, die Zerreißung beider Sphären führt sogar zu einer gegensätzlichen Spannung zwischen

[54] System S. 27.
[55] System S. 348 ff.
[56] *Rickert*, System S. 113.
[57] Wie es z. B. N. *Hartmann* annimmt. Siehe Ethik S. 133 f.
[58] *Rickert*, System S. 120 f.

ihnen: das ontisch-Unmittelbare, das „Leben", wird zum Feind der Wertwelt „Die Kultur muß sogar in ein negatives Verhältnis zum Leben gebracht werden. ... Man muß das Leben bis zu einem gewissen Grade ‚töten', um zum Kulturleben mit Eigenwerten zu kommen[59]. Das gilt nicht nur von der Wissenschaft, deren Lebensferne sich schon aus der methodologischen Begriffsbildungslehre ergeben hatte, sondern ebensosehr für Kunst und Ethik. Auch die Lebendigkeit, die wir am Kunstwerk bewundern, hat „nichts mit der des Lebens zu tun, in dem wir als Lebewesen vital leben". „Auch der ästhetische Sinn eines Kunstwerks, den wir verstehen und auf den es allein dem ästhetischen Menschen ankommt, ist ebenso unwirklich wie er unlebendig ist[60]."

Rickert macht selbst auf das Paradoxe seiner Ansicht aufmerksam: „Wie oft fühlen wir alle unsere Lebenskräfte bei der Betrachtung eines Kunstwerks angeregt! Und doch dürfen wir uns nicht darüber täuschen, daß hier das Wort ‚Leben' eine andere Bedeutung hat als die des unmittelbar vitalen Lebens oder des Lebens, von dem es biologische Theorien gibt[61]." Jedoch läßt sich daraus offenbar nur der Schluß ziehen, daß das „Leben" der biologischen Theorien eben nur ein selektiver Ausschnitt aus dem Leben, aber nicht das Ganze des Lebens selbst ist. Wenn *Rickert* das „reale" Leben so mit dem „biologischen" Leben identifiziert, dann mußte allerdings das ästhetische (ethische, geistige) „Leben" in eine irreale Sphäre abgedrängt werden. Soll aber wirklich im Ernst behauptet werden, daß die „Lebens"-Kräfte, die vom Kunstwerk in uns angeregt werden, nicht dem realen Leben angehören, weil sie keine bloß vital-biologischen Lebensregungen sind? In Wahrheit ist der von *Rickert* angeführte „Naturzustand", „in dem nur die Lebenstriebe frei walten und das Leben sich ungehemmt auslebt"[62], für das menschliche Dasein eine ebenso pure abstraktive Hypothese, wie es der *Hobbes*sche Naturzustand war, — eine Abstraktion aus dem großen Schichtensystem des menschlichen Seins, von dem die biologisch-vitale Sphäre nur e i n e Schicht neben denen des seelischen und geistigen Seins ist[62a].

Die „Lebensfeindschaft" der *Rickert*schen Wertwelt mußte folgerichtig dazu führen, dem Leben selbst jeden Eigenwert abzusprechen. Der Wert der Gesundheit, Frische, Kraft und Ursprünglichkeit des Lebens sind für sich bloß „subjektive und individuelle Wertungen, die nicht zur Grundlage für Kulturwerte gemacht werden können: die Freude am bloßen Leben ist eine Privatangelegenheit dieser oder jener Stunde"[63]. Nur als Mittel oder

---

[59] *Rickert*, Philosophie des Lebens S. 156.
[60] *Rickert*, a. a. O. S. 160 f.
[61] *Rickert*, a. a. O. S. 162.
[62] *Rickert*, a. a. O. S. 165.
[62a] Vgl. dazu bes. *Jaensch*, Zur Grundlegung der Wertlehre als Wirklichkeitswissenschaft und zur Abwehr des Irrealismus. Archiv f. d. ges. Psychologie Bd. 77 (1930) S. 609 ff. u. unten S. 84.
[63] *Rickert*, a. a. O. S. 129.

Bedingung für die eigentlichen Werte, für Wahrheit, Sittlichkeit, Schönheit, erhält das Leben einen abgeleiteten Wert. Aber „nicht einmal das ist richtig, daß ein besonders lebendiges Leben Bedingung einer besonders hohen Kultur ist“[64].

Das Kulturbild, das *Rickert* so zeichnet, läßt sich zwar banal, aber vielleicht am schlagendsten mit dem Kulturideal des alten humanistischen Gymnasiums vergleichen. Es ist das Bild einer unlebendigen, spannungslosen, geistig-intellektuellen Kultur, die sich in lebenstranszendenten „irrealen“ Sinnzusammenhängen ergeht; ein Bild, das uns irgendwie hellenistisch-spät anmutet.

Es ist eine wesensmäßige Folge: wo das Leben mit seinem Prozeßcharakter aus dem Wertreich vertrieben wird, da müssen die Werte erstarren. Das „Irreale“ hat keine Zeit, es ist nie gewesen und wird nie sein und ist deshalb immer, ein ewiges „Nun“. Es kennt kein Werden, keinen Prozeß, kein Leben. Es kennt darum auch keine Geschichte. Es ist die seltsam paradoxe Konsequenz, daß die *Rickert*sche Kulturphilosophie, die ausgezogen war, die Geschichte als Wissenschaft zu begründen, im tiefsten Grunde geschichtsfremd ist[65]. Das historisch Wesentliche sind ihr die Werte, die an den realen Gütern nur „haften“, selbst aber durchaus irreal sind und bleiben. Darum können sie durch die „Wertverwirklichung“ nicht erst geschaffen sein, sondern gehören dem zeitlosen irrealen Wertreich an, das ganz unabhängig von der realen Tatsache der Wertverwirklichung besteht und „gilt“. Wertverwirklichung ist immer nur „Anheften“ von Stücken einer dem Werden entzogenen Sphäre an die werdende Wirklichkeit: nur die letztere steht im realen Prozeß, nicht der angeheftete Wert selbst. „Im Kerne ist für diese Position das Wesentliche überhaupt nicht im Fluß. Nur das Nebensächliche bewegt sich[66].“

Zur Geschichte und zu einer echten Kulturwirklichkeit kommen wir nur, wenn die Werte tief im Ontischen wurzeln und nicht als in sich ruhende („geltende“) irreale Sinngebilde am Sein nur äußerlich „haften“. Dabei liegt die erste Seinsverwurzelung der Werte schon in ihrer Materie. Nach *Rickert* gehört die Wertmaterie, das inhaltlich erfüllte konkrete Wert- und Sinngebilde, völlig zur irrealen Sphäre[67], so daß das Ontische mit seinen Seinsqualitäten und seinen Seinsstrukturen nur „zufälliger“ „Träger“ der in sich ruhenden irrealen Wertgebilde ist. Danach müßten konsequent die ontischen Qualitäten, die Gestalt, die Farbe, die Töne usf., von dem materialen Gehalt der konkreten Wertgebilde völlig ausgeschlossen sein; sie wären lediglich gleichgültige „Krücken“, auf denen — in allerdings unbegreiflicher Weise — die in sich ruhenden irrealen Wertgebilde in den ontischen Niede-

---

[64] *Rickert,* a. a. O. S. 136.

[65] Vgl. dazu *Rothacker*, Geschichtsphilosophie (Handbuch der Philosophie) 1934 S. 11 ff., 14 f.

[66] *Rothacker,* a. a. O. S. 14

[67] *Rickert*, System S. 120 f.

rungen gehen könnten. Ist es aber in Wahrheit nicht das Ontische in seinem ontischen Sosein selbst, das „wertig“ oder „wert“ ist? Die ontisch bestimmt geformte Gestalt der Statue, die konkret klingenden Töne des Musikstücks selbst sind es doch, die uns in unserem tiefsten Mensch-Sein treffen und erregen: Diese ontischen Merkmale gehören zur Materie des „Wertes“; ohne sie wäre der „Wert“ nicht nur bloß nicht-realisiert, sondern überhaupt nicht (auch nicht im Irrealen, d. h. im Nicht-Ontischen) vorhanden. Die sogenannten obersten Werte, „das“ Schöne, „das“ Gute, sind bloße abstrakte Wertbegriffe, abstrakte Wertwesenheiten, bei denen von der Fülle der ontischen Differenziertheiten abstrahiert ist[68]. Insofern gibt es keine Werte, die seinstranszendent sind, sondern das ontische Sein gehört zur Materie jedes Wertes und ist nicht bloßer gleichgültiger „Träger“ in sich ruhender seinsfremder Wertgebilde.

Die zweite, tiefere Seinsverwurzelung betrifft die Geltung der Werte. Nur die abstrakten Wertbegriffe, „das“ Schöne, „das“ Gute „gelten“ „immer“; das konkrete Wertig-Sein ist zeitbedingt. Woran liegt es, daß uns jede Nachäfferei vergangener Stile so peinlich ist? Wenn Ludwig II. seine mittelalterlichen Burgen baute[69], so schuf er, formal betrachtet, durchaus Kunstwerke. In *Rickert*scher Sprache knüpfte er irreale Sinngebilde an reale Güter; daß dies etwas spät geschah, muß für *Rickert* gleichgültig sein, da der Wert, der an dem Gut haftet, ohnehin einem zeitlos-irrealen Reich angehört. Und doch erscheint uns dieses Kunstschaffen, das uns für die mittelalterliche Zeit begeistert hätte, jetzt falsch und deplaciert: weil die Werte, die es hervorbringt, nicht mehr die unseres Seins und unseres Lebens sind.

Was für die Stilformen der Kunst gilt, das gilt umfassend auch für Weltanschauungen und Kulturen: sie sind Lebens„stile“, in denen das konkrete Leben seine Werterhaltungen ausspricht[70]. „Die Kulturwerte und die an ihnen orientierten Ideale sind immer Ausstrahlungen und Niederschläge des Lebens, zuweilen Petrefakte einer verklungenen Art, die gar nicht mehr ein Stück von unserem lebendigen Leben ist. Der unerschöpfliche Born der Werte ist das Menschsein selbst, nach allen seinen Seiten hin[71]). So sind die Werte nichts anderes als die in den emotionalen Akten des Wert-Erfühlens erfaßbaren Bezogenheiten des ontischen Seins auf unser tiefstes Menschsein[71a] in

---

[68] Vgl. dazu auch *Kroner*, Logos XII S. 137 ff.

[69] Es sei dabei unterstellt, daß sie wirklich stilecht sind.

[70] Vgl. dazu *Rothacker*, Geschichtsphilosophie S. 37 ff.

[71] *Jaensch*, Jahrbuch d. Philosophie III S. 160.

[71a] Diese metaphysische Struktur des Mensch-Seins ist nicht ein Dimensional, sondern bildet ein Schichtensystem, das von der sinnlichen über die vitale zur tiefsten geistigen Schicht hinabsteigt; je nach der Bezogenheit der „Gegenstände“ (im weitesten Sinne des „Etwas“ überhaupt) auf diese verschiedenen Wesens-Schichten differenzieren sich die sinnlichen, vitalen und geistigen (ästhetischen, ethischen) Werte. (Siehe auch oben S. 83 Anm. 62 a.)

seinem ganzen Umfange (nicht nur, wie es der Naturalismus wollte, lediglich auf die biologische Seite) — oder plastischer: „Haltungen" des Menschseins gegenüber der Welt[72]. Das bedeutet keinen neuen „Relativismus". Gewiß, die Werte sind nicht lebens- und daseinstranszendent in dem Sinne eines irrealen, dem Streit der Zeit entzogenen Ideenhimmels; ihre Absolutheit besteht nicht in ihrer „Abgelöstheit" vom Sein, sondern in ihrer Verwurzelung mit dem metaphysischen Wesensgefüge des menschlichen Seins, das den leiblichen wie seelisch-geistigen Lebensäußerungen identisch zugrunde liegt. In der Metaphysik des Menschen finden auch die Werte ihre Absolutheit wieder. Aber dieses Mensch-Sein ist keine abstrakte Begriffsallgemeinheit, sondern — wie schon seine leibliche Seite in ihren rassischen Konkretionen zeigt — ein konkretes Mensch-Sein, d. h. ein Deutscher-Sein, Spanier-Sein usw. Die inhaltliche Fülle der Werte differenziert sich nach dem konkreten menschlichen Sein, das nach seiner leiblichen Seite hin durch Verwandtschaft des Blutes gekennzeichnet ist. So ist die konkrete Kultur stets die gestaltgewordene Weise, in der sich die Werthaltung des einzelnen blut- und schicksalsmäßig zusammenhängenden Volkstums ausspricht. Aber diese Werthaltung ist nicht starr und „einsilbig"; sondern wie das Sein des Menschen Leben ist, so wandeln sich — bei aller Identität der tiefsten Substanz — in der geschichtlichen Folge auch seine Lebensstile und Weltanschauungen. Nur Werte, die dem neuen Lebensstrom entsprechen, sind wirklich Werte, andernfalls sind es nur Reste eines versunkenen Lebens, die bestenfalls noch „Dasein", aber keine lebendige Wirklichkeit mehr haben[73].

> „Was vernünftig ist, das ist wirklich;
> und was wirklich ist, das ist vernünftig."

Dieses berühmte *Hegel*wort[73a] ist das tiefste, dessen gegenständlichen[74] Sinn zu erforschen uns aufgegeben ist und das das Programm gerade unserer Arbeit sein wird, nachdem der Positivismus das Vernünftige gestrichen und ein vernunftloses Wirkliches übriggelassen, der Kantianismus das Wirkliche

[72] Vgl. dazu auch ZStW. 51 S. 715.

[73] Im Gegensatz dazu erkauft sich der Irrealismus *Rickerts* (übrigens auch *Schelers* und *Hartmanns*) die Absolutheit seiner Werte mit einer völligen Relativierung der menschlichen Wertverwirklichung, d. h. der Geschichte. Wo die Werte in einem unwirklichen Wertreich wesen, da wird der Mensch zum zufälligen „Ort und Gelegenheit" (*Scheler*) für die Verwirklichung der Werte und der Prozeß der Wertverwirklichung (die Geschichte) zu einem zufälligen Herausgreifen bestimmter Werte aus dem umfassenden Wertreich.

[73a] *Hegel*, Rechtsphilosophie, Vorrede; siehe auch Enzyklopädie § 6; vgl. dazu C. A. *Emge*, Vernunft und Wirklichkeit bei *Hegel* (Abhdlg. d. Herder-Instituts zu Riga 2. Bd. Nr. 1).

[74] Gegenständlich, da *Hegels* Dialektik für uns ihre Zauberkraft eingebüßt hat.

depraviert und das Vernünftige zu einem Begrifflich-Irrealen verflüchtigt hatte[74a].

Für unser geistiges Bemühen ergibt sich daraus als höchste Aufgabe, die konkreten, die „wirklichen" Werte zu ergründen die unserem Lebensstrom entsprechen. Hier gibt es keine kontemplativ-theoretischen Wertneutralität, sondern hier gilt nur die Entscheidung für oder gegen den Lebens„stil" der konkreten historischen Epoche. Diese Lebensstile sind ja keine begrifflichen Wertabstraktionen, die in einem irrealen Ideenhimmel wohlgeordnet ihren systematisch-widerspruchslosen Platz finden, sondern sind reales, lebendiges Menschsein, das in Widerspruch und Kampf seine Wirklichkeit zu erhalten oder zu erringen sucht. In der Ergründung der konkreten Werte der historischen Situation besteht die eminent „politische" Aufgabe der Wissenschaft und vor allem der Kulturwissenschaften[75]. Der Wissenschaft eine „politische" Aufgabe stellen, bedeutet im allgemeinsten Sinne nichts anderes, als sie von einer unwirklichen Begriffswelt zu den konkreten Notwendigkeiten der historischen Situation zurückführen, die als das gegenwärtige Schicksal der völkisch-staatlichen Gemeinschaft sie und die an ihr Arbeitenden umfängt und ihnen den „wirklichen", d. h. für die Wirklichkeit gültigen, Sinn gibt[76]. Insofern ist die politische Wissenschaft der schärfste Gegner des Szientismus, der sich durch „Umformung" der Wirklichkeit eine vom Streit des Lebens befreite unwirkliche Begriffswelt zu erbauen suchte und an die Stelle der konkret-historischen Werte ein Reich starrer abstrakter Wertbegriffe setzte, die er in scheinbarer Neutralität theoretisch-kontemplativ zu registrieren und zu systematisieren vorgab. Auch für die Wissenschaft ist die Wirklichkeit des Lebens der einzige Standort ihrer Arbeit, während jene unwirkliche Begriffswelten nur abstrakte Schöpfungen des zerlegenden Denkens sind. So wenig die Wissenschaft die Wirklichkeit ihrer Zeit überspringen kann, und zwar nicht nur, wie es vielfach verstanden wird, in deren Grenzen, sondern viel mehr in deren notwendigen Aufgaben, so sehr ist der Begriff der politischen Wissenschaft der „ewige"

[74a] Am erfolgreichsten geht in dieser Richtung die kleine, äußerst komprimierte und tiefgründige Schrift von *Larenz*, Deutsche Rechtserneuerung und Rechtsphilosophie, 1934, die trotz zahlreicher historischer Anknüpfungen an *Hegel* von diesem weitgehend unabhängig ist. Echt historisch sind m. E. jedoch die Verwendung der Dialektik und in gewissem Umfang auch der Begriff des „objektiven Geistes". So sehr diese Begriffe auf die von uns gesuchte Wert-Wirklichkeitssynthese hinweisen, können sie dennoch nicht die aus unserer Problemlage gebotene philosophische Anthropologie und eine auf ihr aufgebaute metaphysische Wertlehre ersetzen.

[75] Vgl. dazu *Schaffstein*, Politsche Strafrechtswissenschaft 1934.

[76] „Die Forderung der politischen Wissenschaft ist gegründet in der Einsicht, daß auch der Erkennende ein wirklicher Mensch ist, der sich als Erkennender zu seinem wirklichen Schicksal verhält." A. *Hohlfelder*, Die politische Universität und die Wissenschaft. In „Der deutsche Student" Augustheft 1933 S. 10; vgl. auch *Bäumler*, Der politische Student (Männerbund und Wissenschaft) S. 155 u. a.

Begriff der Wissenschaft überhaupt. Und — paradoxerweise — auch der Szientismus kann sich dieser Bestimmung nicht entziehen: Seine Abkehr vom wirklichen Leben und seine Flucht in irreal-neutrale Begriffswelten sind nur der theoretische Ausdruck der „unpolitischen“ liberalen Haltung einer bestimmten historischen Situation.

An einer Stelle wird auch *Rickert* gezwungen, sich mit dem Gedanken eines „Weltknotens“ zu befassen, der Wirklichkeit und Wert verbindet. Irgendwo muß der Wert Eingang in die Wirklichkeit finden, und dieser Ort ist vor allem der stellungnehmende Akt des Subjekts. Die Psychologie als Wissenschaft vom realen Seelenleben kann jedoch nach *Rickert* zu diesem „Weltknoten“ nicht gelangen, da sie eine generalisierende Naturwissenschaft ist und deshalb prinzipiell sinn- und wertfrei verfährt. Das logische Ideal der Psychologie ist wie das der physischen Naturwissenschaften die Bildung letzter psychischer Elemente und einfachster kausaler Beziehungen zwischen diesen, wie sie etwa im Begriff der Assoziation gegeben sind[77]. In dieser Auffassung der Psychologie zeigt sich der stärkste Einfluß des Positivismus auf die Wertphilosophie, so daß *Rickert* in den entsprechenden Ausführungen seiner „Grenzen“ das historisch nie erreichte Idealbild einer konsequenten Elementen- oder Assoziationspsychologie gezeichnet hat[78]. Hat *Rickert* so das Psychisch-Reale von allem Sinninhalt getrennt, so muß er für den doch nun einmal vorhandenen immanenten Aktsinn ein „drittes Reich“ konstruieren, das weder reales psychisches Sein noch geltender Wert ist, sondern zwischen beiden oder besser v o r beiden das „Zwischenreich des immanenten Sinnes“ bildet[79]. Verläuft das reale physische und psychische Geschehen streng kausal, so ist die Vorderwelt des immanenten Aktsinnes davon noch frei[80]. Aber diese Ursachlosigkeit bedeutet gleichzeitig auch Wirkungslosigkeit. So bleibt trotz des vermittelnden Zwischenreichs der irreale Wert durch eine Kluft der Einflußlosigkeit von der blind-kausal verlaufenden Realität getrennt. Ein Zusammenhang zwischen dem Realen und dem Geltenden derart, daß die Werte Macht über das Wirkliche gewinnen, ist theoretisch nicht mehr begreiflich; es bleibt nur der „Glaube an die Macht des Geltenden über das Wirkliche“[81].

So muß die „Komplementärtheorie des Positivismus“ an zentralster Stelle ihre Zuflucht zum Glauben nehmen. Das brauchte für sich genommen keineswegs ein Vorwurf zu sein. Das Reich unseres Unwissens ist unendlich viel größer als das unseres Wissens gerade in den Fragen, die wir in bestimmter Weise als soseiend postulieren müssen, um überhaupt praktisch-sinnvoll leben zu könen[82]). Etwas anderes ist es, ob man nicht der Problemlösung wenigstens nähergekommen wäre, wenn an in den Prämissen das Gegebene

[77] Siehe dazu *Rickert*, Grenzen S. 121 ff.

[78] Siehe dazu auch *Jaensch*, Jahrbuch der Philosophie III, S. 122 Anm.

[79] Siehe dazu *Rickert*, System S. 254 ff.

[80] *Rickert*, System S. 305.

[81] *Rickert*, System S. 308.

unvoreingenommen sich hätte aussprechen lassen. Dabei hätte sich ergeben, daß die Akte des höheren Geisteslebens ihrer Natur nach „immer auf die Erfassung von Gegenständlichkeiten oder auf die Verwirklichung von Werten gerichtet sind" und ihren realen Ablauf nach dem vor ihnen stehenden Sinn (und darum nicht blind-kausal) regulieren[83]. So aber bleibt es im Kantianismus bei der Herübernahme positivistischer „Mythenbildungen" (*Jaensch*) von sinnfreien seelischen Elementen und deren blind-kausalen Zusammenhängen, wodurch notwendig aller Sinn und Wert in eine ohnmächtige irreale Begriffswelt abgedrängt wurde. So zeigt sich noch einmal der innere Zusammenhang, der den Kantianismus mit seinem Gegner, dem Positivismus, verbindet.

Eine durchgeführte Staatsphilosophie fehlt bei *Rickert*, so daß wir auf wenige gelegentliche Bemerkungen angewiesen sind. *Rickert* widmet dem Staat nur im Zusammenhang der Ethik einige Bemerkungen[84]. Hier stellt er den Staat und überhaupt alle sozialen Institutionen unter den Gesichtspunkt, „ob sie die Autonomie der Persönlichkeiten begünstigen oder hemmen"[85] und versucht von hier aus „die sozialen Verbände, wie Ehe, Familie, Staat, Nation, Kulturmenschheit usw., in ihrer sittlichen Bedeutung zu verstehen"[86]. Von diesem eminent individualethischen Gesichtspunkt aus ist es selbstverständlich, daß die überpersönlich-sozialen Institutionen „nie in dem Sinne ethisch vollendet sein werden, daß sie jedem Individuum die soziale Autonomie gewährleisten, die seiner persönlichen Besonderheit entspricht"[87]. So wird der Staat unter ethischen Gesichtspunkten ausschließlich von den Freiheitsgarantien her beurteilt, die er dem einzelnen gewährleistet. Nimmt man dazu den weiteren Gedanken, daß die Autonomie der Persönlichkeit gerade in der Entscheidung für und gegen Werte und Weltanschauungen besteht, so muß, wie wir schon oben gesehen haben, der weltanschaulich-neutrale Staat der reale Repräsentant wertphilosophischer Ideale sein. An dieser „negativen Charakterisierung" des Staates wird nur wenig geändert, wenn *Lask* dem Recht eine geringe positive Bedeutung zuschreibt, indem er in ihm — im Anklang an *Jellinek* — ein „Minimum des Gemeinethos" repräsentiert sieht[88].

---

[82] Diese innere Vorsicht hat der Positivismus trotz seines „Relativismus" nie beachtet, sondern sehr leicht-fertig tiefste Postulate praktisch-sinnvollen Lebens der „besseren wissenschaftlichen Überzeugung" geopfert. Es fehlte ihm in seinem wissenschaftlichen Dogmatismus die viel besonnenere Einsicht des „Absolutismus", daß keine (empirische) Wissenschaft in irgendeinem Punkte behaupten kann, das letztlich und unumstößlich Richtige gefunden zu haben. Wissenschaft ist immer nur stetiger Prozeß der Annäherung an das Wahre.

[83] *Jaensch*, Jahrbuch der Philosophie III, S. 136.

[84] Vgl. auch *Rickert*, *Kant* S. 77 ff.

[85] *Rickert*, System S. 392.

[86] *Rickert*, System S. 328.

[87] *Rickert*, System S. 392.

[88] *Lask*, Rechtsphilosophie S. 290.

So mager und sporadisch die rechtsphilosophischen Bemerkungen *Rickerts* sind, um so bedeutungsvoller ist die monographische Studie „Rechtsphilosophie“ seines Schülers Emil *Lask,* die in dem vorzüglich klaren methodologischen Teil eine gleichsam offizielle Anwendung der wertphilosophischen Gedankenwelt speziell auf die Rechtswissenschaft darstellt. Gerade dadurch wurde sie von eminenter Wichtigkeit für das Strafrecht, weil durch sie der breite Strom der szientistischen Gedankenmassen der südwestdeutschen Schule seinen Eingang in die Strafrechtswissenschaft finden konnte und fand, der vorher nur gelegentlich durchgesickert war (bes. in M. E. *Mayer,* Schuldhafte Handlung, 1901). Diese historische Wirksamkeit macht es erforderlich, wenigstens in Kürze auf die rechtsphilosophisch-methodologischen Darlegungen *Lasks* einzugehen.

Ausgangspunkt bildet für *Lask* — genau wie für *Rickert* — die „erkenntnistheoretische“ Wirklichkeit[89], die er auch als ursprüngliche[90], unmittelbare[91], psycho-physische[92] Wirklichkeit bezeichnet. Diese von jeder Art der Wertbeziehung freie Wirklichkeit wird von der sowohl vorwissenschaftlichen wie vorjuristischen Begriffsbildung zu einer — allerdings noch ein theoretisches Halbfabrikat bildenden — Kulturwelt umgearbeitet, die wir „trotz ihrer gleichsam entstellenden (!) Bezogenheit auf Kulturbedeutungen als Wirklichkeit anzusehen“[93] gewöhnt sind. Vornehmlich diese teleologisch-begrifflich vorgeformte Kulturrealität, weniger die ursprüngliche erkenntnistheoretische Wirklichkeit bildet das Substrat des Rechts, das dieses reale Substrat vermöge der von Zweckbeziehungen geleiteten begrifflichen Umformungen — also durch einen zweiten (spezifisch-juristischen) Umformungsprozeß — in eine Gedankenwelt reiner Bedeutung umsetzt[94]. Gerade auf rechtlichem Gebiet spielt diese zwar juristische, aber noch vorwissenschaftliche Begriffsbildung, durch die das Recht seine Bedeutungswelt aufbaut, die größte Rolle, so daß für die wissenschaftliche Bearbeitung häufig die bloße Fortsetzung des vom Gesetz begonnenen methodologischen Formungsprozesses übrigbleibt[95]. Aufgabe der Wissenschaft ist es, dem vorwissenschaftlich-juristischen Umformungsprozeß die letzte begriffliche Schärfe zu verleihen[96]. So entsteht durch das Ineinandergreifen der vorwissenschaftlich-rechtlichen und der rechts w i s s e n s c h a f t l i c h e n Begriffsbildung durch eine mehrstufige teleologisch-methodologische Umformung der erkenntnistheoretischen Wirklichkeit das Recht als ein Reich reiner Bedeutungen.

---

89 *Lask*, a. a. O. S. 301, 302.
90 *Lask*, a. a. O. S. 306.
91 *Lask*, a. a. O. S. 298, 300.
92 *Lask*, a. a. O. S. 306, 309, 313.
93 *Lask*, a. a. O. S. 302.
94 *Lask*, a. a. O. S. 307.
95 *Lask*, a. a. O. S. 305.
96 *Lask*, a. a. O. S. 301.

Dieses ist auch als konkretisiertes Recht, d. h. als Recht im subjektiven Sinne, und zwar in der Form der einzelnen konkreten Rechtsverhältnisse und sonstigen subjektiven Rechtsbeziehungen „von den realen Trägern, in denen es sich festzusetzen pflegt, abzulösen“[97]. „Wie man bei der realen sinnanfälligen Individualität z. B. eines Kreises erst von den empirischen Hilfsmitteln der Zeichnung, wie Papier, Tinte, Wandtafel, Kreide usw., absehen muß, um zur mathematischen Individualität dieser Figur zu gelangen, so muß man von dem realen Gesamtbestande, z. B. eines einzelnen Kaufes erst die Einzelheiten des physischen Ereignisses, die psychischen Begleiterscheinungen, die Besonderheit der historischen Situation usw. abziehen, um zur juristischen Individualität dieses Rechtsgeschäftes vorzudringen[98].“ So sind die durch die methodologisch-teleologische Umformung der Lebensrealitäten entstandenen rechtlichen Bedeutungen „trotz des beständigen Ineinandergreifens von lebendiger Wirklichkeit und rechtlicher Bedeutung“ von den realen Trägern zu trennen, da sie wie die mathematischen Gebilde „trotz ihrer Konkretisierung niemals ihren abstrakten Charakter verlieren“[99].

Gerade infolge des methodologischen Umformungsprozesses müssen sich die rechtlichen Bedeutungen als Produkte der Begriffsbildung von dem realen Lebenssubstrat entfernen: so der juristische Willensbegriff vom psychischen Sein; so der juristische Personenbegriff von der physischen Person oder physischen Personenmehrheit, die beide nach *Lask* ein Aggregat oder Gewühl unverbundener Realitäten darstellen (!): in beiden Fällen ist „Person“ eine wissenschaftliche Abstraktion, „für das Recht gibt es nur ‚juristische‘ Personen“[100].

Diese Trennung der abstrakten juristischen Begriffswelt von der Lebensrealität mußte zu der Vorstellung führen, daß beide Welten nicht eigentlich miteinander verknüpft sind — wobei die Lebensrealität die reale Konkretion der juristischen Begriffswelt wäre —, sondern daß die juristische Begriffswelt als durchaus andersartige Bedeutungswelt bei Gelegenheit bestimmter Lebenskonkreta Anwendung findet: Beide Welten laufen unverbunden nebeneinander her, wie zwei verschiedene gleichlaufende Uhren, von denen jede im verschiedenen Medium die gleiche Zeit anzeigt. Es ist charakteristisch, das *Lask* an dieses aus der Metaphysik des Okkasionnalismus stammende Bild erinnert[101]!

Nach dieser Auseinanderreißung der rechtlichen Bedeutungswelt und der vorrechtlichen Lebensrealität muß „die Frage der Anschmiegung der Rechtsbegriffe an das vorrechtliche Substrat“ zum Problem werden. „Trotz aller Veränderungen und Nivellierungen, die die Rechtsordnung mit der Gliede-

---

[97] *Lask*, a. a. O. S. 308.
[98] *Lask*, a. a. O. S. 309.
[99] *Lask*, a. a. O. S. 310.
[100] *Lask*, a. a. O. S. 313.
[101] *Lask*, a. a. O. S. 309.

rung der vorrechtlichen Welt vornimmt, ist sie ja dennoch imstande, deren Eigentümlichkeiten und Unterschiede bis zu einem gewissen Grade in die juristische Bedeutungssphäre zu transponieren!" In doppelter Weise ist eine solche Anschmiegung des Rechts an sein Substrat festzustellen: entweder „als Beibehaltung eines gewissen Kerns der psychophysischen Gegebenheit" oder „als Anlehnung an die schon teleologisch geformten Lebens- und Kulturrealitäten"[102]. Im ganzen ergibt sich vom „kopernikanischen Gesichtspunkt" aus, daß das Recht, ähnlich wie alle übrigen Kulturgebiete, das „Ergebnis einer — zum Teil vorwissenschaftlichen, zum Teil wissenschaftlichen — Umarbeitung der erkenntnistheoretischen ‚Wirklichkeit' zu einer abstrakten, auf bestimmt geartete Kulturbedeutungen bezogene Welt" ist[103].

Die *Lask*schen Ausführungen zeigen die klarste Anwendung der szientistischen Grundhaltung auf das Rechtsgebiet. Alles, womit der Jurist sich beschäftigt, wird in Produkte theoretischer Begriffsbildungen von verschiedener übereinander gelagerter Schichtung umgesetzt. Schon die Lebensrealität ist das Produkt vorwissenschaftlicher Begriffsbildungen, eine methodologisch-theoretische „Umformung" der ursprünglichen Wirklichkeit. Über sie gelagert ist die Schicht der rechtlichen Bedeutungswelt, die eine höhere, abstraktere, wertbezogene Umformung der Wirklichkeit darstellt und die durch die wissenschaftlichen Begriffsbildungen ihre letzte begriffliche Schärfe erhält. Die erkenntnistheoretische Wirklichkeit bildet so den festen Punkt, „von dem aus die einzelnen gleichsam übereinander gelagerten Begriffsbildungsschichten sich in ihrem verschiedenen Abstand von der gemeinsamen Wirklichkeitsbasis eindeutig beurteilen lassen"[104]. Überall zeigt sich die eigenartige Sicht auf das Begriffliche statt auf das Ontische. Wenn schon die „teleologisch durchsetzte" Lebensrealität keine echte Wirklichkeit, sondern Produkt vorwissenschaftlicher Begriffsbildungen ist, so muß das Recht in noch viel stärkerem Maße durch die methodologische Begriffsbrille angesehen werden. Nicht die praktischen Funktionen des Rechts für die Lebenskonkreta, d. h. ihre Ordnungsfunktion und die darauf aufgebaute Schutzfunktion, die keine andere Welt ordnen und schützen als die Lebensrealität (s. dazu unten S. 114 f.), werden in erster Linie erforscht, sondern die begriffliche Umsetzung der Lebenskonkreta in eine abstrakt-juristische Bedeutungswelt, die sich trotz ihrer teleologischen Bezogenheit nicht nur von der ursprünglichen Wirklichkeit, sondern auch von der Lebensrealität immer weiter entfernt, so daß die Lebenskonkreta nur reale Träger einer andersartigen juristischen Bedeutungswelt sind. Der Rechtsformalismus, der mit dieser methodologischen Herausarbeitung einer spezifisch juristischen Begriffswelt notwendig verbunden ist, muß nachträglich seine Kluft zum Seienden durch künstliche Anschmiegung an das vorrechtliche Substrat zu überbrücken versuchen.

---

[102] *Lask*, a. a. O. S. 313.
[103] *Lask*, a. a. O. S. 301.
[104] *Lask*, a. a. O. S. 315.

2. Kapitel

DER PHILOSOPHISCHE GEHALT DER MODERNEN STRAFRECHTSDOGMATIK, INSBESONDERE DER TATBESTANDSLEHRE

Die Eingangspforte dieser wertphilosophisch-szientistischen Gedanken wurde in der positiven Strafrechtswissenschaft vor allem die Tatbestandslehre[1]. Diese Tatsache hat ihren Grund in einer tiefen inneren Verwandtschaft beider Theorien: Ähnlich wie die Wertphilosophie auf allgemeinphilosophischem Gebiet, so stellt *die Tatbestandslehre* im Strafrecht gewissermaßen *die Komplementärtheorie des Positivismus* dar. Die gemeinsame Wirklichkeitsbasis, die den Positivismus mit seinen Komplementärtheorien verbindet, ist in der Strafrechtswissenschaft teilweise noch reiner im positivistischen Sine erhalten geblieben als in der Philosophie: es ist der Handlungsbegriff, der als Begriff des realen Substrats des strafrechtlichen Geschehens fast unverändert in seiner positivistisch-naturalistischen Gestalt, die ihm vor allem *Liszt* gegeben hatte, zum Dogma der Strafrechtswissenschaft wurde. Ja, die moderne Tatbestandslehre hat — wie Wolf richtig hervorhebt[2] — durch ihre Ablösung des abstrakten Tattypus vom Handlungsbegriff die naturalistische Prägung des letzteren noch befördert und gefestigt. Ist es zwar nicht ganz so materiell-physikalisch, wie *Wolf* es darstellt und es der ursprünglichen Auffassung *Liszts* entspricht, daß im Begriff der Handlung als Willensbetätigung plus Erfolg „die Willensbetätigung = Innervation der Muskeln (sei's zur Tätigkeit, sei‘s zur Ruhe) und Erfolg = materielle Veränderung der physikalischen Außenwelt gesetzt werden“[3], so bleibt doch in der herrschenden Auffassung die Handlung eine vom Willen verursachte sinnlich wahrnehmbare Veränderung der Außenwelt[4], wobei zur Außenwelt auch die seelische Innenwelt des Mitmenschen gerechnet wird. Mag also der Erfolg weniger physikalisch-materiell gedacht sein, so wird allerdings der Handlungswille der herrschenden Lehre am treffendsten als willentliche Muskelinnervation gekennzeichnet, d. h. der

---

[1] Vgl. dazu besonders Erik *Wolf*, Der Sachbegriff im Strafrecht, in: Die Reichsgerichtspraxis im deutschen Rechtsleben V S. 44.

[2] Erik *Wolf*, Typen der Tatbestandsmäßigkeit S. 13.

[3] *Wolf*, a. a. O. ebenda.

[4] Siehe z. B. *Liszt-Schmidt*, 25. Aufl. S. 154; *Mezger*, Lehrbuch S. 108 und Vom Sinn strafrechtlicher Tatbestände S. 7 ff.

Handlungswille wird ausschließlich unter kausalen Gesichtspunkten als beliebige Ursache von Außenweltsveränderungen betrachtet, während der Sinngehalt des Wollens, d. h. das, was gewollt wird, als ausschließlich zur Schuld gehörig abgetrennt wird. Diese Abtrennung des „Willensinhalts" von der Willensursächlichkeit fand ihre eingehende Begründung in *Radbruchs* „Handlungsbegriff" (1904), der in ausführlicher Auseinandersetzung mit den Handlungsbegriffen der Hegelianer, *Bindings* und *Zitelmanns* zu dem Schluß kam, den zwei Jahre zuvor *Beling* gezogen hatte: „für die Feststellung, daß eine ‚Handlung' vorliegt, genügt die Gewißheit, d a ß der Täter willentlich tätig geworden bzw. untätig geblieben ist. W a s er gewollt hat, ist hierfür gleichgültig; der Willensinhalt ist n u r von Bedeutung für die Frage der Schuld"[5].

Diese Trennung von Willensursächlichkeit und Willensinhalt bedeutet die methodisch tiefste Begründung des positivistischen „rein natürlichen", d. h. kausal-mechanischen Handlungsbegriffs *Liszts*, was dieser auch dankbar als Verdienst *Radbruchs* anerkannt hat[6]. Wie wir schon oben gesehen haben, beruht der spezifische Charakter der *Kausaldetermination*, der uns berechtigt, sie nach ihrem wichtigsten Anwendungsgebiet als „mechanisch" zu kennzeichnen, auf der Blindheit ihres Vorwärtsstoßens. Die Wirkung ist die blinde Resultante gleichgültiger Komponenten, und auch deren Konstellation ist nur blinde Resultante früherer gleichgültiger Komponenten usf.[7]. Hier ist es gerade die e i n z i g a r t i g e S t e l l u n g d e s W i l l e n s i m G e s a m t g e f ü g e d e r W e l t, das „blinde" Geschehen innerhalb bestimmter Grenzen in ein „sehendes" umzuwandeln, d. h. den kausalen Nexus final zu überdeterminieren. Vermöge seiner Fähigkeit zu Sinn und Einsicht ist er imstande, die möglichen Wirkungen seines kausalen Eingreifens in dem Umfange seiner Einsicht gedanklich zu antizipieren und danach sein Eingreifen in die Welt sinn- und zweckvoll zu regulieren. Hierin liegt die spezifische Struktur des Willens als determinativen Faktors beschlossen, nämlich auf Grund objektiver Voraussicht, sich als kausalen Faktor so in das Gesamtgetriebe der Welt einzuschalten, daß er die Resultante des an sich blinden Geschehens sinnhaft umlenkt[8]. Die Funktion des Willens als spezifischen, gegenüber den sonstigen Kausalfaktoren unvergleichbaren determinativen Faktors, das kausale Geschehen final zu überdeterminieren, beruht auf der Fähigkeit des „Willensinhalts" zu sinnvoller Einsicht. Wird nun durch *Radbruch* die Willensursächlichkeit vom Willensinhalt prinzipiell abgetrennt, so wird die entscheidende Wesensstruktur des Willens vernichtet und sein Ursächlichwerden p r i n z i p i e l l zu einem blind-kausalen

[5] *Beling*, Grundzüge des Reichsstrafrechts 2. Aufl. S. 38; *Radbruch*, Handlungsbegriff S. 130.

[6] Siehe Lehrbuch 16.—17. Aufl. § 28 Anm. 1.

[7] Vgl. dazu bes. N. *Hartmann*, Ethik S. 174, 603.

[8] Siehe dazu N. *Hartmann*, Ethik S. 173 ff., 181 ff., 190 ff., 590 ff. und Problem des geistigen Seins S. 129 ff.

Wirken degradiert; gleichzeitig sinkt der „Willensinhalt" zu einem rein gedanklichen Begleitvorgang herab[9].

Dieser positivistische Begriff der Handlung als eines von einer Muskelinnervation ausgelösten blind-mechanischen Geschehens wird zur Grundlage der weiteren Strafrechtsdogmatik[10]. In seiner Kahlheit und Sinnfremdheit bildet er das reale Substrat, das — ganz ähnlich wie die Wirklichkeit durch die philosophische Komplementärtheorie des Positivismus — durch die Tatbestandslehre von der begrifflichen Seite her „ergänzt" wird. Schon bei dem Begründer der Tatbestandslehre, bei *Beling*, zeigt sich klar die eigenartige Sicht vom Begrifflichen her. Der Handlungsbegriff wird bei ihm zu einem „blutleeren Gespenst", dessen Bedeutung rein in der Negative, in der Ausschaltung aller Vorkommnisse, die nicht Handlung sind, gefunden wird[11]. Alle positiven Merkmale, alle Eigenschaften der Handlung werden in die begriffliche Sphäre des Tatbestands transponiert, der ein r e i n e r Begriff ist, zeitlos, raumlos, existenzlos[12]. Nun ist gewiß jeder Begriff „zeitlos, raumlos, existenzlos", was aber nicht daran hindert, daß das, was er „begreift", durchaus meist räumlich-zeitlich existiert oder ontisches Merkmal an raumzeitlich Realem ist. Das gilt nicht nur für die „rein begrifflichen" Tatbestandsmerkmale, zu denen *Beling* Erfolg, Kausalität, Tatobjekt usw. zählt[13], sondern ebensosehr für den Handlungsbegriff selbst, der — wie er ein Begriff von ontisch-Realem ist — so als B e g r i f f ebenfalls raum- und zeitlos ist: der Handlungsbegriff steht begrifflich nicht anders da als die „rein begrifflichen" Tatbestandsmerkmale. Doch *Beling* trennt die Handlung als das n u r ontisch-Reale von den Tatbestandsmerkmalen; die Handlung ist das real-„Bedeutungslose", das von den begrifflichen Merkmalen erst Bedeutung erhält[14]. Damit reißt er die erste Kluft zwischen dem Begriff und dem Ontischen auf, die aber insofern noch relativ ungefährlich ist, als die Tatbestandsmerkmale *Belings* reine Transponierungen des Ontischen ins Begriffliche, d. h. Widerspiegelungen des ersteren im letzteren, nicht „Umformungen" des Ontischen zu einer andersartigen irrealen Begriffswelt sind. Allerdings insofern tritt schon bei *Beling* eine „Umformung", eine Änderung des sachlichen Gehalts der Tatbestandsbegriffe gegenüber den ontischen Handlungsmerkmalen ein, als die Tat-

[9] Dahin gehen auch die Einwendungen *Merkels* und besonders *Liepmanns* (Einl. ins Strafrecht S. 49 ff.). Die Replik *Radbruchs* (Handlungsbegriff S. 108), die damit operiert, daß es sich bei der Trennung des Willens in Willensinhalt und Willensursache nur um eine verschiedene Betrachtungsweise des Willens handelt — „das eine Mal seiner Ursächlichkeit nach, das andere Mal als rein gedanklicher Vorgang" —, bestätigt nur den Einwand, daß der Willensinhalt in seiner determinativen Bedeutung gänzlich ignoriert wird.

[10] Siehe statt aller: *Mezger*, Lehrbuch S. 108 und vom Sinn ... S. 8.

[11] *Beling*, Lehre vom Verbrechen S. 17.

[12] *Beling*, Lehre vom Verbrechen S. 111.

[13] *Beling*, Lehre vom Verbrechen S. 28.

[14] *Beling*, a. a. O. ebenda.

bestandsbegriffe aus dem spezifischen Handlungszusammenhang ausgebrochen werden. So betont *Beling* ausdrücklich, daß „der nackte Tatbestand an sich jedenfalls das Moment der Handlung nicht in sich schließt. Er enthält für sich gar keinen Hinweis auf ein gewolltes Handeln. Wer wollte z. B. bezweifeln, daß „Tötung eines Menschen" auch vorliegt, wenn etwa ein Stier einen Menschen aufspießt und zu Tode gebracht hat"[15]. Damit wird die besondere Bedeutung, die die Merkmale Kausalität, Erfolg, Handlungsobjekt, überhaupt alle Tatbestandsmerkmale durch ihre Stellung in der spezifischen finalen Handlungsstruktur erhalten, durch ihre Transponierung in die Handlungsfremde Tatbestandsmäßigkeit vernichtet.

Eigentlichen Eingang fanden jedoch die szientistischen Gedanken[16], die das Gegenständliche zum Produkt umformender wissenschaftlicher bzw. vorwissenschaftlicher Begriffsbildungen machten, erst mit der Entdeckung und Herausarbeitung der normativen Tatbestandsmerkmale. Hatte zunächst M. E. *Mayer* diese mehr beiläufig im Zusammenhang mit der Rechtswidrigkeitslehre herausgestellt und behandelt, so waren es zehn Jahre später *Mezger*[17] und *Grünhut*[18] und — auf ihnen fußend — vor allem Erik *Wolf*, die mit dem methodologischen Rüstzeug der südwestdeutschen Schule der Tatbestandslehre zu Leibe rückten. Gleichzeitig erweiterte sich dabei ihr Blick auf das Problem strafrechtlicher Begriffsbildung überhaupt. Was bei *Mezger*[19] und *Grünhut*[20] nur knapper Hinweis auf die „stoffgestaltende Funktion der Methode" war, das baute Erik *Wolf* in seiner ersten größeren Arbeit, der „Strafrechtlichen Schuldlehre" (1928)[21], im engsten Anschluß an *Rickert* und *Lask* zu einer eingehenden Methodologie des Strafrechts auf der Grundlage des sog. kopernikanischen Standpunkts *Lasks* aus. Allerdings ist wegen der größeren Wirklichkeitsnähe der Strafrechtswissenschaft[22] die

---

[15] *Beling*, Lehre vom Verbrechen S. 145.

[16] Deutliche szientistische Ansätze zeigen schon — allerdings in ziemlich psychologistischer Form (siehe dazu *Johannsen*, ZStW. 48 S. 224) — *Sauers* Grundlagen des Strafrechts 1921 S. 19 ff.: „Wir selbst erzeugen die Dinge, wir sind die Schöpfer der Welt, die Welt ist unser Werk. Jedenfalls für die Wissenschaft".

[17] *Mezger*, Vom Sinn der strafrechtlichen Tatbestände 1926.

[18] *Grünhut*, Begriffsbildung und Rechtsanwendung im Strafrecht 1926.

[19] a. a. O. S. 31 ff., 41.

[20] a. a. O. S. 15 ff.

[21] Z. T. auch in seinen späteren Schriften, während die letzten Arbeiten, etwa von der Freiburger Antrittsvorlesung ab, eine merkliche Abkehr von den szientistischen Gedanken verraten. Siehe dazu im Text S. 78.

[22] Besonders aber auch wegen der Äquivokation im Begriff der Umformung:
1. Umformen im Sinne *Rickerts*: methodologisches Umbilden der Wirklichkeit in eine irreale Begriffswelt,
2. Umformen im Sinne des Rechts: Praktisches Ordnen der ontischen Lebensverhältnisse.

Beide Arten der Umformung haben nichts miteinander zu tun.

„Übertragung des kopernikanischen Standpunkts auf die Methodologie“, d. h. die Auflösung des Gegenständlichen (hier des Strafrechts) in ein Produkt theoretischer Begriffsbildungen nicht so exakt und extrem durchgeführt wie in der *Lask*schen Rechtsphilosophie, aber als immanente Tendenz ist sie klar vorhanden. Gerade diese Tendenzen gilt es durch die Heranziehung ihres philosophischen Hintergrundes zu bannen und in ihren letzten Niederschlägen sichtbar zu machen.

Auch für die an die Wertphilosophie anknüpfenden Strafrechtslehren ist Ausgangspunkt die These, daß das unmittelbar Gegebene ein Chaos „natürlicher, amorpher (!) Tatsachen“[23] ist, die der kategorialen Formung bedürfen[24], wobei allerdings dieses unmittelbar Gegebene meist unversehens zur naturwissenschaftlichen Wirklichkeit wird[25]. Dieses amorphe Material wird durch die „gegenstandserschaffende Erkenntniseinstellung“[26] oder durch die „stoffgestaltende Funktion der Methode“[27] — immer also durch theoretische Akte — zum rechtlichen Gegenstand umgeformt. Dabei ist nach *Wolf* der begrifflich-theoretische Umformungsprozeß ein doppelter. Die erste, vorwissenschaftliche Umformung nimmt das Gesetz (und unter Umständen der Richter)[28] vor, „indem gewisse empirische Tatsachen mit Strafrechtswerten (-zwecken) verbunden werden“[29], wobei als oberster Strafrechtswert die jeweilig geltende Staatsidee fungiert[30]. Dadurch entstehen die vorsystematischen Begriffe des Gesetzes und der Rechtsanwendung, die einer zweiten wertbeziehenden Umformung durch die Wissenschaft unterliegen, welche die strafrechtliche Kulturwirklichkeit des Gesetzes auf den Wahrheitswert bezieht und so die gesetzlichen Begriffe zu wissenschaftlich-systematischen Begriffen umformt.

Diese Abhebung der wissenschaftlichen Umformung von der vorwissenschaftlich-juristischen erscheint als die wichtigste Abweichung *Wolfs* von *Lask*, dessen Thesen er sonst im wesentlichen wiederholt. *Lask* kennt nur gleichförmige Umformungsprozesse, bei denen die vorwissenschaftliche Umformung nur eine niedere Stufe der wissenschaftlichen ist oder — anders ausgedrückt — die Wissenschaft das „Halbfabrikat“ des vorwissenschaftlich-gesetzlichen Umformungsprozesses zum begrifflich-scharfen Fertigfabrikat „Recht“ umarbeitet. Praktisch ist jedoch diese Abweichung nicht erheblich, da sich *Wolf* gerade in dieser letzteren Auffassung *Lask* durchaus anschließt[31].

---

[23] *Grünhut*, a. a. O. S. 15.
[24] *Mezger*, a. a. O. S. 41.
[25] Siehe *Wolf*, Schuldlehre S. 85, 91, 99; *Radbruch*, Frank-Festschrift I S. 161.
[26] *Wolf*, Schuldlehre S. 98.
[27] *Grünhut*, Begriffsbildung S. 15.
[28] *Wolf*, Schuldlehre S. 102.
[29] *Wolf*, a. a. O. S. 93.
[30] *Wolf*, a. a. O. S. 116 f.
[31] *Wolf*, Typen der Täterschaftsmäßigkeit S. 60; siehe im Text den folgenden Absatz!

So löst sich das Recht in ein Produkt methodologischer Begriffsbildungen, in Umformungen „des empirisch-geschichtlichen Materials zu begrifflich-theoretischen (!) Gebilden“[31a] auf und wird als Verkörperung wertbeziehender Begriffsbildungen zum „Stück geronnener theoretischer Vernunft“. Gibt das Gesetz zunächst nur begrifflich-theoretische Halbfabrikate, so ist es Aufgabe des Gelehrten und des urteilenden Richters, durch ihre abschließenden Begriffsbildungen das Recht endgültig zu formen: „Die originäre Festgelegtheit des Begriffs, des Grenzbegriffs durch den Gesetzgeber wandelt sich sachte und die endgültige Lebensraumbegrenzung der Wirksamkeit strafrechtlicher Wertung wird auch hier erst im Gerichtssaal und am Schreibtisch (!) des Forschers gezogen“[32].

Was hier von *Wolf* in unübertrefflicher Klarheit ausgesprochen ist, das bildet die allgemeine Haltung der modernen Tatbestandstheorie: Überall geht die Sicht primär auf (methodologisch-umformende) „Begriffsbildungen“ (meist des Richters)[33], durch die das Recht in seinem vollen Inhalt überhaupt erst zustande kommen soll, so daß es jenen überaus theoretischen, abstrakt-begrifflichen Charakter erhält, der das Recht in der Auffassung der modernen Tatbestandslehre kennzeichnet[34]. Daran ändert auch die Einbeziehung der Wertsphäre nichts, da ja diese Einbeziehung gerade auf dem Wege der „theoretischen Begriffsbildungsprozesse“ erfolgt, durch die die abstrakt-irrealen Wertbegriffe an das „amorphe“ Material herangetragen werden.

Gleichzeitig mit diesem Umformungsprozeß entfernt sich die rechtliche Begriffswelt immer stärker von der unmittelbaren Lebenswirklichkeit. Für *Rickert* war es ja gerade der methodologisch bedingte Abstand der verschiedenen wissenschaftlichen Begriffswelten von der unmittelbaren Wirklichkeit, weshalb Kultur- und Naturwissenschaften einträchtig zusammen bestehen konnten[35]. Für die rechtliche Begriffswelt bedeutet das, daß z. B. die juristischen Begriffe, die auf naturwissenschaftliches Sein hindeuten, keinen naturwissenschaftlichen Gehalt besitzen: „Begriffe wie ‚Wille‘, ‚Krankheit‘ oder ‚Hund‘ nehmen eine spezifisch juristische Bedeutung an und verlieren (!) damit ihren psychologischen, medizinischen oder zoologischen Charakter“[36]. Die strafrechtliche Begriffswelt steht unabhängig von den Erkenntnissen naturempirischer Wissenschaften, wie etwa der Kriminalpsychologie und Kriminalbiologie u. a.: Diese „haben an der Erkenntnis

---

[31a] *Wolf*, Schuldlehre S. 79.

[32] *Wolf*, Typen der Täterschaftsmäßigkeit S. 60.

[33] Siehe z. B. *Mezger*, Vom Sinn ... S. 33 (vgl. dazu *Class*, Grenzen des Tatbestands S. 167). — Nach der Terminologie Carl *Schmitts* (Über die drei Arten des rechtswissenschaftlichen Denkens) handelt es sich hier um einen Dezisionismus auf szientistischer Grundlage.

[34] Vgl. dazu besonders *Class*, a. a. O. S. 159 ff., 164, 167 u. a.

[35] Siehe oben S. 78 f.

[36] *Wolf*, Schuldlehre S. 79; vgl. dazu weiter unten im Text S. 103, 105.

des kulturwissenschaftlichen Bezirks ‚Strafrecht' keinen Anteil“[37]. Selbst im Problem der Zurechnungsfähigkeit ist, da es sich um ein juristisch-normatives Problem handelt, „die ‚Fähigkeit' überhaupt nichts empirisch Feststellbares, es kommt vielmehr einzig und allein auf die teleologischen Werturteile des Richters an“[38]. Die letzte Konsequenz dieser Gedankenreihe mußte zu der *Lask*schen Auffassung führen, daß das Wirkliche nur realer Träger der andersartigen juristisch-begrifflichen Bedeutungswelt ist, ähnlich wie der real-gezeichnete Kreis im Verhältnis zum eigentlich geometrischen. So kommt *Wolf* folgerichtig zu dem Schluß, daß „Willensbetätigung und Erfolg nicht notwendig etwas Tatsächliches (Natürliches), sondern etwas wesensmäßig Rechtliches (Normatives) sind. Sie reichen zwar als menschliches Tun und Sein in den Bezirk der physikalisch-psychologischen Erfahrungswelt hinein; aber sie gehören wesensmäßig der Rechtswelt an. ... Natürlich kann der psychische Wille mit seiner Äußerung nichts Untatsächliches bewirken — aber die Sache liegt so, daß das von ihm tatsächlich Bewirkte eben bestenfalls als Indiz (!) für den Rechtserfolg von Bedeutung bleibt“[39].

Hier zeigt sich wohl am klarsten die moderne Dogmatik als Komplementärtheorie des positivistischen Naturalismus: Die empirische Wirklichkeit wird rein positivistisch als physikalisch-psychologische Erfahrungswelt, als „natürliches Sein in natürlicher Kausalität“[40] bestimmt — wobei das seelische Geschehen praktisch nur assoziationspsychologisch verstanden wird[41] —, so daß das rechtliche Geschehen in eine „untatsächliche“ begriffliche Bedeutungswelt abgedrängt wird, die jene bedeutungsfremde empirische Wirklichkeit wertbegrifflich ergänzt.

Dieses Abrücken in irreale Sphären war keineswegs bloß Folge einer rein theoretischen Haltung. Gerade unsere eingehende Erörterung des philosophischen Vorbilds jener Lehre sollte zeigen, wie hinter dem scheinbar so rein theoretischen Charakter der Begriffsbildungslehre eine ganz bestimmte Haltung zur Welt stand, mag sie auch in der Rechtswissenschaft nie so klar herausgetreten sein wie in *Rickerts* „Philosophie des Lebens“: eine tiefbegründete Lebensfeindschaft, ein Abrücken nicht nur der Theorie, sondern auch der Werte vom lebendigen Sein. Die moderne Strafrechtswissenschaft blieb von dieser Haltung nicht unberührt: Ihr Blick war primär stets auf

---

[37] *Wolf*, a. a. O. S. 105.

[38] *Wolf*, a. a. O. S. 172.

[39] *Wolf*, Typen S. 51. — Wenn *Grünhut* gegen diese Auffassung, die mit *Lask* zum okkasionalistischen Parallelismus der Seins- und Rechtswelt führt, an sich durchaus zutreffend polemisiert (ZStW. 52 S. 333 f.), so ist sie doch lediglich die letzte Konsequenz der von ihm selbst propagierten These von der stoffgestaltenden Funktion der Methode.

[40] *Wolf*, Schuldlehre S. 100.

[41] *Wolf*, a. a. O. S. 134 Anm. 30 S. 173; Max Ernst *Mayer*, Lehrbuch des Allgemeinen Teils S. 207.

die begrifflich-formende Tätigkeit am grünen Richtertisch oder am Schreibtisch des Forschers gerichtet, während das reale Leben positivistisch zu einem mechanisch-kausalen Ablauf physischer oder psychischer Prozesse herabgedrückt wurde. Wenn am Abschluß dieser dogmatischen Arbeit die Kluft zwischen Theorie und Praxis — trotz der Einbeziehung der richterlichen Tätigkeit in die Begriffsbildungstheorie — offen zutage trat, wie es in der Bonner Rede *Grünhuts* 1932 (Strafrechtswissenschaft und Strafrechtspraxis) ihren beredten Ausdruck fand, so zeigt sich hierin klar die immanente Kraft jener szientistischen Haltung, deren innere Logik ihre Vertreter auch gegen ihren Willen in eine Art „esoterischer Geheimwissenschaft" drängte[42].

Allerdings darf nicht verkannt werden, daß die moderne Tatbestandslehre Motive enthält, die nicht in jenen methodologischen Umformungshypothesen aufgehen. Diese Motive gilt es aus ihrer szientistischen Umklammerung zu befreien, die sie von ihrem philosophischen Vorbild als der Komplementärtheorie des Positivismus mitbekommen haben. Ihr tiefstes Bestreben — und hierin stimmt die Tatbestandslehre mit ihrer philosophischen Folie überein — geht natürlich auf die Überwindung des positivistischen Naturalismus, der auf juristischem Gebiet in *Liszt* seinen glänzendsten Verfechter gefunden hatte. Diese Tendenz wird der Lehre von der „teleologischen Begriffsbildung im Strafrecht"[43] als unabdingbares Recht verbleiben: wie die Wertphilosophie auf weltanschaulichem Felde überhaupt, so haben die Lehren von der teleologischen Begriffsbildung im Strafrecht gezeigt, daß die Welt des Strafrechts nicht in jenes brutal-sinnlose Sein materieller Prozesse oder elementar-physischer Vorgänge aufgeht, sondern daß das, was von den strafrechtlichen Begriffen und Sätzen gegenständlich gemeint und getroffen ist, eine sinnhafte, wertdifferente Welt bildet. Die Impulse, die sie damit über den naturalistisch-engen Standpunkt *Liszts* hinaus einer auf Sinn und Zweck der Rechtsinstitute abstellenden Rechtsauslegung gegeben haben, sind zu bekannt und in ihrer Bedeutung zu sehr anerkannt, als daß darüber noch ein Wort zu verlieren wäre. Aber so sehr dies und die damit zusammenhängenden Verdienste[44] um eine „sinngebende" Auflockerung des Strafrechts, die zu einer „immanenten Strafrechtsreform[45] führte, ungeschmälert bleiben sollen, so muß mit ebenso großer Entschiedenheit betont werden, daß diese Lehren schon im tiefsten Ansatzpunkt fundamentale Mängel aufweisen, die sie letztlich für ihr eigenes Ziel untauglich machen.

Die Überwindung des *Liszt*schen Naturalismus war im Grunde doch nur Schein, bestenfalls ein äußerlicher Kompromiß. Letzten Endes galt das reale

---

[42] Siehe dazu auch *Schaffstein*, ZStW. 54 S. 125.

[43] Vgl. *Schwinge*, Teleologische Begriffsbildung im Strafrecht 1930.

[44] Daß diesen Verdiensten allerdings auch schwere Fehler gegenüberstehen (insbes. das Überhandnehmen übergesetzlicher Strafausschließungsgründe), haben eindringlich *Dahm-Schaffstein*, Liberales oder autoritäres Strafrecht, gezeigt. Vgl. neuestens auch *Schaffstein*, Zur Problematik der teleologischen Begriffsbildung im Strafrecht, 1934.

[45] *Schaffstein*, Politische Strafrechtswissenschaft S. 11.

Leben immer noch ganz positivistisch als eine mechanische Wandlung sinnfremder Seinsstücke: Wenn es auch nicht überall so unmittelbar-kraß zum Ausdruck kommt wie in *Radbruchs* Definition der vorrechtlichen Beleidigung (s. oben S. 38), so schwingt doch fast überall der unausgesprochene Gedanke mit, daß „wirklich" real nur disparate Willensimpulse und kausale Veränderungen in der Außenwelt seien und daß diese Mannigfaltigkeit der Seinsstücke erst durch das Gesetz (oder gar erst durch richterliche oder wissenschaftliche Begriffsbildungen) zu einer sinnvollen Einheit zusammengeschlossen würde[46]. Sinn erhält das Sein erst durch die begriffliche Sphäre, und zwar durch „theoretische Beziehung des Seins zu allgemeinen (!) Werten"[47].

Die szientistische These — das πρωτον ψεῦδος aller unmittelbar oder mittelbar an *Rickert* orientierten teleologischen Begriffsbildungslehren — versperrte diesen den Weg nach zwei Richtungen: zum Sein wie zu den „wirklichen" Werten ebendieses Seins. Da das „vortheoretische" Sein als eine sinnfreie, mechanisch-kausal zusammenhängende Realität galt, bildete es für diese Anschauung lediglich den zufälligen „Träger" der eigentlichen, juristisch-begrifflichen Bedeutungswelt, nur ein „Indiz" für das andersartige Geschehen in der Rechtswelt und konnte darum in seinem ontischen Sosein gleichgültig bleiben. Nur in seiner methodologisch-theoretischen „Umformung" zu einem Produkt der juristischen Begriffswelt kam es für das Recht in Betracht.

Die Werte dagegen blieben von vornherein in der begrifflichen Sphäre stecken: es waren „allgemeine" Wertbegriffe, Wertabstraktionen, wie „das" Gute, „das" Schöne usw. Wurden sie auch im Strafrecht etwas konkretisiert, etwa relativistisch als „jeweilige" Staatsidee oder als „herrschende Kulturanschauung", so fehlte ihnen dennoch stets jede wahre Konkretion, jede tiefere Beziehung zum Sein[48]. Der Wandel der Staatsideen oder Kulturanschauungen spielte sich nach dieser Auffassung in einer rein irrealen Sphäre ab (allerdings häufig vergröbert zur psychologischen Sphäre); daß dahinter das Mensch-Sein selbst in seiner konkreten ontischen Wesensstruktur stecken müßte, daß die Staatsidee die im Metaphysischen wurzelnde politische „Haltung" eines konkreten Volkstums ist und daß darum die echte Staatsidee und die echten Werte eines staatlich gestalteten Volkstums in diesem Volkstum selbst wurzeln müsse, das blieb unbeachtet. Ideen und Werte waren für den Szientismus etwas prinzipiell Irreales, demgegenüber

---

[46] Vgl. etwa *Grünhut*, Begriffsbildung S. 10 ff., wo diese Auffassung für die konkrete strafrechtliche Arbeit paradigmatisch-klar zutage tritt (vgl. unten Anm. 54). Ferner natürlich besonders die oben im Text angeführten Äußerungen *Wolfs*.

[47] *Grünhut*, a. a. O. S. 16.

[48] Charakteristisch für diese blutleer-abstrakte Auffassung ist, daß sogar in neuen Veröffentlichungen das faschistische, bolschewistische und das — nationalsozialistische Rechtsdenken einheitlich unter den formalen Begriff der „herrschenden Kulturanschauung" gebracht und aus ihm erklärt wird!

das Reale, Rasse und Volkstum, zum „bloß Naturhaften" wurde, das lediglich die „Basis" bilden kann, „auf der die Teilnahme an einer Kultur mehr oder weniger leicht sich entwickelt"[49].

Dieses Steckenbleiben der Werte in begrifflichen Abstraktionen zeigt sich auch in der eigentlichen Theorie der teleologischen Begriffsbildung im Strafrecht, die die Prinzipien der konkreten strafrechtlichen Gesetzesauslegung aufzudecken unternimmt. Im Anschluß an *Rickerts* Methodologie der Geschichtswissenschaft, nach der der Historiker den geschichtlichen Gegenstand durch theoretische Beziehung der Wirklichkeit auf „allgemeine" Werte gewinnt, wird das Prinzip für die Bildung der Deliktsbegriffe des besonderen Teils in einem „Wert" gefunden, auf den der an sich wertfreie Lebenstatbestand bezogen und dadurch zu dem wertgefüllten Deliktstatbestand umgeformt wird. Entscheidend ist, daß auch hier der „Wert" ein abstrakter Begriff ist, nämlich der Begriff des einzelnen, isoliert gedachten Rechtsguts oder Schutzobjekts des jeweiligen Deliktstatbestands: aus der Fülle der konkreten Wertbeziehungen, die in einem Lebenstatbestand sich kreuzen, einander unterstützen oder widerstreiten und die im gesetzlichen Tatbestand ihre gegeneinander abgewogene Synthese gefunden haben, wird e i n e Wertbeziehung — der in den Regelfällen gewiß die Hauptbedeutung zufällt — als „das" Schutzobjekt herausgegriffen und wird durch diese gedanklich-isolierende Abstraktion zu einem allgemeinen Wertbegriff *Rickert*scher Prägung gemacht, der den „an sich" wertfreien Lebenstatbestand erst zu dem wertgefüllten gesetzlichen Deliktstatbestand „umformen" und deshalb das maßgebende Auslegungsprinzip dieses Deliktstatbestandes bilden soll. Durch dieses Herausbrechen einer einzelnen Wertbeziehung aus der Fülle des Lebenstatbestandes und der damit notwendig verbundenen Transponierung zum abstrakten Wertbegriff wird die fundamentale Tatsache verdeckt, daß für die gesetzliche Normierung keinesfalls lediglich jene einzelne Wertbeziehung, sondern die Fülle der im konkreten Lebenstatbestand konvergierenden Wertbeziehungen maßgebend ist, die sowohl als unterstützende Neben- wie als widerstreitende Gegenwerte zum Wert des „Schutzobjekts" hinzutreten[50]. Erst alle diese Werte zusammen in ihrem konkreten gegenseitigen Verhältnis bestimmen Inhalt und Tragweite der gesetzlichen Normierung. So ist es vor allem die Wertung der Handlungsart, die zu dem Rechtsgutswert hinzutritt, entweder unterstützend: die deliktisch besonders erschwerende Handlungsweise (z. B. §§ 223 a, 243 usf.), oder widerstreitend: vor allem das Gegeninteresse an der „menschlichen Betätigungsfreiheit" (*Schaffstein*), dessen Berücksichtigung zur Folge hat, daß nicht jede beliebige Beeinträchtigung des Rechtsguts unter Strafdrohung steht, sondern nur die einer bestimmtgearteten Handlungsweise, z. B. bei Beeinträchtigung des Vermögens nur die betrügerische, erpresserische, treubrüchige Handlung.

[49] *Rickert*, System S. 323.

[50] Vgl. dazu *Dahm*, MonKrimPsych. Bd. 22 S. 763 ff. und neuestens die *vorzüglichen* Ausführungen *Schaffsteins* „Zur Problematik der teleologischen Begriffsbildung im Strafrecht" 1934.

Hier tritt am klarsten der Abstand der teleologischen Begriffsbildungstheorie von einem Denken in konkreten Lebensordnungen heraus: während jene einen abstrakten, allgemeinen Wertbegriff setzt und auf diesen die gesetzlichen Tatbestandsmerkmale bezieht — also trotz aller Werte in der szientistisch-begrifflichen Sphäre stecken bleibt —, geht dieses von den konkreten Lebenstatbeständen und der Fülle der ihnen immanenten Wertbeziehungen aus und stellt von da aus fest, in welcher Form und in welcher Synthese sie ihre gesetzliche Normierung gefunden haben[51].

Nach zwei Richtungen hin, zum Sein wie zum Wert in seiner konkreten Gestalt muß darum der Durchbruch durch das szientistische Begriffsgefängnis vollzogen werden. Dabei muß der erste Schritt zur Überwindung des naturalistischen Positivismus führen, und zwar dadurch, daß man die bedeutungsfremde blind-kausale Wirklichkeitsauffassung als pure physikalische Hypothese erkennt, als Verabsolutierung des durch die Physik untersuchten Wirklichkeits a u s s c h n i t t e s zur ganzen Wirklichkeit. Für das Recht kommt gewiß auch nicht das ganze Sein in Betracht, sondern nur derjenige Wirklichkeitsausschnitt, der durch das praktische Dasein und Wirken des Menschen bestimmt wird, d. h. der menschliche Lebens- und Tätigkeitsraum in der Gemeinschaft. Dieser erschöpft sich nicht in physikalischen, biologischen, physiologischen, assoziations-psychologischen Fakten — zu ihm gehört vielmehr in erster Linie das ganze höhere geistige Leben mit seinen konkreten Wertbeziehungen —; aber ebensowenig sind jene „natürlichen" Fakten für die „kulturelle" Rechtssphäre irrelevant, weil sie angeblich nicht in die Rechtssphäre hineinreichten. Vielmehr können der Mensch und der ihn umgebende Lebensraum mit ihrem ganzen n a t ü r l i c h e n und g e i s t i g e n Sein, soweit es für die Lebensbeziehungen in der Gemeinschaft bedeutungsvoll ist, für das Recht in Betracht kommen[52]. Dieses komplexe Sein ist kein chaotisches Material, das erst begrifflich zu ordnen und zu gestalten wäre: der *Hobbes*sche Naturzustand des bellum omnium contra omnes ist ebenso eine rein rationalistische Fiktion wie der *Rickert*sche Naturzustand der freiwaltenden Lebenstriebe und des chaotischen Materials (s. dazu oben S. 83). Das Sein hat vom Ursprung an Ordnung und Gestalt in sich und bekommt diese nicht erst von irrealen Formen geborgt; und ebenso steht das Gemeinschaftsdasein des Menschen in ursprünglichen Ordnungen und Bindungen, die nicht erst durch umformende theoretische Begriffsbildungsakte an ein umgestaltetes Dasein herangetragen werden[53].

---

[51] Vgl. dazu Carl *Schmitt,* Über die drei Arten rechtswissenschaftlichen Denkens, 1934, und weiter unten im Text.

[52] Für das natürliche Sein vgl. jetzt insbes. §§ 42 a und b StGB. und die ganze eugenische Gesetzgebung!

[53] Ganz ähnlich wirft Carl *Schmitt* dem juristischen Positivismus vor, er gehe primär von konkreten Unordnungen aus, die durch Normentscheidungen erst in Ordnung gebracht werden müßten. An Stelle des alten abstrakten, „normativistischen" Denkens fordert er das Denken in konkreten Ordnungen. *Schmitt,* Über die drei Arten des rechtswissenschaftlichen Denkens, 1934.

So finden die Begriffsbildungen des Gesetzes, des Richters und des Wissenschaftlers eine gestaltete, sinnerfüllte reale Welt bereits vor. Ihre Begriffe sind keine methodologischen Umformungen eines amorphen Materials, sondern Deskriptionen eines gestalteten ontischen Seins[54]. Insofern sind alle juristischen Begriffe des rechtlich zu ordnenden Lebensmaterials „deskriptive" Begriffe, weil der Begriff wie alles Erkennen „nicht ein Erschaffen, Erzeugen oder Hervorbringen des Gegenstandes ist, . . . sondern ein Erfassen von etwas, das auch vor aller Erkenntnis und unabhängig von ihr vorhanden ist"[55]. Nur beziehen sich diese begrifflichen Deskriptionen nicht lediglich auf wertfreie Seinsmerkmale, sondern auf in konkreten Wertbeziehungen stehendes ontisches Sein. Insofern bedarf es zum „Verstehen" der begrifflich intendierten Gegenstände keiner bloß intellektuellen, sondern einer emotional-werterfühlenden Erkenntniseinstellung. Aber auch diese Erkenntnis „erzeugt" nicht das werthafte Sein durch umformende theoretische Beziehung des Seins auf „allgemeine" Werte, sondern das *werthafte Sein* ist vor aller Theorie und vor jedem Begriff *gesetzt durch die ontische Wesensstruktur des Menschen,* durch die im Metaphysischen wurzelnde Haltung des konkreten Mensch-Seins gegenüber der Welt. Die Begriffe innerhalb der rechtlichen Normierungen und erst recht die Begriffe der Wissenschaft sind dabei nur Deskriptionen dieses ursprünglichen Wertseins, nur mehr oder weniger geglückte Versuche, dieses ursprüngliche Wertsein begrifflich-theoretisch einzufangen.

Unsere künftige Rechtswissenschaft wird darum durch die gesetzlichen Begriffe hindurch zu den konkreten realen Lebensgestaltungen hinabsteigen müssen. Wie das, was rechtlich geordnet ist, nur Stück und Teil unseres realen Lebens ist, so ist die Art, wie es geordnet ist, d. h. das spezifisch Rechtliche daran, Niederschlag einer konkreten Werthaltung, die niemals aus allgemeinen Wertbegriffen heraus konstruiert werden kann. Gerade weil die Rechtsordnung in doppelter Hinsicht „Lebensordnung" ist, nämlich einmal in ihrem Gegenstand (dem rechtlich zu ordnenden Material), und zweitens in ihrem Inhalt (der Art, wie sie das Material ordnet, als Ausdruck konkreten Lebensstils), deshalb braucht sie sich nicht erst nachträglich dem Leben anzuschmiegen, es sei denn, sie wäre zuvor durch methodologische „Umformungen" zu jener szientistisch-irrealen Begriffswelt gemacht worden. Mit dem Leben wandelt sich sachte das Recht selbst, und auch da, wo es in begrifflich abstrakten Gesetzesnormen seinen Niederschlag fand,

---

[54] So ist die vorjuristische Handlung — entgegen *Radbruch* und *Grünhut* — keine ungestaltete Summe von Willensakten und kausalen Erfolgen, die erst durch die Beziehung auf das Gesetz zur sinnvollen Einheit zusammengeschlossen werden: auch vorjuristisch ist die Beleidigung ein sinnvolles Ganzes, der Betrug ein in seinen Teilakten zusammengehöriges Schwindelmanöver. Das Gesetz bringt in diese Teilakte nicht erst den Sinn und die Einheit hinein, sondern wählt nur diejenige Akteneinheiten aus, die für das Gemeinschaftsleben besonders schädlich und darum strafwürdig erscheinen.

[55] *Hartmann,* Metaphysik der Erkenntnis 2. Aufl. S. 1.

ändert sich mit dem Leben der sachliche Gehalt der begrifflichen Abstraktionen[56], bis das Leben ganz aus ihnen verschwindet und begriffliche Rechtshülsen zurückläßt als Reste früheren Seins und Lebensstils.

So ist es vornehmste Aufgabe der Rechtswissenschaft, die Werthaltungen der konkreten historischen Epoche zu verstehen, denen die rechtliche Normierungen entspringen und denen sie Sinn und Inhalt verdanken, das, was im praktischen Leben und selbst in der Rechtsprechung, nur kaum oder halbbewußt tiefstes Ziel und Richtung ist, ins klare Bewußtsein unserer historischen Position zu heben. Dazu darf sie gerade als Dogmatik, die stets und sogar auch von *Liszt* als rein juristische Domäne angesehen wurde, nicht bloß Jurisprudenz sein, sondern muß in engster Fühlung mit dem geschichtlichen, wirtschaftlichen, soziologischen, religiösen und philosophischen Leben bleiben. Und wie dieses vielfältige Geschehen in der völkisch-staatlichen Gemeinschaft Wirklichkeit hat und in seinem Sein von deren Schicksal abhängt, so bildet dese Gemeinschaft in ihrer konkreten historischen Situation, in ihrem jeweils gegenwärtigen Schicksal, mit dem es sich auf Leben und Tod auseinandersetzen muß, den höchsten Bezugspunkt, nach dem sich die rechtlichen Wertungen ausrichten müssen. Hierin liegt für die Rechtswissenschaft die letzte, im umfassenden Sinne „politische" Aufgabe beschlossen[57]. Damit aber findet auch das neue juristische Denken als Denken in konkreten Lebensordnungen seinen obersten Orientierungspunkt, ohne den es ins Chaotische zerflattern müßte. Konkrete Ordnungen gibt es unübersehbar viele, die sich in ihrem Fürsichsein keineswegs wie in einer prästabilierten Harmonie ergänzen, sondern die in gegenseitiger Beschränkung und gegenseitigem Kampf einander gegenüberstehen. Niemals kann das konkrete Ordnungsdenken sich an der Ordnung des einzelnen Lebensausschnitts orientieren, da es damit in seiner isolierenden, individuellsten Konkretion gegenüber dem sonstigen Leben noch abgelöster, „abstrakter" werden würde, als es das mechanistisch-technische Denken des Positivismus war, das wenigstens in seiner Formalheit am Ganzen ausgerichtet war. Vielmehr müssen die konkreten Lebensordnungen in der großen Einheit gesehen werden, in der sie ihre Wirklichkeit haben und die ihnen ihr begrenztes Recht und ihr gegenseitiges Verhältnis zuweist, nämlich in der Volksgemeinschaft mit den Notwendigkeiten der konkreten historischen Situation, die auf rechtlichem Felde vor allem in dem geäußerten Führerwillen, d. h. im Gesetz ihren sichtbaren Niederschlag finden[57a]. So besitzt auch das konkrete Ordnungsdenken im Gesetz seine wertvollste Stütze, aber es steht zu ihm in einem völlig anderen Verhältnis als das technisch-positivistische Denken, weil es in ihm und durch es hindurch stets auf die wirklichen, lebendigen Werte der konkreten Volksgemeinschaft zurückgeht.

---

[56] Vgl. auch *Freisler*, Deutsche Justiz 1934, S. 1335.

[57] Vgl. dazu *Schaffstein*, Politische Strafrechtswissenschaft 1934.

[57a] Vgl. dazu *Dahm*, Z. f. d. ges. Staatswiss. Bd. 95 S. 181 ff.; *Larenz*, Z. f. deutsche Kulturphilos. I S. 112.

Wie hinsichtlich der Werte, so muß die Rechtswissenschaft auch bezüglich des Materials, das rechtlich erfaßt ist, immerfort das bloß-Juristische transzendieren: wie das Material stets ein Stück des realen Lebens ist, so muß sie dessen ontische Struktur, derentwegen es gerade rechtlich erfaßt ist. zu verstehen lernen, wobei sie unter Umständen Erkenntnisse anderer Wissenschaften einbeziehen muß, sofern diese nicht bloß terminologisch, sondern ontisch dieselbe Seins-Struktur erforschen. Gewiß braucht „Hund" in den rechtlichen Normierungen kein zoologischer Begriff zu sein, so daß zoologische Erkenntnise über die Tierspezies „Hund" für das Recht bedeutungslos sind; aber doch nur deshalb, weil das, was vom Recht gegenständlich erfaßt ist, eben auch ontisch nicht mit dem zoologischen Begriffsumfang „Hund" identisch ist[58]. Dagegen ist z. B. das von dem Begriff „Krankheit" des § 1 Ges. z. Verhüt. erbkrank. Nachwuchses vom 14. Juli 1933 gemeinte ontische Sein völlig identisch mit dem von der Medizin untersuchten Seinsprozessen. Dasselbe gilt von der unübersehbaren Fülle von biologischen, physiologischen, psychologischen, psychiatrischen Seinselementen, die rechtlich erfaßt sind: sie „verlieren" durch „juristische Umformung" nicht ihren natürlichen Seinscharakter, der von den betreffenden Wissenschaften erforscht wird[59], sondern gerade dieser Seinscharakter ist es, der rechtlich erfaßt und darum auch „juristisch" in seinen natürlichen Sosein erheblich ist. Wie das Recht in gewissem Sinne eine Zentralstellung im realen Leben einnimmt, indem es große Teile des geistigen wie „natürlichen" Seins im menschlichen Lebensraum erfaßt und ordnet, so hat ebenfalls die Rechtswissenschaft, und zwar gerade als Dogmatik, eine bestimmtgeartete Zentralstellung innerhalb der übrigen Wissenschaften inne, weil jede von ihnen ihr auch rechtlich erhebliche Erkenntnisse beizusteuern vermag. Allerdings ob die fremde Wissenschaft das liefert, d. h. ob das von ihr erforschte Gegenstandsstück mit dem rechtlich erfaßten identisch ist, das zu entscheiden ist Aufgabe der rechtwissenschaftlichen Erkenntnis, die hier anderswissenschaftliche Übergriffe und Verfälschungen ihres Gegenstandes zu verhindern hat. Daraus ergibt sich zugleich, daß die sog. strafrechtlichen Hilfswissenschaften, die zur Zeit allerdings meist noch nicht ihr positivistisches Zeitalter überwunden haben, künftig eine unvergleichlich größere Bedeutung gewinnen müssen, wie es schon jetzt praktisch das Beispiel der Eugenik und Rassenforschung bes. für die Neugestaltung des Strafrechts beweist.

[58] Es ist auch nicht so, daß der Begriff „Hund" mit Einstellung in das Recht seinen zoologischen Charakter verlöre. „Hund" ist primär überhaupt kein zoologischer Begriff, sondern ein Begriff des praktischen Lebens. — Auch hier zeigt sich wieder, wie von der Tatbestandstheorie das reale Sein unvermerkt mit dem naturwissenschaftlichen Wirklichkeitsausschnitt identifiziert wird.

[59] Wie sollte das Sein etwas verlieren, was es hat! Diese Vorstellung ist nur möglich unter der szientistischen These eines amorphen Materials, das erst durch Begriffsbildungen gestaltet wird.

Diese wesensmäßige Seinsbezogenheit der Dogmatik soll noch an zwei zentralen Problemen kurz aufgezeigt werden, nämlich an dem der Handlung und dem der Schuld.

Wie wir schon oben sahen, ging die Ausbildung der Tatbestandslehre mit der Verkümmerung der Handlungslehre Hand in Hand. Nachdem *Radbruch* die Handlung positivistisch im Sinne *Liszts* stabilisiert und *Beling* sie zugunsten der Tatbestandslehre zu einem blutleeren Gespenst entwest hatte, wurde sie zur blind-kausalen Außenweltveränderung, die sich an eine beliebige willentliche Muskelinnervation anschließt. Erst ein derartig „gereinigter"[60], d. h. in seinem spezifischen Wesen vernichteter Handlungsbegriff konnte Träger jenes objektiven begrifflichen Tatbestands sein. Als man jedoch später, insbesondere in der Rechtswidrigkeitslehre, subjektive Elemente entdeckte[61], mußte der objektiv gedachte Tatbestand einer Revision unterzogen werden[62]. Aber nunmehr war die Blickrichtung völlig verschoben: Statt gleichzeitig die Handlungslehre zu überprüfen, die ja künstlich jenem objektiven Tatbestandsbegriff angepaßt war, sah man primär nur die begrifflichen Tatbestandsmerkmale, die man auf ihren objektiven und subjektiven Gehalt beklopfte, während man die Handlungslehre im alten positivistisch-mechanistischen Sinne beibehielt. Dabei setzen doch gerade die subjektiven Tatbestandselemente, die etwas dem objektiven Tatbestand Charakterisierendes aussagen sollen, voraus, daß die Handlung nicht lediglich blind-kausal durch einen beliebigen Willensimpuls verursacht wurde, sondern durch einen bestimmt gearteten zweckhaften Willensakt in ihrem objektiven Ablauf sinnvoll gestaltet ist, so daß das äußere Geschehen sinnbeseelter Ausdruck jenes Willensaktes ist. Bei einer weniger begrifflichen und stärker ontisch gerichteten theoretischen Einstellung hätten die subjektiven Tatbestandselemente die alte positivistisch-mechanistische Handlungslehre aus den Angeln heben müssen[63]. So fehlte den subjektiven Tatbestandsmerkmalen der eigentliche ontischen Standort: sie waren weder „objektiv" noch „rein" subjektiv.

Hier sind es gerade die späteren Schriften Erik *Wolfs*, in denen in der Problematik der subjektiven Tatbestandselemente über die frühere szientistische Grundhaltung hinaus eine Wendung zum Ontischen vollzogen wurde. Schon in der Freiburger Antrittsrede vom Wesen des Täters (1932) bringt *Wolf* die subjektiven Tatbestandselemente mit der Täterschaftsmäßigkeit zusammen und bestimmt sie als Typen der Täterschaftsmäßigkeit[64]. In „Krisis und Neubau der Strafrechtsreform" (1933) bezieht er auch

---

[60] Siehe dazu *Class*, Grenzen des Tatbestands, StrafrAbh. 323, S. 32.

[61] H. A. *Fischer*, Rechtswidrigkeit 1911; M. E. *Mayer*, Lehrbuch des Allg. Teils 1916; — unter anderen Gesichtspunkten *Hegler*, ZStW. 36 S. 31 ff.

[62] Vor allem von *Mezger*, Vom Sinn ... S. 7 ff.

[63] In gleicher Richtung zielen anscheinend die Bemerkungen bei *Class*, a. a. O. S. 149 f., 153 f.

[64] *Wolf*, Vom Wesen des Täters S. 25.

den Handlungsbegriff mit ein und führt aus, daß der Handlungsbegriff „sowohl als Tun wie als Unterlassen seinen Sinngehalt von den Typen der Täterschaftsmäßigkeit her bekommen“ werde. Die Handlungstypen müßten Typen des Gesinnungsausdrucks werden[65]. Dabei könne „dem Vorsatz und der Fahrlässigkeit als psychischen Aktformen des Sichentschließens ... nur eine konstitutive Bedeutung für den Handlungsbegriff, aber nicht für den Schuldbegriff zukommen“[66].

Das bedeutet allerdings nichts weniger als die Notwendigkeit einer völligen Neuorientierung der Handlungslehre[67]. Der erste Schritt besteht auch hier darin, gegenüber den positivistischen Konstruktionen das Gegenständliche unbefangen sich selbst aussprechen zu lassen. Hier ist es, wie wir oben sahen, gegenüber dem blinden „mechanischen“ Kausalnexus des sonstigen Geschehens das unvergleichlich Einzigartige des Willens als Kausalfaktor, daß er in bestimmtem Umfang die möglichen Folgen seines Tuns gedanklich antizipieren und dadurch sein Eingreifen in die Welt sinnhaft regulieren kann. Darauf beruht alle Kraft und Macht des Willens über das Geschehen, nicht auf einer kausal größeren Stärke, sondern auf seiner Fähigkeit, auf Grund objektiver Voraussicht sich als kausalen Faktor so in das Gesamtgetriebe einzuschalten, daß er die Resultante des an sich blinden Geschehens sinnhaft umlenkt. Seine Macht reicht soweit, wie er sich den realen Faktoren und ihren Gesetzlichkeiten anzupassen und sie dadurch in seinen Dienst zu nehmen vermag. Die Fülle der technischen und kulturellen Einrichtungen, durch welche die Naturkräfte in menschlichen Bann geschlagen menschlicher Leitung gehorchen, legen das großartigste Zeugnis für diese sinnhafte Macht des menschlichen Willens ab. Daraus folgt aber, daß der Wille nur soweit, als die Fähigkeit zu sinnhafter Regulierung des Kausalwerdens reicht, für das von ihm ausgehende Geschehen in seiner spezifischen Bedeutung in Betracht kommt, während er bezüglich alles dessen, was jenseits der ihm möglichen objektiven Voraussicht liegt, prinzipiell nicht anders dasteht, als jeder sonstige Kausalfaktor, nämlich als gleichgültiger, sinnfreier Durchgangspunkt blinder Kausalreihen. „Willentlich“ im spezifischen Sinne ist ein Geschehen nur soweit, als die konkrete Fähigkeit des Willens zu sinnhafter Regulierung seines Kausalwerdens reicht, und nur soweit gehört ihm das von ihm Verursachte als s e i n *Werk* zu, ist „Handlung“ im eigentlichen Sinne, als dessen Dasein und Sosein vom Willen als sinnhaft-regulierbaren Kausalfaktor abhing.

---

[65] *Wolf*, Krisis und Neubau der Strafrechtsreform S. 36.

[66] *Wolf*, a. a. O. S. 39.

[67] Das Folgende bildet eine Weiterführung der in meinem Aufsatz über „Kausalität und Handlung“ (ZStW. 51, 703 ff.) niedergelegten Gedanken, die ich im Anschluß an die außerordentlich anschauliche Problementwicklung in N. *Hartmanns* „Ethik“ und „Problem des geistigen Seins“ teilweise neu formuliert habe. Die Grundvoraussetzung für sie bleibt jedoch die in meinem früheren Aufsatz herausgearbeitete „Sinnintentionalität“, deren Struktur als spezielles philosophisches Problem ich jedoch hier in einer einzelwissenschaftlichen Problematik nicht

Wichtig ist, diese Beziehung des Erfolgs zum Handlungswillen von der Schuld streng zu unterscheiden. Was wir bisher betrachtet haben, betrifft nur die Regulierbarkeit des Willens als kausalen Faktors nach den möglichen Folgen seines Eingreifens, d. h. die Möglichkeit finaler Überdetermination des kausalen Geschehens. Dagegen ist nichts darüber gesagt, ob der Wille diese finale Überdeterminierbarkeit auch ausnutzt. Es sind vielleicht mehrere Möglichkeiten finalen Eingreifens gegeben, jedenfalls aber stehen stets die beiden Möglichkeiten final offen, die Handlung entweder auszuführen oder zu unterlassen. Ob der Wille die eine oder die andere Möglichkeit wählt und ausführt, hat nichts mehr mit der finalen (antizipatorischen) Beziehung des Willens zu den konkret möglichen Kausalreihen zu tun, sondern beruht auf der emotionalen Wertentscheidung des Willens zugunsten eines der final-möglichen Verhaltensweisen[68]. Während die finale Beziehung des Willens zum Erfolg lediglich besagt, daß der Erfolg dem Willen als sein Werk spezifisch zugehört, bedeutet das emotionale Element, daß der Wille das tatsächlich realisierte Tätigwerden dem final möglichen andersartigen Verhalten vorgezogen hat. Schuld liegt dabei in dem Vorziehen des niederen Wertes vor dem höheren[69]. So grenzt sich der ontologische Gegenstand der Schuld von der Handlung dadurch ab, daß diese die finale Zugehörigkeit des Erfolgs zum Willen als besonderen determinativen Faktor, jene aber eine bestimmt geartete Wertentscheidung zugunsten des Wertgehaltes der realen Handlung betrifft. Beide sind zu unterscheiden, weil der Schuldcharakter fehlen kann (z. B. bei verdienstlichen Handlungen oder bei Vorliegen von Entschuldigungsgründen § 54), ohne daß die Handlung als sinnhaftes Geschehen entfiele. Beruht die Handlung auf der intellektuell-praktischen Funktion des Willens, so die Schuld auf seiner emotionalen Entscheidungsfähigkeit zwischen Werten. Letztere betrifft die höchste Schicht personell-geistigen Lebens, nämlich die Fähigkeit, einen Entschluß auf den Sinngehalt der Werte ideel gründen zu können[70], und sie ist es, die beim unentwickelten oder entwicklungsgehemmten Menschen (§§ 2, 3 JGG, § 58 StGB) noch nicht vorhanden oder im Falle des § 51 StGB durch Krankheitsprozesse ausgeschaltet oder abgetragen ist, ohne daß darum notwendig zugleich die Handlungsfähigkeit, d. h. die finale Dirigierbarkeit des Willens fehlen müßte.

Doch erhebt sich hier eine besondere Schwierigkeit, an der nach Meinung *Radbruchs* die *Hegel*ianer gescheitert sind. Man wird die bisherigen Erörterungen ohne Bedenken für das vorsätzliche Handeln zugeben, denn lediglich

---

noch einmal entwickeln zu brauchen glaubte.

[68] Vgl. dazu N. *Hartmann*, Problem des geistigen Seins S. 136.

[69] N. *Hartmann*, a. a. O. S. 136 f. Bzgl. des Vorzugsverhältnisses bei der fahrlässigen Handlung s. S. 81 Anm. 72 a.

[70] Gegensatz: Die Entscheidung ist das Resultat eines rein mechanisch-kausalen Prozesses der im Kampf stehenden Triebe, bei dem nicht der Sinngehalt, sondern ausschließlich die kausale Stärke die Entscheidung abgibt. Vgl. dazu auch meinen Aufsatz in ZStW. 51, 714.

unter Zugrundelegung des positivistischen, blind-mechanischen Handlungsbegriffs, d. h. ohne Berücksichtigung der spezifischen, auf der objektiven Einsicht begründeten finalen Determination des Willens, würde schon die einfachste, geschweige denn die komplizierteste Maschine zum unerklärbaren Wunder werden, die beide das sinnfälligste Zeugnis davon ablegen, wie durch den Willen das Zukünftige, der zu erreichende Effekt, die Gestaltung des Vergangenen und Gegenwärtigen sinnhaft-final zu bestimmen vermag. Der Zweifel könnte sich vielmehr nur beim fahrlässigen Handeln regen. Hier ist das kausale Geschehen objektiv gerade nicht final überdeterminiert, das Tätigwerden des Willens beruht nicht auf objektiver Voraussicht der künftigen Folgen, sondern auf subjektiv-irriger Annahme eines andersartigen Kausalverlaufs. Dieser Einwand besteht z. T. durchaus zu Recht; aber er umschreibt nur das Wesen des fahrlässigen Handelns überhaupt, wonach das reale Geschehen nicht final überdeterminiert, wohl aber final vermeidbar war. Gerade in dem letzteren liegt der entscheidende Zusammenhang mit den grundsätzlichen obigen Ausführungen. Betrachten wir das zunächst am bewußt fahrlässigen Handeln.

Die Besonderheit des fahrlässigen Handelns liegt darin, daß neben der Voraussicht des später eingetretenen Erfolges, die zwar nicht im modus der Gewißheit, so doch im modus der Möglichkeit vorhanden war[71], die irrige Annahme eines andersartigen Kausalverlaufes stand, und daß das Kausalwerden des Willens nicht durch jene richtige Voraussicht determiniert und damit final überdeterminiert, sondern durch den irrigen Glauben an einen anderen Kausalverlauf bestimmt war[72]. Aber der finale Charakter des Willens besteht ganz allgemein darin, sein Kausalwerden sinnhaft zu regulieren, d. h. es auf die Voraussicht künftiger Kausalverläufe ideel zu gründen, und eine derartige sinnhafte Grundlage bietet ebensosehr das, was aus dem kausalen Anstoß notwendig entstehen muß, wie das, was nach Maßgabe der Voraussicht auch nur entstehen k a n n : final betrachtet bestand gerade die Möglichkeit, den (als möglich vorausgesehenen) Erfolg sinnhaft zu vermeiden. Weil aber der Erfolg durch sinnhafte Regulierung des willentlichen Verhaltens in konkreto final vermeidbar war und damit der sinnhaften Macht und Herrschaft des Willens unterlag, gehört der trotzdem nicht vermiedene Kausalverlauf als seine Handlung und der entstandene Erfolg als sein Werk ihm spezifisch zu. Damit hebt sich der fahrlässig verursachte Kausalverlauf aus der Gesamtheit des rein mechanisch-kausalen Getriebes

---

[71] Gewißheit in ihrer strengsten Form als Evidenz ist bei den hier allein in Betracht kommenden empirischen Tatsachen für menschliche Einsicht überhaupt nicht erreichbar.

[72] Dadurch unterscheidet es sich von dem eventuell-vorsätzlichen Handeln, bei dem die objektive Voraussicht des Erfolges ebenfalls nur im modus der Möglichkeit steht, aber das Ursächlichwerden des Willens sich z u g l e i c h auf dieses objektive Voraussicht stützt.

eindeutig heraus. Daß der Kausalverlauf und der Erfolg nicht vermieden wurden, ändert nichts an der Tatsache der finalen Beziehung des Willens zu ihnen, d. h. nicht an der final-praktischen Vermeidbarkeit, sondern beruht auf der emotionalen Einstellung, die die Erlangung des irrtümlich für erreichbar gehaltenen Zieles höher einschätzte als die Vermeidung des als möglich erkannten Kausalverlaufs[72a]. Und je nachdem, ob diese emotionale Einstellung eine personell-geistige Wertentscheidung oder ein „naturhaft"-triebmäßiges Ergebnis ist, kann sie die Grundlage des Schuldvorwurfes bilden. So ist auch hier die finale Seite, die Handlung, von der emotionalen Seite, der Schuld, klar geschieden.

Prinzipiell gleichgelagert ist die gegenständliche Struktur bei der sog. unbewußten Fahrlässigkeit, nur daß hier das entscheidende Stadium weiter zurückliegt, nämlich in dem Zeitpunkt, in dem dem Willen ein ontischer Sachverhalt als ideeller Grund bewußt gegeben ist, sein künftiges Verhalten auf bestimmte Möglichkeiten einzurichten[73].

So hebt sich die Handlung aus dem sonstigen Geschehen in ihrer unvergleichlichen Struktur nicht dadurch heraus, daß sie durch eine beliebige willentliche Muskelinnervation verursacht ist, sondern dadurch, daß ein inhaltlich bestimmt gearteter Willensakt sie in ihrem Sosein final „gesetzt" hat oder daß sie auf einen bestimmt gearteten Willensakt final bezogen ist. In beiden Fällen ist der Wille als spezifischer, sinnhaft regulierbarer Kausalfaktor das die Handlung konstituierende Element[74, 75].

[72a] Hier ist das intendierte Ziel der niedere Wert gegenüber der mit der Handlung verbundenen Gefahr.

[73] Vgl. dazu *Mezger,* Lehrbuch S. 355 ff., neustens *Fischer-Welzel:* Das Vergessen als Fahrlässigkeit. Strafr. Abh. 346.

[74] Es schein viel zu wenig beachtet zu sein, daß gerade *Bindings* Kausallehre im Grunde eine finale Handlungslehre beabsichtigte. Siehe Normen II (2. Aufl.) S. 481—485.

[75] In der nach Abschluß dieser Arbeit erschienenen Schrift von *Thierfelder* über „Normativ und Wert in der Strafrechtswissenschaft unserer Tage" geht der Vf. auch auf das Problemgebiet der Handlung ein. Was seinen Einwand gegen meinen Aufsatz in ZStW. 51, 703 ff. anlangt (S. 79), so dürfte wohl in den obigen Darlegungen nunmehr eindeutig geworden sein, daß der Ansatzpunkt zu meiner Ableitung des Handlungsbegriffes keineswegs „rein individualpsychologisch" ist, sondern daß er auf einer breiten ontologischen Basis ruht. Wenn *Th.* seine Lösung in einer über der ontologischen Grundlage schwebenden Sinnsphäre sucht (S. 81), so sehe ich darin einen Rückfall in die szientistische Zwei-Welten-Theorie, die zu überwinden m. E. gerade *Th.s* tiefstes Motiv ist. *Worum es im letzten Grunde geht, ist die Wiedergewinnung der Person im Recht,* die in der Neuzeit im Strudel der Mechanisierung untergegangen war — wie auf politischem Gebiet (im formalen Zahlendenken der parlamentarischen Demokratie) so auch im Recht. Gewiß kann die Rechtsordnung dem Menschen als bloßer Ursache das bewirkte Ereignis „objektiv" zurechnen; aber irgendwo in der Rechtsordnung muß der Mensch in der ureigensten Funktion seines Wesens auftreten, nicht als

Bei einem derartigen, das ontische Sein in seiner Eigenart belassenden Handlungsbegriff bereiten die subjektiven Tatbestandselemente keine Schwierigkeit mehr. Da die Handlung niemals ein rein „objektiver" Vorgang ist, sondern ihre Struktur durch ihre Beziehung auf einen bestimmtgearteten Täterwillen erhält, so fügen sich die subjektiven Tatbestandselemente als besondere Charakterisierung dieses Täterwillens in den Handlungszusammenhang harmonisch ein: sie sind nicht „Ausnahmen", sondern regelhafte Sonderfälle der gesetzlichen Handlungselemente. Insofern können sie als Elemente der Täterschaftsmäßigkeit bestimmt werden, wie auch die Handlung selbst schon ein Element der Täterschaftsmäßigkeit ist.

In diesem Zusammenhang wird zugleich die innere Berechtigung der subjektiven Versuchsauffassung deutlich. Letzten Endes beruht die objektive Versuchstheorie auf dem positivistischen Handlungsbegriff. Da in diesem der Wille auf die Stufe eines beliebigen blind-kausalen Wirkensfaktors herabgedrückt ist, kann nur das, was er tatsächlich verursacht hat, auf die mögliche „Geeignetheit" für den Erfolg untersucht werden; nur in dem äußeren Geschehnis kann die Gefährlichkeit der Handlung bestehen. Erkennt man dagegen, daß der Wille kein „eindimensionaler" Kausalfaktor ist, daß seine Macht nicht in einer kausalen Stärke (wie es z. B. bei einer großen Menge Gift gegenüber einer zu kleinen der Fall wäre), sondern in seiner Fähigkeit, sein Kausalwerden sinnhaft zu dirigieren, liegt, dann wird deutlich, daß die ganz anders geartete Gefährlichkeit des Willens gerade auf der subjektiven Seite, auf seiner finalen Dirigierbarkeit beruht. Diese ist entscheidend und nicht die — häufig nur zufällig verhinderte — Gefährlichkeit des äußeren Geschehnisses. Daß trotzdem für die Bestrafung die Umsetzung des Willens in eine äußere Tat verlangt wird, beruht auf der Anerkennung der tiefen Kluft, die den Gedanken von der Tat trennt, so daß nur die äußere versuchte Tat der entscheidende Beweis für die wirkliche

---

bloße Ursache irgendwelcher Veränderungen, sondern als Täter seiner Taten. Die Rechtsordnung muß irgendwo mit dem Willen als spezifischen Determinationsfaktor rechnen (und zwar nicht lediglich auf der emotionalen Schuldseite), einfach weil ihre Existenz von dem objektiven Vorhandensein eines Kausalfaktors abhängt, der nicht blind vorwärts stößt, sondern die Zukunft sehend zu gestalten vermag. Das alles hat mit „Subjektivierung" nichts zu tun, sondern ist der klare ontische Befund, der die unerläßliche objektive Grundlage für die Rechtsordnung darstellt und durch keinen fiktiven Durchschnittswillen oder Allerwelts-Wer ersetzt werden kann. — In den sonst sehr klärenden Ausführungen *Bienenfelds* (Die Haftung ohne Verschulden, 1933) kann ich in diesem Punkte keinen Beitrag zur Problemlösung erkennen. Ihr Grundfehler liegt m. E. in der ontisch verfehlten Vermengung der Willensfinalität mit der biologischen Zielgerichtetheit, die zu einem geradezu mystischen Willensbegriff führt (siehe bes. S. 237). Die von *B.* angestrebte Herausarbeitung eines „objektiven" Zweckes müßte darum ontisch ganz anders fundiert werden. Eine nähere Ausführung dieser Fragen muß jedoch einer speziellen Untersuchung vorbehalten bleiben.

Gefährlichkeit des Willens ist, — dies aber ganz unabhängig von ihrer eigenen „objektiven“ Gefährlichkeit[76, 77].

Schließlich wird die Neuordnung der Handlungslehre auch auf die Rechtswidrigkeitslehre *einwirken* müssen. Die bestehende Rechtswidrigkeitslehre weist innere Spannungen auf, die nur durch Klarlegung des ontischen Gegenstandes behoben werden können, dessen Wertbeziehung sie ist und ohne den sie darum in ihrer Eigenart überhaupt nicht erfaßt werden kann.

Auf der einen Seite steht der Satz *Mezgers*, Unrecht sei die „Veränderung eines rechtlich gebilligten bzw. Herbeiführung eines rechtlich mißbilligten Zustandes, n i c h t rechtlich mißbilligte Veränderung eines Zustandes. Das Verbrechen i s t rechtswidrig, weil es eine Rechtswidrigkeit bewirkt“[78]. Auf der anderen Seite heißt es: „Der Tatbestand als Unrechtstypus umschreibt nicht die Verletzung eines typisierten Interesses, sondern eine typisierte Interessenverletzung[79].“ Im ersteren Falle ist rechtswidrig ein bestimmt gearteter Zustand, selbst ohne Rücksicht auf seine Herbeiführung — auch der Blitz kann rechtswidrig „handeln“ —, im anderen Fall ist es gerade die bestimmt-geartete Herbeiführung eines Zustands, die das Prädikat „rechtswidrig“ trägt.

Der Lösung kommen wir näher, wenn wir innerhalb der Rechtsordnung zwei verschiedene Funktionen unterscheiden. Ist *R e c h t* — in knappster Formulierung — die durch die metaphysische Werthaltung durchstrahlte und nach ihr „gegliederte Lebensordnung des Volkes“[80], so wird von ihm zunächst eine material gegliederte Gemeinschaftsordnung[81] „gesetzt“, indem es den rechtsbetroffenen personellen und sachlichen Seinsbestand ordnet[82]; d. h. indem es die Gemeinschaftsmitglieder in ihrem gegenseitigen Verhältnis in die Gemeinschaft eingliedert und entweder unmittelbar dieser selbst oder mehr oder minder stark den Gemeinschaftsgliedern bestimmte Güter als

---

[76] Von hier aus wird verständlich, daß bei grober Unkenntnis der Naturgesetze eine Bestrafung entfällt, da die finale Macht des Willens fehlt. Anders jedoch, wenn der Erfolg mit wirksamen Mitteln erreicht werden kann und der Tatwille so stark ist, daß er die Kluft zwischen Gedanken und Tat auch mit dem wirksamen Mittel überspringen würde, wenn das erste versagt. Vgl. dazu auch *Freisler* in: *Gürtner*, Das kommende Strafrecht, 1934, S. 34.

[77] Vgl. dazu besonders die neueren Schriften Alfred *Bäumlers*, der nicht müde wird, die weite Kluft zwischen Tat und Gedanken deutlich zu machen. Siehe bes. „Das Reich als Tat“, Berliner Rede zur Reichsgründungsfeier 1934.

[78] *Mezger*, GS. 89, 246. — Neuerdings lenkt *Mezger* von dieser Auffassung zugunsten der anderen Lehre ab; siehe ZStW. 52, 537; Lehrbuch 2. Aufl. S. 415 f.

[79] *Bruns*, Kritik der Lehre vom Tatbestand S. 82. Vgl. etwa auch *Tarnowski*, Die systematische Bedeutung der adäquaten Kausalität S. 102.

[80] *Lange*, Vom Gesetzesstaat zum Rechtsstaat 1934 S. 21.

[81] Im Gegensatz zum formalen Ordnungsbegriff des Rechtspositivismus.

[82] Natürlich nicht im zeitlichen Sinne, — als wäre vorher ein ungeordnetes bloßes Material gewesen, — sondern im sachlich-inhaltlichen Sinne.

Rechtsgüter zuordnet. Dieser „Geltungs-“ oder „Ordnungsfunktion“ des Rechts entspricht das, was in der Literatur als der rechtlich gebilligte „Zustand“ bezeichnet wird. Dieser „Zustand“ kann natürlich von jedem beliebigen Ereignis gestört werden: Der Windstoß, der mir meine Sache entführt, hebt die spezifische Habensrelation des Besitzes ebenso auf wie der Dieb, der sie mir stiehlt. Das Entscheidende ist, daß das Recht den von ihr gebilligten „Zustand“ auch mit ihrem Schutz umgibt (Schutz- oder Garantiefunktion). Dieser Rechtsschutz ist natürlich kein realer Schutz. Die Rechtsordnung bietet gegenüber dem Windstoß, der meine Sache auf das Grundstück des Nachbarn trägt, nicht den geringsten realen Schutz und beabsichtigt ihn selbstverständlich auch nicht. Der Schutz besteht vielmehr darin (§ 867 BGB), daß dem Besitzer des Grundstücks ein Sollen auferlegt wird, mir das Wiederholen der Sache zu gestatten, — eine Pflicht, deren Durchführung unter Umständen durch weitere Verpflichtungen bestimmter Staatsorgane zur Exekution sichergestellt ist. Der Wind kann also zwar einen der Ordnungsfunktion des Rechts widersprechenden Zustand herbeiführen, indem er die spezifische Habensrelation des Besitzes zwischen mir und meiner Sache aufhebt, aber er kann nicht gegen die Schutzfunktion des Rechts verstoßen, das vermag nur der Grundstücksbesitzer.

Von dieser gebotenen Unterscheidung[83] aus sind zwei durchaus verschiedene Wertsphären zu trennen, von denen die eine die Fundierung der anderen bildet: Die erste Sphäre betrifft den rechtlich geordneten Zustand; ihre Werte sind zerstört, wenn dieser Zustand vernichtet ist, gleichgültig auf welchem Ereignis dies beruht; (darum kann die Rechtsordnung ein Subjekt mit einer Zustandsänderung belasten, ohne daß diese auf ein willkürliches Verhalten des Subjekts zurückführt — man denke nur an die Tierhalter-Haftungen usw. —). Die zweite Wertsphäre betrifft dagegen die Verletzung der Schutzordnung, d. h. die Verletzung des rechtlichen Sollens; sie kann deshalb nur von einem bestimmt-gearteten Verhalten gestört werden, nämlich von demjenigen, das durch das Sollen getroffen wird. Dieses vom rechtlichen Sollen der Schutzfunktion getroffene Verhalten ist nun nicht etwas, das die Rechtsordnung wie Blitz, Sturm, tierisches Verhalten einfach hinnimmt, sondern das sie von dem Sollensbetroffenen erwartet. In diesem Sinne etwas „erwarten“ kann sie jedoch nur von einem determinativen Faktor, der sein Kausalwerden auf die Zukunft einzustellen vermag, d. h. also nur vom Willen. Darum kann jenes vom Sollen der Schutzordnung getroffene Verhalten allein die willentliche Handlung sein.

So betreffen die beiden Wertsphären zwei völlig verschiedene gegenständliche Gebiete, wobei das eine die materiale Voraussetzung des anderen ist:

---

[83] Sie dürfte sich in vielen Punkten mit v. *Gemmingens* „Substrat“ und „Anforderungswidrigkeit“ decken, nur beachtet v. *G.* zu wenig das Fundierungsverhältnis zwischen ihnen, sondern setzt sie nebeneinander. Vgl. bes. v. *Gemmingen*, Rechtswidrigkeit des Versuches 1932.

Wertwidrig im Sinne der Schutzordnung kann nur eine Handlung sein, die auf die Herbeiführung oder Aufrechterhaltung eines bereits durch die Gestaltungsfunktion gewerteten Zustands gerichtet ist. Beide Wertssphären sind so verschieden, daß es beklagenswert ist, daß wir für beide nur den gleichen Ausdruck „Rechtswidrigkeit" haben. Es ist zu bedenken, ob nicht für die erste die Bezeichnung „rechtswidrig" beibehalten und für die zweite der besondere Terminus „normwidrig" eingeführt werden könnte. Die Normwidrigkeit wäre danach das diejenige Handlung qualifizierende Wertprädikat, die auf einen rechtswidrigen Zustand gerichtet ist, während die Schuld die personelle Wertentscheidung des Täters zugunsten der normwidrigen Handlung betrifft[84].

Auch bezüglich des Schuldproblems zehrte die moderne Dogmatik, genau wie ihr philosophisches Vorbild von der positivistischen Psychologie. Das seelische Geschehen bestand für sie aus „naturhaften" kausalen Prozessen, die mehr oder minder klar als Assoziationsverläufe angesprochen wurden[86]. Damit nahm die Determination der seelischen Akte jenen Charakter eines blinden kausalen Zwanges an, wie ihn gerade der Positivismus entwickelt hatte. Wieder erhebt sich die alte Frage, wie wir überhaupt zu Werten kommen können, wenn unser psychischer Apparat nur blind-kausale Produkte produziert. Hier glaubte die moderne Dogmatik die Lösung in der Trennung von Seinsvorgängen und Sinnproblemen gefunden zu haben. „Das Kausalitätsgesetz wirkt und ist verbindlich, sobald wir Seinsfaktoren berücksichtigen, also bei den psychologischen und empirischen Voraussetzungen des Schuldurteils. Sobald wir zur Wertung schreiten, wird es belanglos." „Denn die Entscheidung zwischen Werten ist ein Sinnproblem und hat mit Seinsvorgängen schlechterdings nichts zu tun[87]." „Der empirisch-psychologische Wille ist immer determiniert, aber nur als Realisator einer Werteinstellung. Die Wertung dieser Werteinstellung, das Urteil über die Vorwerfbarkeit aber wird durch die kausale Bedingtheit des Willensakts gar nicht berührt"[88].

Der Einwand liegt zu nahe, daß doch die „Wertung der Werteinstellung" auch nur ein empirisch-psychologischer Akt ist; auch das Urteil des Richters — wie das Recht selbst — wäre konsequent nur kausales Produkt des

---

[84] In die gleiche Richtung gehen — allerdings unter Beibehaltung des Terminus „Rechtswidrigkeit" — die Ausführungen von *Webers* und *Käpernicks*, die Vorsatz und Fahrlässigkeit als subjektive Rechtswidrigkeitselemente zur Handlung ziehen, während sie in der Schuld ein davon unabhängiges Werturteil sehen. Siehe *von Weber*, DJZ. 1931, 666 f.; ZBl. f. d. J. Pr. 1932, 494 f.; neuestens: Zum Aufbau des Strafrechtssystem 1934; *Käpernick*, Akzessorietät der Teilnahme und die sog. mittelbare Täterschaft S. 88 ff.

[86] Siehe z. B. Max Ernst *Mayer*, Lehrbuch des Allg. Teils S. 207; Erik *Wolf*, Schuldlehre S. 134 Anm. 30; S. 135, 173.

[87] *Wolf*, Schuldlehre S. 135.

[88] *Wolf*, Schuldlehre S. 137.

Assoziationsapparates; sein Urteil wäre ein prinzipiell jenseits von wahr und falsch liegendes „zufälliges" Ergebnis der gerade vorliegenden kausalen Faktoren: seine Wertung hätte prinzipiell keine andere Dignität als die Werteinstellung des Angeklagten. Wirklich konsequent hat diesen Gedanken nur *Liszt* zu Ende geführt dadurch, daß für ihn das Recht zur dauerhaften Gewalt der herrschenden Klasse wurde. Im letzten Grunde können von diesem Standpunkt aus für das Recht überhaupt keine Werte, sondern nur kausale Kategorien maßgebend sein. Darum kam auch *Rickert*, gerade weil er jenen positivistischen Ausgangspunkt teilte, aber dessen Konsequenzen scheute, zu dem Bruch mit seiner theoretischen Überzeugung und zum „Glauben an die Macht der Werte".

Allerdings wirft auch *Wolf* die entscheidende Frage auf: „Kann man begründet (sinnhaft) verneinen oder bejahen?" und: „kann man richtig (sinnhaft) wollen?"[89]. Beide Fragen jedoch lehnt er als transjuristisch ab. Tatsächlich aber verschiebt er damit nur die Probleme: Die Rechtsordnung muß davon ausgehen, daß sie zum mindesten ein Versuch zur Formulierung gültiger Werte ist und daß das, was z. B. in den gesetzlichen Normen niedergelegt ist, kein blind-kausales Produkt gerade bestehender Assoziationsverläufe der Gesetzgeber, sondern eine begründete, sinnhafte Werterfassung ist. Dieselbe Voraussetzung muß sie beim urteilenden Richter machen: auch sein Urteil muß sinnhaftes Erfassen und Anwenden des Rechts sein. Warum sollte das nicht auch für die Wertentscheidung des Täters gelten; warum soll nur seine Entscheidung ein blind-kausales Produkt von Assoziationsverläufen sein? Gewiß sind das in dieser Fragestellung zunächst nur Postulate des Rechts, deren gegenständliche Berechtigung erst nachgewiesen werden muß. Und mag dieser Nachweis vielleicht nur sehr schwer zu erbringen und zur Zeit sogar eine Annäherung an die Lösung möglich sein, auf keinen Fall darf er als transjuristisch abgeschoben werden. Praktisch bedeutet das, daß gerade die Schuldlehre ihre positivistische assoziations-mechanische Grundlage nachprüfen muß, um der Problematik der Schuld näher zu kommen.

Bei der bisherigen mechanischen Auffassung des seelischen Geschehens mußte die entscheidende Schuldproblematik in eine andere Sphäre abgedrängt werden, die dann der theoretischen Haltung entsprechend szientistisch ausgebaut wurde. Die Schuld wurde zum richterlichen Wert urteil. „Erst durch das Werturteil des Richtenden wird das psychologische Geschehen zu dem Begriffe (!) der Schuld erhoben[90]." Streng genommen wäre dann der Täter selbst gar nicht schuldig, sondern wird es erst durch den richterlichen Schuldspruch[91]! Klarer kann die szientistische Auffassung, die die atheoretische Wertbeziehung in ein theoretisches Wert urteil auflöst, nicht zutage treten, und der Szientismus nimmt hier geradezu nominalistische Färbung an.

---

[89] *Wolf*, Schuldlehre S. 139.
[90] *Mezger*, Lehrbuch S. 249; *Wolf*, Schuldlehre S. 127.
[91] Vgl. dazu auch *Engisch*, Untersuchungen über Vorsatz und Fahrlässigkeit S. 16 f.

Ebenso handelt es sich bei der Zurechnungsfähigkeit um nichts Empirisch-Feststellbares, sondern es kommt „einzig und allein (!) auf die teleologischen Werturteile des Richters an", d. h. darauf, ob der Richter den Täter „seinem Werturteil über die Gesamtpersönlichkeit nach für beurteilbar hält oder nicht"[92]. Dabei ist nach M. E. *Mayer* für die Unzurechnungsfähigkeit entscheidend, ob „die Differenz zwischen den Assoziationen, die sich im Delinquenten vollzogen haben, und denjenigen, die der Richter zu vollziehen vermag, zu groß ist, als daß ein Urteil gefällt werden könnte. Nur in einer Gesellschaft, in der alle an derselben Geisteskrankheit leiden, fänden sich Männer, die die psychische Genesis der Verbrechen ihrer Gefährten nachschaffend miterleben könnten und daher die Beurteilung wagen und die Verurteilung auf sich nehmen könnten"[94].

Hier offenbart sich in fast paradoxer Weise die blind-mechanische Seelentheorie der modernen Dogmatik; — paradox insofern, als *Mayer* konsequent vorschlagen müßte, die Irrenhäuser jeweils mit gleichartigen Kranken zu belegen und diese darin der eigenen Hausordnung und Jurisdiktion zu überlassen. Über den mechanischen Assoziationsverläufen fehlen völlig die sinnhaften, auf Erfassung gegenständlicher Strukturen oder Werte gerichteten Akte. Diese höheren geistigen Akte sind es, die eine sinnhafte Beurteilung des Täters ermöglichen, und die Fähigkeit zu ihnen begründet letzten Endes die rechtliche Zurechnungsfähigkeit[95].

Mit den Problemen der Handlung und Schuld endet unser Versuch, den ideologischen Grundlagen der modernen Strafrechtsdogmatik nachzuspüren. Dabei konnte es uns von vornherein nicht auf das unmögliche Beginnen ankommen, ein vollständiges Bilder der modernen strafrechtlichen Problematik zu entwerfen. Vielmehr hatten die Probleme, die behandelt wurden, lediglich paradigmatischen Charakter, um die geistige Haltung aufzuzeigen, die mehr oder minder bewußt hinter der wissenschaftlichen Einzelarbeit steht und die vielleicht ebenso gut an anderen Problemen, etwa dem der Teilnahme[96], hätten dargelegt werden können. Der Einzelwissenschaftler selbst gibt sich über die geistige Haltung seiner Arbeit nur selten Rechenschaft; sie ist nicht das, was er schafft, sondern das, woraus er schafft. Hier ist es die unersetzliche Funktion der Philosophie, daß sich in ihr die Grundhaltung einer Epoche viel „radikaler" niederschlagen und dadurch vor unserem geistigen Auge zur Materialisation gelangen; so ist die Philosophie wahrhaftig „ihre Zeit in Gedanken erfaßt". Deswegen mußten gerade die philosophischen Hintergründe eingehend erforscht werden, um mit dem Licht, das wir dort gewannen, das Verwandte in der einzelwissenschaftlichen Arbeit zum Aufleuchten zu bringen.

---

[92] *Wolf*, Schuldlehre S. 172 f.

[94] M. E. *Mayer*, Allg. Teil S. 207.

[95] Vgl. dazu auch *Hönigswald*, Grundlagen der Denkpsychologie S. 243.

[96] Vgl. dazu Eb. *Schmidt*, Mittelbare Täterschaft (Festgabe für *Frank* II) S. 106 ff., 116, 117.

Dazu muß eine zeitliche Vorbedingung kommen: Gerade für unsere Wissenschaft hat der geistige Umbruch des Jahres 1933 die unersetzliche Bedeutung, nicht nur das Interesse und die Möglichkeit derartig universeller Fragestellungen, sondern auch das Material für deren Beantwortung gegeben zu haben. Unsere Wissenschaft ist mehr denn je vor die Aufgabe gestellt, ihren geistigen Standort aus der konkreten Lage des gesamten Kulturlebens heraus zu begreifen und zu bestimmen. Dazu genügt nicht, ihre Stellung in einem abstrakt gedachten Wissenschafts- oder Kulturwert-System anzugeben, sondern es kommt auf die ganze Fülle der historischen Situation an, die ihrerseits ihre Wurzeln jahrhunderteweit zurückerstreckt. Alles deutet darauf hin, daß das, was wir jetzt erleben, — geschweige denn bloße Änderung wissenschaftlicher Denkrichtungen zu sein, — sich auch nicht einmal in der Frontstellung gegen den Liberalismus erschöpft, sondern die Liquidation eines gewaltigen Versuchs ist, der über die Jahrhunderte hinweg bis zur Auflösung des Mittelalters zurückreicht. Was sich dort anbahnte und in der Folgezeit seinem höchsten Gipfelpunkt zuschritt, dessen Zusammenbruch erleben wir heute: nämlich des Versuchs einer absoluten Technisierung des ganzen menschlichen Daseins, der seine wirtschaftliche Erfüllung im Hochkapitalismus, seine politische Machtstellung im Liberalismus und seine theoretische Rechtfertigung im Positivismus fand. Die lawinenartige Zusammenballung der technischen Entwicklung in den letzten hundert Jahren, deren Beginn zeitlich genau mit dem Ende der deutschen klassischen und idealistischen Bildung zusammenfällt, war wohl nötig, um den Sinn des Technischen durch seine Absolutsetzung in eklatanten Unsinn umschlagen zu lassen: nicht überall zeigt sich das so deutlich wie in jenen amerikanischen Maßnahmen des Jahres 1933, die in der Verfeuerung von Weizen und Versenkung von Kaffee gipfelten. All diese Vorgänge können sich nicht auf das bloß Wirtschaftliche beschränken, sondern müssen ihre Parallelerscheinungen im geistigen Leben haben; die Auswahl gerade der technischen Elemente und Strukturen der Welt ist ja selbst schon eine geistige Entscheidung! In diesem Zusammenhang bilden die wertphilosophischen Bestrebungen nur eine Phase, die Fehler und Einseitigkeiten des Naturalismus durch Ergänzungsstücke aus einem irrealen Reich zu kompensieren; sie beabsichtigen von vornherein nicht die Überwindung des technologischen Naturalismus, sondern nur dessen Ergänzung durch eine „Unwirklichkeitstheorie".

Unsere künftige Arbeit wird uns zum Sein zurückführen, um jene sinnlose, brutale Wirklichkeitskonstruktion des naturalistischen Positivismus zu überwinden. Die größte Hilfe böte uns dafür eine neue Metaphysik, vor allem eine auf den modernen einzelwissenschaftlichen Ergebnissen der Biologie, Psychologie und Historie sich erhebende metaphysische Anthropologie und metaphysische Wertlehre. Wir haben sie noch nicht oder jedenfalls nur Ansätze zu ihr. Wer aber an ihre Stelle Renaissancen alter metaphysischer Systeme setzen will, und wären sie noch so gewaltig wie das *Hegels*, der verkennt, daß eine Zeit, die durch den ungeheuren Industrialismus des 19. und anfänglichen 20. Jahrhunderts und dessen politischen Auswirkungen hindurchgegangen ist und die die gewaltige Ausbreitung gerade des naturwissenschaftlichen Wissens in sich aufgenommen hat, nicht mehr da anfangen kann, wo *Hegel* stand. Trotzdem kann die Zeit der großen deutschen metaphysischen Systeme[97] uns den Mut und die Kraft stärken, über die schroffe Kluft von Denken und Sein, Wert und Wirklichkeit hinweg zu tieferen Einheiten zu gelangen, jene Zeit, aus der *Hölderlins* Worte auch unsere künftige Haltung als Wissenschaftler weisen können: Wer das Tiefste gedacht, liebt das Lebendigste.

[97] Vgl. dazu neuestens die musterhafte Darstellung von *Larenz*, Rechts- und Staatsphilosophie im deutschen Idealismus (Handbuch der Philosophie) 1933.

STUDIEN ZUM SYSTEM DES STRAFRECHTS *

I. Teil: Das Grundgefüge der sozialen Handlung.

Wir haben keine Handlungslehre mehr. Hierin liegt das Hauptgebrechen der überkommenen Dogmatik. Was früher einmal — bei den *Hegelianer* und noch bei *Binding* — einheitliche Handlung war, das ist jetzt aufgespalten und aufgeteilt auf eine dürre Kausalitätslehre, die die „objektive" Handlungsseite wesentlich aufgesogen hat, und auf die Lehre von den psychologischen Schuldbestandteilen, in die die „subjektiven" Handlungselemente eingegangen sind. Aber was die Handlung v o r der Aufteilung in diese kausalen und psychologischen Bestandstücke und deren juristischen Ausdeutung ist, wie sie sich v o r ihrer naturwissenschaftlichen und juristischen Zergliederung als ursprüngliche E i n h e i t und als r e a l e, s i n n v o l l e G a n z h e i t innerhalb des w i r k l i c h e n sozialen Lebens darstellt, danach wird nach Aufkommen des Kausalitätsdogmas, — jenes ernstesten Einbruchs des Naturalismus ins Strafrecht, — und vor allem seit *Radbruchs* „Handlungsbegriff" nicht mehr gefragt.

Dabei wäre der Mangel einer einheitlichen Handlungslehre noch nicht einmal so unheilvoll, wenn die Teile, in die die Handlung gespalten wurde, zusammengefaßt wenigstens die wirkliche Handlung ergäben. Aber gerade hierin liegt der Hauptfehler: die T e i l e, in die Handlung zerlegt worden ist, passen nicht, sind nicht die richtigen, die Art der Zerlegung ist falsch, — nicht aber ist falsch, daß überhaupt „zerlegt" worden ist. Denn ohne ein gedankliches Auseinanderhalten sachlicher Momente, — mögen sie nun „Seiten", „Momente" oder „Elemente" genannt werden, der Name ist völlig gleich, — ohne dieses gedankliche Auseinanderhalten ist eine Gegenstandserkenntnis für das diskursive menschliche Erkennen überhaupt unmöglich.

Wo begann der Fehlansatz? Die Untersuchungen der letzten Jahre dürften es deutlich gemacht haben, daß es ein extremes naturalistisch-kausales Denken war, das uns den Zugang zur wirklichen Handlung versperrt hat. Ich kann dabei auf eigene frühere Arbeiten verweisen[1]. In dogmengeschichtlicher Betrachtung hat uns neuestens Hellmuth *Mayer* gezeigt, wie die ganze weitgespannte Kausalitätslehre von einer kleinen Einzelfrage der

---

* Aus: ZStW. 58. Bd. 1939 S. 491—566.

[1] *Welzel*, ZStW. 51 S. 703 ff.; Naturalismus und Wertphilosophie im Strafrecht S. 77 ff.

Tötungsdelikte ihren Ausgang genommen, von hier die ganze Deliktslehre ergriffen und die Seinsseite aller Verbrechen in Verursachungsvorgänge umgewandelt hat[2]. Die Kausalfrage wurde zum Kausal d o g m a , während sie als P r o b l e m nur bei ganz wenigen Delikten und auch hier nur in G r e n z fällen akut werden kann. *Mayer* erwähnt vor allem die Tatbestände der Tötung, Körperverletzung und Brandstiftung[3]. Bei den weitaus meisten übrigen Delikten bietet das Kausalmoment überhaupt kein P r o - b l e m ; man denke nur an das Schwören beim Meineid oder die Wegnahme beim Diebstahl[4], um zu ermessen, wie bedeutungslos eine Kausallehre hierfür ist.

Ein lediglich für wenige Grenzfälle akut werdendes Problem hat sich in den Mittelpunkt des Strafrechtssystems zu drängen gewußt, hat die ganze (objektive) Seinsseite der deliktischen Handlung in sich aufgesogen und hat durch dürre Kausalstränge ersetzt, was eine ausgebildete Handlungslehre hätte bieten sollen. Diese verfehlte Seinsgrundlage hat das ganze auf ihr errichtete Gefüge der Strafrechtsdogmatik verschoben und verkehrt. Das Kausaldogma machte alles deliktische Geschehen zu Verursachungsvorgängen. Diese erfaßte man juristisch als Rechtsgutsverletzungen und hob damit einseitig nur die Erfolgsseite hervor, während die Art und Weise der Herbeiführung, d. h. die objektiven wie die s u b j e k t i v e n H a n d l u n g s - momente unter den Tisch fielen oder mindestens in ihrer spezifischen Eigenart unerkannt blieben[5, 6]. Die Auffassung des Verbrechens als (äußerer) Rechtsgüterverletzung konnte weiterhin die feste Grundlage einer rein objektiven Rechtswidrigkeitslehre liefern. Und beides zusammen: das Heraussprengen der Kausalität aus der Handlungseinheit und die Verknüpfung der Rechtswidrigkeit mit der „äußeren" Rechtsgutverletzung, brachte uns eine auf subjektiv-psychischem Sein aufbauende Schuldlehre, bei der die Schuld, eben weil das kausale Geschehen vom psychischem Sein völlig abgespalten war, zur äußeren Rechtsgutsverletzung s e l b s t ä n d i g hinzutrat. Von hieraus konnte es nicht nur jene Problematik der subjektiven Unrechts- und objektiven Schuldelemente, sondern neuerdings auch der für das bis-

---

[2] Hellmuth *Mayer*, Das Strafrecht des deutschen Volkes, 1936, bes. S. 163 ff. (Im Folgenden zit. als „Lehrbuch".)

[3] *Mayer*, Lehrbuch S. 208; vgl. auch v. *Cramer*, Gleichschaltung von Täterschaft und Teilnahme. S. 60 ff. und die dort S. 64 Nr. 68 Zitierten.

[4] s. *Mayer*, Lehrbuch S. 168.

[5] Die „objektiven" Handlungselemente wurden mit Hilfe der Formel von der Relativität des Erfolgsbegriffs in Erfolgsbestandteile umgewandelt, s. darüber unten S. 507. — Die subjektiven Handlungselemente wurden in der Lehre von den subjektiven Rechtswidrigkeitselementen durch Zubilligung eines Ausnahmecharakters für Systemwidersprüche unschädlich gemacht.

[6] Über die schweren Einseitigkeiten der Rechtsgüterverletzungslehre dürfte heute genügend Klarheit gewonnen sein, nicht nur durch die Äußerungen der sog. „Kieler Schule" (zusammenfassend *Schaffstein*, DStR. 1937 S. 335 ff.; *Dahm*, ZStW. 57 S. 230 ff.), sondern auch *Mayer*, Lehrbuch, bes. S. 198 ff., 204 ff. u. DStR. 1938 S. 73 ff.

herige System inkommensurable Gedanke eines „natürlichen" Vorsatzes[7] geben.

Der innere Zusammenhang all dieser Dinge wird uns künftig noch im einzelnen zu beschäftigen haben und dort endgültig klar werden. Hier sei er nur deshalb kurz angedeutet, um aufzuzeigen, wie entscheidend wichtig für das Strafrechtssystem der richtig gepackte Seinsansatz ist!

Strafrechtliche Systemfragen lassen sich eben nicht, wie der „reine" Positivist[8] glauben mochte, allein aus dem Gesetz entwickeln. Ebenso wenig können, wie der „Wertungsjurist" hoffte, „kognitive" Seinsfeststellungen weitestgehend durch Wertungen ersetzt werden. Das als „Seinsfrage" vernachlässigte Gefüge der Handlung läßt innerhalb des Systems doch irgendwo einmal sein Gewicht spüren, auch wenn man dann nicht weiß, woher der Druck kommt.

Das zeigt sich nirgends deutlicher als in der Teilnahmelehre, die nach M. E. *Mayer* (Allgemeiner Teil S. 388) „durch und durch ein Produkt des Gesetzes" sein soll. Gewiß, der Gesetzgeber hat innerhalb bestimmter Grenzen die freie Möglichkeit, die Teilnahmefragen verschiedenartig zu regeln. Aber ihm sind — gar nicht so weite — Grenzen gesteckt, die er nicht ungestraft überspringen darf. Das hat sich eindrucksvoll genug in den legislativen Teilnahmeerörterungen der letzten Jahre gezeigt, und der Zustand des Berichts der amtlichen Strafrechtskommission spricht hier eine deutliche Sprache! Worauf bezieht sich und worin besteht jene „wesensanalytische Betrachtung der Dinge", mit der der Bericht alle kausalen und Gleichwertigkeits-Argumente mit Recht beiseite schiebt? (2. Aufl. S. 110.) Sehr aufschlußreich ist hier der Hinweis, daß die Willensbetätigungen nicht „kausale Potenzen", sondern „r e a l e Erscheinungsformen des L e b e n s (S. 111) seien! Noch deutlicher sichtbar wird der eigentliche Problemkern in dem besten Buch über die Teilnahme aus den letzten Jahren, in der Schrift von *Lange:* „Der moderne Täterbegriff und der deutsche Strafgesetzentwurf". Hier wird ganz ungeniert gegenüber einer positivrechtlichen Regelung und deren Wertungen von einer „echten" Täterschaft und „echten" Teilnahme gesprochen (z. B. S. 70); hier wird gesagt, daß bei bestimmter gesetzlicher Regelung „Formen echter Täterschaft in innerlich unbegründeter Weise zu unselbständigen Teilnahmeformen herabgedrückt werden" (S. 75), oder daß bestimmte Voraussetzungen „mit dem W e s e n der Täterschaft unvereinbar seien" (S. 71), und schließlich ganz generell, „daß der Täterbegriff unabhängig von positivrechtlichen Teilnahmevorschriften zu bilden ist" (S. 67). Sieht man dann näher zu, woraus *Lange* seinen „echten" Täterbegriff gewinnen will, so findet man nach der entschiedenen Ablehung des Kausaldogmas (S. 20 ff.; 38 ff.) den deutlichen Ansatz zu einem sinnvollen Handlungs-

[7] Wo soll er hinzugehören? Zur Schuldlehre nicht, zur Kausalität nicht, zur Rechtswidrigkeit nicht!

[8] Den es natürlich in dieser Reinheit nie gegeben hat. „Positivismus", „Naturalismus" und dergleichen sind natürlich immer nur historische Idealtypen.

begriff: zwischen Tat und Täter müsse ein persönliches Band bestehen, demgemäß die Tat als eigenes Werk des Täters erscheint (S. 34); dies setze „ein sinnerfülltes Wollen der Handlung als Mittel zu weiterem Zweck" voraus (S. 59, 60, 64)[9]. Es ist der einzige Mangel des Buches von *Lange*, daß es diese Ansätze zu einer Handlungslehre nicht entwickelt hat!

Die Krisis der überlieferten Strafrechtsdogmatik weist eindeutig an die Aufgabe, zunächst einmal die Handlungslehre in Ordnung zu bringen. Hierbei kommt es, wie wir schon sahen, entscheidend auf den richtigen Seins-Ansatz an. Um ihn zu gewinnen, knüpfen wir an die oben zitierten Worte des Kommissionsberichtes an: Willensbetätigungen seien nicht „abstrakte kausale Potenzen", sondern „reale Erscheinungsformen des Lebens". Was damit — mindestens in der negativen Richtung — angedeutet wird, ist jene naturalistische Einstellung, die mehr oder minder bewußt, mehr oder minder deutlich das überwiegende Strafrechtsdenken der letzten Vergangenheit und auch zum Teil noch der Gegenwart bestimmt hat. Eine Einstellung, die ich einmal ganz scharf folgendermaßen umreißen möchte: Es ist die durch eine lange und erfolgreiche naturalistische Epoche fast ins Unbewußte übergegangene Überzeugung, daß im Grunde doch allein das naturwissenschaftliche Sein, weil es von allen subjektiv-menschlichen Fehlerquellen abstrahiere, die eigentliche, wahrhaft objektive Wirklichkeit verbürge. Von hier aus ist es verständlich, daß überall da, wo im Strafrecht von Seinselementen die Rede ist, sich sofort der Gedanke an naturwissenschaftliche Kategorien aufdrängt. Von hier aus ist auch die unbestrittene Herrschaft des Kausaldogmas zu erklären. Gewiß hat man mit diesen naturalistischen Elementen den strafrechtlichen Gegenstand nicht für erschöpft gehalten. Man hat, vor allem in der jüngeren Vergangenheit, mit besonderer Betonung, manchmal sogar Überbetonung, auf die Wertmomente hingewiesen, die erst den vollen strafrechtlichen Gegenstand konstituieren. Aber damit hat man den Naturalismus im Seinsansatz in keiner Weise geändert. Die Wirklichkeit erschien gleichsam als naturwissenschaftlich „vorbelegt", und die Aufgabe unserer Wissenschaft sah man in diesem Punkte im wesentlichen nur darin, die naturwissenschaftlichen Ergebnisse in das Strafrecht einzuarbeiten. Dieser Gedanke ist es wohl, der hinter *Mezgers* Worten steht, unsere „säkulare Aufgabe" besteht darin, „die Ergebnisse der empirischen Wissenschaften aus der naturalistischen Epoche organisch einzuarbeiten in eine neue wertende Strafrechtswissenschaft" (Lehrbuch 2. Aufl. S. X). Diese Worte sind für sich genommen, durchaus zutreffend; grade heute ist es wichtiger denn je, naturwissenschaftliche Erkenntnisse für das Strafrecht fruchtbar zu machen. Aber wenn „empirisches" Sein im Strafrecht überhaupt eine Stelle hat, — und das hat es unbestritten, — dann hat die Strafrechtswissenschaft den Ansatz hierzu originär selbst zu finden und kann ihn sich nicht von

[9] In diesem Sinne auch *Kohlrausch*, Hdwb. d. RW., 2. Erg. Bd. S. 365; Eb. *Schmidt*, Die militärische Straftat und ihr Täter S. 8 ff.

irgendeiner anderen Wissenschaft geben lassen. Es gibt überhaupt keine Wissenschaft und erst recht keine Naturwissenschaft, die sich mit der Handlung so, wie sie im Strafrecht akut wird, nämlich als sinnvolles, sozialethisch relevantes Phänomen beschäftigt. Als „reale Erscheinung des (sozialen) Lebens" wird sie im Strafrecht aktuell, und dieses ihr Gefüge ist hier unvoreingenommen zu untersuchen. Keine Naturwissenschaft kann ihr diese Aufgabe abnehmen. Alle Naturwissenschaft abstrahiert ja nicht etwa nur von subjektiven menschlichen Fehlerquellen, sondern reduziert das Sein wesentlich auf diejenigen Strukturen, die in quantitativen Funktionen ausdrückbar sind. Es ist darum immer nur ein kleiner Teil des Seins, der in die naturwissenschaftliche Erkenntnis eingeht, und der immer kleiner wird, je exakter (mathematischer) die Naturwissenschaft verfährt. Es besteht gar kein Anlaß, den von der Naturwissenschaft nicht berücksichtigten Teil des Seins für minder real zu halten. Die dem Recht zugrundeliegende Wirklichkeit ist die im praktischen Handeln gegebene Wirklichkeit des sozialen Lebens, die gewiß vom naturwissenschaftlichen Standpunkt aus manche subjektive Zutaten enthält (z. B. die sekundären Qualitäten: Farben, Töne usw., obwohl selbst diese nicht rein subjektiv sind!), die aber andererseits Strukturen aufweist, die in jene quantitative naturwissenschaftliche Welt gar nicht eingehen können, und die trotzdem ebenso real sind, wie deren quantitative Verhältnisse. Hierzu gehört vor allem die Tatsache, daß das bewußte menschliche Leben sinnvoll geordnet ist, daß sein Handeln sich sinnvoll zu lenken vermag. Damit erst betreten wir überhaupt den Lebensraum rechtlicher Wirklichkeit, während alle Kausalitätserörterungen bestenfalls „präjudizieller" Natur sind.

Machen wir endlich einmal Ernst mit dem so oft betonten Gedanken, daß die rechtliche Wirklichkeit die Wirklichkeit des praktischen Lebens ist. Diese praktische Lebenswirklichkeit ist unendlich viel reicher als das naturwissenschaftliche Sein. Sie besitzt Strukturen, die in die naturwissenschaftliche Begriffswelt gar nicht eingehen können, die aber darum nicht weniger real sind und die gerade für das Recht von entscheidender Bedeutung sind! Darum verfehlen wir von vornherein die maßgeblichsten Seinsstrukturen, wenn wir im Nachklang an die naturalistische Epoche meinen, primär gegeben sei eine bloße „natürliche" (sc. naturalistische) Wirklichkeit, aus der wir unter einem bestimmten bewertenden Gesichtspunkt die rechtliche Wirklichkeit ausläsen[10].

[10] Ich habe die Worte im Anschluß an ein Zitat von *Mezger* gewählt: „Geordnete Wirklichkeit ist nirgends die bloße ‚natürliche' Wirklichkeit als solche, sondern immer eine bestimmte, unter einem bewertenden Gesichtspunkt ‚auserlesene' Wirklichkeit" (ZAkDR. 1937 S. 418). Wieweit hinter diesem Zitat der im Text entwickelte Gedanke steht, wage ich nicht zu entscheiden. Es kommt hier nicht darauf an, ein beliebig herausgegriffenes Zitat auf einen scharf formulierten Sinn festzulegen, als vielmehr eine allgemeine Überzeugung konkreter zu belegen: mag der Belegsatz im Einzelfall gar nicht so eindeutig gemeint sein, so wird er doch vielfach eindeutig so verstanden werden.

Auch die Psychologie kann, — um noch diese letzte Möglichkeit zu erwähnen, — uns unsere eigenständige Aufgabe nicht abnehmen. Die alte naturalistische Elementen-(Assoziations-)Psychologie[11] nicht, da sie in die für uns wesentliche Sphäre s i n n v o l l e n Handelns gar nicht hinaufreicht. Eine „verstehende" Psychologie könnte uns schon eher Anregungen geben, aber auch sie betrifft nicht primär das, was unser spezifischer Gegenstand ist, die Handlung als sich objektivierende Willensäußerung[12].

Haben wir damit das Feld freigemacht für eine unvoreingenommene, durch kein naturalistisches Vorurteil belastete Bearbeitung dessen, was strafrechtliche Tradition unverbindlich-allgemein die „Welt des praktisch-sozialen Lebens" genannt (jedoch in ihrer spezifischen Struktur leider nicht untersucht) hat, so wollen wir auch hieraus zunächst nur ein Teilstück behandeln, das allerdings für die Verbrechenslehre von zentraler Bedeutung ist, eben die Handlung als soziales Phänomen. Auch von ihr soll zunächst nur ihr G r u n d g e f ü g e dargestellt werden. Die e n t w i c k e l t e Handlungslehre ist die „Verbrechens"lehre[13] selbst (d. h. die sozialethisch-bedeutsame Handlung in ihrer r e c h t l i c h e n Daseinsweise). Darin zeigt sich übrigens ein weiterer Unterschied unseres Standpunktes gegenüber der naturalistischen Handlungslehre: bei dieser war die Handlung (der Kausalvorgang) lediglich der seinsmäßige „Unterbau", auf dem sich die völlig andersgeartete rechtliche Wertwelt (als „Überbau") erhob, wobei man die Unabhängigkeit dieser von jener scharf genug betonte[14]. Für uns ist die Verbrechenslehre zugleich die Weiterführung der Handlungslehre, — (da ja die Handlung von vornherein als Phänomen des Gemeinschaftsdaseins erfaßt wurde), — indem sie die konkreteren Erscheinungsformen der Handlung mit ihren besonderen Strukturen und Momenten auseinanderlegt und in ihrer gemeinschaftsmäßigen (rechtlichen) Bedeutung erfaßt.

Doch ehe wir die Grundstruktur der Handlung im vorgenannten Sinne auseinanderlegen, wollen wir noch eine dogmatische Zwischenbemerkung einschalten, teils um die bereits vorhandenen Ansätze zum finalen Handlungsbegriff in der gegenwärtigen Dogmatik aufzuzeigen, teils um über-

---

[11] Auf ihr beruhten etwa die *Liszt*schen Anschauungen; (vgl. m e i n e n Naturalismus S. 23 ff.) und vor allem die Handlungslehre *Zitelmanns*. — Über jene beiden „Arten" der Psychologie vgl. etwa *Spranger*, Lebensformen, S. 3 ff., *Jaspers*, Psychopathologie.

[12] Eine wirkliche Handlungslehre sehe ich gegenwärtig bezeichnenderweise nur in einer E t h i k entwickelt: in N. *Hartmanns* „Ethik" (s. auch dessen „Problem des geistigen Seins"). Jedoch geht die rechtliche Problematik auch hierüber weit hinaus; so fehlen bei *Hartmann* nicht nur die schon mehr juristischen Fragen der Teilnahme, des Versuchs, sondern vor allem auch die ganze Fahrlässigkeit!

[13] Sie umfaßt ja nicht nur das rechtswidrige, sondern auch das rechtmäßige Handeln! Über die wichtigste Erweiterung s. u. S. 516 f.

[14] Vor allem in der Teilnahmelehre: was seinsmäßig (kausal) gleich ist, brauche es nicht unter Wertgesichtspunkten zu sein.

haupt die dogmatische Notwendigkeit für den finalen Handlungsbegriff zu erhärten.

Methodisch beruhte bekanntlich der naturalistische Handlungsbegriff darauf, daß man die Willensrichtung („Willensinhalt") von der Willensverwirklichung abtrennte. Die Willensverwirklichung wurde ausschließlich nach ihrer kausalen Wirksamkeit betrachtet: zur Handlung gehörte alles, was der Wille als Kausalfaktor verursacht hat (Handlung = Willenswirkung). Nur vermöge dieser Abtrennung des „bloß" subjektiven Willens i n h a l t s von der objektiven Willens w i r k u n g konnte die Handlung vollgültig einer rein mechanischen Kausalität unterworfen werden. Die ganze final-determinative Funktion des Willens-„inhalts", durch die sich die Handlung über das blindmechanische Naturgeschehen spezifisch erhebt, wurde damit prinzipiell vernichtet[15].

Selbstverständlich lag das im Zuge der radikal kausalmechanischen Weltdeutung des Naturalismus. Aber ihm kam im Strafrecht noch ein d o g m a - t i s c h e s Bedürfnis entgegen: wurde alle Willensverwirklichung ausschließlich nach ihrer kausalen Wirksamkeit, d. h. rein als Wirkung betrachtet, so hatte man eine einheitliche und gleiche objektive Basis für vorsätzliches, fahrlässiges (und zufälliges) Geschehen, (nämlich die Veränderung in der Außenwelt). D. h. man hatte eine für Vorsatz und Fahrlässigkeit identische objektive Grundlage (= objektiver Tatbestand), gegenüber der Vorsatz und Fahrlässigkeit lediglich zwei verschiedenartige subjektive Einstellungsweisen des Täters darstellen. Der objektive Tatbestand als das für Vorsatz und Fahrlässigkeit gleiche konkrete objektive Handlungsgeschehen einerseits und Vorsatz und Fahrlässigkeit als die beiden Formen der subjektiven Beziehung des Täterwillens zur Tat andererseits: auf der Trennung dieser beiden Verbrechensseiten ruhte das bisherige System. So schien die naturalistische Handlungstheorie einen einfachen und klaren Systemaufbau zu gewährleisten und hat ihn auch mit gewissen Einschränkungen (subjektive Unrechts- und objektive Schuldelemente) bis heute im wesentlichen getragen.

Wie nun, wenn dieses dogmatische Bemühen grade falsch war? wenn vorsätzliches und fahrlässiges Handeln sich bereits im objektiven Tatbestand unterscheiden? In der Tat ist von hier aus die naturalistische Handlungslehre schon seit einiger Zeit ausgehöhlt worden. Von drei Seiten läßt sich dieser Aushöhlungsprozeß dogmatisch verfolgen:

Zuerst war es H. v. *Weber*, der darauf hinwies, daß in zahlreichen Tatbeständen die objektive Handlung nur durch die ihr zugrundeliegende „innere" Willensrichtung, mit der der Täter auf einen bestimmten Erfolg abzielt, verstanden werden kann. Die Kernfigur bieten hier die Wildereidelikte: „jagen" oder „dem Wilde nachstellen" kann man nur durch Handlungen, die auch subjektiv auf Erlegung des Wildes abzielen. Die objektive Tathandlung ist hier von vornherein durch die zugrundeliegende Willens-

---

[15] Vgl. dazu auch m e i n e n „Naturalismus" S. 65 f., 67 ff. u. unten S. 129 ff.

richtung (Vorsatz) zielgerichtet. Ein nicht zielgerichtetes (fahrlässiges) „Jagen" oder „Nachstellen" ist widersinnig. Von hier aus schloß bereits v. *Weber*, daß der Vorsatz der Rechtswidrigkeit (dem Unrechtstatbestand), nicht der Schuld einzuordnen sei[16]!

Der Anstoß zur weiteren Problementfaltung kam von einer anderen Seite. Im Streit um den restriktiven oder den extensiven Täterbegriff hatte man[17] bemerkt, daß das Gesetz regelmäßig schon rein sprachlich zwischen den objektiven Tatbestandshandlungen vorsätzlicher und den entsprechenden fahrlässiger Delikte deutlich unterscheidet. Dem „Töten" der vorsätzlichen Delikte entspricht „das Verursachen des Todes" im fahrlässigen Tatbestand. Dasselbe wiederholt sich bei der Körperverletzung, Brandstiftung u. a. Sollte nicht diesem sprachlichen Unterschied ein sachlicher zugrunde liegen? Sollte nicht dem Töten (usw.) ein spezifischer, über die bloße Verursachung des Todes hinausgehender Sinn innewohnen? Dieser Frage ist H. *Mayer* nachgegangen und hat sie entschieden bejaht. Der Tatbestand der Verursachungsdelikte[18] ist nach ihm nicht nur dem Umfang nach weiter als der Tatbestand der vorsätzlichen Delikte (Lehrbuch S. 219), sondern der Begriff der Handlung ist über die bloße Verursachung hinaus „von vornherein finaler Natur, eine über die einzelnen Elemente des Vorgangs übergreifende Sinneinheit. Diese Sinneinheit ist nur in der Beziehung auf den Täterwillen gegeben" (S. 233). Damit war über die von H. v. *Weber* beobachteten Fälle generell ein prinzipieller Strukturunterschied im „objektiven" Tatbestand vorsätzlicher und fahrlässiger Delikte aufgezeigt. Allerdings die entscheidenden systematischen Folgerungen hieraus hat *Mayer* noch nicht gezogen, selbst nicht die, zu der schon v. *Weber* gelangt war.

Die dritte dogmatische Gedankenreihe, die zur Aushöhlung des alten naturalistischen Handlungsbegriffs beiträgt, finden wir (wenigstens im Ansatz) in der neuesten Phase der Teilnahmelehre. Hier hat *Lange* (S. 20 ff.) zunächst negativ gezeigt, daß eine Verbrechenslehre, die den (objektiven) Unrechtstatbestand im (bloßen) Bewirken eines rechtswidrigen Erfolges sieht und daran (folgerichtig) den Täterbegriff orientiert, in der Teilnahmelehre notwendig scheitern muß, besonders eindeutig bei den eigenhändigen, den Sonder- und den Absichtsdelikten (S. 27 ff., 29 ff.)[19]. Wichtiger jedoch ist, worin *Lange* p o s i t i v das entscheidende Kriterium „echter" Täterschaft erblickt (S. 43 ff.): das „persönliche" Band zwischen Tat und Täter, das die

---

[16] S. v. *Weber*, Zum Aufbau des Strafrechtssystems, 1934; ebenso sein Schüler *Käpernick*, Akzessorietät der Teilnahme und die sog. mittelbare Täterschaft.

[17] *Bruns*, Kritik der Lehre vom Tatbestand, S. 68 ff.; *Zimmerl*, Aufbau S. 141.

[18] Zu ihnen rechnet er neben den Fahrlässigkeitsdelikten auch die erfolgsqualifizierten Delikte, die aber in unserem Zusammenhang als völlig unproblematisch nicht interessieren (s. H. *Mayer*, Lehrbuch S. 217).

[19] Z. B. der Nichtbeamte, der den Beamten zum reinen Amtsdelikt veranlaßt, müßte wesensmäßig Täter sein können. (Täter = Verursacher eines rechtswidrigen Erfolges!)

Tat als das „eigene" Werk des Täters erscheinen läßt, gründet sich nach ihm auf ein sinnerfülltes Wollen, auf den Willen, die Tat als eigene zu begehen (S. 59 ff.). Dieser Wille ist ein subjektives Unrechtselement[20], insofern als der Wille die Handlung als Mittel zu weiterem Zweck umfaßt. — Tritt in dieser letzten Bemerkung deutlich die finale Funktion des Willens (über den abstrakten Vorsatz als „rein" subjektiv-psychische Beziehung des Täters zur Tat) zutage, so wird die Bedeutung des ganzen Zusammenhanges erst dann mit einem Schlage klar, wenn man bedenkt, daß es jenen (finalen) Täterwillen niemals „an sich", sondern stets nur in bezug auf ein bestimmtes Delikt gibt. Nicht nur der „Täterwille", sondern überhaupt der konkrete Deliktswille muß zum „objektiven" Unrechtstatbestand gehören, da ja der Deliktswille (Vorsatz) stets nur entweder als Täterwille oder als Teilnehmerwille auftreten kann, wie umgekehrt der Täter- oder Teilnehmerwille nur als konkreter Deliktswille möglich ist. Wenn der Täterwille Moment des Unrechtstatbestandes ist, dann muß es auch der einzelne Deliktswille (Vorsatz) sein, da der Deliktsvorsatz konkret immer nur als Täter- (oder als Teilnehmer-)Wille möglich ist!

Damit ist jene über die Kausalität hinausgehende, finale Struktur der vorsätzlichen Deliktstatbestände, die H. v. *Weber* und H. *Mayer* aus dem besonderen Teil heraus entwickelt hatten, aus Gründen des allgemeinen Teils bestätigt. Jene dem Naturalismus entgegenkommende dogmatische Tendenz, eine für Vorsatz und Fahrlässigkeit gleichartige (und darum rein kausale) objektive Tatbestandsgrundlage herzustellen, hat sich aus dogmatischen Gründen mehrfach als verfehlt erwiesen! Die finale Besonderheit des objektiven Tatbestands vorsätzlicher Verbrechen (gegenüber den Verursachungstatbeständen der fahrlässigen Delikte) hat sich auf die Dauer nicht unterdrücken lassen!

Zu diesen Unterschieden hätte übrigens die Teilnahmelehre noch aus einer einfacheren Überlegung hinführen können. Es hätte doch auffallen müssen, daß die Teilnahmeverhältnisse immer nur in Beziehung vorsätzlicher (finaler) Handlungen zueinander betreffen, daß dagegen alle fahrlässigen Beteiligungen unter dem Begriffe der fahrlässigen Täterschaft auftreten. Auch das ist nicht ein reines Produkt des Gesetzgebers! Hierauf deutet *Lange*, allerdings nur ganz beiläufig hin (S. 5), ohne die systematischen Konsequenzen daraus zu ziehen. Dieser Unterschied beruht ebenfalls darauf, daß fahrlässige Handlungen objektiv allerdings bloße Verursachungstatbestände und daher objektiv alle „gleichwertig" sind, so daß fahrlässige Täterschaft nichts anderes als (beliebige) fahrlässige Verursachung ist (s. u. S. 159 ff.). Dagegen sind vorsätzliche Handlungen finaler Struktur, d. h. sie erhalten ihren objektiven Gehalt maßgeblich aus dem zwecktätigen Willen, dem das objektive Geschehen entweder unmittelbar als eigene Zwecksetzung oder nur mittelbar über die Zwecksetzung eines anderen zugehört.

---

[20] *Lange*, S. 59; entsprechendes gilt für den Gehilfenwillen. S. 60.

Damit können wir diese dogmatische Zwischenbemerkung abschließen. Sie sollte von vornherein sicherstellen, daß die Herausarbeitung eines finalen Handlungsbegriffs ein unabweisbares dogmatisches Bedürfnis ist, dem die moderne Problementwicklung in der Literatur bereits weitgehend Rechnung getragen hat. Nicht nur die vorgenannten Schriften (und meine eigenen früheren Untersuchungen)[21], sondern auch Äußerungen von E. *Wolf*, *Berges*, *Dahm*, Eb. *Schmidt*, *Schaffstein*[22] weisen mehr oder minder klar ein Bekenntnis oder mindestens Tendenzen zu einem finalen Handlungsbegriff auf.

So können wir nunmehr zum Grundgefüge der Handlung selbst kommen. Handeln im engsten und strengsten Sinne ist die menschliche Zwecktätigkeit. Zwecke zu verwirklichen, d. h. Ursachfaktoren der äußeren Welt zu Mitteln zu machen, die einen bestimmten Erfolg als Ziel verwirklichen, — das ist die wesentlichste Besonderheit menschlichen Handelns, wodurch es sich über jeden „bloßen" Kausalverlauf prinzipiell erhebt. Kausalität im spezifischen Sinne ist eine „blinde" Kategorie; sie ist die Ablaufsordnung des blinden, zweckindifferenten Vorwärtsstoßens: die Wirkung ist die „blinde" Resultante der gerade vorliegenden Ursachenkomponenten. Aber grade weil die Kausalität zweckindifferent ist, kann sie in den Dienst der Zwecktätigkeit gestellt werden: es brauchen ja nur diejenigen Ursachkomponenten zusammengebracht zu werden, die gesetzmäßig ein bestimmtes Resultat zur Folge haben, dann bringt der Kausalnexus — für sich abstrakt genommen: „blind", — das gewünschte Resultat hervor.

Hierzu ist nur erforderlich, daß ein Kausalfaktor vorhanden ist, der sein Unsächlichwerden „sehend" zu regulieren vermag, und das ist der menschliche Wille: er vermag in bestimmtem, begrenztem Umfang die möglichen Folgen seines Kausalwerdens vorauszusehen und danach sein Eingreifen zweckmäßig zu regulieren. Der Wille ist nicht lediglich ein die Wirklichkeit verändernder, sondern vor allem ein sie bewußt gestaltender Faktor. Das ist keine bloß „subjektive" Eigenschaft des Willens, sondern eine objektive Funktion: das Handlungsgeschehen ist in seiner objektiven Gestalt nicht rein blind-kausal, sondern zweckhaft ausgewählt und zielgerichtet, d. h. trotz allen kausalen Ablaufs final (sehend) vor- oder überdeterminiert. Auf dieser objektiv-finalen Funktion des Willens beruht alles kulturelle, soziale und rechtliche Dasein. Eine Rechtsordnung, deren Zweck es immer ist, ein engegenwärtigen werthaften Zustand zu erhalten oder einen künftigen werthaften herbeizuführen, ist ja praktisch nur möglich, wenn es einen Kausalfaktor gibt, der die Zukunft zweckbewußt zu gestalten vermag.

---

[21] ZStW. 51 S. 703 ff.; Naturalismus S. 70 ff.

[22] *Wolf*, v. Wesen d. Täters S. 25; Krisis u. Neubau S. 36 ff.; ZAkDR. 1936 S. 326 ff.; *Berges*, DStR. 1934 S. 240; *Dahm*, Verbrechen u. Tatbestand S. 91; Eb. *Schmidt*, militärische Straftat S. 8 ff.; *Schaffstein*, ZStW. 57 S. 312; neustens bes. *Ramm*, ZStW. 58 S. 397 ff.

Allerdings: diese objektiv-finale Funktion des Willens ist begrenzt, — und daher konnte der Schein einer bloßen „Subjektivität" entstehen, — sie ist begrenzt auf die Folgen, die der Wille richtig vorausgesehen und bei denen er daher das Geschehen wirklich final vordeterminiert hat. Alle Folgen, die außerhalb dieser konkreten Mittel-Zweckrealisierung eintreten, sind blindkausale Resultanten, mögen sie nun jenseits aller Voraussicht liegen (reiner Zufall) oder mögen sie voraussehbar und vermeidbar gewesen sein. In ihrem objektiven (ontologischen) Verlauf unterscheiden sich beide nicht: sie sind reine Verursachungsfälle. Gewiß können auch sie rechtlich bedeutsam werden, und strafrechtlich kommen vor allem die vermeidbaren Verursachungen in Betracht. Aber ihr (ontologischer) Strukturunterschied gegenüber den finalen Handlungsabläufen muß sie grade im rechtlich-sozialen Lebensraum entscheidend von diesen abheben. Denn die finalen Handlungsabläufe empfangen ihre objektive Gestalt vom zwecksetzenden Willen, der die Mittel sinnvoll für die Zweckerreichung angeordnet hat und der ihnen deshalb mit dem Zweck einen Sinn gegeben hat. Demzufolge ist die ganze Handlung in all ihren Phasen eine vom zwecksetzenden Willen beherrschte reale Sinneinheit, eine Willensverwirklichung im prägnanten Sinne, nämlich die Verwirklichung des vom Willen gesetzten Handlungssinnes. All das fehlt bei den reinen Verursachungsfällen, auch den vermeidbaren. Ist aber Gegenstand des Strafrechts die Handlung als soziales Phänomen, so ist klar, daß der Unterschied zwischen der Handlung als Sinnausdruck und „Handlung" als bloßer vermeidbarer Verursachung auch rechtlich von größter Bedeutung ist, daß er es verbietet, die finale Handlung und die vermeidbare Verursachung in ihrer objektiven Struktur irgendwie gleichzustellen. Eine Verquickung der finalen Grundstruktur mit der fahrlässigen Verursachung (Handlung im weiteren Sinne) — auch nur im sog. „objektiven" Tatbestand — mußte darum zu grundsätzlichen Fehlkonstruktionen führen, weil sie die maßgebliche Eigenart der finalen (vorsätzlichen) Handlung als eines realen Sinnausdrucks zwecktätigen Willens zugunsten reiner Verursachungsverhältnisse vernichtet hat. Der primäre Ausgangspunkt strafrechtlicher Dogmatik ist die finale (vorsätzliche) Handlung.

Ihre Eigenart müssen wir nun weiter verfolgen. Wir betrachteten bisher die Zwecktätigkeit im Hinblick auf die Zweckverwirklichung, nämlich die sinnvolle Auswahl der Mittel (auf Grund der Einsicht des Willens in mögliche Kausalverläufe), ferner deren Verwirklichung und die Zweckerreichung. All das betrifft die finale Seite der Handlung im spezifischen Sinne, die Durchführung des Handlungsentschlusses. Das Fassen des Handlungsentschlusses beruht auf Wertvorstellungen. Ich handle nur, weil ich das, was ich will, für wert halte, daß es verwirklicht wird. Wir treffen damit auf dasjenige Moment der Handlung, das bei der finalen Durchführung bereits „vor- (oder mindestens mit-)entschieden" ist, nämlich die positive (Wert-)Entscheidung zugunsten der Durchführung der Handlung. Diesen Teil der Handlung wollen wir, da er die Wertenscheidung betrifft, die „emotionale“ Seite der Handlung nennen. In ihr steckt der Gegenstand des Schuldvorwurfs. Das Schuldmoment bei der finalen Handlung betrifft die Entscheidung des Willens zugunsten des niederen Wertes (Unwertes) entgegen dem höheren Wert. Oder strenger rechtlich gewendet: der Schuldvorwurf betrifft die Wertentscheidung zugunsten der unrechtmäßigen Handlung, die auf Grund dieser Entscheidung ausgeführt wird[23].

Diese aus rein grundsätzlichen (sozialethischen) Erwägungen gewonnene Begriffsbestimmung der Schuld ist inhaltlich nichts anderes als die konkrete Anwendung dessen, was positivrechtlich als Schuldfähigkeit bestimmt ist, auf die finale Handlung. Es muß — dogmatisch — auch hier verwundern, daß man sich zur Einsicht in das Wesen der Schuld nicht streng an den positiven Inhalt der Schuldfähigkeit gehalten hat. Die Begriffsbestimmung der Schuldfähigkeit: die Fähigkeit, das Unrechte einzusehen und dementsprechend zu handeln, besagt, wenn wir sie auf die vorsätzliche Handlung anwenden, doch ganz eindeutig nur etwas über die Art der Wertentscheidung, aus der heraus die Handlung ausgeführt wurde. Die Handlung muß auf sinnvoller Entscheidung zugunsten des Unrechts beruhen; in keiner Weise aber bedeutet das, daß auch der Vorsatz als solcher zur Schuld gehören müsse. Ganz im Gegenteil! Auch der Geisteskranke kann absolut einwandfreie vorsätzliche (finale) Handlungen vollziehen, (sofern er nicht völlig in das Stadium reiner Reflexbewegungen herabgesunken ist). Er kann den Ablauf möglicher Kausalzusammenhänge und danach die erforderlichen Mittel zur Zweckerreichung höchst sinnvoll auswählen. (Man denke nur an die zahlreichen außerordentlich raffiniert ausgeführten Taten Geisteskranker!) Diese intellektuell-finale Fähigkeit braucht bei ihm nicht im geringsten beeinträchtigt zu sein, (und dies verlangt auch § 51 nicht). Was ihm fehlt, ist die Fähigkeit zu sinnvoller Wertentscheidung. Die Wertung, die zu seinem Handlungsentschluß führt, — gemäß welcher er dann die Ausführung der Handlung u. U. final höchst zweckmäßig gestaltet, — sind reine Triebregungen, aber keine auf sinnvoller Einsicht in Recht und Unrecht gegründete Wertentscheidungen.

Auf kurze Thesen gebracht stellt sich der eigentliche Gegenstand des Schuldvorwurfs in seinem Verhältnis zum Vorsatz, und dieser im Verhältnis zur Handlung folgendermaßen dar: Es gibt vorsätzliche finale (unrechtmäßige) Handlungen, die schuldhaft, und solche, die schuldlos sind, je nachdem die Wertung, aus der heraus sie erfolgen, auf sinnvoller Werteinsicht oder auf reinen Triebregungen beruht. Der Vorsatz gehört nicht zur Schuld, sondern zur Handlung. Dabei tritt mit der „Schuld“ nicht etwa

[23] Der Zusatz im Relativsatz hat einen doppelten Sinn: 1. Er beseitigt auf rechtlichem Gebiet jede Möglichkeit einer reinen Willens-(Gedanken-)Schuld; 2. Im Verfolg dessen stellt er sicher, daß die Handlung auf jener Entscheidung gegründet sein muß.

ein zusätzliches r e a l e s Element zur Handlung hinzu, etwa das Element der „Wertung“, ähnlich wie nach der früheren Ansicht zu einer völlig selbständig gedachten, objektiv-kausalen Rechtsgutsverletzung die subjektiv-psychische Seite als neues r e a l e s Element „hinzu“ trat[24], sondern j e d e Handlung wird auf Grund einer Wertung vollzogen. Der Schuldvorwurf wurzelt lediglich in einer besonderen A r t dieser Wertungen. Er betrifft die aus s i n n v o l l e r Wertentscheidung hervorgehenden Handlungen. Jede Handlung ist so eine untrennbare Ganzheit finaler und emotionaler Momente, die schuldhafte wie die schuldlose (widerrechtliche) Handlung. Die erstere unterscheidet sich von der letzteren nur durch die Sinnhaftigkeit im Vollzug ihrer Wertentscheidung, die den spezifischen ethischen Unwert grade der schuldhaften Handlung begründet[25]. Von hier aus bietet dann auch das Phänomen des sog. „natürlichen“ Vorsatzes keinerlei Schwierigkeit, da ja der Vorsatz allgemein zur Handlung, nicht zur Schuld gehört.

II. Teil: Das vorsätzliche Verbrechen

1. A b s c h n i t t : D a s U n r e c h t

Die erste Frage, auf die wir in diesem Abschnitt stoßen, geht dahin, ob es überhaupt sinnvoll ist, eine unrechte Tat von einer schuldhaften-unrechten zu unterscheiden, oder in der dogmatischen Terminologie: ob der Rechtswidrigkeit gegenüber der Schuld eine eigenständige Bedeutung zukomme. Wir sahen bereits, daß Schuld das sinnhafte Vorziehen des Unwerts vor dem Wert, des Unrechts vor dem Rechte ist. Daraus folgt, daß dem Akte der Entscheidung der Wert der Handlung, für oder gegen die sich der Wille entscheidet, v o r gegeben sein muß. Der Unwert der Schuld kommt zu diesem Unwert der Handlung noch hinzu. Er enthält den Tadel darüber, daß sich der Wille für diesen Handlungsunwert s i n n h a f t entschieden hat. Der Schuldunwert ist der besondere Unwert der s i n n v o l l e n Entscheidung für das Unrecht, (jener besondere Unwert, der der rein triebhaften Handlung abgeht).

Das ist ein völlig einsichtiger axiologischer Sachverhalt, der im praktischen sozialen Dasein überall dadurch zum Ausdruck kommt, daß wir jederzeit Handlungen auch unabhängig von Schuld oder Unschuld des Täters als „recht“ oder „unrecht“ werten oder zu werten vermögen. Auf ihn gründet sich dogmatisch die innere Berechtigung der Unterscheidung von Rechts-

---

[24] Das auch fehlen konnte.

[25] Insofern kann man sagen, daß mit der Schuld zu dem Handlungsunwert (Rechtswidrigkeit) ein weiterer U n w e r t hinzukommt. Das ist aber kein neues r e a l e s Element. S. darüber unten S. 133.

widrigkeit und Schuld und würde sich auch dann darauf gründen, wenn sich juristisch keine Folgerungen aus ihr ergäben[26]. In Wahrheit ist jedoch der Unterschied auch juristisch-praktisch bedeutsam, vor allem wie wir sehen werden, für den Täterbegriff und für die Teilnahmelehre.

Aber mit dieser einfach klingenden Unterscheidung von Handlungsunwert und Schuldunwert (Rechtswidrigkeit und Schuld) hebt das Problem eigentlich erst an. Es ist in diesem Zusammenhange nicht unerheblich, daran zu erinnern, daß die moderne Trennung von objektivem Unrecht und Schuld in dieser Gestalt erstmalig auf zivilrechtlichem Gebiet durchgeführt worden ist, nämlich in *Iherings* Aufsatz über das Schuldmoment im römischen Privatrecht (1867)[27]. Von dieser Herkunft her hat die Rechtswidrigkeit auch für das Strafrecht eine bestimmte Erbschaft mit auf den Weg bekommen. Das Zivilrecht betrachtet ja die Dinge immer vom Erfolg, von der eingetretenen Vermögensverschiebung, -verletzung, -störung aus, die es auszugleichen bestrebt ist. Die Handlung als A k t tritt für das Zivilrecht (im Verhältnis zum Strafrecht) stärkstens zurück. Von hier aus ist es verständlich, daß die Rechtswidrigkeit primär vom Erfolgsachverhalt gesehen wurde: Rechtswidrigkeit ist die Herbeiführung (Verursachung) eines mißbilligten Erfolges. In dieser Form fand die Rechtswidrigkeit allgemeine Anerkennung auch im Strafrecht und wurde her in ihrer objektivistischen Tendenz noch legitimiert und bestärkt durch die auf dem Kausaldogma aufgebaute Rechtsgüterverletzungstheorie. Den scharfsinnigsten Ausdruck fand diese vom Erfolgssachverhalt ausgehende Betrachtung der Rechtswidrigkeit (sog. „objektive" Rechtswidrigkeit) in einem der wesentlichsten Aufsätze der neuen Strafrechtsdogmatik, in *Mezgers* Aufsatz über „Die subjektiven Unrechtselemente" (GerS. 89 S. 206 ff.). Hier ist Unrecht die „Veränderung eines rechtlich gebilligten bzw. Herbeiführung eines rechtlich mißbilligten Zustandes, n i c h t rechtlich mißbilligte Veränderung eines Zustandes. Das Verbrechen ist rechtswidrig, weil es eine Rechtswidrigkeit bewirkt" (S. 246). Klarer und prägnanter als in diesen Worten konnte die Beziehung der Rechtswidrigkeit auf den reinen Erfolgssachverhalt nicht zum Ausdruck gebracht werden! *Mezgers* Ausführungen bilden darum den Höhepunkt einer extrem objektivistischen Rechtswidrigkeitsauffassung. Dabei sind sie paradoxerweise in ihrem dritten Teile, der den subjektiven Unrechtselementen speziell gewidmet ist (S. 259 ff.), mit einer ganz anderen

[26] Insofern sind die dogmatischen Konsequenzen einer selbständigen Rechtswidrigkeit a x i o l o g i s c h betrachtet von zweitem Rang. Aber für die praktisch-dogmatische Betrachtung stehen jene Konsequenzen im Vordergrund. Nur darf man auch dogmatisch jene grundsätzliche Betrachtung nicht vernachlässigen und nicht die Trennung von Rechtswidrigkeit und Schuld nur als technische Frage von ihren Konsequenzen aus sehen, wie es neuerdings *Schwinge-Zimmerl*, Wesensschau, tun. Hiergegen auch *Engisch*, MonKrimBi. 29 S. 140 und *Mayer*, DStR. 1938 S. 106.

[27] Vgl. H. A. *Fischer*, Rechtswidrigkeit S. 120 f.; *Mezger*, GerS. 89 S. 211 ff.

Betrachtung der Rechtswidrigkeit (nämlich von der Handlung her) verkoppelt, wie ja ebenfalls paradoxerweise die subjektiven Unrechtselemente grade von zivilistischen Untersuchungen (nämlich von H. A. *Fischers* „Rechtswidrigkeit") ihren Ausgang genommen hatten!

Es konnte damals dahingestellt bleiben, wie diese beiden Ausgangspunkte der Rechtswidrigkeit auf die Dauer zusammen bestehen konnten. Auf jeden Fall war es ein bedauerlicher Rückschritt, als durch das unselige Schlagwort von der „Relativität des Erfolgsbegriffs" nicht nur die strenge Beziehung der Rechtswidrigkeit auf den reinen Erfolgsachverhalt aufgegeben, sondern vor allem die Art der Herbeiführung in einen (kausalen) Erfolgssachverhalt umgefälscht wurde. Es war ja grade das dringlichste Anliegen *Mezgers* in seinem schon angeführten grundlegenden Aufsatz gewesen, die Handlung, d. h. die besondere Art der Herbeiführung des mißbilligten Erfolgs für die Rechtswidrigkeit als irrelevant zu erweisen. Gewiß war das in dieser Allgemeinheit falsch, aber die fehlerhafte Klarheit ist häufig „richtiger" als die verschwommene „Richtigkeit". Die scharfe Beziehung der Rechtswidrigkeit auf den reinen Erfolgssachverhalt hätte zu mindestens klarstellen können, daß es tatsächlich Fälle der Rechtswidrigkeit gibt, bei denen die Art der Herbeiführung weitestgehend gleichgültig ist, vor allem im Zivilrecht (z. B. in § 1004 BGB), oder bei denen die Widerrechtlichkeit primär einen Erfolgssachverhalt kennzeichnet, wie z. B. beim „rechtswidrigen Vermögensvorteil"! Weiterhin hätte klar werden können, daß der Erfolgssachverhalt (der „mißbilligte Erfolg") regelmäßig wenigstens B e s t a n d t e i l des Unrechts auch da ist, wo zum Unrecht mehr gehört als der bloße Erfolgssachverhalt. Von hier aus hätte man dann erkennen können, daß es überhaupt kein einheitliches „Unrecht" gibt, daß die Rechtswidrigkeit ganz verschiedene Inhalte (Gegenstände) haben kann und zwar, — um die wohl wichtigsten Unrechtsformen in gröbsten Zügen anzudeuten, — einmal den reinen Erfolgsachverhalt, zweitens (regelmäßig) die Art der Handlung u n d den mißbilligten Erfolg, drittens die mißbilligte Handlung o h n e jeden Erfolgssachverhalt (Erfolg = der vom Akt unabhängige Zustand); dies letztere z. B. beim Versuch, (den das Zivilrecht bezeichnenderweise nicht kennt), bei den reinen Tätigkeitsdelikten, vor allem da, wo die betätigte unsittliche Gesinnung bestraft wird (z. B. bei der widernatürlichen Unzucht).

Es ist daher von entscheidender Wichtigkeit, festzuhalten, daß es keine einheitliche und gleichartige Rechtswidrigkeit gibt, daß sie vielmehr verschiedenartige Inhalte hat, und danach bald einfacher, bald komplexer Natur ist, wobei die einfacheren Formen der Rechtswidrigkeit (mißbilligter Erfolg) häufig Bestandteile der komplexeren Formen sind. Von hier aus enthüllt sich der Streit, ob „die" Rechtswidrigkeit rein „objektiver" Natur ist oder nicht, als durchaus verfehlt: es gibt Fälle rein objektiver Rechtswidrigkeit, wie es Fälle gibt, wo die Rechtswidrigkeit im stärksten Maße von subjektiven Momenten durchsetzt ist, — weit stärker und allgemeiner als es die bisherige Lehre annimmt, weil sie immer noch grundsätzlich am Erfolgssachverhalt orientiert ist.

Denn das ist ja die weitere Frage: worin besteht das „Mehr", das zum reinen Erfolgssachverhalt hinzukommt und das sog. strafrechtliche Unrecht ausmacht? Das unselige Schlagwort von der „Relativität des Erfolgsbegriffs" mußte die Antwort von vornherein in eine bestimmte Richtung drängen. Da es unter der Vorstellung des Erfolgs als der kausalen Wirkung stand, so war eben die Handlung als „relativer Erfolg" die „objektiven" kausalen Zwischenglieder, die der gesetzliche Tatbestand verlangt. Die Handlung wurde damit in eine kausale Wirkensreihe umgefälscht. So war die rein objektive Natur des Unrechts auch in jenen Zwischengliedern gewahrt.

Die Konsequenzen dieser Auffassung für die Dogmatik können wir am besten in der Rechtsgutverletzungslehre verfolgen, die ja nichts anderes ist als das Korrelat des Kausaldogmas auf dem Gebiet der Rechtswidrigkeit. Wer sich etwas eingehender mit der Entwicklung des Rechtsgutsproblems in neuerer Zeit beschäftigt, wird ein ziemliches Unbehagen nicht los. Das Rechtsgut ist zu einem wahren Proteus geworden, der sich unter den Händen, die ihn festzuhalten glauben, sofort in etwas anderes verwandelt. Dabei ist das gute deutsche Wort „Rechts-Gut" noch gar nicht mal so schuld daran, da es doch immerhin die Vorstellung von etwas Handgreiflich-Festem, den äußeren Gütern, nahelegt. Sehr viel gefährlicher ist jenes blasseste Fremdwort in der deutschen Sprache, mit dem das Rechtsgut meist umschrieben, ja das oft noch als treffender als dieses angepriesen wird: das „Interesse". „Interesse" ist auch sprachlich der ärgste Proteus und vermag wie kein anderes Wort begrifflich über alles einen Schleier des Halbdunkels zu legen, der um so gefährlicher ist, als er nicht ganz verdunkelt, sondern scheinbar die Dinge zu unterscheiden zuläßt. Was kann nicht alles von „Interesse" sein? Natürlich sind zunächst rechtlich „von Interesse" die S a c h v e r h a l t s werte: Das Leben, die Gesundheit, das Eigentum, die Freiheit usw., also das, was im ursprünglichen Wortsinn die „Güter" des Rechts sind: der rechtlich geschützte „Zustand" (oder wie man es bezeichnen will). Aber weiter ist für das Recht natürlich von „Interesse", daß H a n d l u n g e n, Bewegungen, Entwicklungen usw. stattfinden, die diesen Zustand erhalten oder befördern, und daß Handlungen, Bewegungen, Entwicklungen nicht stattfinden, die diesen Zustand beeinträchtigen. So hat der Staat ein Interesse daran, daß ihm sein Eigentum erhalten bleibt; infolgedessen muß er auch ein Interesse daran haben, daß der Beamte, der das staatliche Eigentum verwaltet, redlich seine Pflicht erfüllt und Pflichtverletzungen unterläßt. Nicht nur an den „S a c h v e r h a l t s werten", sondern auch an H a n d l u n g e n u n d U n t e r l a s s u n g e n, die sich auf jene Sachverhaltswerte positiv oder negativ beziehen, hat der Staat ein „Interesse", das er dadurch schützt, daß er jene Handlungen oder Unterlassungen bei Strafe gebietet oder verbietet. Auch dieses Interesse am Verhalten der Rechtsgenossen kann man terminologisch im übertragenen Sinne als „Rechtsgut" bezeichnen.

Terminologisch steht also diese Möglichkeit durchaus offen. Ob sie zweckmäßig ist, ist eine andere Frage, die sich aus den Konsequenzen ergibt, mit denen jene Möglichkeit rechnen muß. Denn das Denken der Menschen richtet sich leider nicht immer nach den Gegenständen selbst, sondern sehr viel leichter nach ihren sprachlichen Bezeichnungen und geht dann notwendig in die Irre, wenn die Terminologie unzweckmäßig ist. Wenn also aller deliktische Unrechtsgehalt eine Rechtsgutsverletzung ist, dann müßte beispielsweise der Erzieher, der unzüchtige Handlungen zwischen strafunmündigen männlichen Zöglingen zuläßt, nach § 175 strafbar sein. Denn das „Rechtsgut", das § 175 schützen will, ist das sexuell einwandfreie Verhalten in den körperlichen Beziehungen zwischen männlichen Personen. Eine Verletzung dieses „Rechtsguts" tritt ein, wenn der Erzieher seine Pflicht zum Einschreiten unterläßt. Die Unhaltbarkeit dieses Ergebnisses, — das ja für die Blutschande in dem bekannten *Liszt*-Fall von der Hamburger Bordellwirtin tatsächlich vertreten worden ist, — wird vollends deutlich, wenn man sich an die Stelle des Erziehers eine Erzieherin denkt! In Wahrheit kommt, worauf H. *Mayer* (Lehrbuch S. 330 f.) aufmerksam macht, Kuppelei in Frage[28]. Ebenso mußte, worauf *Lange* (S. 29) hinweist, vom Standpunkt jener Rechtsgutsauffassung der Nichtbeamte, der einen schuldunfähigen Beamten zu einem echten Beamtendelikt veranlaßt, als Täter dieses Beamtendelikts bestraft werden, denn er hat eine Verletzung der durch jene Strafbestimmung geschützten rechtlichen Interessen (Rechtsgüter) herbeigeführt.

Dagegen kann die Rechtsgüterverletzungslehre nicht einwenden, daß, da § 175 ein „eigenhändiges" Delikt sei und das echte Beamtendelikt nur von Beamten als Täter begangen werden könne, diese Folgerungen nicht zu ziehen seien. Diese Einschränkungen stecken in dem Gedanken der Rechtsgutsverletzung grade n i c h t. Wo das Verbrechen allgemein als Rechtsgutsverletzung betrachtet wird, muß genügen, daß jemand schuldhaft diese Rechtsgutsverletzungen herbeigeführt hat, und dabei ist es gleichgültig, ob das „Rechtsgut" in einem gegenständlichen Objekt oder in einem Verhalten besteht. Was dem Rechtsgut als g e g e n s t ä n d l i c h e m O b j e k t recht ist (nämlich grundsätzliche Verletzbarkeit in mittelbarer Täterschaft), muß dem „Rechtsgut" als Verhalten generell billig sein. Sobald man aber dem Verhalten des T ä t e r s eine Sonderstellung einräumt (vor allem durch das Merkmal der Eigenhändigkeit), erkennt man an, daß es fehlerhaft ist, es mit den Schutzobjekten unter den gleichen Begriff des Rechtsguts gebracht zu haben. Es ist eben nicht möglich, das spezifische Unrecht des deliktischen Verhaltens des T ä t e r s als „Rechtsgut" zu versachlichen, zu vergegenständlichen, im buchstäblichen Wortsinn, zu „objektivieren", ohne in grundlegende Irrtümer zu verfallen.

---

[28] und bei limitierter Akzessorietät regelmäßig auch B e i h i l f e zu § 175!

[29] Neuerdings läßt allerdings *Schwinge* in seinem Kommentar zum MilStGB S. 99 sogar bei der Fahnenflucht mittelbare Täterschaft selbst von Zivilpersonen zu. — Wo in den bei *Schwinge* angeführten Fällen ein Strafbedürfnis bestand, werden regelmäßig die Landes- und Hochverratsbestimmungen ausgereicht haben. Im übrigen erledigen sie sich ganz mit der Einführung der limitierten Akzessorietät!

Aber in Wirklichkeit haben das die Rechtsgutstheoretiker praktisch gar nicht ernsthaft durchgeführt, weder in den Kosequenzen (ausgenommen den Hamburger Bordellwirtinfall)[29], noch auch im Ausgangspunkt selbst. Tatsächlich orientierten sie ihre Rechtsgutsbegriffe immer wieder am reinen Erfolgssachverhalt, wie er seinen begrifflich einwandfreiesten Ausdruck in *Mezgers* Aufsatz im 89. Band des Gerichtssaals gefunden hatte[30]. So

---

[30] Theoretisch weitet allerdings *Mezger* neuestens (ZStW. 57 S. 697) den Rechtsgutsbegriff so unermeßlich aus, daß fast jedes Tatbestandsmerkmal unter den Rechtsgutsbegriff fallen müßte: nämlich nicht nur das Schutzobjekt, sondern auch die Art und Weise der Tatbegehung, die Tatmittel, „personale" Beziehungen wie die „Amtsreinheit", ja sogar „jede Art verbotener und unter Strafe gestellter Gesinnungsäußerung"! Hier dürfte allerdings die Begriffsnacht, die alle Unterschiede verschlingt, bereits erreicht sein!

Es muß auffallen, daß auch H. *Mayer* in seinem klärenden Aufsatz über den Verbrechensbegriff den Rechtsgutsbegriff noch zu weit faßt (DStR. 1938 S. 83). Natürlich ist es gleichgültig, ob das „Rechtsgut" dinglich oder geistig-ideel ist: auch die Ehre ist als Gegenstand der Beleidigung ein Rechtsgut. Dagegen scheint es mir unrichtig zu sein, zu sagen, daß „jede Strafbestimmung ein Rechtsgut schützt". Es ist unzweckmäßig und in den Konsequenzen fehlerhaft, die geschlechtliche Sittlichkeit mit den Schutzobjekten wie Eigentum und Ehre ohne weiteres auf eine Ebene zu stellen. Der Fehler in der Objektivierung des reinen Aktunwerts zum Gegenstandsunwert ist oben aufgezeigt worden; er sollte daher durch eine unzweckmäßige Terminologie nicht herausgefordert werden.

Mir scheint die große Beharrlichkeit, mit der man den Rechtsgutsbegriff so weit ausdehnt, auf den Schutzgedanken zurückzuführen, der eine der Grundlagen des Strafrechts ist. Am klarsten tritt das bei *Mezger* heraus: „Anerkennung des Schutzgedankens als des maßgebenden Fundaments im Strafrecht bedeutet uns daher mit Notwendigkeit zugleich die Anerkennung des Rechtsgutsgedankens" (ZStW. 57 S. 696). — Hierzu ist folgendes zu sagen: Gleichgültig welcher Straftheorie man anhängt, — daß die empirische Strafe auch eine Schutzfunktion erfüllt, steht außer jedem Zweifel. Die Strafe als empirische Maßnahme schützt das sittlich geordnete Gemeinschaftsleben vor dem Verbrecher, auch da, wo sie ideell als Sühne aufgefaßt wird. Das sollte außer jedem Streit stehen. Etwas ganz anderes ist es, wenn man den Rechtsgutsbegriff aus jenem grundsätzlichen Schutzgedanken ableitet und so das Rechtsgut zum Korrelat des allgemeinen Schutzgedankens macht. Dann muß Rechtsgut alles sein, was durch Strafe überhaupt geschützt wird, daher auch die ganze Norm, deren Befolgung durch Strafsanktion gesichert wird, ebenso wie die gesamte Rechtsordnung überhaupt. Der Rechtsgutsbegriff verschlingt dann alles und wird dadurch als dogmatisches Einzelmoment unbrauchbar. Sein einzig übrigbleibender Inhalt ist der nackte Schutzgedanke. — Es hat gar keinen Sinn zu sagen, daß die Norm: „Du sollst nicht stehlen" Rechtsgut in § 242 sei, obwohl ihre Befolgung durch die Strafsanktion geschützt werden soll. So soll gewiß die Gemeinschaftsordnung als Ganzes durch die Gesamtheit der strafrechtlichen Bestimmungen geschützt werden; sie aber als Rechtsgut in all diesen Bestimmungen zu bezeichnen, ist dogmatisch völlig wertlos; dagegen ist es dogmatisch sinnvoll, sie als Rechtsgut einzelner Strafnormen, etwa des Hochverrats, aufzufassen. Zum brauchbaren Rechtsgutsbegriff kommt man überhaupt erst dann,

schreiben *Schwinger-Zimmerl* selbst in ihrer Verteidigungsschrift zur Rechtsgutstheorie, indem sie einen der wesentlichsten Angriffspunkte in einer Anmerkung abtun: „Man hat der Rechtsgutslehre auch noch vorgeworfen, daß nicht nur die Rechtsgutsverletzung als solche, sondern auch die Art

---

wenn man nicht schon das, was durch Strafe geschützt werden soll, sondern nur das, was durch die Norm, d. h. durch das rechtliche Gebot oder Verbot, geschützt werden soll, als Rechtsgut bestimmt. Die Strafsanktion des § 242 schützt die Norm: „Du sollst nicht stehlen"; aber die Norm des § 242 schützt nur das Eigentum, nicht ein darauf bezügliches Verhalten: das verbietet sie nur um des Eigentumschutzes willen. Rechtsgut ist nur das, worauf sich das gebotene oder verbotene Verhalten als sein materielles oder ideelles Handlungsobjekt bezieht, nicht aber das Verhalten selbst. Sonst kommen wir in die Nacht, wo alle Kühe schwarz sind. Daher fehlt es am Rechtsgut, wo im Tatbestand das bloße sozialethisch unreine Verhalten als solches unter Strafe gestellt ist. So schützt die sittliche Norm: „Du sollst nicht stehlen" das Eigentum. Aber die sittliche Norm: „Du sollst nicht Blutschande treiben" schützt nicht die Sittlichkeit, sondern sie ist sittliche Norm, welche durch eine Strafsanktion geschützt wird. Hier ist das unsittliche Verhalten als solches ohne Verletzung eines Rechtsguts verboten. Das wird noch klarer, wenn man zum Vergleich das Kuppeleiverbot heranzieht. Das Verbot der Kuppelei verbietet nicht nur ein unsittliches Verhalten des Täters, sondern schützt zugleich das sittliche Verhalten Dritter, d. h. es will Dritte vor unsittlichem Verhalten bewahren. Das letztere, d. h. also die „Sittlichkeit" Dritter oder genauer: das reale sittliche Verhalten Dritter ist hier Schutzobjekt. (Dabei ist nur anzumerken, daß „Rechtsgut" nicht notwendig ein „statisches" — sei es dingliches oder ideelles — Objekt zu sein braucht, sondern auch in einem (realen) Verhalten Dritter bestehen kann, sofern es nur nicht das bloße Verhalten des Täters selbst ist, das durch die Norm verboten, aber nicht geschützt wird.) In diesem Sinne kann auch einmal die „Reinheit der Amtsausübung oder richtiger die Pflichttreue des Amtsträgers Schutzobjekt sein, nämlich bei der aktiven Bestechung des § 333 (RG 72 S. 175): Die Norm des § 333 schützt die Pflichttreue des Beamten gegen Angriffe Dritter. Hiergegen gehalten muß die ganz andere dogmatische Stellung der „Amtsreinheit" bei den wirklichen Amtsdelikten sofort in die Augen springen. Die Norm: „Du sollst als Beamter nicht amtliche Gelder unterschlagen" schützt nicht die Pflichttreue des Beamten, sondern ist Gebot der Pflichttreue und schützt das in den Amtsbereich gelangte Eigentum (wie die Normen der §§ 340/1 den Körper, die Freiheit). Erst die Strafsanktion schützt die Innehaltung dieser Gebote der Treuepflicht, aber genau nicht anders wie sie alle sonstigen Normen schützt, ohne das diese darum zu Rechtsgütern werden. Die Treue im Amt („Amtsreinheit") ist eine (unter Strafschutz stehende) spezielle Art sozialethischer Pflichten (ähnlich wie die geschlechtliche Sittlichkeit oder die militärische Disziplin), aber nicht ein Rechtsgut. Die Treulosigkeit kann dabei die Verletzung anvertrauter Güter in sich schließen (Körper, Freiheit, Eigentum), sie kann aber auch ohne Verletzung eines Rechtsguts im reinen treulosen Verhalten bestehen (z. B. bei § 331 u. a. m.). — Alle Deliktsnormen verbieten unsittliches (sozialunethisches) Verhalten. Auch die Norm: „Du sollst nicht stehlen" enthält das Verbot unsittlichen Verhaltens; (noch niemand ist hier auf den Gedanken gekommen, daß Rechtsgut des § 242 die Sittlichkeit sei!). Das verbotene sozialunethische Verhalten (und nicht eine

ihrer Herbeiführung für die Auslegung von Bedeutung sei. Dem ist aber entgegenzuhalten, daß die Angriffsweise für zahlreiche Delikte ganz gleichgültig ist, so z. B. für Mord, Totschlag, Körperverletzung, Beleidigung usw." (S. 70 Anm. 21). Ganz deutlich tritt hier der Erfolgssachverhalt oder richtiger das Schutzobjekt unabhängig und im Gegensatz zum Verhalten des Täters als das eigentliche „wahre" Rechtsgut heraus[31]. Und das mit Recht: denn nur in dieser Beschränkung kann das Rechtsgut dogmatisch die positive Funktion erfüllen, die es hat, indem es die Schutzobjekte kennzeichnet, gegen die sich das deliktische Verhalten richtet. Die weitaus überwiegende Zahl der Tatbestände betrifft allerdings Delikte mit einem vom Verhalten unabhängigen Erfolgssachverhalt[32]. In dieser seiner Funktion war es auch niemals umstritten[33]. Nicht der Begriff des Rechtsguts (als statischen oder funktionalen Schutzobjekts) ist verfehlt, sondern die Rechtsgutsverletzungstheorie ist es. Selbst wenn diese den Rechtsgutsbegriff auf die Schutz o b j e k t e im obigen Sinne beschränkt, bleibt trotzdem in ihrem A n s a t z ein entscheidender Fehler zurück.

R e c h t s g u t s v e r l e t z u n g) i s t d e r g e n e r e l l e U n w e r t g e h a l t a l l e r N o r m e n. Aber die überwiegende Zahl der Normen betrifft nicht ein reines unsittliches Verhalten als solches, wie auch das Verhalten überwiegend nicht als b l o ß e s V e r h a l t e n unsittlich ist, sondern weil es auf Einwirkung auf einen unabhängig von ihm bestehenden (statischen oder funktionalen) Zustand abzielt. Nur im letzteren Sinne hat es Wert, von Rechtsgut zu sprechen, und hat das Rechtsgut über den bloßen allgemeinen Schutzgedanken hinaus eine spezielle dogmatische Bedeutung im Verbrechensbegriff. Der praktische Wert des richtig gefaßten Rechtsgutsbegriffs zeigt sich vor allem in der Teilnahmelehre, insofern als im Falle des reinen Aktunwerts der Täter das gesamte sozialunethische Verhalten selbst vornehmen muß, während im Falle der Verknüpfung des Aktunwerts mit einer Rechtsgutsverletzung für l e t z t e r e mittelbare Täterschaft möglich ist (s. u. S. 167 ff.). Von grundsätzlicher Wichtigkeit ist die richtige Erfassung des Rechtsgutsbegriffs für den Verbotsirrtum. Weil die Amtsreinheit, die geschlechtliche Sittlichkeit, die militärische Disziplin keine Rechtsgüter sind (jedenfalls grundsätzlich nicht!), sondern den speziellen Pflichtenkreis des Täters umschreiben, ist der Irrtum hierüber kein Irrtum über ein Rechtso b j e k t, sondern über die den Täter treffende Rechts p f l i c h t, also ein Verbotsirrtum! (unsicher H. *Mayer*, Lehrbuch S. 302).

[31] Vgl. dazu auch: *Dahm* ZStW. 57 S. 230 ff.

[32] Die Streitfrage, ob Angriffs- und Schutzobjekt identisch sind, ist mehr terminologischer Natur: Sie fallen nicht zusammen, wenn man das Angriffsobjekt (fälschlicherweise) rein naturalistisch, nicht in seiner rechtlich-sozialen Bedeutung nimmt.

[33] Selbst nicht in dem umkämpften Aufsatz von *Schaffstein,* Das Verbrechen als Pflichtverletzung (vgl. dazu meine Besprechung ZStW. 56 S. 125). Darum geht der Warnruf *Schwinge-Zimmerls* (S. 60) fehl, das Rechtsgut selbst sei in Gefahr. (Höchstens der Aktionsradius des Rechtsguts war bei *Schaffstein* zu eng gezogen). An der entscheidenden Polemik gegen die Rechtsgutsverletzungslehre gehen *Schwinge-Zimmerl* vorbei, man müßte denn die oben zitierte Bemerkung hierzu rechnen.

Ihr Grundfehler ist, daß sie die Rechtsgüter nicht im wirklichen sozialen Lebensraum, sondern in einer unlebendigen funktionslosen Welt sieht. In einem hübschen Vergleich hat H. *Mayer* das folgendermaßen deutlich zu machen versucht[34]: die soziale Wertwelt erscheine wie ein großer Lehrsaal der Physik, in welchem alle Gegenstände hübsch an ihrem Platze bleiben; der Verbrecher sei der unerwünschte Experimentator, der sich an einigen von ihnen zu schaffen macht. — Ich hatte in meinen Seminaren einen ganz ähnlichen Vergleich benutzt, der mir jedoch noch aufschlußreicher zu sein scheint: Nach der Güterschutztheorie sind die Rechtsgüter Museumsstücke, die sorgfältig vor schädlichen Einflüssen in Vitrinen verwahrt, nur dem Blick der Beschauer freigegeben sind. Der Verbrecher verletzt diese gesicherte Sphäre und greift mit roher Faust ein. Unbildlich ausgedrückt bedeutet das: die Meinung, daß das Verbrechen Rechtsgutsverletzung ist, geht von der Vorstellung aus, daß der ursprüngliche Zustand der Rechtsgüter der der Verletzungslosigkeit, der Freiheit und Sicherheit vor Verletzungen sei, erst das Verbrechen trägt an das Rechtsgut die Verletzung heran.

Die soziale Wirklichkeit des Rechts ist aber ganz anders: In Wirklichkeit gibt es Rechtsgüter nur, wenn und soweit sie in „Funktion" sind, d. h. soweit sie im sozialen Leben wirkend und Wirkungen empfangend darin stehen. Leben, Gesundheit, Freiheit, Eigentum usw. sind nicht einfach „da", sondern ihr Dasein ist In-Funktion-Sein, d. h. in der sozialen Verbundenheit Wirkungen ausübend und Wirkungen erleidend. Und diese Wirkungen sind — auch in dem gedachten verbrechenlosen „Urzustand" — keineswegs bloß positiver (steigernder, mehrender) Art, sondern ebensosehr und noch mehr negativer (beeinträchtigender, aufzehrender) Art. Alles soziale Leben besteht ja im Einsatz und Verbrauch von „Rechtsgütern", wie letztlich alles Leben stets zugleich Verbrauch des Lebens ist. So ist ein soziales Zusammenleben doch nur denkbar, wenn z. B. die Bewegungsfreiheit des einzelnen immerfort eingeschränkt ist, — jede anstrengende Arbeit verlangt Einsatz körperlicher Kräfte, bedeutet Beeinträchtigung des körperlichen Wohlbefindens, ganz zu schweigen vom modernen Massenverkehr, der sich ja nur auf dem Grunde von gegenseitigen Freiheitsbeschränkungen und körperlichen Beeinträchtigungen[35] abzuspielen vermag. Man überlege nur ernsthaft, wieviel Beeinträchtigungen, Gefährdungen, Verletzungen von Rechtsgütern man im Laufe eines Tages ausübt und gleichzeitig erleidet. Dabei ist lediglich an das „durchschnittliche" soziale Zusammenleben gedacht. Nun nehme man dazu, daß dieses soziale Leben in immer steigendem

[34] H. *Mayer*, Lehrbuch S. 205. — Ich bin mir allerdings nicht sicher, ob die Ausführungen wirklich auf das zielen, was oben im Text weiter entwickelt wird.

[35] So enthält die banale Tatsache, daß Eisenbahn, Straßenbahn, Omnibus nur an den vorgesehenen Stationen halten, millionenfache Freiheitsbeschränkungen der Fahrgäste. Nach der Rechtsgutsverletzungstheorie müßten es lauter tatbestandsmäßige Freiheitsberaubungen sein, deren Rechtswidrigkeit durch die Einwilligung beseitigt wäre.

Maße mit „riskanten" Tätigkeiten erfüllt ist, Risiken, die jemand ausübt oder erleiden muß und die bis zum Einsatz des Lebens gehen. Man erwäge ferner, wie das Leben die Tendenz hat, sich an diese Risiken zu gewöhnen, so daß sie schließlich als alltägliche Bestandteile des sozialen Daseins unbeachtet bleiben. Die moderne Verkehrsentwicklung von der Eisenbahn an ist das instruktivste Beispiel hierfür[36].

Bedenkt man das alles, so wird einem handgreiflich klar, daß in einer Definition des Verbrechens als Rechtsgutsverletzung (oder -gefährdung) das Entscheidende ungesagt bleibt. Wollte das Recht ernsthaft alle Rechtsgutsverletzungen als objektives Unrecht verbieten, so würde jedes soziale Leben augenblicklich stillestehen müssen und wir hätten jene Museumswelt, die nur der Beschauung gewidmet wäre. Der Sinn des Rechts besteht nicht darin, daß es von unverletzt gedachten Rechtsgütern alle verletzende Einwirkungen abwehrt, sondern daß es von den unzähligen Funktionen, in denen das Rechtsgut wirkend und leidend darinsteht, die für ein sittlichgeordnetes Gemeinschaftsdasein U n v e r t r ä g l i c h e n auswählt und verbietet. Es verbietet nicht j e d e Beeinträchtigung von Rechtsgütern (auch „grundsätzlich" nicht), sondern es gewährt Schutz stets nur gegen bestimmt geartete Einwirkungen, die daß Maß der notwendig vorauszusetzenden Beeinträchtigungen übersteigen, in welchen sich das geordnete Gemeinschaftsleben in lebendig-tätigen Funktionen vollzieht. Rechtsgüterschutz gibt es nur im Hinblick auf bestimmt geartete Rechtsgüterbeeinträchtigungen! Daher ist Rechtsgüterschutz nur unter Hinzunahme einer bestimmt gearteten Beeinträchtigung rechtlich denkbar. Dabei kann das Zivilrecht, da es vornehmlich am Schadensausgleich interessiert ist, außerordentlich weit gehen und bloße Verursachungen, ja bloße Zugehörigkeit des Schadensfalles zum rechtlichen Machtkreis einer Person (z. B. bei der Tierhalterhaftung) genügen lassen. Das Strafrecht beschränkt sich von vornherein auf die menschliche Zwecktätigkeit; Verursachungen kommen nur dann in Betracht, wenn sie zwecktätig vermeidbar waren (Handlungen im weiteren Sinn).

So hat die erste Antwort auf unsere oben gestellte Frage dahin zu lauten: das „Mehr", das zum Erfolgssachverhalt (zur Rechtsgutsverletzung) hinzukommen muß, um das spezifische strafrechtliche Unrecht auszumachen, ist primär die finale Handlung, ausnahmsweise auch die v e r m e i d b a r e Verursachung.

Dies Ergebnis ist jedoch noch näher zu präzisieren: „Handlung" (auch als finale Handlung) ist immer noch eine Abstraktion wie „Verursachung", wenn sie nicht als sozial bedeutsames Phänomen, als Handlung im sozialen Lebensraum erfaßt wird. Dann scheiden aber weiter, wie wir oben sahen, alle Handlungen für den Unrechtsbegriff aus, die sich funktionell innerhalb der geschichtlich gewordenen Ordnung des Gemeinschaftslebens eines Volkes

---

[36] Im Jahre 1861 hatte man den Betrieb der Eisenbahn als „an sich" rechtswidrig erklärt. (*Mayer*, Lehrbuch S. 246.)

bewegen. Solche Handlungen seien schlagwortartig „sozialadäquat“ genannt. Sozialadäquate Handlungen sind alle Betätigungen, in denen sich das Gemeinschaftsleben nach seiner geschichtlich bedingten Ordnung jeweilig vollzieht. Eisenbahnfahren ist eine sozial-adäquate Tätigkeit; auch der Rat, eine Eisenbahnreise zu machen, ist eine sozial-adäquate Handlung. Damit beantwortet sich das ziemlich abgeschmackte Beispiel, ob der Neffe ein Verbrechen begeht, wenn er den Erbonkel zu einer Eisenbahnfahrt überredet in der Absicht, daß dieser bei einem Eisenbahnunglück ums Leben kommen möge, und dies tatsächlich geschieht[37]. Dieses Beispiel hat weder mit der Kausalität, noch mit dem Vorsatz etwas zu tun, sondern mit der sozialen Bedeutung der Handlung, die wir als soziale Adäquanz bezeichnet haben. Auch um die Rechtswidrigkeit handelt es sich nicht, da diese erst in Frage steht, wenn die soziale Adäquanz überschritten wird. Allgemein anerkannt ist die soziale Adäquanz beim Erpressungstatbestand, bei dem Drohungen mit „verkehrsmäßigen“ Übeln von vornherein ausscheiden[38]. (Niemand wird hier auf den Gedanken kommen, daß die soziale Adäquanz ein Unrechtsausschlußgrund ist!)

---

[37] Hierher gehört auch das noch abgeschmacktere Beispiel vom Pflanzen einer Tollkirsche im Walde, damit ein Mensch daran einmal sterben möge.

[38] Das Unzulängliche und Bedenkliche der „Verkehrsmäßigkeit“ — wie auch der im „Verkehr“ erforderlichen Sorgfalt (s. u. S. 177 ff.) oder der „Verkehrssitte“ und dgl. — liegt allerdings darin, daß sie primär nur ein faktischer Durchschnittsbegriff ist oder zumindestens den Gedanken daran nahelegt. In ihr kommt zwar die *funktionale* Seite der sozialen Adäquanz klar zum Ausdruck, nämlich der Gedanke, daß das soziale Gemeinschaftsdasein eine *funktionale* Welt ist, in der alle „Rechtsgüter“ notwendig und von vornherein in einem gegenseitigen Austausch von Wirkung und Gegenwirkung (d. h. „im Verkehr“) miteinander stehen, d. h. in lebendiger Funktion sind, in der allein sich ihr Dasein als soziale Lebensgüter erfüllt. Aber die soziale Adäquanz ist mehr, sie ist nicht nur ein funktionaler, sondern auch ein *werthafter Ordnungsbegriff*: die Formen, die das funktionale, soziale Leben beherrschen, sind nicht lediglich faktische Übungen, sondern geschichtliche *Ordnungen*, die sich aus- und fortbilden in dem Bedingungszusammenhang zwischen dem sachlichen Lebensbestand (z. B. der technischen Entwicklung) und den Werthaltungen, mit denen die Gemeinschaft wertend und ordnend auf dem jeweiligen Daseinsbestand antwortet. Nur unter Hinzunahme dieser normativ-werthaften Seite (als das sozial „Angemessene“) ist die soziale Adäquanz ein immanentes Prinzip der Rechtsbildung, und zwar nicht nur da, wo das Recht ausdrücklich auf sie verweist — wie im Begriffe der Verkehrsmäßigkeit (§ 276, § 242 BGB) oder stillschweigend wie in § 253 StGB — sondern auch für die gesamte Tatbestandsbildung. Hier bringt sie zum Bewußtsein, daß das gesetzlich normierte Recht stets in eine geschichtlich schon *gestaltete* Welt eintritt, deren Ordnungen es befestigt oder (in geschichtlich bewußter Tat) ändert und weiterführt, die es aber niemals voll erschöpfen kann, und daß es sich daher stets entweder unmittelbar auf sie beziehen muß (wie z. B. durch den Begriff der Verkehrsmäßigkeit) oder daß seine Begriffe wenigstens mittelbar ihren Bedeutungsgehalt aus der Beziehung auf sie miterhalten (über das letztere s. u. bes. S. 150 ff.).

Ein Sonderfall der sozialen Adäquanz ist das erlaubte Risiko, das sich von sonstigen sozialadäquaten Handlungen nur durch den Grad der Rechtsgutsgefährdung unterscheidet. (Dieser ist übrigens auch bei den sonstigen sozialadäquaten Handlungen je nach der Art der Tätigkeit verschieden, man denke etwa an Sportkämpfe!) Allerdings liegt beim erlaubten Risiko wegen des hohen Grades der Gefährdung der Gedanke des Unrechtsausschlusses näher. Die Beantwortung dieser Frage kann ins Belieben gestellt werden, da sie praktisch bedeutungslos ist. Als rechtswidrig kommen erst diejenigen Handlungen in Betracht, die die soziale Adäquanz (oder das erlaubte Risiko) überschreiten.

Die Struktur dieser Handlungen ist nun näher zu betrachten. Wir sahen: Rechtsgüterschutz gibt es nur in bezug auf bestimmt geartete Beeinträchtigungen. Dabei scheiden für das Strafrecht — anders als im Zivilrecht — reine Verursachungen (grundsätzlich) aus. Gegenstand des Strafrechts sind primär die final (zwecktätig) auf die Herbeiführung eines negativen Erfolgs gerichteten H a n d l u n g e n[39]; ausnahmsweise und im geringen Umfange auch bloße V e r u r s a c h u n g e n , sofern sie (zwecktätig) vermeidbar waren. Haben wir aber die Bedeutung der Art der Herbeiführung für den Unrechtstatbestand einmal erkannt, so müssen wir endlich zu dem Schluß kommen: es gibt keinen Unrechtstatbestand, der für finale Handlungen wie für vermeidbare Verursachungen gemeinsam wäre, da bei beiden die Art der Herbeiführung völlig verschieden ist. Vielmehr gibt es e n t w e d e r Tatbestände finalen Unrechts o d e r Tatbestände vermeidbaren kausalen Unrechts. Wollte man dagegen beide auf einen Nenner bringen, so müßte man die finalen Tatbestände in rein kausale umfälschen und damit grade die entscheidende Besonderheit dieser Art der Herbeiführung vernichten. Gleichzeitig aber würde man auf die alte Güterverletzungstheorie hinauskommen, bei der die Art der Herbeiführung für das Unrecht gleichgültig ist.

Das Schlußergebnis unserer Überlegungen können wir kurz folgendermaßen zusammenfassen: das Moment der Finalität gehört zum strafrechtlichen Unrecht als die besondere Art der Herbeiführung maßgeblich mit hinzu. Vorsätzliche und fahrlässige Delikte unterscheiden sich bereits im Unrechtstatbestand. Der Vorsatz als Moment finaler Zwecktätigkeit gehört zum Unrechtstatbestand. Hinzuzufügen ist folgendes: Sind im gesetzlichen

(Einem Literaturbericht von *Schaffstein* ZStW. 57 S. 652 entnehme ich, daß der Holländer H. B. *Vos* (Leerboeck van Nederlandsch Strafrecht, 1936) die „Verkehrsmäßigkeit" in den Mittelpunkt der Rechtswidrigkeitslehre gestellt hat: das Strafrecht verbiete nur das abnormale Tun, so daß das verkehrsmäßige Tun stets rechtmäßig sei, auch wenn es formell unter einen Tatbestand falle. — Damit ist offensichtlich wenigstens die funktionale Seite der sozialen Adäquanz richtig herausgestellt; sie muß aber ohne Hinzunahme des werthaft-geschichtlichen Ordnungsmoments unfruchtbar bleiben.)

[39] Da wir uns noch in der Auseinandersetzung mit der Güterverletzungstheorie befinden, orientieren wir uns an den Erfolgsdelikten. Den Fehler, Tätigkeitsdelikte in Erfolgsdelikte umzufälschen, hatten wir schon vorher aufgedeckt.

Tatbestand keine besondere Mittel für die Durchführung der Handlung angegeben, so genügt grundsätzlich jedes Mittel, entscheidend ist lediglich die finale Zwecktätigkeit, die die realen Bedingungen auf den Erfolg hinlenkt. Keineswegs ist eine besondere Typizität des äußeren Geschehens erforderlich, die man, — da sonst Kriterien fehlen, — am Lebenssprachgebrauch orientiert hat. So will *Beling* (GerS. 101 S. 1 ff.) den Begriff des Tötens in § 211 ff. nach dem Lebenssprachgebrauch ausgelegt wissen, und H. *Mayer* (Lehrbuch S. 212) schließt sich ihm mit einigen Bedenken und Einschränkungen an. Daß der Lebenssprachgebrauch, — so anregend und aufschließend auch der Sprachsinn für die Forschung sein kann, — als Instanz letzter sachlicher Entscheidung viel zu unsicher und vieldeutig ist, ist oft schon durchschlagend hiergegen eingewendet worden. Der Unterschied zwischen dem „Töten" des § 211 und dem „Todverursachen" des § 222 liegt nicht in der Typizität, sondern in der finalen Tatherrschaft, deren Bedeutung in der Teilnahmelehre klar hervortreten wird (s. u. S. 159 ff.). Wollte man eine besondere Typizität verlangen, so würde man grade den raffiniertesten Verbrecher, der seine Tat unter dem Anschein harmlosen, scheinbar sozial-adäquaten Handelns verbirgt, straflos ausgehen lassen müssen. So sehe ich nicht ein, weshalb man in den Beispielen *Mayers*[40] nicht denjenigen als Mörder bestrafen wollte, der ein lungenkrankes Mädchen, dem eine Schwangerschaft den Tod bringen muß, mit dieser Absicht schwängert[41]. Daß trotzdem die Finalität im Begriff des „Tötens" nicht nur einen

---

[40] *Mayer*, Lehrbuch, S. 212 f. (S. 169 ff.) und DStR. 1938 S. 103.

[41] Die übrigen Beispiele *Mayers* betreffen größtenteils entweder echt sozialadäquate Tätigkeiten oder erlaubtes Risiko. Beim bewußten Überschreiten des erlaubten Risikos sehe ich wieder nicht ein, weshalb nicht wegen vorsätzlichen Unrechts bestraft werden sollte, wenn Vorsatz wirklich vorlag. Fälle dieser Art können in der Wirklichkeit nur Taten raffiniertester Verbrecher sein, die unter dem Deckmantel scheinbar sozial-adäquater Tätigkeit ihr Verbrechen verüben. Andere Beispiele bewußter Überschreitung erlaubten Risikos, bei denen man den Vorsatz mit dem beliebten dolus eventualis konstruiert, sind regelmäßig rein theoretische Phantasieprodukte; in der Wirklichkeit liegt eben tatsächlich nur Fahrlässigkeit vor! Hierauf beruht es, daß bei bewußter Überschreitung des Risikos im wirklichen Leben in aller Regel nur Fahrlässigkeit anzunehmen ist; aber es braucht nicht so zu sein, vielmehr kann die Überschreitung des Risikos im Einzelfall einmal eine geschickte Tarnung verbrecherischer Absichten sein. (Z. B. bei der Entsendung eines seeuntüchtigen Schiffes, etwa um unliebsame Mitwisser unter der Besatzung unauffällig zu beseitigen, s. *Mayer*, Lehrbuch, S. 213 gegen S. 171 u. DStR. 1938 S. 104.)

Bei der Frage danach, ob bei Überschreitung der sozialen Adäquanz (des erlaubten Risikos) Fahrlässigkeit oder gar Vorsatz gegeben ist, wird das „Bild, das man sich von der Person des Täters macht" (*Mayer*, DStR. 1938 S. 104), regelmäßig von Erheblichkeit sein; aber eben nur bei der Frage nach der konkreten Anwendung vorsätzlicher oder fahrlässiger Tatbestände für die einzelne Tat, nicht als Kriterium für die Auslegung der Deliktstatbestände selbst, wie es neustens *Mayer* anscheinend an Stelle des bisher verwendeten Kriteriums des Lebenssprachgebrauchs tun will. Die Ausscheidung derjenigen Rechts-

strukturellen, sondern auch einen umfangmäßigen Unterschied gegenüber den kausalen Tatbeständen („Todverursachung") einschließt, werden wir bei den Teilnahmeverhältnissen sehen. Hier wird der Unterschied finaler und kausaler Tatbestände dogmatisch wie praktisch besonders deutlich sichtbar werden.

Vorerst erscheint es zweckmäßig zu sein, den Ertrag unserer Untersuchungen für den begrifflichen Aufbau der tatbestandsmäßig rechtswidrigen Handlung zu verwerten. Eine Vorbemerkung sei hierbei vorausgeschickt: Der Wert der Bestimmung von Begriffselementen im Aufbau des Tatbestandes ist unter dem Einfluß der neueren Tatbestandslehre und der Begriffbildungstheorie weitaus überschätzt worden[42]. Über die in der begrifflichen Sphäre erfolgenden Unterscheidungen objektiver und subjektiver, normativer und deskriptiver Elemente im Unrechtstatbestand und im Schuldsachverhalt hat man die Untersuchung der gegenständlichen Strukturen der wirklichen, sozialethischen Handlung weitestgehend vernachlässigt. Dadurch war der innere Zusammenhang, der sie in der Handlung als finaler, sinnhafter Ganzheit miteinander verbindet, stark in den Hintergrund gedrängt und ihre begriffliche Unterschiede verschärft worden. Unsere Untersuchungen über die finale Handlung haben deutlich gezeigt, wie relativ etwa der Unterschied objektiv-subjektiv ist, wie das äußere Geschehen „subjektiv" dirigiert ist, wie z. B. auch das objektivste Mittel als „Mittel" nur im finalen Zweckzusammenhang einen Platz hat, wie umgekehrt der Vorsatz als Moment finaler Zwecktätigkeit stärkstens objektive Bedeutung hat usw. Die innersachlichen Strukturen sind das Wesentliche, nicht die Bestimmung abgelöster Begriffselemente. Immerhin ist letztere insofern keineswegs bedeutungslos, als sie den Hauptakzent, der auf den einzelnen Momenten im Tatbestand liegt, kurz anzeigt. Sie hat darum weniger Erkenntniswert als vielmehr denkökonomischen oder besser didaktischen Wert. Sie hat daher — soweit es geht — einfach zu sein, da jede allzu diffizile begriffliche Unterscheidung den didaktischen Wert beeinträchtigt. Unter diesen Gesichtspunkten ist der folgende begriff-

---

gutsverletzungen, die nicht unter die Deliktstatbestände fallen, bestimmt sich nach der sozialen Adäquanz; erst bei der Überschreitung der sozialen Adäquanz (des erlaubten Risikos) ist das „Bild vom Täter" für die Frage nach Vorsatz oder Fahrlässigkeit erheblich, und hier bestimmt dann die finale Tatherrschaft im Gegensatz zur (vermeidbaren) Verursachung den geringeren Umfang des Tatbestandes vorsätzlicher Delikte im Verhältnis zu dem weiteren Umfang fahrlässiger Delikte (s. u. S. 150 ff.). — Hiernach beurteilen sich die Fälle *Mayers* (DStR. 1938 S. 104): Der Verbrecher, der schlechtgezielte Schüsse auf die verfolgenden Beamten abgibt, handelt mindestens eventuell vorsätzlich; die Aussendung seeuntüchtiger Schiffe enthält dagegen in aller Regel höchstens eine fahrlässige Tötungshandlung (s. aber oben!). (Der Fall von dem Einbrecher, der statt der ursprünglich gewollten Sache a die Sache b wegnimmt, hat mit den hier verhandelten Problemen überhaupt nichts zu tun.)

[42] So auch neustens *Nagler*, GerS. 111 S. 52 Anm. 97 a.

liche Aufbau des Unrechtstatbestandes zu betrachten. Er geht dabei von einer Kombination des Begriffspaars objektiv-subjektiv mit dem Begriffspaar täterschaftlich-tatmäßig aus. Während die Relativität des ersten Begriffspaares besonders betont werden mußte, ist eine begriffliche Zerreißung des letzteren kaum zu befürchten. Zu bemerken ist nur noch, daß, während der alte Dualismus objektiv-subjektiv für die Trennung von Unrecht und Schuld verwandt wurde, er hier allein im Unrechtstatbestand auftritt.

A. Der objektive Unrechtstatbestand

I. Die objektiven Tatelemente:

1. Die Ausführungshandlung mit dem Erfolgssachverhalt (verletztem Rechtsgut). Eine Rechtsgutsverletzung wird tatbestandsmäßig meist gefordert, da die meisten Delikte Erfolgsverbrechen sind. Doch kann sie, durchaus nicht selten, fehlen:
   a) generell beim Versuch,
   b) bei den reinen Tätigkeitsdelikten.
2. Die besonderen Tatmittel.

II. Die objektiv-täterschaftlichen Elemente:

Die objektiven Tätervoraussetzungen und -eigenschaften: Beamter, Kaufmann, Soldat, Deszendent usw.

Auch hier ist die Objektivität sehr relativ, da diese objektiven Eigenschaften zugleich die Pflichtenstellung umreißen, die der Betroffene subjektiv zu erfüllen hat. (Hier ist vor allem der Sitz des Pflichtenstrafrechtes im Sinne *Schaffsteins*, dessen Vorbild das Wehrstrafrecht ist.)

B. Der subjektive Unrechtstatbestand

I. Der Vorsatz als Moment finaler Tatherrschaft.

II. Die subjektiv-täterschaftlichen Elemente: die besonderen Tendenzen und Absichten (unzüchtige Tendenz, Zueignungsabsicht u. a.) (die sog. subjektiven Unrechtselemente[43, 44].

---

[43] In dieser Gestalt dürfte auch im schulmäßig-didaktischen Gebrauch der Aufbau der strafrechtlichen Handlung zu empfehlen sein, wobei sich an diese Gliederung weiter die Frage der Unrechtsausschließungsgründe und die Schuldfrage (auch regelmäßig in der Negative) anschließen. Er bietet gegenüber dem alten Schema gar keine so erhebliche Änderungen, nämlich außer der sachgemäßeren Differenzierung — grob gesprochen — nur die Tatsache, daß auch die subjektiven Elemente, der gewonnenen Erkenntnis gemäß, ins Unrecht gerückt sind. Gegenüber dem Schema der neueren Tatbestandslehre dagegen bedeutet es eine ganz wesentliche Vereinfachung: denn diese mußte in den an sich rein objektiven Unrechtstatbestand die subjektiven Unrechtselemente hineinnehmen: hinter diese mußte sie den Vorsatz als subjektiven Teil der Schuld behandeln und hier wieder als objektive Einsprengsel die objektiven Schuldelemente einfügen, — eine ganz unpraktikable Einteilung.

[44] Damit erhalten auch die §§ 42 b und 330 a (Handlungen im zurechnungsunfähigen Zustand) — jedenfalls für den Vorsatz — ihre systemgemäße Erledigung.

Die Änderungen, die dieser Aufbau in der Rechtswidrigkeitslehre zur Folge hat, sind — ebenfalls für den praktischen Gebrauch kurz zusammengefaßt — folgende: Es hat sich ergeben, daß der Begriff Rechtswidrigkeit im Rechtssystem mehrdeutig ist. Er kann ganz verschiedenartige Inhalte haben, indem er entweder den reinen Sachverhaltsunwert oder den Handlungsunwert bezeichnet und den letzteren wiederum entweder zusammen mit einem Sachverhaltsunwert oder ohne einen solchen (als reinen Handlungsunwert).

Der primäre Gegenstand des Strafrechts ist der Handlungsunwert, der aber überwiegend den Sachverhaltsunwert mitumfaßt (bei den Erfolgsdelikten). Jedoch ist die Verknüpfung von Handlungsunwert und Sachverhaltsunwert keine notwendige.

Der Vorsatz gehört eben von vornherein zur Handlung und damit zum Unrecht und nicht zur Schuld. Daß danach für Taten Schuldunfähiger bei vorsätzlichen Tatbeständen Vorsatz verlangt wird, ist daher völlig systemgemäß. (Über die Frage der „Fahrlässigkeit" Schuldunfähiger s. unten S. 182 ff.)

Für § 42 b bestehen keine weiteren Schwierigkeiten. Bei § 330 a bin ich der Ansicht, daß die Tat im Rausch nicht Strafbarkeitsbedingung, — wie gelehrt wird —, sondern Teil des Unrechtstatbestandes ist, der hier ausnahmsweise nicht von der Schuld umfaßt zu sein braucht. (Die Dinge liegen hier ähnlich wie bei den erfolgsqualifizierten Delikten, bei denen der schwerere Erfolg Steigerungen des Unrechts ist. Der wesentliche Unterschied zwischen diesen Fällen und der Rauschtat liegt nur darin, daß bei erfolgsqualifizierten Delikten bereits der von der Schuld umfaßte Vordertatbestand eindeutig rechtswidrig ist.) Denn was sollte in § 330 a Unrechtstatbestand sein? Das bloße Sich-betrinken ist doch wohl noch nicht rechtswidrig im strengen Sinne. Es ist vielmehr eine noch farblose oder besser zweifelhafte Betätigung, die ihre entgültige rechtswidrige Färbung durch die Tat im Rausch erhält. Durch die spätere Tat löst sich der bestehende Zweifel über die Frage des Unrechts entgültig nach der negativen Seite. Die spätere Tat im Rausch ist das eigentlich gravierende Moment, der eigentlich unrechtsbedeutsame Teil. Diese Betrachtung scheint mir jedenfalls lebensnäher zu sein, als die herrschende Auffassung, die im bloßen Sich-betrinken ein volles Delikt und in der späteren Tat „nur" eine unrechtsfremde Strafbarkeitsbedingung sieht.

In dieser Richtung dürfte auch die Lösung der Teilnahmefrage liegen. Die bloße Beteiligung am Sich-betrinken des anderen ist noch kein Unrecht. Das eigentliche Unrecht ist ja erst die spätere Tat. An dieser findet aber keine (schuldhafte) Beteiligung mehr statt. Hier zeigt sich der Unterschied zu den sonstigen erfolgsqualifizierten Delikten, bei denen die Vordertat schon voll rechtswidrig ist. Dadurch, daß die spätere Tat im Rausch der entscheidende unrechtsbedeutsame Teil ist, wird das ganze Verbrechen zu einem „extrem eigenhändigen" Delikt, bei dem eine Beteiligung unmöglich ist, die nicht zugleich weitere Teilnahme am eigentlichen Unrecht der späteren Tat ist. Also ist zwar Mittäterschaft (an beiden Tatteilen) möglich, aber nicht Anstiftung oder Beihilfe zu § 330 a. Auch das scheint mir die lebensnähere Auslegung zu sein. (So im Ergebnis auch *Schäfer-Dohnanyi*, Nachtrag zu *Frank* S. 112, und *Kohlrausch*, StGB § 330 a Anm. 2.)

Es gibt vielmehr:

1. Handlungsunwert ohne Sachverhaltsunwert (Erfolgsunwert):
a) bei den sog. Tätigkeitsdelikten,
b) beim Versuch.

2. Sachverhaltsunwert ohne Handlungsunwert:
a) nach der herrschenden Auslegung der Notwehrbestimmung im Falle des „rechtswidrigen" Angriffs. Entscheidend ist hiernach nicht, daß der Angriff als Handlung unrechtmäßig ist, sondern daß der negative Erfolg vom Bedrohten nicht geduldet zu werden braucht. „Rechtswidrig ist, was eine Rechtswidrigkeit bewirkt." (Ob diese Auslegung richtig ist, kann dahingestellt bleiben, daß sie möglich ist, kann nicht bestritten werden. — Dogmatisch ist sie außerordentlich aufschlußreich!)
b) In den Fällen des erlaubten Risikos, bei denen ein negativer Erfolg eintritt.
c) In den Fällen des (Tat-)Irrtums (nach h. L. auch der Putativnotwehr, des Putativnotstandes u. dgl.), bei dem mit dem Vorsatz die finale Tatherrschaft ausgeschlossen ist. Hier kann jedoch ein „Handlungs"-unwert (im weiteren Sinne, nämlich im Sinne der vermeidbaren Verursachung) übrigbleiben, sofern Fahrlässigkeit vorliegt und ein entsprechender Tatbestand gegeben ist.
d) Beim Notstand. Siehe darüber unten S. 156 ff. Ob gegen die Notstandshandlung Notwehr zulässig ist, hängt von der unter a) behandelten Frage ab, ob „rechtswidrig" in § 53 als Sachverhaltsunwert zu verstehen ist. Im zivilrechtlichen Notstand der §§ 228, 904 ist der Betroffene auf jeden Fall auf Ersatzansprüche beschränkt; er kann natürlich seinerseits in Notstand geraten.

Die Fälle zu 1. bieten keine Schwierigkeiten. Dagegen sind die Fälle zu 2. für den überkommenen eindimensionalen Rechtswidrigkeitsbegriff einfach unlösbar. Sie sind nämlich „nicht-rechtswidrig" und „rechtswidrig" zugleich, je nachdem man sie von der Handlung oder vom Erfolg her sieht. Die Verwirrung war in dieser Beziehung besonders stark beim rechtswidrigen Angriff des § 53. Diejenigen, die die Rechtswidrigkeit stärker von der Handlung aus sahen, erklärten ihre Verwendung in § 53 für „untechnisch" (so *Binding*), wogegen diejenigen, die die Rechtswidrigkeit am Erfolgssachverhalt orientierten, in § 53 die beste Stütze ihrer Ansicht zu haben glaubten (so *Mezger*). Schlimm wurde die Verwirrung dann, wenn die „Objektivisten" die „Subjektivisten" mit dem Hinweis auf § 53 widerlegen zu können glaubten, ohne zu merken, daß sich beide auf ganz verschiedenem Boden bewegen[45]. Eine Verständigung ist eben erst dann möglich, wenn man erkannt hat, daß Rechtswidrigkeit ein mehrdeutiger Begriff ist, daß er verschiedene Inhalte haben kann und daher auch verschiedenartige Funktionen im Rechtssystem zu erfüllen hat.

---

[45] So neuestens wieder *Schwinge-Zimmerl*, Wesensschau, S. 37 f.

Dasselbe gilt für die Kontroverse, ob rechtmäßige Handlungen (z. B. bei erlaubtem Risiko) rechtswidrige Erfolge haben können; — eine These, die von *Beling* (Lehre vom Verbrechen S. 176 ff.) vertreten und von H. A. *Fischer* (Rechtswidrigkeit S. 102) bestritten worden ist. Auch hier bedeutet „rechtswidrig" in These und Antithese etwas ganz Verschiedenes[46].

Endlich sind hier die Fälle des mangelnden Vorsatzes (mangelnder finaler Tatherrschaft) zu nennen, in denen unsere Auffassung am stärksten auf alteingefahrene Vorstellungen stoßen wird. Das Wesentliche dürfte schon gesagt sein: wo die mangelnde Voraussicht auf Fahrlässigkeit beruht und ein entsprechender Tatbestand für vermeidbare Verursachung gegeben ist, bleibt natürlich eine Rechtswidrigkeit im Sinne dieses Fahrlässigkeitstatbestandes und insofern ein „Handlungs"unwert im weiteren Sinne bestehen. Wo aber die eine oder andere Voraussetzung fehlt, sehe ich mich nicht in der Lage, noch von Rechtswidrigkeit im Sinne eines Handlungsunwertes sprechen zu können. — Übrigbleibt bestenfalls ein Sachverhaltsunwert und damit eine Rechtswidrigkeit etwa im Sinne der weitverbreiteten Auslegung des § 53, wo sie vor allem praktisch bedeutsam werden könnte. (Dieser Sachverhaltsunwert unterscheidet dann auch die [schuldlose] Putativnotwehr von echter Notwehr[47]!)

Zum Schluß müssen wir zu einem Problem Stellung nehmen, dessen Lösung wir bisher stillschweigend vorausgesetzt haben, nämlich zum Verhältnis von Unrecht und Tatbestand. Die Auseinandersetzung hierüber war in den letzten Jahren besonders heftig gewesen. Auch hier ist die Lage ähnlich wie in der Rechtsgutsfrage: nicht der Tatbestand selbst, sondern eine bestimmte Form der Tatbestandslehre ist der eigentliche Kernpunkt

---

[46] Allerdings können als „rechtswidrig" bestenfalls nur solche Erfolgssachverhalte bezeichnet werden, die mit irgendwelchen rechtlichen Folgen für jemanden, regelmäßig den Urheber verknüpft sind. Darum scheiden Folgen sozial-adäquater Handlungen ganz aus.

[47] In diesem Zusammenhange, der den Unterschied von Handlungs- und Sachverhaltsunwert herausstellen soll, können Einzelfragen des Irrtumsproblems, vor allem die Frage des Rechtsirrtums dahingestellt bleiben. Wo man, wie die Strafrechtskommission (Bericht S. 63 f., 69), den Rechtsirrtum dem Irrtum über Tatumstände gleichstellt, da würde man für die ganze Tat einen Handlungsunwert i. S. der in Frage kommenden Fahrlässigkeitstatbestände, evtl. des generellen Aushilfstatbestandes über die Rechtsfahrlässigkeit anzunehmen haben. Wenn man dagegen, wie Graf zu *Dohna* (zuletzt „Aufbau der Verbrechenslehre" S. 41 ff.), mit Recht dem Verbotsirrtum nicht die Kraft beimißt, den Vorsatz (die finale Herrschaft über die Tat) zu beseitigen, dann bleibt ein Handlungsunwert i. S. der finalen Tatbestände bestehen. Die praktische Bedeutung dieser Auffassung würde — abgesehen von ihrer lebensrichtigeren Betrachtung der Dinge — sich vor allem beim Versuch (*Dohna,* S. 42) und in geringerem Maße auch bei der Teilnahme zeigen. Der Rechtsirrtum wird damit zu einem Schuldproblem (s. dazu unten Anm. 63).

des Streites gewesen. Allerdings war das Mißverständnis hierüber deshalb besonders groß, weil sich *Dahm* als „Rufer im Streite" ausdrücklich gegen „Wort und Begriff des Tatbestandes" selbst ausgesprochen hatte und damit ein Kernstück alter deutscher Rechtsüberlieferung (im Gegensatz zum römischen und z. T. gemeinen Recht) preisgegeben zu haben schien; — eine Deutung, die *Dahm* inzwischen selbst richtig gestellt hat (ZStW. 57 S. 269 Anm. 105).

Der Vergleich mit dem Streit um die Rechtsgutslehre hat jedoch noch eine tiefere Bedeutung. Wenn der letzte Fehlansatz der alten Unrechtslehre in der Güterverletzungstheorie (dem Korrelat des Kausaldogmas) steckte, so muß er seine Auswirkungen selbstverständlich auch auf die Auffassung über das Verhältnis von Unrecht und Tatbestand und schließlich überhaupt auf die Tatbestandslehre selbst haben. Wir müssen das im einzelnen darlegen.

Dahm bezeichnet als Kernstück des Streites die Trennung von Tatbestand und Rechtswidrigkeit. *Schwinge-Zimmerl* haben hiergegen schon darauf hingewiesen, daß doch *Mezger* bereits den Tatbestand als typisiertes Unrecht erfaßt und damit *Belings* Lehre in dem gewünschten Sinne korrigiert habe (S. 83, 87). Allerdings schränken sie das sofort ein auf „alle Fälle, wo n o r m a t i v e Tatbestandsmerkmale auftreten" (S. 87). Wie ist es aber in den Fällen, wo „deskriptive" Merkmale vorliegen? Grade hierauf beziehen sich doch in erster Linie die strittigen Beispiele, voran das Beispiel der Tötung im Kriege. Gewiß und selbstverständlich hat von der Tatbestandstheorie niemand behauptet, daß der Soldat im Kriege „an sich" Morde oder Totschläge beginge, wohl aber, daß sie mit ihren Handlungen den Tatbestand dieser Delikte, wenn auch rechtmäßig, erfüllten[48]. Nun ist der Gedanke, daß das Heer im Kampf um Leben und Tod lauter strafrechtliche Tatbestände — wenn auch rechtmäßig — verwirkliche, zu absurd, zu papieren konstruiert, als daß er richtig sein könnte. In Wahrheit liegen die Dinge genauso wie im Verhalten innerhalb der Friedensordnung: wie innerhalb der Friedensordnung sozial-adäquate Handlungen, auch wenn sie Güterverletzungen herbeiführen, keine deliktisch-tatbestandsmäßige Handlungen sind, so ist es auch in den kriegerischen Kampfsituationen: auch hier unterfallen (wie wir sagen können) „kriegsadäquate", kriegsnormale Handlungen von vornherein nicht deliktischen Tatbeständen. Diese beginnen erst da, wo die Adäquanz überschritten wird[49].

Die entgegengesetze Auffassung geht von jener museumsmäßigen Welt aus, in der die Rechtsgüter prinzipiell vor jeder Beeinträchtigung gesichert

[48] Vgl. *Schwinge-Zimmerl*, S. 86.

[49] Charakteristisch ist die Bemerkung *Mayers* DStR. 1938 S. 103: „Die ‚o r d e n t l i c h e' Kriegshandlung ist keine Tötung i. S. der §§ 211 ff."; ferner S. 97: „Die Tötung durch den Soldaten ist, sofern sie nur ‚e c h t e' Kriegshandlung ist, weder Mord noch Totschlag." (Zeichen und Sperrungen von mir!) Hier liegt das Prinzip der sozialen Adäquanz geradezu zum Greifen nahe!

sind und wo jeder Eingriff daher grundsätzlich ein Verbrechen ist. Das Entscheidende ist hierüber schon gesagt worden. Das Recht geht nicht von einem gedachten Urzustand grundsätzlicher Sicherung der Rechtsgüter aus, der einfach ohne alles Leben starr und tot sein müßte, sondern geht von einer der geschichtlichen Ordnung entsprechenden Normalsituation des sozialen Gemeinschaftslebens aus, in welcher alle Rechtsgüter in lebendiger und damit zugleich in einander einschränkender und beeinträchtigender Funktion stehen. Erst Handlungen, die darüber hinausgehen, unterfallen strafrechtlichen Tatbeständen, und zwar grundsätzlich als Vertypungen unrechtmäßigen Verhaltens; daneben auch als Vertypungen von Ausnahmesituationen, in denen typisch rechtmäßige Handlungen umschrieben werden, wie Notwehr, berechtigender Notstand u. dgl. Also: erst jenseits der sozialen Adäquanz hat jenes Spiel von Regel und Ausnahme, in das man das ganze Problem der Tatbestandsmäßigkeit als „bloß rein technische" Frage abdrängen zu können glaubte[50], in der Rechtswidrigkeitslehre seinen Platz[51]. Tatbestandsmäßig — sei es gemäß einem Unrechtstatbestand oder einem Rechtfertigungsgrund — sind Handlungen erst dann, wenn sie die soziale Adäquanz überschritten haben, (die natürlich in der Kriegslage eine ganz andere ist als in der Friedensordnung).

Alle strafrechtlichen Tatbestandsbegriffe, auch die sog. deskriptiven wie „töten", „verletzen", „beschädigen" u. a., sind keine kausalen Begriffe kausaler Rechtsgutsverletzungen, sondern soziale Beziehungs- und Bedeutungsbegriffe, d. h. Begriffe, deren Sinngehalt sich aus ihrer Funktion im sozialen Ganzen ergibt, auf deren Ordnung sie sich ebensosehr beziehen wie sie aus ihr herausfallen[52]. Jene naturalistischen kausalen Begriffselemente sind zwar Teilmomente in ihnen, aber diese gehen nicht in jenen auf. Sie sind unendlich viel komplexer, bedeutungshaltiger als jene. Hier zeigt sich die Verbindungsstelle, die die Tatbestandslehre von *Beling*[53] bis *Mezger* mit dem Kausaldogma und dem Naturalismus verknüpft. Es ist ihr grundsätzlicher Fehlansatz, daß sie die Tatbestandshandlung auf kausale Verursachungsverhältnisse reduziert hat und die rechtlich-soziale Bedeutungswelt daher erst mit der Frage der Rechtswidrigkeit hat beginnen lassen. Die normativen Tatbestandselemente haben zwar in der Tendenz

---

[50] So *Schwinge-Zimmerl*, S. 79.

[51] Anderenfalls wären die rechtmäßigen Tatbestandsverwirklichungen die Regel und die rechtswidrigen die Ausnahme (denn die meisten Fälle von Rechtsgutsverletzungen entfallen auf sozial- [oder kriegs-] adäquate Handlungen): eine völlige Umkehrung der wirklichen Verhältnisse, von denen der Tatbestand als Unrechtstypisierung doch ausgehen soll!

[52] In diesem Sinne habe ich in meinem Naturalismus S. 75 alle Tatbestandsbegriffe deskriptiv genannt. Normativ und deskriptiv sind eben in der sozialen Bedeutungswelt höchst relativ.

[53] Es ist bemerkenswert, daß *Beling* seinen Tatbestand später zum „Leitbild" abblaßte, fast zur gleichen Zeit, da er den rein naturalistischen Verursachungsbegriff im Tatbestand zu überwinden versuchte. (GerS. 101 S. 1 ff.)

eine wertvolle Teilkorrektur gebracht, aber den grundsätzlichen Fehler nicht zu überwinden vermocht, da sie zu stark methodologisch-begrifflich als Elemente wertausfüllender Begriffsbildung (nicht als Bestandstücke der wirklichen sozialen Bedeutungswelt) gesehen werden.

Im übrigen blieb ein deskriptiver Begriff wie „töten" als Tatbestandsmerkmal das unterschiedslose „Tod-Verursachen", — ein Begriff, der zwar eine medizinische Feststellung enthält, aber als solcher noch keine Beziehung zur Rechtswidrigkeit hat, geschweige denn typisiertes Unrecht ist! Erst wenn wir die soziale Adäquanz hinzunehmen, also „töten" als Handlung sehen, die auf die soziale Ordnungswelt bezogen ist, indem sie zugleich aus ihr herausfällt, — erst dann treten wir in den Bezirk des Tatbestandes, in die Regionen typisierten Unrechts ein und vermeiden z. B. die absurde Feststellung, daß der kriegerische Kampf eine Reihe tatbestandsmäßiger Tötungshandlungen sei[54]. Mag dabei die Grenze der sozialen Adäquanz im Einzelfall bisweilen zweifelhaft sein[55], wie alle Übergänge im komplexen sozialen Dasein flüssig sind, — auf keinen Fall kann der Tatbestand als typisiertes Unrecht mit kausaler Rechtsgutsverletzung identisch sein. Diese Vorstellung ist der funktionalen sozialen Welt völlig unangemessen und hat eine funktionslose tote Museumswelt zur Voraussetzung, über die oben das Entscheidende gesagt sein dürfte. Damit ist die soziale Adäquanz als immanentes Prinzip der Tatbestandsbildung dargetan: nicht als „rein tatsächliche" Feststellung sind „töten", „verletzen", „beschädigen" usw. Tatbestandselemente, sondern als soziale Bedeutungsmomente, die ihren Sinn durch ihre Beziehung auf eine von ihnen vorausgesetzte geschichtlich-soziale Ordnungswelt empfangen.

---

[54] Wir vermeiden auch die — nach der Rechtsgutsverletzungstheorie durchaus konsequente — Ansicht, daß bereits die Erzeugung des Mörders unter den Tötungstatbestand falle. In diesem Beispiel ist die soziale Adäquanz ebenfalls mit den Händen zu greifen. Die adäquate Kausalität, mit der das Ergebnis vermieden wurde, schränkt zwar ein, aber besagt das Entscheidende nicht.

[55] Vor allem ist vor der Gefahr zu warnen, nun etwa alle Rechtfertigungsgründe in Fälle sozialer Adäquanz umzuwandeln. Unzweifelhaft steht der Kampf im Kriege als kriegsadäquate Handlung außerhalb des Tatbestandes. Aber ebenso unzweifelhaft ist die Notwehrlage als Ausnahmesituation der Friedensordnung ein echter Rechtfertigungsgrund. Dagegen dürften wieder die Akte staatlicher **Rechtsausübung prinzipiell außerhalb der Deliktstatbestände eben dieser staatlichen** Macht fallen; also Akte der Strafvollstreckung: keine tatbestandsmäßigen Freiheitsberaubung oder Tötungen. Dagegen sehe ich nicht ein, weshalb der Aszendenten- und Ehegattendiebstahl überhaupt kein Diebstahl sei, wie *Dahm*, Verbrechen und Tatbestand S. 35 f. und *Mayer*, DStR. 1938 S. 97 behaupten. Soll ein derartiges Verhalten ehe- oder familienadäquat sein? Hier liegt doch offenbar nur ein persönlicher Strafausschluß vor. — Diebstähle unter Gatten kommen nur vor, wo die Ehe nicht in Ordnung ist; soll da der Teilnehmer straflos sein? Und soll der ältere Freund, der einen 16jährigen Jungen anstiftet oder ihm hilft, seinen Vater zu bestehlen, straflos bleiben?

Die Welt des sozialen Daseins, die die Welt des Rechts ist, ist eine sinnhafte, bedeutungshaltige Welt. Aus ihr kann man zwar die sinnfreien, bedeutungsfremden Elemente gedanklich herauspräparieren — und muß dies tun, um den Untergrund, auf dem jene ruht, erkennen zu können. Aber man wird aus den sinnfreien Elementen niemals eine bedeutungshaltige Welt wieder aufbauen können. Das war der methodische Grundfehler, an welchem die alte Tatbestandslehre durch ihre Verbindung mit dem Kausaldogma krankte. Er führt zurück auf das analytisch-synthetische Denken, auf dem seit *Galilei* die moderne Naturforschung beruht, und das allzu leicht und unbesehen durch den Naturalismus Eingang ins Strafrecht gefunden hat, — wobei das Hauptgewicht auf dem analytischen Teil, dem Zerlegen (dem Denken im „An sich") lag. In der (abstraktiven) Welt sinnfreier Elemente läßt sich das Ganze verhältnismäßig einwandfrei aus der konstruktiven Synthese dieser zunächst selbständig zu betrachtenden Elemente gewinnen. In einer bedeutungshaltigen Welt ist das nicht möglich. Hier haben die „Elemente" selbst Sinn und Bedeutung, den sie aus dem Sinn des Ganzen empfangen, dem sie angehören. Die sinnhafte Ordnung des Ganzen ist bei der Betrachtung der „Teile" notwendig vorausgesetzt. Das ist die methodische Funktion der „sozialen Adäquanz", indem sie die Tatbestandselemente von vornherein auf das (geschichtlich bestimmte) soziale Ganze bezieht und aus dessen sinnhafter Ordnung ihnen ihren Teil-Sinn zuweist. Das ist aber auch der Inhalt dessen, was man schlagwortartig als Ganzheits-Denken bezeichnet hat. Der Ausdruck ist gewiß nicht schön und nicht ganz unvorbelastet[56], aber er ist eine Bezeichnung für eine alte Sache[57] und terminologisch immerhin treffend genug. Ich freue mich, feststellen zu können, daß sich neuerdings auch *Mezger*[58], von dessen Ansichten wir hier oft abweichen mußten, entschieden zu diesem Ganzheitsdenken bekannt hat. Nur hoffe ich, gezeigt zu haben, daß der Anwendungsbereich dieses Ganzheitsprinzips ungleich größer ist und zu einem weitaus stärkeren Umdenken der überkommenen strafrechtlichen Lehren zwingt, als es auch *Mezger* und die bislang überwiegende Meinung noch annehmen mögen.

2. Abschnitt: Die Schuld

Über die Schuld ist oben bei der Entwicklung der Handlungslehre und mittelbar auch in den Ausführungen über das Unrecht das Entscheidende gesagt worden. Zentraler Gegenstand des Schuldvorwurfs ist, wie wir sahen, eine besondere Art der Wertentscheidung des Willens zugunsten

---

[56] Von der „Ganzheits"psychologie her.

[57] Vor allem ist es der tiefste Sinn der hegelschen Dialektik, daß jedes Moment als einzelnes „unwahr" und erst das Ganze die Wahrheit ist, — nur daß die besondere Form der Dialektik allzu leicht zu einem äußeren Schema erstarrt. Vgl. dazu *Welzel,* Über die geistesphilosophischen Grundlagen der Staatsphilosophie *Hegels* (in „Volk u. Hochschule im Umbruch" hgg. v. *Schürmann,* 1937).

[58] ZAkDR 1937 S. 417 ff.; ZStW. 57 S. 675 ff. — Gegen das Ganzheitsdenken neuestens *Nagler,* GerS. 111 S. 45.

des Unrechts[59]. Nicht der Vorsatz im Sinne des Handlungsentschlusses und der zweckbewußt geleiteten Durchführung dieses Entschlusses macht den Schuldgegenstand aus: dieser Vorsatz ist bei jeder finalen Handlung, auch derjenigen Zurechnungsfähiger, vorhanden, sofern überhaupt eine (zweckbewußte) Handlung und nicht bloß eine reflektorische Bewegung oder dgl. vorliegt. Er ist das entscheidende finale Element innerhalb der Handlung.

Das spezifische Schuldmoment liegt vielmehr in der Sinnbestimmtheit der (emotionalen) Wertentscheidung, auf der der Entschluß und seine Durchführung beruhen. Jeder Handlungsentschluß ist, — so sahen wir ebenfalls, — von Wertvorstellungen motiviert, auch die Entschlüsse Zurechnungsunfähiger. Während aber die letzteren das Ergebnis rein kausaler Triebimpulse sind, denen der Zurechnungsunfähige passiv ausgeliefert ist, sind schuldhafte Handlungsentschlüsse durch ein aktives Sinnverständnis charakterisiert, das bei ihrer Bildung mitbeteiligt ist. Das bedeutet nun nicht, daß bei der willentlichen Entscheidung schuldfähiger Menschen (kausale) Triebimpulse völlig fehlten. Ganz im Gegenteil! Aller innere Reichtum des Menschen stammt wesentlich aus den vom Unbewußten aufsteigenden Momenten, sei es für die Breite seiner Schaffenskraft aus seinen Trieben und Strebungen, die ihn immerfort zu neuer Tätigkeit anregen[60], sei es für den Reichtum seiner Phantasie aus der Fülle seiner gedanklichen Assoziationen. Dieser (wesentlich kausal bestimmte) Unterbau des Seelenlebens enthält das Material, aus dem wir leben, und ohne das wir zu keiner Handlung kommen würden, weil uns der Anreiz zu ihr fehlen würde.

Aber ebensowenig wie der (kausale) Assoziationsmechanismus identisch ist mit der Struktur der auf sinnvolle Gründe sich stützende Denkakt, ebensowenig fällt die auf Sinn und Wert der einzelnen Strebung sich gründende (sinnvolle) Wertentscheidung mit einem bloßen Triebmechanismus zusammen[61]. Sie ist kein passiver Prozeß, der im Ich blind abrollte und dem das Ich lediglich halb als Schauplatz, halb als Zuschauer ausgeliefert wäre. Vielmehr sind Trieb und Strebung hier zugleich Gegenstände eines vom Ich ausgehenden Sinnverständnisses, nicht bloß kausale Potenzen. Das heißt: Der einzelne Trieb und die einzelne Strebung werden in ihrer Bedeu-

---

[59] Im umfassenden Sinne ist natürlich Gegenstand des Schuldvorwurfs die ganze Handlung. Das gilt nicht nur für den Schuldspruch des Strafprozesses, sondern auch für das materielle Strafrecht. Alle „Willens"schuld ist im Strafrecht zugleich Tatschuld. Die Tat als ganze macht den Mann schuldig, und auch die „objektivsten" Tatelemente sind Elemente seiner Schuld: der Schuld stehen sie nicht ferner als die subjektiven Elemente.

[60] Man sollte beim „Trieb" nicht immer nur an Selbsterhaltungs- und Geschlechtstrieb denken. Triebe sind Formen seelischer Akte, die jedes beliebige Ziel zum Inhalt haben können. Auch das Höchste und Reinste, zu denen „es" uns innerlich treibt, ist Inhalt eines Triebes.

[61] S. über diese Probleme näher meinen Aufsatz „Kausalität und Handlung" in ZStW. 51 S. 709 ff. und die dort S. 710 Anm. 22 Zitierten.

tung für den umfassenderen Lebenszusammenhang erfaßt, in welche der Mensch konkret darinsteht, und innerhalb dieses Ganzen wird ihnen ihr Teil-Sinn- ihre Teilbedeutung zuerkannt. Das Ich erhebt sich hier über das Ausgeliefertsein an die verschiedenen Triebregungen und erschaut, beurteilt, bewertet sie nach ihrer Stellung, die sie im Lebensganzen, welches das Ich vor sich hat, einnehmen. Dabei mag der umfassendere Sinn des Lebensganzen durch Erziehung, Tradition, überhaupt durch die konkrete Teilnahme am gemeinsamen „Volksgeist“[62] übermittelt oder — in wenigen Fällen — auch durch unmittelbares Innewerden erfahren worden sein. Die Entscheidung, die so gefällt wird, wird daher, auch wo im Endergebnis einem Trieb nachgegeben wird, unter Beteiligung aktiver „Besinnung“, aktiver Wertungsakte vollzogen und ist nicht lediglich die (blinde) Resultante passiv abrollender Triebimpulse.

So dürfte sich in knappen Zügen der vorfindbare Sachverhalt darstellen, in welchem der wesentliche Unterschied der sinnhaften Wertentscheidung vom bloßen Triebmechanismus enthalten ist. Er ist es auch, der dem gesetzlichen Schuldbegriff zugrundeliegt: Wenn in den betreffenden Bestimmungen von der Fähigkeit gesprochen wird, das Unrecht einzusehen und den Willen dieser Einsicht gemäß zu bestimmen, so ist eindeutig auf das oben entwickelte Moment des aktiven Sinnverständnisses (der Beteiligung aktiver Wertungsakte) abgestellt, in welchem sich die schuldfähige Entscheidung vollziehen muß.

An die Weiterverfolgung diese Sachverhalts knüpft sich nun bekanntlich eines der schwersten Probleme nicht nur des Strafrechts, sondern auch der Ethik und der philosophischen Anthropologie, das Problem der sog. Willensfreiheit. Ihm nachzugehen, ist in diesem Zusammenhang nicht unsere Aufgabe. Es muß genügen, die für das praktisch-soziale Leben und für das Recht wesentlichen sachlichen Unterschiede herausgearbeitet zu haben. Wir können uns damit um so mehr begnügen, als die für die Dogmatik entscheidenden beiden Erkenntnisse unabhängig von der Beantwortung jener weiteren Fragen stehen, nämlich: 1. daß der Vorsatz kein Schuld-, sondern finales Handlungselement ist, und 2. daß der Gegenstand der Schuld eine besondere Art der emotionalen Wertentscheidung, und zwar die auf sinnhafte Wertungsakte sich gründende Willensentscheidung ist.

Schuld ist somit der spezifische Unwert, der der Handlung infolge der sinnhaften Wertentscheidung des Willens zugunsten des Unrechts anhaftet. Diese Inhaltsbestimmung ist, — wie wir schon sahen, — nichts anderes als die Konkretisierung der (gesetzlichen) Schuldfähigkeit zur Schuld der einzelnen finalen Handlung. Schuldfähigkeit ist die Fähigkeit des Willens, sinnhaft zwischen Werten entscheiden zu können. Sie ist abhängig von einer bestimmten geistigen und sittlichen Reife, die erst

---

[62] Wenn man der Kürze halber einmal das romantische und hegelische Wort gebrauchen darf.

in einem bestimmten Entwcklungsstadium erreicht wird (§§ 2, 3 JGG; § 58 StGB) und durch schwere psychische Störungen ausgeschaltet werden kann (§ 51 StGB). Die hierfür in Frage kommenden gesetzlichen Bestimmungen über Stufen der Schuldfähigkeit und über Schuldausschließungsgründe bieten von hieraus keine weiteren grundsätzlichen Schwierigkeiten[63].

Unter den Schuldausschließungsgründen wird jedoch herkömmlicherweise (überwiegend) ein weiteres Problem behandelt, das nach unserer systematischen Grundauffassung nicht hierher, sondern in den vorigen Abschnitt über das Unrecht gehört. Da es aber unsere Auffassung über das Verhältnis von Schuld und Unrecht weiter zu klären in der Lage ist, mag es erst in diesem Zusammenhang behandelt werden. Ich meine das Notstandsproblem.

Bekanntlich geht die überwiegende, — wenn auch vielfach bekämpfte, — Lehre davon aus, daß die Notstandshandlung als solche „objektiv" rechtswidrig sei, daß der Täter wegen der Notlage vom Recht nur „subjektiv" „entschuldigt" werde. Die praktische Bedeutung dieser Auffassung besteht darin, daß man Notwehr gegen Notstandshandlung zuläßt. Nun hatten wir gesehen, daß der Rechtswidrigkeitsbegriff in unserem Recht mehrdeutig ist, daß er einmal den reinen negativ bewerteten Erfolgssachverhalt, weiter aber auch den Handlungsunwert meinen kann, und daß beide keineswegs notwendig miteinander verbunden sind. Rechtswidrigkeit im Sinne des negativ bewerteten Erfolgssachverhalts (der rechtlich relevanten Rechtsgutsverletzung) kann man der Notstandshandlung ohne weiteres zusprechen. Die Frage ist nur, ob man ihr irgendwelche praktischen Konsequenzen beimißt, und dies hängt davon ab, ob man den Begriff der Rechtswidrigkeit des Angriffes in § 53 im Sinne des negativen Erfolgssachverhalts auffaßt; bejaht man das, dann wäre Notwehr gegen die Notstandshandlung zulässig. Damit ist aber über die Frage der Bewertung der Notstands h a n d - l u n g noch nichts ausgemacht. Wird auch die Notstands h a n d l u n g , d. h. die auf Rettung aus einer schweren Notlage unter Vernichtung selbst höherwertiger Rechtsgüter a b z i e l e n d e Handlung rechtlich mißbilligt? Wird das Erstreben der Rettung selbst unter Opferung höherer Rechtsgüter wirklich positiv als Unrecht gebrandmarkt? Wer das annimmt, der muß angeben, was denn in der Notstandshandlung p o s i t i v gewertet wird. Wir müssen

---

[63] Nach der oben Anm. 47 vertretenen Auffassung über den Rechtsirrtum bildet die vermeidbare Verbotsunkenntnis einen Schuldmilderungsgrund. Die v o l l e Schuld bei den finalen Tatbeständen besteht, wie im Text entwickelt, in dem bewußten sinnhaften Vorziehen des Unrechts vor dem Recht. D i e s fehlt beim Verbotsirrtum, während die f i n a l e Durchführung der H a n d l u n g davon völlig unberührt bleibt. Die Schuld des Täters liergt hier darin, daß er kraft seines aktiven Sinnverständnisses, vor allem vermöge seiner sinnvollen Teilnahme am Gemeinschaftsleben sich der Unrechtmäßigkeit seines Tun hätte bewußt sein können. Diese Schuld ist offensichtlich geringer, als in dem Falle, wo er sinnb e w u ß t das Unrecht dem Recht vorzieht. Darum empfiehlt es sich hier, die für die volle Schuld in den finalen Tatbeständen angedrohten Strafrahmen nach einem generellen Maße zu mildern (vgl. Graf zu *Dohna*, Aufbau S. 43).

uns vor einer gefährlichen Nebenbedeutung im Begriff des „Entschuldigungs"grundes hüten. „Entschuldigen" kann allzu leicht den Sinn des „Verzeihens" annehmen. Etwas, was in sich, in seiner ursprünglichen Gestalt unrichtig ist, wird hinterher „entschuldigt", d. h. verziehen. Diesen Sinn müssen wir von der Behandlung des Notstandes unbedingt fernhalten. Die Berücksichtigung der Notlage ist kein Akt nachträglicher Gnade, sondern die Anerkennung, daß in der Not das Erstreben der Rettung auch unter Opferung höherer Rechtsgüter nicht unrichtig ist, rechtlich nicht mißbilligt wird. Das bedeutet: die Notstandshandlung ist als Handlung kein Unrecht, auch wenn sie zu einer Rechtsgutsverletzung als negativ gewerteten Erfolg führt, der (nach bestimmter Auffassung) zur Notwehr berechtigt. Daß beide Wertungen zusammenstehen können, beruht auf der verschiedenen Betrachtungsweise, unter der sie erfolgen; jene beurteilt den Täter und seine Handlung, diese den Erfolg (und die Lage des Verletzten). Das Leben ist nicht immer so harmonisch, daß beide bruchlos zusammenstimmen müßten, und das Recht muß auch diesen Kollisionen gerecht werden.

Wenn man weiter sagt, der Notstand sei eine „Privilegierung des Selbsterhaltungstriebes", so kann das natürlich nicht bedeuten, daß die Notstandshandlung deshalb schuldlos sei, weil die Wertung, auf der sie beruht, notwendig triebhaft und der Täter daher z. Z. der Tat zurechnungsunfähig gewesen sei. Hierauf würde sich jede Entgegnung erübrigen. Vielmehr kann jene Wendung nur heißen, daß das Vorziehen der eignen Rettung unter Opferung anderer Rechtsgüter nicht unrichtig, das aktive Erstreben der eignen Rettung kein Unrecht ist. Die Richtigkeit einer Handlung hängt eben nicht lediglich von den äußeren positiven Rechtsgütersaldo ab, den das Recht als kühl berechnender Kaufmann im stillen Kontor zieht, — das wäre ein ganz unerträglicher und ethisch unwürdiger Rationalismus! Die Wertungen des Rechts sind vielmehr weit tiefer und komplexer: wie es etwa bei der Notwehr den „Kampf gegen das Unrecht" positiv in die Wagschale fallen läßt, wenn es die Verteidigung geringerer Rechtsgüter auch unter Verletzung höherer billigt, so berücksichtigt es bei der Wertung der Notstandshandlung auch die Nähe des Rechtsgutes für den Täter. Ganz falsch ist daher, wenn neuestens H. *Mayer* (Lehrbuch S. 247) die Meinung vertritt, daß im Notstand der Kollisionsfall vom Täter „unrichtig" aufgelöst werde. Diese Auffassung ist ein Rückfall in die extremste Güterschutztheorie, wonach ausschließlich das „objektive" Schlußergebnis über die Rechtswidrigkeit einer Handlung entscheidet. Auch im Notstand muß die Kollision „richtig" gelöst werden, wobei die Rechtsordnung die Nähe des Rechtsguts für den Täter positiv berücksichtigt[64]. Die Wertungen, die das Recht einer Handlung zuteil werden läßt, stehen unter einem ungleich höheren und weiteren Aspekt, als lediglich unter der kühl

[64] Mit Recht verlangt RG 66 S. 397 ff. auch beim Notstand „eine gewisse Verhältnismäßigkeit zwischen der Schwere der Gefahr und der Schwere der in der Abwehrhandlung gelegenen Rechtsgutsverletzung".

„objektiven" Abrechnung darüber, „was dabei herauskommt". Daher berücksichtigt es beim Notstand auch den berechtigten subjektiven Wert des Rechtsguts für den Täter, wie es für die Notwehr den Kampf gegen das Unrecht berücksichtigt usf. (s. u. Anm. 65). Nur als Teilerwägung innerhalb einer umfassenderen sozial-ethischen Wertung hat die objektive Güterschutz- und Kollisionstheorie ihren Platz. Hier kann sie allerdings dazu führen, daß im Notstand die Kollisionslösung „unrichtig" ist, nämlich z. B. dann, wenn der Täter wegen geringfügiger Gefährdung schwere Verletzungen zufügt. Aber diese „unrichtige" Kollisionslösung ist dann auch eine „unrichtige", rechtswidrige Handlung und wird nicht privilegiert!

Schließlich sei noch ein indirektes Argument angeführt, auf das neuerdings *Schaffstein* (ZStW. 57 S. 318) in anderem Zusammenhang aufmerksam gemacht hat. Die Notstandslage muß selbstverständlich auch den Handlungen Schuldunfähiger zugute gehalten werden, was besonders im Hinblick auf § 42 b von praktischer Bedeutung werden kann. Schuldunfähige können genauso in Notstand geraten wie Schuldfähige. Was sollte bei ihnen ausgeschlossen sein? Etwa die Schuld, deren sie gar nicht fähig sind? Natürlich kann durch das Notstandsprivileg nicht ihre gar nicht vorhandene Schuld noch ausgeschlossen werden, sondern ihre auf Rettung aus der Not abzielende H a n d l u n g wird nicht mißbilligt. Mit der Schuld hat der Notstand ganz eindeutig nichts zu tun.

Allerdings eines kann der Notstand zeigen, und darin liegt das relative Recht der abgewiesenen Auffassung, die das Notstandsprivileg von den sonstigen Rechtfertigungsgründen durch einen besonderen Strafausschließungsgrund abheben wollte: die Billigung, die das Recht den verschiedenen rechtmäßigen Handlungen zuteil werden läßt, ist nicht von gleicher Intensität. Wie es leichtere und schwerere Grade des Unrechts gibt, so gibt es verschiedene Stufen rechtlicher Billigung. Beim (strafrechtlichen) Notstand ist sie sicherlich am schwächsten und wächst, je bedeutungsvoller und notwendiger die Handlung für das Gemeinschaftsganze ist. In diesem Rahmen hat die objektive Güterabwägung eine gewisse Bedeutung, wie es besonders der sog. „übergesetzliche" Notstand[65] zeigt. Ihn hat man fälschlich im G e g e n s a t z zum sonstigen strafrechtlichen Notstand allein als rechtfertigend bezeichnet, während in Wahrheit lediglich der Grad der rechtlichen Billigung stärker ist.

Alle diese Übergänge und Nuancen begrifflich und terminologisch zu fixieren, ist unmöglich. Auch die Unterscheidung des „Unverbotenen" vom „Rechtmäßigen", die man neuerdings wieder vorschlägt, hat nur begrenzten Wert. Das Recht ist eine lebendige Ordnung, deren Vielfältigkeit niemals

[65] Falsch war es, seine Rechtmäßigkeit nur vom objektiven Gütersaldo abhängig sein zu lassen. Auch hier ist die objektive Güterabwägung nur eine Teilerwägung der umfassenderen rechtlichen Wertung neben anderen Gesichtspunkten (z. B. der gewissenhaften ärztlichen Prüfung!).

begrifflich-terminologisch voll zum Ausdruck gebracht werden kann. Aufgabe der Wissenschaft ist es, die Grundstrukturen und zentralen Aufbaumomente adäquat zur Anschauung zu bringen und die Begriffe so zu wählen, daß die wirkliche Mannigfaltigkeit möglichst in sie eingehen kann und von ihnen gedeckt wird. Aber selbst dann, wenn die Wissenschaft diese Leistung vollbringt, wird sie nur fruchtbar bleiben, wenn die Begriffe auch bei ihrer Anwendung nicht in ihrem logischen Eigenwert verwandt werden, sondern wenn durch sie hindurch auf jenes Stück der lebendigen Ordnungswelt geschaut wird, dessen Bedeutungsgehalt sie repräsentieren sollen. Auch die Anwendung der Begriffe muß die originären Anschauungen des gegenständlichen Bedeutungsgehalts immer wieder neu vollziehen. Dann aber werden die wirklichen Übergänge von selbst sichtbar, die terminologisch niemals voll zum Ausdruck kommen können.

3. Abschnitt: Täterschaft und Teilnahme

Die Täterlehre ist nicht nur die Vollendung, sondern auch der Prüfstein des systematischen Deliktaufbaus. Täter- und Teilnahmelehre ist die Probe auf das Exempel, das in der Dogmatik der strafbaren Handlung aufgestellt ist. Auch uns muß sie die Bewährungsprobe für den finalen Handlungsbegriff in allen seinen Konsequenzen sein: für die Trennung der finalen Tatbestände von den fahrlässigen Verursachungstatbeständen, für den Einbau des Vorsatzes in den Unrechtstatbestand und für die Unterscheidung von Unrecht und Schuld.

I. Was den ersten und wichtigsten Punkt, die Trennung der finalen Handlungs- von den (fahrlässigen) Verursachungstatbeständen anlangt, so hat die bisherige Teilnahmelehre den Beweis hierfür eigentlich schon erbracht, zwar unbewußt oder mindestens stillschweigend, auf jeden Fall aber für sie systemwidrig[66]! Die bisherige Täterlehre des Gesetzes, der Praxis und der Dogmatik ging einhellig und stillschweigend von der prinzipiellen Verschiedenheit der Täterschaft vorsätzlicher (Handlungs-) Tatbestände und derjenigen fahrlässigen Verursachungstatbestände aus. Nur für den ersteren Täterbegriff wurde die Teilnahmelehre entwickelt, für den letzteren galt sie nicht. Hier war — mit Recht — jede unmittelbare wie mittelbare Verursachung, sofern sie fahrlässig war, eben Täterschaft! Besonders deutlich tritt dies in der jüngsten Entwicklung der Täterlehre zutage, die durch die Namen *Kohlrausch* und *Lange* in Weiterführung reichsgerichtlicher Thesen gekennzeichnet ist. Wenn *Kohlrausch* den Täter als den definiert, der „mit Täterwillen die tatbestandsmäßige Handlung ... begeht"

---

[66] Völlig klar hat wohl nur *Bruns*, Kritik der Lehre vom Tatbestand, die Frage gesehen, „ob für Fahrlässigkeit und Vorsatz ein einheitlicher Täterbegriff möglich ist", und die herrschende Teilnahmeregelung für systemwidrig erklärt (S. 67 ff.). Seine eigene Lösung versuchte unter dem Bann des herrschenden objektivistischen Systems wiederum die vergebliche Gewinnung eines einheitlichen Täterbegriffs.

(StGB., system. Vorbemerkung II.), oder *Lange* als wesentliches täterschaftliches Moment den Willen bezeichnet, die Tat als eigene zu begehen, so bezieht sich ein solcher Täterbegriff sinngemäß natürlich nur auf vorsätzliche Tatbestände. Der Erfolg dieses sachlich richtigen Ansatzes bei gleichzeitigem Mangel der systematischen Grundlage ist allerdings der, daß der fahrlässige Täterbegriff in seiner Eigenart so gut wie ganz unter den Tisch fällt[67].

Wir müssen endlich die systematischen Konsequenzen hieraus ziehen: wie es unrichtig war, finale Tatbestände mit den fahrlässigen Tatbeständen in das gleiche Prokrustesbett der Verursachungstatbestände zu pressen, so war es falsch, für vorsätzliche und fahrlässige Tatbestände den gleichen Täterbegriff aufzustellen. Die fahrlässige Täterschaft ist eine Täterschaft ganz eigener Art und hat mit der im Mittelpunkt der Dogmatik stehenden finalen Täterschaft nichts zu tun. Nur für letztere hat die Teilnahmelehre einen sachlich begründeten Sinn.

Der fahrlässige Täter ist lediglich Mitursache[68] für den eingetretenen Erfolg, deren Besonderheit gegenüber sonstigen Ursachen nur darin besteht, daß sie zweckhaft vermeidbar war. Was ihm zur Last gelegt wird, ist, daß er auf irgendeine Weise eine kausale (Mit-)Ursache für den angerichteten Erfolg gewesen war, obwohl er es hätte vermeiden können. Jede beliebige Art der Mitursächlichkeit, die vermeidbar ist, begründet daher seine Täterschaft. Auf die Größe und den Umfang seiner Ursächlichkeit kommt es dabei nicht an; auch die geringste Mitursächlichkeit, — sofern sie überhaupt das Maß der sozialen Adäquanz überschreitet, — genügt für seine Täterschaft. Darum gibt es hier auch keine Teilnahmeformen; denn auch sie wären nichts anderes als Mitursächlichkeit. Es gibt infolgedessen keine fahrlässige Anstiftung und Beihilfe. „Bestimmen" und „Hilfeleisten" sind finale Begriff. „Bestimmen" ist die zweckbewußte geistige Beeinflussung; Hilfeleistung die auf Unterstützung abzielende Tätigkeit. Wer lediglich (blind) bewirkt, daß jemand auf den Gedanken zu einer Straftat kommt, oder wessen Tun ohne sein Wissen und Willen bei der Durchführung verbrecherischer Handlung benutzt wird, wird zur bloßen Mitursache für den entstehenden Erfolg. Sein Tun ist um keinen Deut anders eine reine (Mit-)Verursachung, wie in all den Fällen, wo außer ihm nur mechanische Faktoren zum Erfolg mitwirken. Darum unterfällt jede Form vermeidbarer Verursachung den Tatbeständen fahrlässiger Verursachung und ist Täterschaft zu ihnen[69].

---

[67] *Lange* sieht selbst, daß „ein Täterwille bei der Fahrlässigkeit überhaupt fehlt" (a. a. O. S. 61), behandelt den fahrlässigen Täterbegriff aber nicht.

[68] Die alleinige Ursache eines Erfolgs kann der Mensch nie sein.

[69] Diese weite Tätermöglichkeit ist jedoch nur bei den „reinen" fahrlässigen Verursachungsdelikten gegeben; bei den „gemischten" Verursachungstatbeständen (z. B. § 163 fahrlässiger Falscheid) ist dagegen die Täterschaft von der Vornahme der tatbestandlichen finalen Teilhandlung (z. B. dem Schwören) abhängig! (s. darüber unten S. 173 ff.).

Ganz anders im Bereich finalen Handelns! Hier hebt sich die finale Täterschaft eindeutig von jeder Form finaler Beteiligung ab. Finale Täterschaft ist die umfassendste Form finaler Tatherrschaft. Der finale Täter ist Herr über seinen Entschluß und dessen Durchführung und damit Herr über „seine" Tat, die er in ihrem Dasein und Sosein zweckbewußt gestaltet. Anstifter und Gehilfe haben zwar auch eine gewisse „Tat"herrschaft, aber nur eine solche über ihre Beteiligung. Die Tat selbst untersteht allein der finalen Herrschaft des Täters. Ihre Teilnahme ist daher nur Beteiligung an fremder Tat. Der Anstifter regt zwar die fremde Tat an und der Gehilfe unterstützt sie, aber die finale Herrschaft über sie, die Herrschaft über den Entschluß und seine reale Durchführung hat allein der Täter.

Nicht in irgendwelchen positiv-gesetzlichen Bestimmungen, sondern in diesen wesensmäßigen Erscheinungsformen finalen Handelns innerhalb der sozialen Welt liegt der strukturelle Unterschied zwischen Täterschaft und Teilnahme. Der Täter ist der Herr über die Tat, indem er Herr über den Entschluß und dessen Durchführung ist; wer ihn dazu anstiftet oder dabei hilft, beteiligt sich zwar an der Tat, aber ist nicht Herr über sie.

Auch das positive Gesetz kann diese Grundunterschiede nicht aufheben, weil sie nicht Produkte eines Gesetzgebers, sondern reale Erscheinungsformen des vorgegebenen Gemeinschaftsdaseins sind. Es kann sie zwar verwischen und terminologisch überdecken, aber ihren Gehalt nicht ändern.

Im einzelnen ergibt sich folgendes:

1. Ein für vorsätzliche und fahrlässige Tatbestände gemeinsamer Täterbegriff ist dogmatisch überhaupt unmöglich. Sie schließen sich aus wie Tatherrschaft und deren Gegenteil: der Mangel der Tatherrschaft. Wohl aber kann fahrlässige Täterschaft (vermeidbare Verursachung) als Teilmoment in der vorsätzlichen Täterschaft (finalen Tatherrschaft) eines anderen eingebettet sein. Diese Grundform der mittelbaren Täterschaft: (der vorsätzlich Handelnde benutzt ein fahrlässig handelndes „Werkzeug") ist nur denkbar, weil beide Täterbegriffe nichts mit einander zu tun haben, sonst müßte ja die vorsätzliche Täterschaft Teilnahmeform an der fahrlässigen Täterschaft sein, was die realen Verhältnisse einfach auf den Kopf stellen würde! (s. u. S. 166 f.).

Innerhalb der fahrlässigen Verursachungstatbestände ist ein sachlicher Unterschied zwischen Täterschaft und Teilnahme nicht vorhanden. Jede vermeidbare Mitverursachung ist Täterschaft. Wo dennoch ein Gesetz fahrlässige Beteiligung gesondert unter Strafe stellen wollte, würde es lediglich Fälle fahrlässiger Täterschaft spezialisieren. Das wäre ebenso überflüssig wie unzweckmäßig, weil die Bestrafung fahrlässiger „Teilnahme" natürlich nur in dem Umfange und dem Rahmen fahrlässiger Tatbestände möglich wäre. Denn fahrlässige „Teilnahme" weiter zu bestrafen als fahrlässige Täterschaft wäre offenbar ungereimt und ungerecht. (Aber ebenso ungerecht wäre es, sie geringer zu bestrafen; denn auf die Größe der Ursächlichkeit kommt es auch sonst bei den fahrlässigen Verursachungstatbeständen nicht an.)

2. Eine Unterscheidung von Täterschaft und Teilnahme ist allein für finale Tatbestände möglich und hier notwendig. Ein allgemeiner Täterbegriff, bei welchem die Formen finaler Teilnahme völlig in Täterschaft aufgehen, ist sachlich wie terminologisch undurchführbar. Der „positive" Gesetzgeber kann die Teilnahme der Täterschaft zwar in der Straffolge weitgehend gleichsetzen, darf aber nicht glauben, damit die Beteiligung an fremder Tat zur echten Täterschaft „gemacht" zu haben. Die Berichte der amtlichen Strafrechtskommission und vor allem das sorgfältige Buch von *Lange* geben hierüber genügend Aufschluß, daß nur ganz kurz an die wichtigsten Folgen erinnert zu werden braucht.

Wo das Gesetz terminologisch alle Beteiligungsformen in einen allgemeinen Täterbegriff aufgehen lassen will, muß es unvolkstümlich wirken, weil Sprache und Volksbewußtsein sich an die wirklichen Erscheinungsformen, nicht an terminologische Kunstprodukte halten. (Wer dem Mörder nur die Mordwaffe leiht, hilft ihm, aber mordet nicht selbst.) Wo dagegen sachlich sogar jede Form der Anstiftung und Beihilfe der Täterschaft gleichgestellt werden soll, dort müssen die Unterschiede hinterher wieder eingeführt werden. Nur zwei Beispiele mögen hier angeführt werden: Wer den Tatentschlossenen bei dem Kaufe eines Tatwerkzeugs behilflich ist, müßte, wenn die Tat nicht durchgeführt wird, wegen Versuchs der Tat bestraft werden. Denn die Beihilfe ist ja für ihn bereits Tatbeginn, während der Einkauf für den Täter — von ihm allein vorgenommen[70], — nur straflose Vorbereitungshandlung wäre, — ein offenbar unmögliches Ergebnis. — Teilnahme Nichtqualifizierter an echten Sonderdelikten müßte straflos sein, da Nichtqualifizierte doch nicht „Täter" von Sonderdelikten sein können. In beiden Fällen müßte also hinterher durch Spezialbestimmungen der Besonderheit der Teilnahme doch wieder Rechnung getragen werden. Im einzelnen ist die sachliche Undurchführbarkeit und Unvolkstümlichkeit des sog. extensiven (oder besser extensivsten)[71], Täterbegriffs durch die Erörterungen der jüngsten Zeit, vor allem durch das Buch von *Lange* so offenbar geworden, daß wir uns ein weiteres Eingehen hierauf ersparen können. Nur abschließend sei noch darauf hingewiesen, daß jener extensive Täterbegriff, für den jede schuldhafte Verursachung Täterschaft ist, in der Dogmatik lediglich die letzte Konsequenz des Kausaldogmas für die Täterlehre zu ziehen versucht und sich uns damit bereits in seiner Grundlage als überholt ausweist.

II. Wichtiger ist jedoch nun die positive Ausgestaltung der Täterlehre. Unsere eigene Auffassung, die durch die bisherigen Erörterungen bereits

---

[70] Im Falle des gemeinsamen Einkaufs mit dem Gehilfen könnte man eventuell auf Mittäterschaft kommen: der Täter als Mittäter an der (als Täterschaft zu bestrafenden) Beihilfe des Gehilfen und deshalb (!) mit ihm wegen Versuchs strafbar!

[71] Da *Lange* und *Kohlrausch* zwar keinen „restriktiven" Täterbegriff, aber doch eine „Restriktion" des üblichen extensiven Täterbegriffs vertreten.

deutlich vorgezeichnet ist, wollen wir dabei in einer Auseinandersetzung mit der wichtigsten Täterlehre der jüngsten Zeit weiter klar zu legen versuchen. Im Anschluß an die bekannte Rechtsprechung des Reichsgerichts haben *Kohlrausch* und *Lange*, wie schon bemerkt, als wichtigstes Kriterium der Täterschaft den „Täterwillen“ d. h. den Willen, die Tat als eigene zu begehen, bezeichnet. Vor allem *Lange* betont dabei, daß Tat und Täter ein persönliches Band umschließen müsse, daß der Täterbegriff auf der Vorstellung beruhe, die Tat sei das Werk des Handelnden, sei s e i n e Tat, nicht eine bloße Verursachung (S. 43 f.).

Damit wird zweifellos auf die entscheidenden Momente hingewiesen. Aber es fragt sich doch, w a n n ein Geschehen die (eigene) Tat eines Täters ist. Der „Täterwille“ bringt dafür zwar wichtige Gesichtspunkte, aber stellt das Entscheidende doch noch nicht heraus. Im Gegenteil birgt er sogar die Gefahr, infolge seiner ausschließlich subjektiven Formulierung die entscheidenden Gesichtspunkte wieder zu verfehlen. Was heißt die Tat „als“ eigene wollen? Steht es etwa im subjektiven Belieben, ob jemand die Tat „als“ eigene oder „als“ fremde will? Kann jemand irgendeine Tat durch seinen bloßen Willen zur „eigenen“ machen, etwa durch Einverständnis, Billigung und dergleichen oder kann er durch einen entsprechenden Willen, die Tat „als“ „fremde“ wollen, sie von sich abschieben? Kann sich jemand durch den „Täterwillen“ zum Täter irgendeiner Tat aufwerfen?

Selbstverständlich ist das unmöglich. Die Tat muß wirklich objektiv das Werk des Täters sein. Der Wille, die Tat als „eigene“ zu begehen, setzt voraus, daß die Tat „wirklich“ das „eigene“ Werk des Täters i s t, — und dann ist er als besonderer „Wille“, als besonderes Bewußtsein: „diese Tat ist meine eigene“, völlig überflüssig. Der „Täterwille“ ist also nach zwei Richtungen als Kriterium der Täterschaft unbrauchbar: er besagt erstens nicht, w a n n die Tat das eigene Werk des Täters ist, und ist zweitens, wenn man ihn als besonderes Täterbewußtsein fassen wollte, als Meditation oder Reflexion des Handelnden darüber: „ich will aber auch Täter dieser Tat sein“, gänzlich überflüssig.

Maßgebend ist die objektive Tatsache, daß die Tat w i r k l i c h das Werk des Täters ist. Diese objektive Tatsache ist allerdings von s u b j e k t i v e n Momenten abhängig, nämlich von der finalen Tatherrschaft, die jedoch m e h r ist als „bloß“ subjektiv. Es ist die einfachste Tatsache, die die Eigenart des menschlichen Handelns als Willensverwirklichung ausmacht, daß der Mensch nach einem s i c h gesetzten Ziel die Gestaltung der Zukunft (des Kausalwerdens) z w e c k v o l l ins Werk setzen kann. Die Gestaltung, die er nach s e i n e m Willensziel z w e c k v o l l realisiert hat, gehört ihm als eigenes Werk spezifisch zu. Dabei ist dann gleichgültig, ob er diese Tat für sich oder für andere, im eignen oder fremden Interesse vollbracht hat, — wenn sie die z w e c k b e w u ß t e Durchführung s e i n e s Willensentschlusses ist, ist sie s e i n e Tat. Nicht ein vager Täterwille, sondern die wirkliche finale Tatherrschaft ist das wesentliche Krite-

definiert, der „mit Täterwillen die tatbestandsmäßige Handlung ... begeht" rium der Tatherrschaft. Dabei steht Tatherrschaft demjenigen zu, der seinen Willensentschluß zweckbewußt zur Durchführung bringt.

Jedoch sahen wir schon in einem anderen Zusammenhang, daß die Finalität nur ein, wenn auch noch so wesentliches Moment innerhalb der ganzen sozialbedeutsamen Handlung ist. Auch für die Täterschaft ist sie nur ein Moment: das tatmäßige. In ihrem ganzen sozialbedeutsamen Gehalt ist die Täterschaft noch von weiteren persönlichen Momenten des Täters abhängig. Wir brauchen uns dabei nur an unseren Tatbestandsaufbau (oben S. 146 f.) zu erinnern. Wir unterschieden dort zwei täterschaftliche Elemente, die objektiven Tätervoraussetzungen (Beamter, Kaufmann, Soldat und dergleichen) und die subjektiven täterschaftlichen Momente (Zueignungsabsicht, unzüchtige Tendenzen usw.). Die Tat in ihrem vollen sozial(un)ethischen Gehalt kann nur ein solcher Täter begehen, der auch diese persönlichen Tätermomente aufweist: erst dann hat er die umfassende (nicht bloß finale, sondern auch) soziale Tatherrschaft. (Herrschaft über die Tat in ihrem ganzen sozialethischen Unwert.)

So kommen wir zu folgender Bestimmung der Täterschaft:
Die Täterschaft hat mehrere Voraussetzungen:

1. persönliche Voraussetzungen
   a) objektiv: die besondere Pflichtenstellung des Täters: Beamter, Soldat, Kaufmann, Deszendent etc.
   b) subjektiv: die besonderen Absichten und Tendenzen (die sog. „subjektiven Unrechtselemente")
2. tatmäßige Voraussetzung: die finale Tatherrschaft. Der Täter ist Herr über die Tat, indem er seinen Willensentschluß zweckhaft durchführt.

Während die finale Tatherrschaft generelle Tätervoraussetzung ist, sind die beiden persönlichen Tätermomente nur da erforderlich, wo der besondere sozialethische Bedeutungsgehalt der Handlung tatbestandsmäßig von ihnen abhängt. Dort aber ist erst beim Zusammentreffen aller drei Tätervoraussetzungen Täterschaft gegeben. Wem eine von ihnen fehlt, der scheidet notwendig als Täter dieser Tat aus und kann sich bestenfalls als tätiges „Werkzeug" in die soziale Tatherrschaft eines anderen einfügen und ihn bei der Verwirklichung von dessen Tat unterstützen. Denn für die Täterschaft ist es ja keineswegs erforderlich, daß der Täter sich lediglich mechanisch wirkender Werkzeuge bedient. Er kann auch die in gewissem Umfange zwecktätige Handlung eines anderen Menschen in seine Zwecktätigkeit einbauen, sofern er nur dabei — im Gegensatz zu dem anderen — die umfassende Tatherrschaft für die ganze Tat behält.

Entsprechend den drei Voraussetzungen der Täterschaft gibt es drei Grundformen der sog. „mittelbaren" Täterschaft, die darauf beruhen, daß das zwecktätige Werkzeug eine der drei notwendigen Tätervoraussetzungen nicht besitzt, während sie bei dem Veranlasser vorliegen:

1. Mittelbare Täterschaft infolge Fehlens der persönlichen Tätervoraussetzungen bei dem zur Ausführung des Delikts benutzten Dritten: Fehlen der
   a) objektiv-persönlichen Tätervoraussetzungen: im Falle des qualifikationslos dolosen Werkzeugs,
   b) subjektiv-persönlichen Tätervoraussetzungen: im Falle des absichtslos dolosen Werkzeugs.
2. Mittelbare Täterschaft infolge fehlender finaler Tatherrschaft des Dritten: Benutzung eines nicht vorsätzlich handelnden Dritten. (Ferner bei bindendem Befehl[71a].)

Die ersten beiden Fälle sind unproblematisch. Im letzteren Falle ist es gleichgültig, ob der Dritte fahrlässig oder gänzlich schuldlos-unvorsätzlich tätig war. Es ist jedoch u. U. auch möglich, daß der Dritte die Tätigkeit zwar noch bewußt vollzieht, aber nicht auf Grund eines von ihm gefaßten Willensentschlusses (Vorsatzes), sondern in willenloser Durchführung fremden Entschlusses. Einer dieser seltenen Fälle ist der von *Lange* mitgeteilte Frankfurter Fall der Hildegard *Höfeld*, eines 14½jährigen Mädchens, das unter seelischem und körperlichem Druck der Eltern auf deren Verlangen in den Main sprang, um den Tod zu suchen. *Lange* (S. 33) schildert die Tätigkeit der Eltern: „sie haben in dem Kinde den eignen Entschluß, die eigene Entscheidung über Tod und Leben durch Schläge, Drohungen und fortwährende seelische Beeinflussung völlig ausgelöscht". Im Prozeß gegen die Eltern wegen Mordversuchs sagte das Kind selbst aus: „Sie habe, als sie auf der Mainbrücke stand, mehr Angst vor dem Vater gehabt, der darauf wartete, daß sie hinunterspringe, als vor dem kalten Wasser." Hier fehlt eine finale Tatherrschaft, weil die Tätigkeit zwar noch bewußt vor sich ging, aber für den unmittelbar Tätigen eine willenlose Durchführung fremden Entschlusses war. Finalität dagegen ist die willentlich-zweckhafte Gestaltung der Zukunft. Derartige — an sich seltene — Fälle einer willenlosen, obzwar bewußten Werkzeugtätigkeit können häufiger bei der Benutzung kleinerer Kinder vorkommen, die selbst völlig willenlos fremden Willen durch bewußte Tätigkeit ausführen; das gleiche kann sich auch u. U. bei der Benutzung gewisser infantiler Geisteskranken ereignen.

Jedoch wäre es verfehlt, nun etwa die Schuldunfähigkeit generell als finale Handlungsunfähigkeit anzusehen. Wie der Handlungsentschluß gebildet ist, ob rein triebhaft oder unter Beteiligung eines Wertverständnisses, hat damit, daß er gebildet ist, nichts zu tun. Daß auch schuldunfähige Kinder und Jugendliche eigene Handlungsentschlüsse fassen können, ist

---

[71a] S. hierzu grundlegend *Ramm*, ZStW. 58 S. 363 ff.

ganz unzweifelhaft, und für Geisteskranke gilt nichts anderes. Das Jugendgerichtsgesetz hat hieraus in § 4 die sachlich und dogmatisch allein richtige Konsequenz gezogen, indem es die Möglichkeit eigener Täterschaft (Tatherrschaft) schuldunfähiger Kinder und Jugendlicher anerkennt. Wenn dies nach der durch historische Überlieferung und Gewohnheitsrecht festgelegten Auslegung der §§ 48, 49 StGB. für sonstige Schuldunfähige nicht geschehen ist, so ist das nicht nur sachlich, sondern auch dogmatisch falsch, denn der sachliche Fehler rächt sich dogmatisch. Mag man auch die Anstiftung Schuldunfähiger regelmäßig ohne große Schwierigkeiten in Fälle der mittelbaren Täterschaft umdeuten können, — und im Einzelfall kann ja auch, wie wir sahen, die Abgrenzung flüssig sein, — immer ist diese Umdeutung nicht möglich. Nämlich dort nicht, wo der Anstifter des Schuldlosen infolge mangelnder persönlicher Tätereigenschaft nicht (mittelbarer) Täter sein kann. (Anstiftung des Beamten zum echten Beamtendelikt durch einen Nichtbeamten; ebenso bei Veranlassung zu einem eigenhändigen Delikt.) Generell versagt diese Möglichkeit bei der Beihilfe: hier hat der schuldlose Täter den Tatentschluß ganz unabhängig vom Beteiligten gefaßt, und dieser unterstützt objektiv und subjektiv nur dessen Tat, die ganz auf dem Entschluß und der zweckvollen Ausführung des Schuldunfähigen beruht und somit allein dessen Tatherrschaft untersteht.

Auch die Wahl der Akzessorietät steht also nicht völlig im gesetzgeberischen Belieben. Die extreme Akzessorietät, die die Teilnahme nicht bloß von der finalen Tatherrschaft, sondern sogar von der Schuld des Haupttäters abhängen läßt, muß notwendig zu dogmatischen Lücken führen. Auch die Analogie, die hierfür als ultimum refugium empfohlen werden könnte, könnte nur die dogmatische Fehlerhaftigkeit enthüllen: denn sie füllt keine vorher nicht gesehenen Lücken aus, sondern soll einen offenbaren dogmatischen Mangel nachträglich heilen. Und indem sie die Beihilfe an schuldloser „Tat" analog der von ihr allein anerkannten Beihilfe an schuldhafter Tat bestraft, erkennt sie das an, was sie dogmatisch bestreiten wollte: daß nämlich die Teilnahme unabhängig ist von der Schuld des Täters.

Andererseits ist aber auch die sog. limitierte Akzessorietät nur brauchbar, wenn ihr der finale Handlungsbegriff, die finale Tatherrschaft, zugrundeliegt. Wo Vorsatz und Fahrlässigkeit nicht zum Unrechtstatbestand gehören und diesen differenzieren, sondern als bloße Schuldmomente erscheinen, da muß die limitierte Akzessorietät zu jener völlig lebensfremden, papierenen Konstruktion einer vorsätzlichen Teilnahme (Anstiftung oder Beihilfe) zu fahrlässiger Verursachung führen. Denn bei der limitierten Akzessorietät genügt bekanntlich zur Teilnahmebestrafung eine schuldlos-rechtswidrige Haupttat. Wenn aber die objektivistische Unrechtslehre die Rechtswidrigkeit einer Tat (den Unrechtstatbestand) unabhängig von Vorsatz oder Fahrlässigkeit sieht, muß es auch für die Teilnahmeordnung gleichgültig sein, ob die Haupttat vorsätzlich oder fahrlässig geschah. Entscheidend ist nur, daß eine objektiv-rechtswidrige „Tatbestandsverwirklichung" als

Haupttat vorliegt. Dann aber müßte eine vorsätzliche Teilnahme (Anstiftung, Beihilfe) an einer fahrlässigen oder gar rein zufälligen „Haupttat" möglich sein[72].

An diesem absurden Ergebnisse zeigt sich nochmals mit aller Deutlichkeit, daß eine Teilnahmeordnung nur möglich ist unter Zugrundelegung des finalen Handlungsbegriffs, dem seinerseits eine ihm entsprechende Unrechtslehre zu folgen hat, und daß auch die limitierte Akzessorietät nur vermöge des finalen Handlungsbegriffs praktisch brauchbare Ergebnisse zu liefern vermag[73]. So erweist sich noch einmal die Täter- und Teilnahmelehre als Prüfstein der ganzen strafrechtlichen Dogmatik. Nur vom finalen Handlungsbegriff aus, von der Trennung finaler Handlungs- und fahrlässiger Verursachungstatbestände und der entsprechenden Unterscheidung von Unrecht und Schuld aus ist eine sachgemäße Teilnahmelehre zu begründen[74].

III. Mittelbare Täterschaft ist jedoch nur da möglich, wo die Tat unter Benutzung von Werkzeugen tatbestandlich überhaupt begehbar ist, und zwar von solchen Werkzeugen, die nach der finalen Einwirkung des Täters selbständig — sei es rein mechanisch oder im gewissen Umfang zwecktätig handelnd — weiterwirken und so den intendierten Erfolg herbeiführen. Derartige Tatbestände bilden grundsätzlich alle Erfolgsdelikte (Rechtsgutsverletzungen). Sie können in der Regel „mittelbar", d. h. unter Zwischenschaltung selbständig weiterwirkender Werkzeuge durchgeführt werden.

Anders ist es da, wo nicht ein intendierter (mit Werkzeugen erreichbarer) Erfolg, sondern wo der Akt als solcher das entscheidende

---

[72] Ein viel benutztes Beispiel mag das noch deutlicher machen: ein Arzt will einen ihm persönlich verfeindeten Patienten beseitigen. Er beauftragt eine nichtsahnende Schwester damit, dem Patienten eine Morphiumspritze zu geben, der er heimlich eine viel zu starke, tödlich wirkende Giftdosis beigegeben hatte. Die Schwester verabreicht die Spritze. Nach der objektivistischen Unrechtslehre in Verbindung mit der limitierten Akzessorietät hat die Schwester eine objektiv-rechtswidrige Tat begangen; und da zur Teilnahme eine „objektiv-rechtswidrige" Haupttat genügt, hat sich der Arzt an der Haupttat der Schwester als Teilnehmer beteiligt. Die wirkliche Haupttat wird zur Teilnahmehandlung, die untergeordnete Tätigkeit zur Haupttat! Zu dieser völligen Verkehrung der wirklichen Verhältnisse kommt als weitere Schwierigkeit die Frage, als was sich denn nun die „Teilnahmehandlung" des Arztes darstellt? Nach der Art seines Tuns (Auftrag) käme am ehestens Anstiftung in Betracht: also Anstiftung zu fahrlässigem oder gar gänzlich unvermeidbarem Tun.

[73] Wo — wie im österreichischen Recht — die limitierte Akzessorietät bereits zur Herrschaft gelangt ist, bildet der finale Handlungsbegriff ihre selbstverständliche Grundlage. Veranlassung zu nicht-vorsätzlichem Tun ist mittelbare Täterschaft; echte Teilnahme setzt eine finale Haupttat voraus!

[74] Sie läßt sich schon für das noch geltende Recht durchführen. Die extreme Akzessorietät ist ja nur durch historische Überlieferung und Gerichtsgebrauch in das Gesetz hineininterpretiert worden. Eine entschlossene Rechtsprechung sollte auch hier ein neues Gewohnheitsrecht zu beginnen den Mut haben.

Unrecht darstellt, wo nur die vom Handelnden selbst sinnbewußt vollzogene Tätigkeit in einem spezifischem Sinne unsittlich, sozialethisch verwerflich ist. Im Mittelpunkt solcher Delikte stehen die sogenannten Fleischesverbrechen (delicta carnis), wie Ehebruch, Blutschande, widernatürliche Unzucht, und der Meineid. Nur wer selbst die durch die Ehe, die Verwandtschaft, das gleiche Geschlecht gezogenen sexuellen Schranken fleischlich überschreitet, dessen Tätigkeit ist in dem spezifischen Sinne des Ehebruchs, der Blutschande, der widernatürlichen Unzucht sozialethisch unrein. Als fleischlich unreine Akte sind Ehebruch, Blutschande, widernatürliche Unzucht in ihrem Wesen bestimmt, nicht als Erfolgsherbeiführung, d. h. nicht als bloße Veranlassung sexueller Beziehungen zwischen den in §§ 172, 173, 175 genannten Personen. Ein derartiges, etwa durch Täuschung herbeigeführtes Veranlassen des Geschlechtsverkehrs eines Ehegatten mit einem Dritten oder zwischen Verwandten ist schwere Kuppelei im Sinne von § 181, Z. 1, aber nicht Ehebruch oder Blutschande. (Für widernatürliche Unzucht s. o. S. 135 f.) Ebenso liegt der entscheidende deliktische Gehalt des Meineides in dem Akt der feierlichen unwahrhaftigen Beteuerung der Wahrheit. In allen diesen Fällen ist mittelbare Täterschaft unmöglich, weil hier nur Täter sein kann, wer den unrechtsbedeutsamen Akt vornimmt[75]. Zur Täterschaft gehört hier also außer den oben genannten drei Voraussetzungen noch die „eigenhändige" Begehung.

Jedoch müssen wir einen Schritt weitergehen. Genauso wie jene Delikte rein aktmäßigen Unrechts mit (aktfremden) Erfolgsbestandteilen verknüpft werden können, die den Unrechtsgehalt erhöhen, ohne daß sie deren Wesen als eigenhändige Delikte ändern[76, 77], genauso können umgekehrt in Erfolgstatbestände sogar hinsichtlich der Erfolgsherbeiführung Momente spezifisch aktmäßigen Unrechts eingebaut sein. Der Einsteigediebstahl des § 243, 2

---

[75] Diese Delikte rein aktmäßigen Unrechts sind nicht identisch mit den sog. schlichten Tätigkeitsdelikten. (So auch *Nagler,* GerS. 111 S. 56 Anm. 99; das von *Nagler* angeführte Beispiel [übermäßig schnelles Fahren] betrifft eine abstrakt gefaßte Gütergefährdung, nicht einen sozialethisch verwerflichen Akt als solchen.)

[76] Ein eindeutiger Fall dieser Art ist § 84 MilStGB.: die Feigheit im Gefecht ist qualifiziert, wenn der Täter dabei die Kameraden durch Worte oder Zeichen zur Flucht verleitet; — die Erfolgsherbeiführung (Verleitung eines Kameraden) qualifiziert das aktmäßige Unrecht der Feigheit.

[77] Bei den Amtsdelikten (Sonderdelikten) liegen die Verhältnisse folgendermaßen (vgl. oben S. 137 Anm. 30): Sie sind in bezug auf die Treupflichtverletzung alle „eigenhändige" Delikte; daher ist mittelbare Täterschaft des Nichtqualifizierten ausgeschlossen. Wo sich das Amtsdelikt im rein aktmäßigen Unrecht erschöpft, da muß überdies die ganze Tat durch den Qualifizierten begangen werden und mittelbare Tatbegehung ist auch für den Qualifizierten unmöglich (z. B. Rechtsbeugung). Wo dagegen die Treupflichtverletzung mit einer Rechtsgutsverletzung tatbestandsmäßig verbunden ist (z. B. Nötigung, Körperverletzung, Unterschlagung im Amt u. a. m.), da ist mittelbare Tatbegehung bezüglich der Rechtsgutsverletzung möglich.

bietet hierfür nach der herrschenden Auslegung das wichtigste Beispiel. Das Moment des Einsteigens soll nicht lediglich die erhöhte Sicherung des Gewahrsams charakterisieren, sondern die besondere Intensität der Angriffshandlung kennzeichnen. Täter kann daher nur der sein, der diesen Einsteigeakt selbst vollzieht. Man hat diese Momente als objektive Schuldelemente zu erfassen versucht. Sehr zu Unrecht[78]! Diese Auffassung ist nur möglich, wo man das Unrecht allzu stark und einseitig auf die gegenständliche Rechtsgutsverletzung bezieht. In Wahrheit liegt ein spezifisch aktmäßiges Unrechtsmoment vor. Deshalb kann natürlich auch der Schuldlose einen Einsteigediebstahl begehen (z. B. ein dreizehnjähriger Knabe), und ein Schuldfähiger kann ihm hierzu Beihilfe leisten. (Also nicht Beihilfe zum einfachen Diebstahl!)

IV. Mittäterschaft ist Täterschaft, deren Besonderheit darin besteht, daß die Tatherrschaft über die deliktisch einheitliche Tat nicht bei einem Einzelnen, sondern bei mehreren gemeinsam liegt. Jede finale Handlung besteht ja regelmäßig aus einer Mehrheit zweckmäßig in einandergreifender Einzelakte, die durch die ihnen zugrundeliegende, sich in ihnen objektivierende Zweckrichtung des Handlungsentschlusses keine bloße Summe, sondern ein einheitliches Ganze bilden. In dieser Tatsache, daß die unrechtmäßige Handlung eine auf der zweckgerichteten Durchführung des Handlungsentschlusses beruhende Einheit mehrerer Teilakte ist, liegt die Möglichkeit der Mittäterschaft begründet: sie ist die auf mehrere Personen verteilte Durchführung zweckhaft in einander greifender Teilakte eines von allen getragenen gemeinschaftlichen Handlungsentschlusses. Die Tatherrschaft steht hierbei allen gemeinsam zu: nicht ein einzelner, auch nicht mehrere Vereinzelte, sondern alle zusammen sind Träger des Tatentschlusses, und der Tätigkeitsakt jedes Einzelnen bildet mit denen der übrigen durch den vom gemeinsamen Handlungsentschluß gegebenen Zweckzusammenhang ein einheitliches Ganze. Ein jeder ist darum nicht bloß Täter eines Teiles, — denn dieser hat keine selbständige Funktion, — sondern Mit-Täter am Ganzen; darum haftet er auch als Mittäter an der ganzen Tat.

Man hat in dieser Tatsache eine Schwierigkeit gefunden: wie kann jemand, der nur einen Teil verwirklicht, für das Ganze haften? Man hat daher, sofern man nicht jede beliebige Mitverursachung als Täterschaft ansah, die Haftung des Mittäters für das Ganze als rein positivrechtliche Bestimmung angesprochen[79]. Um nun doch dieser gesetzlichen Regelung eine sachliche Begründung zu geben, hat man die Mittäterschaft in eine Sonderform der Alleintäterschaft verwandelt. *Lange* (S. 55) hat diesen Versuch im Anschluß an die Rechtsprechung des Reichsgerichts unternommen. Er zieht beistimmend die Entscheidung RG. 66 S. 240 heran: „Zur Annahme der Mittäterschaft ist erforderlich und ausreichend, daß jeder Beteiligte den ganzen

---

[78] Im gleichen Sinne auch *Lange*, S. 26; *Mayer*, *Lehrbuch*, S. 234.

[79] S. *Kohlrausch* in *Aschrott-Kohlrausch*, Reform 1926, S. 31; vgl. auch *Lange*, a. a. O. S. 50 ff.

Erfolg einer Straftat als eigene verursachen will, aber auf Grund eines gemeinschaftlichen Entschlusses und mit vereinten Kräften, daß also jeder seine eigene Tätigkeit als mittelbarer Täter durch die Handlungen des oder der Genossen vervollständigen und auch diese sich zurechnen lassen will." Mittäter sei danach „ein Fall teilweiser mittelbarer Täterschaft".

In Wahrheit führt das nicht zur Mittäterschaft, sondern zur Alleintäterschaft jedes der beteiligten Mittäter. Jeder der Mittäter ist für sich teils in unmittelbarer, teils in mittelbarer Täterschaft Täter der ganzen Tat. Nur so glaubt man, jeden der Mittäter für das Ganze haften lassen zu können. Mittäterschaft wäre danach mehrfache Alleintäterschaft. Daß damit das Wesen der Mittäterschaft verfehlt wird, dürfte ohne weiteres offenbar sein. Es ist nun einmal nicht zu übersehen, daß bei der Mittäterschaft im klaren Gegensatz zur mittelbaren Täterschaft die finale Tatherrschaft nicht bei einem einzelnen liegt, sondern daß nur alle zusammen sie besitzen. Aber das macht grade das Wesen der Mittäterschaft aus. Weil jeder die finale Tatherrschaft am Ganzen mitbesitzt, d. h. weil er Mitträger des Handlungsentschlusses ist und an dessen in zweckmäßig ineinandergreifenden Teilakten sich vollziehender Durchführung mitbeteiligt ist, ist er Mittäter am Ganzen und als Mittäter am Ganzen strafbar. Mittäterschaft ist nicht eine Sonderform der Alleintäterschaft, sondern der Täterschaft überhaupt, die eben entweder als Allein- oder als Mittäterschaft konkret auftritt. Alle Versuche, Mittäterschaft auf Alleintäterschaft zurückzuführen, sind ebenso verfehlt wie überflüssig. Denn Mittäterschaft ist mit der Alleintäterschaft gleich ursprünglich und genauso Täterschaft wie die Alleintäterschaft. Wie diese Täterschaft des Ganzen ist, so ist jene Täterschaft am Ganzen[80].

Aber bedeutsamer als dieses Problem der theoretischen Wesenserfassung der Mittäterschaft, dessen praktisches Ergebnis von vornherein feststand, ist die Frage, welches Maß von Beteiligung zur Mittäterschaft erforderlich ist. Die hier auftauchenden Schwierigkeiten haben darin ihren Grund, daß keiner der Beteiligten die volle Tatherrschaft an der ganzen Tat hat, sondern isoliert genommen jeder nur an seinem Teilakt und erst über dem gemeinsamen Tatentschluß hinweg auch am Ganzen. Maßgebend ist zunächst, daß jeder der Beteiligten Mitträger des Tatentschlusses ist, dessen Durchführung in den erforderlichen Teilakten auf sie verteilt ist. Das bedeutet, daß jeder bei Vornahme seines Teilaktes nicht nur seinen Willen zur Tat, sondern gleichzeitig auch den der übrigen mit durchführt. Das ist wesensnotwendig für diejenigen Beteiligten, welche Teilakte der tatbestandsmäßigen Ausführungshandlung vornehmen. Denn wie jeder von ihnen Teile der Tat selbst ausführt und darum notwendig den Tatwillen hat, so führt er auch den Tatentschluß der anderen Beteiligten aus, die die

[80] Daß jeder ein Täter des Ganzen sein müsse, ist einfach eine petitio principii zugunsten der Alleintäterschaft.

weiteren Teile der Ausführungshandlung übernommen haben. Ein animus socii für den an der Ausführungshandlung Beteiligten[81] ist ausgeschlossen; denn wer die Tat wirklich mitausführt, hat den Täterwillen, da dieser keine willkürliche subjektive Einstellung, sondern eine im objektiven Geschehen sich äußernde finale Funktion ist. Die objektive Teilnahmetheorie gibt somit auf jeden Fall das Minimum mittäterschaftlicher Haftung an.

Umschreibt sie aber auch das Maximum? Kann nicht vielmehr auch der mit bloßen Unterstützungshandlungen Beteiligte Mittäter sein? Entscheidend ist hierbei, ob der Mitträger des Tatentschlusses und überhaupt Mitträger der finalen Tatherrschaft an der ganzen Tat sein kann. Dafür genügt nicht, daß er — abgesehen von seinem Handlungsbeitrag — mit der Ausführung der Tat sympathisiert, mit ihr einverstanden ist, sie „als eigene will". Diese subjektive Reflexion genügt, — wie wir sahen —, ebensowenig zur Täterschaft wie nun zur Mittäterschaft; der Täterwille (animus auctoris) ist kein bloß subjektives die-Tat-als-eigene-Wollen. Vielmehr muß der „Täterwille" des Beteiligten innerhalb der Gesamttat objektive Bedeutung haben, von objektiver Funktion sein. Das hat er dann, wenn die Gesamttat auch in den Beiträgen der übrigen Beteiligten von dem gemeinsam gefaßten Tatentschluß getragen ist, so daß nicht nur die Vornahme der Unterstützungshandlung für den daran Beteiligten eine Teilausführung des gemeinsamen Tatentschlusses ist, sondern auch die Vornahme der Ausführungshandlungen für die Ausführenden zugleich die Mitverwirklichung des vom Unterstützenden mitgefaßten Tatentschlusses ist. Die ganze Tat muß — gemäß dem Tatplan — auch für die übrigen Beteiligten in Anlage und Ausführung die Verwirklichung des von allen getragenen Tatentschlusses sein. Dann ist der animus auctoris keine bloße subjektive Einstellung eines der Beteiligten, die ebenso unbeachtlich wäre, wie wenn sich sonst jemand mit der Tat „identfizieren" wollte, sondern er ist das objektive Mitbeteiligtsein an der finalen Tatherrschaft, das sich aus der Anlage und Durchführung der ganzen Tat, wie sie dem gemeinsamen Tatentschluß entspricht, ergibt. Die beste bildhafte Vorstellung dieser Verhältnisse ist die der Rollenverteilung in einem gemeinsam gefaßten Plane: wie der Entschluß und die Durchführung der Tat von allen getragen wird, so ist die Zuteilung der Tatbeiträge an die einzelnen Tatentschlossenen eine reine Zweckmäßigkeitsfrage; die Tat als Ganze ist die Tat aller zusammen. Wie damit der animus auctoris die unbedingt erforderliche objektive Funktion erhält, so ist er auch nur so praktisch überhaupt feststellbar: sofern nicht die Beteiligten selbst ihr gegenseitiges Verhältnis im Prozeß offenlegen, kann nur da auf Mittäterschaft eines nur Unterstützenden geschlossen werden, wo die Anlage

[81] — sofern er auch die persönlichen Tätereigenschaften u. damit die soziale Tatherrschaft hat; denn davon hängt ja die praktische Möglichkeit ab, im sozialen Leben Täter sein und damit eine „Täterwillen" haben zu können.

der ganzen Tat zusammen mit der Persönlichkeit der Beteiligten eine solche bloße Rollenverteilung nahelegt.

Die Feststellung im konkreten Prozeß mag dabei im Einzelfall immer noch schwierig genug sein. Die Formel, die das Reichsgericht dem Richter zur Verfügung stellt, daß die Tat „als eigene" gewollt sein müsse, ist nicht nur zu vage und zu subjektivistisch, sondern auch irreführend und erstarrt allzu leicht zur bloßen Floskel und wird gar zum asylum ignorantiae[82]. Wenn man schon eine handfeste Formel zum praktischen Gebrauch verwenden will, so scheint sie mir in folgender Weise am einwandfreiesten zu sein: „Die Beteiligten X, Y, Z haben die Tat als gemeinsame begangen." Hier wird der Richter von vornherein zugleich auf objektive Verhältnisse hingewiesen („gemeinsam b e g a n g e n e"), ferner auf die g a n z e Tat (nicht bloß auf den animus) und auf das Moment der Rollenverteilung gemäß gemeinsam getragenen Tatentschlusses („als gemeinsame"). (Bei der sonstigen objektiven Sicherung ist diese subjektive Teilformulierung hier weniger bedenklich; sie hebt den Tatplan hervor!)

Das Wesen der Beihilfe ergibt sich hieraus von selbst: es ist die Vornahme von Unterstützungshandlungen ohne Teilnahme am Tatentschluß und an der finalen Tatherrschaft; die Unterstützung f r e m d e r Tat (nicht bloß der Tat „als einer fremden").

III. Teil: Die fahrlässige Verursachung

Die fahrlässigen Deliktstatbestände haben allzulange im Schatten der vorsätzlichen Tatbestände gestanden. Das mag für den ersten Augenblick verwunderlich erscheinen, da man doch die Unterschiede beider überhaupt nicht sah, sondern von einem für Vorsatz und Fahrlässigkeit gleichen „objektiven" Tatbestand ausging. Streng genommen war das jedoch nur in der ursprünglichen, rein „objektiven" Tatbestandslehre *Belings* der Fall. In ihr standen die fahrlässigen Tatbestände dogmatisch durchaus gleichberechtigt neben den vorsätzlichen Tatbeständen. In der weiteren differenzierteren Fortbildung der Tatbestandslehre mit ihrer Entdeckung der subjektiven Unrechtselemente und der objektiven Schuldelemente war man dagegen notwendigerweise, — wenn auch nicht ausdrücklich und wohl auch nicht bewußt, — an den finalen (Handlungs-)Tatbeständen orientiert. Die Besonderheit der fahrlässigen Tatbestände trat demgegenüber völlig in den Hintergrund. Auch die Tatsache, daß man weiterhin sämtliche Tatbestände als typisierte Verursachungsvorgänge auffaßte, ging zwar zulasten der richtigen Erkennt-

[82] Sehr nachdenklich RG. 15 S. 303: Für sich genommen, d. h. ohne die Kriterien, die das Reichsgericht dort anführt, „wäre die Behauptung, auch der bloß Vorbereitende oder bloß Helfende habe die Tat als seine eigene gewollt e i n b l o ß e s W o r t o h n e f a ß b a r e n S i n n". (Sperrung von mir.) Eine sehr beherzigenswerte Warnung, das Moment, die Tat „als eigen zu wollen", schon als das Kriterium der Täterschaft anzusehen!

nis der finalen Tatbestände, kam aber den fahrlässigen Tatbeständen nicht zugute. Die fahrlässigen Tatbestände fanden nur nach der „subjektiven" Seite Beachtung. Hier wurde die schwere Frage nach dem Schuldcharakter der Fahrlässigkeit in ein- und tiefgehenden Forschungen untersucht und gefördert.

Erst im Problemgebiet der Teilnahme, vor allem bei der Auseinandersetzung zwischen restriktivem und extensivem Täterbegriff tauchte der Gedanke einer objektiven Besonderheit der fahrlässigen Tatbestände auf. An dem Wortlaut des Gesetzes (dem kausalen Tod-Verursachen des § 222 im Gegensatz zum finalen Töten der §§ 211 ff.) wurde, wie wir sahen, der spezifische Verursachungscharakter der fahrlässigen Tatbestände erstmalig entdeckt und für die Bestrafung jeglicher fahrlässigen Beteiligung als fahrlässiger Täterschaft dogmatisch verwertet[83]. Diesen spezifischen Verursachungscharakter hat H. *Mayer* im scharfen Gegensatz zu den vorsätzlichen Verbrechen generell herausgearbeitet und damit die fahrlässigen Tatbestände ihrem Inhalt und Umfange nach, (weil der Tatbestand der Verursachungsdelikte weiter ist als der der vorsätzlichen Verbrechen[84]), von den vorsätzlichen Tatbeständen unterschieden.

Die fahrlässigen Delikte sind Verursachungsverbrechen: das ist das Ergebnis der dogmatischen Problementwicklung und auch die These, von der wir in den bisherigen Ausführungen ausgegangen sind. Diese Charakterisierung kennzeichnet nun zwar das entscheidende Merkmal der fahrlässigen Tatbestände. Sie bleibt aber in dieser Form noch zu allgemein. Wenn man einmal den Aufbau der Fahrlässigkeitstatbestände im Gesetz durchprüft, so fallen sofort zwei scharf zu scheidende Gruppen in die Augen. Es sind einmal die reinen Verursachungstatbestände. An ihnen hatte sich die bisherige Dogmatik ausschließlich orientiert. In ihrem Mittelpunkt steht die fahrlässige Tötung, mit der man hier üblicherweise die reinen Verursachungsverhältnisse exemplifizierte; weitere Tatbestände sind die fahrlässige Körperverletzung (§ 230), fahrlässige Brandstiftung (§ 309) u. a.

Diese Tatbestände sind reine Verursachungsfälle. Sie verlangen nichts weiter, als daß ein Mensch den unerwünschten Erfolg verursacht hat (und daß diese Verursachung vermeidbar war). Wie diese Verursachung erfolgt, ob anläßlich einer beliebigen Handlung, ob durch Unterlassung, ist völlig gleichgültig. Sie stellen den reinen Typ der Verursachungstatbestände dar, an denen verständlicherweise der Verursachungscharakter der Fahrlässigkeitsdelikte zuerst entdeckt worden ist.

Die zweite Gruppe sind „gemischte" Verursachungstatbestände. (Verursachungstatbestände mit finalem Handlungskern.) In Frage kommen vor allem § 85 (Verbreitung hochverräterischer Schriften, deren Inhalt dem Täter fahrlässig unbekannt ist), § 163 (fahrlässiger Falscheid), § 164 V

---

[83] Vgl. *Bruns,* Kritik der Lehre vom Tatbestand. S. 68 ff.
[84] H. *Mayer,* Lehrbuch S. 194 ff.; bes. S. 200 ff., 217 ff.

(leichtfertige falsche Anschuldigung), § 326 (z. T., z. B. Verkauf von vergifteten Gegenständen, deren gefährliche Eigenschaften dem Täter fahrlässig unbekannt ist), § 345, II (fahrlässige unzulässige Strafvollstreckung). Im Mittelpunkt dieser Tatbestände steht überraschenderweise gar keine bloße Verursachung, sondern eine *bestimmte finale* Handlung: das Herstellen, Verkaufen und Verbreiten, das Aussagen und Schwören, das Anschuldigen, das Vollstrecken einer Strafe sind alles echte finale Handlungen. Es gibt kein Verkaufen, Schwören usw. als nicht-finale, unbewußt-unwillentliche Akte, als bloße Verursachungen. Hier schließt sich um einen *tatbestandsmäßigen* finalen Handlungskern erst der fahrlässige Verursachungstatbestand. Dabei handelt es sich in diesen Fällen um die mangelnde oder unzulängliche Kenntnis des *Gegenstands* oder des *Inhalts* der finalen Handlung. Daß der Täter eine Schrift verkauft, ist ihm bewußt; daß diese Schrift einen hochverräterischen Inhalt hat, ist ihm fahrlässig unbekannt. Ebenso sind seine Aussage und sein Schwur eine bewußte, finale Tätigkeit, aber über die Unrichtigkeit dieser Aussage ist er sich fahrlässig nicht bewußt. So verursacht er fahrlässig einen rechtswidrigen Gesamterfolg (Herstellung oder Verbreitung *hochverräterischer* Schriften; Abgabe einer *falschen* eidlichen Aussage usw.), indem seine bewußte, finale Handlung infolge der Unterlassung gehöriger Kenntnisnahme zu einem nicht-finalen Gesamterfolg führt. Die gleiche Sachlage kann übrigens auch bei den *reinen* Verursachungsfällen gegeben sein (und ist es sogar regelmäßig): auch hier ist es häufig eine finale Handlung, deren Bedeutung für den Gesamterfolg dem Täter fahrlässig unbekannt ist (z. B. Einspritzen einer zu starken Morphiumdosis). Der Unterschied dieser Fälle zu den gemischten Verursachungstatbeständen liegt darin, daß bei letzteren die finalen Handlungen ein *tatbestandsmäßig-bestimmtes* Element ist. Während bei den reinen Verursachungsfällen jede beliebige Handlung und jede beliebige Unterlassung den Tatbestand erfüllt, sofern sie vermeidbare Verursachung des tatbestandsmäßigen Erfolges ist, wird bei den gemischten Verursachungsfällen der Tatbestand nur da erfüllt, wo die tatbestandlich *bestimmt* angegebene *finale* Handlung vom Täter vorgenommen wird. Täter der fahrlässigen Tötung kann jeder sein, der den Tod eines anderen auf irgendeine Weise vermeidbar (mit-)verursacht. Täter des fahrlässigen Falscheides ist nur der, der tatsächlich aussagt und schwört, nicht auch der, der einen Falscheid (Meineid) fahrlässig verursacht. Ebenso ist Täter des § 85 nur der, der die dort bezeichneten *finalen* Handlungen (Herstellen, Verkaufen, Verbreiten) vornimmt, nicht auch der, der lediglich vermeidbare Ursachen zu ihnen setzt. Oder Täter der leichtfertigen falschen Anschuldigung ist nur der, wer selbst einen anderen vor einer Behörde verdächtigt, nicht wer (grob-)fahrlässig verursacht[85], daß ein anderer verdächtigt wird.

[85] Z. B. durch Erzählen unrichtiger Tatsachen über jemanden im Bekanntenkreis, aus dem heraus ein Zuhörer von sich aus eine Anzeige erstattet; wohl aber wird hier üble Nachrede vorliegen!

Weil bei den gemischten Verursachungsfällen der Tatbestandskern von einer finalen Handlung gebildet wird, kann Täter nur sein, wer diese finale Handlung vornimmt. Der Tatbestandsumfang der gemischten Verursachungsdelikte ist daher erheblich enger als der der reinen Verursachungsfälle: er ist beschränkt durch und auf die Vornahme der tatbestandsmäßig vorausgesetzten finalen Handlung. Die Bedeutung des Unterschieds liegt darum auf dem Gebiete der Beteiligungsverhältnisse und bedingt hier eine Einschränkung zu den obigen Ausführungen über den Täterbegriff bei den fahrlässigen Delikten und zugleich eine Korrektur der in der Literatur vertretenen Anschauungen. Nur bei den reinen fahrlässigen Verursachungstatbeständen ist jede beliebige (vermeidbare) Mit-Verursachung Täterschaft des betreffenden Delikts. Dagegen bei den gemischten Verursachungstatbeständen, bei denen eine bestimmte finale Handlung Tatbestandselement ist, an die sich dann die Verursachung des Gesamterfolgs anschließt, kann Täter nur sein, wer die betreffende finale Handlung vornimmt.

Diese Unterscheidung zweier Gruppen fahrlässiger Tatbestände ist zwar für den fahrlässigen Täterbegriff von wesentlicher Bedeutung, ändert aber nichts an der Tatsache, daß auch bei den gemischten Verursachungstatbeständen der entscheidende mißbilligte Gesamterfolg nicht final gesetzt, sondern unwillentlich verursacht worden ist. So bleibt die grundsätzliche Erkenntnis, daß die fahrlässigen Delikte Verursachungstatbestände sind, unberührt, nur innerhalb dieser Verursachungstatbestände ergeben sich die beiden Möglichkeiten weitester Täterschaft (bei den reinen Verursachungsdelikten) und einer infolge Einbaus finaler Handlungselemente begrenzten Täterschaft (bei den gemischten Verursachungsdelikten).

Nach dieser Unterscheidung zweier verschiedener Aufbautypen innerhalb der Verursachungstatbestände erhebt sich nun die grundsätzliche Frage, ob mit der einfachen Feststellung der Erfolgsverursachung der objektive Unrechtstatbestand dieser Delikte bereits erfüllt ist. Bei den gemischten Verursachungsdelikten ist die Antwort leicht: hier gehört zum Unrechtstatbestand neben dem Erfolg eine bestimmt-geartete finale Handlung, die mit diesem in ursächlicher Beziehung steht. Hier kann von vornherein niemals die Meinung aufkommen, die bloße Erfolgsverursachung (die bloße kausale Rechtsgutsverletzung) erfülle den Unrechtstatbestand dieser Delikte. Schwieriger ist es bei den reinen Verursachungsdelikten. Hier konnte sich die Ansicht schon eher festsetzen, daß der Unrechtstatbestand in der bloßen kausalen Erfolgsverursachung (Rechtsgutsverletzung) liege, — hat doch die Umwandlung aller Delikte, auch der finalen Handlungsdelikte, in Verursachungsvorgänge zu der extrem objektivistischen Unrechtslehre und der ihr zugehörigen Rechtsgüterverletzungstheorie geführt.

Die entscheidenden Argumente hiergegen haben wir bereits oben in unserer Auseinandersetzung mit der Güterverletzungstheorie entwickelt.

Wir sahen dort[86], daß das Recht niemals und nirgends eine bloße kausale Rechtsgutsverletzung als Unrecht brandmarken, jede (kausale) Beeinträchtigung von Rechtsgütern als rechtswidrig kennzeichnen kann, sondern daß es stets nur Schutz gegen bestimmt geartete Einwirkungen gewährt. Rechtsgüterschutz gibt es stets nur gegen bestimmt geartete Rechtsgüterbeeinträchtigungen.

Die gegenteilige Auffassung, die das Unrecht bereits in der kausalen Rechtsgutsbeeinträchtigung erblickt, muß, wie wir sahen, zu jener funktionslosen, toten Museumswelt führen, weil sie übersieht, daß alles soziale Leben im lebendigen Einsatz von Rechtsgütern und in dem sich gegenseitig stets auch beeinträchtigenden „Funktionieren" der Güter des Lebens besteht. Dabei vollzieht sich das Funktionieren der Rechtsgüter zum größten Teil, — jedenfalls soweit es für das Recht in Betracht kommt, — auf Grund von Handlungen, und speziell fürs Strafrecht kommen Handlungen (im engeren oder weiteren Sinne: als finale Zwecksetzungen oder als vermeidbare Verursachungen) allein in Frage. Auch in den reinen Verursachungstatbeständen erfüllt niemals die bloße kausale Rechtsgutsverletzung den Unrechtstatbestand; sie ist stets prinzipiell nur unselbständiges Teilmoment, das erst zusammen mit dem dynamischen Element des (Straf-)Rechts, dem Handlungselement einen Unrechtstatbestand erfüllen kann[87].

In zwei Etappen können wir dabei verfolgen, wie auch bei den Verursachungsdelikten der Unrechtstatbestand notwendig auf das dynamische Element der Handlung bezogen und darauf angewiesen ist. Zunächst gilt das hinsichtlich der untersten Grenze, jenseits derer überhaupt erst das Gebiet möglicher Rechtswidrigkeit beginnt: hinsichtlich der sozialen Adäquanz. Sozialadäquate Handlungen, d. h. Tätgkeiten, die sich in der geschichtlich gewordenen Ordnung des sozialen Lebens eines Volkes bewegen, sind niemals rechtswidrig, auch wenn sie eine Rechtsgutsverletzung zur Folge haben. Sind sie daher auch nicht tatbestandsmäßig im Sinne der vorsätzlichen Delikte, wenn der Handelnde mit diesem möglichen Erfolge gerechnet hat, so sind sie es ebensowenig im Sinne der fahrlässigen Verursachungsdelikte, wenn er nur damit hätte rechnen können. Der bekannte Neffe, der den Erbonkel eifrig zu Reisen veranlaßt, handelt weder im Sinne vorsätzlicher noch im Sinne fahrlässiger (Verursachungs-)Delikte rechtswidrig, wenn der Onkel bei einer Reise verunglückt. Sein Handeln ist so völlig sozialadäquat, daß für die fahrlässigen Delikte der Gedanke der Tatbestandsmäßigkeit — glücklicherweise — noch gar nicht aufgetaucht

---

[86] Oben S. 516 ff.

[87] Nur ausnahmweise und bei ganz anderer Betrachtung kann die Rechtsgutsverletzung als Erfolgsunwert (Sachverhaltsunwert) eine gewisse selbständige Bedeutung haben, dies aber niemals im deliktischen Unrechtstatbestand. Vgl. dazu oben S. 524.

ist, obwohl doch eine Verursachung einer Rechtsgutsverletzung hier nicht weniger vorliegt als im vorsätzlichen Falle und der Tatbestand der fahrlässigen Delikte scheinbar noch eher paßt als der der vorsätzlichen Delikte. Das gleiche gilt für alle übrigen sozialadäquaten Handlungen, auch wenn sie mit einem höheren Risiko verknüpft sind, als wir es nach dem Stande der gegenwärtigen technischen Entwicklung im Eisenbahnverkehr in Kauf nehmen.

Überdies ist hier im Gebiet der Fahrlässigkeit der Gedanke der sozialen Adäquanz rechtlich stets ausdrücklich anerkannt gewesen, nämlich im sog. objektiven Maßstab der Fahrlässigkeit, der „im Verkehr erforderlichen Sorgfalt". Dieser Maßstab umreißt die Grenze jenes Gebiets des tätigen sozialen Lebens, innerhalb dessen die Frage der Rechtswidrigkeit gar nicht auftauchen kann. Allerdings hat die überkommene Meinung diesen Sinn völlig verkannt, indem sie jenen Maßstab zur Schuldfrage abschob[88]. Diese Rechtstheorie, die also meint, daß bei Anwendung der im Verkehr erforderlichen Sorgfalt „nur" die Schuld ausgeschlossen, die Tat aber wegen der Erfolgsverursachung „objektiv" rechtswidrig sei, geht von einer Lebensbetrachtung aus, die alles tätige Leben töten muß. Wenn jede Rechtsgutsverletzung objektiv rechtswidrig wäre, würde alles Handeln unmöglich gemacht. Denn im realen Leben ist *keine* Handlung auch bei größter Sorgfalt davor sicher, daß sie nicht für einen unerwünschten Erfolg ursächlich wird. Eine Rechtstheorie aber, die dem tätigen Menschen sagt, daß sein Handeln stets möglicherweise rechtswidrig sei, richtet sich selbst. In dem berechtigten Streben, die Rechtsgüterwelt vor unerwünschten Eingriffen sicherzustellen, übersieht sie die Dynamik des Lebens. Sie setzt den Rechtsgüterschutz zu tief, gleichsam am absoluten Nullpunkt an, statt ihn da anzusetzen, wo er allein Sinn hat, nämlich in der sich in lebendigen Funktionen vollziehenden wirklichen sozialen Tat. So ist mit der sozialen Adäquanz die erste Einschränkung im Unrechtstatbestand der Verursachungsdelikte bezeichnet, so daß auch für sie *niemals* die bloße kausale Rechtsgutsverletzung bereits das tatbestandliche Unrecht darstellt, sondern *frühestens* ein Verhalten, das die Beachtung der im Verkehr erforderlichen Sorgfalt vernachlässigt.

Mit der sozialen Adäquanz ist jedoch nur die unterste Grenze *möglichen* tatbestandsmäßigen rechtswidrigen Verhaltens umrissen. Zum *straf*rechtlichen Unrechtstatbestand gehört mehr. Hier ist nicht tatbestandsmäßig eine beliebige (vom Menschen ausgehende) Verursachung, die — vom *objektiven* „idealen" Beschauer aus gesehen — die im Verkehr erforderliche Sorgfalt nicht erfüllt. Hieran mag das Zivilrecht mit seiner auf vermögensrechtlichen Ausgleich abzielende Funktion orientiert sein. Für den strafrechtlichen Unrechtstatbestand ist das *wirkliche* Handlungselement konstitutiv, vermöge dessen dem Täter die Verursachung spezifisch *zu-*

[88] Richtig *Mayer*, Lehrbuch S. 305.

g e h ö r t. Die Verursachung muß für den konkreten Täter w i r k l i c h vermeidbar gewesen sein; nur so wird die spezifische Tat-Täterbeziehung des Strafrechts, wonach die Tat dem Täter als s e i n Werk — und zwar entweder als finale Zwecksetzung oder als f ü r i h n zweckhaft vermeidbare Verursachung — in besonderem Maße zugehört, im Unrechtstatbestand wirklich zum Ausdruck gebracht. Betrifft das Strafrecht speziell das handlungsmäßige Unrecht, so muß im strafrechtlichen Unrechtstatbestand dieses Handlungsmoment k o n k r e t vorhanden sein.

Worin besteht nun im Gebiet der Fahrlässigkeit das Handlungselement? Im finalen Geschehen sahen wir, daß das Geschehen auch im objektiven Verlauf final überdeterminiert ist, daß es zweckmäßig ausgewählt und zielgerichtet ist. Im fahrlässigen Geschehen ist dagegen der entscheidende unerwünschte Erfolg wirklich nur blind-kausal verursacht. Das Handlungsmoment besteht daher hier nicht in einer w i r k l i c h e n, sondern nur in einer m ö g l i c h e n finalen Beziehung: vermöge der dem Täter m ö g l i c h e n finalen Voraussicht war für ihn der Erfolg zu vermeiden gewesen. Diese Möglichkeit darf aber keine bloß ideel-gedankliche Möglichkeit sein, die an den Täter von einem „objektiven" Betrachter nur herangetragen wird, sondern muß eine a k t u e l l e (handlungsmäßige) Möglichkeit, die k o n k r e t e F ä h i g k e i t d e s T ä t e r s z u f i n a l e m T u n sein.

Bei der bewußten Fahrlässigkeit ist diese aktuelle Möglichkeit klar ersichtlich: sie beruht hier auf der w i r k l i c h vorhandenen Voraussicht von der möglichen Herbeiführung des Erfolgs. Auf Grund dieser seiner Voraussicht konnte der Täter den Erfolg final (zweckbewußt) vermeiden. F i n a l bestand für den Täter die aktuelle Möglichkeit, den Erfolg zweckbewußt zu vermeiden. Daß er es nicht tat, beruht auf seiner e m o t i o n a l e n Willensentscheidung, wonach er (zwar den als möglich erkannten Erfolg nicht positiv billigte, wohl aber) die Erstrebung des intendierten Zieles doch der Vermeidung der als möglich erkannten Gefahr vorzog. Erfolgte diese emotionale Wertung als sinnhafte Wertentscheidung, so handelte der Täter auch schuldhaft[89].

[89] Vgl. dazu auch meinen Naturalismus S. 81. — Hier besteht f i n a l die konkrete Vermeidbarkeit auch für den schuld u n f ä h i g e n Täter. Auch dem Schuldunfähigen, der die Möglichkeit eines anderen als des intendierten Erfolges richtig voraussieht, steht final der Weg, den Erfolg durch Unterlassen der Tätigkeit „zweckbewußt zu vermeiden, ebenso wie dem Schuldfähigen offen. Daß er ihn nicht geht, beruht auf seiner emotionalen Wertentscheidung z u g u n s t e n des intendierten Zieles und e n t g e g e n der Vermeidung der möglichen Gefahr, einer Entscheidung, die im Gegensatz zum Schuldfähigen rein triebhaft erfolgt. — Hier, im Bereich der bewußten Fahrlässigkeit, könnte man also eine rein „natürliche", schuldlose finale Vermeidbarkeit herausstellen, und insofern cum grano salis von einer „natürlichen" Fahrlässigkeit (als der schuldlosen Vermeidbarkeit des nicht intendierten Erfolges) sprechen. In diesem Sinne wohl *Kohlrausch*, Strafgesetzbuch § 42 b Anm. 2).

Die unbewußte Fahrlässigkeit — der wichtigste und wohl häufigste Fall fahrlässigen Verhaltens — zeichnet sich demgegenüber dadurch aus, daß die finale Voraussicht in dem (sogenannten „maßgeblichen") Augenblick, da der Täter den Erfolg durch zweckhaftes Verhalten hätte vermeiden können, gerade nicht vorhanden war. Damit fällt das wichtigste Element (für die aktuelle Möglichkeit) zweckhaften Handelns im entscheidenden Augenblick aus. Diese Tatsache kompliziert die Sachlage ganz wesentlich. Denn hier kann die aktuelle Möglichkeit zweckhaften Verhaltens nicht auf die finale Voraussicht gegründet sein, weil diese gar nicht vorhanden ist. Da nun aber die finale Voraussicht die Möglichkeit zweckhaften Handelns überhaupt erst eröffnet, muß sie, wenn sie schon nicht vorhanden ist, ihrerseits wenigstens (aktuell) möglich gewesen sein. Die aktuelle Möglichkeit muß sich also hier auf die finale Voraussicht selbst beziehen: nur wenn der Täter die Möglichkeit gehabt hatte, den Erfolg im entscheidenden Augenblick vorauszusehen, konnte er den Erfolg final vermeiden. Beruhte die Möglichkeit zweckhaften Verhaltens bisher auf der vorhandenen finalen Voraussicht des Erfolges[90], so muß jetzt diese Grundlage zweckhaften Handelns überhaupt erst als möglich erwiesen werden. Diese Frage läuft darauf hinaus: war der Mangel des Erfolgsbewußtseins im entscheidenden Augenblick für den Täter vermeidbar gewesen? Diese Frage ist herkömmlicherweise (mit Recht) unter dem Gesichtspunkt des Schuldgehalts der unbewußten Fahrlässigkeit behandelt worden. Die Antworten, die hierauf gegeben worden sind, können in ihrem Einzelgehalt in diesem Zusammenhang dahingestellt bleiben. Mag man mit *Mezger* den Mangel des Erfolgsbewußtseins auf eine ungenügende Anspannung der Aufmerksamkeit in einem vorangegangenen Zeitpunkt zurückführen[91] oder diesen Mangel in einer ungenügenden Besorgnis der Unrechtsbegehung (*Engisch* in Weiterführung von *Exner*) oder in unzulänglicher Willenskonzentration im maßgeblichen Zeitpunkt[92] erblicken, — in allen diesen Antworten wird bei der unbewußten Fahrlässigkeit die Möglichkeit finaler Voraussicht und damit die Möglichkeit zweckbewußten Handelns im entscheidenden Augenblick abhängig gemacht von Schuldgesichtspunkten: Schuldgesichtspunkte insofern, als der Mangel der finalen Voraussicht auf eine unrichtige Werteinstellung des Täters zurückgeführt wird, mag diese nun in einem bewußten Akt in einem früheren Zeitpunkt (*Mezger*) oder in einer generellen Werthaltung (Mangel einer gewissen Ängstlichkeit[93]) oder in einer unrichtigen Werteinstellung (unzulänglichen Sorgfalt) im konkret-willentlichen Verhalten des maßgeblichen Augenblickes gesehen werden[94]. Schuldgesichtspunkte aber auch insofern, als dabei Voraussetzung ist, daß

[90] Wobei es völlig gleichgültig sein konnte, auf welchem Grunde dieses Vorhandensein beruhte.
[91] S. *Mezger*, GerS. 89 S. 255 ff.; Lehrbuch S. 355 ff.
[92] S. *Fischer*, Das Vergessen als Fahrlässigkeit. Strafr.Abh. Heft 346.
[93] *Engisch*, Untersuchungen über Vorsatz u. Fahrlässigkeit am Strafrecht. S. 474/5.
[94] So bei *Fischer* a. a. O.

diese unrichtigen Werteinstellungen für den Täter *sinnhaft vermeidbar* waren. Auch der Geisteskranke kann solche unrichtigen Werteinstellungen haben; aber bei ihm sind sie vorhanden oder nicht, entsprechend seines *für ihn* unveränderlichen kausalen Triebmechanismus. Beim zurechnungsfähigen Menschen dagegen machen wir notwendig die Voraussetzung, daß er kraft seiner *sinnvollen* Teilnahme am Gemeinschaftsdasein seine Werteinstellungen so einzurichten und anzupassen vermag, wie es für ein rechtmäßiges Verhalten im Sozialleben erforderlich ist. — Das ist die Grundvoraussetzung, auf der aller rechtliche (wie ethische) Schuldvorwurf beruht und die unabhängig davon ist, ob wir sie mit unseren gegenwärtigen wissenschaftlichen Erkenntnissen *theoretisch* erweisen können oder nicht, — sie ist die Grund-ὑπόθεσις alles praktisch-sinnvollen Lebens überhaupt.

Das bedeutet aber, daß — bei dem Mangel *wirklicher* Erfolgsvoraussicht in der unbewußten Fahrlässigkeit — die konkrete *Möglichkeit* dieser (finalen) Voraussicht und damit mittelbar auch die Möglichkeit zweckbewußten Verhaltens von der Schuldfähigkeit des Täters abhängig ist: bei der unbewußten Fahrlässigkeit ist die Erfolgsverursachung nur für den *schuldfähigen* Täter final vermeidbar. Wenn wir aber oben (S. 177) in der aktuellen Vermeidbarkeit das *wirkliche* Handlungsmoment erkannten, vermöge dessen allein eine Verursachung dem Täter als seine Tat spezifisch zugehört, und zugleich sahen, daß es gerade das *wirkliche* Handlungsmoment ist, das den strafrechtlichen Unrechtstatbestand erst voll konstituiert, so ergibt sich, daß für das Gebiet der unbewußten Fahrlässigkeit der Unrechtstatbestand abhängig ist von der Schuldfähigkeit des Täters: für sie fallen Schuld und Unrecht untrennbar zusammen, für sie gibt es kein schuldloses Unrecht!

Um aber auch hier jedes Mißverständnis auszuschließen, so sei nochmals betont: Selbstverständlich kann man die bloße Rechtsgutsverletzung als solche, unabhängig von dem Handlungsmoment, als *Erfolgs*unwert (*Sachverhalts*unwert) kennzeichnen und diesen als rechtswidrig bezeichnen, und diese Art der Rechtswidrigkeit (des Sachverhaltsunwerts) hat innerhalb der Rechtsordnung in gewissen Fällen sogar eine *selbständige* Bedeutung (z. B. im „rechtswidrigen" Angriff der Notwehr, — und überhaupt da, wo die Rechtsordnung jemanden eine Rechtsgutsverletzung unabhängig von der spezifischen Art der Herbeiführung, ja sogar bei rechtmäßiger Handlung (zivilrechtlich) zur Last legt (s. o. S. 148). Aber in allen übrigen Fällen und grundsätzlich ist die Rechtsgutsverletzung nicht der volle Unrechtstatbestand, sondern bestenfalls *unselbständiges* Teilmoment innerhalb eines umfassenderen Unrechtstatbestandes, für den die bestimmte Art der Herbeiführung, und im Strafrecht speziell die *handlungsmäßige* Herbeiführung konstitutiv ist.

Was für die unbewußte Fahrlässigkeit nachgewiesen ist, — die Untrennbarkeit von Schuld und Unrecht, — das gilt im weiten Umfang mit der gleichen Begründung auch für die sog. bewußte Fahrlässigkeit; denn die Grenze zwischen beiden ist außerordentlich flüssig. Mag auch bei letzterer das Bewußtsein der Erfolgsmöglichkeit vorhanden sein, so ist doch in den überwiegenden Fällen zugleich die Größe der Gefahr nicht richtig erkannt, obwohl sie bei größerer Sorgfalt hätte erkannt werden können. Also auch in der bewußten Fahrlässigkeit ist überwiegend ein Stück fahrlässiger Unkenntnis (unbewußter Fahrlässigkeit) enthalten, und diese ist für das Maß der konkreten Vermeidbarkeit des Erfolges mitbestimmend, so daß sich auch hier die Abhängigkeit des Handlungsmoments und damit des Unrechtstatbestandes von Schuldgesichtspunkten ergibt.

So zeigt sich in dem kontinuierlichen Übergang der bewußten Fahrlässigkeit in die unbewußte eine immer stärkere Bedingtheit des Handlungsmoments (der Vermeidbarkeit) durch die Schuld. Mag daher in einigen Fällen der bewußten Fahrlässigkeit theoretisch die Möglichkeit bestehen, einen von der Schuld unabhängigen Unrechts-(Handlungs-)Tatbestand herauszustellen[95] (s. oben S. 178 Anm. 89), so wäre diese Möglichkeit jedoch für die Strafrechtsdogmatik nicht nur praktisch unverwertbar, (da sie auf den Einzelfall abgestellt sein müßte), sondern auch überflüssig. Für die Dogmatik besteht keinerlei Bedürfnis, für die Fahrlässigkeitsdelikte einen von der Schuld unabhängigen Unrechtstatbestand herauszustellen. Die Gründe, die bei den v o r s ä t z l i c h e n Delikten f ü r eine solche Notwendigkeit sprechen, fallen hier weg. Vor allem der wichtigste dogmatische Grund: die Teilnahmelehre scheidet hier aus. Alle Formen fahrlässiger Teilnahme unterfallen als fahrlässige Verursachung unmittelbar den fahrlässigen Deliktstatbeständen und sind fahrlässige Täterschaft. Gerade weil wir die fahrlässigen Deliktstatbestände aus der Teilnahmeregelung herausgenommen und diese auf die vorsätzlichen Delikte beschränkt hatten, gelangten wir zu einer lebensrichtigen Teilnahmeordnung[96].

---

[95] Übrigens lediglich eine Folge der im Raume von eventuellem Vorsatz und bewußter Fahrlässigkeit ebenfalls flüssigen Grenzen zwischen vorsätzlichem und fahrlässigen Verhalten. Darin zeigt sich, daß von der bewußten Zwecksetzung bis zur unbewußten vermeidbaren Verursachung eine kontinuierlich ineinander übergehende Reihe von Formen zweckbezogenen menschlichen Verhaltens verläuft. Und während die bewußte Zwecktätigkeit unabhängig ist von der Schuldfähigkeit des Täters, so ist im Bereich der Fahrlässigkeit die M ö g l i c h k e i t der Zwecktätigkeit immer stärker durch Schuldgesichtspunkte bedingt.

[96] In diesem Zusammenhange müßte auch einmal die Frage aufgeworfen werden, ob und inwieweit die sogenannten Rechtfertigungsgründe für fahrlässige Tatbestände überhaupt in Betracht kommen. Die im Vordergrund stehenden Tatbestände typisch rechtmäßigen Handelns (= Rechtfertigungsgründe) wie Notwehr, Notstand, Selbsthilfe, Züchtigungsrecht, vorläufige Festnahme usw. sind offensichtlich auf vorsätzliches Verhalten zugeschnitten und daher rein finaler Natur und beziehen sich nur auf finale Tatbestände. Soweit ich sehe, scheint nur die Einwilligung eine Ausnahme hiervon zu machen. Denn sie kennzeichnet ja — dem Wortlaut nach — nicht ein Verhalten des Täters, sondern des Verletzten, so daß sie sich anscheinend auf jedes Verhalten des Täters muß beziehen

Der einzig legitime dogmatische Grund, so etwas wie einen selbständigen (schuldlosen) Unrechtstatbestand vermeidbarer Verursachungen zu bilden, kann allein § 330 a entnommen werden[97]. Die schuldlos begangene Tat im Rausch kann, wie allgemein anerkannt ist, keine bloße kausale Rechtsgutsverletzung sein, sonst würde der Schuldunfähige strenger haften als der Schuldfähige, ganz abgesehen davon, daß die meisten Unrechtstatbestände schon ohne weiteres nicht als bloße kausale Rechtsgutsverletzungen erfaßt

können. Diese ausschließlich vom Verletzten ausgehende Betrachtung der Einwilligung ist am schärfsten in der sogenannten Willensrichtungstheorie (*Mezger*) durchgeführt, nach der die Einwilligung ohne Kenntnis des Täters auf Grund der bloßen Willensrichtung des Verletzten, und zwar aus dem Gesichtspunkt des „mangelnden Interesses", rechtfertigende Kraft haben soll. Die Einwilligung des Verletzten beseitige danach das Interesse am Schutzobjekt und daher auch die Rechtswidrigkeit der Handlung. — Mag die Prämisse dahingestellt sein, die Folgerung aus ihr ist sicher falsch. Wenn die Einwilligung des Verletzten das Interesse am Schutzobjekt beseitigt, so bedeutet das nur, daß der Erfolgsunwert der Handlung fehlt; über die Frage des Handlungsunwerts ist damit nichts ausgemacht. Praktisch bedeutsam wird der Unterschied da, wo der Versuch am untauglichen Objekt bestraft wird, wie es heute weitestgehend anerkannt ist (s. *Mezger*, Deutsches Strafrecht, ein Leitfaden, S. 45). Dann muß der Täter, der die Einwilligung nicht kannte, trotz vorliegender „Einwilligung" doch wegen Versuchs am untauglichen Objekt bestraft werden; seine Handlung ist also trotz „Einwilligung" rechtswidrig geblieben! Hier tritt am klarsten zutage, daß die bloße Willensrichtung kein Rechtfertigungsgrund sein kann, sondern höchstens ein Tatbestandsmerkmal (den Erfolgsunwert) beseitigt. (Im übrigen zeigt sich hier auch die Bedeutung der Unterscheidung von Erfolgs- und Handlungsunwert!) — Einwilligung als Rechtfertigungsgrund kann nur die zur Kenntnis des Täters gelangte, erklärte Einwilligung sein. (So neuestens auch *Engisch*, ZStW. 58 S. 36 ff.). Noch korrekter müßte man sagen: nicht die Einwilligung ist Rechtfertigungsgrund (= Tatbestand typisch rechtmäßigen Verhaltens), sondern das Handeln auf Grund erteilter Einwilligung ist jener rechtfertigende Tatbestand. — Als solcher betrifft er praktisch in erster Linie vorsätzliche Tatbestände, da ja die Kenntnis der Einwilligung nur bei gleichzeitigem Tatbewußtsein und Tatwillen möglich ist. Fahrlässige Tatbestände können nur dann in Frage kommen, wenn es sich bei der Handlung um riskante Tätigkeiten handelt, bei denen der nicht-intendierte mögliche Erfolg eintritt. Beispiel: eine kosmetische Operation mißlingt. (Medizinisch indizierte und sachgemäße ausgeführte Operationen unterfallen überhaupt nicht den Tatbeständen der Körperverletzung oder Tötung, auch wenn sie mißlingen! Vgl. neuestens *Engisch*, ZStW. 58 S. 1 ff.) Im Bereiche der fahrlässigen Tatbestände hat also die Einwilligung, soweit sie überhaupt wirksam ist, die Bedeutung, daß sie ausnahmsweise die Grenzen des erlaubten Risikos erweitert.

97 § 42 b, der sonst ebenfalls auf der Voraussetzung eines schuldlosen und doch subjektiv bestimmten Unrechts beruht, dürfte hier ausscheiden, da er wohl praktisch nur vorsätzliches Verhalten Zurechnungsunfähiger betrifft. Er will handlungsfähige Geisteskranke treffen, deren abnormes Triebleben infolge seiner Umsetzung in zweckhafte Handlungen besonders gefährlich ist. Nicht-finale Rechtsgutsverletzungen sind entweder nur Gelegenheitsereignisse handlungsfähi-

werden können. (Man denke an § 242[98]!) Eine weitere Ausführung dieser bekannten Gründe erübrigt sich hier. In diesem Zusammenhang sei nur hervorgehoben, daß bei der schuldlosen Tat im Rausch anerkanntermaßen selbst für die Fahrlässigkeitsdelikte niemals die bloße kausale Rechtsgutsverletzung den Unrechtstatbestand erschöpft, — eine weitere Bestätigung der oben entwickelten grundsätzlichen Gedanken! Die besondere Frage ist nur, worin hier jenes weitere handlungsmäßige Moment liegt, das zur Rechtsgutsverletzung hinzutreten muß. Die finalen Tatbestände bereiten dabei gar keine Schwierigkeiten (s. dazu oben S. 146 Anm. 44). Wie ist es aber bei den Fahrlässigkeits-Tatbeständen? Hier könnte man, wie wir oben (S. 178 Anm. 89) sahen, bestenfalls in gewissen Fällen bewußter Fahrlässigkeit einen Tatbestand „natürlicher", schuldloser finaler Vermeidbarkeit herausstellen; in den weitaus meisten Fällen, vor allem für die hier besonders wichtige unbewußte Fahrlässigkeit, ist das, wie gezeigt wurde, sachlich unmöglich. Hier hängt die Vermeidbarkeit eindeutig von der Schuldfähigkeit des Täters ab. Eine wirkliche Vermeidbarkeit kann als wirkliches Handlungsmoment hier als nicht in Betracht kommen.

Es kann sich vielmehr nur um ein hypothetisches Fahrlässigkeitsurteil handeln. Der schuldhaft Berauschte haftet für die kausale Rechtsgutsverletzung, wenn sie für ihn, — falls er nicht berauscht gewesen wäre, — vermeidbar gewesen wäre. Der Richter muß sich also ein Urteil darüber bilden, ob der konkrete Täter nach seinen Anlagen und Fähigkeiten ohne den Rausch den Erfolg hätte vermeiden können. Das ergibt sich aus den Grundgedanken des § 330 a, wonach der Täter gewiß nicht strenger, aber doch ungefähr in demselben Umfange (wenn auch nicht im selben Grade) haften soll, wie als Schuldfähiger. § 330 a hat insofern schon tatbestandsmäßig ein gewisses hypothetisches Moment an sich: der Täter soll (ungefähr) in dem Umfange haften, „wie wenn" er nicht berauscht gewesen wäre.

Aber ein handlungsmäßiges Minimum muß auch hier gefordert werden: es muß sich um eine Rechtsgutsverletzung handeln, die sich an eine Willenshandlung des Berauschten anschließt, d. h. an die noch bestehende, wenn auch in ihrem Umfang sehr eingeschränkte Zwecktätigkeit des Berauschten. Wenn der Berauschte auf den Boden stürzt, weil er sich

---

ger Geisteskranker, — dann sind sie ungefährlich. Oder sie sind Regelerscheinungen, dann handelt es sich praktisch um reaktive Bewegung nicht mehr handlungsfähiger Kranker. In diesen Fällen ist ein sofortiges polizeiliches Einschreiten erforderlich, so daß sie praktisch für den Richter ausscheiden. Grenzfragen sind jedoch bedeutungslos, da § 42 b ohnehin die Zuständigkeit des Strafrichters für eine an sich polizeiliche Maßnahme begründet. Strafrechtliche Probleme (z. B. Notwehr, Notstand) tauchen nur bei vorsätzlichen Taten auf.

[98] Der berauschte Gast, der beim Weggehen seinen Hut mit dem eines anderen Gastes verwechselt, begeht nicht die „mit Strafe bedrohte Handlung" des Diebstahls!

nicht mehr auf den Beinen halten kann und dabei einen anderen körperlich verletzt, so fehlt auch jenes Minimum der in § 330 a vorausgesetzten (strafbaren) „Handlung". Dafür spricht auch der Grundgedanke des § 330 a. § 330 a ist ein Gefährdungsdelikt: er will gegen die besondere Gefährlichkeit, die mit dem Rausche verbunden sein kann, angehen. Diese besondere Gefährlichkeit liegt aber darin, daß der Rausch die höchste Wertentscheidungsfähigkeit des Willens leicht ausschließt, ohne damit zugleich die Handlungsfähigkeit (völlig) zu beseitigen, so daß der noch handlungsfähige Täter durch Wegfall seiner sinnhaften Entscheidungsfähigkeit (und der auf ihr beruhenden „Hemmungen") in erhöhtem Maße gefährlich werden kann. Wo aber Trunkenheit selbst die Handlungsfähigkeit ausgeschlossen hat, ist jene besondere Gefährlichkeit nicht mehr vorhanden. Für die dann etwa noch vorkommende Schädigung bedarf es eines strafrechtlichen Einschreitens nicht. Es werden überdies nur Sachbeschädigungen sein, für die, da sie nicht vorsätzlich erfolgen, ohnehin keine Strafmöglichkeit bestünde.

PERSÖNLICHKEIT UND SCHULD*

Die uralten Fragen um Persönlichkeit und Schuld sind im Strafrecht in ein neues Stadium getreten. Nicht nur die finale Handlungslehre zwingt zu einer Neubesinnung über Wesen und Stellung der Schuld im Gesamtorganismus der Handlung, sondern auch die moderne Lehre von der Täterschuld, die den Täter für sein Sosein einen strafrechtlichen Vorwurf macht[1], stellt vor ganz neue Fragen nach dem Zusammenhang von Persönlichkeit und Schuld. Die damit aufgeworfenen Probleme können nicht auf juristisch-dogmatischem Felde allein erledigt werden[2], sondern sie greifen weit über das Strafrecht hinaus in andere Wissensbereiche ein. Schon von jeher war ja die Schuld jener Knotenpunkt, der das Strafrecht mit anderen Wissenschaften verknüpfte, vor allem mit Psychologie (im Willensbegriff) und mit Psychiatrie (bezgl. der Zurechnungsfähigkeit). Wenn auch die Strafrechtswissenschaft diese Zusammenhänge niemals vernachlässigt hat, so ist doch im Laufe dieser Untersuchung vielfach sich bestätigende Feststellung zu machen, daß sie bei Betrachtung des seelischen Lebens allzu lange und einseitig von Lehren einer sinnfrei, kausalmechanisch verfahrenden Elementenpsychologie ausgegangen ist, die schon längst nicht mehr dem Stande psychologischer Forschung entsprochen hat[3]. Aber auch die Einbeziehung moderner psychologischer Einsichten reicht für die uns gestellte Aufgabe allein nicht aus. Denn es ist in den letzten Jahren immer deutlicher geworden, daß das seelische Gefüge des Menschen in seinem Inhalt wie in seinen Ablaufsgesetzen nur von einer Gesamtschau des Menschen aus verstanden werden kann. Eine philosophische, d. h. eine gesamtmenschliche (nicht nur die körperlichen Verhältnisse messende) Anthropologie ist die Grundlage für die Einsicht in den seelischen Aufbau des Menschen wie in die strafrechtlichen Zusammenhänge von Persönlichkeit und Schuld.

---

* Aus: ZStW. Bd. 60 S. 429 ff.

1 Vgl. hierzu das bedeutungsvolle Buch von *Bockelmann*, Studien zum Täterstrafrecht, Teil I 1939; II 1940, das uns einen umfassenden Einblick in das Wesen des Täterstrafrechts vermittelt hat. Ähnlich jetzt auch *Lange* in *Kohlrausch-Lange* StGB. zu § 20 a, Vorbem. vor § 42 a ff. Wichtige Ansätze hierzu bot schon *Mezgers* Aufsatz in ZStrW. 57 S. 675 ff.

2 Leider geht hier auch *Bockelmann* zu eng vor, indem er zu stark von dogmatischen Begriffen, wie dem begrifflichen Gegensatz von Strafe und Sicherungsmaßregel aus argumentiert.

3 Zur grundsätzlichen Kritik vgl. neustens Werner *Haensel*, Beiträge zur Strukturanalyse des Wollens, 1939.

Der Umfang des damit gestellten Programms könnte allerdings von der Strafrechtswissenschaft nur dann verfolgt werden, wenn schon von anderen Wissenschaften ausreichende Ansätze zu einer derartigen Anthropologie geschaffen sind. Hier haben uns in der Tat die letzten Jahre zu Ergebnissen geführt, die auch strafrechtlich von entscheidender Bedeutung sind. Biologie, Erb- und Rassenlehre, Psychologie und Psychiatrie haben wesentliche Bestandstücke beigetragen, die von den verschiedensten Seiten her in einem einheitlichen Bilde vom Menschen zusammenlaufen oder doch wenigstens einem solchen einheitlichen Bilde zustreben. Ein wichtiger Teil dieser konvergierenden Linien ist neuestens von philosophischer Seite aus in dem bedeutsamen Buche von Arnold *Gehlen*, Der Mensch (1940), zusammengefaßt worden; ein andrer Teil liegt in den psychologischen und psychiatrischen Forschungen zur „Schichttheorie" vor, besonders in *Rothackers* „Schichten der Persönlichkeit" 1938; dazu treten weiter die Forschungen der Erbcharakterkunde, vor allem aus dem *Pfahler*-Kreis, u. a. m. Über die Ergebnisse dieser Arbeiten wollen wir uns, soweit sie für uns von Bedeutung sind, zunächst einen Überblick verschaffen. Hierbei steht die anthropologische Fragestellung voran:

Jede Anthropologie hat als Erstes die Frage zu beantworten, ob dem Menschen gegenüber dem Tier eine Sonderstellung in der Welt zukommt und worin diese besteht. Schon diese Frage ist strafrechtlich von höchstem Belang: Denn wenn wir den Menschen im Gegensatz zum Tier für seine Taten verantwortlich machen, so muß in der Wesensbestimmung des Menschen mindestens im Ansatz bereits die Frage nach der Grundlage menschlicher Verantwortlichkeit mitentschieden sein.

Die wichtigsten Kriterien einer Wesensbestimmung des Menschen hatte schon *Scheler* in seiner Schrift über „Die Stellung des Menschen im Kosmos" aufgewiesen. Er war darin für die Welt des Tieres von jener biologischen Betrachtungsweise ausgegangen, wie sie sich heute durch die biologische Umweltforschung *Üxkülls* durchgesetzt hat. Diese hat gezeigt, daß die Umweltstruktur des Tieres seiner physiologischen und morphologischen Eigenart, seiner Sinnesverfassung und Triebaussetzung angemessen ist, so daß das Tier „seiner" Umwelt vollständig eingepaßt ist. Sinnes- und Triebverfassung bilden hierin eine funktionelle Einheit: das Tier nimmt aus der Fülle der gegenständlichen Welt nur diejenigen Teile wahr, die seiner Triebverfassung entsprechen, und reagiert instinktiv nur auf sie. „Merkwelt" und „Wirkwelt" des Tieres — beide in den Grenzen der artdienlichen Triebausstattung — entsprechen einander genau. Das Tier ist daher triebgefesselt, drang- und augenblicksgebunden[4].

[4] Zur Illustrierung dieser Trieb- und Augenblicksfesselung sei hier der interessanteste Versuch der berühmten *Köhler*schen Intelligenzprüfungen an Affen auf Teneriffa angeführt (nach der Darstellung von *Rothacker*, Die Schichten der Persönlichkeit S. 36): „Von allen Leistungen der *Köhler*schen Schimpansen scheint vergleichsweise keine großartiger zu sein und wirklich schon auf dem Wege zu

Im Gegensatz zu diesen triebverhängten Wänden der tierischen Biosphäre *(Rothacker)* zeigte *Scheler* die Grundbestimmung des Menschen in seiner existenziellen Entbundenheit, Freiheit, Ablösbarkeit, vom Banne, vom Drucke, von der Abhängigkeit vom „Organischen" (besser: Vitalen). Der Mensch ist nicht mehr trieb- und umweltgebunden, sondern „umweltfrei" oder „weltoffen". Er hat „Welt", nicht mehr bloße „Umwelt"; er vermag die Widerstands- und Reaktionszentren einer Umwelt, in die das Tier ekstatisch aufgeht, zu Gegenständen zu erheben. Sachlichkeit, Bestimmbarkeit durch das Sosein von Sachen selbst ist daher die Wesensbestimmung des Menschen[5].

Daß in diesen *Scheler*schen Gegenüberstellungen entscheidende Kriterien erfaßt sind, zeigt schon die einfache Überlegung, daß der Mensch in die Umwelten der Tiere einsehen und sie als triebverhängte Ausschnitte der gegenständlichen Welt erfassen kann; das kann er nur, wenn er selbst umweltfrei ist. Aber diese Unterschiede sind bei *Scheler* nur als Tatsachen gebucht und noch nicht verständlich gemacht. Hier ist es das große Verdienst *Gehlens*, den Gegensatz der Trieb- und Umweltgebundenheit des Tieres gegenüber der Weltoffenheit des Menschen in einen umfassenderen Zusammenhang gestellt und aus ihm erhellt zu haben. *Gehlen* verknüpft die Weltoffenheit des Menschen mit der bekannten Tatsache der erstaunlichen Unspezialisiertheit der mangelhaften Organanpassung eines so hoch entwickelten Wesens wie des Menschen. Der Mensch ist geradezu als Mängelwesen bestimmt: ihm fehlen der natürliche Witterungsschutz (das Haarkleid), die natürlichen Angriffs- wie Fluchtorgane, ausreichende Sinnesschärfe und ausreichend funktionierende Naturinstinkte; dazu unterliegt er einer gegenüber den tierischen Verhältnissen ganz abnormen langen Schutzbedürftigkeit der Kindheit[6]. Ein derartig unspezialisiertes, keiner bestimmten Umwelt angepaßtes Lebewesen kann überhaupt nur kraft seiner Weltoffenheit existieren; es erhält sich nur, indem es sich aus der Welt durch planvolle umsichtige Tätigkeit die Mängel seiner Organausstattung selbst ersetzt. Im

---

einer menschlichen Leistung als die nur den begabtesten Tieren und selten gelingende Bewältigung des „Umwegprinzips". Die Tiere mußten hier mit einem Stock die begehrte Frucht, die in einer frontal zu ihnen geschlossenen Kiste lag, erst von sich fortschieben, ehe sie dieselbe, nach diesem Umweg, endlich zu sich in den Käfig hineinziehen konnten. Hier liegt mehr vor als die intellektuelle Findigkeit des immerhin imponierenden berühmtgewordenen Stöckezusammensteckens. Die Leistung ist hier fast schon eine „moralische". Denn die wegzuschiebende Banane muß man sich doch wie mit einem Gummiband an der empfindlichsten Stelle des Schimpansenherzens befestigt denken. G e g e n die Gier, sie auf dem n ä c h s t e n Wege heranzuholen, mußten die Tiere sie erst von sich entfernen". Aber auch dieser selten gelingende Bewegungsplan fiel beim Erschrecken des Tieres durch Geräusche sofort zusammen. Sogleich suchte es hastig die Frucht zu sich heranzuziehen und kam nicht wieder auf die richtige Lösung. Im Drangfeld zerfiel sofort der Handlungsplan. Vgl. auch *Gehlen*, a. a. O. S. 157 ff.

[5] S. *Scheler*, Die Stellung des Menschen im Kosmos S. 47 f.

[6] *Gehlen*, a. a. O. S. 22.

Drangfeld der jeweiligen, gegenwärtigen Triebsituation, in die das Tier eingespannt ist, wäre das aber unmöglich. Der Mensch muß daher vom Drucke des unmittelbaren Triebreizes entlastet oder entlastbar sein: nur in einem triebfreien, sachlichen Umgang mit der Welt kann er diese selbst in Erfahrung und in seinen Griff bringen und sie als Mittel seiner Lebensfristung zur Verfügung haben. Objektivität, Sachlichkeit sind daher die biologische Lebensvoraussetzung des unspezialisierten, weltoffenen Menschen. Der Mensch ist handelndes Wesen, d. h. er muß durch planvolle, final gesteuerte, auf Sacherfahrung beruhende Tätigkeit die Mängel seiner Organausstattung ersetzen. Die Fähigkeit zu finalen Handlungsvollzügen ist daher das erste Wesenskriterium des Menschen. In ihm sind die Merkmale der Triebentlastung, Objektivität und Weltoffenheit als biologische Voraussetzung enthalten[7].

In minutiösen Ausführungen geht dabei *Gehlen* dem Aufbau der menschlichen Handlungswelt nach. Sehr fein macht er auf die fast unbegrenzte Mannigfaltigkeit und Plastizität der menschlichen Bewegungs- und Handlungsformen im Gegensatz zur Monotonie tierischer Bewegungen aufmerksam. Dieser Plastizität entspricht die Unfertigkeit des kindlichen Bewegungsapparates gegenüber der schnellen Aneignung der wenigen Bewegungsformen durch das Tier[8]. Von hier aus wird die lange menschliche Kindheit biologisch verständlich: im spielerischen, triebfreien Umgange mit der Welt baut sch der Mensch die Herrschaft über die Bewegungsformen auf und nimmt die Welt in jederzeit verfügbare Erfahrung. In allem bestätigt sich die grundlegende Einsicht, daß der Mensch biologisch auf planvoll gesteuerte, finale Tätigkeit hin angelegt ist.

Die triebentlastete, sachliche Kenntnisnahme der Welt, die ja die Voraussetzung finalen Handelns ist, muß nun selbst ein Gegenstand menschlichen Bedürfnisses werden, d. h. das Antriebsleben des Menschen muß schon in diesem Punkte über die Befriedigung bloßer Elementartriebe (d. s. die Triebe der vitalen Art- und Selbsterhaltung) hinausgehen[9]. Dieser „Antriebsüberschuß", wie *Gehlen* es nennt, wird noch eindrucksvoller, wenn wir die ganze Fülle der „höheren", seelisch-geistigen Strebungen hinzunehmen, die über die schmale Skala animalisch-vitaler Triebe quantitativ und qualitativ weit hinausgeht und die noch die sublimste Form geistigen Lebens (etwa die künstlersche Ergriffenheit) als Gegenstand eines (pathischen) Strebens umspannt.

Aber die Breite seines Antriebslebens bedeutet zugleich eine schwere Belastung für den Menschen. Das Tier lebt gesichert in den Grenzen seines nach wenigen Instinkten unbewußt zweckdienlich funktionierenden Trieblebens. Dem Menschen dagegen fehlt infolge der Breite seines Antriebslebens eine solch blind-instinktmäßige Sicherung. Dazu kommt, daß bei ihm

[7] Zum Ganzen *Gehlen*, Der Mensch, passim.
[8] *Gehlen*, a. a. O. S. 31.
[9] *Gehlen*, a. a. O. S. 46 ff., 410 ff.

selbst die Vitaltriebe aus der Einbettung in den instinkthaften Rhythmus, durch den allein sie beim Tier blind-zweckmäßig funktionieren, weitgehend herausgelöst sind. So ist der Sexualtrieb beim Menschen aus dem tierhaften Brunstrhythmus gelöst und kann infolge seiner steten Wachheit zum bloßen Erreger individueller Lust werden und dadurch seinen biologischen Sinn verlieren; (wie entsprechend der Nahrungstrieb über die Selbsterhaltung hinaus zur bloßen Lustquelle werden und dadurch zur Maßlosigkeit verführen kann[10]). Diese Isolierbarkeit der Triebe gegenüber den Instinkten und die daraus sich ergebende Gefahr der Maßlosigkeit zeigt am elementarsten die durch den Antriebsüberschuß eröffnete Gefährdetheit und Gefährlichkeit des Menschen. Diese Gefährdung kann sich übrigens ebensosehr im Überwuchern geistiger Strebungen über vitale Lebensbedürfnisse zeigen und hier „den Geist zum Widersacher der Seele" machen.

Das Antriebsleben des Menschen ist also nicht wie beim Tier von einer instinkthaften „Richtigkeit", sondern seine Richtigstellung ist schon biologisch eine Aufgabe des Menschen, die Aufgabe von Zucht und Selbstzucht. Das Tier kann in seinen jeweiligen Triebimpulsen voll aufgehen, sie steigen auf und klingen ab in der „natürlichen" Richtigkeit ihrer instinktiven Zweckmäßgkeit. Der Mensch dagegen bedarf eines die jeweiligen Triebimpulse und Strebungen überdauernden Willens[11], weil er infolge der Breite seiner Antriebsstruktur und ihrer mangelnden Eingepaßtheit in ein kleines Ausschnittmilieu nicht in der jeweiligen Augenblicksregung aufgehen kann. Der Mensch muß einige Impulse auf die Dauer stellen, andere zeitweilig oder dauernd zurücktreten lassen. Er muß sein Antriebsleben, den Augenblick übergreifend, auf die Dauer hin formieren. Diese Steuerungsakte gehören zur Funktion des Willens, der damit die Kontinuität der Persönlichkeit, die Einheitlichkeit des Ich überhaupt erst konstituiert.

Die Formierung des Antriebslebens ist also biologische Lebensvoraussetzung des Menschen, wie das jeweilig zweckmäßige Funktionieren der Instinkte Lebensvoraussetzung des Tieres ist. Da diese Formierung des Antriebslebens nicht in natürlichem Prozeß, d. h. blindzweckmäßig von selbst eintritt, sondern die Aufgabe menschlicher Lebensführung ist, ist der Mensch primär ein Wesen der Zucht[12], und zwar, was entscheidend ist, nicht als „intelligibles Wesen", als „homo noumenon", sondern schon in seinem biologischen Dasein. Das ist die bei weitem wichtigste Erkenntnis der Anthropologie, daß schon in der biologischen Wesensbestimmung des Menschen das Moment der Zucht, der Aufgabe, des Sollens als biologische Lebensvoraussetzung mitgesetzt ist. Das Sollen gehört zum Sein des Menschen, weil die Breite und Überschüssigkeit des menschlichen Antriebslebens die sinnvolle Formierung durch bewußte Willensakte schon biologisch notwendig machen.

---

[10] Vgl. *Scheler,* a. a. O. S. 38 f.
[11] Vgl. *Scheler,* a. a. O. S. 51 f.
[12] Vgl. *Gehlen,* a. a. O. S. 20 f., 416 ff.

Jedoch liegt zugleich darin, daß der Mensch die Ordnung seines Antriebslebens im Aufbau seines Charakters selbst finden und herstellen muß, seine tiefe Gefährdetheit und Gefährlichkeit beschlossen, und die Erfüllung dieser ihm damit gestellten Aufgabe (wie überhaupt sein gesamtes Dasein als handelndes Wesen) ist ihm nur innerhalb der Gemeinschaft, als geschichtliches Wesen möglich. Zucht, Aufgabe, Sollen, geschichtliche Sinnhaftigkeit, sind Momente, die nicht zur biologischen Wesensbestimmung (zum „Sein") bloß von außen hinzukommen, ihr „aufliegen" als Bestandstücke einer anderen, „intellegiblen", „noumenalen" Welt, einer irrealen „Welt des Sollens" oder „der Werte", sondern sind integrierende Momente der biologischen Wesensverfassung des Menschen. Alle idealistischen Zweiweltentheorien, deren Grundfehler es war, die biologische Sonderstellung des Menschen im All verkannt zu haben, sind damit schon im Ansatz überwunden.

Der Mensch als handelndes, d. h. sein Tun auf Grund von Sacherfahrung zweckbewußt steuerndes Wesen, und der Mensch als Zuchtwesen, d. h. als ein sein Antriebsleben zu einem die Augenblicksregung überdauernden Lebenssinn gestaltendes Wesen: diese beiden Grundbestimmungen des Menschen sind aber, wie ohne weiteres erhellt, von unmittelbarer rechtlicher Bedeutung: denn einerseits baut alles Recht auf der Möglichkeit sachgeleiteter finaler Handlungen allererst auf. Nur wo ein Wesen auf Grund sacherfahrener Voraussicht die Zukunft zweckbewußt gestalten kann, ist ein menschliches Gemeinschaftsleben und eine an diese Zwecktätigkeit sich wendende Ordnung dieses Gemeinschaftslebens möglich. Handlungen als final dirigierte Faktoren der Wirklichkeitsgestaltung (niemals die bloßen naturhaften Kausalvorgänge) sind es daher auch, die den Wertungen des Rechtmäßigen und Rechtswidrigen allererst unterliegen können[13]. Andrerseits ist der Mensch als Zuchtwesen mit der Aufgabe, seine Handlungen nicht nur zweckmäßig (final) zu dirigieren, sondern auch ihre Vornahme oder nicht Vornahme nach Wert und Unwert sinnvoll zu bestimmen, der Träger sittlicher Verantwortung und damit auch der Schuld für seine Handlungen. Die rechtlichen Hauptkriterien von Rechtswidrigkeit und Schuld entfließen somit unmittelbar den beiden anthropologischen Wesensbestimmungen des Menschen als handelnden und antriebsformierenden Wesens.

Nach dieser knappen Skizze der anthropologischen Grundstruktur des Menschen können wir uns nunmehr dem (seelischen) Aufbau der Persönlichkeit zuwenden. Für sie sollten die vorerörterten Fragen nur die unentbehrliche Grundlage liefern. Denn auch die Innenansicht des Menschen ergibt sich nur aus seiner b i o l o g i s c h e n Sonderstellung als eines unangepaßten, weltoffenen Wesens.

Für die Frage der Persönlichkeitsstruktur hat sich in den letzten Jahren — stark angeregt durch das Werk Ludwig *Klages'* — auf psychologischer und

---

[13] Vgl. dazu auch *Welzel,* Naturalismus und Wertphilosophie S. 78 ff. und ZStrW. 58 S. 502 f.

psychiatrischer Seite[14] eine Betrachtung als besonders fruchtbar erwiesen, die die Persönlichkeit unter dem Gesichtswinkel eines Schichtenaufbaus sieht. Das Bild des Schichtenaufbaus ist der Geologie entnommen und kann, wie alle Bilder dann, wenn man es rein wörtlich nimmt, anstatt zur Aufhellung zu schwerer Verkennung und Zerreißung der Dinge führen. Man muß sich daher der Bildhaftigkeit des Vergleichs stets bewußt bleiben. Seine methodische Bedeutung liegt in folgendem: Während frühere Lehren die seelischen Funktionen des Menschen (meist „Fühlen, Wollen, Denken") nebeneinander stellten und sie gleichsam auf derselben Ebene sahen, erkennt die neue Lehre, daß Triebimpulse, Strebungen, Willensentscheidungen, Denkakte gerade nicht nebeneinander stehen, sondern verschiedenen Tiefenregionen der Persönlichkeit entstammen, deren Tiefenstaffelung aus ihrer verschiedenen Nähe zur leiblichen Grundlage bzw. ihrer relativen Entbundenheit von ihr resultiert und deren Eigenart und Funktion sich hiernach verschieden darstellt.

Nach diesem Gesichtspunkt unterscheidet sich deutlich im Aufbau der Persönlichkeit eine Tiefenschicht (die Tiefenperson oder das „Es" im Sinne von *Klages* als die Gesamtheit der pathischen Triebe, Strebungen, Gefühle) und die ihr aufgelagerte, sie kontrollierende Ichfunktion (Personschicht)[15]. Innerhalb der Tiefenperson bildet die leibnaheste Region die Schicht des Lebensgefühls mit den Elementartrieben der Art- und Selbsterhaltung: die vegetative oder vitale Schicht. Sie ist gleichsam die „Gattung in uns"[16]. Die über sie gelagerte höhere Dimension der Tiefenperson umfaßt die Schicht der strebenden Gefühle, die die jenseits der Vitalstimmung und der Elementartriebe liegenden „höheren" Gefühle und Strebungen umspannt: die emotionale Schicht. Zu ihr gehören neben der seelischen Stimmung (Heiterkeit und Traurigkeit) vor allem die ganze Fülle der gegenstandsgerichteten Gefühle („Wertgefühle"), in denen uns die Welt in ihren Wertgehalten anspricht: vom bloßen Angenehmen bis zu der edelsten ästhetischen und (material-)ethischen Werten; ferner die in diesen Gefühlen wurzelnden Strebungen (Triebfedern) ebenfalls in ihrer ganzen Breite von der bloßen sinnlichen Lustbegierde bis zu dem sublimsten künstlerischen Drang oder der edelsten Opferbereitschaft[17]. Schon diese Mannigfaltigkeit der Inhalte zeigt an, daß die emotionale Schicht selbst in sich wiederum vielfältig geschichtet ist.

Die Tiefenperson ist gleichsam das Kapital, aus dem heraus wir leben. Der Reichtum der Persönlichkeit, die Breite ihrer Interessen, die Fülle und

[14] Vgl. besonders Herm. F. *Hoffmann*, Die Schichttheorie 1935; E. *Rothacker*, Die Schichten der Persönlichkeit 1938; Ph. *Lersch*, Der Aufbau des Charakters 1938; Rud. *Thiele*, Person und Charakter 1940.

[15] Vgl. dazu die Anm. 14 angeführten Schriften. Die Grundunterscheidung zwischen „Es" und „Ich" stammt von *Klages*.

[16] *Rothacker*, a. a. O. S. 44.

[17] Über die Inhaltsfülle der Tiefenperson unterrichtet besonders *Lersch*, Der Aufbau des Charakters.

Kraft der zwischen ihr und der Welt schwingenden Gefühle, Triebe, Neigungen, ja sogar der Reichtum ihrer gedanklichen Einfälle[18] stammen aus ihr. Sie ist die Quelle alles Schöpferischen im Menschen, die seelische Substanz, aus der heraus wir schaffen. Aber sie ist ihrer Funktion nach der „pathische" Teil der Persönlichkeit. Triebe, Gefühle und Strebungen springen in uns auf, laufen in uns ab, wir können sie zwar „wecken" (z. B. durch Vorstellungsbilder), aber sie nicht „erzeugen". Gefühle affizieren uns, Triebe und Strebungen treiben uns; beides vollzieht sich in uns; die Tiefenperson ist das „Es" in uns: sie ist „der Inbegriff ‚pathischer' Geschehnisse, wie sie in den Erlebnissen des Hingegebenseins, des Zumuteseins und Angemutetwerdens, des Affiziertwerdens, des Betroffen- und Ergriffenseins, des Getrieben- und Mitgerissenwerdens zum Bewußtsein kommen"[19].

Von diesen eshaft-pathischen Geschehnissen der Tiefenperson heben sich scharf die spontanen, aktiv-zupackenden Akte des sich nach sachlichen Gründen orientierenden Denkens und des nach Sinnzusammenhängen entscheidenden Willens ab: die Ichfunktion. Ihre biologische Notwendigkeit für ein unspezialisiertes, weltoffenes und antriebsüberschüssiges Wesen haben wir schon oben erkannt. Die Ichfunktion nimmt die eshaften Vollzüge der Tiefenperson in ihre objektivierende Kontrolle: als Denken, in dem es die pathischen Elemente der Wahrnehmung auf ihren objektiven Gehalt erforscht, den sachlichen Strukturen nachgeht und sich nach ihnen orientiert (grob gesprochen: indem es die Welt nicht in ihrem wahrnehmungs- oder vorstellungsmäßigen Gegebensein beläßt, sondern sie danach erforscht, wie sie wirklich ist); als Wille, indem er die Antriebsüberschüssigkeit nach einem die jeweiligen pathischen Augenblicksregungen überdauernden Sinn ordnet und damit Kontinuität und Zielsicherheit im Antriebsleben schafft. Den Strukturgesetzen des sachorientierten Denkens und des sinngeleiteten Wollens müssen wir später näher nachgehen; hier seien sie nur innerhalb des Schichtenaufbaus angedeutet.

Die eben besprochene Ichfunktion ist im eigentlichen Sinne keine „Schicht", sondern eine jeweilig aktuelle Funktion, die bei den pathischen Erlebnissen der Tiefenperson dort einspringt, wo sie bewußtmachend, erhellend, klärend, steuernd, entscheidend gebraucht wird. Und doch gibt es eine besondere Ichschicht mit eigener Substanz, eine „Persönlichkeitsschicht", auf die hingewiesen zu haben *Rothackers* besonderes Verdienst ist[20]. Die Grundeinsichten unseres sachgeleiteten Denkens und die lebensgestaltenden Entscheidungen des Willens brauchen nicht immer wieder von neuem von der hellen Ichfunktion in Frage gestellt und vollzogen zu werden, ja sie dürften es sogar nicht einmal, wenn der Mensch handeln will, sondern sie bilden — einmal erworben — einen Bereich halb- oder unbewußter Lebenserfahrungen und Lebensentscheidungen, „eine Schicht von halbbewußten Interessen,

[18] *Rothacker*, a. a. O. S. 57.
[19] *Thiele*, Person und Charakter S. 15.
[20] S. *Rothacker*, a. a. O. S. 54 ff.

Überzeugungen und erzogenen Abneigungen, ein tragendes und unsichtbares Skelett des geistigen Lebens, das den Handlungseinsatz in Form hält und wieder von ihm in Form gehalten wird“[21]: den (erworbenen) Charakter. Diese Persönlichkeitsschicht ist das System der auf der Grundlage der individuellen Anlagen im tätigen Umgang mit der Welt einverleibten Grundüberzeugungen, inneren Haltungen und Einstellungen. Sie gleicht nach dem plastischen Bilde *Rothackers*[22] einem Netzwerk, das das Ich über die Tiefenperson ausgespannt hat, um in seinen Maschen die eshaften Regungen in dauernder Kontrolle zu halten, ohne ständig selbst anwesend sein zu müssen.

Soweit die Schichttheorie! — Ihre heuristische, klärende und aufklärende Bedeutung wird auch im Strafrecht kaum überschätzt werden können. Die grundlegende Unterscheidung von Ichfunktion und Tiefenperson (Es) mitsamt ihren verschiedenartigen Funktionsweisen (aktiv steuernd — pathisch ablaufend) ist die Grundvoraussetzung aller Schuldbetrachtung. Die Schichttheorie hebt jene — alle echte Einsicht versperrende — homogene Schau des seelischen Geschehens aus den Angeln, wie sie auch im Strafrecht gang und gäbe war und die in verfehlter Anwendung mechanischer Kategorien das ganze seelische Geschehen als einförmigen kausalen Prozeß abrollender Motive und die Willensbildung als deren rein kausales Produkt sah[23]. Am ehesten lassen sich noch einige Vorgänge der Tiefenperson bis zu einem gewissen Grade in Analogie zu mechanischen Kategorien sehen (z. B. die Assoziationen oder den Kampf der Triebe), ohne deren Wesen, vor allem ihre innere Zweckmäßigkeit, erschöpfen zu können[24]; die Akte der Ichfunktion sind von vornherein transkausal: sinnhaft-steuernd, final.

Ferner ist auch die zwischen Tiefenperson und Ichfunktion eingeschaltete Personschicht von eminenter strafrechtlicher Bedeutung, vor allem für das Verständnis der unbewußten Fahrlässigkeit — ihr Vorwurf trifft u. a. die Mangelhaftigkeit der vom Ich aufgebauten Organisationszentrale — und neuestens besonders für das Verständnis der Täterschuld, die jemandem das zum Vorwurf macht, was für einer er in seiner Persönlichkeitsschicht ist.

Endlich kann die Schichttheorie wesentlich zur Erhellung des Psychopathenproblems im Strafrecht beitragen, das gerade hier eine wichtige und schwierige Rolle spielt. Psychopathien beruhen, wie der Psychiater Hermann

---

[21] *Gehlen*, S. 434.

[22] *Rothacker*, a. a. O. S. 56.

[23] Vgl. noch *Mezger*, Lehrbuch S. 274: „Motiv ist zu verstehen als der Inbegriff derjenigen gefühlsbetonten oder gewollten Vorstellungen, die den Willensakt verursacht haben“. Seine heutige differenziertere Auffassung deutet *Mezger* in MonKrimBi. Bd. 31 (1940) S. 105 ff. an.

[24] Über den Unterschied mechanischer und lebendiger Kräfte treffend: *Klages*, Lehre vom Willen S. 595.

[25] Hermann F. *Hoffmann*, Die Schichttheorie S. 73.

F. *Hoffmann* zeigt, auf „Störungen schichtspezifischer Haltung" oder auf „Schichtverstößen". Dem Psychopathen gelingt nicht der Einbau der Tiefenschichten in die Persönlichkeitsschicht. „Psychopathen leben in ständiger Beunruhigung durch die Tiefenschichten, und es gelingt der Schicht des Geistes nur schwer, regulierend, disziplinierend, formend wirksam einzugreifen." Von hier aus entwickelt *Hoffmann* ein System psychopathischer Persönlichkeiten und versucht ferner die Schichttheorie auch für die Erkenntnis von Geisteskrankheiten fruchtbar zu machen. In diesem Zusammenhange bemerkt er, daß es die geistige Schicht sei, deren „Vorhandensein beim Menschen erst psychische Krankheiten ermöglicht, die beim Tiere so selten sind"[26].

Eröffnet so die Schichttheorie den Blick für die Mehrdimensionalität des seelischen Gefüges, so enthält sie jedoch als querschnittliche Betrachtung den Mangel, gewisse dynamische (also längsschnittliche) Bezüge nicht hervortreten zu lassen. In dieser Richtung muß sie ergänzt werden. Nach dem bisher entwickelten Schichtenbild könnte es — grob gesprochen — so scheinen, als lägen Triebe, Gefühle, Strebungen der Tiefenperson bereit, um jeweilig als Antwort, etwa auf eine äußere Lage, pathisch emporzusteigen und an der Seelenoberfläche von der Ichfunktion in Kontrolle genommen, reguliert und gesteuert zu werden. So einfach sind die Zusammenhänge jedoch nicht. Die Antriebsmomente des Menschen liegen nicht durchweg (außer etwa den Grundtrieben z. B. dem Selbsterhaltungstrieb) fertig vor, um sofort in Aktion treten zu können, sondern sie werden überwiegend erst im tätigen Umgange mit der Welt geweckt und festgelegt. Im spielerischen, triebentlasteten Umgang baut der Mensch sich einen Kreis von Sachenerfahrungen und Könnensfunktionen auf, lernt er die Welt kennen und sie in seinen Griff bringen. In diesem Umgang mit der Welt brechen in ihm aber auch die Einzelinteressen auf, handwerklicher, technischer, künstlerischer, intellektueller und sonstiger Art, und zwar Interessen speziellster Art, wie etwa, um ein aktuelles Beispiel anzuführen, der Drang zum Fliegen. Es gibt keinen „Flugtrieb", und doch kann der Drang zum Fliegen geradezu zu einer triebartigen Leidenschaft werden. Gewiß muß die Grundlage hierfür anlagemäßig vorliegen (z. B. als Lust an der Gefahr), aber die Entfaltung, Ausbildung und Konkretisierung der Anlage zu diesem Interesse ist das Ergebnis des tätigen Umgangs mit der Welt. Auch hier bestätigt sich das Wort *Goethes*, daß der Charakter des Menschen die Reihe seiner Taten ist. Und zwar „Taten" im echten Sinne: das wird allzu sehr durch die bequeme Formel von Anlage und Umwelt verdeckt, die den Menschen als das blinde Produkt jener beiden Größen hinstellt und ihn als handelndes, sein Antriebsleben sinnvoll formierendes Wesen vergißt[27]. Tiefenperson und Ichfunktion stehen also in einem gegenseitigen dynami-

[26] *Hoffmann*, a. a. O. S. 86.

[27] Gegen die schematische Formel von Anlage und Umwelt, vgl. auch *Gehlen*, a. a. O. S. 373 ff.

schen Verhältnis, nicht nur indem dem Ich von der Tiefenperson die Antriebe zugehen, sondern auch indem das Ich durch seine handelnde Kenntnisnahme der Welt das Antriebsleben der Tiefenperson weckt, entfaltet und spezialisiert.

Damit berühren wir von einer anderen Seite jene Weltoffenheit des Menschen, vermöge deren er nicht wie das Tier in einige wenige „festmontierte" Instinkte eingespannt ist. Aber diese Weltoffenheit des Menschen würde doch überspannt, wollte man meinen, daß jeder Weltinhalt jedem Menschen zugänglich sei[28]. Weltoffenheit bedeutet: Sachlichkeit des Verhaltens, Antriebsüberschuß und Notwendigkeit der Antriebsformierung; aber nicht: allseitige Zugänglichkeit des gesamten Weltinhalts. An dieser Stelle setzen die Erkenntnisse der Erbcharakterforschung ein, die wir in unserem Zusammenhang wenigstens kurz streifen wollen. Zunächst sei bemerkt, daß gerade auch die Erbcharakterforschung von der Weltoffenheit des Menschen ausgeht, um die spezifischen Probleme menschlicher Charaktervererbung überhaupt in den Blick zu bekommen. Gerade infolge der Weltoffenheit des Menschen birgt die menschliche Charaktervererbung Sonderzüge, welche die Pflanzen- und Tierwelt nicht kennen[29]. Innerhalb der Tatsache der Weltoffenheit steckt die Erbcharakterforschung die Grenzen ab, innerhalb deren die Welt dem konkreten Menschen zugänglich ist. Ausgangspunkt der modernen Erblehre sind dabei nicht einzelne feste „Eigenschaften", sondern dynamische Ablaufsmomente der Seele oder — nach einem Ausdruck *Pfahlers* — „seelische Grundfunktionen"[30]. „Alles, was ‚funktionieren' muß, damit die Seele die Welt ergreife, nennt die Erbcharakterkunde: seelische Grundfunktionen[31]." Sie sind „nach Art und Stärke angeborene Voraussetzungen seelischen Geschehens und Wachstums"[32], wie Lebensenergie oder vitale Aktivität, Ansprechbarkeit des Gefühls, Aufmerksamkeit und Beharrungskraft, Gesamttempo u. a. m.[33]. Diese Grundfunktionen, die durch ihre Kombination die Erbcharaktere bilden, sind in gewissem Sinne formal, d. h. sie besagen an sich nichts über die Inhalte des Lebens, die in ihnen zum Ablauf kommen. Und doch legt ein bestimmtes Grundfunktionsgefüge (ein Erbcharakter) bestimmte Inhalte nahe, ist anderen Inhalten fremder und schließt manche ganz aus. So werden einem Menschen mit zäher Beharrungskraft, großer Energie und geringer Gefühls-

---

[28] Mit Recht hat sich *Rothacker* S. 36 ff. gegen die Überspannung der an sich richtigen Einsicht bei *Scheler* gewandt; aber auch *Gehlen* scheint dem Fehler nicht immer zu entgehen, s. z. B. S. 71.

[29] Besonders deutlich bei *Pfahler*, Warum Erziehung trotz Vererbung? S. 26 f.

[30] Vgl. *Pfahler*, Vererbung als Schicksal, 1932; Warum Erziehung trotz Vererbung? 3. Aufl. 1938. *Petermann*, Das Problem der Rassenseele (besonders S. 174 ff.), *Stumpfl*, Die Vererbung des Charakters (in: *Schottky*, Die Persönlichkeit im Lichte der Erblehre 1936) S. 79 ff.

[31] *Pfahler*, Warum Erziehung trotz Vererbung? S. 34.

[32] *Pfahler*, Vererbung als Schicksal S. 33.

[33] *Pfahler*, Warum Erziehung trotz Vererbung? S. 35 ff.

ansprechbarkeit beschauliche und zarte Gehalte wesensfremd oder ganz unzugänglich sein[34]. Ebenso nehmen allgemeine Inhalte (wie etwa die Aufgabe „Arbeit") bei den verschiedenen Erbcharakteren eine verschiedene Färbung an; bei Menschen mit festen inneren Gehalten (*Kretschmers* Schizothymen) ist sie ein festes Zupacken, bei Menschen mit fließenden inneren Gehalten (den Zyklothymen) eine emsige Geschäftigkeit[35]. Aber trotz dieser anlagemäßigen Ausgrenzung vieler Inhalte, trotz der besonderen Färbung und Tönung der übrigen untersteht jeder Charakter der Notwendigkeit der Antriebsformierung. Was an Anlage gegeben ist, läuft nicht blind-instinktiv in der tiefen natürlichen Zweckmäßigkeit des Tierdaseins ab, sondern ist der zielsetzenden Antriebsformierung des Willens unterworfen: es kann zu sinnvoller Lebensgestaltung eingesetzt und es kann sinnlos vergeudet werden. Auch für die ererbte Anlage ist der Mensch ein Wesen der Zucht[36]. So schließt sich der Ring der Betrachtung, und wir kehren mit vielfältig erweiterten Erkenntnissen zu der anthropologischen Wesensbestimmung des Menschen als eines handelnden Wesens und Wesens der Zucht zurück.

Damit beenden wir unsere Übersicht über die Wesensmomente und die Aufbauprinzipien der Persönlichkeit nach den anthropologischen, psychologischen und erbcharakterkundlichen Forschungsergebnissen der letzten Jahre, die wir hier zu einem einheitlichen Bilde zusammengefügt haben und deren Folgerungen für rechtliche Fragen wir schon mehrfach haben durchscheinen lassen. Der rechtlichen Seite müssen wir uns nunmehr im einzelnen zuwenden, wobei wir uns auf die Fragen nach Persönlichkeit und Schuld beschränken können, während zum Problem der Handlung auf frühere Untersuchungen verwiesen werden kann[37].

Die biologische Betrachtung zeigte uns den Menschen als auf Weltoffenheit und Antriebsformierung hin angelegt; er muß, um überhaupt existieren zu können, objektive Sacherfahrungen erwerben und sein Antriebsleben nach einem über die jeweilige aktuelle Regung hinausgehenden Sinn ausrichten. Im Schichtenaufbau der Persönlichkeit sahen wir diese Leistung in der Ichfunktion konzentriert. Dieser für die Frage der Schuld entscheidenden Funktion müssen wir uns nunmehr zuwenden und dabei die Vollzugsformen der von ihr ausgehenden spontanen Akte nachzugehen versuchen. (Vgl. zum folgenden auch die Analysen in meinem Aufsatz „Kausalität und Handlung" ZStW. 51 [1931] S. 709 ff., in denen die Unterscheidung

---

34 *Pfahler*, Warum Erziehung S. 53.

35 Zum Begriff der festen und fließenden inneren Gehalte, vgl. *Pfahler*, Warum Erziehung S. 56 ff., 69 ff.

36 Kennzeichnend hierfür ist der Titel des *Pfahler*schen Buches: Warum Erziehung trotz Vererbung? Vgl. auch *Stumpfl*, a. a. O. S. 102 f.

37 *Welzel*, Kausalität und Handlung, ZStW. 51 S. 703 ff.; Naturalismus und Wertphilosophie im Strafrecht 1935; Studien zum System des Strafrechts, ZStW. 58 S. 491 ff.; Der Allgemeine Teil des deutschen Strafrechts, 1940.

von pathischen Erlebnissen und spontanen Aktvollzügen schon klar zu Tage trat.)

Am einsichtigsten ist die spontane Vollzugsweise der Ichakte am Denken aufzuzeigen, (wobei allerdings von vornherein zu betonen ist, daß Denken und Wollen niemals isoliert auftreten). Im Denken geht das Ich über die bloß rezeptiven Erlebnisse der Wahrnehmung heraus und versucht ihren Wirklichkeitsgehalt und ihre gegenständlichen Zusammenhänge zu erforschen. Es bleibt nicht bei den jeweiligen Wahrnehmungserlebnissen stehen, sondern vergleicht sie mit früheren Erfahrungen, löst sie aus ihrem zufälligen Erlebniszusammenhang heraus und erforscht ihre objektiven Zusammenhänge, d. h. solche, die unabhängig von ihrem zufälligen Zusammentreffen in der gleichen Wahrnehmung in den Gegenständen selbst bestehen. Es erforscht objektive Sachverhalte und ihre innere, sachnotwendige Verknüpfung. Seine Schritte, die es dabei macht, sind ihm nicht pathisch gegeben, sondern es muß sie selbst entlang dem zu erforschenden Sachverhalt suchen. Hierin besteht die Spontanität des Denkens: Es bestimmt sich selbst sehend nach den gegenständlichen Momenten des Sachverhalts. Die Gegenstandsmomente sind dabei die einsichtigen Gründe, auf die es seine Schritte stützt, um immer tiefer in den Sachverhalt einzudringen. Auch das Denken ist daher determiniert, aber nicht blindkausal, gleichsam „von hinten", wie es z. B. bei den assoziativen Verknüpfungen der Fall ist, sondern einsichtig durch den vor ihm stehenden Sachverhalt, auf den es selbst seine einzelnen Aktschritte stützt. Diese Vollzugsweise der Denkakte offenbart dabei am klarsten die Grundform einsichtig-finaler Determination: Während bei der Kausalität die Wirkung die blinde Resultante der grade vorhanden gewesenen ursächlichen Komponenten ist, bestimmt bei der Finalität das Ziel die zu ihm hinführenden Schritte, aber nicht indem es die Aktschritte blind zu sich hinzieht (gleichsam als „Zugkausalität"[38]), sondern indem es die einsichtigen Gründe enthält, auf die sich stützend das Denken durch spontane Akte selbst den Weg zu ihm bahnt.

Verwickelter und infolge starker irrationaler Einschläge rational weniger einsichtig liegen die Verhältnisse bei den Willensvorgängen. Zunächst ist hier eine prinzipielle Feststellung hinsichtlich des Verhältnisses von Antrieben (Trieben und Strebungen) und Willen notwendig, die sich allerdings schon aus unsrer Betrachtung des Schichtenverhältnisses zwischen Tiefenperson und Ichfunktion ergibt: Alle Schwungkraft der Persönlichkeit, alle

[38] So bestimmt N. *Hartmann* irrig die Finalität, s. z. B. Ethik S. 603 (Vis attractiva!, siehe jedoch auch S. 701). Über die Betrachtung (angeblich) kategorialer Determinationstypen vernachlässigt *Hartmann* leider die Erforschung der wirklichen Vollzugsform sinnvoller Steuerungsakte. Dieser Mangel belastet seine sonst so fruchtbare Erörterung des Freiheitsproblems.

ihre Antriebe kommen aus der Tiefenperson; sie sind das Bewegende, das zur Handlung Treibende, nicht der Wille. Der Wille bewegt sich nicht, sondern er kontrolliert, organisiert, reguliert und lenkt die Antriebe und hält einen von ihnen auf Kosten anderer durch. Er ist nach dem treffenden Vergleich von *Klages*, dem wir die entscheidende Einsicht in diese Verhältnisse verdanken, eine „einzigartige Steuervorkehrung“: „Wollten wir den Antrieb dem Winde vergleichen, der in die Segel bläst, so gliche der Wille dem Steuer; oder wollten wir den Antrieb der Armbewegung vergleichen, die ein Schütze vollführt, der sein Gewehr ‚anlegt‘, so gliche der Wille dem Zielen, das, wie jedermann weiß, auf Vermeidung selbst noch des kleinsten Schwankens aus ist“[39].

Den näheren Verhältnissen wollen wir an Hand eines alltäglichen Beispiels nachgehen: Ich sitze bei der Arbeit; hin und wieder schweift der Blick auf die sonnenbeschienene Landschaft vor mir. Plötzlich erwacht in mir ein

---

[39] *Klages*, Vorschule der Charakterkunde, 2. Aufl. 1936 S. 28; besonders aber *Klages*, Die Lehre vom Willen (in: Der Geist als Widersacher der Seele Bd. 2, 1929) S. 557 ff., 641 ff. Ferner *Lersch* a. a. O., S. 188 ff.; *Thiele*, a. a. O. S. 19 ff.; *Stumpfl*, a. a. O. S. 84.

Die weitere Kennzeichnung des Willens bei Klages als universaler Hemmkraft und dgl., die nur die negativ-hemmende Funktion des Willens berücksichtigt und eine positive, die Antriebe auf einen übergreifenden Lebenssinn hin ausrichtende Bedeutung gar nicht sieht, mündet in *Klages* weltanschauliche These vom „Geist als Widersacher der Seele“ ein.

Nachträglich entnehme ich einem für Juristen außerordentlich aufschlußreichen Aufsatz eines Naturwissenschaftlers, nämlich von Alwin *Mittasch*, Was hat Robert *Mayers* Kausallehre dem Juristen zu bieten? (Arch. Rechts- u. Soz. Phil. Bd. XXXIII S. 236 ff.), daß schon Robert *Mayer* das Bild vom Steuer und den Schiffsantrieben verwendet hat, um das Verhältnis von Wille zur physischen Energie (Muskelkraft) zu kennzeichnen: „Dem Willen des Steuermanns ... gehorchen die Bewegungen des Dampfbootes ...“ Sein Wille „lenkt, aber er bewegt nicht; jeder Fortbewegung bedarf es einer physischen Kraft, der Steinkohlen, und ohne diese bleibt das Schiff, auch beim stärksten Willen seiner Lenker, tot“. Dazu *Mittasch*: „Willensenergie, gleichwie geistige Energie, ist nicht ‚Energie‘ im physikalisch definierten Sinne des Wortes. Der Wille betätigt sich vielmehr nur lenkend und zielsetzend in dem Getriebe der Welt, die Transformation der physischen Energie regelnd und wahlhaft oder willkürlich ordnend, mitunter wohl auch unzweckmäßig gebrauchend und ordnend“ (S. 243 f.). Daher fällt bereits für Robert *Mayer* die Willens- und überhaupt die geistige Energie aus der energetischen Gesamtgleichung heraus und steht außerhalb des Gesetzes der Erhaltung der Energie ganz unbeschadet ihrer Funktion als lenkenden, richtunggebenden Faktors bei der Umwandlung physischer Energie. Die stärkere Beachtung dieser *Mayer*scher Gedanken, statt des Starrens auf den bloßen Erhaltungssatz, hätte uns viele Scheinschwierigkeiten im Verhältnis des Geistigen zum Physischen (z. B. im psycho-physikalischen Problem, bei der Frage der Willensfreiheit) erspart! (z. B. auch die Mühen *Klages* gegen den Erhaltungssatz, vgl. Lehre vom Willen, S. 679 ff.).

Streben, in den Sommertag hinauszugehen. Das Streben kann zunächst ganz unbemerkt bleiben, und es kann, ohne je über die Schwelle des Halbbewußten hinausgelangen, wieder verlöschen, weil eine entgegengesetzte stärkere Strebung, etwa das Interesse an spannender Problementwicklung es verdrängt: eine in der Tiefenperson sich vollziehende Lösung eines Antriebskonfliktes (der „Kampf der Triebe" assoziationspsychologischen Andenkens). — Der Antrieb zum Spaziergang kann aber auch stärker werden und mich zur Änderung meiner Lage drängen. Hier, beim Auftreten ernsthafter Schwierigkeiten, springt die Ichkontrolle ein; der Antrieb wird wachbewußt gemacht, er wird in seiner Forderung nach Spaziergang bewußt vernommen. Auch hier kann er im Hinblick auf Bedeutung und Dringlichkeit der Arbeit vom Ich sofort abgewiesen werden, ohne daß es näher auf ihn eingeht. Erscheint jedoch der Bedeutungsgehalt der Arbeit nicht von vornherein so eindrucksvoll, so wird das Ich stärker auf den Sinn der Antriebsforderung eingehen, etwa in Hinsicht auf die Notwendigkeit einer Ausspannung und Erholung oder auf den ästhetischen Naturgenuß als solchen usw.; ihm mag die Bedeutung der Arbeit oder das geistige Interesse an der Problemlösung gegenüberstehen. Die Antriebe werden hier unter der Ichkontrolle nicht mehr bloß in ihrem pathischen Drang (als „kausale" Potenzen) empfunden, sondern in ihrer Bedeutung für die konkrete Lebensgestaltung sinnvoll verstanden und hierdurch zu (möglichen) „Beweggründen" (Motiven) einer Willensentscheidung erhoben. Die Lösung, die die Willensentscheidung zu finden hat, ist die einer sinnvollen Aufgabe; „sinnvoll" heißt: sie ist nach bedeutungshaltigen, verstehbaren Gesichtspunkten gestellt, (ob auch die Lösung sinnvolle, d. h. richtig oder sinnwidrig ausfällt, ist eine andere Frage).

Hierin zeigt sich wieder die Sonderstellung des Menschen gegenüber dem Tier, daß er nicht in die engen Wände tierischer Biosphäre eingespannt auf Grund blind-zweckmäßigen Funktionierens weniger Vitalinstinkte gedeckt lebt, sondern daß ihm seine Lebensgestaltung als eine von ihm sinnvoll zu vollziehende Aufgabe gestellt ist. Er hat die zweckmäßige, sinnvolle Lebensgestaltung selbst zu finden und herzustellen. Diese Möglichkeit eröffnet ihm einerseits den Zugang zu der unerschöpflichen Gestaltungsfülle menschlichen Kulturlebens, belastet ihn aber andrerseits mit der besonderen Störbarkeit des bewußten Lebens überhaupt: der Gefahr des Verfehlens seiner Lebensaufgabe. Gerade darum bedarf er einer Deutung des Lebenssinnes, einer Wertordnung seines Lebens, d. h. einer Weltanschauung. Sie ist jener Halt, der ihm das geben kann, was der Naturinstinkt beim Tier blindzweckmäßig leistet: die Deckung seines Lebens.

Doch greifen wir damit schon zu hoch. Unsere Problemlage wollen wir vorerst noch „von unten her", und zwar nunmehr von der Entwicklungsseite her weiterzutreiben versuchen. Die Ausbildung der die pathischen Erlebnisse kontrollierenden Ichfunktionen erfolgt bekanntlich erst in allmählicher Reifung der Persönlichkeit. Im Kinde herrschen die pathischen Erlebnisse durchaus vor und werden erst allmählich im Zusammenklingen von körperlicher und seelischer Reifung, von Lebenserfahrung und Erziehung unter die lenkende Ichkontrolle genommen. Die Ausreifung der Persönlichkeit geht dabei in zwei Richtungen vor sich. Einmal lernt der Mensch die Bedeutung der Antriebe über den aktuellen Augenblick des Dranges hinaus für eine planvolle, sinnmäßige Lebensgestaltung zu verstehen, und zwar dies nicht nur intellektuell, sondern in einem praktischen, tätigerfahrenen Sinne. Er lernt im Zusammenhang damit zweitens die Antriebe nach ihrer Bedeutung für eine planvoll-sinnmäßige Lebensgestaltung zu formieren und hiernach bestimmte Antriebe gegenüber anderen durchzuhalten: die willentliche Ausrichtung und Konzentration der Antriebe. Mit beiden aber lernt der Mensch das Leben als eine Aufgabe zu verstehen, die er willentlich steuernd zu vollziehen hat. So wächst er allmählich durch Erziehung und Erfahrung in die soziale Welt hinein, in welcher er steuernd sich selbst den Weg zu bahnen hat.

Diesen Steuerungsakten müssen wir nun im einzelnen nachgehen. Dabei beginnen wir zunächst mit einer ausdrücklich als vorläufig zu bezeichnenden Betrachtung. Die Voraussetzung jeder Willenssteuerung ist, wie wir sahen, das Auftauchen pathischer, aus der Tiefenperson kommender Antriebe, die den Menschen zu einem bestimmten Verhalten drängen. Antriebe enthalten Möglichkeiten des Handelns. Der engere Kreis von Handlungsmöglichkeiten, auf welche die konkrete Person überhaupt anzusprechen vermag, wird von der Art der Antriebe und deren Gefühlsgrundlage umgrenzt, die auf der Basis des ererbten Grundfunktionsgefüges der Person im tätigen Umgang mit der Welt konkretisiert werden. Wozu ein pathischer Antrieb fehlt, dazu ist keine Willensentscheidung möglich. Aber ob, wann und in welcher Weise ein Antrieb eine Handlung auslöst, das ist eine Frage der Willenssteuerung, die sich nach dem Sinn und der Bedeutung dieses Antriebes für die Lebensgestaltung bestimmt. Die Antriebe werden nicht bloß in ihrem pathischen Drang empfunden, sondern in ihrer Bedeutung für die Lebensgestaltung sinngemäß verstanden.

Die Bedeutung der (möglichen) Handlungen ist jedoch weitestgehend durch die soziale Organisation vorgegeben, in der der handelnde Mensch steht. So enthält jede Handlung im sozialen Raum eine Summe von Vorteilen und Nachteilen, Erwünschtem und Unerwünschtem, Gewinn und Verlust. Nach solchen sinnmäßig verstehbaren Gesichtspunkten richtet sich die willentliche Steuerung der Antriebe. Auch hier sind es spontane Akte, in denen das Ich seine Schritte nach den vor ihm stehenden sinnmäßigen Gehalten reguliert, indem es z. B. Antriebe wegen der zu erwartenden sozialen Nachteile (z. B. Strafe) zurückdrängt oder ihre Durchführung als z. Z. unzweckmäßig aufschiebt oder wenigstens die Art ihrer Erfüllung dem Rahmen sozialer Erfordernisse einfügt und dgl. Die Antriebe führen nicht einfach pathisch-blind zur Aktion, sondern werden zugleich in spontanen Akten sinngemäß gesteuert.

Dennoch haben die bisherigen Ausführungen das Problem der Willenssteuerung nur in seinen Außenbezirken berührt, seinen Kern aber nicht einmal gestreift. Sie gingen nämlich von einem schon festgelegten Willensziel aus: dem eigenen Vorteil und Nutzen, also einem utilitaristischen Gesichtspunkt. Von hier aus betrachteten sie die Steuerungsakte des Willens zur Erreichung des Zieles innerhalb der sozialen Organisation. Schon diese vorläufige Betrachtung konnte und sollte zeigen, daß bereits bei einem als festgelegt angenommenen Willensziel, wozu sich die einfachen Egoismen des Nutzens und Vorteils als die handgreiflichsten darbieten, die Handlung sinnvolle Steuerungsakte einschließt[40].

Aber jene Reduzierung aller Triebe und Strebungen auf die einzigen des Egoismus, und davon gar auf die des Nutzens, ist eine pure seelische Alchymie, die sich von jener historischen Vorform der Chemie noch dadurch unvorteilhaft unterscheidet, daß sie nicht auf den Stein der Weisen, sondern wirklich nur auf Steine aus war. Jedes wirkliche seelische Leben umfaßt Egoismen und Altruismen gleichermaßen (Selbstbehauptungs- und Selbsthingabetriebfedern i. S. von *Klages*), vitalsinnliche Triebe wie geistige Strebungen zugleich. Ihre qualitative Mannigfaltigkeit läßt sich nicht auf einen einzigen Grundtrieb (Selbsterhaltung, Macht, Genuß, libido und dgl.) reduzieren. Jede undogmatische Betrachtung des menschlichen Seelenlebens muß von der Fülle verschiedenartiger Gefühlsregungen und Antriebe ausgehen, zwischen denen der Mensch steuernd eine den Augenblick überdauernde Ordnung herzustellen hat. Willenssteuerung ist nicht bloß die Steuerung zur zweckmäßigen Erfüllung eines schon festgelegten Antriebs, sondern wirklich Steuerung der Antriebe selbst.

Wonach erfolgt nun die willensmäßige Steuerung der Antriebe? Wir sahen schon an unserem Eingangsbeispiel: sie erfolgt nach sinngemäßen, bedeutungshaltigen, wertdifferenten Gesichtspunkten (ähnlich wie die Denksteuerung nach sachlichen Gründen vollzogen wird, jedoch nach rationallogischen, während die Willenssteuerung nach irrational-werthaften Gesichtspunkten erfolgt). Hier erhebt sich nun eine wesentliche Schwierigkeit: Gewiß steuert der Wille die Antriebe nach ihrem Bedeutungsgehalt, nicht bloß nach ihrem pathischen Drang; aber innerhalb dieser sinnmäßigen Steuerung wird er doch von demjenigen Gesichtspunkt bestimmt, der ihm als der konkret wertvollste erscheint. Ist also nicht auch hier der Wille letztlich festgelegt, nämlich gebunden an den Wert in seiner subjektiven Erscheinungsweise? Ist darum nicht auch hier ein Verantwortlichmachen des

---

[40] Von dieser primitiven Schau aus wäre der Sinn der Strafe immerhin insofern als ein Verantwortlichmachen für sinnmäßiges Handeln zu begründen, als in ihr diejenigen sozialen Nachteile vollzogen werden, die der Täter bei seiner Willenssteuerung als Nachteilsrisiko mit in Kauf nehmen mußte. Es ist das eigentlich ein Verantwortlichmachen wegen Unzweckmäßigkeit der Willenssteuerung, nicht aber wegen Verwerflichkeit der Willensbildung. Darum faßten alle konsequenten Utilitaristen, voran jene einflußreichen Engländer des 19. Jahrhunderts von *Bentham* bis *Spencer*, das Verbrechen als Verstandes-, nicht eigentlich als Willensfehler auf.

Menschen für seine Entscheidung ebenso sinnlos, wie es bei Gebundensein an den blinden Drang wäre?

Hieran ist soviel richtig, daß es allerdings (zwar eine Freiheit vom Drang, aber) keine Freiheit vom Wert gibt (und zwar, da wir des Wertes ebensowenig wie der Wahrheit unmittelbar teilhaftig sind: keine Freiheit vom Wert in seiner subjektiven Erscheinungsweise [der Evidenz]). Vielmehr kann Freiheit immer nur in der sinnvollen Selbstbindung an das Wertvolle bestehen. Der Fehler der die obige falsche Fragestellung verursachenden Betrachtungsweise liegt darin, daß diese die Dinge statisch, d. h. von der vollzogenen Determination, nicht von der zu vollziehenden Determination sieht. Weder das Werthafte, noch das Wahrhafte liegen einfach offen vor Augen; sie sind dem Menschen nicht einfach gegeben, oder anders ausgedrückt: er ist nicht auf das, was ihm im Augenblick als werthaft (oder richtig) erscheint, passiv eingespannt. Hier gibt uns der Vergleich mit der Spontaneität des Denkens klärende Aufschlüsse. Wir sahen oben, daß das Denken nicht bei dem stehen bleibt, was ihm die Wahrnehmung pathisch darbietet; daß es vielmehr die Wahrnehmungsinhalte auf ihren objektiv-sachlichen Gehalt erforscht, indem es die subjektiven Zutaten immer stärker ausscheidend in den wirklichen Bestand selbst einzudringen versucht. Ebenso besteht auch das Wesen der Willenssteuerung darin, nicht bei der Augenblicksregung und deren Gefühlsgrundlage stehen zu bleiben, sondern ihren Dauergehalt, ihre Bedeutung für das Lebensganze, d. h. ihren objektiven Wertgehalt[41] — aus ihr herausholend — für die Antriebsformierung zu aktivieren. Voraussetzung für beides ist die grundsätzliche, radikale Strukturierung des Menschen als eines nicht festgelegten, sondern sich selbst festlegenden (weil weltoffenen und antriebsüberschüssigen) We-

---

[41] Unter „Wert" ist dabei das objektiv Sinnvolle in der konkreten Situation zu verstehen. Den Wert aus der konkreten Handlungssituation herausgelöst zu haben, ist einer der Hauptfehler der Wertlehren der südwestdeutschen Schule wie der Phänomenologie. Diese untersuchten abstrakte Wertbegriffe, die sie aus den konkreten Handlungssituationen herausgelöst hatten. Sie glaubten, zwischen ihnen Über- und Unterordnungsverhältnisse feststellen zu können (eine „Werthierarchie" von den niedersten sinnlichen bis zu den höchsten geistigen Werten), und zogen hieraus die Anweisung, den höheren Wert dem niederen vorzuziehen. Für die konkrete Lebensgestaltung sind diese Wertbegriffe und ihre Rangverhältnisse unfruchtbar. Die wirkliche Entscheidung hat es gar nicht mit abstrakten Wertbegriffen, sondern mit der sinnvollen Lebensgestaltung in konkreten Situationen zu tun. Hierfür kann die Erfüllung „niederer" Werte, etwa eine Triebbefriedigung, die einzig richtige Lebensgestaltung sein, gegen die alle übrigen „höheren" Werte zurücktreten müssen; ja diese sind für die konkrete Situation überhaupt keine Werte. Den Wertbegriffen der Wertlehren fehlt gerade das Entscheidende jedes Wertes: die Situationsbedeutung: nur was in der konkreten Situation (für das Hier und Jetzt der Lebensentscheidung) wertvoll ist, ist ein Wert. Vgl. zur Kritik der Wertlehren auch *Gehlen*, Theorie der Willensfreiheit 1933, S. 57 ff.

sens. Das Sich-selbst-Bestimmen nach sinnhaften Gesichtspunkten muß sein Wesensmoment, gleichsam das „Urbedürfnis" seines Lebens, die ihn bewegende Unruhe sein. „Verantwortungsbewußtsein", „Schuldgefühl", „Gewissen" sind dabei nur die psychischen Bewußtseinsformen dieser Grundstrukturierung des Menschen, nur Weisen des Bewußtwerdens jenes anthropologischen Urbedürfnisses, aber nicht dieses selbst. Diese Grundstrukturierung bedeutet, daß dem Menschen sein Dasein nicht einfach gegeben ist (wie dem Tier in Instinkt und Umwelt), sondern daß es ihm aufgegeben ist, als eine in sinnhaften Akten zu suchende und zu lösende Aufgabe[42]. In dieser Grundstrukturierung hat der Mensch seine Freiheit, nämlich die Freiheit zu sinnvoller Lebensgestaltung.

An diesem obersten Punkte wird das Verhältnis von Freiheit und Determination deutlich erkennbar. Es gibt keine Freiheit vom Wert[43], sondern nur eine Freiheit zum Wert. Freiheit ist stets sinnvolle Notwendigkeit, sinnvolles Gebundensein an den einsichtigen Grund oder den wertvollen Gesichtspunkt[44]. Es gibt keine „willkürliche", sondern nur eine „gebundene", „determinierte" Freiheit, determiniert aber nicht durch blinde Ursachen (den blinden Drang), sondern durch sinnvolle Gesichtspunkte[45].

---

[42] Diese Einsicht setzt sich auch in der modernen Psychologie immer mehr durch. Vgl. *Lersch*, Aufbau des Charakters S. VI.

[43] Unrichtig daher N. *Hartmann*, Ethik S. 713 f., der eine Freiheit auch gegenüber dem Wert annimmt. Diese abweichende Ansicht *Hartmanns* hängt mit dem Fehlen einer Willenslehre in seiner Ethik zusammen, worauf schon oben Anm. 38 hingewiesen wurde.

[44] „Frei wovon, was schiert das Zarathustra? Hell aber soll mir dein Auge künden, frei wozu." Vgl. auch die Äußerung von *Herbart*, daß Handlungen „gerade darum frei genannt werden, weil sie determiniert sind durch einleuchtende Motive". *Herbart* X 305, zit. nach *Gehlen*, Theorie der Willensfreiheit S. 86.

[45] Ganz verfehlt ist daher die Verwechslung der Willensfreiheit mit Wahlfreiheit, nach der der Wille ohne jeden zureichenden Grund („frei") zwischen mehreren Möglichkeiten solle wählen können. Hiergegen schlagend: *Gehlen*, Theorie der Willensfreiheit S. 38 ff. Soweit sich der herkömmliche Determinismus gegen solchen Indeterminismus einer Wahlfreiheit wendet, ist er in vollem Recht. Da er jedoch selbst als monistischer Kausaldeterminismus auftritt, fällt er in den entgegengesetzten Fehler, alle Freiheit zu vernichten. Zu diesen Grundfehlern des Kausaldeterminismus gehört jenes Paradeargument der Verträglichkeit unseres sittlichen Urteils mit strengster psychischer „Kausierung", das seit Adolf *Merkel* (Lehrbuch § 28) unzählige Male wiederholt worden ist und das neuerdings auch *Dohna*, Kernprobleme der Rechtsphilosophie S. 79 ff. wieder aufgegriffen hat. Das Argument arbeitet mit folgenden Beispielen: Die Achtung vor der Tat des *Sokrates*, auch in der Sterbestunde dem Staatsgebot gehorcht zu haben, werde in nichts gesteigert durch die Überlegung, er hätte auch anders handeln können; oder niemand werde *Luther*, als er in Worms den Widerruf seiner Lehren ablehnte, die Verantwortung für seinen Entschluß darum abnehmen, weil er ja selbst sagte, er habe nicht anders gekonnt. Die sittliche Zurechnung sei also, so folgert man, vereinbar mit strengster kausaler Gebundenheit. — Die Fehler-

Zwischen den beiden Polen des pathischen Dahingleitens und der aktiven Steuerung bewegt sich so das seelische Leben des Menschen. Die Ablaufsformen beider sind grundlegend verschieden, wobei übrigens die Ablaufsgesetzlichkeit der pathischen Tiefenperson in ihrem Ineinander von instinktiver Zweckmäßigkeit, assoziativer Mechanik, Einwirkungen determinierender Tendenzen[46] die ungleich kompliziertere ist gegenüber der sinnmäßigen Determination der Steuerungsakte. Im Gegenteil sind die spontanen, nach sinnvollen Gesichtspunkten sich steuernden Akte in besonders hohem Maße einsichtig, und nur die kausal-mechanischen Konstruktionen der Assoziationspsychologie, die weder der Ichfunktion noch der Tiefenperson gerecht werden konnte, hatten hier ein „Problem" entstehen lassen. Der Vollzug der Freiheit ist überhaupt kein Problem; — denn schon jedes bloße

haftigkeit dieser Argumentation wäre wohl fühlbarer gewesen, hätte man an ein anderes Beispiel gedacht und zwar an *Galileis* „Und sie bewegt sich doch". Die zwingende Kraft, die der Einsicht in sachliche (theoretische, staatspolitische oder religiöse) Gehalte innewohnt, wird einfach mit kausaler Gebundenheit gleichgesetzt und so etwa der Unwiderstehlichkeit eines Vitaltriebes gleichgestellt. Oder um es an einem ganz krassen Vergleich aufzuzeigen: will man ernstlich meinen, die innere Gebundenheit an den einsichtig gewordenen Gesichtspunkt, der den Menschen erfüllt, könne auf gleiche Stufe gestellt werden, wie der Zwang fixer Ideen von Paranoikern: kausaler Zwang hier wie dort? — Der Grundfehler des Kausaldeterminismus ist die Uniformierung des seelischen Geschehens zu lauter kausalen Prozessen. Dadurch vernichtete er unausweichlich Freiheit, Verantwortlichkeit und Zurechnung, die nur möglich sind bei Überdetermination blinder Abläufe durch sinnvolle Akte. Will daher der Kausaldeterminismus dennoch die Verantwortlichkeit retten, so muß er sich diese Überdetermination erschleichen. Das tut er, indem er die sinnvolle Determination durch eine Hintertür einführt: „Die Vereinbarkeit kausaler Nezessitierung mit sittlicher Freiheit beruht darauf, daß der Mensch auf Grund von Motiven handelt, daß Vorstellungen auf seine Entschließungen Einfluß nehmen" (*Dohna*, a. a. O. S. 84). Das ist zwar scheinbar kausal gesagt, aber nicht so kausal gemeint. Denn auch beim Geisteskranken nehmen natürlich Vorstellungen „Einfluß auf seine Entschließungen"; unter diesen Vorstellungen kann u. U. sich auch die Vorstellung des Verbotenseins bestimmter Handlungen befinden, so daß sie auch bei ihm „eine mögliche Art des Wollens" bilden kann; denn warum sollte der Geisteskranke stets kriminell sein? Also: nicht darin, daß überhaupt Vorstellungen auf Entschließungen Einfluß nehmen können, gründet sich sittliche Freiheit, sondern nur darauf, wie sie Einfluß nehmen. Und hier ist jene vielberufene „normale Motivierbarkeit" nichts anderes als die Fähigkeit zu sinnvollen Steuerungsakten. Nur als sinnvolle Steuerung nach „Vorstellungen" hat jene „Einflußnahme der Vorstellungen auf Entscheidungen" für die sittliche Freiheit grundlegende Bedeutung. Dann aber hebt sie sich aus bloßer „kausaler Nezessitierung" eindeutig heraus. — Die Verfehltheit des Kausalmonismus als purer naturalistischer Hypothese und die Bedeutung mehrfacher Determination für das Freiheitsproblem nachgewiesen zu haben, ist eins der wesentlichen Verdienste in N. *Hartmanns* Analyse des Freiheitsproblems, vgl. Ethik, besonders S. 396 ff. und N. *Hartmann*, Problem des geistigen Seins.

[46] Dazu s. unten S. 468 ff.

In-Frage-Stellen der Freiheit setzt das Sich-richten-Können nach sinnvollen Gesichtspunkten, also eben Freiheit, voraus[47].

Das Freiheitsproblem liegt an einer anderen Stelle, nämlich in dem „Umschalten“ vom pathischen Dahingleiten zur aktiven Steuerung, in jenem „Einschalten“ oder „Einspringen“ der Ichkontrolle (*Rothacker*), in dem Einsetzen der Freiheit. An diesem Punkte hängt auch das Problem der Verantwortlichkeit: Der Einsatz der Spontaneität muß selbst spontan vollzogen werden können. Hierin besteht das Geheimnis der Willensfreiheit, das darum als Geheimnis gilt, weil es nicht mehr aus den uns zugänglichen seelischen Determinationsformen ableitbar ist. Zugänglich sind uns nur die Determinationsformen der aktiven Steuerung und des pathischen Dahingleitens, sobald der Mensch in der einen oder anderen Weise eingestellt ist. Hier handelt es sich jedoch darum, wie der Einsatz der einen Determinationsform (der Steuerung) in die andere erfolgt, also um jene „individuelle“ Determinante der Person“[48], die uns in den Akten des Sich-zusammen-nehmens, Sich-zusammen-reißens bei entgegentretenden Aufgaben unmittelbar vertraut ist. Diese Akte, die eine seelische Determinationsform überhaupt erst zum Einsatz bringen, können natürlich selbst nicht mehr psychologisch abgeleitet werden, sondern werden erst aus der anthropologischen Gesamtschau des Menschen verständlich: Wenn der Mensch ein weltoffenes, antriebsüberschüssiges Wesen ist, so sind sachgeleitetes Handeln und sinnvolle Antriebsformierung seine Lebensvoraussetzungen. Diese Steuerungakte muß er daher jederzeit beim Entgegentreten von Aufgaben in seine pathische Erlebnislage einschalten können; d. h. er kann nur als freies, verantwortliches Wesen existieren. Nicht als bloß „intelligibles Wesen“, als „homo noumenon“ muß der Mensch frei sein, nämlich fähig zum jederzeitigen Einsatz aktiver Steuerungsakte beim Entgegentreten von Aufgaben, sondern schon in seiner „empirischen“ (biologischen) Existenz[49]. Freiheit gehört daher zur anthropologischen Wesensverfassung des Menschen als Voraussetzung für finales Handeln und für sinnvolle Antriebsformierung[50].

---

[47] Das unbestreitbare Freiheitsmoment im Erkenntnisproblem gilt von jeher mit Recht als das wichtigste Argument für die Existenz der Freiheit. Es lautet: Alles Erkennen setzt Freiheit, d. h. Sich-richten-können nach einsichtigen Gründen voraus; ohne dem wäre es kein Erkennen. Die prinzipielle Möglichkeit des Erkennens selbst aber ist unbestreitbar, da jedes Bestreiten Erkenntnis voraussetzt.

[48] N. *Hartmann*, Ethik S. 718 ff.

[49] Das Ausweichen *Kants* in überempirische Bezirke hängt an seiner zeitbedingten, an *Newtons* Himmels- und *Humes* Assoziationsmechanik orientierten mechanischen Grundauffassung, die auch sonst sein Werk, jedenfalls in seinen ersten beiden Kritiken belasten.

[50] Das Bestehen der Freiheit darum zu bestreiten, weil sie kausal nicht begreiflich sei, steht auf der gleichen Ebene, wie wenn man das Leben bestreiten wollte, weil es ebenfalls kausal nicht erklärbar ist. Als wenn die mechanische Kausalität die einzige Ablaufsordnung der Welt sein müßte! Vgl. dazu unten Anm. 58.

Darum bedeutet der Abbau an Freiheit und Verantwortlichkeit zugleich den Abbau an Menschlichkeit (in den beiden sukzessiven Stufen des Abbaus der Antriebssteuerung und des Abbaus sachgeleiteten (finalen) Handelns, wodurch der Mensch nicht zum Tier — einer in sich zweckmäßig geschlossenen Existenz —, sondern zu untermenschlichem Dasein herabsinkt).

Nun vollziehen sich die Funktionen der Tiefenperson und der Ichkontrolle nicht in zwei reinlich geschiedenen zeitlichen Phasen, sondern das ganze Seelenleben ist ein dynamisches Ineinander pathischer Erlebnisse und spontaner Akte. Nach einem plastischen Bilde *Rothackers* gleicht das Ich einem Reiter, der auf dem „Es" wie auf einem Pferde reitet; „er läßt, soweit er zum Reittier Vertrauen hat, dieses mit losem oder leicht gespanntem Zügel gehen, bis es gilt aufzupassen"[51]. Die Steuerungsakte greifen nur hin und wieder, richtungsgebend oder richtungshaltend in die pathische Antriebslage ein, aus der heraus wir überwiegend leben, so daß die meisten menschlichen Handlungen stets „etwas kompliziert Zusammengesetztes sind, ein Ergebnis aus zahlreichen Triebregungen und Willensakten"[52]. Darum ist Schuld der mangelhafte Einsatz sinnvoller Steuerung in die pathische Antriebslage, das mangelhafte Sich-an-die-Zügel-nehmen, Sich-zusammen-nehmen bei entgegentretenden Aufgaben.

Damit rückt das Problem der „Aufgabe" in den Vordergrund unserer Betrachtung. „Aufgabe" bedeutet das Korrelat sinnvoller Steuerung; letztere ist die praktische, tatmäßige „Lösung" von Aufgaben. Dem weltoffenen, antriebsüberschüssigen Menschen ist, wie wir sahen, sein Dasein nicht g e g e b e n, sondern a u f g e g e b e n. Der Aufgabencharakter bezeichnet den entscheidenden Unterschied des menschlichen Daseins von der tierischen Lebenssphäre, und zwar bis in die biologische Existenz des Menschen hinein, so daß das Sollen, wie wir ebenfalls schon oben sahen, zum Sein des Menschen gehört (und zwar an der funktionell entsprechenden Stelle, die der Instinkt in der geschlossenen Existenz des Tieres einnimmt)[53]. Dem welt-

---

Verfehlt ist es daher auch, von einer „staatsnotwendigen Fiktion der Freiheit" zu sprechen, wie es leider heute selbst *Bockelmann*, a. a. O. II S. 148 im Anschluß an eine frühere Äußerung von *Kohlrausch* tut. Eine solche „Fiktion" setzte voraus, daß die mechanische Kausalität die einzige Determinationsform der Welt sein m ü ß t e : ein purer naturalistischer Dogmatismus, gegen den gerade *Bockelmann* sonst mit Recht so energisch angeht.

[51] *Rothacker*, Die Schichten der Persönlichkeit S. 15.

[52] *Stumpfl*, a. a. O. S. 84.

[53] Zum Verhältnis von Sollen und Sein sei folgende kurze Bemerkung angefügt: Daß nach einer vielzitierten Wendung des Kantianismus das Sollen aus dem Sein nicht abgeleitet werden kann, hat insofern einen guten Sinn, als das Sollen die sinnvolle Ordnung des menschlichen Antriebslebens ist und daher aus der Tatsächlichkeit dieses Antriebslebens nicht abgeleitet werden kann, sondern zu ihm als sein Ordnungsprinzip, nach dem es auszurichten ist, hinzutritt. Aber dieses Ordnungsprinzip ist Existenzvoraussetzung des Menschen als eines weltoffenen

offenen, antriebsüberschüssigen und darum zu sinnvollen Steuerungsakten genötigten Menschen ist eine sinnvolle Ordnung seines Lebens ebenso Lebensbedingung, wie das blind-zweckmäßige Funktionieren der Vitalinstinkte für das Tier; d. h. der Mensch ist aus seiner Daseinsverfassung heraus ein geschichtliches Wesen. Denn Geschichte ist die reale Entfaltung und Gestaltung der sinnhaften Lebensordnungen, in denen der Mensch sein Dasein „in (sinnvoll-dauerhafte) Ordnung" zu bringen versucht. Auf die geschichtsphilosophischen Fragen, die sich hieran anknüpfen, kann in unserm Zusammenhang nicht eingegangen werden[54]. Für uns genügt die unmittelbar einleuchtende Feststellung, daß Geschichtsträger niemals das Individuum als solches, sondern stets primär überindividuelle Mächte, hierbei vor allem die Völker sind, und daß daher auch die sinnvollen Lebensordnungen stets zugleich überindividuell sind. In seinem biologischen und geschichtlichen Sein[55] existiert der Mensch nur als Glied überindividueller Einheiten und Ordnungen.

Von einer näheren Erörterung dieser Fragen können wir hier um so mehr absehen, als wir uns ohnehin in dieser juristischen Untersuchung auf ein Teilmoment jener geschichtlichen Lebensordnung beschränken können und müssen, nämlich auf die Rechtsordnung. Das Recht ist zu seinem Teil im sozialen Bereich die Ordnung sinnvoller Antriebsformierung für eine staatlich organisierte Gemeinschaft. Zugrunde gelegt ist hierbei allerdings die hier nicht weiter begründbare Auffassung, daß Recht nicht im positivistischen Sinne bloße positive Zwangsordnung, „bedingter Zwangsakt", sondern als Ganzes eine sinnvoll verpflichtende Wertordnung ist (wenn sie auch in allen ihren Teilen im geschichtlich-dynamischen Fluß steht und darum nie ganz „vollkommen" sein kann, — übrigens eine naturrechtlich-ungeschichtliche Forderung!). Ferner bedeutet Recht nicht bloß das gesetzlich fixierte Recht, auch nicht nur das von den Rechtsanwendungsorganen angewendete Recht, sondern umfaßt auch die im Bewußtsein der Gemeinschaftsglieder

---

und antriebsüberschüssigen Wesens und darum Moment seines Seins, ohne das er schon b i o l o g i s c h nicht lebensfähig wäre. — *Kant* dagegen glaubte, daß sich das empirisch-menschliche Leben ausschließlich nach mechanischen Kategorien „wie eine Sonnen- oder Mondfinsternis" vollziehe und erhalte, mit der Folge, daß alles Sollen in eine intelligible Welt verlegt werden mußte. Der mechanistische Seinsbegriff in *Kants* Kritik der reinen Vernunft ist jener Grundfehler, der noch heute nachwirkt.

[54] Es mag angemerkt werden, daß *Kant* bezeichnenderweise gerade von der teleologischen Seite her bedeutsame Ansätze zu einer materialen Geschichtsphilosophie gebracht hat, und zwar in einer gegenwärtig völlig verschollenen Stelle über Fragen der Rassenbildung. Ich beabsichtige, dies an einer anderen Stelle darzulegen.

[55] Beides sind keine voneinander unabhängige, sondern sich ergänzende Bestimmungen; denn die Sinnhaftigkeit (Geschichtlichkeit) ist ja Moment im strukturellen Aufbau des menschlichen „Bios".

mehr oder minder klar sich spiegelnden Rechtsgrundsätze[56]. Das Recht in diesem Sine bildet die an dem Menschen bei abweichender pathischer Antriebslage herantretende sinnvolle Aufgabe. Wo das „Es" (richtiger: ein pathischer Antrieb) den „Reiter" vom Wege abbringen will, da greift das Recht als Sollen an das Ich heran, das Es an die Zügel zu nehmen, sich nicht gehen zu lassen, sich zusammenzunehmen. Schuld ist daher das Verfehlen der Sollensforderung des Rechts infolge unzulänglichen Einsatzes der Ichkontrolle in eine pathische Antriebslage.

Das Verharren in pathischer Antriebslage und darin das Nachgeben gegenüber einem der Sollensforderung widerstreitenden Antrieb ist der Kern der Schuld im rechtlichen Sinne. Ihr Vorwurf trifft das Sichgehenlassen, das mangelnde Sichzusammenreißen, Sich-an-die-Zügel-nehmen, um sich nach den sinvollen Anforderungen der Gemeinschaftsordnung zu bestimmen. Von hier aus wird der Sinn des in jedem Schuldvorwurf steckenden Moments des Anders-handeln-könnens[57] verständlich. Es bedeutet, wie wir schon mehrfach betont haben, nicht Wahlfreiheit: Weder im Zustand pathischer Antriebslage, noch beim Vollzuge sinngelenkter Steuerungsakte kann die Person willkürlich, beliebig, d. h. ohne zureichenden Grund zwischen mehreren Möglichkeiten wählen. Im ersteren Falle bestimmt ihn die Stärke des Antriebs, im zweiten die erfaßte Bedeutung des sinnvollen Grundes (Wertes). Solange er in der pathischen Antriebslage verharrt, kann er nicht anders handeln, als er handelt. Das Andershandeln betrifft vielmehr den Einsatz aktiver Steuerungsakte in das pathische Getriebenwerden, also den Einsatz einer neuartigen Determinationsweise, der finalen Determination sinnvoller Ichakte. Der eigentlich sittliche Akt ist daher dieses Einsetzen der Ichkontrolle und Ichsteuerung in den Akten des Sichzusammennehmens, Sich-in-die-Hand-nehmens. Wie dieser Einsatz der Spontaneität in die pathische Antriebslage erfolgt, ist, wie wir sahen, das eigentliche, uns in den Akten des Sichzusammennehmens vertraute „Geheimnis" der Willensfreiheit, das im Wesensbegriff des Menschen als weltoffenen und antriebsüberschüssigen Wesens notwendig begründet liegt.

Damit sind wir zu einem gewissen Abschluß unserer Willensuntersuchung gelangt, und es erscheint zweckmäßig, ihren Ertrag in kurzen Thesen zusammenzufassen:

Grundlegend war einerseits die anthropologische Bestimmung des Menschen als eines weltoffenen, antriebsüberschüssigen und darum zwecktätig handelnden und antriebssteuernden Wesens. Grundlegend war andrerseits die Erkenntnis der Schichtung der Persönlichkeit in die pathische Tiefenperson (das „Es") und die aktiv steuernde Ichfunktion. Von hier aus ent-

---

[56] Letzteres Moment betrifft einerseits die Widerspiegelungen des gesetzten Rechts im Volksbewußtsein (die „Parallelwertung in der Laiensphäre") und andrerseits auch das ungesetzte Rechtsgewissen (gesundes Volksempfinden).

[57] Hierauf weist auch N. *Hartmann*, Ethik S. 566 besonders hin.

wickelten wir die Willenslehre. Voraussetzung aller steuernden Ichakte sind die aus der Tiefenperson stammenden pathischen Antriebe, in die vor allem die ererbten Anlagen eingegangen sind. Der Wille treibt nicht an, sondern steuert und hält durch. Die Steuerung erfolgt nach sinnvollen Gesichtspunkten („Beweggründen“ oder „Motiven“); sie vollzieht sich nicht pathisch nach der Stärke des Dranges, sondern wird aktiv vom Ich nach der Bedeutung, dem Sinn, dem Wert des Zieles für das Lebensganze vollzogen. Danach unterscheidet sich die Determinationsweise der eshaften Antriebsregungen und der Ichakte: Jene erfolgen nach der Stärke ihres Dranges, also „quasi-kausal“[58]; diese sinnhaft nach dem zu erfassenden bedeutungshaltigen oder werthaften Ziel (also final). Jede konkrete Willenshandlung erweist sich somit als Einheit eshafter Antriebe und spontaner Steuerungsakte. Freiheit besteht in der Überdetermination der pathischen Antriebslage durch spontane Steuerungsakte. Gegenstand des Schuldvorwurfs ist das Verfehlen von Aufgaben (Sollensforderungen) infolge unzulänglichen Einsatzes von Steuerungsakten in die pathische Antriebslage.

Das Verfehlen entgegentretender Aufgaben kann dabei ein einmaliger Akt sein, ein einmaliges Versagen der Ichkontrolle. Es kann aber auch in einer tieferen Persönlichkeitsschicht begründet liegen. An dieser Stelle müssen wir unsere bisherige Willensuntersuchung in einem wesentlichen Punkte ergänzen, oder vielmehr: wir müssen eine bisher vernachlässigte Schicht im Persönlichkeitsaufbau in die ihr gebührende Funktion einsetzen. Wir meinen die oben S. 437 f. erwähnte Persönlichkeitsschicht, die von der wachen Ichkontrolle ausgebildet als halb- oder unbewußt funktionierende Vorkontrolle die Regung der Tiefenperson reguliert. Ein sinnmäßig geordnetes menschliches Leben wäre unmöglich, stünde die Persönlichkeit nur mit der punktuellen Ichkontrolle den Regungen der Tiefenperson gegenüber. Menschliches Handeln wäre gelähmt, müßte die Ichkontrolle die ganze Fülle der eindringenden eshaften Anregungen einzeln wachbewußt erledigen; es wäre auch gelähmt, müßte die Persönlichkeit alle ihre Grundentscheidungen jeweils neu vollziehen. Die Ichkontrolle kann immer nur für wenige, a k t u e l l entscheidende Aufgaben eingesetzt werden, alle übrigen müssen

[58] „Quasi-kausal“ besagt folgendes: Kausal im strengen Sinne ist nur die mechanische Kausalität als die Determinationsform der p h y s i s c h e n Welt. Schon die L e b e n s prozesse haben ein über die mechanische Kausalität hinausgehendes Plus an Determination, welches wir als innere Zweckmäßigkeit deuten, ohne es verstehen zu können. Verständlich ist uns erst wieder die auch hierüber hinausgehende Finaldetermination der geistigen Steuerungsakte. Im Verhältnis zu ihrer bewußten Zweckmäßigkeit sind die Lebensprozesse wie auch die Regungen der Tiefenperson relativ „blind“, daher „quasi-kausal“. Vgl. dazu *Hartmann*, Ethik S. 616 ff. u. Problem des geistigen Seins.

Ganz im Sinne einer Determinationsschichtung spricht *Mittasch*, a. a. O. S. 245 (s. o. Anm. 39) im Anschluß an J. *Reinke* von einer „Kausalitätsrangordnung“, bei der „der Wille als ‚Kausalität von oben‘ mit dem chemisch-physikalischen Getriebe als einer ‚Kausalität von unten‘ konkurriert“.

schon vorweg im Halb- oder Unbewußten entschieden sein. Diese Vorentscheidung gehört zur Funktion der Persönlichkeitsschicht. Sie ist — von der Ichkontrolle aus gesehen — ein Reservoir früherer vollzogener Entscheidungen und Handlungsvollzüge, die zur inneren unbewußten Haltung und Einstellung der Persönlichkeit geworden sind, ein inneres Gerüst der Persönlichkeit, das — von der Tiefenperson aus gesehen — die eshaften Regungen schon im Unbewußten kontrolliert, indem es die einen zurückdrängt und die andern zuläßt. Unterhalb der bewußten Ichkontrolle muß es ein Innesein besonderer Art geben: „eine Gegenwärtigkeit selbstverständlicher Grundentscheidungen, des Könnenshorizontes, großgezogener Instinkte der Auswahl und Vermeidung, ein gespanntes Bereitsein zu dem, was in der Richtung unserer tragenden Interessen liegt, Abfühlen vom Nichtgewollten und Dahingestellten. Was im Bewußtsein zugelassen und dort durchgearbeitet werden soll, muß von daher gesteuert sein"[59]. Diese durch selbstvollzogene Entscheidungen einverleibte und ins Unbewußte eingegangene „Ordnung von Haltungen und Führungsregeln" ist das, was man als erworbenen Charakter bezeichnet, d. h. jene Persönlichkeitsschicht, in der „die angeborenen und für den Menschen spezifischen Anlagen und Fähigkeiten sprachlicher, intellektueller, künstlerischer, religiöser Art zu ihrer sehr variablen Ausbildung"[60] gelangen. Charakter in diesem Sinne ist sowohl das Ergebnis früherer Handlungen wie determinative Grundlage weiterer Handlungen.

Mit unübertrefflichem Scharfblick hatte schon der antike Großmeister ethischer Forschung, *Aristoteles*, diese Dinge erkannt. Seine Worte verdienen ausführlich wiedergegeben zu werden, da sie das Tiefste enthalten, was über diesen Gegenstand gesagt worden ist:

„Unsere moralischen Eigenschaften (ἀρεταί) erwerben wir durch unsere vorhergegangene Tätigkeit ... Durch gerechtes Handeln werden wir gerecht, durch Beobachtung der Mäßigkeit mäßig, durch Werke des Starkmuts starkmütig ... Daher müssen wir uns Mühe geben, unseren Tätigkeiten eine bestimmte Richtung zu erteilen; denn je nach dem gestaltet sich unsere innere Haltung (ἕξις)." (*Nikomach*ische Ethik 1103 b.) Das gleiche gilt für den Lasterhaften: „Daß man ein solcher geworden ist, daran ist man selbst schuld, indem man sich gehen läßt; und daß man ungerecht und zügellos ist, daran hat man selbst die Schuld: der eine darum, weil er fortgesetzt Unrecht begeht, der andere darum, weil er in Trinkgelagen oder ähnlichen Dingen seine Zeit verbringt. Denn Handlungen, die man in einer bestimmten Richtung ausübt, machen einen zu einem solchen, wie man ist" (1114 a). Auch die Verantwortlichkeit des Menschen für sein Sosein ergibt sich hieraus; denn „wer mit vollem Bewußtsein tut, was ihn ungerecht macht, ist doch wohl aus freien Stücken ungerecht; andererseits wird er freilich nicht, wenn er nur will, aufhören, ungerecht zu sein, und gerecht werden, so wenig wie ein Kranker

[59] *Gehlen*, Der Mensch S. 433.
[60] *Rothacker*, Die Schichten der Persönlichkeit S. 55.

auf diese Weise gesund wird, während seine Krankheit unter Umständen freiwillig ist, wenn er nämlich zügellos gelebt hat und den Ärzten nicht gefolgt ist. Einmal stand es ihm frei, nicht krank zu werden, jetzt aber, wo er sich hat gehen lassen, nicht mehr ... Ebenso stand es dem Ungerechten und dem Zügellosen ursprünglich frei, dies nicht zu werden, und deswegen sind sie, wie sie sind, durch ihren freien Willen. Nachdem sie es aber geworden sind, steht es ihnen nicht mehr frei, nicht so zu sein" (1114 a)[61].

Diesen Worten ist ergänzend wie erläuternd kaum etwas hinzuzusetzen. Die Ethik des großen Stagiriten enthält die vollkommenste Täterlehre, die wir besitzen, sowohl in ihrer Tätertypologie wie in der Theorie schuldhaften täterschaftlichen Seins überhaupt. Alle grundsätzlichen Fragen der modernen Täterlehre sind in ihr nicht nur behandelt, sondern bereits gelöst: Handlung und Haltungsgefüge werden aufeinander bezogen. Denn „Handlungen sind es, was die innere Haltung, die wir uns aneignen, entscheidend bestimmt" (1103 b). Die in Taten angeeignete charakterliche Haltung wird von der pathisch-gegebenen Antriebslage zutreffend abgegrenzt: „Jede einzene Charaktereigenschaft ist irgendwie schon von Natur angelegt. Wir sind gerecht, besonnen, energisch, wir habe die anderen Eigenschaften, alles gleich von Geburt an. Und dennoch fordern wir, daß das eigentlich Gute noch etwas anderes sei, und daß der Mensch solche Eigenschaften auch auf andre Weise besitze", nämlich auf Grund sinnvoller Steuerungsakte (νοῦς oder φρόνησις). Denn die natürlichen Anlagen als solche sind blind, „sie richten leicht Schaden an" ... „Auch auf dem Gebiete der sittlichen Charakterbildung gibt es zwei Arten, die eine ist die Trefflichkeit durch Naturausstattung, die andere die sittliche Trefflichkeit im eigentlichen Sinne, und von diesen beiden bildet sich die eigentliche Trefflichkeit nur durch Vernunftakte (φρόνησις) heraus" (1144 b). „Also werden uns die sittlichen Eigenschaften ebensowenig d u r c h die Natur wie g e g e n die Natur zuteil; wir haben von Natur nur die Anlagen, sie auszubilden; zur Entwicklung kommen sie nur durch tätige Übung (ἔθος)" (1103 a).

Damit ist die Theorie der Täterschuld im wesentlichen abgeschlossen. Sie betrifft, um mit den Worten der Schichtenlehre zu sprechen, die Persönlichkeitssicht, die — von den Ichakten aufgebaut — ein inneres (halb- oder unbewußtes) Haltungsgefüge der Persönlichkeit ausmacht, das einerseits eine schon im Unbewußten wirksame Kontrolle der Tiefenregungen ausübt, andererseits als Reservoir vollzogener Grundentscheidungen die determinative Grundlage weiterer Einzelentscheidungen und -handlungen bildet. Die Schuld bedeutet hier dementsprechend das Verfehlen von Aufgaben (Sollensgeboten) durch unzulänglichen Einsatz von Steuerungsakten bei Entscheidungen, die für den Aufbau des Haltungsgefüges bedeutsam sind. Die Schuld ist hier das Sich-gehen-lassen in einem allgemeineren Sinne als

[61] Zitiert auf Grund der Übersetzungen von *Rolfes* (*Meiner*) und *Lasson* (*Diederichs*).

vordem: es ist das Sich-zum-„Schlechten“-wenden-lassen. Die täterschaftliche Schuld wiegt deshalb schwerer als die Einzeltatschuld.

Inwieweit das Recht diese Unterschiede verwertet, insbesondere wieweit es die Täterschuld nicht nur bei der Strafbemessung der Einzeltat berücksichtigen läßt, sondern sogar Täterstrafdrohungen ausbildet, muß dogmatischen Einzeluntersuchungen vorbehalten bleiben. Als Grundsatz wird hierfür maßgebend sein, was *Bockelmann* sagt: „Die Täterstrafdrohungen gelten durchweg solchen kriminologischen Typen, denen mit Handlungstatbeständen nicht beizukommen wäre“ (a. a. O. II S. 150)[61a]. In diesem

---

[61a] Die eindringendste und umfassendste Untersuchung der im StGB. vorkommenden tätertypischen Tatbestände gibt das oben zitierte Buch von *Bockelmann*.

Es ist hier jedoch zu beachten, daß das Wort vom „Tätertyp“ in der Literatur, besonders von *Dahm* u. a. in einem abweichenden Sinne gebraucht wird. (Vgl. *Dahm*, Der Tätertyp im Strafrecht, 1940; dazu *Bockelmann*, ZAk. 1940 S. 311 ff.) Der von *Dahm* erstmalig in ZStW. 59 S. 143 ff. näher gekennzeichnete „generelle“ oder „normative“ Tätertyp, gegen dessen Brauchbarkeit beim Unterlassungsproblem ich schon in meinem „Allgemeinen Teil“ S. 90 Einwendungen erhoben habe, scheint nun durch die Kriegsgesetzgebung („Volksschädling“) seine nachträgliche Rechtfertigung erfahren zu haben, zumal auch die Praxis in diesem Zusammenhang mit dem Begriff des „Tätertyps“ operiert. Jedoch wird unter diesem Begriff der verschiedenartigste Inhalt erfaßt. Sein Ausgangspunkt war die „holzschnittartig“ „im Volksbewußtsein lebendige bildliche Vorstellung vom Mörder, Brandstifter, Kuppler“ u. dgl. Damit wurde offensichtlich und mit Recht auf die Tatsache der geschichtlichen Ausprägung der zentralen Verbrechensarten hingewiesen, die die Auslegung der gesetzlichen Tatbestände maßgeblich mitbestimmen muß (vgl. meinen Allg. Teil S. 2 ff., 31); — nur ist das kein neuartiges dogmatisches Prinzip! Um etwas anderes handelt es sich beim „Tätertyp“ des Kriegsstrafrechts. „Volksschädling“ ist keine „holzschnittartig-plastische“ Tätervorstellung im Volksbewußtsein im vorgenannten Sinne. Beim „Tätertyp“ des Volksschädlings handelt es sich vielmehr s a c h l i c h um ungeschriebene (nur in der Überschrift angedeutete) subjektiv-täterschaftliche Momente an der einzelnen Tat (vgl. zu diesem Begriff meinen Allg. Teil S. 45 f.). Straftaten aus einer Gesinnung heraus, die den Zersetzungskeim für die geballte Volkseinheit enthält, sollten (neben besonders schadenstiftenden Taten z. B. in § 3 VSchVo.) mit der ganzen Schärfe des Strafrechts getroffen werden. In dieser Weise hat darum die Praxis die vom Gesetzgeber offengelassenen Momente zu konkretisieren versucht. So etwa, wenn das RG. es darauf abstellt, daß der Angeklagte „durch d i e T a t e i n e E i n s t e l l u n g gegenüber der vom Kriege betroffenen Volksgemeinschaft an den Tag gelegt hat, die zeigt, daß er ihr feindlich gegenübersteht, die Kriegsverhältnisse selbstsüchtig ausnützt und als Volksschädling anzusehen ist“ (RG. in ZAk. 1940 S. 225 [= RG. 74/199 ff.] und S. 322); oder wenn es (S. 393) hinweist auf eine „besonders verwerfliche und schädliche Gewinnsucht“ und damit auf e i n e a u s d e r T a t s i c h e r g e b e n d e G e s i n n u n g, die berechtigt, die Angeklagte dem Typ eines Volksschädlings einzureihen. Ganz eindeutig handelt es sich hier sachlich um Gesinnungsmomente an der einzelnen Tat, also um subjektiv-täterschaftliche Momente, die nur zum Unterschied zur bisherigen Tatbestandstechnik gesetzlich nicht ver-

Zusammenhang sei nur die wichtigste täterstrafrechtliche Bestimmung unseres geltenden Rechts gestreift: die Strafschärfung gegen gefährliche Gewohnheitsverbrecher des § 20 a. Durch die Wiederentdeckung des Täterschuldgedankens durch *Mezger* und vor allem durch *Bockelmann* hat diese Bestimmung allererst ihren tieferen Sinn erhalten. Sie verhängt Sühne für die über die Einzeltatschuld hinausgehende schwerere Täterschuld, für das schuldhafte Sich-zum-Schlechten-werden-lassen. Der Vorwurf betrifft die schuldhaft einverleibte schlechte charakterliche Haltung, die zur Charaktereigenschaft gewordene Schlechtigkeit als determinativer Grundlage weiterer schlechter Handlungen: „gefährlicher Gewohnheitsverbrecher". Der Vorwurf trifft daher die Person nicht eigentlich, weil sie ein gefährlicher Gewohnheitsverbrecher ist, sondern weil sie schuldhaft ein solcher geworden ist. Nur in diesem Falle ist die Strafe als Sühne für Täterschuld zum Unterschied zur bloßen sichernden Maßregel des § 42 e sinnvoll. Darum muß den Täter auch dann die erhöhte Strafe treffen, wenn er bei Urteilsfällung nicht mehr die tatsächliche Möglichkeit hat, seine erworbene Schlechtigkeit zu betätigen, wie etwa der zum Krüppel geschossene Fassadenkletterer. So begrenzt die praktische Bedeutung dieser Fälle sein mag, so wichtig sind sie für die Erkenntnis des

---

typt sind, so daß ihre Herausarbeitung der Praxis überlassen geblieben ist, die dieser Aufgabe, wie das aufgehobene Urteil des LG. in ZAk. 1940 S. 393 zeigt, nicht immer gewachsen ist. Da es tatbestandlich gleichgültig ist, ob diese Gesinnungsmomente einer generellen charakterlichen Haltung oder einer einmaligen Einstellung entstammten, handelt es sich nicht um echte (charakterologische) Täterstrafdrohungen. Vielmehr bezeichnet die „Tätertypik" hier eben einfach die Gesamtheit der subjektiv-täterschaftlichen Gesinnungsmomente der einzelnen Tat. Darum bringt auch die Lehre vom „normativen Tätertyp" dogmatisch kein neuartiges Prinzip vom Range des kriminologischen (besser: charakterologischen) Tätertyps, sondern hebt nur die schon seit langem bekannte und verfolgte Wendung des Strafrechts zu einem personalen Verbrechensbegriff hervor und unterstreicht speziell für das Kriegsstrafrecht die Bedeutung der subjektiv-täterschaftlichen Gesinnungsmomente. Sie ist darum nur eine programmatische Kennzeichnung der modernen Tendenz unseres Strafrechts, aber kein unmittelbar anwendbares dogmatisches Einzelprinzip. Für eine solche Kennzeichnung ist jedoch der Name „Tätertyp" aus mehreren Gründen unzweckmäßig. Einmal muß er zur ständigen Verwechslung mit dem echten charakterologischen Tätertyp führen. Zweitens liegt in der Verdichtung der tatmäßigen und der täterschaftsmäßigen Momente im Unrechtstatbestand zu „Tat-Typen" auf der einen Seite und zu „Täter-Typen" auf der anderen die schwerste Gefahr, wieder in unheilvolle Zerreißungen des einheitlichen Unrechts zu verfallen. Da endlich unter der Bezeichnung „Tätertyp" die verschiedenartigsten Gesichtspunkte ungeschieden zusammengefaßt sind (: bildliche Vorstellung im Volksbewußtsein, aber auch des Gesetzgebers, geschriebene und ungeschriebene, objektiv- und subjektiv-täterschaftliche Momente u. a.), muß der „generelle" Tätertyp früher oder später zum bloßen Schlagwort erstarren, „hinter dem sich alle möglichen heterogenen Bestandteile bergen" (*Lange*, notwendige Teilnahme S. 85).

Täterschuldgedankens überhaupt. Sie stellen das heraus, was eigentlich bestraft wird: nämlich nicht das einfach vorhandene Sein (die ethisch indifferente Gefährlichkeit), sondern das schuldhafte Gewordensein (der schuldhaft erworbene Charakterfehler). Darum ist maßgebender Zeitpunkt für die Beurteilung dafür, welche Bedeutung der verbrecherische Hang für die Gemeinschaft hat (d. i. die „Gefährlichkeit") der Zeitpunkt der Tatbegehung[62].

Kehren wir nun zu dem grundsätzlichen Täterproblem zurück, so lösen die Ausführungen des *Aristoteles* gleichsam im Vorbeigehen noch eine Frage, die der modernen Täterlehre sich noch gar nicht gestellt hat. Wie kommt es, daß wir gerade bei Täterschuld an die Strafe regelmäßig sichernde Maßregeln anschließen? Der Freiheit im Erwerb der Charaktereigenschaften entspricht eben nicht die gleiche Freiheit im Überwinden dieser Eigenschaften. Man denke nur an die Rauschsüchtigen! „Nachdem sie so geworden sind, steht es ihnen nicht mehr frei, nicht so zu sein." Darum bedarf es regelmäßig der Sicherungsmaßregel trotz echter Täterschuld und Tätersühne.

Unsere bisherige Betrachtung des Schichtenaufbaus der Persönlichkeit ging von einer grundlegenden Voraussetzung aus, die wir schon oben S. 439 einmal streiften. Ihr lag ein Persönlichkeitsaufbau zugrunde, dessen Schichten in einem gewissen Gleichgewicht zueinander standen, in einer gewissen Ausgewogenheit miteinander funktionierten. Das bezieht sich vor allem auf das Verhältnis von Tiefenperson und Ichfunktion. Ihr hier vorausgesetzter Zusammenklang besteht darin, daß dem Ich aus der Tiefenperson die Breite der pathischen Antriebe zuströmt, während das Ich jederzeit in der Lage ist, in die pathische Antriebslage steuernd einzugreifen. Von hier aus ergab sich der oben entwickelte Aufbau der zwischen Tiefenperson und Ichkontrolle eingeschalteten Persönlichkeitsschicht.

Jedoch gibt es Menschen, bei denen das harmonische Zusammenspiel der Schichten grundlegend gestört ist und denen die Herstellung eines Gleichgewichtes der Schichten nicht gelingen will. Solche Personen sind die Psychopathen. Bei ihnen liegt nach den Worten der Psychiater *Braun* und

[62] Wenn der Wortlaut des Gesetzes („ergibt die Gesamtwürdigung, daß er ein gefährlicher Gewohnheitsverbrecher ist") dem keine Rechnung trägt, so beruht das darauf, daß z. Z. der Gesetzesabfassung trotz grundsätzlicher Trennung von Strafe und sichernder Maßregel der Sinn einer Täterstrafe noch nicht offenbar war. Eine entschlossene Praxis sollte aber die erforderliche Korrektur vornehmen. Zum Ganzen vgl. die scharfsinnigen Ausführungen *Bockelmanns*, a. a. O. II S. 36 ff. Die vermittelnde Meinung *Langes* (in *Kohlrausch-Lange*, StGB. zu § 20 a IV 2 b), die Strafschärfung für den z. Z. des Urteils nicht mehr gefährlichen Gewohnheitsverbrecher müsse deshalb entfallen, da sie hier „zwecklos" wäre, vernichtet die ganze Idee der Täterschuld und den Sühnegedanken. Und wenn *Lange* die Täterschuld wenigstens als Strafzumessungsgrund bei der Einzeltat berücksichtigt wissen will, warum sollte die Strafschärfung hier weniger „zwecklos" sein?

Hoffmann[63] eine Verschiebung des Gleichgewichts zwischen Tiefenperson und Ichfunktion zugunsten der ersteren vor. „Ihr Schwergewicht liegt in den tieferen psychischen Schichten, über die der Geist nicht Herr wird[64]." Ihnen gelingt nur schwer oder gar nicht die Regulierung der Antriebe durch die Ichfunktion; die Antriebe drohen bei ihnen ständig durchzuschlagen; sie leben daher „in ständiger Beunruhigung durch die Tiefenschichten". Da sich schon die Ichfunktion nur schwer und häufig gar nicht gegenüber der Tiefenperson durchzusetzen vermag, gelingt ihnen nicht oder nur bruchstückhaft der Aufbau einer die Tiefenperson regulierenden Persönlichkeitsschicht.

Hier gelangen wir zu einem wesentlich anderen Person-(Täter-)begriff, der vornehmlich durch die unkontrollierten (und nur schwer kontrollierbaren) „naturhaften" pathischen Anlagen der Tiefenperson bestimmt wird. Es handelt sich hier nicht um den „Schlechten", sondern um den (willensmäßig gegenüber seinen Tiefenschichten) „Schwachen". Wird jener durch die Persönlichkeitsschicht bestimmt, so dieser durch seine naturhafte Tiefenschicht.

Für die ethische und rechtliche Beurteilung stellen diese Personen schwierige Sonderprobleme. Da bei ihnen der Einsatz der Ichkontrolle erschwert und ständig bedroht ist, so ist auch ihre Freiheit zu sinnvollen Steuerungsakten erschwert und bedroht und darum ihre Verantwortlichkeit beim Verfehlen von Aufgaben (Sollensforderungen) notwendig gemindert. Das gilt zunächst für die Einzeltatschuld. Eine Täterschuld dagegen entfällt ganz; denn da die unheilvollen Eigenschaften nicht auf einem schuldhaften Täterdasein, sondern auf ihrem naturhaft gegebenen Sosein beruhen, so fehlt jede Verantwortlichkeit für dieses ihr Sosein. Die grundsätzliche scharfe Trennung von schuldhafter Täterperson und pathisch belastetem Individuum ist eine der Grundvoraussetzungen für die richtige Erfassung des Täterstrafrechts.

Leider läßt es hieran sogar das vortreffliche Buch von *Bockelmann* fehlen[65]. Der Grund liegt darin, daß *Bockelmann*, statt die Fragen von Tat- und Täterschuld von einer Untersuchung des Persönlichkeits- und Willensbegriffs aus neu zu fundieren, von der juristischen Schuldfolge, der Strafe, aus argumentiert. Dabei führt er aus, die Möglichkeit erhöhter Strafe trotz verminderter Zurechnungsfähigkeit in § 51 Abs. 2 müsse echte Vergeltung sein und könne keinen Präventivzweck verfolgen; denn „daß der Gesetzgeber hier seinen Prinzipien untreu geworden sei, nur um gerade an dieser Stelle sein Präventionsziel auch mit Hilfe der Strafe zu erreichen, — das

---

[63] Vgl. *Hoffmann*, Schichttheorie S. 72; s. auch *Thiele*, Person und Charakter S. 10 u. 23.

[64] *Hoffmann*, a. a. O. S. 73.

[65] Kritisches hierzu s. auch bei *Dahm*, Der Tätertyp im Strafrecht S. 11 ff.

kann nicht angenommen werden“ (II. S. 31). Sei aber die erhöhte Strafe Vergeltung, so könne sie nicht die Tatschuld, — denn diese ist notwendig gemindert, — sondern nur die Täterpersönlichkeit treffen (II. S. 27).

Die Unschlüssigkeit dieser Beweisführung ist offensichtlich: Ob eine Unrechtsfolge echte Strafe, d. h. Sühne für Schuld ist, hängt niemals vom bloßen Willen des Gesetzgebers ab, sondern davon, ob sie überhaupt sühnbare Schuld trifft. Diese wird vorausgesetzt, und muß daher selbständig nachgewiesen werden[66]. Aber was *Bockelmann* aus Treue zu einem angeblichen Prinzip nicht wahr haben will, das ist gerade bei § 51 Abs. 2 der Fall: hier hat eine erhöhte Strafe, auch wenn sie nicht Vergeltung für Täterschuld ist, einen wohlbegründeten kriminalpolitischen Sinn: nicht als „echte“ Strafe (d. h. Sühne für Schuld), sondern als präventive Maßregel in der äußeren Gestalt eines Strafübels. Ist der Psychopath durch eine Überbetonung der Triebschicht gekennzeichnet, die die Persönlichkeitsschicht ständig bedroht, so bezweckt die Erhöhung des Strafübels über die verminderte Schuldabgeltung hinaus die Schaffung pathischer Gegenantriebe (vor allem der Furcht — also Abschreckung —), die den gefährlichen Antrieben schon in der Tiefenschicht entgegenwirken und auf diese Weise den Einsatz von Steuerungsakten erleichtern. In dieser Funktion kann in all den Fällen, wo nicht ohnehin Anstaltsbehandlung oder Dauerverwahrung in Frage kommt, keine der sonstigen Sicherungsmaßregeln an ihre Stelle treten. Selbst *Bockelmann* muß das zugeben (II. S. 133), glaubt aber, daß diese Fälle nicht häufig sein werden; dabei dürfte er jedoch die Bedeutung des Psychopathenproblems im Strafrecht wesentlich unterschätzen. Darum hat *Mezgers* These von der „Bipolarität“ oder „Mehrdimensionalität“ des Strafbegriffs in § 51 Abs. 2 (bei den Psychopathen) ihren wohlbegründeten Sinn. Nur in den Fällen, in denen der Täter die verminderte Zurechnungsfähigkeit durch eigene Tat selbst verschuldet hat (z. B. durch Rauschmittel-

---

[66] Natürlich begnügt sich *B.* nicht mit dieser Argumentation. Er bringt weiter vor, schwächere Willenskraft bedinge nicht immer und notwendig geringere Schuld, sondern unter Umständen die umgekehrte erhöhte — Verpflichtung (II S. 34). Statt erhöhter Schuld plötzlich erhöhte V e r p f l i c h t u n g ! Das ist doch etwas ganz anderes! Verpflichtung betrifft das Sollen, Schuld das Nachkommenkönnen gegenüber dem Sollen. Mag die Verpflichtung klein oder groß sein: ist die Fähigkeit, ihr nachzukommen, in geringerem Maße vorhanden als beim normalen (schichtenharmonischen) Menschen, so ist die Verantwortlichkeit notwendig vermindert. Durch erhöhte Verpflichtung wird die Fähigkeit, ihr nachzukommen, niemals gesteigert! Für die Tatschuld gibt das *B.* sogar selbst zu. „Die Schuld ist notwendig um so größer, je leichter die Tat sich vermeiden läßt“ (II S. 27). Wenn nun Tat- und Täterschuld „auf derselben geistigen Ebene“ liegen, wenn das Tätersein als Folge eines Tuns erkannt wird, — wie kann dann für Täterschuld etwas anderes gelten, als was für die Tatschuld notwendig ist? Dem erschwerten Andershandeln entspricht genau das erschwerte Anderssein!

Die auch von *Lange* (a. a. O. zu § 20 a II) gegebene Begründung: erhöhte Strafe, weil verlangt werde, daß der Täter auch mit Belastungen fertig werde, für die er nichts kann, — setzt ebenfalls voraus, woran es gerade mangelt.

mißbrauch), ist auch die erhöhte Strafe eine Sühne für Täterschuld[67]. In allen Fällen pathischer Persönlichkeitsbelastung dagegen, für die der Täter nichts kann, ist die Strafe Sühne nur nach Maßgabe der verminderten Schuld, jedes darüber hinausgehende Strafübel ist eine der belasteten Person angepaßte[68] Präventivmaßnahme.

§ 51 Abs. 2 wirkt aber wie auf alle Tatbestände, so auch auf § 20 a zurück. Auch der gefährliche Gewohnheitsverbrecher, der für seine Belastungen „nichts kann" (wie z. B. bei „Erscheinungen des Rückbildungsalters" RG. 73 S. 276) kann mit der vollen Strafe des § 20 a belegt werden; und auch die Milderung des § 51 Abs. kann ihm nur auf der Grundlage des § 20 a zugute kommen (RG. 72 S. 326), so daß auch der vermindert zurechnungsfähige gefährliche Gewohnheitsverbrecher auf jeden Fall unter § 20 a fällt. Das bedeutet, daß § 20 a nicht nur die echte schuldhafte Täterpersönlichkeit, sondern auch das belastete Individuum umfaßt, so daß man von einer „Bipolarität des Täterbegriffs in § 20 a" (wie auch

---

Endlich schlägt die Behauptung *B.s* (II S. 135) nicht durch, eine Unterscheidung der Fälle, in denen der Täter für seine Entartung etwas kann, von solchen, in denen er dafür nichts kann, sei deshalb unmöglich, weil in allen Fällen die ererbten Anlagen charakterbildende Faktoren seien. — Daß jede Sinnsteuerung nur im Rahmen der gegebenen pathischen Antriebe möglich ist, hat unsere ganze Untersuchung gezeigt; insofern ist jede Freiheit auf das anlagemäßige Material begrenzt. Entscheidend aber ist, daß bei schichtenharmonischen Personen die Antriebe sinnvoller Willenssteuerung unterliegen, während dies bei anderen (Geisteskranken) überhaupt nicht und bei Psychopathen nur schwer der Fall ist. Die charakterbildende Funktion der Anlagen ist also durchaus verschieden! Überdies: wer diese Unterschiede leugnet und den durch Lebensentscheidungen erworbenen Charakterzug mit den blind durchschlagenden Belastungen der Psychopathen gleichsetzt, der gewinnt nicht etwa einen Tätertyp für § 51 Abs. 2, sondern vernichtet das Täterstrafrecht ganz.

Der tiefste Mangel des *B.*schen Buches ist sein eindimensionaler Wirklichkeitsbegriff, der es stärker mit dem von ihm bekämpften Naturalismus verbindet, als es Verf. selbst bewußt ist. Für ihn ist noch die mechanische Kausalität die Allkategorie (ein „Denkgesetz"), der Mensch als empirisches Wesen ein „Bündel biopsychisch bedingter Anlagen", Schuld daher „jenseits dieser Welt zu suchen". Nur durch die staatsnotwendige Freiheitsfiktion erhebt er sich über diese naturalistische Grundauffassung. Diese Fiktion ist — so bedenklich sie sein mag — das wahre Vehikel, das *B.* zu den so fruchtbaren Ergebnissen seiner Arbeit getragen hat.

67 Er hat durch schuldhafte Tat eine schlechte Charaktereigenschaft (z. B. die Rauschsucht) in sich großgezogen, die auch anders hätte sein können; daher ist er ein echter schuldhafter Tätertyp und die erhöhte Strafe des § 51 Abs. 2 in diesem Fall echte Täterstrafe.

68 Das ist der Grund, weshalb in § 51 Abs. 2 die abnorme Persönlichkeit nicht nur Anlaß, sondern Bemessungsgrundlage der Maßregel ist. Das zu *Bockelmann* II S. 31.

schon in geringerem Umfang in § 51 Abs. 2) sprechen kann. In den Fällen der Persönlichkeitsbelastung ist überdies der Strafbegriff des § 20 a ebenfalls mehrdimensional.

Die durch § 20 a eröffnete erhebliche Strafverschärfung für belastete Menschen kann in manchen Fällen durchaus einen guten Sinn haben, nämlich da, wo nur durch ein empfindliches Strafübel die nötigen Gegenantriebe geschaffen werden können. Aber in der Regel ist es anders: hier wird für den belasteten Täter zugleich die Sicherungsverwahrung geboten sein. Das aber bedeutet, daß der Präventivzweck durch die Straferhöhung nicht erreicht wird; dann aber ist sie hier überflüssig und ungerecht. Im Rahmen des § 20 a Abs. 2 kann dem Rechnung getragen werden, indem von Strafschärfung abgesehen wird[69]; bei § 20 a Abs. 1 dagegen nicht: hier muß auf jeden Fall Straferhöhung eintreten, und die dabei nach § 51 Abs. 2 mögliche Strafmilderung würde keine volle Korrektur bringen. Darum ist zu fordern, daß für die Fälle des § 51 Abs. 2 auch die Strafschärfung des § 20 a Abs. 1 nur fakultativ ist.

Nach diesen Einzelerörterungen müssen wir nunmehr unsere grundsätzlichen Schulduntersuchungen fortführen. Schuld erkannten wir im Verfehlen von Aufgaben (Sollensforderungen) infolge unzulänglichen Einsatzes von Steuerungsakten. Bei der fahrlässigen Handlung, der wir uns nunmehr zuwenden, besteht das Verfehlen von Sollensforderungen darin, daß ungewollte mißbilligte Folgen unseres Verhaltens nicht vermieden wurden, die bei genügendem Einsatz von Steuerungsakten hätten vermieden werden können. Für die bewußte Fahrlässigkeit entstehen hieraus keine weiteren Schwierigkeiten. Die eigentliche Problematik des Schuldcharakters der Fahrlässigkeit konzentriert sich in der unbewußten Fahrlässigkeit. Bei ihrer Deutung stehen sich als die gegenwärtig bedeutsamsten Theoriengruppen die Willens- und die Gefühlstheorien gegenüber. Bekanntlich suchen die ersteren (*Köhler*, *Engelmann*, *Mezger*) auch in der unbewußten Fahrlässigkeit nach einem bewußten pflichtwidrigen Willensakt, während die letzteren (besonders *Exner* und *Engisch*) das Schuldmoment in einem mangelnden Interesse am Rechtsgut bzw. in der Rechtsverletzung sehen. Weniger bekannt ist es jedoch, daß die Willenstheorie durch die Entwicklung der neueren Psychologie eine entscheidende Unterstützung erfahren hat. Die geringe Beachtung dieser Tatsachen ist um so verwunderlicher, als die hierfür in Frage kommenden Untersuchungen der Determinationspsychologie (bes. N. *Achs*) schon seit einem Menschenalter[70] vorliegen. Nur in der bisher wenig beachteten Arbeit von S. *Fischer*, Das

---

[69] Hierauf macht *Lange* (a. a. O. zu § 20 a II. und Vorb. zu § 42 a III) mit Recht besonders aufmerksam, offenbar aus demselben Grunde wie oben vorgetragen.

[70] *Achs* erste große Arbeit: „Über die Willenstätigkeit und das Denken" ist 1905 erschienen. Heute abschließend: *Ach*, Analyse des Willens 1935.

Vergessen als Fahrlässigkeit[71], haben sie eine klare Darstellung gefunden, wozu neuerdings die verdienstvolle Arbeit von *Haensel* getreten ist[72].

In minutiösen experimentellen Untersuchungen hat *Ach* nachgewiesen, daß von den durch Willensakte gesetzten Zielen (Aufgaben, Zwecken) richtunggebende Tendenzen auf den Vorstellungs- und Gedankenablauf ausgehen, die den gesamten Vorstellungsablauf auch im Unbewußten nach dem Inhalt der übernommenen Aufgabe regeln[73]. Damit war ein entscheidender Schritt über die Assoziationspsychologie hinaus getan, die z. B. noch *Exners* Untersuchungen zugrundelag. Nicht lediglich die äußerliche Vorstellungsverkittung durch Assoziationen bestimmen den Gedankenablauf, sondern vor allem die von einer übernommenen Aufgabe ausgehenden, sinnvoll determinierenden Tendenzen richten die seelischen Prozesse auf die Erfüllung der Aufgabe hin, und dies auch bei der Reproduktion nicht bewußter Vorstellung. Wenn daher das seelische Geschehen durch die willentliche Übernahme von Aufgaben sinngemäß gerichtet ist, tauchen die in der Richtung der Aufgaben liegenden unbewußten Vorstellungen auf, sobald der äußere Anlaß für sie wahrgenommen wird[74]. Daraus folgt, daß dem Willen für die unbewußte Fahrlässigkeit eine ganz andere Bedeutung zukommt, als sie von den Hypothesen der Assoziationspsychologie aus erklärbar war. Sowohl die Willenskonzentration bei gegenwärtiger Ausführung von Aufgaben wie die Konzentration bei der Übernahme künftig bedeutsam werdender Aufgaben werden für die Frage der unbewußten Fahrlässigkeit entscheidend. In ersterer Hinsicht begründet z. B. die mangelnde Konzentration des Autofahrens während der Fahrt den Schuldvorwurf, wenn er deswegen eine Verletzung herbeiführt, oder die mangelnde gedankliche Konzentration des Zeugen auf den vergangenen Vorgang, wenn er deswegen unrichtig aussagt[75]. In letzterer Hinsicht wird der Schuldvorwurf z. B. durch die mangelnde Aufmerksamkeit beim Einprägen neuer Verkehrszeichen begründet, wenn der Autofahrer infolge der späteren Unkenntnis der Verkehrszeichen eine Verletzung verursacht. So haben die Willenstheoretiker schon in diesen Fällen durch die Determinationspsychologie die psychologisch richtige Deutung ihrer These von der Wichtigkeit des Willensmoments in der unbewußten Fahrlässigkeit erhalten.

---

[71] Strafrechtliche Abhandlung Heft 346.

[72] *Haensel*, Beiträge zur Strukturanalyse des Wollens S. 38 ff.

[73] Vgl. *Ach*, Analyse des Willens S. 143 ff., *Fischer*, a. a. O. S. 43 f.

[74] Beispiel: Will ich einen Brief einwerfen, so brauche ich diese Aufgabe auf dem Wege zur Post nicht dauernd im Bewußtsein zu halten. Durch die Übernahme der Aufgabe wird das seelische Geschehen in mir so gerichtet, daß mir die Aufgabe beim Erblicken des Briefkastens wieder auftaucht. Übrigens werden bereits meine Schritte zur Post weitgehend durch die unbewußte Determination im Sinne der Aufgabe gelenkt, selbst wenn ich auf dem Wege in ganz andere Dinge vertieft bin. Schon darin zeigt sich, daß dieses Gerichtetsein des seelischen Geschehens mit Assoziationen nichts zu tun hat.

[75] Vgl. dazu *Fischer*, a. a. O. S. 73 ff.

Und doch reicht die Willenstheorie in der bisher betrachteten Gestalt für die Erklärung der unbewußten Fahrlässigkeit nicht aus. Sie überspannt immer noch „die Jagd nach dem Vorsatz in der unbewußten Fahrlässigkeit" (*Binding*). Wenn nach einem bekannten Beispiel die Mutter das Gefäß mit ätzender Flüssigkeit offen hinstellt und dann vergißt, es wegzustellen, so daß ihr Kind daran kommt und sich schwer verletzt, so mußte die bisherige Willenstheorie davon ausgehen, daß sich die Mutter der Verpflichtung erhöhter Sorgfalt wenigstens beim Hinstellen des Gefäßes bewußt war. „Was ihr zum Vorwurf gemacht wird, ist das, daß sie nicht vorher, als ihr die Sorgepflicht noch gegenwärtig war, ihre Aufmerksamkeit genügend angespannt hat, um ihre Fürsorgepflicht nicht zu ‚vergessen'" (*Mezger*, Lehrbuch S. 356 Anm. 22). Wie, wenn nun die Mutter so sorglos und leichtsinnig ist, daß sie auch beim Hinstellen des Gefäßes an die Gefährdung und damit an ihre Sorgepflicht gar nicht gedacht hat? Mit Recht hat man gegen die Willenstheoretiker eingewendet, daß sie „die Sorglosigkeit nicht nacherleben können, mit der viele Menschen handeln"[76]. Was der Mutter vorgeworfen wird, sind Leichtsinn und Sorglosigkeit im Hinblick auf die gefährliche Tätigkeit, also ein mehr charakterliches Merkmal, wobei sich dieses charakterliche Merkmal keineswegs auf das gesamte Verhalten des Täters zu beziehen braucht; d. h. der Täter braucht nicht in allen seinen Angelegenheiten leichtsinnig zu sein, sondern es genügt und ist erforderlich, daß er in dem konkreten Tätigkeitsbereich nicht die hierfür erforderliche Sorgsamkeit hat, „die kein guter Staatsbürger entbehren kann"[77].

Worum handelt es sich hierbei? Die Gefühlstheoretiker verweisen auf den Gefühlsmangel und lassen es dabei bewenden. Jedoch fängt hier das Problem eigentlich erst an, das *Exner* vom Standpunkt der s. Z. noch herrschenden Assoziationspsychologie allerdings noch nicht sehen konnte. Mit Recht haben die Willenstheoretiker immer wieder gefragt, wie denn ein Gefühlsmangel den Schuldvorwurf solle begründen können? Warum werfen wir ihn nicht auch den Schuldlosen vor? Aber auch vom Standpunkt einer immanenten Kritik ist die *Exner*sche Theorie in ihren psychologischen Grundlagen überholt und in ihrer Durchführung unzulänglich. Nach der psychologischen Auffassung, die *Exners* Lehre zugrunde lag, erscheint die seelische Struktur als durchaus mechanisch und pathisch: Voraussetzung jeder Reproduktion einer Vorstellung B ist die assoziative Verknüpfung zwischen den Vorstellungen A und B. Taucht nun bei Wahrnehmung des A (Wahrnehmung einer gefährlichen Situation) nicht auch die mit ihr assoziierte Vorstellung B (Vorstellung der Gefährlichkeit für ein Rechtsgut) auf, so hat das seinen Grund in der mangelnden Gefühlsbetonung des B, d. h. in der unzulänglichen Wertschätzung des gefährdeten Rechtsguts. Assoziationsmechanismus und Gefühlston sind die beiden Requisiten der *Exner*schen Psychologie, die einfach als gegeben (oder als fehlend) hingenommen werden.

---

[76] *Engisch*, Untersuchungen über Vorsatz und Fahrlässigkeit S. 398.
[77] *Engisch*, a. a. O. S. 475.

Das wirkliche seelische Gefüge ist jedoch erheblich differenzierter, als es nach den Mitteln der damaligen Psychologie erscheinen konnte. Dabei können wir die Assoziationsfrage hier zunächst zurückstellen. Wichtiger ist das Gefühlsmoment, das *Exner* als Wertgefühl oder Wertschätzung einfach als subjektiv vorhanden (oder als fehlend) bucht und hinter das er nicht weiter zurückgeht. Aber handelt es sich im Bereich der Fragen von Sorgfalt und Leichtsinn wirklich um rein pathische Gefühlslagen, wie es *Exner* offenbar annimmt[78]? Gewiß sind Gefühle und die aus ihnen erwachsenden Strebungen Elemente der pathischen Tiefenperson, und doch handelt es sich hier nicht um diese rein pathischen Elemente. Wir erinnern dabei wieder an die Personschicht, die eine im Halb- und Unbewußten sich vollziehende Kontrolle und Regulation der pathischen Regungen ausübt. Es gehört, wie wir sahen, zur Voraussetzung menschlichen Lebens, daß die Grundentscheidungen des Lebens ins Halb- und Unbewußte zurücktreten und von hier aus eine determinierende Wirkung für weitere Entschließungen ausüben. Sie sind es, die schon im Unbewußten bestimmte pathische Gefühlsregungen und Strebungen von vornherein zurückdrängen, andere begünstigen und durchlassen. Zu diesen ins Unbewußte zurückgetretenen Haltungen und Einstellungen gehört auch das Eingestelltsein auf bestimmte Aufgaben. Der Autolenker braucht sich nicht bei Antritt und Durchführung der Fahrt alle Gefahrmöglichkeiten und die sie erforderlichen Abwehrhandlungen, auf die er sich einmal hat willentlich einstellen (lernen) müssen, ins aktuelle Bewußtsein zurückzurufen und sich erneut auf sie bewußt einzustellen; ja, er könnte es überhaupt nicht. Er muß vielmehr darauf vertrauen, daß ihm im entscheidenden Augenblick die richtige Reaktion schon einfällt. Dabei handelt es sich nicht um die Auswirkung einer pathischen Gefühlslage, die einer assoziativen Vorstellungsverknüpfung das Übergewicht gibt, sondern um ein unbewußtes Eingestelltsein auf Aufgaben, das einmal durch willentliche, sinngesteuerte Akte erworben ins Unbewußte eingegangen ist und hier das seelische Geschehen sinnvoll auf die Erfüllung von Aufgaben richtet.

Sorgfalt[79] ist willensbedingtes, bewußtes oder unbewußtes Eingestelltsein auf Aufgaben mit einer das seelische Geschehen auf die Aufgabenerfüllung richtenden Tendenz. Durch diesen a k t i v e n Charakter unterscheidet sie sich grundlegend von der „Ängstlichkeit" als einem rein pathischen Zustand

---

[78] So schließt er eine gestaltende Einwirkung aktiv steuernder Willensakte, die die Assoziationspsychologie allerdings gar nicht kennt, ausdrücklich aus und fragt: „Und der Wille?" Die Bereitstellung (sc. reproduzierbarer Vorstellungskomplexe) ist ein ganz im Bereiche des Unbewußten zu denkender Vorgang, ein bewußter Willensakt kann auf ihn nicht von Einfluß sein. *Exner*, Das Wesen der Fahrlässigkeit S. 162.

[79] I. S. der „inneren" Sorgfalt als seelischer Grundlage sachgemäßen Verhaltens (= „äußere" Sorgfalt). Über diese Begriffe vgl. *Engisch*, a. a. O. S. 269 ff.

(nämlich einer asthenischen Form des Lebensgefühls [*Lersch*])[80], wie ja der Sorgfältige nicht ängstlich, der Ängstliche nicht sorgfältig zu sein braucht[81].

Viele Tätigkeitskreise des täglichen Lebens, mehr noch viele Berufstätigkeiten enthalten Gefahrmöglichkeiten für Rechtsgüter. Das Hineinwachsen des Menschen in das soziale Leben umfaßt auch das aktive Sicheinstellen auf diese Gefahren und ihre Verhütung, das einmal durch einzelne Willensakte erworben werden muß, schließlich in das unbewußte Haltungsgefüge der Persönlichkeit eingeht und hier ein unbewußtes Eingestelltsein oder „Gespanntsein auf Gefahren" (*Engisch*) ausbildet. Bei der Ausübung jener Tätigkeiten bewirkt es dann in der Funktionsweise der determinierenden Tendenzen eine unbewußte sinnvolle Ausrichtung des seelischen Geschehens auf die Verhinderung von Gefahren. Dabei bezieht sich die Sorgfalt (das Eingestelltsein auf Gefahren) stets auf bestimmte Tätigkeitskreise mit ihren bestimmten Gefahrmöglichkeiten, ist also stets konkretisiert[82].

Was wir dem Unsorgfältigen oder Leichtsinnigen vorwerfen, ist das mangelhafte (bewußte oder unbewußte) Eingestelltsein auf Gefahren. Allerdings haftet dem Begriff des „Leichtsinnigen" leicht ein Zuviel an Bedeutungsgehalt an. Er soll nicht einen psychopathischen Willensdefekt andeuten (nämlich die Schwierigkeit für bestimmte Menschen, sich überhaupt auf Gefahren konzentrieren zu können), sondern er bezieht sich auf das mangelhafte Eingestelltsein der Person auf die besonderen Gefahren in einem besonderen Lebensbereich. Wer in einem bestimmten Lebensbereich mit seinen bestimmten Gefahrenquellen leichtsinnig ist, kann auf anderen um so sorgfältiger sein. Gewiß sind dafür Differenzen in der Wertschätzung der Tätigkeiten bedeutsam, aber hier ist der Punkt, an dem wir uns noch einmal zusammenfassend von der Gefühlstheorie absetzen wollen:

Gefühle und die in ihnen wurzelnden Antriebe sind pathische Erlebnisse und als solche Voraussetzungen von Willensakten. Aber für die Willenssteuerung kommen sie nicht in ihrem bloßen pathischen Drang, sondern in ihrer den Augenblick übergeifenden Sinnbedeutung in Betracht, die der Wille in spontanen Akten suchen und nach der er die Antriebe zu steuern und durchzuhalten hat. Sorgfalt ist keine bloße pathische „Ängstlichkeit", sondern eine in willentlichen, d. h. sinnvoll gesteuerten Akten vollzogene Einstellung auf Gefahren und deren Vermeidung, eine Einstellung, die schließlich ins unbewußte Haltungsgefüge der Persönlichkeit eingeht. Sorg-

---

80 Über Angst (und Furcht) als pathische Erlebnisse, vgl. *Lersch*, a. a. O. S. 59 f. und 99 f.

81 Diese Unterschiede übersieht wegen ihrer pathischen Grundeinstellung die Gefühlstheorie, wenn sie wie z. B. *Engisch* S. 474 f. die Sorgfalt gerade als „gewisse Ängstlichkeit" definiert. Immerhin deutet *Engisch* in einer glücklichen Formulierung die aktive Natur der Sorgfalt an, wenn er sie als „ein bald bewußtes, bald unbewußtes Gespanntsein auf die Gefahren der Rechtsverletzung" bestimmt, a. a. O. S. 475.

82 Dadurch ergibt sich die Möglichkeit der verschiedenen crimina culposa.

faltsmangel ist daher die unzulängliche willentliche bzw. willensbedingte Einstellung auf Gefahren, also ein Willensfehler, kein bloßer Mangel in der pathischen Gefühlslage. Auch im Sinne der „Sorglosigkeit" erweist sich so die unbewußte Fahrlässigkeit als Willensschuld.

Überblicken wir von hier aus noch einmal den Begriff der Sorgfalt, so ist offensichtlich, daß er nicht völlig gleichartige seelische Tatbestände meint. In den Fällen, die die bisherige Willenstheorie zutreffend löste, handelt es sich bei der Sorgfalt um die aktuelle Willenskonzentration bei (oder vor) der Vornahme einer einzelnen Handlung, also um einen individuellen Willensakt. In den zuletzt behandelten Fällen dagegen betrifft „Sorgfalt" ein in das unbewußte Haltungsgefüge der Persönlichkeit eingegangenes Merkmal, also um ein Moment des erworbenen Charakters. Das Entsprechende gilt für die Fälle des Sorgfaltsmangels: Fahrlässigkeit kann in der Mangelhaftigkeit eines aktuellen Aktes der Willenskonzentration oder in der ungenügenden Durchbildung des unbewußten Haltungsgefüges der Persönlichkeit bestehen. Die Differenzierung von Tat und Täterschuld setzt sich also im Bereich der Fahrlässigkeit fort. Auch die Fahrlässigkeit ist im gewissen Umfange Täterschuld.

ÜBER DEN SUBSTANTIELLEN BEGRIFF DES STRAFGESETZES*

Schon im Jahre 1940, im Vorwort zur 35. Auflage seines StGB.-Kommentares, machte *Kohlrausch* darauf aufmerksam, daß es um den ehemals als so revolutionär empfundenen § 2 ruhiger geworden sei. Die Folgezeit hat diesen Eindruck nur verstärken können. Für die Normen des Kriegsstrafrechtes hat § 2 eine sehr viel geringere praktische Bedeutung als für die bisherigen strafrechtlichen Tatbestände. Statt tatbestandliche „Lücken" auszufüllen, haben sich Rechtsprechung und Rechtslehre umgekehrt darum bemühen müssen, jene weit gefaßten Normen sinnvoll zu begrenzen. Eine, man kann fast sagen, eigens dazu erfundene Lehre vom normativen Tätertyp glaubt ihre praktische Rechtfertigung zum erheblichen Teil aus dieser Abgrenzungsfunktion innerhalb des Kriegsstrafrechts ziehen zu können.

Wie kommt es, daß die praktische Bedeutung des § 2 hier weitgehend weggefallen ist? Der naheliegende Hinweis auf die ungewöhnlich weite Fassung der kriegsstrafrechtlichen Normen umschreibt nur den Anlaß, trifft aber nicht den tieferen Grund und das Wesen dieser neuartigen Normenbildungen. Ist es nicht vielmehr so, daß § 2 auf einer bestimmten „Idee" einer Strafgesetzlichkeit beruht, die für das Kriegsstrafrecht nicht mehr in gleichem Maße gilt? Dann aber liegt die Frage nahe, ob diese Normenbildungen, die den § 2 weitgehend überflüssig machen, auch für ein künftiges Friedensstrafrecht vorbildlich sind, oder ob sie umgekehrt auf der Ausnahmelage der Kriegszeit beruhen, die zwangsläufig jene Idee der Strafgesetzlichkeit einschränken mußte. Unvermerkt hat sich damit die Problematik des § 2 auf die ganz grundsätzliche Frage nach der „Idee" oder dem „substantiellen Begriff" der Strafgesetzlichkeit verschoben. Diese Frage greift allerdings weit über die Sonderprobleme des Kriegsstrafrechts, an denen sie nur besonders augenfällig geworden sind, hinaus und gehört zu den Existenzfragen des Strafrechts überhaupt.

Die folgenden Zeilen mögen als ein erster Versuch verstanden werden, diesen schwierigen Fragenkreis zu umreißen und die eine oder andere Seite aus ihm herauszuheben. Wenn in ihnen vom „substantiellen Begriff des Strafgesetzes" die Rede sein soll, so ist offenkundig, daß es sich dabei nicht um Formprobleme handeln kann. Ob eine gesetzte Rechtsnorm in der Form eines Gesetzes, einer Verordnung oder eines Erlasses ergeht, ist für unseren Problemkreis belanglos. Überdies hat die neue Staatsrechtslehre für die

---

* Aus: Probleme der Strafrechtserneuerung (E. *Kohlrausch* zum 70. Geburtstag 1944) S. 101—119.

gegenwärtige staatsrechtliche Übung den Grundsatz von der Gleichwertigkeit aller Rechtssetzungsakte innerhalb derselben Rechtsquelle entwickelt.

Uns kommt es vielmehr auf die inhaltliche, eben die substantielle Seite der gesetzten Rechtsnormen an. Weisen die Rechtsnormen grundlegende inhaltliche, substantielle Unterschiede auf, die eine bestimmte Normenart wesensmäßig von einer anderen abheben und die auch auf strafrechtlichem Gebiete von Bedeutung werden? Daß uns die frühere staatsrechtliche Unterscheidung zwischen formellem und materiellem Gesetz, die einer überholten verfassungsrechtlichen Lage entstammt, keine Aufschlüsse geben kann, braucht nur angemerkt zu werden. Und doch bleibt der materielle oder — um ein weniger belastetes Wort zu gebrauchen — der substantielle Gesetzesbegriff zu allen Zeiten ein wesentliches staatsrechtliches Problem. Leider läßt uns hierin die heutige Staatsrechtslehre weitgehend im Stich. Eine erfreuliche Ausnahme macht Johannes *Heckel*, dessen „Wehrverfassung und Wehrrecht des großdeutschen Reiches" (1939) zu jenen substantiellen Unterscheidungen vorstößt, auf die es uns ankommt.

Heckel unterscheidet zwei grundlegende Gestaltungsmittel des Gemeinlebens: den Rechtssatz und die Maßnahme. „Jedes von ihnen verkörpert einen deutlich umrissenen Typ. Der eine wird symbolisiert durch das Gesetz, der andere durch die technische Veranstaltung für einen beabsichtigten Erfolg. Zwischen ihnen gibt es zahlreiche Mischformen, wie schon der Name „gesetzliche Maßnahme" anzeigt. Beide entsprechen zwei verfassungsrechtlich verschiedenen Lagen des Gemeinwesens. „Der gleichmäßige Verlauf des Rechtswesens ist beherrscht von dem Gesetz als dem Symbol der Ordnung gegenüber der Willkür der Machthaber und gegenüber der Anarchie der Gehorsamsverweigerer." Es schafft die Rechtssicherheit und bindet jedermann, auch den Volksführer als Rechtsgenossen. Doch hat bei ihm die bindende Wirkung des Gesetzes ihre Grenzen: Wenn eine Ausnahmelage die Normallage verdrängt, tritt „an die Stelle des Gesetzes die übergesetzliche Maßnahme, mit welcher der Führer entweder die frühere Lage wiederherstellt, oder eine neue bessere schafft". Das Wesen des Gesetzes liegt in seiner besonderen Beziehung zum Recht. Das Gesetz wird verwandt, „wenn es gilt, grundlegende Ordnungen mit höchstmöglicher rechtlicher Unverbrüchlichkeit zu schaffen und zu sichern"[1]. Im scharfen Gegensatz zu dieser „Rechtsfunktion des Gesetzes" ist die Maßnahme nur eine technische Veranstaltung für einen beabsichtigten Erfolg. Ihre Eigenart besteht nach den Worten von Carl *Schmitt* „in ihrer Zweckabhängigkeit von der konkreten Sachlage"; zu ihr gehört, „daß das Vorgehen in seinem Inhalt durch eine konkret gegebene Sache bestimmt und ganz von einem sachlichen Inhalt beherrscht ist, so daß es nach Lage der Sache von Fall zu Fall verschiedenen Inhalt und keine eigentliche Rechtsform hat"[2].

---

[1] *Heckel*, Wehrverfassung und Wehrrecht des großdeutschen Reiches I S. 323 ff.

[2] Carl *Schmitt*, Die Diktatur des Reichspräsidenten. Veröff. d. Ver. d. Dt. Staatsrechtslehrer I, Berlin 1924, S. 97.

Wieweit diese Äußerungen der Staatsrechtslehre für den allgemeinen staatsrechtlichen Gesetzesbegriff bedeutsam und fruchtbar sind, kann hier nicht entschieden werden; für die Herausarbeitung gewisser substantieller Unterschiede innerhalb der strafrechtlichen Normen geben sie jedoch, wie noch deutlich werden wird, erste wesentliche Ansätze. So spielten die angedeuteten substantiellen Unterschiede zwischen Rechtssatz und Maßnahme schon immer irgendwie bei der Trennung von Kriminal- und Verwaltungsstrafrecht eine Rolle. Wie man diese Trennung im einzelnen vornahm, braucht hier nicht erörtert zu werden. Mag man sie (wie zuletzt Erik *Wolf*) auf einen prinzipiellen Wertunterschied zwischen Gerechtigkeitswert und Wohlfahrtswert zurückführen, so steckt auch in dieser m. E. isolierenden idealen Übersteigerung unverkennbar das Begriffspaar Rechtsidee und Zweckmäßigkeit. Noch klarer tritt dieses Begriffspaar in der gegenwärtig üblichen, ethisch nüancierten Trennung von Verwaltungs- und Kriminalstrafrecht zutage. Nach dieser Ansicht ist der Ordnungsstraftatbestand als reine Zweckmäßigkeitsmaßnahme ethisch farblos oder ethisch neutral (und unterfällt darum nicht dem § 2 StGB.), während dem Kriminaltatbestand gerade die ethische Verwerflichkeit innewohnt[3]. Aber auch da, wo man den Zweckmäßigkeitsanordnungen noch eine gewisse, sehr herabgeminderte ethische Färbung beläßt, bleibt der Gegensatz zwischen Zweckmäßigkeit und (ethisch bestimmtem) Rechtsgehalt unangetastet[4].

Worin aber besteht denn der viel berufene besondere ethische Charakter der kriminellen Strafnormen, auf den alle diese verschiedenartigen Äußerungen übereinstimmend hinweisen? Hierüber fehlen regelmäßig nähere Erörterungen, obwohl sie keineswegs so selbstverständlich sind, etwa weil die Grundsätze ethischer Beurteilung ins allgemeine Bewußtsein übergegangen seien. Sieht man in Wahrheit näher zu, so liegt der ethische Grundansatz keineswegs so eindeutig fest; und noch immer verschwimmen die maßgebenden Unterschiede zwischen Erfolgs- und Gesinnungsethik in einem gefährlichen Maße. Auch auf die Gefahr hin, manches Bekannte zu wiederholen, müssen wir im folgenden gewisse ethische Grundfragen erörtern.

Bekanntlich ist es die geschichtliche Leistung *Kants*, daß er gegenüber der herrschenden (vor allem englischen) Moralphilosophie der Aufklärung, die sittliche Qualität einer Handlung nicht im Erfolg, nicht in einem irgendwie gearteten Glückszustand als Wirkung der Handlung, sondern in der Willenseinstellung, die in der Handlung zum Ausdruck kommt, erkannt hat. Mag auch in manchen seiner Formulierungen, daß „allein" der Wille gut sein könne, eine gewisse Einseitigkeit[4a] stecken, so bleibt es doch unverlier-

---

[3] Vgl. *Rietzsch*, JW. 1938 S. 1079; *Meeske*, Die Ordnungsstrafe i. d. Wirtschaft, S. 92; *Boldt*, Arbeitsbericht ü. d. 1. Tagung d. dt. strafr. Gesellschaft, S. 48; RG. 70, 379.

[4] *Siegert*, Dt. Wirtschaftsstrafrecht S. 29 ff.

[4a] Sie hängt mit dem Mangel einer materialen Pflichtenlehre (und der Vernachlässigung der Güterseite) zusammen (s. darüber nächsten Absatz).

bar wahr, daß die sittlichen Qualitäten Werte des Willensaktes, nicht Werte des erreichten oder nicht erreichten Erfolges sind, daß die sittlichen Werte Aktwerte, nicht bloße Sachverhaltswerte sind. Die Treue, die jemandem erwiesen wird, die Tapferkeit, mit der sich die Person für ein Ziel einsetzt, bleiben in ihrem Werte ungeschmälert, auch wenn der Einsatz ergebnislos bleibt oder bleiben mußte. Dagegen beurteilt die Erfolgsethik den ethischen Wert der Handlung allein vom Erfolg, vom Glück oder Nutzen aus, den die Handlung hervorbringt oder hervorzubringen in der Lage ist. Nicht der Aktwert, sondern der erreichte Sachverhaltswert entscheidet über die „Güte" einer Handlung, mag auch nicht jeder Anhänger dieser Lehren so skurril gewesen sein, mit *Bentham* zu meinen, die Güte einer Handlung nach bestimmten Glücksqualitäten ihres Erfolgssachverhalts mathematisch eindeutig berechnen zu können[5]. Die Kritik der Erfolgsethik ist im wesentlichen schon von *Kant* geleistet worden und braucht hier nicht wiederholt zu werden (für die Gegenwart vergleiche besonders N. *Hartmann*, Ethik S. 79 ff.). Nicht im erreichten Erfolg, sondern in der Art des Aktes liegt die Güte der Handlung. In den Akten der Opferbereitschaft, Hingabe, Treue, Tapferkeit, Wahrhaftigkeit, Ehrlichkeit usf. liegt der ethische Wert, gleichgültig, wie hoch der intendierte Sachverhaltswert ist, und gleichgültig, ob er erreicht wird oder überhaupt erreicht werden konnte.

Und doch liegen die Sachverhaltswerte keineswegs ganz außerhalb der ethischen Sphäre. Sie sind vielmehr die notwendige Voraussetzung für die Existenz der ethischen Werte. Welchen Sinn hätte die Ehrlichkeit, wenn es den Sachverhaltswert des Eigentums nicht gäbe? Opferbereitschaft, Treue, Hingabe, Tapferkeit usf. setzen voraus, daß das Ziel, für das der Einsatz geleistet wird, für die Gemeinschaft oder den Einzelnen von Wert ist[6]. Aber nicht an diesen Zielen (Gütern oder Sachverhalstwerten) selbst haftet der ethische Wert, sondern an den Akten, in denen der Einsatz für jene geleistet wird. Diese Akte haben ihren sittlichen Wert nicht als bloße Mittel für die Sachverhaltswerte, sondern sie haben in der sie tragenden Gesinnung ihre eigene sittliche Substanz: Trotz Erreichung des Sachverhaltswertes kann die Handlung sittlich wertlos sein, wenn die sie tragende Gesinnung verwerflich war, und umgekehrt kann die Handlung einen hohen sittlichen Einsatz enthalten, auch wenn ihr die Erreichung des Sachverhaltswertes versagt blieb.

Wer die Handlung allein vom Sachverhaltswert aus sieht, denkt nur in der Relation Mittel — Zweck; die Handlung kann er nur als taugliches oder als untaugliches Mittel für einen Zweck werten. Zweckgerechtigkeit, Tauglichkeit der Mittel für Zwecke sind die Kategorien dieser Betrachtung. Wer in ethischen Kategorien denkt, findet in der Handlung trotz ihrer

---

[5] Siehe dazu *Welzel*, Naturalismus und Wertphilosophie im Strafrecht, S. 15

[6] Vgl. N. *Hartmann*, Ethik S. 228 ff.

wesensmäßigen Bezogenheit auf Sachverhaltswerte unreduzierbare eigenständige Werte jenseits der utilitaristischen Mittel-Zweckkategorie.

Diese ethische Grundunterscheidung von Sachverhaltswert und Aktwert und die ihnen zugehörigen Denkkategorien haben auch für das Strafrecht grundlegende Bedeutung, mögen sie auch gegenüber der reinen Ethik infolge der Eigenart des Rechtes manche Sonderzüge aufweisen. Beide Gesichtspunkte: der des zweckhaften Sachverhaltswertes und der des ethischen Aktwertes sind für die Gestaltung der Gemeinschaft unentbehrlich. Hat die Gemeinschaft ihren Bestand zu sichern und ihre geschichtlich-kulturelle Mission zu erfüllen, so hat sie zunächst die hierfür notwendigen Mittel in der Arbeitskraft ihrer Angehörigen einzusetzen. Insofern sind die Handlungen der Einzelnen für die Gemeinschaftsziele nur Mittel. Und doch sind sie in ihrem eigenständigen sittlichen Aktwert auch für die Gemeinschaft mehr als bloße Mittel. Denn nicht nur besteht die sittliche Höhe der Gemeinschaft (also ein wesentlicher Teil ihrer kulturellen Mission) in nichts anderem als in den aktuellen sittlichen Leistungen ihrer Glieder, sondern auch ihre Kraft und ihr Bestand ruhen letztlich auf der sittlichen Hingabe ihrer Angehörigen.

Auch das Strafrecht in dem weitesten Sinne des Rechtes der Verbrechensbekämpfung bedarf beider Gestaltungsformen: der vom Sachverhaltswert aus blickenden Zweckmaßnahme und des auf den Aktwert bezogenen Strafrechtssatzes.

Der Typ der Zweckmaßnahme tritt am reinsten in den kriminalpolitischen Sicherungsmaßregeln in Erscheinung. Ihr Grund ist nicht die sittliche Verwerflichkeit von Handlungen, sondern die Gefährlichkeit bestimmter Täter im Hinblick auf Rechtsgüter (Sachverhaltswerte). Einen selbständigen Aktunwert setzen sie nicht voraus, und er bleibt, wenn in gewissem Umfange vorhanden, für ihre Verhängung gleichgültig. Sie blicken also ausschließlich von dem zu schützenden Sachverhaltswert aus und sehen in den zu verhindernden Handlungen nur die gefährlichen Mittel, die sich gegen die Sachverhaltswerte richten.

Den Typ des Strafrechtssatzes im substantiellen Sinne vertreten die Grundnormen unseres Strafrechts. Ihr zentraler Orientierungspunkt ist der Aktwert, nicht der Sachverhaltswert. Die Rechtsgüterverletzung (der Sachverhaltsunwert) ist nur ein unselbständiges, bedingendes Teilmoment innerhalb des umfassenderen Aktunwertes der Handlung[7]. Materialer Gehalt der Strafrechtssätze ist nicht der bloße Rechtsgüterschutz, sondern die Erhaltung der Aktwerte rechtlicher Gesinnung: der Treue gegenüber dem Reiche, der Wahrhaftigkeit der eidlichen Aussage, der

---

[7] Inwieweit dieser Aktunwert sich seinerseits in die Momente des Handlungsunwertes und der Schuld auseinanderlegt, ist eine Einzelfrage der Strafrechtsdogmatik (siehe darüber meinen „Allgemeinen Teil des deutschen Strafrechts in seinen Grundzügen“ 2. Aufl. 1943).

Achtung fremder Persönlichkeit, der Ehrlichkeit, der Redlichkeit usf. Diese Aktwerte sind zwar auf Sachverhaltswerte bezogen und schützen sie daher (sogar stärker als der Güterschutz als solcher es je vermöchte), aber die Sicherung ihrer Geltung in der Gemeinschaft hat eine eigenständige Bedeutung ganz unabhängig vom Schutz der einzelnen Rechtsgüter.

Wir sind uns bewußt, daß wir uns mit dieser Auffassung in Widerspruch zu den überkommenen, scheinbar festgefügten strafrechtlichen Anschauungen setzen. Was scheint sicherer und handgreiflicher zu sein, als daß der materiale Gehalt der Strafrechtsnormen im Güterschutz besteht? So ist es verständlich, daß sich die gedankliche Erfassung des Strafrechts unter der Herrschaft des RStGB. in zunehmendem Maße immer einseitiger auf den Sachverhaltswert (den Rechtsgüterschutz) verlagerte. Seit v. *Ihering* den Zweck als den Schöpfer des ganzen Rechtes gerühmt und seit v. *Liszt* festgestellt hatte, daß mit dem Rechtsgut der Zweckgedanke seinen Einzug in die Rechtslehre halte, wurde im Rechtsgüterschutz immer stärker der materielle „Zweck" der Norm, in der Rechtsgüterverletzung der materielle Gehalt des Verbrechens gesehen. Im Sachverhaltsunwert, in der Rechtsgüterverletzung mit der Formel „mehr Schaden als Nutzen" erfaßte man den materialen Gehalt der Rechtswidrigkeit.

Wäre das richtig, so wäre allerdings auch der Strafrechtssatz eine rein zweckbedingte Norm und ein substantieller Unterschied zur kriminalpolitischen Maßnahme nicht ersichtlich. Und doch ist diese ganze Lehre nur eine voreilige Verallgemeinerung und Absolutierung eines Teilmomentes der Strafnorm. Jener auf den Sachverhaltswert, den Rechtsgüterschutz abstellenden Lehre der materiellen Rechtswidrigkeit setzen wir eine andere Gestalt eben dieser Lehre entgegen: Materialer Gehalt der Strafrechtssätze ist nicht der bloße Rechtsgüterschutz, sondern die Erhaltung der rechtlichen Gesinnungswerte; in ihnen ist der Güterschutz als bedingendes Teilmoment wesensmäßig mitenthalten.

Die praktische Bedeutung dieser Lehre sei an folgenden Beispielen aufgezeigt:

Es ist bekannt, daß die Einschränkung der Eidesleistung im Zivil- und Strafprozeß durch die Novelle vom November 1933 zu sehr bedenklichen Folgen geführt hatte. Da der Zeuge, wie es in der anfänglichen Praxis üblich war, in den meisten Fällen nicht mehr den Eid zu leisten brauchte, schwand das Bewußtsein, von Gericht überhaupt die Wahrheit sagen zu müssen. Zugleich wurde die Eindruckskraft des Eides in den wenigen Fällen, in denen er geleistet werden mußte, aufs empfindlichste geschwächt[7a].

[7a] Die Novelle erreichte das genaue Gegenteil von dem, was sie bezweckte: die Bedeutung des Eides im Volksrechtsbewußtsein zu heben. — Die Novelle hat dabei die von *Liszt* begründete reine Zweckdeutung des Meineids — als eines Angriffs auf die Staatsverwaltung (Rechtspflege) — konsequent zu Ende und praktisch ad absurdum geführt. Wenn der materielle Unrechtsgehalt des Meineids

Die Allgemeinverfügung des Reichsjustizministers vom 29. Juni 1936 (DJ. S. 933) hatte darum die Staatsanwaltschaften angehalten, im Rahmen des damals geltenden § 61 Ziff. 6 StPO. auf die Vereidigung nur noch in Strafsachen wegen geringfügiger Taten, bzw. wenn die Aussage unerheblich oder von untergeordneter Bedeutung ist, zu verzichten. Daß auch diese Beschränkung einer allzu weitgehenden Anwendung des § 61 Ziff. 6 nicht ausreichte, wurde in der Reformliteratur allgemein anerkannt und die völlige Streichung des § 61 Ziff. 5 u. 6 StPO. gefordert. „Die Pflicht zur Eidesleistung ergibt sich ohne Rücksicht auf den Inhalt der Aussage", urteilt einer der besten Kenner dieser Materie[8]. (Inzwischen sind durch die Verordnungen vom 29. Mai 1943 §§ 61/62 gestrichen und für die Restfälle uneidlicher Vernehmung die uneidliche falsche Aussage unter Strafe gestellt worden.)

Aber was verlangte diese Forderung anderes als die unbedingte Aufrechterhaltung des Aktwertes wahrheitsgemäßen (Beweis-)Aussagens vor Gericht, ganz unabhängig vom sachlichen Werte des Aussage i n h a l t e s für das Gericht (d. h. dem konkreten Sachverhaltswert)? Auch wenn die Sache, in der die Beweisaussage abgegeben wurde, geringfügig, ja sogar wenn die Aussage unwichtig ist, muß das Bewußtsein der Beweisperson von ihrer Pflicht, vor Gericht unbedingt die Wahrheit zu sagen, außer jeden Zweifel gestellt werden. Ganz eindeutig zeigt sich hier die eigenständige Bedeutung des Aktwertes rechtlicher Gesinnung gegenüber dem Sachverhaltswert (dem Werte des Aussageinhaltes für das Gericht). So sehr auch der Aktwert der Wahrhaftigkeit auf den Sachverhaltswert, den Wert der Wahrheit für das Gericht, bezogen ist, so sehr ist er doch im Einzelfalle unabhängig von ihm, und nur dann, wenn der Aktwert in jedem Falle sichergestellt wird, kann der Sachverhaltswert (die Wahrheit der bedeutungsvollen Aussage) gewährleistet werden.

Das zweite Beispiel sei einem Normengebiet entnommen, in welchem der Rechtsgüterschutz als materialer Gehalt der Norm am augenfälligsten zu sein scheint. Was kann hinter dem Tötungsverbot anderes stehen als allein der Gedanke des Lebensschutzes? Individualistische Zeiten werden dabei vornehmlich an den Lebenswillen des Einzelnen gedacht haben, unsere Zeit stellt das Interesse der Volksgemeinschaft an der Erhaltung jedes ihrer Glieder voran. „Die schwere Strafe für Tötung hat nicht darin ihren Grund, daß der Lebenswille eines Einzelnen mißachtet wird, sondern in dem Angriff auf die Volksgemeinschaft, der in der Vernichtung jedes ihrer

---

in der Gefährdung der Staatsverwaltung in bezug auf die Richtigkeit ihrer Entscheidung liegt, so kann eine konsequente materielle Betrachtung eine solche Gefährdung nur in der erheblichen, bedeutungsvollen Aussage sehen, und darum erscheint die Verteidigung einer unerheblichen Aussage als „überflüssig" (§ 301 ZPO., § 61 Ziff. 5 StPO.); über die Folgen s. o. — *Liszt* selbst war vorsichtiger, dazu s. u. Anm. 10.

[8] *Peters*, Zeugenlüge und Prozeßausgang, 1939, S. 283.

Glieder gelegen ist." (Graf *Gleispach* bei *Gürtner*, Bericht der Amtlichen Strafrechtskommission II, S. 375.) Und doch trifft auch hier das Denken vom bloßen Sachverhaltswert her, der reine Güterschutzgedanke nicht den Kern der Sache. Das zeigt sich klar dann, wenn der Täter einen sozial wertlosen Lebensträger, wie etwa einen zum Tode verurteilten Verbrecher, eigenmächtig tötet. Nur dem Staat kann hier das Recht der Lebensvernichtung zustehen; der Gedanke der erlaubten Lynchjustiz oder gar der der Privatrache bliebe uns ebenso unerträglich wie im höchsten Maße gefährlich. Ohne Rücksicht auf den sozialen Wert des Lebens liegt vielmehr Mord oder Totschlag vor, und noch niemand ist hier auf den Gedanken gekommen, den Täter nur wegen unerlaubten Eingriffes in staatliche Hoheitsrechte verantwortlich zu machen. Doch warum liegt trotz der sozialen Wertlosigkeit des Tatobjekts Mord oder Totschlag vor?: Weil hinter dem Tötungsverbot nicht der nackte Güterschutzgedanke, der reine Zweck, sondern die Aufrechterhaltung eines Aktwertes, nämlich der Achtung vor fremdem Leben steht. Auch dieser Aktwert ist wesensmäßig bezogen auf Sachverhaltswerte (eben das Leben anderer), aber ihnen gegenüber doch von eigenem Gewicht. Nur dadurch, daß man seine eigenständige Bedeutung einsetzt, gewährleistet man den Rechtsgüterschutz tiefer und stärker, als es der Güterschutzgedanke allein vermag[9].

Hinter den Normen des Strafrechts stehen als ihr materialer Gehalt *die Aktwerte rechtlicher Gesinnung*: die Treue gegenüber Volk, Reich, Führung, der Gehorsam gegenüber der Staatsgewalt, die Wehrbereitschaft, die Wahrhaftigkeit der eidlichen Aussage, die geschlechtliche Zucht, die Achtung vor dem Leben, der Gesundheit, der Freiheit und der Ehre anderer, die Ehrlichkeit gegenüber fremdem Eigentum, die Redlichkeit im Vermögensverkehr usf. Zwar kann das Strafrecht sie selbst unmittelbar nicht durch seinen Zwang verwirklichen, wohl aber sichert es ihre reale Geltung in der Gemeinschaft mittelbar dadurch, daß es den Abfall von ihnen in den wirklichen treubrüchigen, meineidigen, zuchtlosen, unehrlichen Handlungen bestraft. Indem es den Meineid und die uneidliche falsche Aussage ohne Rücksicht auf die Bedeutung des Aussageinhalts bestraft, hält es die uneingeschränkte Geltung des Aktwertes der Wahrhaftigkeit der Beweissaussage vor Gericht aufrecht.

Der Abstand zur reinen Ethik bleibt darum nach zwei Richtungen unangetastet: es bleibt erstens dabei, daß das Strafrecht nur gegen die wirkliche treubrüchige, meineidige, zuchtlose, unehrliche Tat einschreiten kann, aber indem es das tut, sichert es die Geltung der Aktwerte rechtlicher Gesinnung, die durch die Tat verletzt sind. Und diese Gesinnungswerte sind zweitens Werte rechtlicher, die Legalität mitumspannender Art. Die Moralität im engsten Sinne, das Handeln

[9] Die oben angegebenen Gesichtspunkte spielen auch in den Problemen der Euthanasie und der Vernichtung lebensunwerten Lebens eine Rolle. In der Kontroverse *Freisler-Klee*, Deutsches Strafrecht, 1941, S. 65 ff. treten sie nicht heraus.

rein um der Pflicht willen, muß notwendig der Ethik allein überlassen bleiben. Leider hat die an *Kant* orientierte neuere ethische und rechtsphilosophische Literatur den Gesinnungsbegriff einseitig moralisiert (als rein „moralische" Gesinung) und die selbständige Bedeutung der rechtlichen Gesinnung verkannt. (Selbst *Kant* hatte hier schon tiefer gesehen: „In der Tat ist es schlechterdings unmöglich, durch Erfahrung einen einzigen Fall mit völliger Gewißheit auszumachen, da die Maxime einer solchen pflichtmäßigen Handlung lediglich auf moralischen Gründen und auf der Vorstellung seiner Pflicht beruht habe" (Grundlegung der Metaphysik der Sitten [Reclam S. 38]). Die wirkliche Gesinnung umfaßt immer mehr als „rein" moralische Beweggründe. Gesinnung ist Dauerhaltung, eine bleibende Art des Werthaltens und Wollens, und es verschlägt ihr nichts, wenn ihre Einzelmotive nicht nur das Wert- und Pflichtbewußtsein schlechthin, sondern auch Antriebe des persönlichen Interesses und der Furcht vor Nachteilen sind. Das Recht muß auf alle diese Motive einwirken: durch seinen inneren Wert (d. i. seine Richtigkeit) auf das Pflichtbewußtsein, durch den Rechtszwang auf die Antriebe der persönlichen Vorteile oder der Vermeidung persönlicher Nachteile.

Diese so umschriebenen Aktwerte rechtlicher Gesinnung bilden den positiven sozialethischen Hintergrund der Normen, aus welchen diese ihren materialen Sinngehalt empfangen. Die Aktwerte sind wesensmäßig auf Sachverhaltswerte (Rechtsgüter) als ihrer bedingenden Voraussetzung bezogen. Mit dem Schutz der Aktwerte werden darum auch die Sachverhaltswerte geschützt: Das ist der unverlierbare Sinn der Güterschutzlehre. Aber trotz aller Bezogenheit auf die Sachverhaltswerte und den Rechtsgüterschutz haben die Aktwerte und deren Schutz eine unverkennbare eigenständige Bedeutung. Der Schutz der Aktwerte zielt auf die beständige rechtliche Gesinnung, der Rechtsgüterschutz auf die aktuelle Erhaltung der einzelnen Rechtsgüter. Wo das Gut unwichtig oder bedeutungslos wird, da muß der Rechtsgüterschutz sinnlos erscheinen. Dagegen bleibt der Schutz der Aktwerte auf die Erhaltung der beständigen rechtlichen Gesinnung unabhängig von der Bedeutung des einzelnen Gutes gerichtet. Aller reine Rechtsgüterschutz ist notwendig augenblicksverhaftet und lagegebunden: Er ist auf den effektiven Erfolg abgestellt[10], und alles menschliche, auf einen

[10] Dieser Konsequenz des Güterschutzgedankens kann man nicht dadurch entgehen, daß man den Güterschutz nicht auf die konkreten Rechtsgüter, z. B. auf die einzelnen Eigentumsobjekte, sondern auf die „Institution" oder die „Idee" des Eigentums bezieht. Real schützen kann man nicht eine Institution oder Idee, sondern — auf der Güterseite — nur die wirklichen Güter. Die „Idee" oder „Institution" des Eigentums kann man nur schützen, indem man den Aktwert der Ehrlichkeit aufrecht erhält. In der verfehlten Vorstellung vom Schutz der Eigentumsidee und dgl. steckt in Wahrheit der Gedanke vom Schutze der Gesinnungswerte.

Das gleiche gilt gegen die „abstrakte" Ausdeutung des Güterschutzgedankens bei *Liszt*, der den kriminellen Gehalt der falschen Aussage in der „abstrakten"

konkreten Erfolg abzielende Planen ist notwendig begrenzt. Was sich heute als Vorteil empfiehlt, kann sich morgen als dauernder Schaden enthüllen. Die Aufrechterhaltung der rechtlichen Gesinnungswerte, der Treue, des Gehorsams, der Persönlichkeitsachtung, der Ehrlichkeit usw. zielt dagegen über den bloßen aktuellen Nutzen oder Schaden hinaus auf die beständige rechtliche Gesinnung, die für die Gemeinschaft ein dauerhafter Gewinn bleibt, auch wenn der augenblickliche Vorteil oder Schaden längst vergessen sind.

Aber selbst den Schutz der Rechtsgüter vermag der Schutz der Aktwerte besser zu gewährleisten als es der reine Güterschutzgedanke selbst vermag. Unsere Beispiele zeigten, daß da, wo der Eid nur in wichtigen Sachen oder nur bei bedeutungsvollen Aussagen geleistet zu werden braucht und nur dort die falsche Aussage strafbar werden kann, die Eideswahrheit überhaupt schwer gefährdet ist und daß die Sicherheit aller nur dann gewährleistet wird, wenn unabhängig vom Werte des Einzellebens der Gesinnungswert der unbedingten Achtung fremden Lebens aufrechterhalten wird. Es ist eine ebenso überraschende wie bedeutungsvolle Tatsache, daß der reine Güterschutzgedanke allein am wenigsten die Rechtsgüter dauerhaft und allseitig zu schützen vermag.

Damit treffen wir auf eine weitere Grenze des den Güterschutz beherrschenden Mittel-Zweckdenkens. Wo der Wert von Handlungen, Maßnahmen und Veranstaltungen nur nach ihrem Zweck, den effektiven Erfolg (Güterschutz) beurteilt wird, dort sind die Maßstäbe nicht nur augenblicksgebunden, sondern auch notwendig utilitaristisch. Nun haben alle ethischen Werte auch ihre utilitaristische Seite. Die Treue ist vorteilhaft für den, dem sie geleistet wird, und der Eigentümer zieht seinen Nutzen aus der Ehrlichkeit der anderen usf. Nur besteht der sittliche Wert der Treue oder Ehrlichkeit nicht in dieser Mittel-Zweckbeziehung, sondern hat einen eigenen Gehalt (siehe oben S. 104). Ähnliches gilt für die r e c h t l i c h e n Gesinnungswerte: Der Güterschutz, den sie gewähren, ist von höchstem Nutzen für die Gemeinschaft. Aber so wertvoll dieser auch ist, in ihm allein erschöpft sich der Gehalt der rechtlichen Gesinnungswerte nicht, und vor allem auf ihn, den Nutzen allein, kann der Staat die verpflichtende Geltungskraft seiner Normen nicht gründen und durch Zwang sichern. Über den realen Nutzen für die Gemeinschaft hinaus muß der Staat die Bewährung rechtlicher Gesinnung als eigenständigen Wert anerkennen. So erschöpft sich der

Gefährdung der richtigen Entscheidung sieht (*Liszt*, Falsche Aussage S. 20). Der Schutz vor der „abstrakten" Gefährdung ist nichts anderes als der Schutz des Gesinnungswertes wahrheitsgemäßen Aussagens. Und doch ist das Verkennen dieses Gesinnungswertes und seine Umdeutung in den Gütergefährdungsgedanken folgenschwer genug: ein w i r k l i c h „materielles" Güterschutzdenken wird eben nur in der w i r k l i c h e n (konkreten) Gefährdung der richtigen Entscheidung das materielle Unrecht sehen mit den Folgen, die die Eidesnovelle von 1933 klar zeigte.

Wert der Tapferkeit nicht in dem bloßen Nutzen, den sie schafft, sondern liegt in dem Akte der Hingabe für das Ganze, den der Einzelne vollzieht. In diesem selbständigen Wert der Tapferkeit unabhängig von ihrem Nutzen gründet sich die verpflichtende Kraft der Normen, die die Feigheit vor dem Feinde verfemen (§§ 84 ff. MilStGB.). In der Bewährung der rechtlichen Gesinnung liegt die eigene Würde des Gemeinschaftsgliedes, die etwas anderes und höheres ist als sein bloßer Nutzen. Auf ihr baut sich die gesinnungsmäßige Höhe der Gemeinschaft auf, und letztlich verbürgt die Bewährung rechtlicher Gesinnung allein die Kraft und den Bestand des Staates.

Das Strafgesetz im substantiellen Sinne und die kriminalpolitische Zweckmaßnahme haben so eine fundamentale verschiedenartige Wertstruktur. Jenes baut auf Aktwerten auf und schließt die Sachverhaltswerte (die Rechtsgüter) als unselbständige Teilmomente in sich; in diesen wird der Aktwert bedeutungslos oder gleichgültig und entscheidend nur die Erreichung des Sachverhaltswertes. Die kriminalpolitische Zweckmaßnahme ist deshalb die spezifische Normart für solche Menschen, die der Verwirklichung von Aktwerten nicht fähig sind oder von denen eine solche praktisch nicht erwartet werden kann; das sind die (sittlich) Unfreien im weiteren Sinne. Zu ihnen gehören nicht nur die gefährlichen Geisteskranken, sondern auch jene Asoziale, bei denen die Freiheit zur sittlichen Selbstbeherrschung stärkstens eingeschränkt ist, weil schwere charakterliche Belastungen sie auf den verbrecherischen Lebensweg treiben (vor allem die schweren [kriminellen] Psychopathen). Wie von ihnen eine Selbstbindung an die rechtlichen Gesinnungswerte nicht erwartet werden kann — da sie nur Mittel der sie beherrschenden Triebe sind — kann ihnen gegenüber die Norm nur die Aufgabe des Güterschutzes, nicht der Aufrechterhaltung von Gesinnungswerten haben. Die Mittel-Zweckstruktur der Norm bei der kriminalpolitischen Zweckmaßnahme ist also nicht zufällig, sondern liegt im Wesen der von ihr betroffenen Menschen begründet. Dem reinen Schutzcharakter der Norm entspricht der reine Gefährlichkeitscharakter des asozialen Unfreien. Der aktuellen Gefährlichkeit des Täters im Hinblick auf weitere Güterverletzungen wird durch geeignete Schutzmaßnahmen gegen den Täter vorgebeugt. Wie der Täter selbst nur Mittel der ihn beherrschenden Triebe ist, so setzt die Zweckmaßnahme Mittel in Bewegung, um die Gefährlichkeit des Täters aufzuheben.

Trotz manchen Überschneidungen in den Grenzfällen (vor allem den charakterologischen Tätertypen[10a] sind es daher zwei verschiedene Menschengruppen, auf die sich der Strafrechtssatz auf der einen Seite und die kriminalpolitische Zweckmaßnahme auf der anderen erstreckt. Das Strafgesetz im substantiellen Sinne mit den Aktwerten rechtlicher Gesinnung richtet sich an die sittlicher Selbstbeherrschung mächtige Person; es wendet sich gegen die stets vorhandene Möglichkeit eines negativen Gebrauchs der

[10a] S. meinen Allgemeinen Teil, S. 83.

Freiheit im wirklichen Abfall von den rechtlichen Gesinnungswerten. Indem es durch Strafandrohung und Bestrafung die unverbrüchliche Geltung der Aktwerte rechtlicher Gesinnung vor aller Augen stellt, formt und festigt es das sittliche Urteil und die rechtliche Gesinnung der Volksglieder und hemmt rechtsfeindliche Antriebe. Es ist damit von allerstärkster sittenbildender, sozial-ethischer Kraft. Denn die wichtigste Funktion vollzieht das Strafrecht — was der Jurist allzuleicht vergißt — nicht in jenen Konfliktsfällen, in denen der Strafrichter in Aktion tritt und Strafe verhängen muß, sondern in den unvergleichlich zahlreicheren Fällen, in denen seine Normen von selbst, gleichsam lautlos befolgt werden, weil es durch seine Existenz die Geltung der rechtlichen Gesinnungswerte als der selbstverständlichen Richtschnuren des Handelns in Kraft hält.

Gegenüber dieser umfassenden sozialethischen Funktion des Strafgesetzes tritt die Aufgabe der kriminalpolitischen Zweckmaßnahme weitgehend zurück. Sie trifft nur jene kleine Gruppe von Menschen, deren Persönlichkeitsstruktur abgetragen oder stark herabgemindert ist: im wesentlichen die kriminellen Geisteskranken und schweren Psychopathen. Der Zweckmaßnahme fehlt daher die sittenbildende Funktion, maßgebend ist allein der Schutzzweck.

Die Unterschiede zwischen Strafgesetz und kriminalpolitischer Zweckmaßnahme setzen sich in einer Verschiedenheit ihrer Normstruktur fort. Bei der kriminalpolitischen Zweckmaßnahme tritt an die Stelle von konkreten Aktwerten die notwendig unbestimmte, allgemeine Gefährlichkeit des Täters für Rechtsgüter (und auch die Auswahl der zweckmäßigsten Sicherungsmaßregel muß dem Einzelfall überlassen bleiben). Alle reinen Zweckmaßnahmen sind notwendig tatbestandslos: ihre Normvoraussetzung ist die akute Gefährlichkeit des Täters für Rechtsgüter, die durch beliebige Arten von Handlungsvollzügen verwirklicht werden kann (darum ist deren besondere Art unwichtig und gleichgültig gegenüber der allein entscheidenden Tatsache der allgemeinen Gefährlichkeit des Täters für Rechtsgüter).

Echte Tatbestände kennt nur das Strafgesetz im substantiellen Sinne. Unabhängig von allen zeitbedingten dogmatischen Ausformungen enthält die Idee des Tatbestandes die schlichte Wahrheit, daß die substantiellen Strafrechtsnormen auf konkreten Aktwerten (mitsamt der von ihnen umschlossenen Sachverhaltswerte) aufgebaut ist. Alle Aktwerte sind Werte bestimmter Handlungsvollzüge, und Tatbestände kennzeichnen die Wiebeschaffenheit unrechter Handlungsvollzüge (nicht bloßer Rechtsgüterverletzungen). Will das Strafrecht seine sittenbildende Funktion — die darin besteht, daß es die unverbrüchliche Geltung der Aktwerte als der Richtschnuren rechtlichen Handelns sicherstellt —, richtig erfüllen, so müssen seine Normen die verletzten Aktwerte rechtlichen Handelns konkret umschreiben, d. h. sie müssen tatbestandlich sein. Aktwert und Tatbestandlichkeit sind Korrelatbegriffe. Tatbestand (in diesem undogmatisch-letzten Sinne) ist einfach die besondere Art von Aktwertverletzung. Nur soweit als, aber auch überall da, wo die Norm vom Aktwert bestimmt wird, hat die Tatbestandlichkeit einen Sinn. (Und ebenso büßt die Tatbestandlichkeit ihre Bedeutung in dem Maße ein, wie innerhalb der Norm der Akzent vom Aktwert weg auf den Sachverhaltswert gelegt wird.)

Endlich ist die Stellung des Normanwendungsorgans bei beiden Normarten grundlegend verschieden. Zielt die Aufrechterhaltung der Aktwerte nicht auf einen augenblicklichen Nutzen, sondern auf die beständige rechtliche Gesinnung als einen der Grundwerte menschlichen Lebens überhaupt, so ist sie Aufgabe des richterlichen Amtes im eigentlichen Sinne: In der Anwendung auf den einzelnen Fall sichert der Richter unmittelbar zugleich das Allgemeine, die bleibende Wertordnung rechtlichen Handelns. Diese richterliche Tätigkeit ist echte Rechts-Anwendung, weil das Einzelne im Allgemeinen, den verschiedenartigen Aktwerten konkret enthalten ist, und sie ist Rechts-Anwendung, weil sie nicht lediglich einen aktuellen Zweck verfolgt, sondern die Folgerungen aus der Verletzung der bleibenden Wertordnung rechtlichen Handelns für den Einzelfall zieht. Hierin wurzelt daher die Idee der richterlichen Unabhängigkeit: der Bindung an die allgemeine, bleibende Wertordnung rechtlichen Handelns — jenseits bloß aktueller Zweckmäßigkeitsgründe — entspricht wesensmäßig die Freiheit von Einzelanweisungen[10b].

Die Anwendung der kriminalpolitischen Zweckmaßnahme dagegen erschöpft sich im aktuellen Zweck, dem Schutz der vorhandenen Rechtsgüter gegenüber dem akut gefährlichen Menschen und dieser Schutz ist zugleich abhängig von der im Einzelfall zweckmäßigsten Auswahl der Maßregel. Nicht eine allgemeine, plastisch umschriebene Wertordnung soll vollzogen, sondern ein aktueller, realer Zweck soll erreicht werden. Die Rechtsfunktion tritt hier weit zurück hinter einer Tätigkeit vorbeugender Fürsorge für die Rechtsgüter, einer Art sozialer Schadensverhütung.

Zwischen Wertordnung, Normstruktur und Normanwendung bestehen daher wesensmäßige Zusammenhänge. Je nachdem, ob man vom Aktwert oder vom Sachverhaltswert ausgeht, erhält man zwei grundverschiedene Reihen von Wertordnungen. Normsystemen und Formen der Normanwendung. Die einzelnen Glieder der beiden Reihen lassen sich dabei nicht beliebig miteinander austauschen. Vielmehr hat jedes Glied die Tendenz, die übrigen Glieder seiner Wesensstruktur anzugleichen. Wo etwa die Stellung des Normanwendungsorgans verwaltungsmäßig orientiert wird, da werden sich auch Wertung und Normstruktur nach dem Sachverhaltswert hin bewegen; oder wo die Normstruktur vom Sachverhaltswert bestimmt wird, da wird sich auch die Stellung des Richters dem angleichen.

So zeigt die Strafrechtsgeschichte vielfältig ein Verdrängen oder Überfremden der Wesensart der einen Reihe durch die der anderen. Es wäre

---

[10b] Das Problem der richterlichen Unabhängigkeit ist ein Problem des substantiellen Gesetzesbegriffs.

reizvoll, diesen gegenseitigen Beeinflussungs- und Überfemdungsprozeß durch die Strafrechtsgeschichte zu verfolgen. Für unsere systematische Betrachtung gibt schon die Geschichte der letzten 100 Jahre genügend Aufschlüsse für die auch t a t s ä c h l i c h bestehende innere Zusammengehörigkeit von Wertung, Normstruktur und Stellung des Richters. Unter dem Einfluß der idealistischen Philosophie *Kants* und *Hegels* hatte der Aktwert die beherrschende Rolle im Strafrecht errungen und bestimmte (zugleich mit anderen davon unabhängigen Gründen) die Normstruktur und die Stellung des Strafrichters. Aber mit idealistischer Einseitigkeit sprachen die Normen dieses Strafrechts allein den sittlich freien Menschen an und schoben die naturgebundene Unfreiheit (und damit die kriminalpolitischen Zweckmaßnahmen) als etwas seiner Hoheit Unangemessenes und Bedeutungsloses beiseite. Im Gegenschlage dazu führte das v. *Liszt*sche Reformprogramm gemeinsam mit einer bestimmten voreiligen Verallgemeinerung naturwissenschaftlicher Erkenntnisse zu einer Überfremdung des Strafrechts durch die Kategorie der Zweckmaßnahme. In zunehmendem Maße wurden schon im geltenden Strafrecht die Rechtswidrigkeit vom Handlungsunwert weg auf den Sachverhaltsunwert (die Sozialschädlichkeit oder Rechtsgüterverletzung) verlegt. „Mehr Schaden als Nutzen" wurde die Formel für die im buchstäblichen Sinne „materielle" Rechtswidrigkeit. In der Schuld entdeckte man die „Gefährlichkeit als Schuldmoment" und ebnete damit die wichtigste, ja entscheidende Schranke zwischen Strafgesetz und kriminalpolitischer Maßnahme ein. Schließlich wies man ganz folgerichtig in einem so ausgestalteten Strafrecht dem Richter die Stellung eines in weitgefaßten Rechtsschranken verwaltungsmäßig arbeitenden Sozialbeamten, eines sozialen Diagnostikers und Therapeuten mit der Aufgabe, mehr der Fürsorge und Sicherung als der Rechtsanwendung zu[11]. — Eines hängt eben am anderen. Nur die Wahl des Ausgangspunktes steht uns (in gewissem Umfange) frei; alles übrige folgt zwangsläufig, auch dann, wenn man sich vor manchen Konsequenzen sträubt. Die Dinge haben ihre eigene Schwere.

Die naturwissenschaftliche Kriminalbiologie ist heute einsichtiger und vorsichtiger geworden. Sie hat das ihren Forschungsmitteln zugängliche Objekt vornehmlich im erbcharakterlich abnormen Menschen (Psychopathen) entdeckt, der das Hauptkontingent der Dauerkriminellen stellt. Sie nimmt daher das Maßnahmerecht nur für diese Gruppe der Dauerkriminellen in Anspruch und läßt für die sonstigen Rechtsbrecher das Strafrecht im substantiellen Sinne unangetastet[12]. Erfreulicherweise zieht damit die Naturwissenschaft sich selbst ihre Grenzen und gibt den Totalitätsanspruch auf, den ein verfehlter Naturalismus lange genug erhoben hatte[12a]. Und doch

---

[11] So *Radbruch*, Einführung in die Rechtswissenschaft 7./8. Aufl. S. 118.

[12] Vgl. *Stumpfl*, Die Ursprünge des Verbrechens, 1936, S. 137.

[12a] Vgl. die besonnenen, unter dem Einfluß der Kritik H. *Mayers* stehenden Bemerkungen *Stumpfls* im Handbuch der Erbbiologie des Menschen (hg. v. *Just*) V (1939) S. 369, 1227 f.

spukt auch heute noch ein Rest jenes alten Naturalismus in der Einschätzung des Maßnahmerechtes gegenüber dem substantiellen Strafrecht nach. Wollte man manchen dieser naturwissenschaftlichen Äußerungen folgen, so bestünde die wichtigste, ja entscheidende Aufgabe des Strafrechts (im weitesten Sinne) in der Bekämpfung der Dauerkriminalität; nur dieser wird ohne Rücksicht auf die Schwere der Tat das Beiwort der „schweren" Kriminalität zugebilligt[13].

Nun mag man gewiß die kriminalpolitische Wichtigkeit der erbcharakterlich abnormen Verbrechergruppe (trotz ihrer zahlenmäßigen Begrenzung) gebührend einschätzen, — sie liegt vor allem in ihrer effektiven Schädlichkeit und akuten Gefährlichkeit für die Güterwelt. Wenn aber überhaupt die Aufgaben des Strafrechts (im weitesten Sinne) gegeneinander abgewogen werden sollen, so ist die unvergleichbar wichtigste von ihnen doch die (schon oben S. 109 gekennzeichnete) sittenbildende Aufgabe, durch die das Strafrecht mit seinen Normen die bleibenden Werte rechtlichen Handelns in der Gemeinschaft als Richtschnuren des sittlichen Urteils und der rechtlichen Gesinnung aller Volksglieder aufrichtet. Allein der, der das Leben und die Menschen nur von den kranken und verfallensten Fällen aus sieht — wie es dem Juristen ebenso leicht wie dem Arzt geschehen kann[13a] — kann diese lautlos wirkende und doch wahrhaft fundamentale Funktion des Strafrechts übersehen, der gegenüber die Bekämpfung des psychopathischen Dauerkriminellen doch nur eine — wenn auch wichtige — Grenzaufgabe bildet. Nur so werden die Gewichte zwischen substantiellem Strafrecht und Maßnahmerecht richtig verteilt.

So bestätigt diese geschichtliche Zwischenbetrachtung unsere systematische Erkenntnis, daß die substantiellen Unterschiede zwischen Strafrechtssatz und Maßnahmerecht mit ihren verschiedenartigen Wertprinzipien, Normstrukturen und Normanwendungsformen nicht beliebig austauschbar sind und daß sie wesensmäßig auf bestimmte menschliche Lebensformen bezogen sind. Für Handlungen selbstverantwortlicher Persönlichkeiten sind Aktwerte der angemessene Beurteilungsmaßstab, während schädliche Lebensäußerungen von Menschen mit verfallener Persönlichkeitsstruktur der Beurteilung der Sachverhaltswerte unterliegen; (nur in Grenzfällen können sich beide

---

[13] *Stumpfl*, a. a. O. S. 161 ff., 168 f.

[13a] Ein warnendes Beispiel solcher perspektivischen Verzerrung ist die bis vor kurzem in der Psychiatrie herrschende Annahme von der engen Verbindung zwischen Verbrechen und Geisteskrankheit, die soweit ging, daß Psychiater erklärten, „unter sich" den Verbrecher als Geisteskranken bezeichnen zu müssen (*Bleuler*). Diese Auffassung erklärt sich aus der Tatsache, daß erbbiologische Untersuchungen fast nur an geisteskranken Verbrechern vorgenommen worden waren! *Stumpfl*, dem vor allem wir die Aufklärung dieser Berufstäuschung verdanken, unterliegt bei seiner Blickwendung auf die psychopathischen Dauerkriminellen selbst einer perspektivischen Verzerrung im Urteil über die Gesamtfunktion des Strafrechts.

Kreise in gewissem Umfange überschneiden). Wo daher geschichtlich ein Überdecken der einen Wert- und Normart durch die andere stattgefunden hat, stand im Hintergrund zugleich eine Verschiebung des herrschenden Menschenbildes, sei es, daß die Persönlichkeitsidee die naturhafte Unfreiheit verdrängte oder daß umgekehrt diese jene überschattete[14].

Und doch gibt es Lagen des Gemeinschaftslebens, in denen allgemein eine Verschiebung der Normstruktur nach der Richtung der Zweckmaßnahmen notwendig ist. Wenn der Staat unmittelbar in Gefahr gerät, vor allem im Kriege, müssen auch die Strafrechtssätze zweckbestimmt mit zur Beseitigung der Gefahr eingesetzt werden. In der Ausnahmelage ist alles Recht mehr oder minder stark vom aktuellen Zweck her bestimmt. Der Aktwert tritt zurück: Bei der unübersehbaren Vielgestaltigkeit der Lebenslagen in der Ausnahmesituation und dem Reichtum der Möglichkeiten, sie kriminell auszubeuten, ist eine Tatbestandlichkeit der Normen kaum mehr möglich. Die eigentlichen kriegsstrafrechtlichen Normen sind daher im wesentlichen tatbestandslos. Der Sachverhaltswert tritt in den Vordergrund: Vorhandene kriegswichtige Volksgüter müssen besonders geschützt werden. Die Strafe wird daher über das Maß der schuldhaften Aktwertverletzung hinaus nach der kriegswichtigen Bedeutung des gefährdeten Rechtsgutes verschärft. Auch die Strafschärfung zur Sicherung der seelischen Haltung des Volkes dient den augenblicklichen Kriegsbedürfnissen: der Erhaltung der effektiven Widerstandskraft des Volkes. So sind die eigentlichen kriegsstrafrechtlichen Normen Zwischenformen zwischen Strafrechtssätzen und Zweckmaßnahmen: strafrechtliche Zweckmaßnahmen. Dieser akuten Zweckbestimmung kann sich auch das allgemeine Strafrecht nicht entziehen; vor allem bei der Strafzumessung muß es den aktuellen Schutz- und Sicherungszweck in den Vordergrund rücken. Zugleich aber gerät die Idee der Tatbestandlichkeit und mit ihr der § 2 in eine ausnahmebedingte Krisis, die ihren Ausdruck gegenwärtig u. a. in der Lehre vom normativen Tätertyp gefunden hat. Alle diese Erscheinungen wirken sich endlich in einer Zunahme der Verwaltungsmacht in der Strafrechtspflege mit einer entsprechenden Verschiebung der Stellung des Strafrichters aus[15].

Aber wichtiger als das Wissen von diesen Einzelerscheinungen ist die Einsicht in ihre innere Zusammengehörigkeit und ihre Zurückführung auf die Ausnahmelage. Das Vordringen der Sachverhaltswerte und des Maßnahmerechtes im Kriege hat seine durch die Ausnahmesituation klar umschriebenen Voraussetzungen und Grenzen. Wo dagegen unabhängig von der Ausnahmelage die Gestaltung des Rechtes allein vom Sachverhaltswert, vom konkreten Zweck her bestimmt wird, müssen die bleibenden Akt- und Gesinnungswerte rechtlichen Handelns verkümmern, die letzten Endes doch

---

[14] Die letztere Gefahr liegt heute im Zwielicht der Tätertypenlehre wieder nahe.

[15] Vgl. dazu *Dahm*, Richtermacht und Gerichtsverfassung im Strafrecht. Ztschr. f. ges. Staatswissensch. Bd. 101, S. 287 ff.

die tragenden Pfeiler des Staates sind — a u c h im Kriege! Denn gerade die Gesinnungswerte sind es, durch die die Ausnahmelage letztlich bestanden werden kann. Auch hier lebt der Krieg aus d e m Kapital, das ihm der Friede vorher geschaffen haben muß (auch wenn er es dann nach seinem Maß und nach seinen Notwendigkeiten einsetzen muß). So sind die rechtlichen Gestaltungsmittel der Ausnahmesituation unverwechselbar verschieden von denen der Normallage. Und diese sind durch den substantiellen Unterschied von Strafgesetz und Zweckmaßnahme und deren verschiedenartigen Wertprinzipien, Normstrukturen und Normanwendungsformen bestimmt.

ÜBER DIE ETHISCHEN GRUNDLAGEN DER SOZIALEN ORDNUNG*

Max *Weber* schloß seinen berühmt gewordenen Vortrag über Politik als Beruf mit einer Betrachtung über die ethischen Grundlagen des politischen Handelns. Entgegen der „Gesinnungsethik", der die Flamme der reinen Gesinnung Wert genug ist, fordert er eine „Verantwortungsethik", die dem Täter — trotz reinster Gesinnung — gerade für die voraussehbaren Folgen seines Handelns sittlich verantwortlich macht. *Webers* skizzenhafte Antithese war im einzelnen gewiß recht anfechtbar; sie hatte jedoch das große Verdienst, eindringlich die Frage nach den ethischen Grundlagen des politisch-sozialen Handelns aufgeworfen zu haben. Leider ist *Webers* Vorstoß auf die ethische und rechtsphilosophische Forschung ohne merkliche Nachwirkung geblieben[1]. Das deutsche ethische Vorurteil, daß sich die Ethik nur mit dem „Inneren" im Gegensatz zum sozialen und rechtlichen „Äußeren", nur mit dem „Wie", nicht mit dem „Was" des Handelns zu beschäftigen habe, hat sich ihm hemmend in den Weg gestellt. Heute allerdings wird die These, von der die folgenden Überlegungen ausgehen, daß die Wurzeln unseres sozialen und rechtlichen Handelns auch inhaltlich in ethischen Prämissen liegen, ungleich bereitwilliger aufgenommen werden.

I

Es ist nicht nur ein Tribut an die Bedeutung *Kants* innerhalb der deutschen praktischen Philosophie, daß mit einem Grundbegriffe seiner Ethik — dem Begriffe der Autonomie — begonnen werden soll, sondern es liegt in der Bedeutung dieses Begriffes selbst begründet, den *Kant* mit Recht das „Grundgesetz der moralischen Welt" genannt hat. Allerdings ist auch dieser Begriff dem Mißverständnis ausgesetzt gewesen: er ist subjektivistisch in dem Sinne verkannt worden, daß der Wille selbst das sittliche Gesetz „mache". *Kant* ist diesem Mißverständnis, das in dem Wortsinne der Autonomie, der Selbst-Gesetzgebung liegt, mehrfach klar entgegengetreten. Die sittliche Forderung (das Gesetz) bleibt auch in der Autonomie eine objektive Größe, dem der Wille sich zu beugen hat. Aber in der Autonomie wird „der Wille nicht *lediglich* dem Gesetz unterworfen, sondern so unterworfen, daß er *auch* als selbstgesetzgebend und um deswillen allererst dem Gesetze

---

* Aus Süddeutsche Juristenzeitung, 1947 S. 410—413.

[1] Eine Ausnahme macht *Radbruchs* Rechtsphilosophie, 1932.

(davon er sich als Urheber betrachten kann) unterworfen angesehen werden muß"[2]. Autonomie ist die freie Selbstunterwerfung unter das Gesetz, die freie Selbstbindung an die Pflicht in der Weise, daß der Wille das Gesetz nicht als *fremde* Forderung *blind* übernimmt — das ist „Heteronomie" — sondern so, daß er es wegen seiner inneren Richtigkeit und Gültigkeit in sich aufnimmt, sich dadurch mit hinter das Gesetz stellt und so Mitträger der allgemeinen Gesetzgebung wird. Neben der freien Selbstbindung an das Gesetz bedeutet also Autonomie weiter, daß sie dem Menschen einen „Anteil an der allgemeinen Gesetzgebung verschafft"[3], d. h. ihn zum mitverantwortlichen Mitträger der sittlichen Welt macht, während ihn die Heteronomie ein blindes Werkzeug fremder Bestimmung sein läßt, sei es eines fremden Willens oder der eigenen Triebe. Erst diese frei übernommene Teilhabe an der allgemeinen Gesetzgebung erhebt den Menschen über den Charakter eines bloßen Mittels hinaus und macht ihn zum Selbstzweck. „In der ganzen Schöpfung kann alles, was man will und worüber man etwas vermag, auch *bloß* als Mittel gebraucht werden; nur der Mensch ... ist Zweck an sich selbst. Er ist nämlich das Subjekt des moralischen Gesetzes ... vermöge der Autonomie der Freiheit[4]." So ist die Autonomie das „Prinzip der Würde des Menschen", der Quellpunkt des eigentlich Humanen, darum auch der Mensch an menschlicher Substanz in dem Maße verliert, als er an autonomer Kraft einbüßt.

In der weiteren Ausdeutung der Autonomie verkürzt jedoch *Kant* das sittliche Problem in folgenschwerer Weise. Der Fehler hängt mit dem allgemeinen Mangel seiner Ethik zusammen, daß sie der inhaltlichen Seite der Sittlichkeit nicht gerecht zu werden vermag. Wenn Autonomie die Anteilnahme der Person an der allgemeinen Gesetzgebung ist, so erhebt sich die Frage, wie sich die Person diesen Anteil an der allgemeinen Gesetzgebung verschafft oder wie sie — anders ausgedrückt — des Inhalts ihrer Pflicht gewiß wird. Das Vehikel hierfür sieht *Kant* im kategorischen Imperativ: Die Fähigkeit eines besonderen Willensinhaltes (der Maxime des Willens), sich widerspruchsfrei ins Allgemeine (zum Prinzip einer allgemeinen Gesetzgebung) erheben zu lassen, soll den Inhalt der Pflicht anzeigen. Hier hat die Kritik vor allem von seiten *Hegels* diese „intellektuelle" Argumentation *Kants* zerschlagen: jeder besondere Willensinhalt kann bei mutigem Aufsichnehmen der Konsequenzen ins Allgemeine erhoben werden. Gewiß pflegt der Dieb im allgemeinen mit dem Inhalt seiner Handlung in Widerspruch zu geraten, weil er auf den Schutz der Eigentumsordnung, die er in concreto verletzt, keineswegs generell verzichten will. Aber der Revolutionär, der auch für sich selbst die Eigentumsordnung negiert („Eigentum ist Diebstahl"), gerät mit der Erhebung seiner Maxime ins Allgemeine

---

[2] Grundlegung zur Metaphysik der Sitten, Philosophische Bibliothek, Verlag Felix *Meiner*, Leipzig, S. 56.

[3] a. a. O. S. 61.

[4] Kritik der praktischen Vernunft, Ausgabe wie Anm. 2, S. 112.

keineswegs in Selbstwiderspruch. Erst recht widerspricht der Ehebrecher, der die Ehe generell für überholt hält, durch die Verallgemeinerung seiner Maxime keineswegs sich selbst. *Kant* setzt in Wahrheit einen bestimmten Inhalt ethischer Gesetzlichkeit, eine bestimmte „sittliche Ordnung der Dinge“[5] immerfort voraus. Die objektive Gültigkeit materialer ethischer Gebote ist die Möglichkeitsvoraussetzung der Autonomie.

Kant sah die Moralität nur im Kampfe des Willens gegen die andrängenden Triebe und Neigungen, die die Reinheit der Gesinnung zu trüben drohen. Dagegen bot ihm das, was im konkreten Augenblick dem Willen als verpflichtendes Gebot entgegentritt, kein Problem. „Welche Form in der Maxime sich zur allgemeinen Gesetzgebung schicke, welche nicht, das kann der gemeinste Verstand ohne Unterweisung unterscheiden[6, 7].“ Aber so einfach bietet sich das „Richtige“ dem Menschen nicht an. *Vor* der Sorge um die Reinheit der Pflichterfüllung ist dem Willen die schwere Frage nach dem Inhalte der Pflicht und mit ihr das Ringen um die rechte Entscheidung auferlegt. Der Gesinnungsethik genügt schon die Reinheit der Pflichterfüllung unabhängig davon, ob die Pflicht objektiv eine begründete oder nur vermeintliche war, oder — nach den Formeln der Existenzphilosophie — ihr genügt die Unbedingtheit des Einsatzes, gleichgültig, wofür er geleistet wird. Ja, ihr taucht die Sorge um die Gewißheit der rechten Tat als Problem so wenig auf, daß ihr ein „irrendes Gewissen als Unding“ erscheint[8].

Damit verkürzt sie das sittliche Problem in unzulässiger Weise. *Vor* aller Reinheit der Gesinnung, *vor* aller Echtheit des Einsatzes liegt das Ringen um die Gewißheit der rechten Tat, liegt der Kampf um den objektiven Lebenssinn. Die Reinheit der Pflichterfüllung ist nur die eine Seite des sittlichen Aktwertes; die andere, ihr vorgeordnete Seite ist die Sorge um die richtige Entscheidung (und in ihr auch die Verantwortung für die voraussehbaren Folgen der Tat). Erst die Beziehung auf eine materiale Wertordnung, die es in der jeweiligen Gegenwärtigkeit zu verwirklichen gilt, gibt dem sittlichen Akt den wirklichen Ernst und die existentielle Schwere; sie belädt die Person mit der Verantwortung nicht nur für die Echtheit des Einsatzes, sondern auch für die Sorge um die Richtigkeit der Tat.

Damit erweist sich die Gesinnungsethik zwar nicht als unrichtig, aber als einseitig — einseitig infolge der Vernachlässigung der objektiven Seite der Sittlichkeit. Sie muß sich zur Verantwortungsethik erweitern, welche die

---

[5] a. a. O. S. 90.

[6] a. a. O. S. 35.

[7] Vgl. auch Grundlegung zur Metaphysik der Sitten, S. 22. „Was ich zu tun habe, damit mein Wollen sittlich gut sei, dazu brauche ich gar keine weit ausholende Scharfsichtigkeit. Unerfahren in Ansehung des Weltlaufs, unfähig auf alle sich ereignenden Vorfälle desselben gefaßt zu sein, frage ich mich nur: Kannst du auch wollen, daß deine Maxime ein allgemeines Gesetz werde?“

[8] a. a. O. S. 243.

Reinheit der Gesinnung als Wert des sittlichen Aktes unangetastet läßt, aber darüber hinaus dem sittlichen Akt *auch* die Verantwortung für die sachliche Richtigkeit der Tat auferlegt. Erst damit wird der Inhalt der Autonomie voll ausgeschöpft, weil erst so die Person zum verantwortlichen Mitträger der sittlichen Welt wird, verantwortlich nicht nur für die Reinheit ihrer Gesinnung, sondern auch für die sachliche Richtigkeit ihrer Tat[9].

Die Verkürzung des ethischen Problems auf die Reinheit der Gesinnung und die Unbedingtheit der Pflichterfüllung ist ein sich bitter rächender Mangel. Der Ernst der sittlichen Aufgabe wird allzusehr erleichtert und verharmlost, wenn der Person die Verantwortung für den Inhalt der Entscheidung abgenommen wird, wenn die Reinheit der Flamme schon alles gilt und das irrende Gewissen kein ethisches Problem bietet, sondern ein bloßer Verstandesfehler ist. Weil sie der Person die eine Hälfte der sittlichen Leistung erspart, verkürzt sie auch die volle Substanz der sittlichen Person selbst.

Diese Verkürzung des sittlichen Problems ist in unser allgemeines ethisches Bewußtsein übergegangen, nicht so sehr durch philosophische Lehren als vielmehr durch Mächte der Volkserziehung, von denen wohl als wichtigste zu nennen wären: die Predigt vom unbedingten Wert des *Untertanengehorsams* im späteren Luthertum (im Unterschied etwa zum Kalvinismus), das *Beamtenethos* und die *militärische Erziehung*; sie hatten der Selbstlosigkeit und Treue der Pflichterfüllung den Glanz der vollen sittlichen Leistung verliehen, der ihr nicht zukommt, wenn der Inhalt der Pflicht unwesentlich ist und die Person nicht auch die Verantwortung für ihn übernimmt.

II

Die Wiederherstellung des vollen Gehaltes der Autonomie in der Verantwortungsethik stellt uns jedoch vor ein neues schweres Problem: wieweit ist nicht nur „der“ Mensch, sondern sind die vielen wirklichen Menschen sittlicher Autonomie fähig? Wieweit vermögen sie Mitträger der sittlichen Welt und verantwortliche Täter ihrer Taten zu sein?

Für *Kant*, nach dem der Pflichteninhalt vom gemeinsten Verstand ohne Unterweisung sofort zu gewinnen ist und nach dem die Pflichterfüllung um der Pflicht willen den vollen sittlichen Wert enthält, entsteht hier überhaupt kein Problem. Aber auch für *Hegel*, der gegenüber *Kants* subjektiv-moralischem Standpunkt die objektive Seite der Sittlichkeit und die Bedeutung der objektiven sozialen Ordnung machtvoll hervorgehoben hatte, war die Identität der subjektiven Gesinnung mit den objektiven Ordnungen im

---

[9] Max *Webers* Begriffsbestimmung deckt also nur einen kleinen Teil der Verantwortungsethik. Vor allem aber müßte seine gegensätzliche Gegenüberstellung zweier Ethiken die Sittlichkeit unheilbar relativieren. *Weber* hielt selbst am Schluß seines Vortrages die Antithese nur für vorläufig.

dialektischen Prozeß vernunftmäßig garantiert. „Der Mensch ist frei in sich selbst und kann nicht auf die Weise äußerlichen Befehls heruntergezogen werden[10].“ Der Potenz nach kann für *Hegel* jeder Mensch als freie Persönlichkeit dem Allgemeinen angemessen werden. Mit Recht hat *Hegel* dabei die Wurzel der Idee von der sittlichen Freiheit aller Menschen auf das Christentum zurückgeführt. Sie ist die aus dem Religiösen ins allgemein Ethische transponierte Idee von der christlichen Freiheit. Mag der Christ in seinem sozialen Stande Herr oder Sklave sein, im Glauben ist er Freigelassener des Herrn, nicht Menschenknecht (1. Kor. VII, 22). Mit dieser Freiheit aus dem Glauben entsteht ein neuer Gehorsam der freien Liebe, der freien Hingabe. „Gottes Autorität wird nur respektiert in der Sphäre der Freiheit, nur da, wo es ein Gewissen gibt, ein Mitwissen um ihre Hoheit und Rechtmäßigkeit und eine Zustimmung zu ihrer Stimme“ (Karl *Barth*).

Aber wo diese Freiheit im Glauben an die sittliche Welt, die zu ihrem Teil auch eine soziale Welt ist, hinaustritt, erhebt sich die Frage, wieweit wirklich der Einzelne mitverantwortlicher Träger dieser Welt sein kann. Die Kraft, sich den sozialen Normen nicht bloß durch Nachahmung äußerlich anzupassen, sondern sie durch Einsicht in ihre Gültigkeit und Würde „autonom“ zu übernehmen, ist offensichtlich verschieden groß. Die vorchristliche Welt kannte den Sklaven von Natur, der nach der Definition des *Aristoteles* „an der Vernunft nur soweit teil hat, als er sie in anderen vernimmt, sie aber selbst nicht besitzt“[11]. Die vom Christentum geprägte Ethik schließt prinzipiell keinen Menschen von der Freiheit völlig aus, wenn sie auch den Umkreis seiner Autonomie unbestimmt, der Idee nach sogar unbeschränkt sein läßt. Die nachchristliche Ethik vernichtet die Freiheit des einzelnen ganz. In der grandiosen Vision einer Auseinandersetzung zwischen dem Großinquisitor und Christus hat *Dostojewski* die Grundprinzipien einer solchen nachchristlichen Gegenethik entwickelt:

„Ist denn die Natur des Menschen so geschaffen, daß er in den furchtbaren Lebensaugenblicken, in den Augenblicken seiner fundamentalen, schrecklichsten und quälendsten Seelenfragen mit der freien Entscheidung seines Herzens auskommen könnte? Hattest Du vergessen, daß Ruhe und selbst der Tod dem Menschen lieber sind als die freie Wahl in der Erkenntnis von Gut und Böse? Es gibt nichts Verführerischeres für den Menschen als die Freiheit seines Gewissens, doch gibt es auch nichts Quälenderes für ihn ... Der Mensch kennt keine größere Sorge als die, jemanden zu finden, dem er möglichst schnell jenes Geschenk der Freiheit wieder übergeben kann ... Wir haben sie gelehrt, daß nicht die freie Entscheidung ihrer Herzen und nicht die Liebe wichtig sind, sondern: eben das ‚Geheimnis‘, dem sie blind gehorchen müssen und sei es auch gegen ihr Gewissen ... Gerade jetzt sind

---

[10] Philosophie der Weltgeschichte, Philosophische Bibliothek, Verlag Felix *Meiner*, Leipzig, II, S. 760.
[11] Politik, I, 5.

diese Menschen mehr denn je überzeugt, vollkommen frei zu sein. Sie haben uns eigenhändig ihre Freiheit gebracht und sie gehorsam und unterwürfig uns zu Füßen gelegt.“

Im Zentrum einer solchen heteronomen Gegenethik steht der blinde Gehorsam. Er erleichtert dem einzelnen sein Leben ganz wesentlich. Denn er gibt ihm nicht nur den festen Halt der Lebensführung, sondern entlastet ihn auch von der schweren Bürde der eigenen Entscheidung und der eigenen Verantwortung. Zudem vermittelt er ihm die Illusion einer sittlichen Leistung; denn er verlangt von ihm „Einsatz“, „Dienst“, „Opfer“. Aber nur die Illusion! Denn es fehlt nicht nur die Mitverantwortung für den Inhalt der übernommenen Pflicht, sondern sogar die Selbstlosigkeit ihrer Übernahme; vielmehr handelt es sich lediglich um die Flucht vor der schweren persönlichen Entscheidung in die bequemere triebhafte Unterordnung.

Die Legitimation des blinden Gehorsams übernimmt dabei die *Masse* der Gleichgesinnten. Das Bewußtsein, daß Unzählige mit und neben ihm dasselbe glauben und derselben Autorität folgen, ersetzt dem heteronomen Menschen die Einsicht in die Richtigkeit seines Glaubensinhalts. Die Beistimmung der Mitmenschen, nicht die Einsicht in die Richtigkeit des Geglaubten legitimiert dem heteronomen Menschen die Autorität, der er folgt. Er ist darum *wesensmäßig* Massenmensch. Die Masse ist seine Existenzbedingung; sie gibt ihm die Selbstbestätigung, die er aus sich selbst nicht gewinnt. (In der wirklichen Massenveranstaltung erlebt er darum den höchsten Grad der Befreiuung von seiner existentiellen Nichtigkeit).

Die heteronome Gegenethik muß Fanatismus fordern: da der blinde Gehorsam seine Legitimation nur aus der Beistimmung der Massen Gleichgesinnter zieht, muß es dem heteronomen Menschen gerade darauf ankommen, daß jeder andere ausnahmslos die gleiche Autorität anerkennt und bekennt; denn die partielle Nichtanerkennung entzieht ihm gerade die Legitimation seines Überzeugungsinhalts und stößt ihn in die Ungeborgenheit und Ungewißheit seiner Existenz zurück.

Als Kollektivkritik bezieht sie die Handlungen der einzelnen ausschließlich auf das Kollektivziel. Nur soweit diese Handlungen für das Kollektivziel von Nutzen sind, sind sie richtig, während alle persönlichen Bindungen der einzelnen untereinander aufgelöst werden. Vertrauen, Treue, Aufrichtigkeit von Person zu Person treten zurück gegenüber dem Dienst am Kollektivziel. Alle persönlich-privaten Verhältnisse werden zu öffentlichen gemacht (vgl. den Begriff der „Ersatzöffentlichkeit“ im Zersetzungstatbestand), in allen Lebenslagen ist der einzelne „Soldat“ der gemeinsamen „Idee“. Vertrauensbruch und Denunziantentum verlieren unter diesem Aspekt nicht nur jede Anstößigkeit, sondern sind im Dienst am Kollektiv sogar Pflicht. Die Kollektivethik ist eine atomisierende Ethik, die alle individuellen Bedingungen von Person zu Person zugunsten der „vertikalen“ Beziehung des einzelnen zum Kollektiv auflöst. „Der Einzelne ist nichts, das Volk ist alles“, ist der adäquate Ausdruck der heteronomen Gegenethik. Wo der

Einzelne keine autonome, mitverantwortliche Persönlichkeit ist, sondern blind fremder Direktive folgt, ist er wirklich ein Nichts, das nur in der Masse und durch sie besteht, ein Massenatom ohne Eigenwert. Die heteronome Gegenethik ist sachlich überhaupt keine Ethik, sondern eine Seinsfeststellung dessen, wie Menschen handeln, die das eigentlich Humane, ihr Selbst verloren haben. Der Schein einer Ethik entsteht nur dadurch, daß sie den Verlust des Selbst gar noch als sittliche Forderung aufstellt, die Preisgabe der sittlichen Freiheit als sittliche Tat fordert und damit eine radikale Perversion alles Sittlichen vollzieht. Ihre politische Gefährlichkeit liegt nicht nur darin, daß sie sich einem Machtmenschen als bequemes Mittel der Machtgewinnung und Machtsteigerung geradezu anbietet, sondern vor allem in der tragischen Tatsache, daß die moderne Massenzivilisation — auch ohne jeden Mißbrauch — der Ausbildung des Selbst, des autonomen Kerns der Persönlichkeit, entgegenwirkt. Wieweit es gelingen wird, diesen Teufelskreis zu sprengen, davon hängt die Zukunft unserer Kultur ab. Die beiden Hauptaufgaben dabei sind, einmal den Umkreis der Autonomie zu bestimmen, welchen Massen der am sozialen Leben mitwirkenden Menschen auszufüllen vermag, und zweitens Lebensbedingungen zu schaffen, die dem Einzelnen die Ausbildung eines autonomen Selbst überhaupt ermöglichen.

1. Am Anfang muß die Einsicht stehen, daß von der Autonomie kein Mensch *grundsätzlich* ausgeschlossen ist, mag auch das Maß der Autonomie verschieden groß sein. Das bedeutet die prinzipielle Ablehnung der heteronomen Gegenethik und damit den Aufbau der Kollektivethik, die die Menschen ausschließlich auf ein Kollektivziel „ausrichtet" und sie untereinander atomisiert. Das bedingt weiter den Abbau der unsere Zeit so verhängnisvoll beherrschenden kollektivistischen Auffassung, die den Einzelnen nur als Exemplar eines Gruppenallgemeinen sieht: einer Nation, eines Volkes, einer Rasse, einer Klasse, einer Partei usf., — also einer Auffassung, die im anderen primär nicht den Mitmenschen, der kraft seiner Autonomie sittliche Person ist, erkennt, sondern entweder den Angehörigen der gleichen Gruppe (als „Freund") oder den Nichtzugehörigen (als „Feind"). Alle diese Gruppenzugehörigkeiten sind für die sittliche Substanz der Person nur sekundäre Momente gegenüber der primären Eigenschaft des eigentlich Humanen, der Autonomie. Die Umkehrung dieses Rangverhältnisses hat mit der selbständigen Würde der sittlichen Person auch das Humane zerstört. Der Grund für die tiefe Antihumanität unseres Zeitalters liegt gerade darin, daß der Einzelne nicht als Mitmensch, sondern als Pole, Deutscher, Jude, Arbeiter usf. gilt. — Vor aller Zugehörigkeit zu einer Gruppe muß der Mensch stehen, vor allem Dienst am Kollektiv kommen die Werte der einfachen humanen Sittlichkeit (*Bollnow*): die Treue und Vertrauenswürdigkeit gegenüber dem Mitmenschen, die Redlichkeit und Anständigkeit, die Rücksichtnahme und Hilfsbereitschaft, kurz die Werte der Humanitas. Wie sie die Individuen untereinander verbinden, so vermögen nur sie eine echte Gemeinschaft, keine bloße Massenzusammenballung aufzubauen. Dabei sind sie nicht Werte einer hohen Persönlichkeitskultur,

sondern können von jedem Menschen erfüllt werden. Aber sie umgeben ihn mit einem eigenständigen sittlichen Kreis, machen ihn zur sittlichen Person und entwürdigen ihn nicht zum bloßen Mörtel einer Kollektiv-Pyramide.

2. Die Ethik der einfachen Sittlichkeit muß sich ausweiten zur Verantwortungsethik im sozialen Bereich. Denn die Werte der einfachen Sittlichkeit allein (als bloße Gesinnungswerte) würden das sittliche Problem wieder in gefährlicher Weise verkürzen, wenn sie nicht durch Aufgaben persönlicher Verantwortung im sozialen Bereich ergänzt werden, also durch eine Beteiligung an sachlichen Aufgaben, die der Urteilskraft des Einzelnen angemessen sind und von ihm in persönlicher Verantwortung erfüllt werden können. Hierin liegt die durch nichts zu ersetzende Funktion des sozialen Handelns für die individuelle Sittlichkeit, daß dieses ihr durch die Mitverantwortung an der Gestaltung des sozialen Lebens den vollen Inhalt einer Verantwortungsethik gibt, wie umgekehrt die Verantwortungsethik die unentbehrliche Voraussetzung aller sozialen und rechtlichen Ordnung und der Quellpunkt eines lebendigen Gemeinschafts-, Staats- und Rechtsbewußtseins ist.

a) Zu diesem vollen Sinne der Autonomie in der Verantwortungsethik gehört nicht nur der positive Wille zur mitverantwortlichen Anteilnahme an den objektiven Aufgaben der Gemeinschaft, sondern auch negativ die verantwortungsbewußte Abgrenzung desjenigen Bereichs, an dessen Gestaltung der Einzelne unter Übernahme eigener Verantwortung mitzuarbeiten imstande ist. Gerade diese Bescheidung fehlt dem heteronomen Menschen. Wie er den Ideenvorrat, den er in sich hat, von fremder Autorität (der öffentlichen Meinung, einer Partei, einem Führer) blind übernommen hat, so glaubt er auf Grund seiner erborgten „Weltanschauung“ überall mitreden zu können und seine Meinung auftrumpfend durchsetzen zu müssen. *Ortega y Gasset* hat das eindringlich geschildert: „Der Massenmensch findet sich vollkommen ... Sein (sc. erborgtes) Selbstvertrauen ist paradiesisch wie Adams ... Nicht daß der gewöhnliche Mensch glaubt, er sei außerordentlich und ungewöhnlich, sondern daß er das Recht auf Gewöhnlichkeit und die Gewöhnlichkeit als Recht proklamiert und durchsetzt“, das ist das Kennzeichen unserer Zeit[12].

Mit dem Verlust an autonomer Kraft im Massendasein schwindet auch das Bewußtsein der Grenze und des Maßes, die dem Einzelnen gesteckt sind. Hier beginnt die persönliche Schuld des Massenmenschen: sie liegt nicht darin, daß er die Angelegenheiten, mit denen er sich befaßt, schlecht ausführt, sondern darin, daß er sich mit ihnen überhaupt einläßt, ohne die Grenzen dessen innezuhalten, was er mit eigener Verantwortung auszufüllen imstande ist. Noch größer natürlich ist die Schuld der Drahtzieher und Propagandisten der öffentlichen Meinung, die der Masse Angelegenheiten,

[12] Aufstand der Massen, S. 73 f.

die sie durchsetzen wollen, von vornherein so vorlegen, daß sie ihr gar nicht die Möglichkeit einer sachlichen Stellungnahme geben, sondern ihr ihre Ansicht affektiv einsuggerieren. (In dieser Form pflegen z. B. auch die sogenannten „Justizkrisen" inszeniert zu werden.) Demgegenüber verlangt die Verantwortungsethik von jedem Einzelnen nicht nur *positiv*, den Kreis von sozialen Aufgaben zu übernehmen, den er unter eigener Verantwortung zu gestalten in der Lage ist, sondern auch *negativ*, sich alles dessen zu enthalten, was außerhalb seiner autonomen Kraft liegt. Das Maß hierfür ist individuell; es aufzufinden, gehört zur verantwortlichen sittlichen Aufgabe jedes einzelnen.

b) Bei der durchgängigen individuellen Verschiedenheit der autonomen Kraft entsteht eine praktische Schwierigkeit dort, wo für die Beteiligung an gemeinschaftlichen Aufgaben ein *durchschnittliches* Maß an selbstverantwortlichem Mitarbeiten- und Mitentscheidenkönnen angesetzt werden muß, wie vor allem bei der Beteiligung am politischen Leben. Hier erhebt sich das verantwortungsethische Problem der Demokratie. Gerade die Demokratie hängt wie keine andere Staatsform davon ab, daß sie einen Rahmen ausbildet, in dem jeder einzelne als verantwortlicher Mitträger des Gemeinwillens, d. h. als autonome Person aufgerufen und herangezogen werden kann. So verstanden ist die Idee einer substantiellen Demokratie geradezu die Anwendung der Verantwortungsethik im staatlich-politischen Raum. Allerdings führt diese praktisch-politische Frage weit über unser gestelltes Thema hinaus; doch seien ihm abschließend einige Worte gewidmet:

Man darf den Menschen des Massenzeitalters weder intellektuell noch willensmäßig beanspruchen, d. h. man darf von ihm nicht Entscheidungen verlangen, denen er nicht gewachsen ist. Mit der Ausbreitung der Technik ist zwar das Fachwissen der Massen durchschnittlich beträchtlich gestiegen, aber die Fähigkeit, allgemeine Lebenszusammenhänge zu erfassen, ist gerade beim sogenannten „Spezialisten" gesunken. Es scheint ein Gesetz begrenzter seelischer Leistungskraft zu geben, wonach die Zunahme des reinen Fachwissens mit der Abnahme selbständiger Lebenserkenntnis verbunden ist[13]. Will man nicht wieder innere Unwahrhaftigkeit und blinde Autoritätshörigkeit züchten, so dürfen die Entscheidungen, zu denen die Massen aufgerufen werden, ihrer durchschnittlichen Fassungskraft nicht unangemessen sein. So dürften wichtige Gründe für einen stufenförmigen Aufbau der Demokratie sprechen[14].

---

[13] *Meinecke*, Deutsche Katastrophe, S. 59, berichtet von einer ähnlichen Beobachtung.

[14] Wenn nach Zeitungsmeldungen bei den Abstimmungen über die süddeutschen Verfassungen nur jeder siebente oder achte wirklich Genaueres über die Verfassung zu sagen wußte, über die er abstimmen sollte, so ist das für den Aufbau der Demokratie ein Gefahrenzeichen erster Ordnung.

DER IRRTUM ÜBER DIE RECHTSWIDRIGKEIT DES HANDELNS

Die deutschen Gerichte haben sich in der letzten Zeit in einem bisher ungeahnten Maße mit dem Problem der Rechtswidrigkeit des Handelns beschäftigen müssen. Sie mußten dabei auf besondere Schwierigkeiten stoßen, da es kein Rechtsproblem gibt, bei dem sich die Auffassungen des früheren RGs und der Rechtslehre so diametral gegenüberstanden und bei dem die reichsgerichtliche Rechtsprechung so überholt erschien, wie gerade bei diesem. Die Gründe, die die Rechtslehre gegen die reichsgerichtliche These von der Unbeachtlichkeit des (Straf-)Rechtsirrtums vorgebracht hatte, waren so durchschlagend, daß die Praxis heute wohl allgemein dazu übergegangen ist, zum Schuldvorwurf das Bewußtsein der Rechtswidrigkeit des Handelns zu fordern (vgl. OLG Kiel, DRZ 46 S. 126; KG, DRZ 47 S. 198; OLG Frankfurt, SJZ 47 Sp. 626). So schien in diesem ersten Punkte, der Ablehnung der reichsgerichtlichen Rechtsprechung, endlich eine Einmütigkeit zwischen Theorie und Praxis hergestellt zu sein. Überraschenderweise hat jedoch kein Geringerer als *Radbruch* sich jüngst *zugunsten* der Auffassung des RG ausgesprochen (SJZ 47 Sp. 634). Er führt dabei an, daß das Erfordernis des Bewußtseins der Rechtswidrigkeit nur auf dem Boden einer ganz bestimmten, „imperativen" Rechtsauffassung selbstverständlich sei, die die Urform des Rechts in Befehlen, in Geboten und Verboten, erblickt. Aber Unrecht sei nicht darum Unrecht, weil es verboten ist, sondern es werde verboten, weil es Unrecht ist[1]. Die Urform des Rechts sei nicht die Bestimmungsnorm, sondern die Bewertungsnorm, und in einer an dieser orientierten Schuldlehre bedürfe es zur Schuld nicht des Bewußtseins der Rechtswidrigkeit. Habe der Täter „trotz Kenntnis der Eigenschaften, welche die Handlung nach der Meinung des Gesetzgebers als ungerecht oder antisozial charakterisieren, deren ungerechten und antisozialen Charakter nicht erkannt, — um so schlimmer"[2]!

So gewichtig diese Argumentation auch ist, so vermag sie doch aus historischen wie sachlichen Gründen gegen die herrschende Lehre nicht durchzuschlagen. Historisch waren es gerade die Vertreter der „platonischen" Rechts-

[1] So schon *Platon* im Eutyphron St. 10. Die gegenteilige Auffassung wurde vor allem im spätmittelalterlichen Nominalismus und von Thomas *Hobbes* vertreten.

[2] Vgl. hierzu auch *Lange*, SJZ. 48 Sp. 309. (Anm. der Redaktion.)

auffassung — wonach das Unrecht schon *vor* jedem Verbot Unrecht ist —, die den Schuldvorwurf vom Unrechtsbewußtsein des Täters abhängig machten, nämlich Thomas von *Aquin* und Hugo *Grotius*[3]. Und sachlich ist es nichts anderes als die wesensmäßige Konsequenz des Schuldprinzips, daß man niemanden für schuldig erklären kann, der nicht wußte oder wissen konnte, daß das, was er tat, auch unrecht ist. Wollte man davon absehen, so käme man zu einer reinen, schuldfreien Charakterhaftung, die zwar für das Maßnahmerecht, nicht aber für das Recht der *Strafe* zulässig ist. Der Gegensatz zwischen der „platonischen" und der „imperativen" (oder „nominalistischen) Rechtsauffassung hat für die Schuldlehre nur insofern Einfluß, als nach der ersteren genügt, wenn der Täter das Bewußtsein hatte, daß seine Tat *materiell Unrecht* ist, während die zweite speziell das Bewußtsein der *Gesetz*widrigkeit fordern muß.

Bleibt somit die sich jetzt in der Praxis durchsetzende Rechtsauffassung, daß zur Schuld das Unrechtsbewußtsein gehört, unerschüttert, so sind damit noch keineswegs schon alle Schwierigkeiten behoben. Vielmehr tauchen bei der näheren Durchführung dieser Rechtsauffassung Probleme auf, die von der überwiegenden Doktrin in einer Weise gelöst worden sind, die den erreichten Fortschritt wieder gefährdet. Hier zeigt sich ein schweres geschichtliches Versäumnis der Naturrechtslehre, daß sie nach der grundsätzlichen Einsicht des *Grotius* in die Beachtlichkeit des Verbotsirrtums nicht die Kraft hatte, das gewonnene Ergebnis konkret auszubauen, — anders als das scholastische Naturrecht im Anschluß an *Thomas*[4]. Das zeigt sich schon in der Namengebung. Noch immer sprechen wir in den mißverständlichen römisch-rechtlichen Begriffen von „Rechts-" und „Tatirrtum". Schon der erste Denker, der sich mit dem Problem auseinandersetzte, *Aristoteles*, hatte sachlich weit richtiger zwischen dem Irrtum über die allgemeinen Regeln des Handelns (καθόλου) und dem Irrtum über die einzelnen Tatumstände (καθ'ἕκαστα) unterschieden (*Nikomach*ische Ethik III, 2 — 1110 b —). Erst die Digesten (D. 22. 6. 9) machten daraus die schiefe Disjunktion error juris und error facti. Wenn jemand eine fremde Sache wegnimmt, die er für seine eigene hält, so befindet er sich im Irrtum über eine rechtliche Beziehung: die Fremdheit der Sache. Aber sein Irrtum ist ein Irrtum über ein Tatbestandsmerkmal, nicht über die Rechtswidrigkeit des Diebstahls. Nach den Aristotelischen Begriffen ist der Sachverhalt klar: es handelt sich um einen Irrtum καθ'ἕκαστα (einen Tatbestandsirrtum), nicht um einen Irrtum καθόλου (Verbotsirrtum). Die Disjunktion Rechtsirrtum-Tatirrtum verführt dagegen hier zu der verfehlten Vorstellung: kein Tatirrtum, sondern Rechtsirrtum. In Wahrheit liegt ein Tatbestandsirrtum vor, der nicht anders zu

[3] Vgl. Thomas v. *A.*, Summa Theologica I, 2 Quae. 76 a. I—IV. H. *Grotius*, de jure belli ac pacis 2, XX, 43. Den näheren Nachweis hierfür habe ich in einer zur demnächstigen Veröffentlichung bestimmten Arbeit über das irrende Gewissen geführt.

[4] Darüber ebenfalls in der in Note 3 genannten Arbeit.

behandeln ist als jeder Irrtum über ein Tatbestandsmerkmal, mag es sich um ein rein tatsächliches oder um ein rechtliches Merkmal handeln, nämlich so, daß er den Vorsatz ausschließt. So ist er auch unter der Herrschaft des Satzes „error juris nocet“ stets behandelt worden. Um daher jedes Mißverständnis von vornherein auszuschließen, sollte man nur vom Irrtum über ein Tatbestandsmerkmal (Tatbestandsirrtum) und vom Irrtum über die Rechtswidrigkeit (Verbotsirrtum) sprechen[5].

Daß der Irrtum über ein Tatbestandsmerkaml den Vorsatz ausschließt, folgt aus dem Begriff des Vorsatzes — als Wissen und Wollen der Tat — und ist gesetzlich anerkannt (§ 59). Aber welche Wirkung hat der Irrtum über die Rechtswidrigkeit der Tat (der Verbotsirrtum)? Die überwiegende Meinung — die wir im folgenden der Kürze halber als „Vorsatztheorie“ im Unterschied zur später zu entwickelnden „Schuldtheorie“ bezeichnen wollen — hat die scheinbar nächstliegende und einfachste Antwort darin gegeben, daß sie beide Irrtumsarten gleich behandelte: auch der Irrtum über die Rechtswidrigkeit der Tat soll den Vorsatz ausschließen (Nachweise s. bei *Schönke*, § 59 II, 2). Aber gerade diese scheinbar so einfache Lösung führt zu schweren sachlichen Komplikationen, lediglich aus dem Grund, weil sie den spezifischen sachlichen Unterschied zwischen Verbots- und Tatbestandsirrtum nicht berücksichtigt. Auch hier — wie in der Teilnahmelehre — zeigt es sich, daß das Recht keineswegs völlig frei über die Lebenssachverhalte schalten und walten kann, sondern daß es an vorgegebene sachliche Unterschiede gebunden ist und daß es, wenn es sie nicht beachtet, zu Fehllösungen kommen muß.

Ist es denn sachlich richtig, daß der Verbotsirrtum den Tatvorsatz ausschließt? Man nehme die heute häufigen Fälle: Jemand tötet einen anderen in Ausführung eines offensichtlich rechtswidrigen Befehls, an dessen Rechtmäßigkeit er glaubte. Man denke etwa an die Tötungen von Geisteskranken auf Grund des geheimen Führererlasses vom 1. 9. 1939 oder an die Erschießungen unschuldiger Zivilpersonen auf Grund des *Keitel-Himmler-Bormann*schen Befehls, daß alle über 14 Jahre alten männlichen Bewohner eines Hauses, auf dem eine weiße Flagge gehißt worden war, zu erschießen seien. Daß der Täter seinem Opfer wissentlich und willentlich das Leben genommen hat, ist schlechterdings nicht zu bestreiten. Daran ändert auch der Irrtum über die Rechtswidrigkeit des Befehls nichts; denn der Wille

[5] Die Disjunktion Tatbestand-Rechtswidrigkeit ist für die Irrtumslehre von fundamentaler Bedeutung und hat mit dem Begriffspaar Tatirrtum-Rechtsirrtum überhaupt nichts zu tun. Es gibt „Rechtsirrtümer“, die Tatbestandsirrtümer sind (der Irrtum über normative Tatbestandsmerkmale wie Fremdheit der Sache, und es gibt „Tatirrtümer“, die Verbotsirrtümer sind (der Irrtum über die tatsächlichen Voraussetzungen eines Rechtfertigungsgrundes, z. B. einer Notwehrlage). Über das letztere *Dohna*, Aufbau der Verbrechenslehre, S. 44 und mein Strafrecht, 1947, S. 81.

des Täters war gerade darauf gerichtet, den anderen zu töten, um den Befehl auszuführen. Er tötete nicht fahrlässig, sondern vorsätzlich, und sein Irrtum betraf lediglich die Rechtswidrigkeit seiner vorsätzlichen Tötungshandlung.

Jedoch erwidert die überwiegende Lehre darauf: wir *bezeichnen* nun einmal als Tötungsvorsatz nur den Willen, der bewußt auf eine *rechtswidrige* Tötung gerichtet ist. Der Wille zu einer *rechtswidrigen* Tötung fehlt aber hier, darum hat — nach *unserer* Vorsatzdefinition — der Täter sein Opfer nur fahrlässig getötet.

Aber handelt es sich wirklich bloß um eine Definitionsfrage? Oder werden nicht vielmehr zwei Dinge (die beiden Irrtumsarten) zusammengekoppelt, die sachlich verschieden sind? Das läßt sich an den Konsequenzen der Vorsatztheorie klar aufzeigen. Wenn der — vermeidbare — Irrtum über die Rechtswidrigkeit der mit Wissen und Wollen vollzogenen Tat diese zur fahrlässigen macht, kommt eine Bestrafung nur im Rahmen der fahrlässigen Tatbestände in Betracht. Das kann de lege lata zu sehr unzutreffenden Ergebnissen führen. Denn erstens gibt es Verbotsirrtümer, die sich so leichtfertig über fundamentale ethische Normen hinwegsetzen, daß ihre Bestrafung im Rahmen der Fahrlässigkeitstatbestände ganz ungerecht wäre. Zweitens versagt die Vorsatztheorie in all den Fällen, in denen fahrlässiges Handeln nicht unter Strafe gestellt ist. Man denke an Freiheitsberaubungen oder an Menschenraub auf Grund offensichtlich rechtswidriger Befehle. Hier muß die Vorsatztheorie zu völliger Straffreiheit kommen, da fahrlässige Freiheitsberaubung oder fahrlässiger Menschenraub straflos sind. Nun wird die Vorsatztheorie einwenden, daß dieser Mangel lediglich auf dem Versagen des positiven Rechts beruht, das keine Regelung des Verbotsirrtums vorgesehen hat (womit sie implicite anerkennt, daß der Verbotsirrtum spezifische Probleme stellt, die durch die Gleichbehandlung mit dem Tatbestandsirrtum nicht gelöst werden!). Man hat darum de lege ferenda für die zweite Fallgruppe einen Aushilfstatbestand der Rechtsfahrlässigkeit vorgeschlagen: Ist fahrlässiges Handeln nicht mit Strafe bedroht, so wird der Täter mit Gefängnis bis zu 2 Jahren bestraft[6] (so der Entwurf von 1936). Also ein tatbestandsloses delictum culpae, das von jeder Beziehung zur konkreten Tat gelöst ist und das darum dem Richter keinen Anhaltspunkt für sein Urteil gibt. Der Strafrahmen ist völlig willkürlich und entbehrt jeder Beziehung zur Schwere der Tat. Mag die Tat mit hoher Zuchthaus- oder mit geringer Gefängnisstrafe bedroht sein, im Falle der Rechtsfahrlässigkeit ist die Höchststrafe generell 2 Jahre Gefängnis. Dabei gibt es so krasse Verbotsirrtümer, daß sie dem aktuellen Unrechtsbewußtsein nicht nachstehen. Für diese schwersten Fälle des Verbotsirrtums — der sog. Rechts-

[6] Auch die Vorsatztheorie kommt also um die Unterscheidung des Verbotsirrtums vom Tatbestandsirrtum nicht herum! Denn der „Aushilfstatbestand“ der sog. Rechtsfahrlässigkeit gilt nur für den Verbotsirrtum!

blindheit[7] — hat allerdings die Vorsatztheorie eine Sonderregelung vorgeschlagen, die höchst aufschlußreich ist. Sie bestimmt, daß Rechtsblindheit den Vorsatz nicht ausschließe. Wenn auch im Falle der Rechtsblindheit der Täter in Wahrheit keinen vorsätzlichen Rechtsverstoß begangen habe, so sei er doch *wie* ein vorsätzlich Handelnder zu beurteilen (so *Mezger*, *Kohlrausch*-Festschrift S. 184). Ganz unverhüllt wird hier mit einer Fiktion gearbeitet. Obwohl kein Vorsatz vorliege, wird die Tat „wie" eine vorsätzliche behandelt. Fiktionen im Zentralgebiet der strafrechtlichen Schuld sind ein untrügliches Zeichen dafür, daß das sachliche Problem nicht bewältigt worden ist. Und um was für eine Fiktion handelt es sich dabei! Zunächst wird entgegen dem klaren ontischen Befund ein vorsätzliches Handeln wegen Verbotsirrtums zum fahrlässigen umgedeutet, dann wird für den Sonderfall der Rechtsblindheit das angeblich fahrlässige Handeln wieder als vorsätzliches „fingiert". Ein und dieselbe Gegebenheit — das vermeidbar verbotsirrtümliche Handeln — wird *gleichzeitig* als fahrlässiges *und* als vorsätzliches angesehen! Wie will die Vorsatztheorie um diesen Verstoß gegen den Satz des Widerspruchs herumkommen? Und dazu welch schablonenhaftes praktisches Ergebnis! Zwischen der Strafe für die Rechtsfahrlässigkeit — im Höchstfalle 2 Jahre Gefängnis bzw. Strafe nach dem konkreten Fahrlässigkeitstatbestand — und der Vorsatzstrafe für „Rechtsblindheit" klafft eine breite Lücke, die die dazwischenliegenden Schuldabstufungen unberücksichtigt läßt. So führt die Vorsatztheorie mit ihrer Gleichstellung von Verbots- und Tatbestandsirrtum zu logisch und axiologisch unhaltbaren Ergebnissen. Ihre Mängel sind bereits in ergangenen Entscheidungen empfindlich zutage getreten, indem einerseits schwer schuldhafte Verbotsirrtümer durch Umdeutung der Taten in fahrlässige und ungerecht milde und andererseits angeblich „rechtsblinde" Taten ohne jede Berücksichtigung des Verbotsirrtums ungerecht schwer bestraft worden sind[8]. Auf die Dauer werden diese Mängel so schwer wiegen, daß die Gefahr sehr

---

[7] Statt von Rechtsblindheit spricht man heute gern von Mißachtung „evidenter" Naturrechtssätze. Die Annahme, daß Naturrechtssätze qua Naturrecht „evident" seien, ist historisch wie sachlich ein Irrtum. Vgl. Thomas v. *A.* und *Grotius* bei Anm. 3 und mein dort angeführter Aufsatz.

[8] So erheben sich gegen das Euthanasie-Urteil des KG in DRZ 1947 S. 198 schwere Bedenken. Wenn dort die angeklagte Ärztin, wie *Lange* richtig hervorhebt, „von der Liste der *ohnehin* zu Tötenden die noch Arbeitsfähigen ausgesondert, die Gesamtzahl der zu Tötenden also *verringert* hat", hat sie dann überhaupt den objektiven Tatbestand des § 211 verwirklicht? (Die Sittenwidrigkeit des Motivs könnte — im Gegensatz zur Meinung *Langes* — den Mangel im objektiven Tatbestand nicht ausfüllen!) Aber selbst wenn man ihre Mitwirkung am *Gesamtprozeß* der Lebensvernichtungen für objektiv ausreichend ansieht — wofür gewichtige Gründe angeführt werden könnten —, hatte sie sich nach dreitägigem Gewissenskampf nicht gerade mit Rücksicht darauf, möglichst viele noch retten zu können, zur Verfügung gestellt? Hätte nicht wenigstens dieser Gewissensirrtum mildernd berücksichtigt werden müssen? Mit der bloßen Feststellung der Vorsätzlichkeit der Tat war es gewiß nicht getan!

nahe liegt, die verfehlte Lösung werde die Berücksichtigung des Verbotsirrtums überhaupt in Mißkredit bringen und zur überholten reichsgerichtlichen Auffassung zurückführen.

Der Grundfehler der Vorsatztheorie liegt in der Annahme, das Bewußtsein der Rechtswidrigkeit gehöre zum Vorsatz und darum schließe der Irrtum über die Rechtswidrigkeit den Vorsatz aus und mache die Tat zur fahrlässigen. In Wahrheit gehört das Bewußtsein der Rechtswidrigkeit zur *Schuld*, nicht zum Tatvorsatz, so daß sein Fehlen an der Vorsätzlichkeit der Tat nicht das mindeste ändert[9]. Wer im irrigen Glauben, dazu berechtigt zu sein, einen anderen tötet, tötet ihn vorsätzlich, aber seine Schuld, d. h. die Vorwerfbarkeit der Tat, ist, wenn der Irrtum unvermeidlich war, ausgeschlossen; wenn der Irrtum aber bei Anwendung der erforderlichen Sorgfalt vermeidbar war, ist die Vorwerfbarkeit nach dem Grade der Entschuldbarkeit des Irrtums gemildert. Das war bereits die grundlegende Einsicht der scholastischen Moraltheologie im Anschluß zu Thomas von *Aquin*: die ignorantia juris invincibilis schließt die Schuld aus, die ignorantia vincibilis mildert sie, läßt aber die Vorsätzlichkeit der Tat unberührt[10]. Diese sachlich allein zutreffende Lösung hatte auch der Entwurf 1930 § 20 Abs. 2 vorgesehen: „Handelt der Täter vorsätzlich, aber in einem entschuldbaren Rechtsirrtum, der ihn das Unrechtmäßige seiner Tat nicht erkennen läßt, so ist er straffrei; ist der Irrtum nicht entschuldbar, so ist der Täter strafbar, aber milder zu bestrafen." An dieser Regelung ist nur das eine zu beanstanden, daß der vermeidbare Verbotsirrtum die Strafe *obligatorisch* mildern soll, während es Verbotsirrtümer gibt, deren Schuldgehalt so groß ist, daß er dem aktuellen Unrechtsbewußtsein nicht nachsteht[11, 12]. Im übrigen aber enthält die vorgeschlagene Bestimmung nicht eine beliebige positivrechtliche Regelung des Verbotsirrtums, sondern eine solche, die aus dem jedem positiven Recht *vorgegebenen* Wesen von Schuld und Vorsatz folgt. Grade darum ist der in ihr zum Ausdruck gekommene Rechtsgedanke bereits heute anwendbar, weil ja die fundamentalen Lehren unseres allgemeinen Teils wie Schuld, Vorsatz, Fahrlässigkeit usf. zum ganz überwiegenden Teil nicht gesetzlich normiert sind, sondern aus der imma-

---

[9] So auch *Lange*, SJZ 48 Sp. 309 f. (Anm. der Redaktion).

[10] Vgl. *Hinschius*, System des kathol. Kirchenrechts Bd. V S. 921 ff.; ferner meine Anm. 3 genannte Arbeit.

[11] Darum ist die gegen die Berücksichtigung des Verbotsirrtums immer wieder geäußerte Befürchtung, dem Täter werde eine bequeme Ausrede an die Hand gegeben, unbegründet. Nur der *entschuldbare* Verbotsirrtum befreit von Strafe, der unentschuldbare Irrtum kann bei gröbster Leichtfertigkeit die volle Strafe auslösen.

[12] So die korrekte Lösung in Art. 20 Schweiz. StGB.: „Hat der Täter aus zureichenden Gründen angenommen, er sei zur Tat berechtigt, so kann der Richter die Strafe nach seinem freien Ermessen mildern (Art. 66) oder von einer Bestrafung Umgang nehmen." — Das neue Schweiz. Strafrecht steht voll auf dem Boden der Schuldtheorie. Ebenso jetzt § 58 Thür. StGB.

nenten Rechtslogik stammen, wie sie in langer wissenschaftlicher und judizieller Arbeit allmählich enthüllt worden ist.

So ergeben sich für unser heute geltendes Recht folgende Grundsätze für die Behandlung des Verbotsirrtums:

1. Die These des früheren RG von der Unbeachtlichkeit des Verbotsirrtums ist mit dem Schuldprinzip unvereinbar.

2. Das Bewußtsein der Rechtswidrigkeit (des Verbotenseins der Handlung) ist ein Element der Schuld (der Vorwerfbarkeit), nicht aber des Vorsatzes. Mangelndes Bewußtsein der Rechtswidrigkeit ändert an der Vorsätzlichkeit der Tat nichts, sondern berührt nur den Schuldgehalt der Tat (das Maß ihrer Vorwerfbarkeit).

a) War der Irrtum über die Rechtswidrigkeit für den Täter bei Anwendung der von ihm zu erwartenden Sorgfalt unvermeidbar, so sind Schuld und Strafe ausgeschlossen.

b) War der Irrtum über die Rechtswidrigkeit bei Anwendung der erforderlichen Sorgfalt vermeidbar, so sind Schuld und Strafe entsprechend der Entschuldbarkeit des Irrtums milder. Der vermeidbare Verbotsirrtum ist ein Schuldmilderungsgrund innerhalb der vorsätzlichen Tatbestände, ist also vor allem als mildernder Umstand zu berücksichtigen. So *kann* z. B. die vorsätzliche Tötung in vermeidbarem Verbotsirrtum im Strafrahmen des § 213 berücksichtigt werden; sie *kann* aber bei grobem Verbotsirrtum auch nach dem Strafrahmen des § 212 beurteilt werden u. U. — z. B. bei grausamer Tötung — sogar nach § 211.

Somit kann der Verbotsirrtum bereits nach geltendem Recht ohne eine positivgesetzliche Regelung materiell gerecht beurteilt werden. Nur *eine* Grenze setzt das positive Recht, nämlich da, wo die Tatbestände keine mildernden Umstände vorsehen (z. B. in § 234, dem Menschenraub); hier kann bei geringer Verschuldung des Verbotsirrtums die nach dem Strafrahmen des § 234 zu verhängende Strafe u. U. zu hart sein. Solange aber eine generelle Strafmilderung bei vermeidbarem Verbotsirrtum, wie § 20 Abs. 2 E. 1930 sie vorsah und wir sie für den Versuch in § 44 haben, nicht positives Gesetz geworden ist[13], ist der Richter an den allgemeinen Strafrahmen gebunden und muß die Strafmilderung der Gnadeninstanz überlassen[14].

---

[13] Wie in § 58 Thür. StGB.

[14] Die oben entwickelte Schuldtheorie des Verbotsirrtums vertreten in der Literatur: am konsequentesten Graf zu *Dohna*, Aufbau der Verbrechenslehre, S. 41 ff.; ferner v. *Hippel*, Deutsches Strafrecht Bd. 2 S. 349 ff.; v. *Weber*, Grundriß S. 122. Ich selbst habe sie von Anfang an in meinen Grundzügen des Strafrechts vertreten (in der neuesten Auflage, 1947, S. 78 ff.). In der positivrechtlichen Behandlung habe ich allerdings insoweit noch eine Konzession an die h. L. machen zu müssen geglaubt, als ich für die Bestrafung des Verbotsirrtums man-

gels einer gesetzlichen Regelung eine Analogie zu § 59 vorschlug. Diese Konzession, die die Schwierigkeiten nicht behebt, gebe ich hiermit ausdrücklich auf.

Über die weittragenden dogmatischen Folgen der Irrtumslehre, besonders für die Stellung des Vorsatzes im Handlungsbegriff und zur Schuld, vgl. meine Grundzüge des Strafrechts. Die sachgerechte Erfassung des Verbotsirrtums ist allein vom finalen Handlungsbegriff aus möglich — nämlich unter Abtrennung des Vorsatzes von der Schuld und dessen Zuweisung zur Handlung — und bildet eines der Beweisstücke des finalen Handlungsbegriffs.

DAS GESINNUNGSMOMENT IM RECHT*

Die Stellung, die dem Gesinnungsmoment im Rahmen des Rechts zugewiesen wird, bestimmt sich durch die Auffassung über das Verhältnis von Sittlichkeit und Recht. Die Antwort, die überwiegend die neuere Rechtstheorie auf die Frage hiernach gegeben hat, bedient sich gerade des Gesinnungsmoments: Nur die Sittlichkeit wende sich an die Gesinnung, das Recht dagegen betreffe die äußere Handlung. Die damit zum Ausdruck gebrachte Meinung, daß Sittlichkeit und Recht grundsätzlich getrennt seien, ist trotz ihrer weiten Verbreitung verhältnismäßig jung. Ihr geistiger Vater ist Christian *Thomasius*, der sich mit Recht als seine Hauptleistung zugeschrieben hat, Sittlichkeit und Recht getrennt zu haben. Voll Stolz hebt er es schon im Titel seines Hauptwerkes hervor: Fundamenta Juris Naturae et Gentium, in quibus secernuntur Principia Honesti, Iusti ac Decori. In diesem Buche trennt er das Ius naturae late dictum in das Honestum, Iustum, Decorum: Honestum dirigit actiones insipientium internas; decorum externas, ut aliorum benevolentiam acquirant; iustum externas, ne pacem turbent et turbatam restituant. Das Honestum weist er der Ethik, das Decorum der „Politik", das Iustum dem Naturrecht i. e. S. zu (1. IV. 98). Die Pflichten des Iustum seien nur äußerlich, die des Decorum und des Honestum dagegen innerlich**. Diese Trennung ist die Grundlage der neueren Rechtstheorie geworden mit der einzigen Änderung, daß an Stelle der unklaren „Politik" des *Thomasius* die Sitte getreten ist. Von größter Bedeutung wurde es nun, daß man diese Trennung von Sittlichkeit und Recht in die praktische Philosophie *Kants* hineinlas und sie dadurch mit seiner Autorität umkleidete. *Binder* (Philosophie des Rechts, S. 821) gibt nur die allgemeine Überzeugung wieder, wenn er sagt, es sei „das zweifellose, große Verdienst *Kants*, die Koordination von Recht und Moral streng durchgeführt zu haben, indem er die Gesetzgebung für die inneren und äußeren Handlungen, die ethische und juristische Gesetzgebung unterscheidet. *Kant* hat damit der früheren moralisierenden Rechtslehre ein Ende bereitet". Auf dieser Grundlage kommt es zu den steretoypen Wendungen: das Recht normiere das äußere Verhalten, die Sittlichkeit die innere

---

* Aus: Festschrift für Julius v. *Gierke*, Berlin 1950, S. 290.

** Aber selbst *Thomasius* hält nicht konsequent durch! An der Stelle, an der er später das Naturrecht vom positiven Recht scheidet, kennzeichnet er das Naturrecht als consilium (1. IV. 34); diesem aber hatte er eine obligatio interna beigelegt (1. IV. 35). Damit fällt das entscheidende Kriterium des Iustum gegenüber dem Honestum dahin.

Gesinnung; selbst der Ethiker beugt sich der communis opinio: „Die Rechtsforderung wendet sich nicht an die Gesinnung, sondern ausschließlich an die Handlung“ (N. *Hartmann*, Ethik, S. 384). Es ist durchaus an der Zeit, diese verhältnismäßig junge communis opinio aufzugeben. Ihr Grundfehler besteht darin, daß sie die mehrseitige (dialektische) Gliederung der Sittlichkeit nicht minder verkennt wie die ebenso mehrseitige (dialektsche) Gliederung des Rechts. Auch die Sittlichkeit hat ihre „äußere“, ihre Handlungsseite: die ethische Materie, wie das Recht seine „innere“ Willens- und Gesinnungsseite. Lediglich in dem ganz allgemeinen und vagen Sinn enthält die communis opinio einen richtigen Kern insofern, als das Recht in stärkerem Maße als die Sittlichkeit die objektive Seite der Handlung betont. Wenn man Recht und Sittlichkeit vergleichen will, muß man von dieser Mehrdimensionalität beider Begriffe ausgehen, muß man erkennen, daß beide sowohl eine objektive wie eine subjektive Seite haben und daß darum Sittlichkeit und Recht nach beiden Seiten miteinander verglichen werden müssen. Es geht nicht an, von der Sittlichkeit nur die subjektive Seite (die Moralität) und vom Recht nur die objektive Seite (die materiale Handlungsstruktur) herauszugreifen und dann deren prinzipielle Verschiedenheiten festzustellen. Hierin liegt die Hauptfehlerquelle der communis opinio.

Es kann hier nicht der Ort sein, das Verhältnis von Sittlichkeit und Recht in toto aufzurollen; wohl aber muß es so weit erörtert werden, als es für die Stellung des Gesinnungsmoments in Sittlichkeit und Recht von Bedeutung ist.

Das Problem der Sittlichkeit hat zwei Teilaspekte, die in einem spannungsvollen Zusammenhang miteinander stehen:

1. Das Problem des G e g e n s t a n d e s des sittlichen Handelns: W a s ist sittlich geboten, was sittlich erlaubt? Es ist dies das Problem der ethischen Materie, des ethischen Objekts. Darum ist es die materielle oder objektive Seite der Sittlichkeit. Diese Seite fragt nach den sittlich wertvollen Zielen des Handelns, nach dem ethischen „Gut“, d. h. nach den Sachverhaltswerten, die an die Person mit einem Sollen herantreten, sie zu verwirklichen oder zu erhalten. Dabei sind zwei große Gruppen von Pflichtinhalten zu unterscheiden:

   a) solche, die den einzelnen allein angehen: die individuell-persönlichen Lebensaufgaben (individuelle Selbstvervollkommnung): Pflichten der Individualethik;

   b) solche, die dem Menschen als Sozialwesen, also gegenüber dem Mitmenschen obliegen: Pflichten der Sozialethik.

Diese Probleme der materialen oder objektiven Sittlichkeit bezeichnet man terminologisch am besten als die „ e t h i s c h e n “ Probleme i. e. S., wie im Griechentum die Ethik vornehmlich die materiale Seite der Sittlichkeit betraf.

2. Das Problem des sittlichen Aktes als solchen: Hier fragt es sich nicht: Was ist ethisch zu tun, sondern wie beschaffen muß der sittliche Akt sein? Diese Seite hat wiederum zwei Teilmomente:
   a) das Problem der Vergewisserung der Pflicht (das Gewissensproblem): die Handlung muß gewissenhaft erfolgen;
   b) das Gesinnungsproblem i. e. S.: die Handlung muß aus reiner Gesinnung geschehen.

Im Unterschied zur objektiv-ethischen Seite nennt man diese Seite zweckmäßig die subjektiv-moralische Seite der Sittlichkeit (Moralität). Beide Aspekte gehören wesensmäßig zusammen. Erst beide zusammen, Ethik und Moralität, ergeben die konkrete Sittlichkeit. In echtem Sinne sittlich vollkommen ist die Handlung nur dann, wenn sie ein ethisch gerechtfertigtes Ziel in moralisch einwandfreier Weise (gewissenhaft und gesinnungsrein) erfüllt.

Von hier aus gesehen bietet das Verhältnis von Sittlichkeit und Recht eine vielschichtige Problematik. Im Hinblick auf die objektive Seite von Sittlichkeit und Recht hat man zutreffend das Recht als einen Ausschnitt aus der Sozialethik angesprochen. In der objektiven Seite treten Sittlichkeit und Recht offensichtlich am engsten zusammen. Schon der Blick in das Strafgesetzbuch zeigt die enge Verbundenheit der ethischen und der rechtlichen Normen. Mit Recht konnte man im Hinblick hierauf das Recht als „ethisches Minimum" bezeichnen. Geht man jedoch auf die subjektiven Prinzipien von Recht und Sittlichkeit ein, so scheinen hier Sittlichkeit und Recht, jedenfalls was das Problem der Gesinnung anbelangt, am weitesten auseinanderzutreten, und die einseitige und ausschließliche Anvisierung dieser Unterschiede hat am stärksten zur communis opinio von der prinzipiellen Trennung von Sittlichkeit und Recht geführt. Die Unterschiede, die hier in der Tat vorliegen, werden am treffendsten mit den kantischen Begriffen von der Moralität und Legalität bezeichnet. Die Sittlichkeit fordert Moralität, das Recht dagegen muß sich mit Legalität begnügen. Moralität bedeutet, daß die Pflicht oder (in unserer Terminologie) das material-ethische Ziel die Triebfeder der Handlung sein muß; d. h. der Handelnde muß das material-ethische Ziel um seines ihm innewohnenden Wertes willen erfüllen, während die Legalität auch andere Triebfedern als das Bewußtsein des material-ethischen Wertes zuläßt. Es handelt sich also um das Verhältnis des Willens zum material-ethisch bzw. rechtlich Gebotenen. Für dieses Verhältnis, das *Kant* das subjektive Prinzip der praktischen Gesetzgebung nennt, unterscheidet er die sittliche von der juristischen „Gesetzgebung"*: „Diejenige, welche eine Handlung zur Pflicht und diese Pflicht zugleich zur Triebfeder macht, ist ethisch. Diejenige aber, welche

* Wobei also Gegenstand dieser Gesetzgebung nicht das inhaltliche Rechts- oder Sittengesetz ist, sondern das Verhältnis des Willens zum objektiven (Rechts- oder Sitten-)Gesetz.

das letztere nicht im Gesetz mit einschließt, mithin a u c h eine andere Triebfeder als die Idee der Pflicht selbst zuläßt, ist juridisch (Metaphysik der Sitten S. 21). Wenn die Rechtsforderung objektiv erfüllt wird, muß es dem Recht gleichgültig sein, aus welchen Motiven heraus der Täter sie erfüllt, während sittlich einwandfrei eine Handlung nur ist, wenn sie auch aus moralischer Gesinnung, aus freier Hingabe an den material-ethischen Wert des Zieles vollzogen wird. Der Grund liegt darin, daß das moralisch gute Wollen ausschließlich Sache der Freiheit sein kann, während das Recht als w i r k l i c h e Ordnung auf den widerstrebenden Willen auch durch Zwang einwirken muß. Darum muß es, weil es nur die äußere Befolgung der Norm sicherstellen kann, sich mit Legalität begnügen. Die moralische Gesinnung muß es allein der Freiheit überlassen.

Das bedeutet nun nicht, wie man weithin kurzschlüssig gefolgert hat, daß das Recht nicht innerlich, nicht sittlich verpflichten könne, sondern lediglich, daß es sich auch mit einer aus anderen als moralischen Motiven erfolgenden Erfüllung seiner Forderung begnügen muß. Genau das ist auch die Meinung *Kants* gewesen. „Mag die Freiheit im äußeren oder inneren Gebrauche der Willkür betrachtet werden, so müssen doch ihre Gesetze, als reine praktische Vernunftgesetze für die freie Willkür überhaupt, zugleich i n n e r e Bestimmungsgründe derselben sein; obgleich sie nicht immer in dieser Beziehung betrachtet werden dürfen“ (Metaphysik der Sitten S. 15). Recht und Ethik sind gleichermaßen i n n e r e (moralische) Bestimmungsgründe, aber nur die Sittlichkeit kann sie als solche in Betracht ziehen, während sich das Recht mit legaler Befolgung begnügen muß. Recht und Sittlichkeit unterscheiden sich also weder durch den Inhalt ihrer Pflichten noch durch ihre Verpflichtungsweise, sondern allein durch das subjektive Prinzip der praktischen Gesetzgebung, nämlich dadurch, daß Sittlichkeit Moralität fordern, aber das Recht bei der Erfüllung seiner Forderung sich mit Legalität begnügen muß. „Rechtslehre und Tugendlehre unterscheiden sich also nicht sowohl durch ihre verschiedenen Pflichten als vielmehr durch die Verschiedenheit der Triebfeder, welche die eine oder die andere Gesetzgebung mit dem Gesetz verbindet ... Also nicht als besondere Art von Pflicht (eine besondere Art Handlungen, zu denen man verbunden ist) — denn es ist in der Ethik sowohl als auch im Recht eine äußere Pflicht —, sondern weil die Gesetzgebung im angeführten Falle eine innere ist und keinen äußeren Gesetzgeber haben kann, wird die Verbindlichkeit zur Ethik gezählt“ (Metaphysik der Sitten S. 22 f.).

Daß man *Kant* mißverstehen konnte, hat seinen Grund darin, daß man den Begriff der Gesetzgebung in den angeführten Stellen verkannte. *Kant* versteht unter Gesetz und Gesetzgebung zweierlei: einmal das Gesetz als materiale Forderung — „ein Gesetz, welches die Handlung, die geschehen soll, o b j e k t i v als notwendig hinstellt“ (Metaphysik der Sitten S. 20) —; zweitens die Gesetzgebung als das Prinzip des Verhältnisses vom Willen zum objektiven Gesetz („Gesetz“ der Moralität oder der Autonomie: also das subjektive Prinzip der Sittlichkeit). In ersterer Beziehung stimmen

Recht und Sozialethik überein: sie enthalten beide Pflichten zu äußeren Handlungen und verpflichten beide innerlich (sind innere Bestimmungsgründe); in letzterer Beziehung (der subjektiv-praktischen „Gesetzgebung") fallen sie auseinander: Moralität — Legalität. Von hier aus sind auch die Begriffe Autonomie und Heteronomie richtig zu verstehen. Beide betreffen nicht das Gesetz im objektiv-materialen Sinne; dieses ist weder autonom noch heteronom, sondern eine objektive, kraft seines Wertes innerlich verpflichtende Größe. Autonomie und Heteronomie betreffen vielmehr lediglich das subjektive Prinzip der praktischen Gesetzgebung, nämlich das Verhältnis des Willens zum objektiv-materialen Gesetz. Autonomie ist die freie Selbstbindung an das Gesetz um seines material-ethischen Wertes willen; Heteronomie die Abhängigkeit von wertfremden Antrieben. Moralität und Legalität verhalten sich zu diesen beiden Begriffen in der Weise, daß Moralität autonomes Verhalten ist, während Legalität ebensosehr autonomes wie heteronomes Verhalten zur Norm sein kann, denn die Legalität muß diese Unterscheidung bei Erfüllung der Rechtsnorm außer Betracht lassen. Dies bedeutet der Satz, daß die Rechtsnorm sich mit legalem Verhalten begnügen muß.

Aber damit ist das Gesinnungsproblem des Rechts keineswegs erschöpft. Auch wenn das Recht die moralische Gesinnung allein dem freien Akt überlassen muß, so ist ihm doch die Gesinnung als solche nicht gleichgültig. Es ist ein folgenschwerer Irrtum in der herrschenden Ethik und Rechtsphilosophie, daß sie den Gesinnungsbegriff weitgehend auf die moralische Gesinnung beschränkt haben — nur darum konnte man zu der Meinung kommen, das Recht wende sich nicht an die Gesinnung — und daß sie übersahen, daß moralische Gesinnung nur eine besondere Art der Gesinnung ist. Gesinnung im Sinne des Gesonnen-seins ist die seelische Dauerhaltung, die beharrliche Art des Wertens und Wollens. In diesem Sinne gibt es auch eine legale (rechtliche) Gesinnung, den beharrlichen Willen zur Erfüllung der Rechtspflichten. Für diese rechtliche Gesinnung ist es gleichgültig, ob ihre Beweggründe mehr die des egoistischen Interesses oder die des Wertbewußtseins (der Pflichterfüllung) sind. Das Recht muß auf alle diese Momente einwirken: durch seinen Wertgehalt auf das moralische Bewußtsein, durch seine Beständigkeit auf die Gewöhnung und durch den Rechtszwang auf die egoistischen Antriebe. Rechtlich-legale Gesinnung umspannt also die autonome (moralische) wie die heteronome Haltung.

In der Gegenwart ist das Bewußtsein von der Bedeutung der Rechtsgesinnung weitgehend geschwunden. Die Rechtswissenschaft pflegt sie als konstitutives Moment überhaupt nicht zu verwenden. Ganz anders die Antike: hier war sie als der subjektive Begriff der Gerechtigkeit die vollkommene Tugend, deren Glanz — nach dem ungewöhnlichen Lob des *Aristoteles* — schöner strahlt als der des Morgen- und Abendsterns. „Wir sehen also, daß jedermann mit dem Wort Gerechtigkeit eine Haltung bezeichnet, vermöge derer man zur Befolgung des Rechtes geneigt ist, recht handelt und das Rechte will" (ὁρῶμεν δὴ πάντας τὴν τοιαύτην ἕξιν βουλομένους λέγειν δικειοσύνην, ἀφ' ἧς πρακτικοὶ τῶν δικαίων εἰσὶν καὶ ἀφ' ἧς δικαιοπραγοῦσιν καὶ βούλονται τὰ δίκαια.) (Nik. Ethik V, 1, 1129 a). Für den Griechen bestand die entscheidende Aufgabe des Staatsmannes gerade darin, durch gute Gesetze mit ihren Eigenschaften des Zwanges, der Gewöhnung und des inneren Wertes die Bürger zur beständigen rechtstreuen Gesinnung zu bringen (vgl. dazu ausführlich Nik. Ethik X, 10). In der modernen objektiv-normativistischen Rechtswissenschaft ist der Gedanke an eine sozial-ethische Funktion des Rechts weitgehend verlorengegangen.

Kennzeichnend ist hierfür die Lage im Strafrecht. Wollte man heute die weitaus herrschende Auffassung nach der Aufgabe des Strafrechts befragen, so würde man unbesehen die Antwort bekommen: Rechtsgüterschutz. Der Gedanke, daß es dem Recht und vollends dem Strafrecht doch wohl in erster Linie auf die Erhaltung der beständigen rechtstreuen Gesinnung, also auf Gesinnungswerte, nicht nur auf Güterwerte ankommen muß, liegt sehr fern. Gewiß schützt das Strafrecht, indem es Landesverrat, Mord, Diebstahl, Betrug usw. unter Strafe stellt, den Bestand des Staates, das fremde Leben, Eigentum usw. Dennoch ist die primäre Aufgabe des Strafrechts nicht der aktuelle Rechtsgüterschutz; denn dazu kommt es gerade dort, wo es konkret in Aktion tritt, in der Regel zu spät. Wesentlicher als der Schutz der konkret-einzelnen Rechtsgüter ist die Aufgabe, die beständige rechtstreue Gesinnung der Bürger in bezug auf diese Güter sicherzustellen, also die Treue gegenüber dem Staat, die Achtung vor der Persönlichkeit (vor fremden Leben, Gesundheit, Freiheit, Ehre), die Ehrlichkeit, Redlichkeit usw. Diese Gesinnungswerte sind das stärkste Fundament, das den Staat und die Gemeinschaft trägt. Bloßer Rechtsgüterschutz hat eine nur negativ-vorbeugende, polizeilich-präventive Zielsetzung, während die zentrale Aufgabe des Strafrechts positiv-sozialethischer Natur ist. Indem es den wirklich betätigten Abfall von den Grundwerten rechtlich-legaler Gesinnung verfemt und bestraft, offenbart es in der eindrucksvollsten Weise, die ihm zu Gebote steht, die unverbrüchliche Geltung dieser positiven Aktwerte, formt das sozial-ethische Urteil der Bürger und stärkt ihre bleibende rechtliche Gesinnung. In dieser sozial-ethischen Funktion liegt die tiefste Aufgabe des Strafrechts. Darum muß es in seiner Ausgestaltung gerade diese Funktion zum Ausdruck bringen, vor allem durch klare Abhebung gegenüber den bloßen präventiv-vorbeugenden Zweckmaßnahmen: die Strafe darf nur gegen sozial-ethisch verwerfliche Handlungsweisen angewandt und nicht zur Erreichung wirtschaftspolitischer oder allgemein-politischer Ziele mißbraucht werden. Voraussetzung der Strafe darf nur die Schuld, nicht die ethisch neutrale Gefährlichkeit des Täters sein. Strafe darf nur die durch die Größe der Schuld bemessene Vergeltung, nicht eine nach der Dauer der Gefährlichkeit des Täters bestimmte präventive Zweckmaßnahme sein.

Die Bedeutung der Gesinnungsseite des Rechts greift aber über das Strafrecht weit hinaus, vor allem in das Staatsrecht. Gerade das Staatsrecht muß so ausgestaltet sein, daß die Teilnahme der Bürger am Staatsleben eine lebendige staatspolitische Gesinnung der Bürger zu erzeugen vermag. Gelten die Reformen des Freiherrn vom *Stein* gerade dieser Erzeugung der lebendigen Anteilnahme der Bürger am Staatsleben, so stellt sich in der modernen Massendemokratie das Problem in einer völlig neuen Weise dar, nämlich dahin, wie es dem großen Durchschnitt der Bürger ermöglicht werden kann, in eigenverantwortlicher Weise an der politischen Willensbildung teilzuhaben, ohne blind fremder Direktive verfallen zu müssen*.

* Vgl. dazu meinen Aufsatz „Über die ethischen Grundlagen der sozialen Ordnung", Südd. Jur. Ztg. 1947 Sp. 409.

ZUR SYSTEMATIK DER TÖTUNGSDELIKTE*

Mit der unten S. 85 abgedruckten Entscheidung vom 9. 11. 1951 hat der BGH einen Gesichtspunkt für das dogmatische Verhältnis von Mord und Totschlag geltend gemacht, der zwar für die alte Fassung der §§ 211/12 eine gewisse Rolle gespielt hatte, der aber für die neue Fassung bisher nicht vertreten war. Es ist dies der Gesichtspunkt der „Exklusivität", wonach Mord und Totschlag zwei *art*mäßig verschiedene Tatbestände mit eigenem Unrechtsgehalt seien, die im gleichen Verhältnis wie etwa Diebstahl und Raub zueinander stünden. Damit befinden wir uns, was die Beurteilung des dogmatischen Verhältnisses von Mord und Totschlag zueinander angeht, an der gleichen Stelle, an der Literatur und Judikatur zur alten Fassung der §§ 211/12 in den 80er Jahren des vorigen Jahrhunderts gestanden hatten und die wohl am klarsten *Berner* in seinem Lehrbuch[1] umschrieben hat. *Berners* Ausführungen sind trotz der Novellengesetzgebung von 1943 noch heute gültig, da sich, wie sich noch zeigen wird, am dogmatischen Verhältnis der §§ 211/12 durch die Novellierung nichts geändert hat. Darum sind sie noch heute vorzüglich geeignet, die Problemsituation klarzustellen; *Berner* schreibt:

„a) Man kann *sowohl* den Mord, als auch den Totschlag *positiv* definieren, indem man jenen durch das Merkmal des Vorbedachtes, diesen durch das Merkmal des Affektes charakterisiert.

b) Man kann das *positive* Merkmal auf den *Totschlag* beschränken, indem man den Totschlag durch das Merkmal des Affektes charakterisiert, vom Vorbedachte aber bei dem Morde schweigt, so daß man jede ohne Affekt verübte vorsätzliche Tötung schlechtweg als Mord gelten läßt.

c) Man kann das *positive* Merkmal auf den *Mord* beschränken, indem man den Mord durch das Merkmal des Vorbedachtes charakterisiert, vom Affekte aber bei dem Totschlage schweigt, so daß man jede ohne Vorbedacht verübte vorsätzliche Tötung schlechtweg als Totschlag gelten läßt.

Der positiv formulierte Begriff wird jedesmal zu einer gesetzlich ausgezeichneten *Art* vorsätzlicher Tötung, wogegen der gar nicht besonders, oder doch nur negativ formulierte Begriff die Stellung der *Normalform* vorsätzlicher Tötung gewinnt. Ad a löst sich die Normalform in zwei gleichberechtigte Arten auf; ad b ist der Mord die Normalform, nur der

---

* Aus: JZ 52, 72 ff.

[1] 14. Aufl. S. 460.

Totschlag eine gesetzlich ausgezeichnete Art; ad c ist der Totschlag die Normalform, nur der Mord eine gesetzlich ausgezeichnete Art.

Es fragt sich, welchen Weg die Gesetzgebung auf diesem Boden einschlagen sollte. Dabei haben Rücksichten auf den Beweis, und auf das *In dubio mitius* den Ausschlag gegeben.

Faßt man *beide* Begriffe positiv, so entsteht die Möglichkeit, daß eine erwiesene vorsätzliche Tötung sich weder unter Mord noch unter Totschlag einordne, weil sich weder Vorbedacht noch Affekt nachweisen läßt. Man muß sich daher darauf beschränken, nur einen von beiden Begriffen positiv zu fassen, so daß alle Fälle, in welchen das positive Merkmal nicht erwiesen ist, unter den negativen Begriff fallen. Die Frage beschränkt sich hiermit darauf, ob nur der Mord, oder ob nur der Totschlag positiv zu formulieren sei. Faßt man nur den Totschlag positiv, so ist dies zwar insofern rationell, als der Affekt im Grunde nur ein exzeptioneller Milderungsgrund ist; allein man vermehrt durch diese Fassung die Zahl der Fälle, in denen Mord angenommen, und also auf Todesstrafe erkannt werden muß. Faßt man nur den Mord positiv, so ist dies zwar insofern irrationell, als der Vorbedacht im Grunde die regelmäßige Gestalt des Vorsatzes ist; allein man verringert durch diese Fassung die Zahl der Todesurteile, weil nun überall, wo der Vorbedacht nicht ausdrücklich nachgewiesen ist, nur wegen Totschlags verurteilt werden kann. Für diese letzte Methode hat sich das StGB entschieden."

Der BGH will den ersten Weg einschlagen. Dieser Weg der „Exklusivität" beider Tatbestände (nach dem Ausdruck *Rosenfelds*) war schon für die alte Fassung nur dann gangbar, wenn man auf Grund der geschichtlichen Entwicklung das Moment des *Affektes* in den Totschlag hineininterpretierte, wie es *Hälschner*[2], *Merkel*[3] und *Binding*[4] getan hatten. Diese Theorie der „Selbständigkeit" von Mord und Totschlag stammt daher, daß in der deutschen Rechtsentwicklung der Mord die vorbedachte Tötung, der Totschlag die Tötung im Affekt war. Hier sind wirklich beide Tatbestände positiv oder „selbständig" bestimmt. — Den entscheidenden Fehler einer solchen selbständigen Bestimmung von Mord und Totschlag hat schon *Berner* klar herausgearbeitet, und er ist im Kanton Zürich, wo jene „selbständige" Bestimmung beider Delikte noch bis vor wenigen Jahren geltendes Recht war, deutlich zutage getreten: in den Fällen, in denen weder die Überlegung noch der Affekt nachgewiesen werden konnte, mußte man entweder freisprechen oder den Weg einer bewußt falschen Interpretation des Gesetzes gehen[5]!

---

[2] Gemeines Deutsches Strafrecht II S. 35.

[3] Lehrbuch (1. Aufl.) S. 306.

[4] Lehrbuch des Gemeinen Deutschen Strafrechts I S. 27.

[5] Vgl. dazu *Nadig*, Die vorsätzlichen Tötungsdelikte nach Art. 52 des *Stoos*schen Vorentwurfs (Leipz. Diss. 1902) S. 44.

War schon im § 212 a. F. das Moment des Affektes nur mit Hilfe einer künstlichen Interpretation hineinzubringen, so besteht seit der Neufassung der §§ 211/12 überhaupt keine Möglichkeit mehr, die Selbständigkeit von Mord und Totschlag auf die beiden Momente des Vorbedachtes und des Affektes zu stützen. Was aber der BGH an die Stelle der ehemaligen *materialen* Unterscheidung setzt, wird kaum auf Überzeugungskraft rechnen können: „Das Gesetz kennzeichnet eben die in § 211 StGB aufgeführten Begehungsweisen der Tötung nicht als schwere Fälle des Totschlags, sondern als eine andere Straftat, als Mord. Damit bringt es unzweideutig zum Ausdruck, daß es die §§ 211 und 212 StGB als zwei selbständige Tatbestände vor verschiedenem Unrechtsgehalt ansieht."

Wenn ich den BGH recht verstehe, so soll also die verschiedene *Bezeichnung* der beiden Delikte „Mord" und „Totschlag" der Grund dafür sein, daß zwei artverschiedene Tatbestände mit verschiedenem Unrechtsgehalt vorliegen sollen. Nun, Mord und Totschlag hießen die Delikte schon in ihrer ursprünglichen Fassung, aber weder hat die herrschende Lehre (einschließlich des RG)[6], die den Mord als qualifizierten Totschlag ansah, in dieser Wortfassung ein Argument gegen sich gesehen, noch haben die oben angeführten dissentierenden Stimmen jemals dieses Wortargument gegen die herrschende Lehre verwandt! Es wäre zu dürftig! Wenn die Novelle von 1943 an die Stelle von „Mord" und „Totschlag" die Worte „Mörder" und „Totschläger" gesetzt hat, so ist der alte Wortunterschied nicht „materialer" geworden. Für die Annahme einer Exklusivität von Mord und Totschlag besteht heute nicht der geringste sachliche Anhalt mehr.

So bleiben die beiden anderen von *Berner* beschriebenen Wege übrig. Beide stimmen insoweit überein, als sie die Tatbestände des Mordes und des Totschlages in ein inneres Verhältnis zueinander bringen, indem sie den einen als Spezialfall des anderen behandeln; sie unterscheiden sich dadurch, daß für den einen der Totschlag ein privilegierter Fall des Mordes, für den anderen der Mord ein qualifizierter Fall des Totschlages ist. Beide Auffassungen sind schon für die frühere Fassung der §§ 211/12 vertreten worden. So hat *Eckstein*[7] eingehend zu begründen versucht, daß § 212 a. F. ein gemilderter Fall des § 211 a. F. sei, ohne jedoch damit Anklang zu finden[8]. Ganz anders mußte die Situation nach der Neufassung von 1943 erscheinen. Hier war es ja die erklärte Absicht des Gesetzgebers, durch die Fassung der Bestimmungen den Richter zu zwingen, vom Morde als dem Grundtatbestand auszugehen und Totschlag nur dann anzunehmen, wenn das Urteil genau darlegen konnte, daß und warum kein Mord vorliege[9].

---

[6] RGSt 51, 119.
[7] Gerichtssaal 83 S. 414.
[8] Erst in *Kohlrausch* (38. Aufl. § 211 II 3) hat er einen späten Anhänger gefunden.
[9] Vgl. *Grau-Krug-Rietsch*, Deutsches Strafrecht, I S. 305.

Dieser Zielsetzung haben sich *Kohlrausch*[10] und Eb. *Schmidt*[11], und hatte auch ich mich[12] gebeugt. Ich kann meine Auffassung nicht mehr aufrechterhalten.

Die Neufassung der §§ 211/12 beruht in ihrem Kerngehalt bekanntlich nicht auf spezifisch nationalsozialistischem Gedankengut; dennoch unterlag sie in zwei Punkten unverkennbarem ns. Einfluß: einmal in der „tätertypischen" Sprache vom „Mörder" und „Totschläger" und zweitens in der erklärten Absicht, das Anwendungsgebiet der Todesstrafe dadurch zu erweitern, daß man den Mord zum Grundtatbestand machen wollte. Beide Gesichtspunkte können für die heute Auslegung nicht mehr maßgebend sein. Gewiß ist durch die Abschaffung der Todesstrafe das letztere Problem zur Zeit im wesentlichen erledigt, dennoch bleibt es durch die Erweiterung der *möglichen* Anwendung der Todesstrafe insofern *potentiell* bestehen, als es sich sofort wieder mit voller Schärfe geltend machen wird, wenn etwa die jüngst laut gewordenen Stimmen für die Wiedereinführung der Todesstrafe sich durchsetzen sollten. Daß in diesem Falle zugleich auch die alte ns. Tendenz zur Ausweitung der Todesstrafe für die Auslegung der §§ 211/12 wieder maßgebend sein soll, wird niemand mehr ernsthaft vertreten wollen.

Läßt man also jene beiden spezifisch ns. Einschläge in §§ 211/12 n. F. unbeachtet, so ist der dogmatische Bau der beiden Bestimmungen in der hier interessierenden Frage der gleiche wie in der alten Fassung: Der Mord wird durch (zusätzliche) *positive* Merkmale — ehemals „Überlegung", jetzt die verschiedenen Mordqualifikationen —, der Totschlag durch die *Abwesenheit* jener Mordmerkmale — „ohne Überlegung", „ohne Mörder zu sein" — bestimmt. Aus dieser Fassung hat *Kohlrausch* den Schluß gezogen, daß Mord der Grundtatbestand, Totschlag dagegen ein leichterer (durch Weglassung bestimmter Merkmale des inneren Tatbestandes gebildeter) Fall des Mordes sei. — Aber müßte man nicht mit der gleichen Logik den Diebstahl für einen leichteren, durch Weglassung bestimmter Merkmale des äußeren Tatbestandes gebildeten Fall des schweren Diebstahls erklären? Der negative Zusatz in § 212 hat doch offensichtlich nur stilistische, durch die *Voranstellung* des qualifizierten Falles bedingte Gründe. Stellt man den Totschlag voran, so bedarf es jenes negativen Zusatzes nicht. Daß der Gesetzgeber gerade den Mord vorangestellt hat, hat — man möchte sagen — sozialpädagogische Gründe, jedenfalls Gründe des stärkeren sittlichen Pathos. Das Gesetz ist nun einmal kein Lehrbuch, das nur nach *logischen* Gesichtspunkten angeordnet sein darf. Darum kann hier die durch sozialpädagogische Gesichtspunkte bedingte *stilistische* Fassung keinen *logischen* Grund bilden, das *sachliche* Verhältnis von Grundtatbestand und qualifiziertem Tatbestand umzukehren. Es ist auch nicht so, daß man sich erst auf dem Wege über die Prüfung des Mordtatbestandes an den Totschlagstatbestand

---

[10] In der 38. Aufl. seines Kommentars.

[11] DRZ. 49, 241.

[12] Das Deutsche Strafrecht in seinen Grundzügen (2. Aufl.) S. 139.

heranarbeitet[13], sondern umgekehrt: Erst wenn man festgestellt hat, daß jemand einen Menschen vorsätzlich getötet, also den Totschlagstatbestand verwirklicht hat, kann man die Mordqualifikationen prüfen! Die Einfachheit des Totschlagstatbestandes täuscht darüber hinweg, daß man ihn immer schon bejaht haben muß und bejaht hat, ehe man die Qualifizierung prüft. Daß er dann ausgeschlossen wird, sobald eine der Qualifikationen festgestellt ist, ist keine Besonderheit im Verhältnis Mord-Totschlag, sondern gilt allgemein für das Verhältnis von Grundtatbestand zum qualifizierten Tatbestand. So bleibt es auch für die Neufassung der §§ 211/12 bei der dritten *Berner*schen Alternative, daß der Mord ein qualifizierter Totschlagsfall, nicht aber der Totschlag ein privilegierter Mordfall ist[14].

In der Neubearbeitung des *Kohlrausch*schen Kommentars lenkt auch *Lange*[15] insoweit in die Bahnen der herrschenden Lehre ein, als er den § 212 als Grundtatbestand der Tötungsdelikte anspricht; aber er weicht insofern bedeutsam von ihr ab, als er in § 211 nicht einen Spezialtatbestand, sondern einen „Schulderhöhungstyp" (und in §§ 216/17 „Schuldminderungstypen") sieht. Der Begriff der „Schulderhöhungs- und Schuldminderungstypen" ist neu, und darum vermißt man konkrete Angaben darüber, wie sich *Lange* ihr Verhältnis zu den Tatbeständen alten Stiles denkt. Der *BGH* in der unten abgedruckten Entscheidung dürfte in seiner Annahme wohl recht haben, daß die *Lange*schen Schulderhöhungstypen keine Tatbestände im bisherigen Sinne bilden sollen; denn *Lange* betont selbst, daß die Mordqualifikationen keine Tatbestandsmerkmale, sondern *Schuld*merkmale seien. Wäre das richtig, so gäbe es überhaupt nur einen einzigen Tötungstatbestand: den des § 212, während alle übrigen Bestimmungen (§§ 211, 216, 217) keine Tatbestände, sondern bloße Schuldvarianten des § 212 bilden müßten. Zu welchen Konsequenzen das, etwa für die Deliktsnatur dieser Bestimmungen (besonders der §§ 216/17) gemäß § 1, führen müßte, sei nur angedeutet. Mit Recht wendet sich der *BGH* gegen die *Lange*sche Lehre, indem er darlegt, daß es sich bei § 211 um einen echten Tatbestand handelt. Ich bedauere, daß der *BGH* seine zutreffende Polemik gegen *Lange* mit der unhaltbaren Annahme eines Artunterschiedes zwischen Mord und Tatschlag belastet hat. Um den Tatbestandscharakter des § 211 zu verteidigen, hätte es dieser Annahme nicht bedurft; denn schon als qualifizierter Fall des § 212 wäre § 211 ein echter Tatbestand, ebenso wie etwa § 243 gegenüber § 242 ein eigener Tatbestand (nur eben *derselben* Deliktsart) ist, und wie überhaupt nach allgemein anerkannter Lehre das Spezialdelikt gegenüber dem Grunddelikt einen eigenen Tatbestand bildet, dessen Deliktsnatur gemäß § 1 selbständig zu bestimmen ist. In diesem Sinne stellen auch die Mordqualifikationen echte Tatbestandsmerkmale dar,

---

[13] Vgl. Eb. *Schmidt*, DRZ. 49, 251.

[14] So jetzt auch *Nagler*, LK, Vorbem. § 211 II 1, *Maurach*, Bes. Teil S. 62, 66, *Schönke*, Vorbem. § 211 I 3, wohl auch OGHSt 1, 76; vgl. auch RGSt 51, 119.

[15] So schon in seinem Aufsatz JR 49, 165 ff.

die den erhöhten Unrechtsgehalt des Mordes gegenüber dem Totschlag begründen. Mit Recht weist der BGH darauf hin, daß schon die „Überlegung“ des § 211 a. F. stets als Tatbestandsmerkmal aufgefaßt worden ist. Die herrschende Lehre hatte in weit stärkerem Maße, als man sich bisher bewußt gemacht hat, und weit über die bekannten subjektiven Unrechtselemente hinaus, subjektiven Merkmalen eine *tatbestandsbegründende* Funktion zuerkannt. Wodurch unterscheidet sich der Tatbestand des § 226 von § 212 anders als durch den Vorsatz? (Soll etwa § 226 ein Schuldminderungstyp des Totschlags sein?) Nichts anderes gilt für § 225 im Verhältnis zu § 224, für § 187 zu § 186 u. a. m. Sind §§ 187, 225, 226 u. a. m. alle keine Tatbestände, weil der einzige Unterschied, der sie von §§ 186, 212, 224 trennt, auf *subjektivem* Gebiete und — horribile dictu — im *Vorsatz* liegt? Ich versage mir, aus diesen schlichten Tatsachen die naheliegenden Konsequenzen für die finale Handlungslehre zu ziehen — dem Einsichtigen liegen sie auf der Hand —, sondern begnüge mich damit, auf einen weiteren Gesichtspunkt hinzuweisen. Als der Lustmörder *Haarmann* nach der Hinrichtung seziert wurde, soll bei ihm Geisteskrankheit festgestellt worden sein. Sollte er nun kein Lustmörder mehr gewesen sein, da er — der Geisteskranke — doch nicht dem *Schuld*erhöhungstyp des § 211 hatte unterfallen können? Kann aber nicht auch der Geisteskranke aus Mordlust, aus Habgier, aus niedrigen Beweggründen[16], heimtückisch, grausam, zur Ermöglichung oder Verdeckung einer Straftat töten? Ganz zu schweigen von der Anwendung gemeingefährlicher Mittel, bei der die Deutung als „Schulderhöhungstyp“ wirklich nicht mehr rationell durchführbar ist! Hier rächt sich das alte Vorurteil, daß seelische Momente notwendig Schuldmerkmale seien. Würde man es endlich aufgeben, so würde man unser strafrechtliches Denken wesentlich vereinfachen und zahlreiche Irrtümer von vornherein vermeiden. Es ist hoch anzuerkennen, daß sich der *BGH* von keinem dogmatischen Vorurteil hat beirren lassen, in den subjektiven Mordqualifikationen echte Tatbestandsmerkmale zu erkennen, die das erhöhte Unrecht des Mordes konstituieren[17].

In gewisser Hinsicht noch radikaler als *Lange* verfährt *Schröder* mit seiner Annahme, daß § 211 nicht einmal ein Schulderhöhungstyp, sondern eine bloße Strafzumessungsregel sei[18]. Damit weicht er tiefgehend von der herkömmlichen Dogmatik ab, indem er *benannte* Strafänderungsgründe wie bloße Strafzumessungsregeln behandelt. Bisher galt der Satz, daß *benannte* Strafänderungsgründe einen *neuen* Tatbestand (mit neu nach § 1 zu bestimmender Deliktsnatur) schaffen, während *unbenannte* Strafänderungsgründe bloße Strafzumessungsregeln ohne Einfluß auf den Tatbestand sind. Für

---

[16] Auch diese sind nicht Schuldelemente, sondern kennzeichnen die objektive sozialethische Verwerflichkeit des Tätermotivs (das, wenn es einen *schuldfähigen* Täter bestimmt hat, diesem natürlich zur Schuld vorgeworfen wird).

[17] So jetzt auch *Nagler*, LK, § 211 I 1.

[18] SJZ. 50, 560 ff.

Schröder aber sind die benannten Qualifikationsmerkmale des § 211 „Strafzumessungsgründe, und nur Strafzumessungsgründe, die sie (nämlich §§ 211 bis 213) voneinander trennen". Würde man mit *Schröders* Lehre wirklich ernst machen — und es ist nicht einzusehen, warum sie auf die Tötungsdelikte beschränkt bleiben könnte —, dann würde unser Strafrecht radikal vereinfacht werden; denn dann gäbe es nur noch Grunddelikte, während alle qualifizierten oder privilegierten Tatbestände zu Strafzumessungsregeln jener Grunddelikte herabsänken. Die Konsequenzen einer solchen Lehre brauchen nur angedeutet zu werden: Die Idee der Tatbestandlichkeit unseres Strafrechts wäre zerstört; der Grundsatz *nulla ponea sine lege* wäre praktisch aufgehoben. Denn Strafzumessungsregeln sind im Gegensatz zu Tatbestandsmerkmalen immer nur beispielhafte Angaben, die der Richter beliebig vermehren könnte. Für § 211 zieht denn auch *Schröder* diese Konsequenz ausdrücklich: die Neufassung „hebt im § 211 die wichtigsten Fälle schwerster Tötungen beispielhaft hervor, ohne jedoch eine abschließende Normierung vorzunehmen und die Möglichkeit auszuschließen, auch andere als die dort bezeichneten Fälle als Mord zu bewerten ...". Damit wäre das erreicht, was man ehemals mit der Tätertypenlehre bezweckt hat, nämlich den Mordtatbestand jederzeit auf nicht bezeichnete Fälle ausdehnen zu können[19]. Die ganze Struktur unseres Strafrechts spricht gegen eine solche Interpretation.

Der sachliche Ertrag unserer kritischen Betrachtung läßt sich in folgenden Sätzen zusammenfassen:

Die Strafbestimmungen für Mord und Totschlag bilden zwei echte Tatbestände, zwar nicht zweier verschiedener Delikts*arten*, wohl aber zweier graduell verschiedener Unrechtstypen der vorsätzlichen Tötung. Der einfache vorsätzliche Tötungsfall, der Totschlag, bildet den Grundtatbestand; an ihn schließen sich der Mord (§ 211) als geschärfter, die Tötung auf Verlangen (§ 216) und die Kindstötung (§ 217) als gemilderte Totschlagsfälle an[20]. Beim Zusammentreffen von Strafmilderungs- und Strafschärfungsmerkmalen (§§ 216/17 mit § 211) gelten die allgemeinen Regeln über die „Konkurrenz von Verbrechenselementen"[21], wonach jeweilig durch Abwägung der einzelnen Tatbestandselemente zu prüfen ist, ob dem schwereren oder dem milderen der Vorrang gebührt; im Zweifelsfalle geht der Milderungsgrund vor[22].

---

[19] Dagegen mit Recht *OGHSt* 1, 77; *Nagler*, LK § 211 I 3 a und die h. M.

[20] Hierfür siehe meine Anmerkung in JZ 51, 692.

[21] Vgl. *Frank*, § 73 VII 1 a; *Nagler*, LK, Bd. I S. 73.

[22] Das bedeutet im einzelnen folgendes: Da für die Anwendbarkeit des § 216 maßgebend ist, ob das Verlangen des Getöteten der *ausschlaggebende* Grund für den Entschluß des Täters war, schlägt, wenn das vorliegt, § 26 auch dann durch, wenn beim Täter andere Beweggründe, wie etwa Habgier, unterstützend mitwirkten (h. L.; vgl. *Olshausen*, § 216, 3). Prinzipiell ausgeschlossen ist § 216 nur bei heimtückischer und grausamer Tötung, da für die erstere kein Verlangen

Mit der Einsicht in das systematische Verhältnis der Tötungstatbestände ist nun die Grundlage für die Behandlung der *Teilnahmefrage* gewonnen. Allerdings ist hierzu eine prinzipielle Vorbemerkung zu § 50 vonnöten. Die Novelle von 1943 hat dadurch, daß sie dem bisherigen § 50 einen neuen Absatz voranstellte, die Interpretation des jetzigen Abs. II erschwert. Es wird vielfach so dargestellt, als ob der in Abs. I des § 50 ausgesprochene Grundgedanke („Einstehen für eigene Schuld") durch Abs. II lediglich näher ausgeführt werde[23]; darum seien in Abs. II unter „persönlichen Eigenschaften und Verhältnisse" solche Momente zu verstehen, die das Schuldurteil betreffen, im Gegensatz zu „solchen, die den äußeren Tatbestand als Unrechtstyp berühren"[24]. Demgegenüber ist darauf hinzuweisen, daß Abs. II, der schon lange vor Abs. I bestanden hat, mit dem „Einstehen für eigene *Schuld*" nichts zu tun hat, sondern sich ausschließlich auf dem Boden des *Unrechts*tatbestandes bewegt[25]. Wenn ein Nichtbeamter einen Beamten zur Amtsunterschlagung anstiftet, so regelt § 50 II keine Schuld-, sondern eine reine Tatbestandsfrage: welcher Unrechtstatbestand (§ 350 oder § 246) ist auf den einen und auf den anderen Beteiligten anzuwenden? Der Grund für die Regelung des § 50 II liegt darin, daß schon das tatbestandliche *Unrecht* teils von tatmäßigen, teils von personalen (täterschaftsmäßigen) Momenten konstituiert wird: wo das Deliktsunrecht durch *persönliche* Unrechtsmomente erhöht oder gemindert wird, sollen diese Momente nur denjenigen Beteiligten belasten, der diese Momente aufweist (also im obigen Falle nur den Beamten). § 50 II unterscheidet also zwischen tatmäßigen (sachlichen) und personalen Unrechtselementen: die ersteren gelten gleichmäßig für alle Beteiligten, die letzteren, sofern sie straferhöhend oder strafmildernd wirken, nur für den Beteiligten, bei dem sie vorliegen. Eine sehr weise Regelung! Die entscheidende Differenzierung in Abs. II liegt also im Unterschied „persönlich"-„tatmäßig", nicht aber im Unterschied „dauernd"-„vorübergehend", wozu unglücklicherweise die herrschende Lehre

---

des Täters vorliegen *kann*, für die letztere nicht vorliegen *wird*. Ferner scheidet § 216 aus, wenn das Verlangen des Opfers *provoziert* worden ist (*Frank*, § 216 II; *Binding*, Lehrb. I S. 34/5). — § 217 geht dem § 211 im vollen Umfange vor, da § 217 in objektivierter Fassung die durch den Geburtsvorgang bedingte Gemütslage der Gebärenden generell privilegieren wollte (vgl. *OGHSt.* 2, 387; *Maurach*, Bes. Teil S. 69, *Nagler*, LK § 217 I, *Kohlrausch-Lange*, § 217 II; a. A. Eb. *Schmidt*, DRZ 49, 241. — Um beim Vorliegen der Milderungsgründe der §§ 216/17 die Anwendbarkeit des § 211 auszuschließen, ist also in keinem Falle notwendig, den §§ 216/17 die Natur von „Sonderdelikten" zuzuschreiben!

[23] Vgl. etwa *Kohlrausch-Lange*, zu § 50 und § 212 XII; *Lange*, JR. 49, 165 ff.

[24] *Kohlrausch-Lange*, § 50 III.

[25] Insofern ist die Verkopplung des Abs. I und Abs. II in derselben Bestimmung wenig glücklich. Abs. I könnte überhaupt fehlen, da durch die Änderung der §§ 48 und 49 der Grundsatz der limitierten Akzessorietät bereits klar genug zum Ausdruck gekommen ist. — Die Einbeziehung der persönlichen Straf*ausschließungsgründe* in § 50 II ist ebenfalls irreführend und überflüssig.

durch eine Wortauslegung des Merkmals „Eigenschaft" gekommen ist. Der allgemeinere Begriff in § 50 II ist das Merkmal „persönliche *Verhältnisse*", dem der Begriff der persönlichen Eigenschaft als engerer untergeordnet ist[26], und umfaßt sämtliche speziellen personalen Unrechtselemente in einem Tatbestand, gleichgültig, ob sie von dauernder oder vorübergehender Natur sind. Es wäre völlig unverständlich, wenn man *dauernde* und *vorübergehende* persönliche Momente, die *beide* das Unrecht erhöhen oder mindern, verschieden behandeln wollte.

Von hier aus ist auch für §§ 211/12 die sachgerechte Regelung der Teilnahmefrage möglich. Soweit die straferhöhenden Unrechtsmerkmale tatmäßiger Natur sind, wie die Merkmale der zweiten Gruppe: grausam, heimtückisch, mit gemeingefährlichen Mitteln, gelten sie für jeden Beteiligten, und zwar mit Recht! Die grausam, heimtückisch oder mit gemeingefährlichen Mitteln verübte Tötung ist eine sachlich schwere Tat für alle Beteiligten[27], gleichgültig, ob der einzelne Beteiligte vom Getöteten vielleicht zur Tat gereizt worden war oder nicht. Wo dagegen der unrechtserschwerende Umstand rein persönlicher Natur ist, wie bei den Merkmalen der ersten und dritten Gruppe (des Motivs und des Zwecks) kann er nur *den* Beteiligten belasten, bei dem er vorliegt. Wer aus Habgier jemanden zur Tötung anstiftet, der vom Getöteten schwer gereizt worden war, erfüllt den persönlichen Qualifikationsgrund des § 211 (Habgier), während der Täter nur wegen Totschlags strafbar ist. Gerade der vom *BGH* (unten S. 85) entschiedene Fall verlangt dringend die Anwendung dieses Grundsatzes. Wer umgekehrt vom Getöteten provoziert sich an dessen Tötung beteiligt, die der Täter aus Habgier verübt, ist nur aus § 212, der Täter aber aus § 211 strafbar[28]. Die Gerechtigkeit dieser Unterscheidungen leuchtet m. E. unmittelbar ein und ist zugleich die sich aus dem System unseres Strafrechts folgerichtig ergebende Lösung.

---

[26] Ganz klar jetzt Art. 26 Schweiz. StGB.: Persönliche Eigenschaften, Verhältnisse und Umstände.

[27] Bei der Anwendung gemeingefährlicher Mittel ist dies völlig unproblematisch; denn sie ist ein rein tatmäßiger Erschwerungsgrund. Bei der „heimtückischen" und „grausamen" Tötung spielt neben der besonderen *äußeren* Tatbegehung *auch* ein subjektiv-persönlicher Einschlag eine Rolle. Doch kann die tatbestandliche Differenzierung für den einen und den anderen Beteiligten gem. § 50 II nur dann Platz greifen, wenn es sich um ein *rein* persönliches Erschwerungs- oder Milderungselement handelt, nicht aber, wenn es *auch*, und zwar *entscheidend* tatmäßig-sachlicher Art ist.

[28] So schon mein Strafrecht S. 139 und jetzt auch *Nagler*, LK, § 211 IV; vgl. auch *RGSt* 72, 373; 77, 288; *Class*, NJW 49, 83.

NATURRECHT UND RECHTSPOSITIVISMUS*

Für die Juristen unserer Generation ist das Verhältnis von Naturrecht und Rechtspositivismus wieder zu einem erregenden Erlebnis geworden. Noch vor 20 Jahren herrschte in Wissenschaft und Praxis völlig unbestritten der Positivismus. Die Lehre eines Naturrechts schien ein längst widerlegter, höchst absonderlicher Gedanke, der lediglich in einigen katholischen Kreisen noch ein abgelegenes, recht bescheidenes Dasein fristet. Die Beschränkung auf das positive Recht und die Ablehnung jedes überpositiven, natürlichen Rechts war die selbstverständliche Arbeitsbasis der Juristengeneration des 19. und beginnenden 20. Jahrhunderts. Einer der besten Köpfe aus ihr, Karl *Binding*, hat diese Beschränkung ausdrücklich als „seinen Stolz" bezeichnet.

Auch die damals herrschende neukantische Rechtsphilosophie hat den Positivismus eher noch gefestigt. Einer der feinsten Geister jener Generation, der kürzlich verstorbene Gustav *Radbruch*, hat in seiner bekannten, im Jahre 1932 in 3. Auflage erschienenen Rechtsphilosophie dem Rechtspositivismus seiner Zeit gleichsam die ethische und philosophische Weihe gegeben: Gerechtigkeit, so schreibt er, ist nur die sekundäre Aufgabe des Rechts, Rechtssicherheit die primäre. „Wer Recht *durch*zusetzen vermag, beweist damit, daß er Recht zu setzen berufen ist." „Für den Richter ist es Berufspflicht, den Geltungswillen des Gesetzes zur Geltung zu bringen, das eigene Rechtsgefühl dem autoritativen Rechtsbefehl zu opfern, nur zu fragen, was Rechtens ist, und niemals, ob es auch gerecht sei." „Wir verachten den Pfarrer, der gegen seine Überzeugung predigt, aber wir verehren den Richter, der sich durch sein widerstrebendes Rechtsgefühl in seiner Gesetzestreue nicht beirren läßt." (RPh. S. 83 f.)

So geschrieben im Jahre 1932! Wir dürfen nicht vergessen, daß in solchen Lehren ausgebildet die deutschen Juristen ins „dritte Reich" zogen! Das 3. Reich hat den Rechtspositivismus beim Wort genommen. Es hat mit der positivistischen Lehre, daß der Staat — wie der ungarische Rechtstheoretiker *Somlò* 1917 schrieb — „jeden beliebigen Rechtsinhalt — auch den absolut unsittlichen — setzen kann", wirklich Ernst gemacht. Dadurch wurde es offenbar, daß der ganze Rechtspositivismus des 19. und 20. Jahrhunderts trotz seiner gegenteiligen Behauptung in Wahrheit auf einer breiten naturrechtlichen Basis aufruhte und daß er von einer unverbrauchten sitt-

* Aus: Festschrift für H. *Niedermeyer*, Göttingen 1953, S. 279.

lichen Substanz zehrte, die nun plötzlich weggezogen wurde. Positivistische Gedankenspielereien, wie die, daß selbst ein Befehl zur Tötung aller blauäugigen Kinder gültig sei, wenn er nur vom Inhaber der höchsten Staatsgewalt ausgeht, wurden nun grauenvolle Wirklichkeit. Diese schrecklichen Erfahrungen haben die frühere Wertung des positiven Rechts auf den Kopf gestellt. Wo der Inhalt von Gesetzen das Verbrechen ist, da hört das Gesetz auf, eine Positivierung des R e c h t s zu sein. Es bietet keine Garantie mehr, der Weiser des Rechts zu sein. Noch zu Beginn des vorigen Jahrhunderts konnte *Fichte* sagen: „Der gesetzlichen Vorschrift zu folgen, ist allemal recht." Jetzt zeigte es sich, daß gerade das Gesetz es ungewiß lassen kann, was Recht ist. Um so stärker wurde der Ruf nach einem festen Halt im Überpositiven, im Naturrecht. Zwar war in Deutschland bis zum Jahre 1945 der Vorhang vor solchen Wünschen geschlossen, anders als etwa in der Schweiz, wo Emil *Brunner* 1942 ein später in Deutschland viel gelesenes naturrechtliches Buch über die Gerechtigkeit schreiben konnte. Um so heftiger war der Griff nach dem Naturrecht in Deutschland nach 1945.

Radbruch, dessen 1932 geschriebene Worte zur Weihe des Rechtspositivismus wir eben gehört hatten, schrieb jetzt: Die Rechtswissenschaft müsse sich wieder auf die jahrtausendealte Weisheit besinnen, daß es ein höheres Recht gebe als das Gesetz, ein Naturrecht, ein Gottesrecht, ein Vernunftrecht, an dem gemessen Unrecht Unrecht bleibt, auch wenn es in die Form eines Gesetzes gegossen ist, vor dem das auf Grund eine solchen ungerechten Gesetzes gesprochene Urteil nicht Recht, sondern Unrecht ist (Wandlung II/19).

Ähnlich erklärte der Germanist *Mitteis*, das das Naturrecht das eigentlich geltende Recht sei, während das positive Recht ihm gegenüber nur eine abgeleitete, vorläufige Gültigkeit habe. Das positive Recht sei nur der Transformator, das Umspannwerk, in dem das Naturrecht für die Wirklichkeit p r a k t i k a b e l gemacht werde. Es müsse weichen, wenn es den Anforderungen der Gerechtigkeit, also des Naturrechts nicht entspricht. „Naturrecht bricht positives Recht."

Die Praxis folgte diesen neuen Lehren:

Das Landgericht Frankfurt entschied, daß ein Gesetz (Reichsleistungsgesetz) gegen das Naturrecht verstoße und nichtig sei, wenn es Privateigentum ohne Entschädigung in Anspruch nimmt. Das AG Wiesbaden erklärte ebenfalls Gesetze, die eine entschädigungslose Enteignung aussprechen, für naturrechtswidrig und darum vom Augenblick ihres Erlasses an für nichtig. Das AG Wuppertal will sich nicht einmal an die Mindeststrafe für den Einbruchdiebstahl (3 Monate Gefängnis) binden: „Höher als das positive Gesetz steht das absolute Pflichtbewußtsein des Strafrichters gegenüber Recht und Moral."

Aber was ist denn nun dieses Naturrecht, vor dem widersprechendes positives Recht ungültig wird? Der Frankfurter Jurist *Coing* hat 1947 mit anerkennenswertem Mut den Versuch zur Neubegründung des Naturrechts unternommen. Er entwickelt eine Reihe von „obersten Grundsätzen des Rechts", die nach seiner Ansicht der „notwendige Inhalt jeder Rechtsordnung" sein sollen. Sieht man sich aber den Katalog dieser obersten Grundsätze etwas näher an, so ist man erstaunt über die Ähnlichkeit mit den Grundrechtskatalogen neuerer Verfassungen, besonders der Weimarer Verfassung. Da werden nicht nur die traditionellen Urrechte auf Leben, Freiheit, Eigentum, sondern auch die Rechte auf Schutz der privaten Geheimsphäre, der freien Meinungsäußerung, der freien wissenschaftlichen, künstlerischen und religiösen Betätigung als „notwendiger Bestandteil jeder Rechtsordnung" genannt. Gerade *Coings* Buch hat — im ganzen gesehen — der Idee des Naturrechts keinen förderlichen Dienst geleistet. Es hat nämlich den alten Verdacht wieder bestärkt, daß die Naturrechtslehrer nur die rechtspolitischen Wünsche ihrer Zeit oder gar ihrer Person zu ewigen Naturrechtssätzen hypostasieren.

So hat sich verhältnismäßig rasch wieder eine starke Ernüchterung ausgebreitet. Die Begeisterung für das Naturrecht hat einer erneuten Hinwendung zum positiven Recht Platz gemacht. Schon 1947 hatte das OLG Hamburg im Hinblick auf das Kontrollratsgesetz 10 erklärt: Die Geltung eines in Gesetzesform erlassenen Befehls der Staatsgewalt sei nicht davon abhängig, ob er inhaltlich dem Sittengesetz entspricht. Ein im Sinne der Rechtsphilosophie inhaltlich unrichtiges Gesetz verliere nicht dadurch seine bindende Kraft, daß es etwas für Recht erklärt, was vom Standpunkt der Ethik aus nicht Recht sein soll. — Vollends die VO. 165 der brit. Militärregierung verbietet es den Verwaltungsgerichten, eine gesetzliche Vorschrift darum nicht anzuwenden, weil sie nach ihrer Ansicht der Billigkeit oder übergesetzlichen Grundsätzen widerspricht.

Wir stehen heute in Deutschland, sieben Jahre nach dem Zusammenbruch, in der akuten Gefahr, wieder in einen extremen Gesetzespositivismus zurückzugleiten. In solcher Situation gilt es, besonders wachsam zu sein und sich über Wert und Grenzen des Positivismus Klarheit zu verschaffen.

Es mag auf den ersten Blick seltsam erscheinen, liegt aber in der Natur der Sache begründet, daß der Rechtspositivismus keine Theorie über sich selbst entwickelt hat, daß er weder sich selbst gerechtfertigt noch seine Grenzen abzustecken versucht hat. Der Positivismus ist die praktische Beschäftigung mit dem Recht selbst; in dieser geht er ganz auf und hält sich dabei an das Dichterwort: „Bilde, Künstler! Rede nicht!" So ist er über sich selbst stumm geblieben. Ganz anders das Naturrecht Es ist von vornherein als philosophische Reflexion, als Theorie im eminenten Sinne in die Welt getreten. Seine Stärke ist gerade die Theorie, seine Schwäche die Praxis. So besitzen wir zwar eine Fülle naturrechtlicher Theorien, aber keine Lehre vom Positivismus. Das ist eine gefährliche Lücke. Denn sie läßt uns weder die Berechtigung des Positivismus, noch seine Grenzen erkennen. Aus diesem doppelten Mangel muß entweder eine verhängnisvolle Mißachtung oder eine ebenso verderbliche Überschätzung des Rechtspositivismus entspringen.

Das Naturrecht ist das Kind des griechischen Geistes. Er hat ihm für alle Zeiten die Züge seiner Wesensart mitgegeben. Dabei ist die Spielart des Naturrechts, an die wir üblicherweise in erster Linie denken, nämlich das idealistische Naturrecht, ein Produkt der platonischen Ideen- und der aristotelischen Entelechienlehre. In beiden Lehren hat das Allgemeine den eindeutigen Vorrang vor dem Besonderen. Unwandelbare Ideen oder Formen bilden das wahrhafte Sein, während das Besondere, Einmalige nur eine flüchtige, vergängliche Erscheinung ist, die nur insoweit Sein besitzt, als die ewige Idee oder Form Teil an ihr hat. Das gleiche Verhältnis gilt auch für das Recht. Recht im eigentlichen, wahrhaften Sinne ist allein das Naturrecht. Von ihm sagt die berühmte Definition von *Aristoteles* aus, daß es das Recht sei, das überall die gleiche Geltung besitze, unabhängig davon, ob es anerkannt ist oder nicht. Positives Recht dagegen ist das vergängliche Recht, das nur kraft staatlicher Festsetzung gilt. Das Naturrecht enthält die ewigen Bestimmungen des Gerechten, das positive Recht dagegen regelt nur die Verhältnisse innerhalb des ethisch Indifferenten. Darum hat das Naturrecht den Vorrang vor dem positiven Recht: es nimmt ihm die Gültigkeit, sobald diese ihm widerspricht. Die positiven Gesetze der Einzelstaaten sind bloße Zusätze zu dem einen, unwandelbaren Naturrecht — Zusätze, deren Notwendigkeit sich aus den besonderen Sitten und Gebräuchen der einzelnen Völker ergibt.

In dieser Naturrechtstheorie springt die griechische Vorliebe für das Allgemeine, Bleibende und Unwandelbare und die Geringschätzung des Besonderen, Einmaligen, Vergänglichen unmittelbar in die Augen. Nur an einer Stelle taucht bei *Aristoteles* einmal der Zweifel auf, inwieweit man dem Recht das Merkmal der Allgemeingültigkeit überhaupt zusprechen kann: das Feuer brennt zwar in Persien nicht anders als in Athen, aber kann man vom Recht ähnliches sagen? Hier deutet sich der Wesensunterschied zwischen der geschichtlichen Welt des menschlichen Geistes und der geschichtslosen Welt der Natur flüchtig an. *Aristoteles* gibt den Einwand zu, lenkt aber rasch von ihm ab, um sofort wieder dem Naturrecht die Kraft zeit- und raumüberlegener Gültigkeit zuzuweisen.

Ein grundlegender Anschauungswandel mußte eintreten, als das Christentum mit einer neuen, positiven Einstellung zum Individuellen und Geschichtlich-Einmaligen auf den Plan trat. Dem Christentum ging es nicht um allgemeine Ideen, sondern um die individuelle Seele; ihre Rettung war eingeschlossen in einen geschichtlichen Prozeß des Menschengeschlechts, der von der Schöpfung und dem Sündenfalls Adams über die Erlösungstat Christi bis zum Endgericht reicht. Aber so begierig die jungen Völker des Abendlandes die Botschaft des Christentums ergriffen, so wenig blieb ihnen das griechisch-antike Erbe verloren. Vielmehr traten die christliche Gedankenwelt und das antike Erbe in jene spannungsreiche Einheit zusammen, die bis zum heutigen Tage die Lebenskraft der abendländischen Kultur gespeist hat. In ihr macht das Verhältnis zwischen dem Allgemeinen und dem Besonderen eine der Grundspannungen aus, in welcher die Problematik des Naturrechts und dessen Verhältnis zum positiven Recht eine wesentliche Rolle spielen.

Nach langer Vorbereitungszeit bricht der Gegensatz im Hochmittelalter in den Systemen des hl. *Thomas* auf der einen Seite, des Franziskanermönchs *Duns* aus Schottland und des Nominalismus auf der anderen Seite schroff zutage. Erringt im System und in der Naturrechtslehre des hl. *Thomas* der griechische Universalismus aristotelischen Gepräges noch einmal die eindeutige Vorherrschaft, so tritt in der unmittelbar nachfolgenden Generation durch die Lehren der beiden angelsächsischen Franziskaner Johannes *Duns* und Wilhelm von *Okham* der große Umschwung vom Allgemeinen zum Besonderen ein. Nicht mehr das Allgemeine, sondern das Besondere ist die höhere Seinsform. Die Individualität ist nach *Duns* die ultima realitas entis, die höchste Seinswirklichkeit. Nicht um ewige Ideen zu verwirklichen, hat Gott die Welt geschaffen, sondern um Wesen um sich zu haben, die mit ihm l i e b e n können: vult alios condiligentes. (Er wollte andere mit ihm liebende Wesen.) Wo das Grundverhältnis des Subjekts zum Objekt nicht mehr, wie im griechischen Denken, das Erkennen, sondern die Liebe ist, muß in der Tat das Individuelle, das einmalige, unvertauschbare Du die höchste Seinsweise sein. Diese Hinwendung zum Individuellen mußte der geschichtlichen Besonderheit einen ganz anderen Platz einräumen, — auch im Hinblick auf das Verhältnis des Naturrechts zum positiven Recht. Das fand seinen zeitbedingten Ausdruck im Streit um die Frage der Wandelbarkeit oder Unwandelbarkeit des Dekalogs. Für *Thomas* war der Dekalog in seiner Gesamtheit unwandelbares, ausnahmslos gültiges Naturrecht. Nun geriet diese These in Konflikt mit einigen Berichten der Bibel, in denen Gott offensichtlich Ausnahmen vom Tötungsverbot oder von der Eigentumsordnung oder von der monogamischen Eheform für einen bestimmten Fall zugelassen hatte. *Duns* begnügte sich nicht mit den Harmonisierungsversuchen, die *Thomas* unternommen hatte, sondern wies nach, daß diese Berichte mit der Annahme eines unwandelbaren, ausnahmslos gültigen Naturrechts unvereinbar sind, daß also Gott hier für die einmalige Situation echte Ausnahmen von den Geboten des Dekalogs zugelassen hat. Aber seine Ablehnung eines auch Gott bindenden ewigen Naturrechts gründete sich noch tiefer: Von keinen Werten der g e s c h ö p f l i c h e n Welt kann es ein Naturrecht strenger Allgemeingültigkeit geben, da sonst Gott an eine bestimmte Gestaltung der Welt bei seiner Schöpfungstat gebunden gewesen wäre, was seiner Allmacht widerspräche. So kam *Duns* zu dem Schluß, daß kein Gebot der 2. Tafel, d. h. keine der sozialen Normen des Dekalogs zum Naturrecht im strengen Sinne gehört. Allein das Verbot des Gotteshasses ist von schlechthin ausnahmsloser Allgemeingültigkeit, während die sozialen Normen der 2. Tafel nur sekundäres Naturrecht in dem Sinne sind, daß sie zwar regelmäßig, aber nicht ausnahmslos gelten. Sie gelten insoweit, als sie mit dem streng naturrechtlichen Gebot der Gottesliebe „konsonant" sind, in Einklang stehen. Dieses Konsonanzprinzip macht *Duns* an einem juristischen Beispiel deutlich: Mit der Aufgabe des Staates, Rechtsfrieden zu schaffen, ist an sich das Institut des Gemeineigentums ebenso vereinbar wie das des Privateigentums. Nimmt man aber die Eigenliebe des Menschen hinzu, die für das Privateigentum besser sorgt als für Gemeineigentum, so dient das Privateigentum dem Zusammenleben der Menschen besser als das Gemeineigentum.

Mit diesem Konsonanzprinzip ist ein ganz neues Verhältnis zwischen Naturrecht und positivem Recht hergestellt, als es in der bisherigen Naturrechtslehre bekannt war. Während in der früheren Naturrechtslehre das positive Recht eine das Naturrecht bloß ergänzende Funktion innerhalb des ethisch Indifferenten besaß, wird es nunmehr ein integrierender Bestandteil der ethischen Ordnung selbst. Denn wenn dem strikten Naturrecht der Gottesliebe mehrere verschiedenartige soziale Normen konsonant sein können — so wie eine Gesellschaftsordnung ebensowohl privatwirtschaftlich wie sozialistisch ausgestaltet sein kann —, bedarf es einer autoritativen Entscheidung darüber, welche der verschiedenen, möglichen Sozialformen unter den besonderen Umständen Rechtens sein soll.

In diesen scheinbar rein theologischen Überlegungen wird zum ersten Male der Zugang für ein legitimes Verständnis des positiven Rechts eröffnet und der erste Ansatz für eine Theorie des Positivismus gelegt. Gegenüber der Überspannung des Allgemeinen in der idealistischen Naturrechtslehre hat *Duns* das Recht der Besonderheit, des Individuellen, Geschichtlichen erkämpft und hat die Kontingenz auch der ethischen Inhalte, d. h. ihre rationale Unableitbarkeit aus allgemeinen Wesensbegriffen und ihre geschichtliche Bedingtheit entdeckt.

Diese Einsicht ist in der scholastischen Philosophie der folgenden Zeit, im Nominalismus, noch verstärkt worden. *Duns* jüngerer Ordensbruder, Wilhelm von *Okham*, dehnte die Kontingenz, d. h. die geschichtliche Bedingtheit des Normeninhalts, auch auf das Gebot der Gottesliebe aus und lehrte, daß Gott im Einzelfall selbst hiervon eine Ausnahme machen könne.

Die spezifische juristische Relevanz dieser Lehren wird im vollen Umfange erst zu Beginn der Neuzeit (im 17. Jh.) bei dem englischen Philosophen Thomas *Hobbes* sichtbar. Th. *Hobbes* — ein durch und durch neuzeitlicher (d. h. unscholastischer) Denker und doch zugleich ein Vollender des Nominalismus — übertrug die bisher theologische Fragestellung auf die staatliche Ebene. Seine Staatslehre enthält alle für eine Theorie des Positivismus wesentlichen Elemente und einige wichtige Gesichtspunkte zur Grenzziehung des legitimen Bereichs des Positivismus. Er zeigt mit großer Klarheit die beiden entscheidenden Gründe auf, die ein positives Recht nicht etwa bloß als Zusatz zum Naturrecht, sondern als konstitutive Voraussetzung jeder wirklichen Ordnung in der Menschenwelt notwendig machen.

Der erste Grund ist die von *Duns* entdeckte Kontingenz, also die rationale Unableitbarkeit, der ethischen Normeninhalte. Die Behauptung, daß die rechte Vernunft uns konkrete Naturrechtssätze erkennen lasse, hält *Hobbes* für jenen Grundirrtum, der schon vielen Tausenden das Leben gekostet habe. Er würde jene Behauptung zugeben, wenn man so etwas wie die rechte Vernunft in natura rerum finden könnte. Aber was man gemeinhin als rechte Vernunft ausgebe, dafür hält im Konfliktsfalle jeder seine eigene Vernunft. Die blutigsten Feindschaften entstehen ja nicht aus dem Streit um Mein und Dein, um äußeren Besitz, sondern um die Begriffe von Gut und Böse, also um die sittlichen Grundanschauungen — oder modern gesprochen — um die „Weltanschauung". Ja, hier ist nicht erst der Streit, sondern bereits die fehlende Zustimmung dem Menschen unterträglich; denn wer nicht zustimmt, macht dem anderen den geheimen Vorwurf des Irrtums, den Menschen nun einmal nicht ertragen können. Beweis hierfür ist die besondere Erbitterung aller Glaubens- und Bürgerkriege. Wenn aber der Gegenstand dieses Streites kontingent ist, aus Vernunftprinzipien nicht rational-zwingend ableitbar ist, so muß man, wenn man überhaupt den Krieg aller gegen alle überwinden und eine Friedensordnung herstellen will, eine höchste Stelle schaffen, die autoritativ entscheidet, welche Richtschnuren für das soziale Handeln in der Gemeinschaft gelten und Rechtens sein sollen. Die Kontingenz der ethischen Inhalte macht eine positive Entscheidung über die sozialen Normen innerhalb einer Gemeinschaft notwendig. Auctoritas, non veritas facit legem!

Dazu tritt als zweiter Grund die Dynamik der menschlichen Natur. Alle idealistischen Naturrechtlehren gehen ausdrücklich oder unausgesprochen von einem optimistischen Menschenbild aus. Der Mensch ist nach dem vielzitierten Satz des *Aristoteles* ein geselliges Wesen (ein animal rationale et soziale). Er trägt „von Natur" den Trieb zur Gemeinschaft mit anderen Menschen in sich. Die Gesetze seiner Vernunft vollenden nur, wohin die Natur ihn ohnehin schon leitet. (Diese Lehre bildete übrigens die Voraussetzung für die inhaltliche Ausfüllung der formalen Naturrechtssätze.) Schon *Duns* hatte die Verbindung zwischen der Naturausstattung des Menschen und den ethischen Normen zerschnitten. In der Folgezeit, im Nominalismus und vollends im Denken der Reformatoren, verdunkelte sich das Menschenbild immer mehr, bis es bei *Hobbes* die düsteren Züge eines triebhaften, gefährlichen, zerstörerischen Wesens, eines Wolfes, annahm. Homo homini lupus! Für ein solches Wesen genügt keine ideelle Vernunftordnung, die lediglich das vollendet, was schon die Naturanlage anstrebt, sondern es bedarf einer wirklichen Ordnung, die mit Macht und Gewalt die gefährlichen und zerstörerischen Anlagen im Menschen niederhält. Das Recht muß eine real wirksame Ordnung sein, die das Chaos des Kriegs aller gegen alle (also des Bürgerkrieges) überwindet und ausschließt. Die gedanklich idealste Ordnung, die diese wirklichkeitsformende Kraft nicht besitzt, ist kein Recht, während die unvollkommenste Notordnung, welche jene wirklichkeitsgestaltende Macht aufweist, die essentielle Funktion des Rechts erfüllt.

Das ganze *Hobbes*sche System durchzieht der Gedanke, daß das Recht wesensmäßig wirklichkeitsgestaltende Ordnung ist, und daß alle Rechtstheorie nur dazu dienen darf, die wirklichkeitsgestaltende Kraft des positiven Rechts zu rechtfertigen und zu stärken. Aus diesem Grunde polemisiert er unaufhörlich mit größter Leidenschaft gegen alle idealistischen Naturrechtslehren, die sich nicht nur als unfähig erwiesen haben, konkrete materielle Naturrechtssätze von zwingender Evidenz nachzuweisen, sondern die vor allem die Geltungskraft des positiven Rechts aufs schwerste gefährdet haben durch die Behauptung, daß jeder positive Rechtssatz, der ihrem angeblichen Naturrecht widerspricht, unverbindlich sei. *Hobbes*' Staatstheorie enthält die bisher tiefste Rechtfertigung des positiven Rechts, sie bedeutet die naturrechtliche Rechtfertigung des positiven Rechts.

Auch jede moderne Theorie des Rechtspositivismus müßte sich an diesen von *Hobbes* aufgezeigten Gründen orientieren.

An der ersten Stelle steht die Kontingenz der materiellen Wertinhalte des Rechts. Alle Versuche, die bisher unternommen worden sind, überzeitlich-allgemeingültige Inhalte der Sozialethik und des Rechts aufzufinden, sind über formale Begriffshülsen und vage Allgemeinheiten nicht hinausgekommen, — gleichgültig, ob diese Versuche monistisch nur einen einzigen Wert (Lust, Glück, Nutzen) zugrunde gelegt haben oder wertpluralistisch von dem gegenseitigen Verhältnis mehrerer Werte ausgegangen sind (wie die materialen Wertethiken von *Platon* an bis zu *Scheler* und *Hartmann*). Sie haben niemals das in der jeweiligen historischen Situation Richtige aus ihren formalen Begriffen herausholen können. Ihnen gegenüber schlägt die Kritik der Existenzphilosophie durch, daß die behaupteten materialen Werte „unbestimmt sind und immer zu weit gespannt für den konkreten Fall". Die materialen Inhalte sind der empirische Bestandteil des Rechts und der Ethik. Nur so weit die empirischen Verhältnisse gleich oder ähnlich gelagert sind, also in typischen Lebensformen auftreten, lassen sich generelle Regelungen treffen. Auf dieser „glücklichen Tatsache", wie *Kant* sie genannt hat, beruht überhaupt die Möglichkeit eines Rechts als genereller Normenordnung. Aber diese Typizität der Rechtsregeln, die auf der Typizität der Lebensverhältnisse beruht, ist nur von empirischer Allgemeinheit, welche ebensosehr Ausnahmen für den atypischen Einzelfall zulassen muß, wie sie selbst nur so lange Platz greifen kann, als die Typizität der realen Verhältnisse fortdauert. Die allgemeinen Regeln des Rechts besitzen zwar eine relative, empirische Allgemeinheit, aber keine absolute, zeitüberhobene Allgemeingültigkeit. Darum kann ihr Inhalt nicht mit der zwingenden Evidenz zeitloser Wesensbegriffe ausgemacht werden, sondern hängt entscheidend von den nur aus der Erfahrung zu gewinnenden empirischen, zeitlichen Bedingungen ab. Und betrachten wir die bewegenden Rechtsprobleme unserer Zeit: etwa das Sozialisierungsproblem oder die Frage des Mitbestimmungsrechts der Arbeiterschaft am Betrieb oder die Gestaltung des Lastenausgleichs oder selbst die Frage der Gleichberechtigung der Geschlechter im Grundsatz wie in ihrer realen Durchführung, so springt in die Augen, daß für alle diese Fragen die richtige Regelung nur unter Berücksichtigung einer Fülle empirischer, zeitbedingter Umstände möglich ist und nur für einen Zeitraum zutreffen kann, in dem diese Umstände im großen und ganzen fortbestehen. Welche Umstände dabei zu berücksichtigen, wie sie ins Ganze einzuordnen und zu beurteilen sind, kann uns kein Wesenbegriff mit zwingender Eindeutigkeit sagen, sondern ist dem Zweifel und dem Meinungsstreit ausgesetzt. Wenn man überhaupt zu einer einheitlichen Regelung kommen, also eine einheitliche Rechtsgemeinschaft haben will, muß man diesen Meinungsstreit autoritativ entscheiden, eben durch das positive Gesetz. Die Kontingenz der materialen Wertinhalte des Rechts macht die Positivität des Rechts notwendig.

Hierzu tritt als zweiter Grund eine Eigenschaft des Rechts, die man seine „Gebrochenheit" nennen könnte. Alle sonstigen Werte des menschlichen Lebens, also alle ethischen oder ästhetischen Werte können ungebrochen von idealer Richtigkeit sein, weil sie schon als irreale Wesenheiten bestehen; allein das Recht hat seinen spezifischen Wertcharakter nur dann, wenn es wirklichkeitsgestaltende Kraft besitzt. *Radbruch* hat einmal das scheinbar paradoxe und dennoch buchstäblich wahre Wort gesprochen: „Es gehört zum Begriff des richtigen Rechts, positiv zu sein." Die erste und wichtigste Aufgabe des Rechts ist es, den offen oder immerfort latent drohenden Bürgerkrieg aller gegen alle zu überwinden oder niederzuhalten und durch eine das Leben aller sichernde Ordnung zu ersetzen. „Schon um des Lebens willen" — so sagt *Aristoteles* — „treten die Menschen zum Staat zusammen — denn vielleicht ist bereits im Leben ein Teil des Guten zu finden — und sie erhalten die staatliche Gemeinschaft schon um des bloßen Daseins willen aufrecht." Eine Ordnung besitzt erst dann Rechtscharakter, wenn sie den revolutionären Kampf aller gegen alle beendet und die Sicherheit der Gemeinschaftsglieder vor der gegenseitigen physischen Vergewaltigung garantiert. Die idealste Ordnung, die diese wirklichkeitsgestaltende Macht nicht hat, erfüllt das essentielle Merkmal des Rechts nicht, während die unvollkommenste Notordnung, die das Choas überwindet, der idealsten Ordnung eines voraushat: Recht zu sein! Es gehört zum Wesen des Rechts, wirklich zu sein. Im Recht gehört die existentia zur essentia: die Existenz zum Wesensbegriff. Im Recht ist darum das Tatsächliche unlöslich mit dem Normativen verbunden. Gerade die Ordnung, die die Kraft hat, die Sicherheit aller vor allen zu gewährleisten, hat um dieser Funktion willen sittlich verpflichtende Kraft. Denn wie *Aristoteles* sagt, schon im bloßen Leben ist ein Teil des Guten zu finden. Darum hat *Hobbes* — und übrigens nach ihm auch *Kant* — mit vollem Recht immer wieder die wesensmäßige Korrelation von Schutz und Gehorsam betont: Weil ich dich schütze, deshalb verpflichte ich dich. Protego, ergo obligo.

Dem positiven Recht als wirklichem Recht kommt dieses entscheidende Merkmal des Rechts, aber keinem bloßen irrealen Naturrecht zu.

Darum wird der Jurist immer wieder zur positiven Norm greifen und der bestehenden Ordnung den Vorzug geben, nicht weil er die Macht anbetet, sondern weil er in der positiven Ordnung den ersten elementaren Rechtswert erkennt: das Choas zu überwinden und die Existenz aller zu sichern. Der Jurist wird immer wieder die instinktive Scheu haben, eine positive Norm unbeachtet zu lassen, weil diese die Ordnungsfunktion des Rechts schmälert, die uns allein vom Choas trennt. *Goethe* hat hierfür ein sicheres Gefühl gehabt: „Ich will lieber eine Ungerechtigkeit begehen, als Unordnung ertragen." „Es ist besser, es geschieht dir Unrecht, als die Welt sei ohne Gesetz. Deshalb füge sich jeder dem Gesetz."

Folgt nun aus alledem, daß der Positivismus der Weisheit letzter Schluß ist? Unzweifelhaft folgt aus der Kontingenz der Wertinhalte und aus der Notwendigkeit der Daseinssicherung, daß alles Recht eine wirkliche, positive Ordnung sein muß. Aber das bedeutet keineswegs zugleich, daß diese wirkliche Ordnung jeden beliebigen Inhalt haben kann. Das aber ist gerade der Glaubenssatz des Rechtspositivismus. „Es gilt unumstößlich die Wahrheit, daß die Rechtsmacht (oder nach anderer Terminologie: der Gesetzgeber, der Staat, die souveräne Macht) jeden beliebigen Rechtsinhalt setzen kann", sagt *Somlò* in seiner Juristischen Grundlehre (S. 308). Der Rechtspositivismus ist die Lehre von der rechtlichen Omnipotenz des Gesetzgebers. Er ist insofern ein Stück juristischer Theologie, nämlich die Übertragung göttlicher Eigenschaften auf den irdischen Gesetzgeber. Dem aufgeklärten 19. und 20. Jahrhundert ist es dabei vorbehalten geblieben, dem irdischen Gesetzgeber eine Allmacht zuzusprechen, die auch der entschiedenste Nominalist für Gott nicht in Anspruch genommen hatte. Im Nominalismus war die potentia Dei absoluta stets an zwei Schranken gebunden: an seine eigene Güte und an das logisch Mögliche. Gott kann aus seinem Wesen heraus gar nicht anders als gut handeln, und er könnte zwar einen Judas, aber keinen Stein selig machen.

Im Rechtspositivismus dagegen gibt es diese beiden Schranken für die Allmacht des irdischen Gesetzgebers nicht: wohl ist dieser an das physisch Mögliche gebunden (darum kann er die Schwangerschaftsperiode nicht von 9 auf 6 Monate herabsetzen oder Mann und Frau nicht auch physisch gleichmachen), aber im übrigen ist er frei. Die Lehre von der rechtlichen Allmacht des Gesetzgebers ist der eigentliche Sündenfall des Rechtspositivismus. Ihn zu überwinden, ist die entscheidende Aufgabe der Zukunft.

In Wahrheit ist der Gesetzgeber stets an bestimmte immanente Grenzen des positiven Rechts gebunden.

1. Die erste Schranke findet er an den sachlogischen Strukturen, die den ganzen Rechtsstoff punktförmig durchsetzen und ihm eine bestimmtgeartete Regelung vorzeichnen. Sie bilden die weitaus umfangreichste Gruppe von Grenzlinien, aber ihre grenzziehende Funktion ist nur relativ, d. h. sie

binden den Gesetzgeber nur dann, wenn er eine Regelung bestimmter Art vornehmen will, und sie binden ihn nur logisch, d. h. wenn seine Regelung sachgemäß sein soll. Ein Verstoß gegen sie hat nicht zur Folge, daß seine Regelung ungültig wird, wohl aber, daß er sein Ziel nicht erreicht, daß er eine lückenhafte, widerspruchsvolle, sachlich unzutreffende Regelung vorgenommen hat. Ein Beispiel möge das klarmachen:

Der Gesetzgeber ist keineswegs daran gebunden, den Eintritt von Unrechtsfolgen an die Voraussetzung zu knüpfen, daß der unrechtmäßig Handelnde auch schuldhaft gehandelt hat. Aber wenn er das tut und wenn er also z. B. Strafe für Schuld verhängen will, dann ist er an das gebunden, was den sachlichen Gehalt der Schuld ausmacht.

Wenn er also bestimmt, daß auch derjenige bestraft werden soll, der nicht erkennen konnte, daß das, was er tat, unrecht ist, so straft er in Wahrheit ohne Vorliegen von Schuld, trifft also eine von seinen eigenen Voraussetzungen her falsche Regelung. Seine gegenteilige Versicherung, daß der Irrtum des Täters über die Rechtswidrigkeit unbeachtlich sei, ist Schall und Rauch, leere Deklamation. Er hat zwar die Macht, Nachteile auch gegen einen Schuldlosen zu verhängen, aber er kann nicht das, was keine Schuld ist, zur Schuld machen. Das hatten schon die Spätscholastiker unter der Herrschaft der potentia Dei absoluta als eine logisch zwingende Wahrheit erkannt: es gibt keine Macht der Welt, die das Gegenteil anordnen könnte, da es keine Macht der Welt gibt, die die Natur der Dinge ändern und eine unfreiwillige (d. h. schuldlose) Handlung zu einer freiwilligen (d. h. schuldhaften) machen kann. Es ist dem Rechtspositivismus des 19. Jahrhunderts vorbehalten geblieben, dem irdischen Gesetzgeber eine unbeschränkte Macht auch hierüber zuzugestehen und zu glauben, der Begriff der Schuld — ich beziehe mich hierbei auf bekannte Lehrbücher des Strafrechts — sei durch und durch ein Produkt des positiven Rechts.

Der Begriff der Schuld ist jeder Gesetzgebung vorgegeben. Er zeichnet ihr eine bestimmte Regelung vor, die der Gesetzgeber treffen oder verfehlen, die er aber nicht beliebig abändern kann und die er noch viel weniger willkürlich schafft. Diese Tatsache gibt der Wissenschaft eine ganz andere Stellung gegenüber dem Gesetzgeber und dem positiven Recht, als es der Rechtspositivismus kannte. Im Rechtspositivismus war die Rechtswissenschaft eine ancilla imperii; in ihm galt der berühmte Satz *Kirchmanns*: „Drei berichtigende Worte des Gesetzgebers, — und ganze Bibliotheken werden Makulatur." In Wahrheit ist der Wissenschaft als vornehmste Aufgabe anvertraut, die sachlogischen Strukturen im Rechtsstoff herauszuarbeiten, die auch dem Gesetzgeber vorgegeben sind und die darum seine Regelung ebenso verfehlen wie auch treffen kann. Hier hat die Wissenschaft ihren festen Stand gegenüber dem Gesetzgeber. Dieses Verhältnis zu Strukturen, an die auch der Gesetzgeber gebunden ist, gibt der Wissenschaft erst ihre volle Verantwortung gegenüber dem Recht, den Ernst ihrer Tätigkeit und den Glanz ihrer Würde: sie ist zu ihrem Teile Hüterin des Rechts gegenüber dem Gesetzgeber!

Um diese Aufgabe zu sehen und zu erfüllen, bedarf es jedoch einer ganz anderen Überwindung des Positivismus in uns selbst, als es die bescheidenen Versuche zur Erneuerung des Naturrechts in der Gegenwart voraussetzen. Nachdem drei bis vier Juristengenerationen unter offener oder versteckter Herrschaft des Rechtspositivismus den Blick für die dem Recht vorgegebenen sachlogischen Strukturen verloren haben, ist es unendlich schwer, diese Strukturen als R e a l i t ä t e n wieder sichtbar zu machen. Denn das eben entwickelte Beispiel von der Schuld ist ja nur ein einzelner, wenn auch sehr bedeutsamer Anwendungsfall. Der g a n z e Rechtsstoff ist von solchen sachlogischen Strukturen wie von einem Gewebe durchzogen. Daß ich dabei als Kriminalist meine Beispiele aus dem Strafrecht nehme, möge man mir nicht verübeln. Hier fühle ich mich besonders zuhause. Der Allgemeine Teil des Strafrechts ist ein Rechtsgebiet, das in besonders hohem Maße von sachlogischen Strukturen durchsetzt ist. Denn die kategoriale Gesetzlichkeit der menschlichen Handlung ist jeder positiven Normierung vorgegeben. Dennoch dürfte es auch heute noch die überwiegende Auffassung der Juristen sein, daß das positive Recht den Handlungsbegriff erst schaffe. Selbst ein so bedeutender Kriminalist wie der verstorbene Max Ernst *Mayer* hielt noch die Teilnahmeverhältnisse „durch und durch für ein Produkt des Gesetzes".

In Wahrheit liegen die Dinge offensichtlich anders:

Wer Handlungen normieren will, muß die kategoriale Struktur der menschlichen Handlung voraussetzen; kein Gesetzgeber kann sie ändern. Aber über sie lassen sich a l l g e m e i n g ü l t i g e Aussagen machen, vor allem über ihre f i n a l e Gesetzlichkeit. Aus dieser ergeben sich bestimmte dogmatische Konsequenzen für die Einzelelemente der Handlung und für ihre Stellung zueinander. So vor allem über die Funktion und die Stellung des Willens im Handlungsgefüge. Hierüber hat weder das Gesetz noch die Wissenschaft eine freie Verfügungsmacht. Sie können sie entweder t r e f f e n oder v e r f e h l e n. Verfehlen sie sie, so entstehen notwendige Lücken, Paradoxien, Widersprüche. Für den Juristen möchte ich hinzufügen, daß etwa die Lösung des V e r b o t s i r r t u m s i. S. der sog. V o r s a t z t h e o r i e auf einem Verfehlen der kategorialen Struktur der Handlung beruht, wie gerade ihre Verfechter dazu gezwungen sind, zu erklären, daß der Handlungsbegriff ein Produkt des positiven Rechtes sei. Ähnliches gilt für das Zusammenwirken m e h r e r e r Handelnden, also für die Teilnahme. Auch die Art der Abhängigkeit, in der die Tat des T e i l n e h m e r s zur Haupttat steht, ist dem Gesetzgeber keineswegs freigestellt, sondern durch sachlogische Gesichtspunkte vorgezeichnet. Verfehlt sie der Gesetzgeber, wie es bei der Regelung der Teilnahme nach der sog. extremen Akzessorietät geschehen war, so trifft er eine Normierung, die ihr Ziel nicht erreicht. So kam es zu der Konsequenz, daß der Gehilfe eines Mörders, bei dem sich in der Hauptverhandlung zur Überraschung aller herausstellte, daß er bei der Ausführung des Mordes geisteskrank gewesen war, nicht bestraft werden konnte, obwohl er — der Gehilfe — völlig schuldfähig war (RG. 40/25). Der Gesetzgeber hatte eine Regelung getroffen, die die sachlogischen Verhältnisse bei der Abhängigkeit der Teilnahmehandlung von der Haupttat verfehlte, und die darum unausweichlich zu paradoxen Konsequenzen führte.

In den sachlogischen Strukturen stecken die materialen Bindungen des Gesetzgebers, die die Naturrechtslehren meist vergeblich gesucht hatten. Naturrecht ist nicht außerhalb des positiven Rechts oder über ihm zu finden, sondern steckt als immanente Grenze in ihm selbst darin, wir müssen nur den Blick dafür öffnen. Nicht indem wir unsere Wünsche in ein ideales Reich projizieren, kommen wir zu einem legitimen Naturrecht, sondern indem wir in mühseliger Arbeit den sachlogischen Gesetzlichkeiten nachspüren, die gewebeartig das ganze positive Recht durchziehen und ihm einen festen, jeder Willkür entzogenen Halt geben.

2. Aber alle diese sachlogischen Strukturen binden den Gesetzgeber nur relativ, d. h. ihre Nichtbeachtung macht die gesetzliche Regelung zwar sachwidrig, widerspruchsvoll, lückenhaft, aber nicht ungültig. Gibt es aber auch immanente materiale Prinzipien, die kein staatlicher Befehl verletzen darf, ohne sofort ungültig und unverbindlich zu werden und den Rechtscharakter zu verlieren?

In der Tat gibt es *ein* solches Prinzip. Um es aufzuzeigen, sind einige sehr grundsätzliche Überlegungen erforderlich, die ich in diesem Zusammenhang nur skizzieren kann.

Im Recht ist das Tatsächliche mit dem Normativen wesensmäßig verbunden. Weil es eine wirkliche daseinserhaltende Ordnung schafft, darum verpflichtet es. Protego, ergo obligo. Recht ist schützende Macht und verpflichtender Wert zugleich. Dennoch sind beide Seiten begrifflich wohl zu unterscheiden. Als Macht zwingt es, nur als Wert verpflichtet es. Der Begriff einer Zwangspflicht, d. h. einer aus dem Zwang entspringenden Pflicht, ist eine contradictio in adjecto. Der Zwang zwingt nur, aber verpflichtet nicht. Verpflichten kann immer nur ein Wert, und dieser verpflichtet uns sittlich. Es gibt auch Rechtspflichten nur als sittliche Pflichten. Weil das Leben, wie schon *Aristoteles* sagte, ein Gut ist, deshalb verpflichtet uns eine Ordnung, die uns das Leben sichert, auch sittlich. Aber ihre Verpflichtungskraft findet da eine Grenze, wo sie ein Gut anzutasten befiehlt, das sittlich unter keinen Umständen verletzt werden darf. Das ist die sittliche Autonomie des Mitmenschen. Da die Person kraft ihrer sittlichen Autonomie einen von jeder Zweckerreichung unabhängigen Eigenwert erringt, ist sie von jeder anderen Person in diesem Eigenwert zu respektieren. Darin besteht der Sinn des *Kant*ischen Satzes, daß der Mensch niemals bloß als Sache, d. h. lediglich als Mittel zu irgendeinem Zweck, sondern stets auch als Selbstzweck behandelt werden darf. Wo also ein staatlicher Befehl die Person zur bloßen Sache degradiert — darin besteht das, was man in modernen Verfassungen als Verletzung der Menschenwürde bezeichnet —, da kann er vielleicht noch zwingen, sofern die Macht stark und das bei Befehlsverweigerung angeordnete Übel schwer genug ist, aber er kann nicht mehr verpflichten. Er ist nur noch Gewalt oder Terror, aber kein verpflichtendes, geltendes Recht mehr. Hier verläuft die zweite, ebenfalls immanente Grenze des Rechts, die nicht mehr bloß von relativer, sondern von absoluter Natur ist. Die Scholastiker lehrten, daß Gott seinem Wesen nach nur gut sein könne. Auf das Recht übertragen müssen wir den Satz dahin abwandeln: Recht kann seinem Wesen nach nur recht sein, auch das positive Recht!

MACHT UND RECHT*

(Rechtspflicht und Rechtsgeltung)

*von Hans Welzel***

Das Verhältnis von Macht und Recht ist eines jener großen Themen der Menschheitsgeschichte, von denen das *Goethe*sche Wort gilt, daß sie von Zeit zu Zeit neu geschrieben werden müssen. So ewig das Problem als solches ist, so wird doch jede Generation auf ihre besondere Weise davor gestellt; sie muß auf ihre Weise mit ihm fertig zu werden versuchen. Auch wir stehen heute schon merklich anders vor ihm als noch vor dreizehn Jahren, ganz zu schweigen etwa von der Generation vor den beiden Weltkriegen.

Welche Assoziationen werden in uns wach gerufen, wenn wir uns über das Verhältnis von Macht und Recht Gedanken machen wollen! Was haben wir im letzten Menschenalter als *Recht* ausgeben sehen, das doch oft nur schlecht verhüllte *Macht* war, ja das sich bisweilen sogar offen als Macht, nämlich als das „Recht" der *Macht* bekannte. Und wie oft haben wir umgekehrt die Ohnmacht des Rechts empfunden, allerdings meist erst dann, wenn wir selbst die Ohnmächtigen waren. Ist es verwunderlich, wenn sich in unserer Generation weithin Skepsis und Zynismus über alles ausbreitet, was mit dem Gedanken an Recht oder Gerechtigkeit zusammenhängt? Unser Zeitalter steht — das wird man ohne Übertreibung behaupten dürfen — dem Gedanken des Rechts fremd gegenüber — im scharfen Unterschied zum 19. oder gar zum 18. Jahrhundert, dem Jahrhundert der Menschen- und Bürgerrechte[1].

Man nennt unsere Epoche mit gutem Grund das Zeitalter der Angst und kennzeichnet damit unbewußt zugleich sein Verhältnis zum Recht. Recht ist — wie es einmal Jeremias *Bentham* charakterisiert hat — die Sicherung von Erwartungen. „Durch die Erwartung", so schreibt *Bentham*, „werden wir instand gesetzt, einen allgemeinen Plan für unsere Handlungen zu entwerfen. Durch sie sind die aufeinanderfolgenden Augenblicken unseres Daseins nicht bloß isolierte und gleichsam voneinander unabhängige Punkte, sondern

---

* Aus: Festschrift für *Hugelmann*, Bd. II, Aalen 1959, S. 833—843.

** Der Aufsatz gibt einen Vortrag wieder.

[1] Vgl. hierzu die Einleitung zu meiner Schrift „Die Naturrechtslehre Samuel *Pufendorfs*", Berlin 1958.

stetig aneinander sich anschließende Teile eines Ganzen[2]." Das Recht garantiert die Erhaltung aller der von ihm vorgebildeten Erwartungen. Wie damit das Recht Sicherheit in der Zukunft gewährt, so verlangt es aber auch von uns Zuversicht für die Zukunft. Kein Gefühl kann das Rechtsbewußtsein tiefer erschüttern als die gegenstandslose Angst vor der Zukunft. Ein Zeitalter der Angst kann kein Zeitalter des Rechts sein. Das Schlimme an diesem Zustand ist, daß die einmal begonnenen Fehler sich selbst vervielfältigen.

Das Nicht-Ernst-Nehmen des Rechts beraubt sich ja selbst einer der Sicherungen und zwar einer der wichtigsten, die — mit anderen zusammen — schließlich uns doch einmal vom Zustand der Angst befreien könnte. Wenn wir diesen circulus vitiosus durchstoßen wollen, müssen wir einmal alle seelischen Vorbelastungen durch schlimme Erfahrungen beiseite setzen und nüchtern prüfen, was eigentlich mit dem Recht gemeint sei und inwiefern es etwas von der Macht Verschiedenes ist. Dabei können unsere Überlegungen nicht nüchtern genug sein. Alle hier so naheliegenden erbaulichen Sätze wie der, daß Recht Recht bleiben müsse u. dgl., können nur schaden. Wer Erbauung will, gehe ins Konventikel, — an diesen Satz Max *Webers* sollte man sich halten.

So beginnen wir unsere Betrachtungen über das Verhältnis von Macht und Recht mit der Feststellung, daß Recht jedenfalls *auch* Macht sein muß.

Das folgt aus einem doppelten Grund:

Der erste steckt im Bauplan des Menschen selbst darin. Wie uns die moderne Anthropologie wieder eindringlich ins Bewußtsein gerufen hat, ist der Mensch im Unterschied zum Tier dadurch gekennzeichnet, daß ihm die wesentlichen Regulativen seines Verhaltens nicht biologisch (als Instinktabläufe) angeboren, sondern verpflichtend (als Normen) aufgegeben sind. „Dem Tier ist das arttypische Aktionssystem kraft erblicher Übertragung immanent zugehörig. Jeder einzelne Mensch jedoch muß sich sein — im Grunde genommen individualspezifisches — Aktionssystem durch Auffüllung seiner an detaillierten Ausführungsbestimmungen leeren anthropischen Anlagen erst erarbeiten[3]." Der Mensch ist ein „riskiertes" und darum auch riskantes Wesen, ein gefährdetes und darum auch gefährliches Wesen. Die *Dynamik* der menschlichen Natur ist immer wieder als der entscheidende Grund dafür angeführt worden, daß das Recht Macht haben müsse, um, wie es bei *Paulus* heißt, dem Bösen zu wehren. Die erste und wichtigste Aufgabe des Rechts ist es, den immerfort latent drohenden oder gar offenen Bürgerkrieg aller gegen alle niederzuhalten oder zu überwinden und durch eine das Leben aller sichernde Ordnung zu ersetzen. „Schon um des Lebens willen treten die Menschen zum Staat zusammen und erhalten die staat-

---

[2] Jeremy *Bentham*, Grundzüge der Zivil- und Criminalgesetzgebung, übers. v. *Beneke*, I S. 276.

[3] *Storch*, Österr. Z. f. öff. Recht III (1955) S. 366.

liche Gemeinschaft schon um des bloßen Daseins willen aufrecht" (*Aristoteles*[3a]). Recht ist darum diejenige wirkliche Ordnung, die die Anarchie, den revolutionären Kampf aller gegen alle, beendet und die Sicherheit der Gemeinschaftsglieder vor der gegenseitigen physischen Vergewaltigung garantiert. Die idealste Ordnung, die diese wirklichkeitsgestaltende Macht nicht besitzt, enthält dieses essentielle Merkmal des Rechts nicht, während die unvollkommenste Notordnung, die die Kraft hat, das Chaos zu überwinden, dieses e i n e der idealsten Ordnungen voraushat: Recht zu sein.

Der zweite Grund dafür, daß Recht Macht sein muß, betrifft die normative Seite und hängt mit der ersten eng zusammen. Die Sozialität des Menschen ist im Unterschied zu der der Tiere, keine naturhafte, sondern eine „künstliche", d. h. geschichtliche. Der Mensch ist ein geschichtliches Wesen auch und besonders in den Sozialformen, in den Institutionen und den überindividuellen Einheiten seiner Lebensbeziehungen. Allein von der geschichtlichen Verbesonderung der Institutionen und überindividuellen Einheiten her läßt sich aussagen, was dem Einzelnen zu tun obliegt. Darum gibt es keine allgemeingültigen, überzeitlichen Aussagen über das sozialethisch Richtige, sofern man sich nicht mit formalen, inhaltsleeren Sätzen begnügt wie: Tue das Gute, meide das Böse u. dgl. Welche konkreten Sozialordnungen aber die richtigen sind, das läßt sich nur unter Berücksichtigung der historischen Besonderheiten, also nach Maßgabe der Fülle empirischer, zeitbedingter Umstände angeben und bleibt nur für denjenigen Zeitraum gültig, in welchem diese Umstände im großen und ganzen fortbestehen. Welche Umstände dabei zu berücksichtigen, wie sie ins Ganze einzuordnen und abzugrenzen sind, das kann uns kein apriorischer Begriff mit zwingender Eindeutigkeit sagen, sondern das ist dem Zweifel und dem Meinungsstreit der jeweiligen Generation ausgesetzt. Wenn man aber zu einer einheitlichen Sozialordnung für eine größere Menschengruppe, also zu einer einheitlichen Rechtsgemeinschaft kommen will, so muß der Meinungsstreit über die Art der Ordnung autoritativ entschieden werden. Das geschieht durch das positive Recht, das die Macht hat, sich gegenüber der abweichenden Auffassung durchzusetzen.

So sind es wesentlich zwei Gründe, weshalb das Recht eine wirklichkeitsgestaltende Kraft besitzen und insofern Macht sein muß: die Dynamik der menschlichen Natur auf der einen Seite und die Geschichtlichkeit der Sozialordnung auf der anderen Seite. Es sind zugleich die beiden Gründe, die von jeher gegen die Möglichkeit eines sogenannten Naturrechts sprechen: Eine bloß ideelle, irreal bleibende Ordnung, wie es das Naturrecht ist, ist kein *Recht*, und eine inhaltlich bestimmte Sozialordnung ist nicht überzeitlich, sondern geschichtlich.

Aber indem so das Recht ein Bestandteil der Wirklichkeit wird, nimmt es auch an den Fährnissen der Wirklichkeit teil. Wenn das Recht notwendig

---

[3a] Politik 1278 b (III, 6).

wirklichkeitsgestaltende Kraft und Macht haben muß, — wie unterscheidet es sich dann von der „bloßen" Macht?

Es liegt nahe, diesen Unterschied in einem formellen Merkmal zu sehen. Tatsächlich ist es darin weithin gefunden worden. Recht sei die geordnete, regelhafte Macht. Sie sei die Macht unter Ausschluß der Willkür. Rudolf v. *Jhering*, der vor anderen Juristen vielfach den Mut voraushatte, Ansichten, die auch andere insgeheim hegten, offen auszusprechen, definiert demgemäß das Recht als die „Politik der Gewalt". Es ist „die ihres Vorteils und damit der Notwendigkeit des Maßes sich bewußt gewordene Gewalt, nicht also etwas seinem Wesen nach von letzterer Verschiedenes, sondern nur eine Erscheinungsform derselben: die rechte, richtige, weil an Regeln sich bindende, also disziplinierte Gewalt im Gegensatz der wilden, rohen, weil nur durch den augenblicklichen Vorteil bestimmten, also regellosen Gewalt"[4]. *Jhering* definiert in diesen Worten den Rechtsbegriff des „Positivismus", den andere ähnlich, nur vielleicht vorsichtiger und verhüllter zum Ausdruck gebracht haben. Aber stets ist es ein *formelles* Merkmal, das das Recht von der bloßen Macht unterscheiden soll: meist die Regelhaftigkeit oder die Ordnung in der Machtausübung, bisweilen auch die intendierte Dauerhaftigkeit der Machtausübung (*Dohna*)[4a].

Wir müssen uns nun fragen, ob das so umschriebene Recht das leistet, was es objektiv auch nach der Auffassung jener Autoren leisten soll. Dabei müssen wir uns daran erinnern, daß die Sozialität des Menschen nicht wie die des Tieres biologisch angeboren, sondern verpflichtend aufgegeben ist. So müssen wir uns fragen: Kann ein Recht, das als regelhafte Gewalt verstanden wird, jene normative Funktion einer aufgegebenen Sozialordnung erfüllen, die der spezifischen Sozialität des Menschen angemessen ist?

Als eine nicht angeborene, sondern aufgegebene Sozialordnung hat das Recht die Funktion zu erfüllen, den einzelnen an ihre Befolgung zu binden. Diese Funktion der Bindung durch Normen kann man vom einzelnen aus sehen und ist dann seine *Rechtspflicht*; man kann sie von der Norm aus sehen und ist dann die *Rechtsgeltung*. Rechtspflicht und Rechtsgeltung sind nur zwei verschiedene Aspekte desselben Sachverhaltes, nämlich der normativen Bindung durch das Recht. Wie stellt sich nun diese Bindung unter Zugrundelegung eines Rechtsbegriffs dar, der das Recht als eine regelhafte oder geordnete *Gewalt* auffaßt?

Wir beginnen mit der Rechts*pflicht*. Hier ist es bemerkenswert zu sehen, daß der vorhin gekennzeichnete positivistische Rechtsbegriff seinen Ausgang von einer bestimmten Interpretation der Rechts*pflicht* genommen hat. Man kann geradezu die Jahreszahl hierfür angeben. Im Jahre 1705 trennte Christian *Thomasius*[5] in seinem naturrechtlichen Hauptwerk Fundamenta

---

[4] *Jhering*, Zweck im Recht (1. Aufl.) I S. 251.
[4a] Kernprobleme der Rechtsphilosophie, 1940, S. 42 ff.
[5] Vgl. dazu mein „Naturrecht und materiale Gerechtigkeit", 2. Aufl., S. 162 f.

iuris naturae die Rechtspflicht von der sittlichen Pflicht. Er war sich völlig bewußt und betonte es auch voller Stolz, dadurch einen Bruch mit der gesamten naturrechtlichen Tradition vollzogen zu haben. Die sittliche Pflicht sei eine „innere“ oder eine „Gewissenspflicht“. Im Unterschied dazu sei die Rechtspflicht nur eine „äußerliche“ Pflicht und zwar eine „Zwangspflicht“, die aus der Furcht vor dem Zwang eines Stärkeren entspringt. Sie verpflichte nicht innerlich und im Gewissen, sondern nur äußerlich, d. h. unter der Voraussetzung, daß der Verpflichtete den angedrohten Zwang vermeiden will. Mit dieser Lehre von der Rechtspflicht als einer Zwangspflicht hat Christian *Thomasius* in der Folgezeit einen durchschlagenden Erfolg gehabt, vollends dann, als man sie auch aus *Kant* herauslesen zu können glaubte. Daß dieses ein Irrtum ist, kann ich hier nicht darlegen. Jedenfalls wurde die Rechtspflicht als heteronome Zwangspflicht zur communis opinio des 19. und des beginnenden 20. Jahrhunderts.

Aber ist der Begriff einer Zwangspflicht überhaupt sinnvoll vollziehbar? Ist er nicht ebenso widersinnig wie der Begriff des hölzernen Eisens? Der Zwang zwingt wohl, aber er verpflichtet nicht. Auch der Rechtszwang verpflichtet als Zwang ebensowenig wie die vorgehaltene Pistole des Räubers den Kassenbeamten „verpflichtet“. Der Begriff der Zwangspflicht ist eine sinnwidrige Merkmalszusammenstellung. Das hat in neuerer Zeit am schärfsten Julius *Binder* erkannt. Darum lehnt er den Gedanken einer Rechtspflicht rundweg ab: „Die Pflicht ist kein juristischer Begriff. Überall da, wo wir von Pflichten, die durch die Rechtsordnung begründet sind, zu reden gewohnt sind, handelt es sich in Wahrheit um etwas ganz anderes. Abzulehnen ist die allgemeine Kategorie der Untertanenpflicht, abzulehnen die kriminalrechtliche Pflicht, Delikte zu unterlassen, abzulehnen die zivilrechtliche Pflicht, Verbindlichkeiten zu erfüllen. In allen diesen Fällen handelt es sich in Wahrheit um Haftungen, um Haftungen vielleicht mit Leib und Leben, mit dem Vermögen, der Freiheit, der Ehre“ ... „Das Recht verpflichtet rechtlich zu nichts“. Diese im Jahre 1911 ausgesprochenen Sätze[6] wiederholte und unterstrich *Binder* im Jahre 1927[7]. Und wie *Binder* äußert sich auch *Radbruch* in seiner Rechtsphilosophie[8]. „Die Rechtsphilosophie vermag aus eigener Kraft den Gedanken der Rechtspflicht nicht zu begründen. Sie kennt das Recht in normativer Form als Imperativ nur in rein faktischer Gestalt. Zur Pflicht wird das rechtlich Gebotene erst dadurch, daß es zur sittlichen Pflicht erhoben wird, also im Bereich der Ethik.“ Zuvor[9] hatte *Radbruch* betont, daß sich Recht und Sittlichkeit im Inhalt ihrer Forderung nur *zufällig* decken.

Man kann den Begriff der Rechtspflicht als die große Verlegenheit der neueren Rechtstheorie nennen. Meist wird er überhaupt nicht oder nur noch

---

[6] *Binder*, Rechtsnorm und Rechtspflicht, 1912, S. 45.
[7] *Binder*, Adressat der Rechtsnorm und seine Verpflichtung, 1927.
[8] 3. Aufl., S. 76.
[9] S. 43.

beiläufig erwähnt. Eine scheinbare Ausnahme macht *Kelsens* reine Rechtslehre. *Kelsen* setzt sich entgegen der herrschenden Lehrmeinung wieder „mit größtem Nachdruck für den Begriff der Rechtspflicht ein". Sieht man aber genauer zu, was er unter Rechtspflicht versteht, so erkennt man bald, daß er nur die alte Zwangspflicht wieder hervorgeholt hat: „Zu einem bestimmten Verhalten ist ein Mensch insoweit *rechtlich* verpflichtet, als das Gegenteil des Verhaltens in der Rechtsnorm als Bedingung für einen Zwangsakt gesetzt ist[10]." Anstelle der Pflicht ist auch hier in Wahrheit die Haftung getreten, so wie es *Binder* ganz ungeschminkt ausgedrückt hatte.

So schockierend dieses Ergebnis ist, — man hat es den rechtsphilosophischen *„Nihilismus"* genannt — so eindeutig ist es die unentrinnbare Konsequenz des positivistischen Begriffs vom Recht als geregelter Macht. Macht — gleichgültig ob sie geordnet oder ungeordnet ausgeübt wird, — kann nur zwingen, aber nicht verpflichten.

Aber kann ein Recht, das nicht mehr verpflichtet, überhaupt noch normieren? Damit gehen wir zum Geltungsproblem über. Der positivistischen Rechtstheorie entspricht die sogenannte *faktische Geltungslehre*. Nach ihr gilt eine Rechtsnorm dann, wenn sie im sozialen Leben *wirksam* ist, d. h. motivierende Kraft ausübt. Wirkliche Geltung besteht — von der Seite der Rechtsgenossen aus gesehen — in dem gewöhnlichen (überwiegenden) Befolgtwerden der Norm, — von der Seite der Norm aus gesehen — in der „Chance ihrer empirischen Realität" (Max *Weber*). Ungewiß bleibt dabei allerdings, ob die psychische Wirksamkeit mehr individualpsychologisch oder mehr massenpsychologisch aufzufassen ist. In dieser Ungewißheit steckt eine besondere Problematik der faktischen Geltungslehre, auf die wir noch zu sprechen kommen werden.

Um die Deutung dieser Realitätschance einer Norm streiten sich bekanntlich zwei Auffassungen: die *Zwangs- und die Anerkennungstheorie*. Nach der ersteren beruht die Geltung des Rechts auf dem Zwang, der mit ihm verknüpft ist, d. h. in der sogenannten „Sanktion" der Rechtsnorm. Rechtspflicht ist „sozialpsychologischer Zwang durch Drohung" (Hold von *Ferneck*). Meist genügt psychologischer Zwang (Drohung), doch bleibt er nur dann wirksam, wenn und weil hinter ihm der angedrohte physische Zwang steht. Den methodischen Grundfehler dieser Theorie will ich hier zurückstellen, bis wir die andere Theorie besprochen haben, da beide Theorien am gleichen Gebrechen leiden, welches sie zur Geltungslehre ungeeignet macht. Speziell gegen die Zwangstheorie spricht, daß in der Stufenfolge des Zwangs, der mit einer Norm verknüpft ist, irgendwann einmal der Zwang aufhören muß. So müssen die Normen für die obersten Staatsorgane notwendig sanktionslos sein: quis custodiet custodes ipsos? Sollen diese Normen darum keine Rechtsnormen sein? Die Zwangstheorie kann den Rechtscharakter oberster verfassungsrechtlicher Normen nicht deuten, ganz abgesehen vom Völkerrecht, von großen Teilen des Kirchenrechts u. a. m.

---

[10] Reine Rechtslehre, 1934, S. 47.

Darum hat in der Rechtslehre die andere Geltungstheorie, die sogenannte *Anerkennungstheorie*, eine weit größere Gefolgschaft gefunden. Sie lehrt, daß der Grund für die Befolgung einer Norm und daher der Grund für ihre Geltung niemals im bloßen Zwang, sondern stets in einer irgendwie gearteten Anerkennung oder Zustimmung durch die Normunterworfenen liegen könne. Wer eine ihn betreffende Norm tatsächlich befolgt — und sei es auch noch so widerwillig —, der erkenne sie damit auch an. Die Rechtsanerkennung ist also keineswegs notwendig eine freiwillige. „Auch diejenige Normanerkennung, die dem einen Teil der Genossen, und sei es auch der Zahl nach der weit aus überwiegende, mit Gewalt abgezwungen ist, muß als wahre Rechtsanerkennung erachtet werden" (*Bierling*)[11]. Die Anerkennungstheorie löst zwar spielend leicht die von der Zwangstheorie offen gelassenen Fragen, muß aber dafür mit neuen eigenen Schwierigkeiten kämpfen. Sie kann die Geltung nicht auf die Anerkennung jeder einzelnen Rechtsnorm abstellen. Denn welcher Mensch kennt sie alle? Darum muß sie sich mit einer „indirekten" Anerkennung begnügen: Wer die Verfassung anerkennt, erkenne damit alle auf Grund der Verfassung erlassenen Rechtssätze an. Damit bekommt aber die Rechtsanerkennung einen hypothetischen, ja fiktiven Charakter. Sie ist nicht mehr eine psychologische *Wirklichkeit*, sondern nur noch eine logische *Konsequenz*. Aber handeln die Menschen wirklich logisch? Noch fiktiver wird die Anerkennung einer Rechtsnorm durch den Rechtsbrecher, der sie verletzt. Derjenge, der irgendeine einzige der Normen als Recht in Anspruch nimmt, muß — so sagt die Anerkennungstheorie — auch den Grund anerkennen, aus welchem er sie allein in Anspruch nehmen könnte. Hier zeigt das „Muß" die rein fiktive, bloß logische Betrachtungsweise. Der Rechtsbrecher wird natürlich mit Vergnügen die Zwangsmittel des Rechts zu seinen Gunsten in Anspruch nehmen, ohne daß er sich selbst im geringsten an die ihn beschränkenden Normen des Rechts für gebunden halten „müßte". Noch schwieriger wird die Lage der Anerkennungstheorie, wenn man fragt, wer denn die Anerkennung, z. B. bezüglich der Kinder, vollziehen müsse. Die Fiktionen, mit denen sie hier arbeitet, zeigen, daß die sogenannte Anerkennungstheorie ein später Nachfahr der alten naturrechtlichen Lehre vom Gesellschaftsvertrag ist.

Diese Schwierigkeiten hat man nun dadurch zu beheben versucht, daß man die Anerkennung nicht als eine individualpsychologische, sondern als eine sozialpsychologische Tatsächlichkeit ausdeutet: Eine Norm gilt, weil sie überwiegend oder von der Mehrzahl der Rechtsgenossen befolgt wird. Diese Ausflucht nun offenbart den entscheidenden methodischen Fehler aller faktischen Geltungstheorien: Warum sollte eine Norm deshalb für *mich* gelten, weil *andere* sie befolgen? Die Befolgung einer Norm durch andere steht doch in keinerlei sachlichem Zusammenhang damit, daß sie für mich

---

[11] Juristische Prinzipienlehre I, S. 45 f.

gelten soll. Hier liegt der entscheidende Fehler der sogenannten faktischen Geltungstheorien.

Alle faktischen Geltungstheorien erklären ein reales Faktum, nämlich, daß bestimmte Normen tatsächlich befolgt werden. Die eine Theorie führt dieses Faktum auf den Zwang zurück, der mit der Norm verbunden ist, die andere auf ein irgendwie geartetes Einverständnis der Normunterworfenen mit der Norm. Beide vermögen zwar zu erklären, warum die Norm gewirkt hat (eben wegen des Zwangs oder wegen der Anerkennung), aber nicht, warum sie befolgt werden *soll*, und zwar auch dort befolgt werden soll, wo sie nicht wirkt. Das aber ist doch die Frage der *Geltung*, eben die *normative Frage*. Das Recht will und soll doch auch dann und gerade auch für *den* gelten, auf den die Sanktionen keinen Eindruck machen oder der es nicht anerkennt. Darauf kann jedoch keine der faktischen Geltungstheorien eine Antwort geben. Die sogenannten faktischen Geltungstheorien betreffen ein *Müssen* (den psychischen Zwang); die Anerkennungstheorie ein *Wollen*, aber keine von ihnen enthält ein *Sollen*.

Wo das Recht als reines Faktum, als bloße Macht auftritt — und mag seine Ausübung noch so geregelt sein —, da vermag es gerade das nicht zu erreichen, worauf es ihm entscheidend ankommt und ankommen muß: die Bindung der Rechtsgenossen an die Befolgung der Norm. Die Auferlegung einer Rechtspflicht muß es ebenso aufgeben wie den Anspruch auf Geltung. Das bedeutet mit anderen Worten: Es hört auf Recht zu sein.

Die im Positivismus herrschende Theorie vom Recht als geordneter Gewalt verkennt ein wesentliches Moment im Rechtsbegriff: das Moment der Normativität. Wenn wir am Anfang sahen, daß die Sozialität dem Menschen nicht biologisch angeboren, sondern ihm verpflichtend aufgegeben ist, so bedarf der Mensch in seinem sozialen Handeln einer ihn normativ verpflichtenden Sozialordnung. Gegenüber diesen unentbehrlichen Voraussetzungen des Rechts versagt die positivistische Rechtstheorie. Recht ist nicht bloß zwingende Macht, sondern stets auch verpflichtender Wert.

Hier müssen wir wieder an unsere anfänglichen Betrachtungen zurückdenken. Dort sahen wir, daß das Recht Macht sein müsse, damit es den revolutionären Kampf aller gegen alle beenden und eine wirkliche, das Dasein aller sichernde Ordnung herstellen kan. Nicht um der bloßen Machtausübung als solcher, sondern um der Daseinssicherung der Rechtsgenossen willen muß das Recht Macht sein. Ich wiederhole den Satz des *Aristoteles* und füge noch den Zusatz hinzu, den ich vorhin weggelassen hatte: „Schon um des Lebens willen treten die Menschen zum Staat zusammen, denn schon im bloßen Leben ist ein Teil des Guten zu finden.“ Im *Schutz*, den die Rechtsordnung als eine das Chaos der gegenseitigen physischen Vergewaltigung überwindende Ordnung gewährt, steckt der erste und elementarste Rechtswert, der den Einzelnen zum Gehorsam verpflichtet: Protego, ergo obligo; weil ich Dich schütze, darum kann ich Dir befehlen. Von *Aristoteles* über *Hobbes* bis zu *Kant* hat die rechtsphilosophische Besinnung immer wieder diese wesensmäßige Korrelation von Schutz und Gehorsam hervorgehoben.

Aber in der Verpflichtungskraft, die dem Recht als normativer Ordnung innewohnt, steckt noch mehr als der bloße Daseinsschutz. Eine Verpflichtung auf sich nehmen, kann nur ein Wesen, das sich selbst auf Grund der Einsicht in die Richtigkeit und Verbindlichkeit von Verhaltensregeln zu steuern vermag, d. h. nur der Mensch als verantwortliche Person. Nur ein Wesen, dem die Regulatoren richtiger Lebensführung nicht biologisch angeboren, sondern verpflichtend aufgegeben sind, kann und muß Verpflichtungen auf sich nehmen.

Auch das Recht kann den Menschen nur als *Person verpflichten.* Dann aber muß es umgekehrt ihn auch als Person anerkennen. Recht als normative Ordnung setzt zur eigenen Möglichkeitsbedingung die Anerkennung des Menschen als Person voraus. Hierin — in der stillschweigend vorausgesetzten Anerkennung des Menschen als Person — liegt der entscheidende Unterschied zwischen Recht und bloßer Macht, nicht in irgendeiner formalen Eigenschaft der Machtausübung, etwa in der Regelhaftigkeit. Man kann den Menschen in der geregeltsten Weise zur bloßen Sache machen; das ist in der Geschichte oft genug geschehen. Aber dann hört diese, vielleicht sich noch durchsetzende Macht auf, *Recht* zu sein. Nur dann, wenn die Ordnungsmacht den Menschen als Person verpflichtet und als Person anerkennt, sind ihre Befehle Recht. Recht schafft eine faktische Macht nur dann, wenn sie in ihren Regelungen den kategorischen Imperativ wahrt, den Menschen niemals bloß als Sache, sondern stets *zugleich* als Endzweck zu behandeln.

Eine andere Frage ist es, ob sich eine Sozialordnung auf die Dauer als reine Macht, d. h. ohne das Moment der Verpflichtung und folglich ohne Anerkennung der von ihr Betroffenen als Personen durchsetzen kann. Das ist keine wissenschaftliche Frage mehr, sondern eine Frage über die Möglichkeiten des *Seins*, zu der jeder nur seine persönliche Ansicht äußern kann.

Wenn ich zum Schluß also den rein theoretischen Rahmen meiner Darlegungen übersteigen und meine eigene Auffassung hierzu äußern darf, so glaube ich, daß eine solche Dauerhaftigkeit des bloßen Terrors unmöglich ist. Der Mensch ist nicht so konstruiert, daß er dauernd als blindes Instrument ohne persönliche Verantwortung existieren kann. Im sozialen Verband kann er zwar nicht ohne Herrschaft, aber auf die Dauer nicht ohne Sinnhaftigkeit der Herrschaft, die ihm eine verantwortliche Mitwirkung ermöglicht, leben. Ich glaube, daß diese Zuversicht in den anthropologischen Daten wohl begründet liegt. Die Zuversicht über das Verhältnis von Recht und Macht in der Wirklichkeit bringt, wie mir scheint, wohl am besten der Satz des *Aristoteles*[12] zum Ausdruck:

„Das Seiende lehnt es ab, schlecht verwaltet zu werden."

---

[12] Metaphysik 1076 a (XII, 10).

GESETZ UND GEWISSEN*

Das neue Wehrstrafgesetz vom 30. März 1957 unterscheidet sich vom alten MilStGB aus dem Jahre 1872 neben zahlreichen Einzelheiten auch darin, daß es eine dem früheren § 48 analoge Bestimmung nicht mehr vorsieht. § 48 lautete: „Die Strafbarkeit einer Handlung oder Unterlassung ist nicht dadurch ausgeschlossen, daß der Täter nach seinem Gewissen oder den Vorschriften seiner Religion sein Verhalten für geboten erachtet hat." Diese Vorschrift ist m. W. die einzige Bestimmung, in der die positive Rechtsordnung des neugegründeten deutschen Reiches ihr Verhältnis zum Einzelgewissen festgelegt hatte, und zwar in einer für die damalige Zeit charakteristischen Weise: Die Verpflichtungskraft einer positiven Rechtsnorm ist unabhängig von der Gewissensbilligung des einzelnen; Rechtswidrigkeit, Schuld und Strafbarkeit einer gesetzwidrigen Handlung werden durch die abweichende Gewissensüberzeugung ihres Täters nicht beeinträchtigt, und höchstens bei der Wahl der Strafart, nämlich da, wo Zuchthaus und Festungshaft (heute „Einschließung") wahlweise angedroht sind, kann der Mangel an „ehrloser Gesinnung" berücksichtigt werden (§ 20 StGB). Es wäre verfehlt, in diesen Rechtsgrundsätzen die Preisgabe des Bürgers an die „Willkür" des Gesetzgebers zu sehen, vielmehr kommt in ihnen die immanente, unausgesprochene Überzeugung des Rechtspositivismus des 19. Jahrhunderts zum Ausdruck, daß der gewissenhafte Gesetzgeber schon das Rechte anordnen werde. Der gesetzlichen Vorschrift zu folgen, ist allemal recht, hatte *Fichte*[1] gesagt, und *Hegel* dachte nicht anders: Was der Mensch zu tun habe, sei in einem sittlichen Gemeinwesen leicht zu sagen: es sei das, was ihm in seinen Verhältnissen vorgezeichnet, ausgesprochen und bekannt ist[2]. Aus dieser Sicht des *sittlichen* Gemeinwesens ist darum auch *Hegels* Wort zu verstehen, daß der Staat das Gewissen in seiner eigentümlichen Form, das ist als subjektives Wissen, nicht anerkennen könne[3].

Erst die totalitären Regime des 20. Jahrhunderts, für uns also der Nationalsozialismus, haben jene naive Sicherheit des Rechtspositivismus zer-

---

* Aus: Hundert Jahre Deutsches Rechtswesen, Karlsruhe 1960 Bd. I S. 383.

1 Sittenlehre von 1812 (*Fichtes* Werke, hgg. von *Medicus*, VI S. 90).

2 Grundlinien der Philosophie des Rechtes, § 150. Vgl. auch Philosophie der Geschichte (*Lasson*) I S. 72: „Welcher Inhalt gut oder nicht gut, recht oder unrecht sei, dies ist für die gewöhnlichen Fälle des Privatlebens in den Gesetzen und Sitten des Staates gegeben. Es hat keine große Schwierigkeiten, das zu wissen."

3 Grundlinien der Philosophie des Rechtes, § 137.

stört, weil sie Anordnungen hervorbrachten, bei denen die Gewalthaber die Gerechtigkeit nicht einmal mehr anstrebten. Wenn darum nach 1945 Handlungen, die zur Ausführung solcher obrigkeitlicher Anordnungen vorgenommen worden waren, darum bestraft wurden, weil sie gegen den „Kernbereich des Rechts" verstoßen hatten, der „nach allgemeiner Rechtsüberzeugung von keinem Gesetz und keiner obrigkeitlichen Maßnahme verletzt werden darf"[4], so ist die Frage nach der Geltungs- und Verpflichtungskraft von positiven Rechtssätzen und damit auch nach ihrem Verhältnis zum Gewissen neu gestellt.

Besonders eindrucksvoll tritt die innere Beziehung der Geltungs- und Verpflichtungskraft von Gesetzesnormen zum Gewissen in Art. 4 Abs. 3 GG zutage: „Niemand darf gegen sein Gewissen zum Kriegsdienst mit der Waffe gezwungen werden." Hier wird zum ersten Mal im deutschen Rechtsbereich ein Gesetz unter den Gewissensvorbehalt gestellt — aus sehr naheliegenden, in den Erfahrungen der jüngsten Vergangenheit wurzelnden Gründen, die hier darzulegen überflüssig ist.

Aber so bedeutsam diese Bestimmung in sich selbst ist, — noch weittragender sind die Aspekte, die sie für das gesamte Recht eröffnet. Muß Art. 4 Abs. 3 nicht lediglich als Konsequenz dessen angesehen werden, was schon in Abs. 1 desselben Artikels im Grundrecht der *Gewissensfreiheit* ausgesprochen ist, wie ferner dieses Grundrecht seinerseits nur eine Folgerung aus der *Menschenwürde* ist, die Art. 1 für unantastbar erklärt? Denn wenn irgendwo, so liegt doch im Gewissen der Kern der sittlichen Persönlichkeit und der Grund der menschlichen Würde. Hat aber Art. 4 Abs. 3 nur eine *deklaratorische* Funktion, *verdeutlicht* er nur, was schon in Art. 4 Abs. 1 und in Art. 1 ausgesprochen ist, dann scheint daraus zu folgen, daß unser gesamtes positives Recht unter Gewissensvorbehalt steht. So hat man darum als Konsequenz unseres Grundgesetzes für das Rechtssystem gefolgert, daß „eine Rechtsordnung, der es mit der Achtung vor der sittlichen Persönlichkeit des Menschen ernst ist, niemand gebieten darf, gegen sein Gewissen zu handeln"[5], oder — anders formuliert — daß der Rechtszwang nur in den Schranken der Gewissensfreiheit legitimiert sei.

Nun wird man gegen die Argumentation, die den Gewissensvorbehalt aus den Verfassungsbestimmungen über die Menschenwürde und die Gewissensfreiheit ableitet, einwenden können, daß die Wahrung der Menschenwürde schon seit *Pufendorf*[6] und *Kant* als ethischer und rechtlicher Grundsatz bekant ist und daß die Gewissensfreiheit seit der amerikanischen

---

[4] BGHStr 2 S. 237.

[5] *Larenz*, Lehrbuch des Schuldrechts, 3. Aufl., I S. 95 Anm. 2. L. glaubt damit die „Einigkeit über den Ausgangspunkt" zu kennzeichnen, der in der Auseinandersetzung über das Problem „Vertragspflicht und Gewissenskonflikt" zwischen *Bosch* und *Habscheid* (JZ 54 S. 213; 56 S. 297), *Blomeyer* (JZ 54 S. 309), *Wieacker* (JZ 54 S. 466), *Dürig* (Festschr. für *Nawiasky*, 1956, S. 161) bestünde.

[6] Vgl. dazu auch meine Schrift „Die Naturrechtslehre Samuel *Pufendorfs*", 1958.

Unabhängigkeitserklärung in vielen Verfassungen geschützt ist, ohne daß man daraus die Konsequenz gezogen hätte, daß das *gesamte positive Recht unter Gewissensvorbehalt* stünde. Vielmehr handelt es sich bei diesem Fragenkomplex um ein allgemeines, vom konkreten Verfassungsrecht unabhängiges, rechtsphilosophisches Problem, ob und inwieweit das positive Recht seine Grenze am individuellen Gewissen hat. Wie verhalten sich die Normen des Rechtes zum Gewissen des einzelnen? Man wird bei diesem Problemkreis vor allem zuerst danach fragen müssen, ob die Geltungs- und Verpflichtungskraft des Rechtes von einer Zustimmung des Gewissens abhängig ist.

Aber ehe man zu dieser Frage Stellung nehmen kann, wird man weiterhin fragen müssen, ob die Geltung des Rechtes überhaupt etwas mit dem Gewissen zu tun hat. Diese Frage ist seit 250 Jahren keineswegs mehr selbstverständlich. Während noch *Pufendorf* im Einklang mit der vorangeangenen Naturrechtslehre die Geltungs- und Verpflichtungskraft (*vis obligandi*) eines Gesetzes in der „vis conscientiis intrinsecam aliquam necessitatem iniciendi“[7] erblickte und darum zwischen Rechtspflicht und Rechtszwang scharf unterschied[8], rechnete es sich sein Schüler Christian *Thomasius* als sein Verdienst zu, die äußere Pflicht (obligatio externa) des Rechts von der inneren Pflicht (obligatio interna) der Sittlichkeit getrennt zu haben: Nur die innere Pflicht der Sittlichkeit sei eine Gewissenspflicht, die äußere Pflicht des Rechtes dagegen eine Zwangspflicht, die auf der Furcht vor dem Zwang seitens anderer Menschen beruhe[9].

Thomasius hat mit seinem Begriff der „Zwangspflicht“ im 18. Jahrhundert durchschlagenden Erfolg gehabt, und sein Erfolg wurde dadurch gesichert, daß man in der Rechtslehre *Kants* jenen Begriff der Zwangspflicht wiederzufinden glaubte[10]. So erstarkte im Laufe des 19. und des beginnenden 20. Jahrhunderts in der Rechtstheorie die Auffassung zur communis opinio, daß das Recht eine „heteronome Zwangsregelung“, dagegen die Sittlichkeit eine „autonome Gesetzgebung des Gewissens“ sei. Beide Normenkomplexe wurden am Leitfaden der Begriffe Autonomie und Heteronomie scharf voneinander getrennt: Die Normen „der Moral entspringen aus dem Gewissen und *verpflichten* infolgedessen; denn Verpflichtung ist nichts anderes als das Bewußtsein, der Norm gehorchen zu sollen, was wir eben Gewissen nennen. Die Gebote der Rechtsordnung setzen sich durch den äußeren Zwang des Staates durch ... und verpflichten insofern nicht; ihre Geltung ist nicht

---

[7] *Pufendorf*, de jure naturae et gentium, Buch 8, Kap. 1, § 6; Buch 1, Kap. 6, § 5.

[8] A. a. O. Buch 1, Kap. 6, § 10: diversa sunt cogere et obligare. Zum Ganzen vgl. meine Schrift über die „Naturrechtslehre Samuel *Pufendorfs*“ S. 53.

[9] *Thomasius*, Fundamenta juris naturae et gentium, Buch 1, Kap. 5, §§ 17 ff., 21 ff., 25. Dazu mein Buch über „Naturrecht und materiale Gerechtigkeit“, 2. Aufl. 1955, S. 162.

[10] Bedenken hiergegen vgl. in meinem Aufsatz über „Das Gesinnungsmoment im Recht“ in der Festgabe für Julius v. *Gierke*, 1950, S. 294 ff.

davon abhängig, daß ich sie in meinem Gewissen als verpflichtend bejahe", so schreibt *Binder*[11] in seiner Rechtsphilosophie.

Daß von solchen Voraussetzungen aus der Begriff einer Rechtspflicht zweifelhaft werden mußte, liegt auf der Hand. Die Rechtspflicht kann ja nicht die reale Wirkungsweise oder die Motivationskraft der „heteronomen Zwangsnorm" auf den einzelnen bedeuten. Denn dann würde sie gegenüber dem Rechtsbrecher fehlen, also gerade da, wo eine Rechtspflicht am stärksten benötigt wird[12].

In der Tat kennzeichnet der Begriff der Rechtspflicht die Klippe der positivistischen Rechtstheorie, weshalb er in ihr immer mehr verkümmerte, bis er schließlich ganz verschwand. Allerdings hatte sich innerhalb des Rechtspositivismus zuletzt die reine Rechtslehre *Kelsens*[13] wieder „mit dem größten Nachdruck" für den Begriff der Rechtspflicht einsetzen wollen. Sie wollte die Rechtspflicht „dadurch vollkommen von der Moralpflicht emanzipieren", daß sie sie in folgender Weise interpretierte: „Zu einem bestimmten Verhalten ist ein Mensch insoweit rechtlich verpflichtet, als das Gegenteil dieses Verhaltens in der Rechtsnorm als Bedingung für einen als Unrechtsfolge qualifizierten Zwangsakt gesetzt ist[14]." „Rechtspflicht" ist also nur der andere Ausdruck dafür, daß die Nichtbefolgung einer Norm den auslösenden Tatbestand für einen rechtlich geregelten Zwangsakt gegen die betreffende Person bildet. Aber damit definiert *Kelsen* nicht den (von ihm selbst angestrebten) Begriff einer normativen Bindung, sondern nur den der realen Haftung. Daß der Einsatz des Begriffs der Rechtspflicht durch den der Haftung die notwendige Konsequenz des Rechtspositivismus ist, hat niemand klarer als *Binder* schon im Jahre 1911 ausgesprochen:

„Der von der communis ipinio zum Ausgangspunkt beinahe aller Rechtsdogmatik gemachte Begriff der Rechtspflicht ist abzulehnen. Die Pflicht ist kein juristischer Begriff; überall da, wo wir von Pflichten, die durch die Rechtsordnung begründet sind, zu reden gewohnt sind, handelt es sich in Wahrheit um etwas ganz anderes. Abzulehnen ist die allgemeine Kategorie der Untertanenpflichten; abzulehnen die kriminalrechtliche Pflicht, Delikte zu unterlassen; abzulehnen die zivilrechtliche Pflicht, Verbindlichkeiten zu erfüllen. In allen diesen Fällen handelt es sich in Wahrheit um Haftungen; um Haftungen vielleicht mit Leib und Leben, mit dem Vermögen, der Freiheit, der Ehre[15]."

Auch in sich selbst ist der *Kelsen*sche Begriff der Rechtspflicht logisch kaum haltbar: Der Sinn der Rechtspflicht soll darin bestehen, daß das

---

[11] *Binder*, Philosophie des Rechtes, 1925, S. 819 f.

[12] Vgl. dazu meinen Aufsatz über „Macht und Recht" in der Festschrift für *Hugelmann*, 1959, II, S. 833 ff.

[13] *Kelsen*, Reine Rechtslehre, 1934, S. 47.

[14] *Kelsen*, a. a. O. S. 47.

[15] *Binder*, Rechtsnorm und Rechtspflicht, 1912, S. 45; ebenso *Binder*, Der Adressat der Rechtsnorm und seine Verpflichtung, 1927, S. 73 f.

Gegenteil des von ihr umschriebenen Verhaltens eine Bedingung zu einem Zwangsakt ist. Was heißt aber hier Bedingung? Wie *Kelsen* selbst betont, handelt es sich weder um eine kausale noch um eine logische, sondern um eine „Soll-"Verknüpfung. Wenn jemand die Rechtsnorm nicht erfüllt, *sollen* bestimmte Staatsorgane (Staatsanwalt, Richter) gegen ihn einschreiten. Aber das Sollen dieser Person ist seinerseits nur der Ausdruck dafür, daß das Gegenteil des gesollten Verhaltens der auslösende Tatbestand für Zwangsakte *anderer* Personen (anderer Staatsanwälte, anderer Richter) bildet usf. So löst sich die Rechtspflicht *Kelsens* in einen regressus in infinitum bedingter Zwangsakte auf und zeigt damit an, daß sie ein logisch unbewältigtes Problem geblieben ist.

Dieses Ergebnis ist kein zufälliges Versagen der positivistischen Rechtstheorie in einem Nebenpunkte, sondern legt ihre im Ausgangspunkt liegende Schwäche bloß: Wenn das Recht eine „heteronome Zwangsregelung" ist, so kann aus ihm nur Faktisches, aber niemals Normatives folgen. Der Begriff der Rechts p f l i c h t wird von der heteronomen Zwangsregel aus ebensowenig vollziehbar wie der Begriff der Geltung. Denn Pflicht bedeutet nichts anderes als das Gebundensein durch die Geltung einer Ordnung. Sie ist die subjektsbezogene Seite der Geltung, wie umgekehrt die Geltung die Verpflichtungskraft einer Norm ist. An die Stelle des normativen Begriffs der Geltung tritt in der positivistischen Rechtstheorie der Begriff der faktischen Durchsetzbarkeit, während der Begriff der Zwangspflicht von vornherein eine contradictio in adjecto ist: Der Zwang zwingt, aber verpflichtet nicht[15a].

So ergibt sich, daß die positivistische Rechtstheorie zwar mit dem Begriff der Rechtspflicht auch den Begriff des Gewissens aus dem Bereich des Rechts zu eliminieren vermochte, aber nur um den Preis, daß sie das Recht von Gewalt und Terror nicht mehr durch ein materiales, sondern bestenfalls durch ein formelles Merkmal unterscheiden konnte, z. B. durch die Regelhaftigkeit der Zwangsanwendung oder durch ihre intendierte Dauerhaftigkeit u. dgl.[16].

Den immanenten Schwierigkeiten der positivistischen Rechtstheorie kann man nur dadurch entgehen, daß man am Begriff der *Rechtspflicht* als einem normativen Gebundensein an das rechtliche Sollen festhält und zugleich die *Geltung* dieses Sollens als die Verpflichtungskraft von Normen bestimmt. Dann aber müssen wir auf die anfangs gestellte Frage, ob die Geltungs- und Verpflichtungskraft des Rechtes von einer Billigung durch das Gewissen abhängig ist, eine Antwort zu geben versuchen.

Eine solche Antwort finden wir in jüngerer Zeit in der von dem Ham-

---

[15a] Vgl. meinen Aufsatz „Naturrecht und Rechtspositivismus" in der Festschrift für Hans *Niedermeyer*, Göttingen, 1952.

[16] Vgl. meinen Beitrag in der *Hugelmann*-Festschrift, 1959.

burger Völkerrechtler Rudolf *Laun* entwickelten Rechtstheorie[17], die dadurch bemerkenswert ist, daß *Laun* der communis opinio von der „heteronomen Zwangsnatur" des Rechts die gegenteilige Lehre von der „Autonomie des Rechts" entgegengestellt hat. *Laun* geht zutreffend davon aus, daß von einem als „heteronomer Zwangsregelung" oder als „bedingtem Zwangsakt" verstandenen Recht kein Sollen, sondern nur ein Müssen ausgehen kann. „Das sogenannte positive Recht ist schlechthin Gewalt. Von einem Sollen, einer Pflicht, enthält es nichts[18]." Wenn es dennoch ein Sollen und echte Pflichten gibt, so nach *Laun* nicht aus fremden Befehlen, sondern aus dem schlechthin gegebenen „Urerlebnis" des Gewissens oder des Rechtsgefühls des einzelnen. Nur durch die billigende Zustimmung des individuellen, autonomen Gewissens oder Rechtsgefühles können fremde Befehle zu verpflichtendem Recht werden, aber streng bezogen nur auf denjenigen, der diese Urerlebnisse hat: „Der einzelne steht demnach dem sogenannten positiven Recht, den Gesetzen, Staatsverträgen usw., in jedem einzelnen Anwendungsfall in doppelter Weise gegenüber: Entweder er billigt sie, er erlebt sie im einzelnen Fall ihrer Anwendung als Sollen, als innere Nötigung seines Gewissens oder Rechtsgefühls, dann sind sie für ihn Recht, auch wenn er sie nicht befolgt; oder es fehlt diese Billigung, dann sind sie für ihn nur Gewalt, auch wenn er sich ihnen beugt. Etwas Drittes gibt es nicht[19]."

Hier wird in diametralem Gegensatz zur positivistischen Rechtstheorie die Geltungs- und Verpflichtungskraft des Rechtes, ja sogar seine Existenz überhaupt, vom Gewissensspruch des einzelnen abhängig gemacht, aber in einer Weise, die die Bedenken dagegen geradezu herausfordert. Wie man den Begriff des Rechts auch fassen mag — stets wird in ihm der Gedanke einer überindividuellen Ordnung vorausgesetzt. Wenn aber das Recht in den Erlebnissen des Sollens wurzeln soll, muß es prinzipiell etwas rein Individuelles und „völlig Subjektives" bleiben; es kann höchstens eine nur „relative, empirische Objektivität"[20] infolge gleichgearteter subjektiver Pflichterlebnisse einer Mehrzahl von Menschen geben: Recht ist die „Summe individueller subjektiver autonomer Erlebnisse des Sollens"[21]. Es besteht in der „Übereinstimmung der Werturteile vieler, im Werturteil des gleichen Inhalts als Massenerscheinung"[22].

Was soll nun aber geschehen, „wenn verschiedene Subjekte verschiedene Erlebnisse des Sollens über den gleichen konkreten Tatbestand haben"[23]? Also wenn der Richter die Norm, die der Angeklagte verletzt hat, für

---

[17] *Laun* hat seine Lehre vor allem in seiner aus einer Rektoratsrede erwachsenen Schrift „Recht und Sittlichkeit", Berlin 1935, dargestellte und in späteren Schriften wiederholt und erweitert; vgl. *Laun,* Der Satz vom Grunde, 1956, S. 287 ff.

[18] *Laun,* Recht und Sittlichkeit, S. 8.

[19] *Laun,* a. a. O. S. 15.

[20] *Laun,* a. a. O. S. 12.

[21] *Laun,* a. a. O. S. 13.

[22] *Laun,* a. a. O. S. 49.

[23] *Laun,* a. a. O. S. 39.

Recht, der Angeklagte sie aber für bloße Gewalt hält? *Radbruch*, der insoweit *Laun* folgt[24], hält die Frage darum für unlösbar, weil das Recht gegenüber einem solchen Normverletzer wohl seine Macht bewähren, aber nicht seine Geltung beweisen könne[25]. Noch auswegsloser wird die Entscheidung im umgekehrten Falle, wenn der Richter eine positive Norm für Gewalt hält, während der Angeklagte, der sie übertreten hat, sie in seinem Gewissen bejaht. Wollte der Richter wegen *seines* Rechtsgefühls die Norm auf den Angeklagten nicht anwenden, so würde er verkennen, daß diese Norm für den *Angeklagten* wegen dessen Rechtsgefühls wirkliches Recht ist[26].

Diese Aporien weisen auf einen Fehler im Grundsatz der *Laun*schen Rechtstheorie hin. *Laun* geht von dem Gegensatz zwischen Sein und Sollen (oder wie er es nennt: zwischen „Geschehen“ und „Sollen“) aus[27]. Die Kausalwissenschaften fragen nach dem, was ist; die Normwissenschaften nach dem, was sein soll. *Laun* erkennt zutreffend, daß Befehle jedweder Macht nur Fakten sind, die als solche nicht verpflichten, und daß auch der Zwang, den sie androhen, nur zwingt, aber nicht verpflichtet. Aber er verkennt, daß auch ein Sollenserlebnis, ein Rechtsempfinden und ein Pflichtgefühl zunächst nur Fakten sind, eben ein *Erlebnis*, ein *Empfinden*, ein *Gefühl*, die als seelische Befindlichkeiten entweder vorhanden sind oder nicht. Als subjektiv-faktische Erlebnisse gehören sie allesamt ausschließlich der Sphäre des empirischen Seins, nicht der des Sollens an[28]. Das Sollen, dessen sie bewußt werden oder bewußt zu werden vermeinen, ist etwas, auf das sie als intentionale Akte gerichtet sind, aber das sie nicht selbst sind. Im Sollenserlebnis ist das Sollen stets als etwas Objektives, außerhalb des Erlebnisses Stehendes gemeint. Nichts anderes gilt von der Regung des Gewissens: Im Gewissensruf rufe nicht ich nach außen hinaus, sondern ruft eine Stimme von außen in mich hinein. So ist jedenfalls der unmißverständ-

---

[24] *Radbruch*, Rechtsphilosophie, 3. Aufl., 1932, S. 42 f., 84.

[25] *Radbruch*, a. a. O. S. 84. *Radbruchs* Antwort ist nicht ganz präzis im *Laun*schen Sinne. Es handelt sich nicht darum, ob eine Norm sich als Recht „beweisen“ kann, sondern ob sie Recht ist oder nicht, und das hängt von dem reinen Faktum des „Urerlebnisses“ des Gewissens in der betreffenden Person ab.

[26] *Radbruch* verpflichtet hier den Richter zur Befolgung der Norm, obwohl er zuvor (S. 42) die heteronome Verpflichtung für einen Widerspruch in sich selbst erklärt hatte: „Für den Richter ist es Berufspflicht, den Geltungswillen des Gesetzes zur Geltung zu bringen, das eigene Rechtsgefühl dem autoritativen Rechtsbefehl zu opfern, nur zu fragen, was Rechtens ist, und niemals, ob es auch gerecht sei“ (S. 83). Er spricht allerdings selbst von einem „viel gewundenen Gedankengang in bezug auf das Problem der Rechtspflicht“ (S. 76 Anm. 2).

[27] *Laun*, a. a. O. S. 2.

[28] Die Theorie vom Gefühlsrecht ist eine Abart der Anerkennungstheorie: Beide gründen die Rechtsgeltung auf die Zustimmung der Rechtsgenossen; in der Anerkennungstheorie ist diese Zustimmung ein Willensakt, in der *Laun*schen Theorie ein Gefühlsakt. Vgl. zur Anerkennungstehorie meinen Beitrag zur Festschrift für *Hugelmann*, 1959.

liche phänomenale Befund. Fraglich ist nur, ob diesem Phänomen ein objektiver Sachverhalt entspricht oder ob es eine Täuschung ist. Alle positivistischen Theorien im weitesten Sinne nehmen das letztere an. Für sie ist das Sollen nur „von Gnaden des Aktes", es ist ebenso illusionär wie die Inhalte der Märchen oder der künstlerischen Phantasie. Darum versuchen sie das Sollen entwicklungsgeschichtlich, tiefenpsychologisch, soziologisch oder sonstwie zu „erklären"[28a]. Alle normativistischen Theorien dagegen nehmen das Sollen ernst als etwas, das einen unabhängig von psychischen Akten vorhandenen Bestand hat. Mag auch ein theoretischer Beweis für den objektiven Bestand eines Sollens letztlich stets daran scheitern, daß jede akttranszendente Dimension, auch die des Sollens, immer nur im Medium von Akten erfahrbar bleibt, so dürfte dennoch seine Annahme auch theoretisch wahrscheinlicher sein als seine Leugnung, weil allein ihre Annahme nicht nur die aktimmanenten Phänomene, sondern auch die Möglichkeit menschlichen Existierens sinnvoll zu erklären vermag. Aber sei dem, wie ihm wolle, — die Identifikation des Sollens mit wirklichen individuellen Gefühlserlebnissen bewegt sich noch immer im Bannkreis des Positivismus. Die Verknüpfung mit individuellen Gefühlserlebnssen macht das Recht in keinem geringeren Maße von reinen Seinsfakten abhängig als die Verknüpfung mit einem wirklichen Befehl, wobei die Theorie vom „Gefühlsrecht" noch mit der zusätzlichen Schwierigkeit zu kämpfen hat, prinzipiell zu keiner objektiv-überindividuellen Ordnung gelangen zu können.

Daran ändert auch nichts die Berufung auf *Kants* Begriff der Autonomie, in dessen Sinne *Laun* — wenigstens ursprünglich — sein autonomes Rechtsgefühl verstanden wissen wollte[29]. *Laun* unterlag hier einem Mißverständnis über den Zentralbegriff der *Kant*schen Ethik, das im 19. Jahrhundert weit verbreitet war und noch heute, besonders in der theologischen Polemik, vielfach fortwirkt[30]. Aus reiner Wortinterpretation heraus wurde und wird gefolgert, die Autonomie besage, daß der Mensch sich selber das Gesetz gebe; der „autonome Mensch" sei an keine objektiven Pflichten, keine objektiven Normen und Gesetze gebunden, sondern sei selbst der Schöpfer von Pflichten, Normen und Gesetzen[31]. In diesem Sinne kann die Autonomie zwar in manchen modernen existenzphilosophischen Lehren (wie z. B. bei *Sartre*[32]) verstanden werden, aber ganz gewiß nicht bei *Kant*.

[28a] Vgl. dazu die Beiträge von *Blum* und *Jung* in dem Sammelband „Gewissen" der Studien aus dem Jung-Institut, Zürich 1958.

[29] *Laun*, a. a. O. S. 29. Später allerdings rückt *Laun* von *Kant* ab, indem er ihm vorwirft, er habe das Sollen nicht in seine letzten in der Erfahrung gegebenen Elemente aufgelöst, sondern aus einem allgemeinen Sittengesetz deduziert (S. 68).

[30] Vgl. hierzu und gegen das Mißverstehen *Kants* Heinrich *Barth* in der „Zeitschrift für Evangelische Ethik", 2 (1958) S. 321 ff.

[31] So übrigens auch *Laun* a. a. O. S. 29: „Wer in einer ihm obliegenden Rechtspflicht nicht nur ein bedingtes Müssen ... sieht, sondern ein „Ich soll", der ist selbst der Schöpfer dieses „Ich soll".

[32] Siehe dazu mein „Naturrecht und materiale Gerechtigkeit" S. 191.

Wohl findet sich bei *Kant* die verkürzte Redewendung, daß der Wille sich selbst das Gesetz gebe[33]; jedoch ist hier nicht der Wille des empirischen Menschen gemeint, sondern das „eigene notwendige Wollen (sc. der Person) als Gliedes einer intelligiblen Welt“[34]. *Kants* Autonomie setzt eine intelligible „Ordnung der Dinge“[35], ein intelligibles „Reich der Zwecke“, d. h. „eine systematische Verbindung vernünftiger Wesen durch gemeinschaftliche objektive Gesetze“[36] voraus. Diesen gemeinschaftlichen objektiven Gesetzen ist der individuelle Wille untergeordnet; aber da sie die Gesetze eines *jeden* vernünftigen Wesens, mithin auch seiner selbst sind, ist er ihnen so unterworfen, daß er sich auch als Mitgesetzgeber betrachten kann: „Der Wille wird also nicht lediglich dem Gesetz unterworfen, sondern so unterworfen, daß er auch als selbstgesetzgebend und eben um deswillen allererst dem Gesetze (davon er sich selbst als Urheber betrachten kann) unterworfen angesehen werden muß[37].“ Die Autonomie ist die Eingliederung des individuellen Willens in die allgemeine sittliche Gesetzgebung und zwar in der Weise, daß die Person auf Grund *eigener* Einsicht in den Wertgehalt des sittlich Gebotenen dieses Gebot sich selbst verpflichtend vorschreibt. Die Autonomie ist das Prinzip der sittlichen Freiheit des Willens, „der nach seinen allgemeinen Gesetzen notwendig zu demjenigen muß einstimmen können, welchem er sich unterwerfen soll“[38]. Autonomie bezeichnet das einzigartige Verhältnis von Bindung und Freiheit im sittlichen Akte[39]: Sie ist die freie Selbstbindung an die objektiv sittliche Gesetzgebung in der Weise, daß der Wille die Forderung nicht als fremdes, äußerliches Gebot blind übernimmt — das wäre Heteronomie[40] — sondern so, daß er sie auf Grund der Einsicht in ihre Richtigkeit und ihre Gültigkeit in sich aufnimmt und sich selbst vorschreibt. Indem der Wille sich dadurch selbst hinter das sittliche Gebot stellt, wird er verantwortlicher Mitträger der sittlichen Weltordnung[41], während er in der Heteronomie das blinde Werkzeug fremder Befehle bleibt. *Darum* ist die Autonomie „der Grund der Würde der menschlichen und jeder vernünftigen Natur“[42]; denn sie erhebt ihn über die Stufe eines bloßen Mittels zum Selbstzweck. „Der Mensch ist zwar unheilig genug, aber die Menschheit in seiner Person muß ihm heilig sein. In der

[33] *Kant*, Grundlegung der Metaphysik der Sitten (*Meiner*) S. 60, 72.
[34] *Kant*, a. a. O. S. 84.
[35] *Kant*, Kritik der praktischen Vernunft (*Meiner*) S. 90.
[36] *Kant*, Grundlegung der Metaphysik der Sitten, S. 59.
[37] *Kant*, Grundlegung der Metaphysik der Sitten, S. 56.
[38] *Kant*, Kritik der praktischen Vernunft, S. 168.
[39] *Kant*, Kritik der praktischen Vernunft, S. 37: „Freiheit und unbedingtes praktisches Gesetz weisen wechselweise aufeinander zurück.“
[40] *Kant*, Metaphysik der Sitten (*Meiner*) S. 344: Die Autonomie der praktischen Vernunft besteht darin, „daß nicht anderer Menschen Verhalten, sondern das Gesetz uns zur Triebfeder dienen müsse“.
[41] Vgl. *Kant*, Grundlegung, S. 61.
[42] *Kant*, Grundlegung, S. 62.

ganzen Schöpfung kann alles, was man will und worüber man etwas vermag, auch *bloß* als Mittel gebraucht werden; nur der Mensch und mit ihm jedes vernünftige Geschöpf ist Zweck an sich selbst. Er ist nämlich das Subjekt des moralischen Gesetzes ... vermöge der *Autonomie der Freiheit*[43]."

Die Autonomie setzt also objektiv gemeinschaftliche Gesetze der intelli gibeln Ordnung der Dinge, des Reiches der Zwecke voraus. *Nicht* diese *Gesetze* und diese intelligible Ordnung sind autonom[44], sondern das Verhältnis des Willens zu ihnen kann sich autonom oder heteronom gestalten, — autonom dann, wenn er sie nicht als fremde Befehle blind übernimmt, sondern auf Grund der *Einsicht* in ihre Dignität sich selbst als bindende Richtschnur vorschreibt. Die „gemeinschaftlichen Gesetze" des „Reiches der Zwecke" aber sind *objektiv*, d. h. ihre Geltung ist nirgendwo vom autonomen Verhalten der Person abhängig. Wohl aber sind sie als reine Vernunftgesetze so beschaffen, daß die Person als vernünftiges Wesen in sie einstimmen *kann*. Dagegen ist die *wirkliche* Einstimmung nirgends gesichert, einmal deshalb, weil der Mensch sich auch heteronom verhalten kann, zweitens darum, weil die Einsichtnahme des Menschen in die sittliche Ordnung der Dinge auch fehlgehen kann: im Falle des irrenden Gewissens[45].

Damit können wir die oben gestellte Frage bis zu einem gewissen Umfange bereits beantworten: Die Geltungs- und Verpflichtungskraft einer Sollensordnung beruht auf einer ihr selbst innewohnenden Qualität (als Vernunftordnung, Sinnordnung, Wertordnung) und ist nicht von der Gewissensbilligung des Einzelnen abhängig. Kraft der ihr innewohnenden Qualität verpflichtet eine solche Sollensordnung den Einzelnen auch im Gewissen, aber die Verpflichtungskraft ist unabhängig davon, ob der Einzelne sie in seinem Gewissen bejaht oder ob er sie infolge Verderbtheit oder Gewissenirrtum verneint.

Diese Grundsätze gelten wie für jede normative Ordnung, so auch für die Rechtsordnung. Verpflichtungskraft und damit normative Geltung besitzt die Rechtsordnung nur kraft eines ihr innewohnenden Wertgehalts, nicht kraft reiner Faktizität. Dieser Wertgehalt unterscheidet das Recht von

---

[43] *Kant*, Kritik der praktischen Vernunft, S. 112.

[44] Autonomie ist keine Beschaffenheit von Gesetzen, sondern eine Beschaffenheit des Willens (Grundlegung S. 67), sie bezeichnet das Verhältnis des Willens zu den objektiven gemeinschaftlichen Gesetzen der Vernunft.

[45] Zwar hat *Kant* ein irrendes Gewissen für ein „Unding" erklärt, aber vor allem deswegen, weil er in der Erkennbarkeit der Pflicht überhaupt kein ethisches Problem sah, — sie sei „für den gemeinsten Verstand ganz leicht und ohne Bedenken einzusehen" (*Kant,* Kritik der praktischen Vernunft, S. 48, ebenso Grundlegung, S. 22 f.). Aber schon die Tatsache, daß *Kant* selbst die von ihm aufgeworfenen kasuistischen Fragen in der Metaphysik der Sitten unbeantwortet läßt, steht seinem Optimismus entgegen. Vgl. dazu auch meine Schrift „Vom irrenden Gewissen", 1949, S. 17 ff. und mein „Naturrecht und materiale Gerechtigkeit", S. 169 f.

der bloßen Gewalt. Kraft dieses Wertgehaltes verpflichtet es den Einzelnen im Gewissen. Die Verpflichtungskraft ist objektiv und nicht von der wirklichen Gewissensbilligung abhängig.

Kraft dieses Wertgehaltes ist auch der *Rechtszwang* normativ legitimiert, während ohne Berücksichtigung dieses Wertgehaltes der Zwang, den etwa der Gerichtsvollzieher gegen den säumigen Schuldner ausübt, sich in nichts von dem Zwang des Räubers gegen sein Opfer unterscheidet[46]. Weil der Rechtsordnung die von ihr gesetzte normative Sollensordnung zu *verwirklichen* aufgegeben ist, enthält sie die Legitimation zum Rechtszwang. Der *Kant*ische Satz: „Recht und Befugnis zu zwingen bedeuten einerlei[47]" besteht darum völlig zu recht, sofern man in ihm das Wort *Befugnis* betont und ihn nicht, wie die positivistische Rechtstheorie, dahin versteht, als laute er: „Recht und bedingter Zwangsakt bedeuten einerlei".

Damit haben wir, wie ich glaube, den Rahmen gezogen, in welchem wir des Verhältnisses von Gesetz und Gewissen überhaupt erst ansichtig werden können. Aber wir haben auch hier nicht mehr als den Rahmen, denn die eigentlichen Schwierigkeiten beginnen erst jetzt. Wenn wir nun den Versuch unternehmen wollen, sie zu bewältigen, so müssen wir die rechtliche Problematik immer wieder mit der sittlichen konfrontieren, da beide, wie die bisherige Erörterung gezeigt hat, eng aufeinander bezogen sind.

Die Einsicht, daß die Geltungs- und Verpflichtungskraft einer Sollensordnung objektiv und von der Gewissensbilligung des einzelnen unabhängig ist, führt zwangsläufig weiter zu der Frage, wie sich die normative Situation darstellt, wenn objektive Ordnung und subjektiver Gewissensentscheid auseinanderfallen.

Da uns die Sollensordnung und die von ihr ausgehenden Pflichten nicht unmittelbar verfügbar sind, sondern wir ihrer nur durch subjektive Akte innewerden können, so ist der Gewissensakt in erster Linie ein Vergewisserungsakt, ein Akt, in dem die Person sich um die Richtigkeit ihrer Entscheidung letzte Gewißheit zu verschaffen sucht. Aber der endgültige Gewissensanspruch — so unerschütterlich er sein mag — kann niemals sicher sein, das objektiv Gesollte wirklich ergriffen zu haben. Wenn wir im Gewissen den Bestand einer objektiv-sittlichen Ordnung voraussetzen — und das ist die notwendige Voraussetzung des Gewissens, das nicht bloß subjektive Meinung sein will —, so gibt es auch die Möglichkeit des irrenden Gewissens[48]. Auch im Bereich der theoretischen Vernunft setzen wir ja

---

[46] *Binder*, Philosophie des Rechts, S. 355 betont zutreffend: „Zahle ich, damit nicht der Gerichtsvollzieher kommt, so verhalte ich mich genauso, wie wenn ich einem Straßenräuber mein Geld aushändige, was auch nicht aus Pflicht, sondern aus bloßer Nützlichkeit geschieht."

[47] *Kant*, Metaphysik der Sitten, S. 37.

[48] Auch wenn man nicht den Pessimismus Jean *Pauls* im Siebenkäs teilt: „Niemand wird in der Welt leichter betrogen — nicht einmal die Weiber und die Fürsten — als das Gewissen."

mit jedem Satze, den wir aussprechen, den Bestand der objektiven Wahrheit voraus — sonst könnten wir sinnvoll nichts aussagen —; aber bezüglich des einzelnen Satzes können wir niemals gewiß sein, das Wahre wirklich getroffen zu haben. Auch das Wahre erscheint uns nur im Medium des subjektiven Erkenntnisaktes. So können beide Momente auseinanderfallen: das Urteil kann subjektiv wahrhaftig, aber doch objektiv falsch sein. Entsprechendes gilt im Bereiche der praktischen Vernunft. *Die Person kann ihre Entscheidungen mit letzter Gewissenhaftigkeit gefällt, aber doch das ethisch Unrichtige getroffen haben.* In der Ethik seit *Kant* ist die Möglichkeit des Auseinanderfallens von objektiver Sittenordnung und subjektivem Gewissensspruch am Problem des Ketzerrichters erörtert worden. Während *Kant* der Problematik dadurch auswich, daß er dem Ketzerrichter von vornherein die Gewissenhaftigkeit seiner Entscheidung absprach, haben spätere ethische Untersuchungen — gerade aus dem Geiste der *Kant*schen Ethik heraus, daß nichts in der Welt sei, das ohne Einschränkung könne für gut gehalten werden, als allein ein guter Wille — die subjektive Moralität der Entscheidung des Ketzerrichters anerkannt, weil und *insofern* er aus dem Bewußtsein der Pflicht heraus gehandelt hat[49]. Er handelt, wie z. B. Bruno *Bauch*[50] ausgeführt hat, sittlich gut und rein moralisch richtig, aber er erfüllt nicht die Totalität ethischer Richtigkeit, weil zu dieser gehört, daß die Entschedung auch objektiv der Sollensordnung entspricht.

Man könnte versucht sein, den Widerspruch, der sich damit zwischen der subjektiven Moralität der Gewissensentscheidung und der objektiven Unrichtigkeit ihres Inhalts auftut, dadurch zu beheben, daß man in Anlehnung an die juristische Unterscheidung von Rechtswidrigkeit und Schuld den Täter, der auf Grund eines irrigen Gewissens etwas ethisch Verwerfliches

---

[49] Daß diese Möglichkeit besteht, beweist m. E. die Tatsache, daß sich selbst Reformatoren für die leibliche Vernichtung der Ketzer ausgesprochen haben. Vgl. die Erklärung *Calvins* zum Falle *Servet*: „Wenn es aber bösartige Geister gibt, die versuchen, die Grundlagen der Religion zu untergraben, die greuliche Verwünschungen gegen Gott ausstoßen und abscheuliche Reden, die wie tödliches Gift wirken, halten, um die Seelen ins Verderben zu stürzen, kurz: die alles daran setzen um die Gemeinde von der reinen Lehre Gottes abwendig zu machen, dann ist es nötig, zum äußersten Mittel zu greifen, damit das Übel sich nicht noch weiter verbreitet." Ernst *Pflisterer*, Wer trägt die Schuld an *Servets* Feuertod? Die Sammlung, 3. Jahrgang (1948) S. 116. — Die Idee der Ketzerverbrennung ist im theologischen Schrifttum bis zum heutigen Tage noch nicht ausgestorben, wie der seltsame Satz bei Erik *Peterson*, Was ist Theologie? 1925, S. 20 beweist: „Jede Wendung gegen das Dogma, wie sie etwa der Ketzer unternimmt, (hat) sinnvollerweise auch eine am Leibe des Ketzers vorgenommene Bestrafung im Gefolge." Dazu Josef *Klein*, Grundlegung und Grenzen des kanonischen Rechts, Tübingen 1947, S. 24 f.

[50] *Bauch*, Ethik, in: Kultur der Gegenwart, hrgg. von *Hinneberg*, Systematische Philosophie, 3. Aufl. S. 239 ff.; dazu meine Schrift „Vom irrenden Gewissen", Tübingen 1949, S. 19 ff.

getan hat, nur subjektiv entschuldigt, d. h. daß man ihm den objektiven Verstoß gegen die Sollensordnung wegen seines, wenn auch irrigen, guten Willens nicht vorwirft. Dieser Ausweg mag zwar juristisch offenstehen, ethisch aber ist er unzulässig. Da wir keinen unmittelbaren Zugang zur Sollensordnung haben, bleibt das Gewissen die letzte Instanz unserer sittlichen Entscheidungen. Gewissensentscheidung bedeutet ja nicht die bloße subjektive Überzeugung, die jeden Einzelfall, jede Marotte, jeden phantastischen Gedanken umfassen kann, sondern: den im Ringen um Einsicht in das sittlich Richtige mit letztem Ernst gefaßten Entschluß[51]. Ein so gewonnener Gewissensspruch gibt der Person nicht etwa bloß den Weg frei, ihm gemäß zu handeln oder ein Handeln ganz zu unterlassen, sondern verpflichtet ihn zu dem für richtig erkannten Tun. Da die Sittlichkeit sich nicht mit *legalem* Verhalten begnügt, sondern vom Menschen *Moralität,* pflichtgetreue *Gesinnung* verlangt, verpflichtet sie ihn, seinem Gewissensspruch zu folgen[52]. Darin wird offenbar, daß in der sittlichen Ordnung die Möglichkeit einer tiefgehenden Antinomie angelegt ist: Wenn sie den Menschen verpflichtet, dem Spruch seines Gewissens zu folgen, so hebt sie damit doch nicht gleichzeitig die objektive Geltung ihrer Sollensforderung auf[53]. Neben dem auf die subjektive Moralität bezogenen Gebot: „Handle nach dem Spruch deines Gewissens" gilt das Gebot der objektiven Sollensordnung: „Tue, was dir die Pflicht in dieser Situation gebietet" unverkürzt fort. Diese Antinomie ist nur darum möglich, weil der Mensch des Richtigen stets nur im Medium des subjektiven Aktes teilhaftig werden kann. Da diese für die Vergewisserung des Richtigen unumgängliche *Subjektivität auch* ein Bezugs g e g e n s t a n d für sittliches Sollen ist, ist die Antinomie in der Sollensordnung selbst angelegt. Wir können und dürfen in der sittlichen Weltordnung nicht von einer prästabilierten Harmonie zwischen objektivem Sollensinhalt und subjektivem Gewissensspruch ausgehen, sondern müssen mit der Möglichkeit schwerer Differenzen zwischen beiden rechnen. „Niemals tut man so vollständig und so ruhig das Böse, als wenn man es aus Gewissen tut", hat *Pascal*[54] gesagt, und die Gestalt des Ketzerrichters ist ein mahnendes Bei-

[51] Es ist darum schon prinzipiell anfechtbar, das Gewissen mit dem „Rechtsgefühl" und dergleichen gleichzusetzen. Gewissen ist nicht bloß das Wertgefühl in sittlichen oder rechtlichen Dingen. In ihm erscheint vielmehr etwas Unentrinnbar-Letztes, das *Luther* dahin ausgedrückt hat, daß der Mensch in seinem Gewissen schon jetzt vor dem ewigen Richter stehe. Vgl. E. *Hirsch,* Lutherstudien, 1954, S. 136.

[52] So hat schon Thomas von *Aquin,* Summa Theologica I/II, cap. 19, 5: omnis voluntas discordans a ratione sive recta, sive errante, semper est mala.

[53] Vgl. auch *Thomas* a. a. O. I/II, cap. 19, 5 ad 1: judicium rationis errantis, licet non derivetur a Deo, tamen ratio errans judicium suum proponit ut verum, et per consequens ut a Deo derivatum, a quo omnis veritas. Dazu Albert *Hartmann* SJ., Toleranz und christlicher Glaube, 1955, S. 188.

[54] *Pascal,* Pensés, ed. Léon Brunschvicg, Nr. 895.

spiel hierfür. Die Möglichkeit der Antinomie in der Sollensordnung zwischen objektiver Pflicht und subjektivem Gewissensentscheid begründet die wohl tragischste Spannung unseres Daseins.

Es genügt ja nicht, den ehrlich und ernsthaft überzeugten Ketzerrichter von Schuld loszusprechen oder sogar die subjektive Moralität seines Handelns anzuerkennen. Vielmehr darf man darüber die Verletzung der sittlichen Ordnung im Leiden seiner Opfer nicht vergessen. *Sie* verlangt in erster Linie unser Mitgefühl, unsere Anteilnahme und — wenn möglich und nötig — tätige Hilfe, sogar *gegen* den ehrlich überzeugten Ketzerrichter. Hier erfährt die Antinomie in der sittlichen Weltordnung eine weitere Zuspitzung: Die Anerkennung, die wir dem in subjektiver Gewissensbindung Handelnden nicht versagen dürfen, entbindet uns nicht von den Pflichten, die uns zum Schutze der verletzten objektiven Ordnung gegen den Handelnden aufrufen[55]!

Unter diesem Aspekt müssen wir auch das Verhältnis von Rechtsordnung und Gewissen betrachten, nur daß es sich, wie wir gleich sehen werden, noch stärker kompliziert. Hierfür wollen wir ein Beispiel wählen, das uns die Problematik anschaulicher als das historische Beispiel vom Ketzerrichter vor Augen stellen kann und das gegenüber anderen aktuellen Beispielen den Vorzug hat, von der Belastung durch politische Motive frei zu sein: Eltern verweigern aus religiöser Überzeugung die Pockenschutzimpfung ihrer Kinder. Hier erhebt sich eine gegenüber unseren bisherigen Betrachtungen nicht berücksichtigte Schwierigkeit: Bisher konfrontierten wir den individuellen Gewissensentscheid mit der objektiven Sollensordnung, deren Bestand das Gewissen selbst voraussetzt. Jetzt setzen wir an die Stelle dieser idealen Sollensordnung die wirkliche Rechtsordnung. So sehr der Gewissensspruch seine Unterwerfung unter die ideale Sollensordnung zugeben wird, so entschieden wird er gegenüber der wirklichen Rechtsordnung geltend machen, daß die von ihm im Gewissenkampf ergriffene Ordnung die wahre, echt verpflichtende Ordnung ist, nicht aber die, die das positive Recht aufstellt.

Wer will hier entscheiden, wer recht hat? Gilt nicht der Satz: „Über Gewissensentscheidungen gibt es keine Richter"? Hier kehrt das, was wir von der Antinomie zwischen objektiver Sollensordnung und subjektivem Einzelgewissen gesagt haben, mit letzter Verschärfung wieder: Auch die objektive Sollensordnung ist uns nur im Medium des subjektiven Aktes, des Aktes der subjektiven Vergewisserung, zugänglich. Keiner von uns hat im Rate der Götter gesessen, als über die Tafeln des Rechten und Gerechten beschlossen wurde. Allerdings hat religiöses Bewußtsein immer wieder versucht, diesen Zirkel zu durchbrechen und das Rechte und Gerechte unmittelbar von Gott, aus Gottes Offenbarung, zu gewinnen. Im christlichen Bereich

---

[55] Vgl. Albert *Hartmann*, a. a. O. S. 191.

hat man vor allem im Dekalog den unmittelbaren Zugang zum göttlichen Rechtswillen, den „kategorischen Imperativ Gottes“[56] erkennen wollen. Auf *Luther* kann sich jedoch diese Auffassung nicht berufen, da für ihn der Dekalog menschliches Recht, nämlich das „Gesetz Mosis“ oder „der Juden Sachsenspiegel“[57] ist[58]. Und auf katholischer Seite hat die mittelalterliche Auseinandersetzung um die Frage der Dispensabilität des Dekalogs offenkundig gemacht[59], wie wenig die Gebote der zweiten Tafel „kategorische Imperative“ sind. Den katholischen Standpunkt dürfte wohl der Jesuit Albert *Hartmann* zutreffend wiedergeben: „Im Gewissensspruch wird dem Menschen die Forderung der sittlichen Ordnung in der vorliegenden Situation, also der Wille Gottes in der konkreten Gestalt bewußt. Das Gewissen ist letzte Instanz. Darüber hinaus gibt es keine andere[60].“

Alle von Menschen auffindbaren Sollenssätze über das Verhalten zum Mitmenschen sind mehr oder minder geglückte Versuche, des wahrhaft Gesollten habhaft zu werden gleichgültig, ob es sich dabei um den Spruch des Einzelgewissens oder um die Anordnung von Gesetzgebern handelt. Im Widerstreit des Einzelgewissens mit den Geboten des Rechtes stoßen zwei einander entgegengesetzte Geltungs- und Verpflichtungsansprüche zusammen. Diesen Widerstreit kann man nicht dadurch beheben, daß man der gesetzlichen Anordnung eine Geltungs- oder Verpflichtungskraft darum abspricht, weil das Gewissen die *Quelle* des Sollens sei, wie *Laun* meinte, oder, weil das Gesetz nur seine Macht bewähren, aber nicht seine Geltung beweisen könne, wie *Radbruch* lehrte. *Das Gewissen ist nicht der Ursprung des Sollens, sondern nur das Organ, es zu vernehmen;* und einen „Beweis“, das wahrhaft Verpflichtende erfaßt zu haben, kann auch das Gewissen nicht führen. Andererseits können wir den Widerstreit nicht offenlassen, da dieses Offenlassen auch eine Entscheidung, und zwar zugunsten des Gewissens entgegen dem Gesetz wäre. Vielmehr müssen wir uns eindeutig für die eine oder andere Alternative entscheiden. Da wir keine letzte Aussage über die

---

[56] Erik *Wolf,* Rechtsgedanke und biblische Weisung, S. 44.

[57] Vgl. Johannes *Heckel,* Lex charitatis, 1953, S. 79 f., 144.

[58] Im Sinne *Kants* betont jetzt *Thielicke* (Ethik des Politischen, 1959, Nr. 1291), „daß ein angeblicher Anspruch von angeblichen Geboten, selbst wenn sie ihre ehrwürdige Herkunft vom Sinai behaupten, um der Würde der sittlichen Person willen nur akzeptiert werden dürfe, wenn sie die Kontrolle des ethischen Bewußtseins durchlaufen und hier ihr Plazet erhalten hätten, wenn sie also dem ethischen Bewußtsein nur als Objektivierung des in ihm selbst tönenden Imperativs deutlich würden“. Ebenso Nr. 1261: „*Kants* Forderung, daß ich den Gehorsam gegen die Gebote Gottes verantworten muß, daß ich sie also nicht einfach als heteronomes Kommando übernehmen darf, sondern daß sie die Kontrollinstanz meines Gewissens vorher durchlaufen und ihr Plazet erhalten haben müssen — diese Forderung ist unrevidierbar.“

[59] Hierzu mein „Naturrecht und materiale Gerechtigkeit“, S. 62 ff. (*Thomas*), S. 78 ff. (*Duns Scotus*), S. 99 (Spätscholastik).

[60] Albert *Hartmann,* a. a. O., S. 188.

Richtigkeit des einen oder anderen Verpflichtungsanspruches machen können, können wir nur die Konsequenzen bedenken, die die eine oder andere Entscheidung hat. Die Entscheidung, die dem Ausspruch des Gewissens den Vorrang vor dem des Gesetzes gibt, würde eine überindividuelle irdische Ordnung prinzipiell unmöglich machen. Zwar mögen die Verhaltensweisen der Menschen faktisch wegen ihrer Tendenz zum Konformismus weitgehend übereinstimmen, aber im kritischen Falle würde eine einheitliche Regelung für sie versagen. Es gibt nichts, in das der Mensch nicht sein Gewissen — und zwar ehrlich und ernsthaft — legen könnte. Bischof *Berggrav*[61] berichtet, daß ein dänischer Zeuge Jehovas sich aus Gewissensgründen geweigert habe, beim Löschen eines Schadenfeuers zu helfen, da diese Tätigkeit einen Einbruch in Gottes Willen bilden würde. Ähnlich meldeten kürzlich Zeitungen[62] von Konflikten dänischer Ärzte mit ihrer Standesethik, die sich aus der Weigerung von Zeugen Jehovas ergaben, Bluttransfusionen bei ihren Angehörigen zu gestatten — Konflikte, die unmittelbar auch rechtliche Probleme aufwerfen. Vor allem würde die alleinige Entscheidung zugunsten des Gewissens die *Schutzfunktion* des Rechts verkürzen, wie wir es auf ethischem Gebiete im Falle des Ketzerrichters gesehen haben. Eine rechtliche Parallele dazu bietet das als Beispiel herangezogene Problem der Impfpflicht[63]. Während noch am Ende des 18. Jahrhunderts in dem sehr viel menschenärmeren Europa jährlich schätzungsweise 400 000 Menschen an Pocken starben, konnten im Laufe des 19. Jahrhunderts die Pockenepidemien in vielen europäischen Staaten durch die planmäßige Durchimpfung der Bevölkerung allmählich zum Erlöschen gebracht werden. Dagegen traten in England das im Jahre 1893 die Gewissensklausel zu der im Jahre 1853 eingeführten Impfpflicht hinzugefügt hatte, wiederholt kleinere Epidemien mit Todesfällen bis zur jüngsten Gegenwart auf — offensichtlich die Folge der Lockerung der Impfpflicht durch die Gewissensklausel, wodurch weniger als 50 % der Kinder zum Impfen kommen[63a].

---

[61] *Berggrav*, Das Gewissen — solo oder sozial? in: Das Menschenbild im Lichte des Evangeliums, Festschrift für Emil *Brunner*, 1950, S. 89. Weitere Beispiele bei Albert *Hartmann*, a. a. O., S. 269 Anm. 23.

[62] Frankfurter Allgemeine Zeitung vom 18. September 1958.

[63] Vgl. dazu das Gutachten des Bundes-Gesundheitsamtes über die Durchführung des Impfgesetzes unter Berücksichtigung der bisherigen Erfahrungen und neuer wissenschaftlicher Erkenntnisse, 1958 (nicht gedruckt); ferner das Gutachten des Bundesgerichtshofes in BGHSt 4 S. 375.

[63a] Das angeführte Beispiel von der Impfflicht zeigt, daß es unrichtig wäre, in der Behandlung des möglichen Gewissensirrtums einen *prinzipiellen* Unterschied zu machen zwischen der Pflicht, eine Handlung zu *unterlassen*, und der Pflicht, eine Handlung *vorzunehmen*, wie es vielfach vorgeschlagen wird (vgl. *Rudin* in dem oben Anm. 28a genannten Sammelband über das „Gewissen" S. 159). Das Impfgesetz legt um des Gesundheitsschutzes aller willen eine Pflicht zur *Vornahme* einer Handlung auf (nämlich die Kinder zum Impfen zu bringen).

Das Recht muß als überindividuelle Ordnung nicht nur eine Ordnung für den Handelnden (oder Unterlassenden), sondern auch für den Leidenden, d. h. den von der Handlung (oder Unterlassung) Betroffenen, sein. Das schließt es aus, beim Widerstreit von Gesetz und Gewissen dem Gewissen *prinzipiell* den Vorrang zu geben.

Allerdings bleibt diese Entscheidung zugunsten des Gesetzes nur solange glaubwürdig, als sie sich durch das Gesetz selbst gerechtfertigt weiß. Hierfür dürften folgende Gesichtspunkte wesentlich sein:

1) Das Gesetz muß sich wenigstens als ein Versuch zu einer sozialen Ordnung darstellen, die die Billigung des Gewissens der Rechtsgenossen finden *könnte*, oder — wie es BGHSt 2 S. 238 im Anschluß an *Radbruch* formuliert hat — es muß die Gerechtigkeit wenigstens anstreben.

So begrenzt die Bedeutung dieses Gesichtspunktes in *positiver* Hinsicht für die Gewinnung konkreter materialer Rechtssätze sein mag, so wesentlich ist er in *negativer* Hinsicht: Wehrt er doch die rechtliche Legitimation aller Befehle ab, die sich ausdrücklich oder verhüllt aus dem „Recht" des Stärkeren oder der größeren Macht herleiten.

2) Das Gesetz muß sich auf die elementare Regelung des Gemeinschaftslebens beschränken; es muß sich damit begnügen, „ethisches Minimum" zu sein. Je mehr es versucht, eine bestimmte Weltanschauung durch sein Sanktionssystem durchzusetzen, um so stärker wird es mit dem Gewissen der einzelnen in Konflikt geraten.

Aus diesem Grunde — um des Schutzes des individuellen Gewissens willen — muß der Staat verhindern, die Gesetzgebung in die Hand derer fallen zu lassen, die sie zur gewaltsamen Durchsetzung einer bestimmten Weltanschauung — gleichgültig welcher — benutzen wollen. Ein Staat, dem es um den Schutz des Gewissens ernst ist, darf nicht die Intoleranz tolerieren!

3) Wo das Gesetz auch in einem solchen Rahmen weitgehender weltanschaulicher Enthaltsamkeit mit dem Einzelgewissen in Konflikt gerät, sollte es zwar nicht die Richtigkeit, wohl aber wenigstens die Gewissenhaftigkeit der abweichenden echten Gewissensentscheidung anerkennen. Um des Bestande seiner überindividuellen Ordnung und um des Schutzes der anderen Rechtsgenossen willen, die auf diese Ordnung vertrauen, kann es seine Geltung nicht von der Gewissensbilligung des einzelnen abhängig machen. Wohl sollte es aber bei der Gestaltung der Rechtsfolgen die Gewissenhaftigkeit der andersartigen Entscheidung respektieren. Auch und gerade hier muß es sich als R e c h t erweisen und nicht bloß als Macht bewähren. Das gilt vor allem vom Strafrecht: Die Sanktion für die Gesetzesübertretung, die aus einer echten Gewissensentscheidung erwachsen ist, sollte die Ehrenhaftigkeit der Tätergesinnung dadurch zum Ausdruck bringen, daß sie als nicht entehrend von anderen Straftaten deutlich abgehoben wird, wie es § 20 unseres geltenden Strafgesetzbuches leider nur unzuläng-

lich vorsieht[64]. Am weitesten kommt das Gesetz der abweichenden Gewissensentscheidung dann entgegen, wenn es durch eine Gewissensklausel die Hauptverpflichtung in eine Ersatzpflicht umzuwandeln gestattet, wie es in Art. 4 Abs. 3 (Art. 12) GG geschehen ist. Aber auch hier ist nicht die *Geltung* des Gesetzes von der Gewissensbilligung abhängig; vielmehr berücksichtigt das Gesetz bei der *Ausgestaltung* der Rechtspflicht die Gewissenslage des einzelnen. Ein Gesetz aber, das seine Geltung von der Gewissensbilligung des einzelnen abhängig machen wollte, wäre kein Gesetz mehr; es erhöbe den Subjektivisimus zum Prinzip und — im sozialen Bereich — den Solipsismus und die Anarchie.

[64] Dagegen läßt das WehrStGB in weitem Umfange die Verhängung der nicht entbehrenden „Einschließung" statt Freiheits s t r a f e bei Handeln aus „achtenswerten Beweggründen" zu, während umgekehrt der Entwurf des StGB nach den Beratungen der Großen Strafrechtskommission die Einschließung überhaupt nicht vorsieht.

FAHRLÄSSIGKEIT UND VERKEHRSDELIKTE

Zur Dogmatik der fahrlässigen Delikte

Es sind gerade 30 Jahre her, daß *Engisch* in seiner Monographie über Vorsatz und Fahrlässigkeit von der „relativen Seltenheit der Fahrlässigkeitsvergehen trotz der ungeheuren Möglichkeit, sich dieser schuldig zu machen", schreiben konnte[1]. Inzwischen hat sich das Bild radikal geändert. Mit 102 000 Verurteilungen im Jahre 1957 weist das wichtigste Fahrlässigkeitsdelikt — die fahrlässige Körperverletzung — in der deutschen Bundesrepublik die weitaus höchste Verurteilungsziffer unter allen Straftaten nach dem Strafgesetzbuch auf. Ein Viertel sämtlicher Verurteilungen wegen Verbrechen oder Vergehen auf Grund des Strafgesetzbuches entfällt 1957 allein auf die fahrlässige Körperverletzung. Aber nicht nur die *Verwirklichung* fahrlässiger Deliktstatbestände haben in einem ungeahnten Maße zugenommen, auch die *Pönalisierung* fahrlässiger Verhaltensweisen zeigt deutlich eine Tendenz der Zunahme. Vor allem erfreuen sich Deliktsformen, die früher nahezu unbekannt waren, steigender Beliebtheit beim Gesetzgeber: die fahrlässigen *Gefährdungs*delikte. Auch in dieser Hinsicht konnte *Engisch* für das Jahr 1930 noch als „glückliche Tatsache" registrieren, daß für die augenblicklich interessierenden Fahrlässigkeitsfälle das Prinzip bestehe, nur die *vollendet* (d. h. die erfolgreiche) Tatbestandsverwirklichung vor den Strafrichter zu bringen[2]. War früher fahrlässiges Verhalten fast durchweg nur dann unter Strafe gestellt, wenn das Verhalten zu einem unerwünschten Erfolg (zu einer Rechtsguts*verletzung*) geführt hatte[3], so genügt jetzt in zunehmendem Maße die Herbeiführung einer bloßen Rechtsgutsgefährdung (vgl. § 316 b StGB, §§ 1/49 StVO). Im Sozialleben haben diese neuen Tatbestände zu einer starken Erweiterung der *Strafbarkeit* fahrlässigen Verhaltens geführt[4].

Die Ursachen für diese Entwicklung liegen offen zutage: Von den 102 000 zur Verurteilung gekommenen fahrlässigen Körperverletzungen im Jahre 1957 waren 95 700 in Verbindung mit einem Verkehrsunfall began-

---

[1] Untersuchungen über Vorsatz und Fahrlässigkeit im Strafrecht, 1930, S. 476.

[2] *Engisch*, a. a. O. S. 297.

[3] Hieraus erklärt sich, daß der früheren Dogmatik der Erfolg als der strafrechtlich wesentliche Teil der Fahrlässigkeitstat erschien, wie *Mezger* noch 1952 schrieb (Studienbuch I, 4. Aufl., S. 45).

[4] Die Bundeskriminalstatistik weist im Jahre 1957 allein für § 316 b 25 000 Verurteilungen auf.

gen. Während die übrigen fahrlässigen Körperverletzungen in den Jahren 1955 bis 1957 eine sinkende Tendenz aufweisen (von 8500 auf 6300), stiegen die in Verbindung mit einem Verkehrsunfall eingetretenen Körperverletzungen rapide an! Parallel damit verlief die Entwicklung der fahrlässigen Tötungen im gleichen Zeitraum. *Engisch* hatte gewiß recht, wenn er die ehemals relative Seltenheit der Fahrlässigkeitsvergehen auf die unwillkürlich arbeitenden seelischen Funktionen zurückführte, die uns auf Gefahren gespannt sein lassen[5]. Aber diese Funktionen erfüllen ihre wohltätige Wirkung in vollem Umfange nur in den Grenzen der „natürlichen" Kräfte des Menschen, weil in *diesen* Grenzen die Auswirkung geringfügiger Versehen oder Nachlässigkeiten meist so unbedeutend sind, daß sie keine strafrechtlich erheblichen Folgen mit sich führen. Wo dagegen der Mensch seine eigenen Kräfte durch Naturkräfte potenziert, muß auch die geringste Nachlässigkeit in ganz anderem Umfange als bisher schwere und schwerste Auswirkungen haben. Das macht das Beängstigende in der Entwicklung der Fahrlässigkeitsdelikte aus. Die Regulatoren menschlichen Handelns sind, wie es scheint, primär auf den Gebrauch der *„natürlichen"* Kräfte des Menschen hin konstruiert. Wo dagegen der Mensch Kräfte in Gebrauch nimmt, die seine eigenen in einem unverhältnismäßig hohen Grade übersteigen, funktionieren seine Handlungsregulatoren nicht mehr mit der gleichen Zweckmäßigkeit und Zuverlässigkeit wie bisher. Das war noch anders, solange der Gebrauch der „übermenschlichen" Kräfte auf einen Kreis besonders ausgesuchter und ausgebildeter Personen beschränkt geblieben war — wie beim Betrieb der Eisenbahnen. Da aber im modernen Kraftfahrzeugverkehr jene Kräfte nahezu jedem Menschen in die Hand gegeben werden, ist die oben geschilderte Zunahme der Fahrlässigkeitsdelikte bis zu einem gewissen Grade unvermeidlich. Sie ist der Tribut, den der Mensch für seine technische Entwicklung zahlt.

Aber wie wir die technische Entwicklung nicht mehr rückgängig machen können, so können wir noch viel weniger darauf verzichten, den Gebrauch der Technik zu normieren und zu regulieren, und können dabei das Strafrecht nicht entbehren. Auch wenn vielleicht ein höherer Prozentsatz der Unfälle bei Verwendung technischer Kräfte auf unverschuldete menschliche Unzulänglichkeit oder gar auf rein technische Mängel zurückgehen sollte, als bisher angenommen wird, so bleibt doch der Anteil schuldhaften Sorgfaltsmangels, echter krimineller Schuld, an ihnen groß genug. Wie er die Praxis fast über Nacht mit einer Hochflut deliktischen Verhaltens überschwemmt hat, so zwingt er auch die Rechtswissenschaft, sich intensiver mit ihm zu befassen, als es in den Zeiten seiner relativen Seltenheit notwendig erschien. Wo deliktisches Verhalten zunimmt, pflegt die Kriminologie mit

---

[5] *Engisch*, a. a. O. S. 476; hierzu und über die einmal willkürlich erworbenen, dann aber unbewußt arbeitenden determinierenden Tendenzen unserer Handlungssteuerung vgl. meinen Aufsatz „Persönlichkeit und Schuld" ZStW 60 S. 470 ff. und unten S. 33 f.

ihren verschiedenen Forschungszweigen wie Ätiologie, Soziologie, Psychologie usf. auf den Platz zu treten. Aber so wichtig derartige Forschungen auch sein mögen — niemals können sie die dogmatische Behandlung der Fahrlässigkeitsdelikte, d. h. die Analyse der Verbrechenselemente und ihrer inneren Zusammenhänge, ersetzen. Diese dogmatische Arbeit zielt zwar nicht *unmittelbar* darauf ab, die Zunahme der Fahrlässigkeitsdelikte herabzusetzen, sondern darauf, die Grundlagen für eine möglichst gleichmäßige und gerechte Beurteilung der Fahrlässigkeitsdelikte aufzufinden und zugleich dem Gesetzgeber die Gestaltungsformen einer richtigen Normierung an die Hand zu geben — eine Aufgabe, die ihr keine andere Forschung abzunehmen vermag, weshalb auch ihr *mittelbarer* Beitrag zur Verbrechensbekämpfung von keiner anderen Forschung ersetzt werden kann.

Auf dogmatischem Felde ist noch vieles nachzuholen, vielfach überhaupt erst der Grund für die Aufbauelemente der fahrlässigen Delikte zu legen[6]. Die überkommene strafrechtliche Dogmatik war fast ausschließlich am Modell der vorsätzlichen Delikte orientiert. An ihm ist die Tatbestands- und Unrechtslehre entwickelt worden. Die Fahrlässigkeit interessierte in diesem System nur als „Schuldform" und wurde allein im Kapitel von der „Schuld" behandelt. Gedankliche Voraussetzung dafür war, daß mit der Verursachung der Rechtsgutsverletzung durch einen Willkürakt die Tatbestandsmäßigkeit dieses Willküraktes gegeben und dessen Rechtswidrigkeit „indiziert" war[7]. Sobald diese Feststellungen getroffen waren, sollten alle weiteren Ermittlungen, ob der Täter für diese seine „rechtswidrige Tat" verantwortlich gemacht werden konnte, in den Bereich der Schuld fallen.

Geht man von diesen begrifflichen Verbrechenselementen aus und prüft man auf der Grundlage des gängigen Schuldbegriffes — wonach „unter Schuld die seelischen Beziehungen des Täters zu seiner Tat zu verstehen sind, die dazu führen, ihm aus dieser Tat einen Vorwurf zu machen"[8] — die umfangreiche Judikatur, die in den letzten Jahren über fahrlässige Delikte im Zusammenhang mit Verkehrsunfällen entstanden ist, so stellt man mit Verblüffung fest, daß es in den meisten, jedenfalls in den wichtigsten dieser Entscheidungen um Probleme geht, die in jenes Begriffsgefüge gar nicht hineinpassen, sondern aus ihnen glatt herausfallen. Die Feststellung, daß ein Willkürakt eine Rechtsgutsverletzung verursacht hat, ist in den betreffenden Entscheidungen durchweg unproblematisch, und damit stehen im Sinne jener Dogmatik auch die Tatbestandsmäßigkeit und die Rechtswidrigkeit des Verhaltens fest. Im Mittelpunkt aller jener Entscheidungen stehen

---

[6] Über die Dogmatik der „fahrlässigen" Unterlassungsdelikte vgl. jetzt die Monographie von Armin *Kaufmann*, Die Dogmatik der Unterlassungsdelikte, 1959.

[7] Vgl. in diesem Sinne noch BGH 7 S. 114; BayObLG in VRS 6 S. 41. Es ist der „kausale Handlungsbegriff", den ich in meinem Strafrecht, 7. Aufl., § 8 und in meinem „Neuen Bild des Strafrechtssystems", 4. Aufl., § 1 dargestellt habe.

[8] *Schönke-Schröder*, Kommentar zum Strafgesetzbuch, 9. Aufl., S. 10.

Erörterungen, die in immer wiederkehrenden typischen Wendungen folgendermaßen formuliert werden: Der Verkehrsteilnehmer (Autofahrer oder Fußgänger) ist verpflichtet, ...; ist nicht verpflichtet, ...; ist berechtigt, ...; darf darauf vertrauen, ...; bewegte sich richtig, verkehrsgerecht, verkehrswidrig; seine Fahrweise ist nicht zu beanstanden usf.

Derartige Feststellungen haben aber mit den „seelischen Beziehungen des Täters zur Tat" schlechterdings nichts zu tun. Sie gehören darum nach dem vorausgesetzten Schuldbegriff nicht zum Schuldbereich und damit auch nicht zur Fahrlässigkeit, sofern man diese mit der überkommenen Lehre als „Schuldform" versteht. Wohin gehören sie aber dann, wenn mit der Verursachung einer Rechtsgutsverletzung durch einen Willkürakt die Tatbestandsmäßigkeit und die Rechtswidrigkeit gegeben sein soll? Diese Frage wäre nicht so dringlich, wenn es sich in jenen Erörterungen um unwesentliche, nur *gelegentlich* erheblich werdende Verbrechenselemente handelte. Aber auch davon kann keine Rede sein. Vielmehr ist gerade das *Zentralproblem* der meisten jener Entscheidungen die Frage, ob der Verkehrsteilnehmer in der konkreten Situation die Handlung, die er vorgenommen hat, vornehmen durfte oder nicht vornehmen durfte, zu welchem Verhalten er verpflichtet oder nicht verpflichtet war, worauf er vertrauen durfte oder nicht vertrauen durfte usf. Es handelt sich um den Inhalt und den Umfang der bei der Handlung aufzuwendenden „objektiven Sorgfalt" und um die Feststellung, ob diese eingehalten worden war oder nicht.

Wenn also diese Momente nicht in den Schuldbereich fallen, wohin gehören sie dann? Um hierüber Klarheit zu gewinnen, gehen wir am besten von einem einfachen, alltäglichen Fall aus: Die beiden Kraftwagen des A und des B stoßen in einer unübersichtlichen Kurve zusammen, wobei B körperlich verletzt wird. Für A ist es eine Rechtskurve; bei seiner Fahrt hatte er die rechte Straßenseite eingehalten. Für B ist es eine Linkskurve, die er „geschnitten" hatte, wodurch er in die Fahrbahn des A geraten war.

Legt man bei der Beurteilung dieses Falles das herkömmliche Begriffsschema zugrunde, so hat A durch einen Willkürakt (das Autofahren) eine Rechtsgutsverletzung (die Körperverletzung des B) verursacht. Seine Handlung war darum tatbestandsmäßig und, da kein Rechtfertigungsgrund vorlag, auch rechtswidrig[9]; fraglich bleibt nur, ob er *schuldhaft* gehandelt hat, d. h. ob ihm aus seine tatbestandsmäßigen, rechtswidrigen Handlung ein persönlicher Vorwurf gemacht werden kann. Dadurch nun, daß die überkommene Lehre in diesem Falle die Schuld verneinte, konnte sie wenigstens die *Bestrafung* des A wegen einer tatbestandsmäßigen, rechtswidrigen Handlung vermeiden.

Wird aber eine solche Beurteilung dem rechtlichen Sinngehalt der Tat wirklich gerecht? Hat nicht A, der seine Fahrtrichtung strikt auf der rechten

[9] Vgl. BGH 7 S. 114: „Das Verhalten des Angeklagten war rechtswidrig, weil kein Rechtfertigungsgrund vorlag."

Seite eingehalten hat, völlig ordnungsmäßig, verkehrsrichtig und damit rechtmäßig gehandelt, während B, der die Kurve links geschnitten hatte, sich verkehrswidrig und damit rechtswidrig verhalten hat? Wenn A wirklich nur deshalb, weil er durch einen Willkürakt eine Rechtsgutsverletzung verursacht hatte, rechtswidrig gehandelt hätte, dann hätte er überhaupt nicht fahren dürfen, da mit der erhöhten Geschwindigkeit der Kraftfahrzeuge notwendig erhöhte Gefahren verbunden sind. Wenn die Rechtsordnung den mit erhöhter Geschwindigkeit verbundenen Straßenverkehr bei Einhaltung bestimmter Verhaltensweisen erlaubt, obwohl auch dabei eine gewisse Gefahrerhöhung unvermeidlich ist, so kann *dieser* Verkehr, der *diese* Verhaltensweisen einhält, nicht rechtswidrig sein, selbst wenn sich die unvermeidliche Gefahr realisiert. Eine der Aufgaben der Rechtsordnung ist es, dem Bürger zu sagen, was er tun *darf*. Wo der Bürger sich im Rahmen dieses Dürfens bewegt, kann seine Handlung nicht rechtswidrig sein.

Dieses Handeln-dürfen hat innerhalb der überkommenen Lehre keine Stelle im Verbrechensaufbau der fahrlässigen Delikte gefunden: Zur Frage der Rechtswidrigkeit *soll* es nicht gehören, da mit der willkürlichen Verursachung einer Rechtsgutsverletzung die Rechtswidrigkeit gegeben sei, sofern nicht einer der besonderen Rechtfertigungsgründe vorliegt, unter die die Einhaltung der objektiven Sorgfalt nicht fällt; zur Schuld *kann* es nicht gehören, da diese die seelischen Beziehungen des Täters zur Tat betrifft. So bleibt für das Handeln-dürfen in diesen Fällen kein Platz im überkommenen Verbrechensaufbau der fahrlässigen Delikte.

Die herrschende Lehre ist sich dieses Mangels gelegentlich selbst innegeworden. *Engisch* — selbst ein Anhänger der überkommenen Lehre — spricht einmal von der „Verlegenheit" und der „Unsicherheit" der h. L. gegenüber dem Merkmal der objektiven Sorgfalt[10]: Auf der einen Seite stehe die Bedingungstheorie, die dazu zwinge, jedes erfolgsverursachende Verhalten, das nicht besonders gerechtfertigt ist, als tatbestandsmäßig anzusehen[11]; auf der anderen Seite stehe die Definition der Fahrlässigkeit als pflichtwidrig nicht vermiedener Unkenntnis; zwischen diesen beiden Momenten liege aber noch ein drittes, sehr wesentliches, das sofort in Erscheinung trete, wenn einerseits Bedingungszusammenhang, andererseits Erkennbarkeit oder Kenntnis vorliegen, es aber an objektiver Sorgfalt nicht fehlt.

Dieser Hinweis kennzeichnet den Ort, an dem sich schon der überkommenen Lehre das wahre Wesen der objektiven Sorgfalt aufdrängen mußte.

---

[10] *Engisch*, a. a. O. S. 276 f.

[11] Das gilt nicht nur für die „Bedingungstheorie" im engeren Sinne, sondern für die der h. L. zugrunde liegende kausale Handlungslehre überhaupt. Nach der überkommenen Lehre soll *jedes* erfolgsverursachende Verhalten, gleichgültig, ob man die Verursachung i. S. der Äquivalenztheorie oder der Adäquanztheorie versteht, tatbestandsmäßig-rechtswidrig sein, wenn es nicht besonders gerechtfertigt ist.

So finden sich bereits bei *Exner*[12], *Kitzinger*[13] und *Engisch*[14] Ausführungen darüber, daß es sich bei der objektiven Sorgfalt um Fragen der Rechtswidrigkeit handele. Aber selbst *Engisch*, der der objektiven Sorgfalt am gründlichsten nachgegangen ist, läßt die Frage schließlich auf sich beruhen; er halte es für unschädlich, von der Verabsäumung der gebotenen Sorgfalt „in der gewohnten Weise" in unmittelbarem Zusammenhang mit dem Fahrlässigkeitsbegriff (sc. als Schuldform) zu sprechen[15].

Daß diese Ansätze innerhalb der herrschenden Lehre schließlich zu keinem Erfolg geführt haben, hat tiefere Gründe: Der ausschließlich erfolgsbezogene Handlungs- und Unrechtsbegriff läßt der herrschenden Lehre gar keine Möglichkeit, jenes dritte Verbrechenselement, das mit dem Gesichtspunkt der objektiven Sorgfalt berührt wird, unterzubringen. Die oben wiedergegebene Bemerkung von *Engisch* über die Bedeutung der Bedingungstheorie für den Tatbestand und die Rechtswidrigkeit der h. L. weist auf jenen tieferen Grund hin. Die überkommene Verbrechenslehre beruht auf der scharfen Trennung zwischen einem objektiv-äußeren (kausalen) Bestandteil und einem subjektiv-seelischen Bestandteil der Handlung. Jenem wurde der Tatbestands- und Unrechtsbereich, diesem der Schuldbereich zugeordnet. Für jenen wurde ein Handlungsbegriff entwickelt, „der lediglich *Kausalität* des Willens für die Tat fordert und die Frage, welches der *Inhalt* des Wollens war, *gänzlich* der Schuldfrage zuweist, jener Handlungsbegriff also, der keine in bestimmter Weise geeigenschaftete, sondern nur eine in bestimmter Weise (nämlich durch einen bewußten Willensakt) *verursachte* körperliche Bewegung ist"[16]. Wo ein solcher Handlungsbegriff der Tatbestands- und der Unrechtslehre zugrunde liegt, da muß im obigen Beispiel in der Tat der A tatbestandsmäßig und rechtswidrig gehandelt haben, da er durch einen Willensakt (das Autofahren) die Körperverletzung des B *verursacht* hat. Die objektive Sorgfalt kann im Tatbestands- und Unrechtsbereich nur dann eine Rolle spielen, wenn man gerade *das* in den Handlungsbegriff einbezieht, was die überkommene Lehre radikal aus ihm entfernen wollte: nämlich die besondere Beschaffenheit des Handlungsvollzuges und nicht

---

[12] Fahrlässigkeit, 1910, S. 193.

[13] Juristische Aphorismen S. 34/35.

[14] a. a. O. S. 278.

[15] a. a. O. S. 346. — Darum hat in der überkommenen Lehre der Hinweis, daß es sich bei der objektiven Sorgfalt um Fragen der Rechtswidrigkeit handelt, keine Auswirkungen gehabt. Selbst in den spezifischen Fällen des erlaubten Risikos heißt es vorsichtig, daß diese Gefährdung nicht „verboten" sei; derartige Handlungen könnten „nicht zur Grundlage einer Fahrlässigkeitshaftung" gemacht werden; ein Verschulden könnte nur dann angenommen werden, wenn bei der individuellen Ausführung die obliegende Sorgfalt vernachlässigt wurde. So *Mezger*, Lehrbuch, S. 358; ebenso Studienbuch I (9. Aufl.) S. 191; in gleichem Sinne *v. Hippel*, Lehrbuch II, S. 361/62; *Binding*, Normen IV, S. 446.

[16] *Radbruch*, Der Handlungsbegriff in seiner Bedeutung für das Strafrechtssystem, 1904, S. 130.

nur die Tatsache, daß er eine bestimmte *Wirkung* hatte. Mit dem Moment der objektiven Sorgfalt rückt der *Handlungswert* (bzw. -unwert) in den Mittelpunkt der Unrechtslehre der fahrlässigen Delikte, während der *Erfolgs*unwert (die Rechtsgutsverletzung) an die Peripherie tritt (wo er, wie wir noch sehen werden, nur eine einschränkende, aber keine primär konstitutive Funktion für Tatbestand und Rechtswidrigkeit besitzt). Und mit dem Handlungswert bzw. -unwert rückt die *Handlung* in den Mittelpunkt des Tatbestandes (auch) der fahrlässigen Delikte, und zwar die Handlung in der besonderen Beschaffenheit ihres Vollzuges, nicht bloß wegen ihrer Ursächlichkeit für einen Erfolg. Ob A die körperliche Verletzung des B durch eine *rechtswidrige* Handlung verursacht hat, hängt davon ab, wie die *Handlung* des A beschaffen war, und nicht allein und erst recht nicht primär davon, ob sie (als beliebiger Willkürakt) die Körperverletzung des B *verursacht* hat. Und wenn bei dem Zusammenstoß auch A verletzt worden wäre, käme es für die Rechtswidrigkeit der Handlung des B ebenfalls entscheidend darauf an, wie sein *Handlungs*vollzug beschaffen war, und nicht bloß darauf, daß A verletzt worden ist. Aus diesem Grunde ist das Hauptthema der verkehrsrechtlichen Entscheidungen zur Fahrlässigkeit, *welche konkrete Handlung* der Angeklagte *vollzogen hat* und welcher er hätte *vollziehen sollen.* Charakteristisch für diese Fragestellung ist etwa folgende Formulierung eines Urteils: „Bevor der Angeklagte einbog, hat er längere Zeit angehalten und die Verkehrslage geprüft. Es ist nicht ersichtlich, was er noch hätte tun sollen“[17].

Die Einsicht, daß es bei den Fragen der Einhaltung oder Außerachtlassung der objektiven Sorgfalt um Probleme der *Rechtmäßigkeit* oder *Rechtswidrigkeit* der Täter*handlung* geht, bricht sich in den verkehrsrechtlichen Entscheidungen unserer Gerichte in zunehmendem Maße Bahn. Diese Entwicklung begann damit, daß man zwischen dem objektiven verkehrswidrigen Verhalten und dem Verschulden klar unterschied[18]. Vor allem schärfte das *Kammergericht* diese Unterscheidung den Untergerichten wiederholt ein: Die Strafkammer habe eine klare Scheidung zwischen den objektiven Verkehrsverletzungen und den subjektiven, für die Verschuldensfrage wesentlichen Elementen vermissen lassen[19]; ein Angeklagter könne nur dann zur Verantwortung gezogen werden, wenn sein Verhalten (objektiv) verkehrswidrig und (subjektiv) vorwerfbar-pflichtwidrig, d. h. fahrlässig war; die objektive Pflichtwidrigkeit des Verhaltens sei eine *Vorfrage* des Verschuldens[20]. Schon 1953 hatte en Zivilurteil des *Bundesgerichtshofes* beiläufig das Handeln des Beklagten für *„berechtigt“* erklärt, weil es im Einklang mit den Verkehrserfordernissen gestanden hatte[21]. Einen Höhepunkt erreich-

---

[17] OLG *Hamm* in VRS 7 S. 226; vgl. auch OLG *Celle* in VRS 14 S. 113.

[18] So. z. B. LG *Hannover* in VRS 4 S. 22.

[19] VRS 4 S. 535.

[20] VRS 8 S. 64.

[21] VRS 5 S. 586; vgl. auch BGH in VRS 11 S. 107.

te diese Entwicklung in dem Beschluß des Großen Zivilsenats des BGH vom 4. 3. 1957[22]: „Indem die Rechtsordnung den gefahrvollen Verkehr zuläßt und den Teilnehmern an diesem Verkehr im einzelnen vorschreibt, wie sie ihr Verhalten einzurichten haben, spricht sie auch aus, daß sich ein Verhalten unter Beachtung deser Vorschriften im Rahmen des Rechts hält. Es geht nicht an, ein Verkehrsverhalten, das den Ge- und Verboten der Verkehrsordnung volle Rechnung trägt, trotzdem mit dem negativen Werturteil der Rechtswidrigkeit zu versehen. Hierfür gibt der eingetretene Erfolg keinen ausreichenden Grund her, da das Urteil der Rechtswidrigkeit im Sinne der Bestimmungen des BGB über unerlaubte Handlungen die zum Erfolg führende Handlung nicht unberücksichtigt lassen kann. Es ist daher der Satz aufzustellen, daß bei verkehrsrichtigem (ordnungsgemäßem) Verhalten eines Teilnehmers am Straßen- oder Eisenbahnverkehr eine rechtswidrige Schädigung nicht vorliegt." Dementsprechend erklärte der 4. Strafsenat des BGH vom 31. 10. 1957, daß ein Verhalten, das sich in dem Rahmen des verkehrsrechtlichen Vertrauensgrundsatzes bewegt, nicht nur entschuldigt, sondern sogar *berechtigt* sei; denn dann dürfe es nicht einmal als ein objektiver Verkehrsverstoß gewertet werden[23].

Es liegt auf der Hand, daß mit der aufgezeigten Entwicklung ein grundsätzlicher Neubau der Lehre von den fahrlässigen Delikten verbunden sein muß. Es geht nicht mehr länger an, in der „Fahrlässigkeit" nur ein Schuldproblem zu sehen; vielmehr muß die Problematik der fahrlässigen Delikte auf *allen* Stufen des Verbrechensaufbaus, d. h. im Tatbestands-, Unrechts- und Schuldbereich und in dem ihnen vorgelagerten ontologischen Handlungsbereich gesondert durchdacht werden.

Was den Bereich der *Handlung* anlangt, so hat schon die „Verlegenheit", in die die kausale Handlungslehre gegenüber dem Merkmal der objektiven Sorgfalt gerät, ihre Unzulänglichkeit offenkundig gemacht. Wenn der Unrechtskern der fahrlässigen Delikte nicht in der Erfolgsverursachung, sondern in der fehlerhaften *Handlung* liegt, so kommt es für ihn entscheidend auf den konkreten Handlungsvollzug, auf die Lenkung der Handlungsmittel durch den planmäßig steuernden Willen an: „Der Angeklagte hat eine unübersichtliche Linkskurve, in der jederzeit Gegenverkehr zu erwarten war, geschnitten." „Er hat mit überhöhter Geschwindigkeit eine Kreuzung durchfahren." „Bevor er einbog, hat er längere Zeit angehalten und die Verkehrslage geprüft." So lauten die entscheidenden Tatfeststellungen, an die sich die Rechtswidrigkeitsprüfung anknüpft. Eine Handlungslehre, nach der für den Handlungsbegriff allein wesentlich sein soll, daß ein Willkürakt (d. h. „ein *beliebiges* (!) Verhalten") einen bestimmten Erfolg verursacht hat, verkennt nicht nur, daß jede Handlung eine innere Einheit von objektiven und subjektiven Elementen ist, d. h. eine Steuerung des äußeren Geschehens durch den lenkenden Willen ist, sondern schneidet gerade die für die Rechtswidrig-

[22] BGH. Ziv. 24 S. 21.
[23] VRS 14 S. 31.

keitsprüfung entscheidenden Momente aus dem Handlungsbegriff heraus[24]. Darum ist die kausale Handlungslehre nicht in der Lage, diejenigen Merkmale der Handlung anzugeben, an denen die für die Fahrlässigkeit maßgebende Rechtswidrigkeitsprüfung ansetzen kann. Darin liegt auch der Grund für die Verlegenheit, dem Moment der objektiven Sorgfalt eine Stelle im Verbrechensbegriff zuzuweisen. Umgekehrt muß es nahezu als unbegreiflich erscheinen, daß der finalen Handlungslehre unentwegt vorgeworfen wird, sie könne der fahrlässigen Handlung nicht gerecht werden. Erklären läßt sich dieser Vorwurf nur dadurch, daß immer noch verkannt wird, daß nicht im verursachten *Erfolg*, sondern in der fehlerhaften *Handlung* das „strafrechtlich Wesentliche" (d. h. das entscheidende Unrechtselement) des fahrlässigen Deliktes steckt. Es genügt nicht, die auf der Handlungsebene vernachlässigten Momente auf der Schuldebene nachzuholen: dort gehören sie nicht hin, und dort kommen sie zu spät!

Weiterhin muß auch dasjenige Verhalten, an dem die wirkliche Handlung des Täters gemessen wird, d. h. das gesollte (verkehrsrichtige, sachgerechte) Verhalten, eine finale Handlung oder die Unterlassung einer solchen sein! „Der Angeklagte mußte die rechte Straßenseite einhalten." „Er mußte seine Geschwindigkeit herabsetzen, seine Scheinwerfer abblenden, usf." Und umgekehrt: „Er durfte darauf vertrauen, daß ..." In diesem Sinne hat das OLG *Celle* einem Untergericht einmal einschärfen müssen: „Der Tatrichter muß feststellen und belegen, *welche Maßnahmen gerade dieser Täter zu ergreifen verpflichtet war,* um den Erfolg zu verhindern[25]." Alles das läßt sich nicht auf der Grundlage eines Handlungsbegriffes verstehen, nach welchem die Handlung die willkürliche Verursachung einer Außenweltsveränderung ist, sondern nur auf Grund eines solchen, nach dem sie die Steuerung des äußeren Geschehens durch den zwecktätigen Willen ist.

---

[24] Charakteristisch hierfür sind die Sätze *Schröders* bei *Schönke-Schröder,* Strafgesetzbuch, 9. Aufl., S. 17: „Rechtliche Bedeutung hat nur das kausale Element, das unabhängig von jeder finalen Tendenz Objekt rechtlicher Bewertung ist; vorausgesetzt wird nur, daß überhaupt ein Willensakt vorliegt." Jeden dieser Sätze muß man umkehren, wenn man die für das fahrlässige Delikt wesentlichen Elemente gewinnen will: Rechtliche Bedeutung hat das kausale Element (die Erfolgsverursachung) nur sekundär, indem sein Fehlen lediglich die für die Strafbarkeit unerheblichen fahrlässigen Handlungen *ausscheidet.* Es genügt nicht, daß überhaupt ein Willensakt vorliegt, sondern für Existenz und Schwere des Unrechts ist entscheidend, *welcher* Willensakt vorgenommen wurde; rechtlich bedeutsam ist allein „die Handlung mit ihrer finalen Tendenz": das Schneiden der unübersichtlichen Kurve, das schnelle Durchfahren einer Kreuzung, das Anhalten des Wagens und Prüfen der Verkehrslage usf. Diese *finalen* Akte bilden die Grundlage für die Unrechtsbewertung; sie werden daraufhin geprüft, ob sie in der konkreten Situation „sachgemäß", „verkehrsrichtig", „sorgfaltsgemäß" waren oder nicht und wie stark sie vom sachgemäßen Verhalten abwichen (wogegen auf der Schuldebene geprüft wird, ob der Täter die *Abweichung* seiner Handlung vom sachgemäßen Verhalten hätte erkennen und vermeiden können).

[25] OLG *Celle* in VRS 14 S. 113; vgl. auch OLG *Hamm* in VRS 7 S. 226.

Das *Tatbestandsproblem* der fahrlässigen Delikte ist aufs engste mit dem Handlungsproblem verknüpft; das eine folgt unmittelbar aus dem anderen. Der kausale Handlungsbegriff *zwingt,* wie *Engisch* richtig bemerkt hat, die überkommene Lehre dazu, „jedes beliebige den Erfolg bedingende Verhalten, sofern es nicht besonders gerechtfertigt ist, als tatbestandsmäßig anzusehen". Daß ein solcher Tatbestand, der nur die Erfolgsverursachung durch ein beliebiges (!) Verhalten angibt, unzulänglich ist und zu den beschriebenen Mängeln und Verlegenheiten führt, braucht nach den vorangegangenen Ausführungen nicht noch besonders dargelegt zu werden. Andererseits läßt sich nicht verkennen, daß der *gesetzliche* Tatbestand der fahrlässigen Delikte regelmäßig nur die Erfolgsherbeiführung sachlich umschreibt, die Täterhandlung dagegen unbestimmt läßt. Hier erhebt sich ein grundsätzliches Problem des Tatbestandes, das die herkömmliche Lehre vom Tatbestand selbst in Mitleidenschaft zieht. Der Begriff des Tatbestandes war von *Beling* und seit *Beling* am *gesetzlichen* Tatbestand orientiert worden. Er ergab sich nicht nur aus § 59 StGB, wo er ausdrücklich genannt wird, sondern vor allem aus der rechtsstaatlichen Funktion, die mit ihm verbunden ist. Die sachliche Umschreibung des verbotenen Verhaltens im *Gesetz* — und dort allein — gewährleistet in vollem Umfange die Durchführung des Grundsatzes nulla poena sine lege. Jedoch erleidet diese Funktion wichtige Einbußen. Eine davon betrifft den Täterbereich bei den unechten Unterlassungsdelikten. Wer als „Garant" für die Nichtabwendung eines tatbestandsmäßigen Erfolges wegen eines Begehungsdeliktes (z. B. wegen Totschlags) haftet, ist gesetzlich gerade nicht „bestimmt", sondern muß vom Richter „bestimmt" werden. In diesem Falle ist die Funktionstrennung zwischen dem Gesetzgeber und dem Richter zur Seite des Richters hin verschoben. Bei den fahrlässigen Delikten ist es die *Tathandlung*, die vom Gesetzgeber nicht konkret umschrieben wird. Die Tatbestände der fahrlässigen Delikte bilden darum „offene" oder — wie man sie auch nennen könnte — „ergänzungsbedürftige" Tatbestände, bei denen die besondere Gestalt der verbotenen Handlung vom *Richter* bestimmt werden muß.

Das macht die besondere Schwierigkeit der fahrlässigen Delikte aus. Während bei den sonstigen, erschöpfend umschriebenen oder „geschlossenen" Tatbeständen mit der Verwirklichung des gesetzlichen Tatbestandes die Rechtswidrigkeit indiziert wird, so daß der Richter nur die Verwirklichung der gesetzlichen Tatbestandsmerkmale festzustellen braucht, um zum Schluß auf die Rechtswidrigkeit der Tat zu gelangen, muß der Richter bei den offenen Tatbeständen der fahrlässigen Delikte einen Teil derjenigen Funktionen übernehmen, die an sich dem Gesetzgeber zukommen, nämlich die tatbestandsmäßige Handlung bestimmen, welche der gesetzliche Tatbestand unbestimmt läßt. Die zentrale Problematik der fahrlässigen Delikte liegt nicht im Bereiche der Schuld, sondern in dem des Tatbestandes, und zwar in der Bestimmung der tatbestandsmäßigen Handlung. Hierin besteht die Parallele zu den unechten Unterlassungsdelikten, bei denen der Richter die gleiche tatbestandsergänzende Funktion für die Bestimmung des Täterkreises übernehmen muß. Und wie der Richter bei den unechten Unterlassungsdelikten eines Leitbildes für die tatbestandsergänzende Umschreibung des Täterkreises bedarf — das ihm der Gesichtspunkt der „Garantenstellung" liefert —, so benötigt er auch bei den fahrlässigen Delikten ein Leitbild, um die Tatbestandslücke bei der Tatbestandsbehandlung ausfüllen zu können. Ein solches Leitbild gibt ihm § 276 BGB mit der Formel, daß die fahrlässige Handlung „die im Verkehr erforderliche Sorgfalt" verletzt. Wie die „Garantenstellung" bei den unechten Unterlassungsdelikten, so ist die „verkehrsmäßige Sorgfalt" bei den fahrlässigen Delikten der Orientierungspunkt, von dem aus der Richter die Tatbestandsergänzung vornehmen muß. Jede Handlung, die im Hinblick auf einen tatbestandsmäßigen Erfolg nicht die Merkmale der „verkehrsmäßigen Sorgfalt" aufweist, ist tatbestandsmäßig im Sinne der fahrlässigen Delikte. Hieraus erhellt, daß der Gesetzgeber die Tatbestandshandlung der fahrlässigen Delikte meist gar nicht konkret umschreiben *kann*, weil die Handlungsgestaltungen, die von der verkehrsmäßigen Sorgfalt abweichen, unübersehbar mannigfaltig sind und von den realen Verhältnissen des besonderen Falles abhängen.

So unmöglich es zwar ist, die Inhalte der im Verkehr erforderlichen „objektiven" Sorgfalt in allgemeinen Formeln so konkret zu umschreiben, daß das „verkehrsrichtige" oder „sachgemäße" Verhalten gleichsam von selbst heraussprânge, so ist es doch möglich und unumgänglich, in allgemeinen Formeln den *methodischen* Weg anzugeben, auf dem die Konkretionen der objektiven Sorgfalt gewonnen werden können.

Es ist verständlich, daß unter der Herrschaft einer Theorie, nach der die Fahrlässigkeit nur ein Schuldproblem darstellt, diese Bestimmung der objektiven Sorgfalt vernachlässigt worden ist, so daß, wie *Engisch* vermerkt[26], die Außerachtlassung der äußeren Sorgfalt in der Literatur nur „nebenbei und unvermerkt" behandelt worden ist[27]. Hier ist daher noch manches nachzuholen, wobei wir auf wertvolle Anregungen der reichhaltigen Judikatur zurückgreifen können. Ist die „Einhaltung der im Verkehr erforderlichen Sorgfalt" die leitbildhafte, maßstabgebende Handlung, von der aus die Tatbestandsmäßigkeit im Sinne der fahrlässigen Delikte bestimmt wird, so bedarf es eines leitbildhaften, maßstabgebenden „Täters" dieser Handlung, von dem aus die sorgfältige Handlung gedanklich gebildet wird. Nichts

[26] *Engisch*, a. a. O., S. 275.

[27] Verständlich ist auch, daß unter der Herrschaft dieser Theorie die objektive Sorgfalt, die eine Beschaffenheit des Handlungsvollzuges im Sinne der „Sachgemäßheit" oder „Verkehrsrichtigkeit" ist, immer wieder mit der „subjektiven", „inneren" Sorgfalt oder besser „Vorsicht" vertauscht worden ist, die ein rein seelischer Sachverhalt, nämlich das Angespanntsein der seelischen Kräfte ist. Beide werden nicht selten auseinanderfallen: Jemand kann mit äußerster Anspannung seiner geistigen Kräfte zu Werke gehen, und doch kann sein Handlungsvollzug ganz unsachgemäß, verkehrsunrichtig sein; und umgekehrt: jemand tut gleichsam „instinktiv" das Verkehrsrichtige, weil bei ihm infolge langer Übung die richtige Reaktion zur automatisierten Handlungsbereitschaft geworden ist.

kennzeichnet deutlicher, daß die Kernprobleme der Fahrlässigkeit Handlungsprobleme sind, als die Tatsache, daß für die Bestimmung der objektiven Sorgfalt auf den „sorgfältigen *Täter*“ zurückgegriffen werden muß. In zahlreichen Urteilen tritt uns dieser leitbildhafte Täter (Verkehrsteilnehmer) plastisch entgegen: Es ist der „tüchtige und gewissenhafte Kraftfahrer“[28], der „verantwortungsbewußte und gewissenhafte Kraftfahrer“[29], der „sorgfältige Kraftfahrer“[30], der „ständig überlegt und mit gesammelter Aufmerksamkeit fährt, dabei die sich aus den Umständen ergebende Möglichkeit eines unrichtigen Verhaltens anderer berücksichtigt und auch in schwierigen Lagen richtig handelt“[31]. Indem er dabei auf Gefahren achtet, um ihnen umsichtig begegnen zu können, gehören in sein Bild die Züge des „einsichtigen Menschen“, des Adäquanzurteils, der mit dem ontologischen Wissen eines einsichtigen Beobachters und dem darüber hinausgehenden ontologischen Sonderwissen des wirklichen Täters und mit dem nomologischen Höchstwissen seiner Zeit vom Standort des wirklichen Täters aus eine Prognose über künftige Kausalverläufe fällt[32]. Objektive, verkehrsmäßige Sorgfalt ist somit dasjenige Verhalten (d. h. diejenige finale Handlung oder Unterlassung einer solchen), das „ein *einsichtiger und besonnener Mensch in der Lage des Täters*“[33] in der besonderen Situation einschlagen würde. Dadurch, daß man sich den leitbildhaften „einsichtigen und besonnenen Menschen“ in die Lage des wirklichen Täters versetzt denkt, vermag man anzugeben, was „sachgemäßes“, „verkehrsrichtiges“ Verhalten, kurz was objektive Sorgfalt ist, und gewinnt so den Ausgangspunkt dafür, zu bestimmen, ob die wirkliche Handlung des Täters tatbestandsmäßig im Sinne eines Fahrlässigkeitsdeliktes ist[34].

In diesem methodischen Vorgehen sind zwei Aspekte zu unterscheiden: einmal der rein intellektuelle Aspekt des *Adäquanzurteils*. Aus ihm ergibt sich, ob die Handlung Gefahrmöglichkeiten für bestimmte Rechtsgüter enthält oder nicht. Aber nicht jede gefährliche Handlung ist sorgfaltswidrig,

---

[28] BGH 7 S. 118; 12 S. 83; vgl. auch BGH in VRS 4 S. 52; OLG *Hamm* in VRS 16 S. 122.

[29] BGH in VRS 13 S. 468; vgl. auch OLG *Hamm* in VRS 16 S. 122.

[30] BayObLG in VRS 4 S. 385; KG in VRS 16 S. 380.

[31] BGH Ziv. in VRS 10 S. 12.

[32] Das Adäquanzurteil ist stets von einer maßgeblichen Modellperson her entwickelt worden, ohne die es gar nicht vollziehbar wäre. Da nun das Adäquanzurteil ein integrierender Bestandteil im Begriff der objektiven Sorgfalt ist, zeigt sich, daß auch dieser nur von einem maßgeblichen Subjekt aus gebildet werden kann (vgl. auch *Exner*, a. a. O. S. 197). Darum geht die Polemik *Bindings* (Normen IV S. 730 und IV S. 523) fehl.

[33] Vgl. mein Strafrecht, 7. Aufl., S. 114.

[34] Wenn H. *Mayer*, Lehrbuch S. 187, dem Richter die Aufgabe zuweist, das Maß des erlaubten Risikos zu bestimmen, so liegt zu dem oben Gesagten kein Widerspruch vor, da man vielfach auch dem Richter das Urteil über die adäquate Kausalität anvertraut: in beiden Fällen urteilt der Richter als sachkundige Person, d. h. als „einsichtiger und besonnener Mann“.

sonst müßte nahezu jede Handlung im sozialen Raum unterlassen werden. Man denke nur an den modernen Straßenverkehr: in ihm birgt nicht nur diejenige Fortbewegung, die über das Maß menschlicher Körpergeschwindigkeit hinausgeht, sondern infolge der Verzahnung der Verkehrsvorgänge schon nahezu jeder Schritt Gefahren für Rechtsgüter der Mitmenschen. Die Teilnahme am Verkehr ist ohne Eingehen eines gewissen Risikos gar nicht möglich. Hier tritt der zweite — normative — Aspekt des „besonnenen" Handelns einschränkend zum ersten hinzu: Sorgfaltswidrig ist nur eine solche Gefährdung, die über das „verkehrsnormale", „sozialadäquate" Maß hinausgeht. Die Grenze dieses „maßvollen Risikos" abzustecken, dazu dient das Leitbild des „besonnenen" Mannes, der in den verkehrsrechtlichen Entscheidungen als „verantwortungsbewußter", „gewissenhafter", „sorgfältiger" Kraftfahrer wiederkehrt. An ihm sind die wichtigsten Entscheidungen über das maßvolle Risiko orientiert: Nach „den Auffassungen des gewissenhaften und sorgfältigen Kraftfahrers" — so führt der *Bundesgerichtshof* einmal aus — „wird sich durchaus eine Grenze der Geschwindigkeit feststellen lassen, deren Überschreitung den Vorwurf des Verkehrsverstoßes begründet"[35]. Unter dem Gesichtspunkt, was der „gewissenhafte und verantwortungsbewußte" Kraftfahrer an maßvollen Risiken eingehen darf, hat die Rechtsprechung den für den Straßenverkehr fundamentalen *„Vertrauensgrundsatz"* aufgestellt und ausgebaut, wonach der Verkehrsteilnehmer solange darauf vertrauen darf, daß andere Verkehrsteilnehmer sich ebenfalls verkehrsrichtig verhalten, als ihm nicht durch besondere Umstände des Falles das Gegenteil erkennbar wird[36].

Unter den beiden aufeinander bezogenen Aspekten des *einsichtigen* Erkennens von Gefahren und des *besonnenen* Sich-Einstellens auf sie sind die Inhalte der objektiven Sorgfalt für den Einzelfall zu gewinnen. In diesem Konkretisierungsprozeß lassen sich auch einige allgemeine Aussagen *inhaltlicher* Art herausarbeiten: nämlich Erfahrungssätze über die Verknüpfung bestimmter Verhaltensweisen mit bestimmten ihnen eigentümlichen Gefahren[37] und Erfahrungssätze über die geeignetsten Maßnahmen zur Abwendung dieser Gefahren. Unter den letzteren sind am bekanntesten die sogenannten Kunstregeln der verschiedenen Berufszweige (die leges artis); jedoch bestehen derartige Regeln nicht minder für alle sonstigen Lebensbereiche. Das Bayerische Oberste Landesgericht spricht einmal von den „anerkannten Fahrregeln", die „das richtige Verhalten im Straßenverkehr zum Gegenstand haben und Maß dafür geben, wie sich ein sorgfältiger

---

[35] BGH 7 S. 118. Es handelt sich um die grundlegende Entscheidung über die Frage, ob der Kraftfahrer darauf vertrauen darf, daß andere Verkehrsteilnehmer sein Vorfahrtsrecht beachten. Vgl. auch BGH 12 S. 83: Der „gewissenhafte Kraftfahrer" braucht nicht mit verkehrswidrigem Aufblenden entgegenkommender Kraftfahrer zu rechnen und darauf seine Geschwindigkeit einzustellen.

[36] Über seine Bedeutung instruktiv OLG *Neustadt* in VRS 7 S. 200.

[37] Vgl. BGH in VRS 6 S. 198 mit Bezug auf die Verkehrserfahrung.

Kraftfahrer verhält"[38]. Solche Kunstregeln können sogar zu echten Rechtssätzen erstarken, wie z. B. zahlreiche Verkehrsvorschriften, die „das Ergebnis einer auf Erfahrung und Überlegung beruhenden umfassenden Voraussicht möglicher Gefahren" sind[39].

Hier zeigen sich aber auch die Grenzen, die der *materialen* Ausfüllung des Sorgfaltsbegriffes im Unterschied zu dem oben entwickelten *methodischen* Prinzip der *Bildung* des Sorgfaltsbegriffes gezogen sind. Alle allgemeinen *materialen* Regeln und Erfahrungssätze sind abstrahierende Generalisierungen aus individuellen Vorgängen; nur soweit diese gleichartig sind, lassen sich solche Generalisierungen vornehmen. Die aus ihnen gewonnenen allgemeinen Erfahrungssätze und Regeln gelten daher nur sowet, als sie auf *gleichartige* individuelle Vorgänge treffen. Soweit dagegen der individuelle Fall Sonderzüge aufweist, kann die allgemeine Regel oder der Erfahrungssatz nicht mehr ganz zutreffen. Ihren vollen Erkenntniswert entfalten sie nur in der großen Zahl gleichartiger, „typischer" Fälle. Aber ob ein solcher vorliegt, ist stets erneut festzustellen. Darum ist die Tatsache, daß ein Verhalten vom Erfahrungssatz oder der Kunstregel abweicht, wohl ein *Anzeichen*, aber kein *Beweis* für eine Sorgfaltsverletzung im Einzelfalle. Aus diesem Grunde ist auch die Verletzung spezieller (polizeilicher) Verkehrsvorschriften, in denen die allgemeinen Verkehrserfahrungen ihren Niederschlag gefunden haben, nur ein „Beweisanzeichen" für eine Sorgfaltsverletzung im Sinne der fahrlässigen Delikte[40]. Der Inhalt der „sachgemäßen", „verkehrsrichtigen" Handlung im einzelnen Falle läßt sich niemals abschließend aus den allgemeinen Erfahrungssätzen und Regeln, sondern nur aus dem *methodischen* Prinzip gewinnen, welche Handlung ein einsichtiger und besonnener Mann in der betreffenden Lage vorgenommen hätte.

Eine wesentliche *materiale* Konkretisierung des Sorgfaltsbegriffes bewirkt der Vertrauensgrundsatz dadurch, daß er die Erwartung verkehrsrichtigen Verhaltens der *anderen* Verkehrsteilnehmer zur Grundlage des sachgerechten Vehaltens eines jeden Verkehrsteilnehmers macht. Damit erhalten die Verkehrsvorschriften eine neue Funktion im Sorgfaltsbegriff. Indem jeder Verkehrsteilnehmer grundsätzlich darauf vertrauen darf, daß auch die übrigen sich verkehrsmäßig verhalten, gewinnt er eine feste Grundlage, wie er sein eigenes Verhalten sachgerecht zu gestalten habe[41].

Auf diese Weise läßt sich dasjenige Verhalten ermitteln, welches in der besonderen Lage, in der der Täter sich befindet, „sachgemäß", „verkehrsrich-

[38] VRS 4 S. 385.

[39] BGH 4 S. 185.

[40] Vgl. BGH 4 S. 185.

[41] Z. B. wie er als Vorfahrtsberechtigter seine Geschwindigkeit einzurichten habe (BGH 7 S. 118); ob er mit dem Aufblenden entgegenkommender Fahrzeuge zu rechnen habe (BGH 12 S. 82); ob er beim Linkseinbiegen nochmals einen Blick in den Rückspiegel werfen müsse (BGH in VRS 5 S. 551; KG in VRS 16 S. 380).

tig" ist und damit „die im Verkehr erforderliche Sorgfalt" erfüllt. Auf den Täter bezogen konkretisiert sich dabei das Rechtsgebot der Einhaltung der objektiven Sorgfalt dahin: Wer die Fertigkeit besitzt, die Handlung „sachgemäß" vorzunehmen, der muß sie, *falls* er sie vornimmt, *sachgemäß* ausführen; wer die Fertigkeit hierzu nicht besitzt, der muß die Handlung ganz unterlassen; für ihn ist die *Unterlassung* der Handlung, das *sachgemäße Verhalten*[42]. Mit dem so ermittelten *sachgemäßen* Verhalten ist die *wirkliche* Handlung des Täters zu vergleichen, um festzustellen, ob sie tatbestandsmäßig im Sinne eines Fahrlässigkeitsdeliktes ist: jede Handlung, die hinter diesem sachgemäßen Verhalten zurückbleibt, ist tatbestandsmäßig im Sinne der fahrlässigen Delikte.

Jedoch ist die tatbestandsmäßige Handlung nicht das einzige „objektive" Merkmal der fahrlässigen Delikte. In aller Regel muß zu ihr als weiteres Merkmal hinzutreten, daß sich die sorgfaltswidrige Handlung in einer Rechtsgutsverletzung realisiert hat, da die fahrlässigen Delikte noch heute überwiegend als Erfolgsdelikte konstruiert sind. Zum *Handlungsunwert* ist in aller Regel ein *Erfolgsunwert* erforderlich. Mit ihm kommt ein neues *zusätzliches* Merkmal ins Spiel, das im Handlungsunwert nicht *notwendig* enthalten ist. Denn eine Handlung ist unsachgemäß, verkehrswidrig, kurz eine Sorgfaltsverletzung unabhängig davon, ob sie zu einem unerwünschten Erfolg führt oder nicht. Der Handlungsunwert als solcher kann weder durch das Hinzutreten des Erfolgsunwertes gesteigert, noch durch dessen Ausbleiben gemindert werden. So hat man vom Erfolgsunwert oft genug als von der „Zufallskomponente" innerhalb der fahrlässigen Delikte gesprochen. „Es hängt von der Gunst des Zufalls ab, *ob* der Täter Strafe zu leiden hat, vom Zufall weiter, *was* ihm zugerechnet wird[43]." Dieselbe sorgfaltswidrige Handlung kann — je nach ihrem Ausgang — eine bloße Verkehrsübertretung (§§ 1/49 StVO), eine fahrlässige Körperverletzung (§ 230) oder eine fahrlässige Tötung (§ 222) oder — beim völligen Ausbleiben eines Erfolges — ganz straflos sein: Alle diese Möglichkeiten stecken in der

[42] Das ist die für die Frage nach Rechtmäßigkeit und Rechtswidrigkeit einer Handlung entscheidende Feststellung: „*Jeder Mann soll wissen, welches Verhalten in einer bestimmten Situation geboten, erlaubt oder verboten ist.* Wenn man dies unabhängig von der persönlichen Vorwerfbarkeit und der Kenntnis des Einzelnen von der Sachlage feststellt, dann *dient dies der Herausarbeitung der Verhaltensnormen, an denen sich jeder Mann in gleicher Lage soll orientieren können.*" So formuliert *von Caemmerer* in seinem nach diesem Vortrag erschienenen Beitrag zur Juristentags-Festschrift II 129 besonders glücklich die primäre Funktion, der die Feststellung der objektiven Rechtmäßigkeit und Rechtswidrigkeit dient. Diese Funktion konnte im bisherigen ungegliederten Fahrlässigkeits-Schuldbegriff gar nicht in Erscheinung treten. Hinter dieser grundlegenden Funktione der Rechtswidrigkeitskomponente in der Fahrlässigkeit tritt sogar der Gesichtspunkt der Notwehr, der meist als Kriterium der Rechtswidrigkeit angeführt wird, zurück, weil er mehrdeutig ist; darüber s. u. S. 27.

[43] *Exner,* Fahrlässigkeit, S. 83.

Handlung im Augenblick ihrer Vornahme darin! Nichts kennzeichnet deutlicher als dieses Zufallsmoment, daß „der strafrechtlich wesentliche Teil der Fahrlässigkeitstat" nicht der Erfolg sein kann, wozu ihn die überkommene kausale Handlungslehre steigern mußte!

Nicht leicht ist es, die Funktion zu bestimmen, die der Erfolg im fahrlässigen Delikt besitzt. In der italienischen Doktrin ist lebhaft die Ansicht vertreten worden, daß der Erfolg lediglich eine objektive Bedingung der Strafbarkeit sei[44]. Eine Stellungnahme zu dieser Auffassung ist schon darum nicht einfach, weil über den Begriff der objektiven Strafbarkeitsbedingung trotz bemerkenswerter Bemühungen[45] noch immer ein gewisses Dunkel liegt. Zugunsten der objektiven Strafbarkeitsbedingung läßt sich anführen, daß, wenn man unter Tatbestand die „Verbotsmaterie" (d. h. die sachlichen Merkmale des verbotenen Verhaltens) versteht, der Erfolg streng genommen nicht zu ihm gehört. Verboten ist die Vornahme der sorgfalstwidrigen Handlung, „gleichgültig, ob zufällig die Außerachtlassung der Sorgfalt die Folge nach sich zieht, zu deren Vermeidung sie geboten ist". Diesen Worten fügt *Engisch* mit Nachdruck hinzu: „Um diese Konsequenz ist unter keinen Umständen herumzukommen[46]." Andererseits ist der Erfolgseintritt offensichtlich mehr als eine objektive Strafbarkeitsbedingung, und zwar deshalb, weil er in einer *spezifischen Beziehung* zur tatbestandsmäßigen Handlung stehen muß. Es genügt nicht, daß die sorgfaltswidrige Handlung eine Rechtsgutsverletzung irgendwie zur Folge hat, vielmehr muß die Rechtsgutsverletzung gerade *wegen* der Sorgfaltswidrigkeit der Handlung eingetreten sein. Dies ist nicht der Fall, wenn der Erfolg durch die sorgfaltswidrige Handlung zwar verursacht worden ist, aber auch eingetreten wäre, wenn die Handlung sorgfaltsgemäß vorgenommen worden wäre: die Sorgfaltswidrigkeit (Unsachgemäßheit) der Handlung muß sich im Erfolg *realisiert* haben[47].

Dieser innere Zusammenhang, in dem sich der Erfolg als *Realisierung* der tatbestandsmäßigen Handlung erweisen muß, rechtfertigt es, ihn in den Bereich des Tatbestandes der fahrlässigen Delikte einzubeziehen. Hier besitzt er allerdings nicht die Funktion eines konstitutiven, sondern eines nur limitierenden Elementes. Es ist nun einmal „unter keinen Umständen darum herumzukommen", daß mit der Vornahme der tatbestandsmäßigen Handlung im vollen Umfang eine Normverletzung vorliegt, gleichgültig, ob die Handlung sich in einem Erfolg realisiert oder nicht[48]; aber erst dadurch,

---

[44] Vgl. besonders *Manzini,* Trattato di dir. pen., 1948, I S. 563; *Vannini,* Il problema giuridico del tentativo, 1952, S. 54 ff.; dagegen vor allem *Delitala,* Il fatto nella teoria generale del reato, 1930.

[45] Vgl. zuletzt die Referate von *Schmidhäuser* und *Stratenwerth* und die Diskussion auf der Erlanger Kriminalistentagung 1959 in ZStW Bd. 71 S. 545 ff., 565 ff.

[46] *Engisch,* a. a. O., S. 341.

[47] Ständige Rechtsprechung, vgl. BGH in VRS 5 S. 284 und BGH 11 S. 1 ff.

[48] *Engisch,* a. a. O., S. 342.

daß sie sich in dem Erfolg realisiert, gewinnt sie — nach positivem Recht — *straf*rechtliche Relevanz, wird sie die sachliche Grundlage *strafrechtlich*-tatbestandsmäßigen Unrechts[49]. Das positive Recht begnügt sich mit einer durch den eingetretenen Erfolg getroffenen *Auslese* aus den sorgfaltswidrigen Handlungen.

Es wäre reizvoll, aber nicht einfach, den stets unausgesprochen bleibenden Gründen nachzuforschen, die den Gesetzgeber bis zum heutigen Tag zu derartigen Einschränkungen bewogen haben. Es werden zum erheblichen Teil Praktikabilitätsgründe sein, da die folgen*lose* Sorgfaltsverletzung weniger faßbar ist als die erfolgreiche. Aber stärker noch als rationale Gründe wird wohl das irrationale Gefühl den Ausschlag gegeben haben, daß „alles nicht so schlimm war, wenn es noch einmal gut gegangen ist"[50].

Doch gilt dies nicht mehr uneingeschränkt! Konnte man noch bis vor kurzem mit der „glücklichen" Tatsache rechnen, daß fahrlässige Handlungen nur bei Eintritt einer Rechtsguts*verletzung* strafbar waren, so geht der moderne Gesetzgeber in zunehmendem Maße dazu über, bereits die fahrlässige *Gefährdung* von Rechtsgütern unter Strafe zu stellen (vgl. besonders §§ 1/49 StVO, § 316 Abs. 2 StGB). Damit treten ganz neue Probleme auf. Schon die sorgfaltswidrige (unsachgemäße, verkehrswidrige) Handlung muß ja ihrem Begriffsgehalt nach eine Handlung sein, die nach einsichtigem Urteil eine Gefahr für Rechtsgüter heraufbeschwört. Wenn man nur zur sorgfaltswidrigen Handlung *zusätzlich* verlangt, daß sie ein Rechtsgut in Gefahr gebracht haben muß, so scheint entweder ein Pleonasmus vorzuliegen oder ein neuer Gefahrbegriff ins Spiel zu kommen. Das, worum es geht, läßt sich wieder am besten an einem Beispiel klarmachen.

Wenn in unserem Ausgangsbeispiel der Kraftfahrer B die unübersichtliche Linkskurve schneidet, so nimmt er eine gefährliche Handlung vor, da im Augenblick des Schneidens der Kurve der einsichtige Beobachter, der ebensowenig wie der B die Kurve einsehen kann, mit entgegenkommenden Fahrzeugen rechnen muß. Das Schneiden der Kurve ist ein gefährliches Manöver auch dann, wenn sich *hinterher* herausstellt, daß kein anderer Verkehrsteilnehmer auf der Fahrbahn des B war: *denn das Gefahrurteil ist stets ein ex-ante-Urteil*, das von den zu einem bestimmten Zeitpunkt nicht erkennbaren Realfaktoren absieht. Wenn ex post alle Bedingungen überschaubar geworden sind, war die Verletzung entweder sicher oder ausgeschlossen[51].

---

[49] *Engisch* spricht dem Erfolg nur die Funktion zu, die Normverletzung *strafwürdig* erscheinen zu lassen (S. 342). Das klingt stark nach bloßer objektiver Strafbarkeitsbedingung.

[50] Dieses Motiv ist auch bei der milderen Bestrafung des Versuches gegenüber der Vollendung wirksam.

[51] Dies muß seltsamerweise immer wieder einmal gesagt werden, da man noch heute gelegentlich liest: „Ob eine ‚wirkliche' Gefahr vorgelegen hat, läßt sich genau genommen immer erst ex post erschöpfend beurteilen. Bei einer ex-ante-Beurteilung liegt eine ‚eingebildete' Gefahr näher!" *Mezger*, Studienbuch I S. 84.

Entscheidender Zeitpunkt für die Fällung des Adäquanzurteils ist bei der Frage, ob eine *Handlung* gefährlich ist, der Zeitpunkt der Vornahme der Handlung. Etwas anderes ist es, wenn man in bezug auf ein *Rechtsgut* fragt, ob es *in Gefahr geraten* ist. Denn dann setzt man als gegeben voraus, daß das Rechtsgut in den Wirkungsbereich eines bestimmten Ereignisses geraten ist, und fragt von dem Zeitpunkt aus, in dem es in diesen Wirkungsbereich getreten ist, danach, ob es durch eine Einwirkung des betreffenden Ereignisses verletzt werden konnte. In unserem Falle ist die*Handlung* des B schon in dem Augenblick gefährlich, als er mit dem Schneiden der Kurve beginnt. Aber in Gefahr gekommen ist ein anderer Verkehrsteilnehmer (der A) nur dann, wenn er wirklich in der Kurve auf der Fahrbahn des B sich befand, als dieser die Kurve schnitt. Es ist also ein zweites Adäquanzurteil zu bilden, das nicht die Lage im Augenblick der Vornahme der Handlung, sondern im Augenblick, als das *Rechtsgut* in den Wirkungsbereich der Handlung tritt, zur Grundlage hat. Hier ist die Gefahr wesentlich „konkreter", aber keineswegs unvermeidlich, wenn z. B. der entgegenkommende A, der besonders scharf rechts gefahren war, durch blitzschnelles Reagieren dem Zusammenstoß ausweichen konnte. Der Begriff der *„gefährlichen Handlung"* ist also sehr wohl von dem Urteil zu unterscheiden, ob ein *„Rechtsgut in Gefahr"* geraten ist. Der erstere Begriff beruht auf einem Adäquanzurteil, das im Augenblick der Handlungsvornahme gefällt wird und das dahin geht, daß ein einsichtiger Beobachter eine Gefahr für Rechtsgüter voraussieht, von denen er erkennt, daß sie in den Wirkungsbereich der Handlung kommen *könnten*; das letzte Urteil setzt das Vorhandensein eines Rechtsgutes im Wirkungsbereich der Handlung voraus[52].

Von hier aus gesehen bietet der Tatbestandsaufbau der fahrlässigen Gefährdungen keine prinzipiellen Schwierigkeiten. Die Konkretisierung der Tatbestandshandlung bleibt die gleiche wie bei allen fahrlässigen Delikten. Nur hinsichtlich des Erfolgsunwertes tritt an Stelle der Rechtsguts*verletzung* die *Gefahr* für ein bestimmtes Rechtsgut, beurteilt von dem Zeitpunkt aus, in dem dieses in den Wirkungsbereich der tatbestandsmäßigen Handlung kommt. Die Feststellung der Tatbestands*verwirklichung* ist allerdings schwieriger und unsicherer, da die Feststellung von wirklichen Ereignissen

---

[52] Der zweite Gefahrbegriff ist zwar konkreter als der erste, weil seine Urteilsbasis mehr Fakten enthält, als der erste. Daher wäre es irrig, den Unterschied zwischen beiden Begriffen mit dem Gegensatzpaar „abstrakter" und „konkreter" Gefahr zu umschreiben. Auch der erste Gefahrbegriff ist ein konkreter; er ist ja das übliche Adäquanzurteil, das durch Zurückgehen in die Lage zur Zeit der *Tat* gewonnen wird (vgl. v. *Hippel* II S. 148). Von „abstrakter" Gefahr kann man nur dort sprechen, wo der Gedanke an Gefahren zwar das *Motiv* des Gesetzgebers ist, an die Verwirklichung eines Tatumstands Rechtsfolgen zu knüpfen, aber wo diese Rechtsfolgen auch dann eintreten, wenn bei der Vornahme der Handlung für den einsichtigen Beobachter *feststeht*, daß eine Verletzung ausgeschlossen ist, wie es z. B. in § 306 Ziffer 2 und 3 StGB der Fall ist.

(Verletzungen) stets eindeutiger ist als die von bloßen Möglichkeiten (Gefahren).

Mit der Vornahme der tatbestandsmäßigen Handlung und mit ihrer Realisierung in einem tatbestandsmäßigen Erfolg wird die *Rechtswidrigkeit* indiziert. Diese indizierende Funktion der Tatbestandsverwirklichung kann durch Rechtfertigungsgründe wie Notwehr[53], rechtfertigenden Notstand[54], Einwilligung des Verletzten[55] u. a. m.[56] ausgeschlossen sein. Hierüber bestehen keine *grundsätzlichen* Meinungsverschiedenheiten.

Um so lebhafter ist die Frage umstritten, welche Bedeutung es hat, wenn die vorgenommene Handlung „die im Verkehr erforderliche Sorgfalt" eingehalten hat, also „sachgemäß" und „verkehrsrichtig" war und dennoch eine Rechtsgutsverletzung (adäquat) verursacht hat. Nach der oben entwickelten Auffassung[57] ist sie nicht tatbestandsmäßig und darum auch nicht rechtswidrig, während sie nach der bislang allgemein, heute vor allem im Zivilrecht herrschenden Ansicht wegen des herbeigeführten Erfolges rechtswidrig und — wegen der Einhaltung der erforderlichen Sorgfalt — nur nichtschuldhaft ist. Darum müssen wir die hier entwickelte Auffassung über das Verhältnis von Handlungs- und Erfolgsunwert und ihre Bedeutung für den Unrechtsbegriff gegenüber den Einwänden absichern, die neuerdings insbesondere in der Zivilrechtslehre geltend gemacht worden sind.

Die Strafrechtslehre ist im Unterschied zur Zivilrechtslehre schon seit langem auf dem Wege zu der hier entwickelten Auffassung. Den ersten Schritt tat sie mit der Lehre vom „erlaubten Risiko"[58] lebensnotwendiger gefährlicher Betriebe[59], nach der Handlungen in Verfolgung lebensnotwendiger Zwecke, sofern sie mit den nötigen Sicherungsvorkehrungen vorgenommen werden, *erlaubt* sind, auch wenn sie mit erhöhten Gefahren für Rechtsgüter verbunden sind und sich diese Gefahr realisiert. Da die Rechtsordnung die Vornahme solcher Handlungen trotz der mit ihnen verbundenen Gefahren gestattet, muß sie sie als rechtmäßig, nicht bloß als nicht-schuldhaft ansehen, auch wenn sich die Gefahr realisiert. Dabei rechnete man das erlaubte Risiko unter die „Unrechtsausschließungsgründe"[60]

---

[53] Vgl. dazu besonders *Niese,* Finalität, Vorsatz, Fahrlässigkeit, 1951 S. 46; *Maurach,* Allg. Teil S. 437; RG 56 S. 285; JW 1925 S. 962; OLG *Braunschweig* NJW 53 S. 997.

[54] Vgl. OLG *Köln,* VRS 16 S. 442. In Betracht kommt vor allem die Verletzung von Sorgfaltsgeboten im Straßenverkehr bei Katastropheneinsätzen.

[55] Vgl. KG in JR 54 S. 428 = VRS 7 S. 184.

[56] Z. B. das Waffengebrauchsrecht; dazu *Niese,* a. a. O. S. 47.

[57] Sie ist eine Fortentwicklung meiner bisherigen Fahrlässigkeitslehre, welche in der Verletzung der im Verkehr erforderlichen Sorgfalt ein reines Rechtswidrigkeitsmoment sah (dagegen mit Recht von *Caemmerer,* JT-Festschrift II S. 78 Anm. 118).

[58] *Exner,* a. a. O. S. 193; *Binding,* Normen IV S. 432 ff.; *Engisch,* a. a. O. S. 285 ff.

[59] Wie Steinbrüche, Bergwerke, Eisenbahn- und Autoverkehr, Operationen u. dgl.

[60] *Engisch,* a. a. O. S. 286.

und gab hierdurch zu verstehen, daß mit der Erfolgsverursachung „an sich" die Rechtswidrigkeit indiziert sei. Hierin lag die Schwäche der Lehre vom erlaubten Risiko innerhalb der überkommenen Unrechtslehre; denn diese war am *Erfolgsunwert* orientiert, wogegen der Gedanke, daß das erlaubte Risiko die Rechtswidrigkeit ausschließt, vom *Handlungsunwert* her konzipiert ist. Trotz des Eintritts einer *Rechtsgutsverletzung* soll ja die sie verursachende *Handlung* teils wegen ihrer Unentbehrlichkeit für die Verfolgung bestimmter Zwecke, teils wegen der besonderen Art ihrer Vornahme rechtmäßig sein. Daher tauchte mit der Lehre von der rechtfertigenden Kraft des erlaubten Risikos ein neuer, am *Handlungsunwert* orientierter Unrechtsbegriff auf. Und darum mußte jene Lehre ein Fremdkörper innerhalb der überkommenen, ausschließlich *erfolgs*bezogenen Unrechtslehre bleiben, mit der sie nicht recht fertig geworden ist[61]. Erst in dem Augenblick, in dem das Monopol des am Erfolgsunwert orientierten Unrechtsbegriffes gebrochen und der Handlungsunwert als das primäre und generelle Rechtswidrigkeitselement entdeckt worden war, konnte die mit der Lehre vom erlaubten Risiko angebahnte Entwicklung sich voll entfalten[62].

Von größter Bedeutung wurde hierbei die weitere Einsicht, daß die Fälle des maßvollen Risikos nur Unterfälle des allgemeinen Rechtsprinzips der „objektiven", „im Verkehr erforderlichen Sorgfalt" sind und daß die Außerachtlassung der erforderlichen Sorgfalt demgemäß nicht zur Schuld, sondern zum „tatbestandsmäßigen Unrecht" gehört[63]. Auch diese Einsicht, die schon bei *Engisch* deutlich ausgesprochen ist, konnte sich erst auf dem Boden der Lehre vom Handlungsunrecht voll entfalten. Aber trotz der Arbeit von *Engisch* am objektiven Sorgfaltsbegriff wird das fahrlässige Delikt noch heute vielfach vom alten undifferenzierten, subjektiven Sorgfaltsbegriff her bestimmt[64]. Dieser unklare, Rechtswidrigkeit und Schuld vermengende Begriff ist die stärkste Wegsperre für die Einsicht in die Struktur der fahrlässigen Delikte. Erst wenn man erkennt, daß die im Verkehr erforderliche Sorgfalt dasjenige Verhalten bezeichnet, das in der

---

[61] Darum wurde die Konsequenz, daß die ganze Handlung einschließlich des tatbestandsmäßigen Erfolges rechtmäßig sei, nur selten gezogen, wie z. B. von *Exner* und *Engisch*. Charakteristisch in seiner Zwiespältigkeit ist *Binding:* nach Normen IV S. 433 Anm. 1 und S. 441 soll die Handlung *rechtmäßig*, nach S. 446 aber bloß „unverboten", aber nicht rechtmäßig sein! Noch blasser sprechen v. *Hippel* II S. 461 f. und *Mezger*, Lehrbuch S. 358 von „nicht verboten" oder „keine Grundlage der Fahrlässigkeitshaftung".

[62] Darum ist sie im Strafrecht heute wohl als die herrschende Lehre zu bezeichnen. Vgl. *Welzel* ZStW 58 S. 514 ff. im Anschluß an H. *Mayer*, Lehrbuch, 1. Aufl., S. 205; *v. Weber*, Grundriß S. 83; *Niese*, a. a. O. S. 64; *derselbe*, Streik und Strafrecht, 1954, S. 30; H. *Mayer, Lehrbuch*, 2. Aufl., S. 187; *Henkel*, Mezger-Festschrift, S. 282; Gallas, ZStW 67 S. 42; *Boldt*, ZStW 68 S. 335; *Welzel*, Strafrecht S. 117 ff., „Neues Bild" S. 31.

[63] *Engisch*, a. a. O. S. 348.

[64] Vgl. *Schönke-Schröder*, 9. Aufl., S. 357; *Mezger*, Lehrbuch S. 357 ff.; Studienbuch I S. 190.

konkreten Lage erbracht werden *soll* und daß der Inhalt des gesollten Verhaltens sich danach bestimmt, wie sich ein einsichtiger und besonnener Mann an Stelle des Täters verhalten hätte[65], und ferner, daß, wenn der wirkliche Täter dieses Verhalten nicht erbracht hat, es eine Schuldfrage ist, wieweit er die *Abweichung* seiner (finalen) Handlung von dem gesollten Verhalten hätte erkennen und vermeiden können, erst dann ist ein erschöpfender, den Handlungsunwert einbeziehender Unrechtsbegriff und ein *alle* konstitutiven Deliktselemente umfassender Deliktsaufbau möglich.

Dennoch ist mit der Anerkennung des objektiven Sorgfaltsbegriffes noch nicht gesichert, daß auch die sich aus ihm ergebenden, oben entwickelten Konsequenzen für die Unrechtslehre gezogen werden. Das zeigt sich vor allem in der Zivilrechtslehre. Hier ist man zwar bereit zuzugestehen, „daß die Rechtsordnung vielfach ein Tun, das die *Möglichkeit* einer Schädigung anderer mit sich bringt, unter der Bedingung gestattet, daß die zur Vermeidung einer Schädigung erforderliche Sorgfalt dabei beachtet wird", meint aber, „daß sie, wenn dies geschehen ist, die *tatsächlich eingetretene* konkrete Schädigung und das zu ihr hinführende Verhalten nunmehr, vom Standpunkt des Geschädigten aus, als einen ‚rechtswidrigen' Eingriff in sein Recht ansieht"[66]. Es ist in der Tat eine — nicht nur auf den ersten Blick — „befremdliche Konsequenz"[67], daß die Rechtsordnung dasselbe Verhalten vorher „gestatten", hinterher aber als rechtswidrig verwerfen soll. Wenn das Wort „gestatten" überhaupt einen Sinn geben soll, so kann man ihn nur darin finden, daß das gestattete Verhalten dem Rechte nicht zuwider ist. Und wenn es nicht dem Rechte zuwider war, als es vorgenommen wurde, so kann es nicht nachträglich (rückwirkend) dadurch dem Rechte zuwider werden, daß ein Ereignis eintritt, mit dessen Möglichkeit das Recht ohnehin gerechnet hat[68].

Der Widerspruch, der hier zutage tritt, weist auf ein noch nicht bewältigtes sachliches Problem hin. Eine Handlung kann nur zum Zeitpunkt ihrer Vornahme erlaubt oder verboten werden oder — anders ausgedrückt — dem Rechte gemäß oder zuwider sein. Wenn aber eine von der Rechtsordnung *erlaubte* Handlung zu einer Rechtsgutsverletzung führt, und wenn man dann und um dieser Rechtsgutsverletzung willen von „Rechtswidrigkeit" spricht, so kann sich diese Bezeichnung nicht auf die *Handlung* beziehen, die unmöglich *nachträglich* zur rechtswidrigen werden kann, sondern nur auf den Erfolg.

---

65 Dazu gehört z. B. auch, daß er die Handlung unterlassen hätte, wenn er sie nicht sachgemäß ausführen konnte!

66 *Larenz,* Lehrbuch des Schuldrechts II, 3. Aufl. S. 364 auf Grund der Ausführungen von H. *Stoll,* JZ 1958 S. 137 ff.; vgl. auch *Larenz,* Karlsruher Forum 1959 (Beiheft z. Versicherungsrecht) S. 10 ff.

67 *Larenz* a. a. O.

68 Im gleichen Sinne jetzt besonders nachdrücklich *v. Caemmerer,* JT.-Festschrift II S. 126 ff.; *Nipperdey,* Karlsruher Forum 1959, S. 4 f.; *Enneccerus-Nipperdey,* Allgemeiner Teil II S. 1307 ff.

Dann verbindet man aber mit dem Begriff der Rechtswidrigkeit einen neuen Sinn. Während die *Handlung* darum rechtmäßig oder rechtswidrig ist, weil sie *„erlaubt"* oder *„verboten"* ist, kann der *Erfolg* nicht rechtmäßig oder rechtswidrig im Sinne von „erlaubt" und „verboten", sondern nur im Sinne von „rechtlich erwünscht" oder „rechtlich unerwünscht" sein. Auch an unerwünschte Erfolge kann das Recht Rechtsfolgen, z. B. für den Verursacher[69] dieser Erfolge knüpfen; aber dann treten diese Folgen nicht darum ein, weil der Täter eine *verbotene Handlung* vorgenommen hat, sondern weil er einen *unerwünschten Erfolg* verursacht hat[70]. Wenn nun in diesem Zusammenhang vielfach[71] der Begriff der Rechtswidrigkeit verwendet wird, so muß man sich bewußt bleiben, daß hier dieses Wort nicht eine *verbotene Handlung*, sondern einen *unerwünschten (*zu beseitigenden) *Erfolg* meint; es wäre daher besser, beide Wortbedeutungen auch terminologisch zu unterscheiden. Übrigens tritt auch im Strafrecht die gleiche unbewältigte Problematik beim „rechtswidrigen" Angriff der Notwehr auf. Hier ist noch immer streitig, ob die Rechtswidrigkeit des Angriffs im Sinne des Handlungs- oder des Erfolgsunwertes (als Angriff, den der *Angreifende* nicht vornehmen *darf* oder den der *Angegriffene* nicht zu dulden *braucht)* zu verstehen ist[72].

An diesen und anderen Stellen[73] tritt eine tiefgehende innere Spannung des Rechtes zutage. Jede Rechtsordnung, der es zum wesentlichen Teil darum zu tun sein muß, die Rechtsbereiche der verschiedenen Rechtssubjekte voneinander abzugrenzen[74], hat zwei Aufgaben zu erfüllen: dem *einen* Rechtsgenossen zu sagen, was er tun darf oder nicht tun darf, und dem *anderen*, was er hinnehmen muß oder nicht hinzunehmen braucht. Grundsätzlich sind die Anordnungen hierüber ausdrücklich oder stillschweigend korrelativ einander zugeordnet: die Handlung, die der eine tun darf, muß der andere hinnehmen; und umgekehrt: die Handlung, die der eine nicht zu dulden braucht, darf der andere nicht vornehmen[75]. Aber es gibt Fälle,

---

[69] aber u. U. auch für andere Personen, z. B. für den Halter eines Tieres (§ 833 BGB).

[70] Hierher gehört das große Gebiet der sogenannten „Gefährdungshaftung".

[71] Z. B. im Zusammenhang mit § 1004 BGB.

[72] Vgl. besonders *Frank,* § 53 I 2 b; heute *Schönke-Schröder,* § 59 II 2.

[73] Z. B. beim Widerstand gegen die Staatsgewalt und bei der Wahrnehmung berechtigter Interessen. Zum ersteren Falle vgl. Niederschriften über die Verhandlungen der Großen Strafrechtskommission Bd. XIII S. 49 ff. und *Stratenwerth,* Verantwortung und Gehorsam, 1958; zum letzteren Falle Niederschriften Bd. XII S. 167, XIII S. 450; ferner mein Strafrecht, 7. Aufl., S. 272, 427, und unten Anm. 84.

[74] Vgl. dazu *Kants* Rechtsbegriff als den „Inbegriff der Bedingungen, unter denen Willkür des einen mit der Willkür des anderen nach einem allgemeinen Gesetz der Freiheit zusammen vereinigt werden kann".

[75] Vgl. z. B. die Notstandsbestimmung des § 904 BGB: „Der Eigentümer ist nicht berechtigt, die Einwirkung eines anderen auf die Sache zu verbieten, wenn ...".

in denen zwischen beiden Seiten Spannungen auftreten, Fälle, in denen es fraglich ist, ob dem Tun-dürfen ein Hinnehmen-müssen entspricht und umgekehrt. Um solche Fälle handelt es sich hier. Wenn die Handlung, die die im Verkehr erforderliche Sorgfalt einhält, nicht dem Recht zuwider ist, weil der Rechtsgenosse so handeln *darf*, auch wenn sie möglicherweise einen unerwünschten Erfolg verursacht, dann erhebt sich die Frage, ob der von der Auswirkung der Handlung Betroffene gegen sie Notwehr üben darf. Wer diese Frage bejaht, meint vielfach gezwungen zu sein, die Handlung — allem Tun-dürfen zum Trotz — für „rechtswidrig" zu erklären. Aus einem solchen Gedankengang erklärt sich jene „befremdliche Konsequenz" der Zivilrechtslehre[76]. Jedoch setzt diese Schlußfolgerung den Nachweis voraus, daß die in § 53 StGB, § 227 BGB genannte Rechtswidrigkeit des Angriffs denselben Sachverhalt meint und damit denselben Inhalt hat wie die „Außerachtlassung der verkehrsmäßigen Sorgfalt", nämlich den des Nicht-Tun-*dürfens*, d. h. des *Handlungs*unwertes und nicht den des *Erfolgs*unwertes, also den des Nicht-zu-dulden-brauchens. Dieser Nachweis steht aber aus! Darum hat schon *Engisch*[77] diese Schlußweise für „unzulänglich" erklärt, „weil das *Verbrechensmerkmal* Rechtswidrigkeit eine ganz andere Funktion und Bedeutung hat als die *Notwehrvoraussetzung* Rechtswidrigkeit".

Doch ist es keineswegs ausgemacht, daß die Zulassung der Notwehr axiologisch richtig wäre. Soll in unserem Ausgangsbeispiel der verkehrswidrig fahrende B gegen den verkehrsrichtig fahrenden A ein Notwehrrecht haben, wenn der Zusammenstoß anders nicht abgewendet werden kann? Allerdings läßt sich in den meisten solcher Fälle die Möglichkeit einer Notwehrhandlung praktisch kaum denken, weder für den Betroffenen noch für einen Dritten. Denkbar wäre sie jedoch in folgendem Falle: Vor einer heranbrausenden Lokomotive[78] stürzt ein Selbstmörder (ein Betrunkener, ein Kind, ein Greis) auf die Gleise. Der Lokomotivführer könnte seine Maschine nicht mehr rechtzeitig zum Halten bringen; wohl aber könnte ein Dritter sie durch Herumwerfen einer Weiche auf einen Prellbock leiten, wodurch sie entgleisen und der Lokomotivführer oder Heizer verletzt werden würden. Soll die Handlung des Dritten durch Notwehr (Nothilfe) gerechtfertigt sein, weil der Lokomotivführer einen „rechtswidrigen" Angriff auf den auf den Gleisen liegenden Menschen begeht? Ich halte diese Entscheidung wertmäßig nicht für richtig, gebe aber zu, daß es sich um ein reines Werturteil handelt, das auch anders ausfallen könnte. Ich würde dem Betroffenen oder den zu seiner Rettung handelnden Dritten kein Notwehr-

---

[76] Besonders von R. *Schmidt*, NJW. 1958 S. 488.

[77] A. a. O. S. 61 und 358.

[78] Ich wähle für das Beispiel absichtlich eine Lokomotive und nicht einen ganzen Zug, um dem Einwand vorzubeugen, ich verschöbe durch die Massenhaftigkeit der von der „Verteidigungshandlung" betroffenen Personen die Urteilsbasis. Vgl. dazu jetzt auch *v. Caemmerer*, a. a. O. S. 134.

recht geben, sondern ihnen nur eine Notstands*entschuldigung* (§ 54 StGB) zubilligen[79].

Wer dagegen die Rechtswidrigkeit des Angriffs vom Erfolgsunwert her definiert (als Verletzung, die zu dulden man nicht verpflichtet ist), hat die schwierige Frage zu beantworten, wann man eine Verletzung nicht zu dulden braucht. Natürlich genügt nicht die Antwort: eben den Eingriff, den der andere nicht vornehmen *darf*; denn dann dreht man sich im Kreise. Man kann mit dieser Antwort zwar alle die Fälle eliminieren, in denen die Rechtsordnung das Hinnehmen-müssen mit dem Tun-dürfen eindeutig verknüpft (wie z. B. in § 904 BGB), verweigert aber in allen übrigen Fällen die Antwort.

Auch aus der Regelung der actio negatoria in § 1004 BGB gewinnt man keine Antwort, weil der Anspruch dort ausgeschlossen wird, „wenn der Eigentümer zur Duldung verpflichtet ist"; denn *wann* diese Duldungspflicht besteht, wird nicht gesagt. In allen Fällen des erlaubten Risikos liegt nun einmal eine echte Gefahrerhöhung[80] vor, die *sonst* — außerhalb des erlaubten Risikos — ohne weiteres zur Unterlassungsklage berechtigt. Dadurch, daß man in den Fällen des erlaubten Risikos die Unterlassungsklage versagt, schränkt man den negatorischen Anspruch (d. h. das Nicht-zu-dulden-brauchen) durch das Tun-dürfen ein! Wenn nun das Handeln im erlaubten Risiko eine der schädigenden Auswirkungen hat, die auch ein einsichtiger und besonnener Mensch zu vermeiden nicht imstande ist — und nur solche Auswirkungen liegen im Kreis der *erlaubten* Gefährdungen —, so kann auch von einer Unterlassungsklage nicht nur praktisch, sondern schon gedanklich keine Rede sein, da die im erlaubten Risiko unvermeidbar enthaltene mögliche Schädigung nur durch das Verbot jeglichen riskanten Handelns verhindert werden könnte. Anders ausgedrückt: wenn man schon das Rechtsinstitut des erlaubten Risikos zuläßt, woran niemand rüttelt und rütteln könnte, so sind die in ihm angelegten, unvermeidbaren Schädigungen „bedauernswerte Unfälle", wie schon 1911 der Zivilist H. A. *Fischer* sie genannt hat[81], oder mit den Worten *Nieses*: „Unglück, aber kein Unrecht"[82]. Um diese Konsequenz ist in keiner sinnvoll denkbaren Weise

---

[79] und würde sie damit nach geltendem Recht auf Angehörige beschränken. Zum Notwehrproblem s. mein Strafrecht, 7. Aufl., S. 78 f.

[80] Man verschließt die Augen vor dem Problem des erlaubten Risikos, wenn man die durch die riskante Handlung geschaffene Gefahr zur bloß „abstrakten, lediglich statistisch erfaßbaren Gefährdung" verblaßt und ihr die „konkrete, unmittelbar bevorstehende Gefährdung" (wohl gemeint: Verletzung) gegenüberstellt, wie es *Larenz* a. a. O. S. 364 tut (vgl. auch oben Anm. 52).

[81] Hans Albrecht *Fischer*, Die Rechtswidrigkeit mit besonderer Berücksichtigung des Privatrechtes, 1911, S. 107.

[82] *Niese*, Streik und Strafrecht, 1954, S. 30 f.; JZ. 1956, S. 460; *Nipperdey*, NJW. 1957, S. 1778; *Zippelius*, NJW. 1957 S. 170, AcP. 157 S. 390; ferner *Esser*, Grundlagen und Entwicklung der Gefährdungshaftung, 1941; JZ. 1953, S. 129.

herumzukommen[83]. Gerade die Betrachtung des § 1004 BGB zeigt, daß das Tun-dürfen das Nicht-zu-dulden-brauchen einschränkt, aber nicht umgekehrt[84]. So vermögen die Einwände aus der Zivilrechtslehre den Platz der objektiven Sorgfalt im Bereich des tatbestandsmäßigen Unrechts nicht zu erschüttern.

Nach Feststellung der Tatbestandsmäßigkeit und der Rechtswidrigkeit bietet das dritte Verbrechenselement, die *Schuld*, keine prinzipielle Schwierigkeiten mehr. Schuld ist die *Vorwerfbarkeit* der rechtswidrigen Tatbestandsverwirklichung. Vorwerfbar ist die rechtswidrige Tatbestandsverwirklichung dann, wenn der individuelle Täter sie hätte vermeiden, d. h. sich rechtmäßig statt rechtswidrig hätte verhalten *können*. Die fundamentale Vorfrage hierfür, wie dieses „Können" des Menschen, sich nach Normen, d. h. nach Sinn und Wert, zu orientieren, gedacht werden kann — das Problem der Verantwortlichkeit —, muß hier als beantwortet vorausgesetzt werden. Sie ist eine allgemeine Vorfrage des Schuldbegriffes überhaupt.

Wir sahen, daß eine Handlung, die eine Rechtsgutsverletzung oder -gefährdung unvorsätzlich herbeiführt, dann tatbestandsmäßig ist, wenn sie nicht die im Verkehr erforderliche Sorgfalt aufweist, d. h. wenn sie nicht demjenigen Verhalten entspricht, das ein *einsichtiger* und *besonnener* Mensch an Stelle des Täters eingenommen hätte.

---

[83] Man mag dann in diesen Fällen den § 1004 auf die Verpflichtung beschränken, daß der Verursacher den eingetretenen Erfolg wieder zu beseitigen habe, und den Erfolg um dieser Pflicht zur Beseitigung willen als „rechtswidrig" bezeichnen. „Rechtswidriger Erfolg bedeutet dann: der rechtlich unerwünschte und darum zu beseitigende Erfolg (vgl. dazu nächste Anm.).

[84] Nahezu dieselbe Problematik besteht im Verhältnis der Wahrnehmung berechtigter Interessen zur Notwehr und zur Unterlassungsklage nach § 1004 BGB. Die Wahrnehmung berechtigter Interessen ist ein Spezialfall des erlaubten Risikos: Der Täter *darf* eine ehrenrührige Behauptung auf die Gefahr hin aufstellen, daß sie sich nicht als wahr erweisen läßt, weil er auf andere Weise die Ungewißheit über die (mögliche) Verletzung wichtiger Interessen nicht aufklären kann (vgl. dazu die oben Anm. 73 angegebene Literatur). § 193 StGB gewährt ein Tun-dürfen, also ein *Recht* zum Handeln (h. L.). Dieses Recht schränkt nicht nur die Notwehr, sondern auch die Unterlassungsklage des § 1004 BGB ein. Dadurch, daß sich die Unwahrheit später herausstellt, wird die durch § 193 gedeckte Handlung des Täters nicht *nachträglich* zur widerrechtlichen! Wohl aber kann nach Aufklärung der Unwahrheit der behaupteten Tatsache dann, wenn die Behauptung „eine Lage geschaffen hat, die eine fortwährende Gefährdung und Beeinträchtigung der Belange des Betroffenen zur Folge hat", aus § 1004 BGB eine Verpflichtung für den Täter entstehen, „diesen von ihm geschaffenen Zustand auch dann zu beseitigen, wenn ihm z. Z. der Tat ein Rechtfertigungsgrund zur Seite gestanden hat" (BGH.NJW 1958 S. 1043). Dieser Anspruch aus § 1004 und seine Begründung haben dann den in Anmerkung 83 angegebenen Inhalt. Vgl. auch *Schmitz*, MDR 1958 S. 881 ff. mit weiterer Literatur; v. *Caemmerer*, a. a. O. S. 130.

Für die Schuld folgt daraus, daß der Täter zunächst das *objektive* Adäquanzurteil (des einsichtigen Menschen) im Hinblick auf die Verletzungsmöglichkeit auch *subjektiv* muß haben vollziehen können. Während die sogenannte *objektive* Voraussehbarkeit die Tatbestandsmäßigkeit und die Rechtswidrigkeit der Handlung konstituiert, ist die sogenannte *subjektive* Voraussehbarkeit ein Element der Vorwerfbarkeit der tabestandsmäßigen und rechtswidrigen Handlung. Wenn der Täter das *Adäquanzurteil* bei der Vornahme der Handlung wirklich vollzogen hat, so handelt er in bezug auf den möglichen Erfolg *bewußt* fahrlässig[85] und, wenn er es hätte vollziehen können, *unbewußt* fahrlässig. Für die Vorwerfbarkeit ergibt sich aus dieser Differenzierung kein Unterschied.

Die Tatbestandsmäßigkeit der Täterhandlung kann sich weiterhin daraus ergeben, daß sie hinter dem *besonnenen* Verhalten der Maßstabsperson zurückbleibt. Für die Schuldfrage ist auch hier zu prüfen, ob das Zurückbleiben dem *individuellen* Täter vorgeworfen werden kann: So können Erregungs- und Ermüdungszustände, in die der Täter ohne sein Verschulden hineingeraten ist, die Vorwerfbarkeit für das Fehlgreifen bei der Wahl der Mittel entfallen lassen[86].

Die überkommene Lehre hat diese Momente zwar auch stets berücksichtigt, aber unter dem irreführenden Gesichtspunkt der subjektiven Sorgfalts*pflicht*: was an Sorgfalt in einer konkreten Situation von einem Täter hätte aufgewandt werden können und müssen, bestimme sich *ausschließlich nach subjektiven Gesichtspunkten*[87]. In dieser These steckt wohl das folgenschwerste Mißverständnis der überkommenen Lehre für die Fahrlässigkeit: Der Inhalt der Sorgfaltspflicht, nämlich die im Verkehr *erforderliche* Sorgfalt, bestimmt sich stets und notwendig nach *objektiven* Gesichtspunkten: Es ist das Verhalten, das in der konkreten Situation im Verkehr vom Täter *gefordert* wird. Diese Pflicht tritt objektiv an den Täter heran und konkretisiert sich nach den individuellen Fertigkeiten des Täters nur insofern, als *der* Täter, der die Handlung sachgemäß ausführen kann, sie so ausführen muß, wenn er sie überhaupt vornehmen will, und *der* Täter, der sie nicht sachgemäß ausführen kann, sie ganz zu unterlassen hat. Die Pflicht, die unsachgemäße Handlung zu unterlassen, gilt uneingeschränkt für *jeden*

---

[85] Die Abgrenzung der bewußten Fahrlässigkeit vom dolus eventualis ist eine weitere Frage, die in diesem Zusammenhang nicht mehr erörtert werden kann. Bewußte Fahrlässigkeit liegt vor, wenn der Täter darauf *vertraut*, daß der Erfolg nicht eintreten werde. Über den Begriff des „Vertrauens auf" und seine Abgrenzung vom bloßen „Hoffen" vgl. mein Strafrecht, 7. Aufl., S. 60 ff.; dabei ist S. 62 Z. 3 v. u. der Druckfehler „der Verwirklichungswille" in „*kein* Verwirklichungswille" zu verbessern.

[86] Vgl. VRS 5 S. 368; 6 S. 451; 10 S. 213; das hat der BGH sogar für das Zivilrecht ausgesprochen! Vgl. BGH in VRS 4 S. 91; 5 S. 88.

[87] *Schönke-Schröder*, § 59 X 6 c (S. 357); *Mezger*, Lehrbuch, S. 359; Leipz. Kom., § 59 III Nr. 22.

Täter. Nicht die Pflicht, sondern nur die *Vorwerfbarkeit* der Pflichtverletzung wird durch die subjektiven Momente der mangelnden subjektiven Voraussehbarkeit oder der mangelnden Besonnenheit eingeschränkt!

Erst auf Grund dieser systematischen Klarstellung entwirrt sich die Problematik der fahrlässigen Delikte. Die Sorgfaltspflicht ist eine *objektive* Größe; sie ist als die im Verkehr *erforderliche* Sorgfalt der Orientierungspunkt, nach dem die Tatbestandsmäßigkeit der Täterhandlung ermittelt werden kann; ihre Nichtbeachtung macht das tatbestandsmäßige Unrecht der fahrlässigen Delikte aus. Darum ist die erste und wichtigste, aber auch schwierigste Aufgabe des Richters, einerseits zu ermitteln, was unter den konkreten Umständen für den Täter die im Verkehr erforderliche Sorgfalt war, andererseits festzustellen, ob die Täterhandlung dem so ermittelten „sachgemäßen" Verhalten entsprach oder nicht. Erst wenn das letztere feststeht, erhebt sich die Frage nach der Vorwerfbarkeit, also der Schuld. Diese kann allein auf dem Hintergrund der objektiven Sorgfaltspflicht und ihrer Verletzung, also der Tatbestandsmäßigkeit und der Rechtswidrigkeit der Täterhandlung, sinnvoll gestellt werden[88].

Auch wegen Verbotsirrtums, insbesondere wegen Irrtums über die Grenzen der Sorgfaltspflicht, kann die Vorwerfbarkeit objektiv sorgfaltswidrigen Verhaltens entfallen. Bei den Verkehrsdelikten treten solche Irrtümer vor allem im Zusammenhang mit dem Vertrauensgrundsatz auf, wie z. B. der Irrtum über das Vorfahrtsrecht oder über die Wartepflicht[89]. Endlich kann die Vorwerfbarkeit im Falle der Unzumutbarkeit rechtmäßigen Verhaltens ausgeschlossen sein, wie ja der bekannte „Leinenfängerfall" aus dem Verkehrsbereich stammt[90]. Auch in diesen beiden Beziehungen wird deutlich, daß nach Klarstellung der Tatbestandsmäßigkeit und der Rechtswidrigkeit die Schuld als die Vorwerfbarkeit tatbestandlich-rechtswidrigen Verhaltens sich ohne Schwierigkeiten und harmonisch in den Aufbau der fahrlässigen Delikte einfügt.

Die *spezifische* Problematik der Schuld der fahrlässigen Delikte liegt jedoch nicht hier, sondern an anderer Stelle, nämlich in einem Bereich, der mit der Struktur der Handlung zusammenhängt. Wir haben die Rechtswidrigkeit der fahrlässigen Delikte im Mangel der Täterhandlung an Einhaltung der erforderlichen Sorgfalt und die Schuld in der Vorwerfbarkeit dieses Sorgfaltsmangels erkannt. Wie kann man von der Handlung her

---

[88] Systemfragen sind Sachfragen; Systemfehler wirken sich in sachlichen Fehlern aus und umgekehrt! Darum war es nicht „unschädlich", sondern verhängnisvoll, daß man die Außerachtlassung der erforderlichen Sorgfalt noch nach der Klarstellung des Begriffes der objektiven Sorgfalt im Schuldbereich beließ.

[89] Vgl. z. B. BGH in VRS 10 S. 176; OLG *Oldenburg,* VRS 11 S. 64; OLG *Hamm,* VRS 13 S. 71.

[90] RG 30 S. 25. — Hier zeigt sich der *normative* Charakter der Vorwerfbarkeit, der im bloßen Recht-Handeln-können nicht aufgeht! Hierzu und zur Verschiedenheit der Unzumutbarkeit von der Rechtswidrigkeit vgl. *Engisch,* a. a. O. S. 443 ff.

diese Vorwerfbarkeit begreifen[91]? Gerade die Handlungen im Verkehrsbereich, an denen wir unsere bisherigen Betrachtungen größtenteils orientiert haben, können uns hierfür wichtige Aufschlüsse geben. Wer Autofahren lernt, muß sich mit den Lenk-, Schalt- und Bremsvorrichtungen seines Wagens vertraut machen, muß die Handgriffe und Fußbewegungen einüben, deren er beim Fahren und Steuern bedarf, muß sich die Verkehrsregeln und -zeichen einprägen und muß vor allem lernen, seine Fahrweise dem stets wechselnden Verkehrsfluß anzupassen. Jeden einzelnen hierfür erforderlichen Handgriff, die hierher gehörige Einstellung auf Gefahren und die Begegnung von Gefahren hat er einmal durch planvoll gesteuerte Willensakte ausführen müssen, bis sie durch häufige Wiederholung „automatisiert" und zur unbewußten Handlungsbereitschaft (zur „determinierenden Tendenz") wird, die auf einen gegebenen Reiz (z. B. eine Gefahrsituation oder ein Signal) hin „automatisch" abläuft. Dieses Reservoir eingeübter Handlungsbereitschaft entlastet den Menschen von der Notwendigkeit, seine Aufmerksamkeit immer wieder jedem einzelnen der zahllosen Handgriffe zu widmen, deren er beim Fahren bedarf, und gibt ihm die Freiheit, seine Aufmerksamkeit der Beobachtung der Verkehrsvorgänge zuzuwenden. Ohne dieses Reservoir automatisierter Handlungsbereitschaften wäre der moderne Schnellverkehr überhaupt nicht denkbar.

Was hier am Beispiel des Autofahrens[92] aufgezeigt wurde, gilt für das gesamte menschliche Leben. Alles, was wir an Handlungsbereitschaften in uns tragen, haben wir einmal durch Einzelakte mühselig einüben und erwerben müssen. Dieses Reservoir automatisierter Handlungsbereitschaften, das im Halb- oder Unterbewußtsein funktioniert, gibt uns den Handlungsspielraum für immer weitergesteckte und umfassendere Ziele. Die planmäßige Verfolgung der meisten unserer Ziele ist nur möglich, weil die Einzelausführung zahlreicher Zwischenglieder der Handlung gleichsam „von selbst", automatisch vollzogen wird, so wie wir bei jedem Gang, den wir machen, nicht mehr jeden einzelnen Schritt bewußt steuern müssen, obwohl wir das einmal hatten tun müssen. Die finale Handlungssteuerung kann so Schwerpunkte bilden, weil und soweit sie sich in ihrem Vollzug auf die früher einmal bewußt erworbenen, jetzt aber im Halb- und Unbewußten funktionierenden Handlungsbereitschaften stützen kann. Andererseits muß sie die Funktionsgrenzen der in ihren Vollzug eingebauten Handlungsbereitschaften in Rücksicht ziehen, oder — anders ausgedrückt — sie muß ein Gleichgewicht zwischen den bewußt gesteuerten Handlungsvollzügen und ihren automatisierten Teilelementen herstellen. Auch hier ist ein Beispiel

---

[91] Zum folgenden vgl. die Ausführungen in meinem Aufsatz „Persönlichkeit und Schuld" ZStW 61 S. 468 ff.; zum Autoverkehr vgl. *Luff*, Das automatische Reaktionsverhalten des Kraftfahrers und seine rechtliche Würdigung in: „Der öffentliche Gesundheitsdienst", 1957 S. 154. Über die Automatismen unseres Seelenlebens s. A. *Gehlen*, Die Seele im technischen Zeitalter, S. 104 ff.

[92] Ein anderes Beispiel wäre etwa das Schwimmenlernen.

aus dem Verkehr aufschlußreich: Der Autofahrer muß die Schnelligkeit seiner Fahrt dem Maße seiner Beherrschung der technischen Handgriffe und seiner Reaktionsbereitschaft anpassen. Mag auch die Sachgemäßheit oder Verkehrsrichtigkeit unserer Handlungen zum großen Teile nicht auf eine bewußte Handlungssteuerung im Einzelfall, sondern auf früher erworbene, automatisierte Handlungsbereitschaften[93] zurückgehen, so ist doch ihr Mangel dem Täter in dem Maße zur Schuld vorzuwerfen, als er bei Vornahme seiner finalen Handlung die Funktionsgrenzen seiner automatisierten Handlungsbereitschaften nicht berücksichtigt hat, obwohl er sie erkennen konnte.

So kehrt der Bogen unserer Betrachtung an den Anfang zurück. Wenn der Mensch — dieses wandlungsfähigste aller Naturgeschöpfe, dessen Natur gerade durch eine weitgehende Freiheit von festgelegten, angeborenen Verhaltensweisen gekennzeichnet ist — dem Einbruch der Technik in sein Alltagsleben sich im großen und ganzen doch als gewachsen erweist, so wesentlich darum, weil er in sich eine „*zweite*" Natur aufzubauen vermag: ein Gefüge von erlernten und eingeübten Handlungsbereitschaften im Halb- und Unbewußten, welche auf die in den wechselnden Lebenssituationen fallenden „Stichworte" in Aktion treten und dadurch die große Spannweite seines bewußt gesteuerten Handelns funktionsfähig machen. Weil sie seine *zweite* Natur sind, trägt der Mensch auch für sie die Verantwortung: einmal dadurch, daß er sie durch bewußte Akte mühevoll erlernen und sich einverleiben muß, zweitens und vor allem dadurch, daß er sie in seine bewußt gesteuerten, finalen Handlungsvollzüge einbaut und dabei die Spannweite dieses Handelns der Funktionsgrenze jener Handlungsbereitschaften anpassen muß. Wenn im Verkehrsstrafrecht die Trunkenheit am Steuer mit Recht als besonders verantwortungslos gilt, so darum, weil hier das Sichhinwegsetzen über die (augenblickliche) Funktionsgrenze der automatisierten Handlungsbereitschaften offenkundig ist.

Das Beispiel von der Trunkenheit am Steuer zeigt überdies, daß wir an einem Wendepunkt unseres allgemeinen sittlichen Bewußtseins stehen. Trunkenheit konnte bisher weithin als Privatsache gelten, weil ihre Auswirkungen unbedeutend waren; am Steuer ist sie eine soziale Gefahr. Was hier, bei der Trunkenheit im Verkehr, in die Augen springt, gilt für die Verkehrsvorgänge allgemein. Der Gang ins Geschäft, der Besuch bei Freunden, der Spaziergang waren bisher eine bedeutungslose Privatsache. Die entsprechenden Fahrten im Kraftfahrzeug sind es nicht mehr. Und nicht nur sie! Gerade wegen der engen Verflochtenheit der Verkehrsvorgänge sind auch die Bewegungen des Fußgängers im Straßenverkehr nicht mehr bloß seine Privatsache. Die Technik zwingt uns alle in eine bisher ganz unbekannte *Sozialverantwortung* hinein. Weil unsere Generation noch mit

[93] auf deren Funktionieren wir uns bei den meisten unserer finalen Handlungen verlassen.

einem Fuß in der vortechnischen Zeit steht, kommt sie auch in ihren Werturteilen der gesteigerten Sozialverantwortlichkeit des Menschen nur langsam und schwerfällig nach. Kennzeichnend hierfür ist die Feststellung in der jüngsten Untersuchung über typische Unfallursachen im deutschen Straßenverkehr, „daß heute noch — vor allem gefährliche Verkehrsdelikte —, wenn sie folgenlos geblieben sind, oft gar nicht verfolgt werden oder, falls dies geschieht, ebensooft das Verfahren wegen Geringfügigkeit eingestellt wird“[94]. Wer dem Strafrecht in erster Linie eine sozialethische und sozialpädagogische Aufgabe zuspricht, wird in ihm eines der wichtigsten — wohl das wichtigste — Mittel sehen, das Bewußtsein von der gesteigerten Sozialverantwortung jedes Menschen im alltäglichen Leben durchzusetzen. Die konkrete Durchführung dieser Aufgabe liegt in erster Linie in der Hand des Juristen, der ihr allerdings nur dann gerecht werden wird, wenn er Ordnung schafft in seinen Vorstellungen über das fahrlässige Delikt, wenn er Abschied nimmt von der hergebrachten Auffassung, daß im Erfolg der strafrechtlich wesentliche Teil der Fahrlässigkeitstat liegt, und wenn er die Konsequenzen, daß der *Handlungsunwert* den Kern der Fahrlässigkeitstat ausmacht, für die Handlungslehre, für die Rechtswidrigkeit und für die Schuld zieht.

---

[94] Ernst *Mayer* und Ernst *Jakobi*, Typische Unfallursachen im deutschen Straßenverkehr, dargestellt an Hand einer statistischen Untersuchung, Bd. 1 S. 185; Veröffentlichung des Kuratoriums „Wir und die Straße“, Bad Godesberg.

VOM BLEIBENDEN UND VOM VERGÄNGLICHEN IN DER STRAFRECHTSWISSENSCHAFT

In seinem einleitenden Beitrag zur Festgabe für Reinhard v. *Frank* über „Die methodischen Grundlagen der heutigen Strafrechtswissenschaft“ (1930) kam Max *Grünhut* am Schluß auf die Bedeutung methodologischer Untersuchungen für die Strafrechtswissenschaft zu sprechen: Die methodischen Grundlagen der Strafrechtswissenschaft könnten zwar nicht den Anspruch auf absolute Geltung erheben. „Aber sie sind als Inventar formaler Werkzeuge relativ konstant gegenüber dem inhaltlichen Wechsel strafrechtlicher Kodifikationen. In ihnen verkörpert sich in tiefstem Sinn das Erbe der Wissenschaft, das im Symbol der brennenden Fackel die jüngere Generation aus den Händen der älteren empfängt[1].“

Wie jede Geisteswissenschaft so sieht sich gerade die Rechtswissenschaft immer wieder vor die in den Worten *Grünhuts* anklingende Frage nach den konstanten Elementen ihrer Wissenschaft gestellt: Allzu handgreiflich drängt sich ihr die Wandelbarkeit und Vergänglichkeit ihres Gegenstandes auf; allzu nachdrücklich zeigt sich bei ihm, wie er von Willensentscheidungen und Setzungsakten unbeständiger und kurzlebiger Menschen abhängt. *Grünhut* glaubte damals, wenigstens etwas relativ Konstantes in der von der Rechtswissenschaft angewandten Methode festhalten zu können. Aber da sie nur relativ konstant sein soll, bleibt auch sie letztlich der Vergänglichkeit verhaftet.

Gibt es in der Rechtswissenschaft irgend etwas Konstantes? Mit dieser Frage setzten damals (1930) an *Grünhut* und *Schwinge* anknüpfend — die ersten Anfänge der finalen Handlungslehre ein, und zwar in einem Aufsatz, der an sehr entlegener, heute verschollener Stelle erschienen war[2]. Anlaß dazu, in einer Gedächtnisschrift für Max *Grünhut* dieser Zusammenhänge zu gedenken, bietet u. a. die Tatsache, daß ein Kritiker der finalen Handlungslehre (*Roxin*) jüngst die Meinung vertreten hat, in der bisherigen Diskussion sei der „Antagonismus“ zwischen dem Bleibenden und dem Vergänglichen im Ansatz der finalen Handlungslehre nicht deutlich hervorgetreten und selbst die Vertreter des Finalismus seien

---

[1] S. 32.

[2] Kölner Universitätszeitung 12. Jg. 1930 Nr. 9 S. 5 ff.; s. u. Anhang. — Der Aufsatz ist ein weiterer Beleg dafür, daß Nicolai *Hartmann* auf die Konzeption der finalen Handlungslehre keinen Einfluß hatte.

sich dessen nie recht bewußt geworden. Vermutlich wäre diese Meinung nicht aufgekommen, wenn die Anfänge der finalen Handlungslehre besser bekannt gewesen wären[3], obwohl jene Meinung angesichts zahlreicher Hinweise in den späteren Schriften der finalen Handlungslehre immer noch verwunderlich erscheint. Doch kann dies schließlich auf sich beruhen bleiben. Entscheidend ist, daß die Behauptung vom Bestehen bleibender Strukturen, an die auch der Gesetzgeber gebunden ist und die er nicht ändern kann, eine der Grundthesen der finalen Handlungslehre ist[4]. Dieser Grundthese hat Claus *Roxin*[5] die Antithese entgegengestellt und zu begründen versucht, „daß der Gesetzgeber in seinen Begriffsbildungen und Regelungen völlig frei sei"[6]. „Es gibt wohl ein Kausalgesetz, dem kein Gesetzgeber der Welt etwas hinzufügen oder abnehmen kann, aber es gibt keine vorgegebene Finalstruktur. Was final ist, hängt allein von den Zwecksetzungen der Rechtsordnung ab[7]." An Stelle kategorialer Seinsstrukturen fülle der T a t b e s t a n d als Produkt und schöpferische Gestaltung des Gesetzgebers den Finalitätsbegriff aus. Darum könne keine Finalität hinter den Tatbestand zurück[8]. Unabhängig von der Welt rechtlicher Normen lasse sich bei keiner Verhaltensweise aussagen, ob sie final ist oder nicht usf.[9]

Auf die Frage, warum das so sei und warum die Finalität keine vorrechtliche, „ontologische" Kategorie sei, antwortet *Roxin*:

---

[3] Allerdings scheint der erwähnte Kritiker auch meinen wenig später erschienenen Aufsatz über „Kausalität und Handlung" (ZStW 51, S. 703 ff.) nur von Zitaten zweiter Hand zu kennen (*Roxin*, Täterschaft und Tatherrschaft, S. 198 Anm. 79).

[4] Mit Recht geht *Dannert* in seinem trefflichen Bericht über „Die finale Handlungslehre *Welzels* im Spiegel der italienischen Strafrechtsdogmatik" (1963) von ihr aus.

[5] Zur Kritik der finalen Handlungslehre, ZStW 74 S. 515 ff.

[6] A. a. O. S. 523; vgl. auch S. 519.

[7] A. a. O. S. 524.

[8] A. a. O. S. 547.

[9] A. a. O. S. 548. — Das alles sind Zitate aus *Roxins* Streitschrift gegen die finale Handlungslehre, die sich noch vermehren ließen. Liest man jedoch die später erschienene (wohl aber früher verfaßte) Monographie *Roxins* über „Täterschaft und Tatherrschaft", so gewinnt der überraschte Leser ein anderes Bild: Hier heißt es z. B., daß „der Begriff der finalen Handlung" für die Täterlehre einen „ontologischen Anknüpfungspunkt" biete (S. 319); daß „auf der Möglichkeit finaler Überdeterminierung des Kausalverlaufs" „bekanntlich die spezifisch menschliche Fähigkeit gestaltender Weltveränderung" beruhe (S. 172). Hier wird von einem „anschaulich-seinshaften Grundelement des Herrschaftsbegriffes" gesprochen, bei dem „nicht der Gesetzgeber bestimmt, was Herrschaft ist", sondern bei dem er sich durch die Wahl dieses Gesichtspunktes „auf einen in seinem Kernbestand vorgegebenen Sinngehalt" beziehe (S. 257) usf. Ich kann die hierin liegenden Widersprüche nicht auflösen, sondern halte mich an die Thesen der Streitschrift, und zwar auch deshalb, weil diese vermutlich häufiger gelesen wird als die umfangreiche, allerdings ungleich gehalt- und bedeutungsvollere Monographie.

„Ich antworte: Weil die Rechtserscheinungen keine bloßen Kausalverläufe sind und weil deshalb deren Steuerung ein Geschehen noch nicht zur Handlung im Sinne dieser Lehre machen kann. Bei rein naturwissenschaftlicher Betrachtung wäre es freilich so. Es gibt ein altes Beispiel, das meist angeführt wird, um den naturalistischen Handlungsbegriff ad absurdum zu führen[10]: Die Definition der Beleidigung als Erregung von Schallwellen und als Verursachung von Sinnesreizungen im Gehör des Betroffenen. Das ist gewiß lächerlich: Aber wenn ich nun die Beleidigungshandlung kennzeichnen wollte als eine auf Trommelfellerschütterungen abzielende finale Überdetermination von Schallwellen — wäre das weniger lächerlich[11]?"

In der Tat: Ein solches Beispiel wäre nicht weniger lächerlich, darum ist es — nicht von ungefähr — damals im Streit zwischen dem kausalen und dem finalen Handlungsbegriff von niemandem als Argument verwendet worden[12]. Aber warum ist es denn lächerlich? Weil die Handlung, die so beschrieben wird, gar keine Beleidigung, sondern ein physikalisches (akustisches) oder ein sinnesphysiologisches Experiment ist: Sie ist auf das Ziel gerichtet und vom Ziele her gelenkt, eine Erschütterung des Trommelfells herbeizuführen. Auch eine solche Handlung ist eine geistige Leistung, wie jede Handlung vermöge der Antizipation der Handlungsfolgen, der Auswahl der Handlungsmittel und der danach gesteuerten realen Anordnung der Handlungsmittel eine geistige Leistung ist. D a s unterscheidet sie radikal vom bloßen Naturvorgang: Eine Handlung kann gar nicht anders, als „die Sinndimension mit einschließen"[13], nämlich die Sinndimension, die durch die Antizipation des Handlungszieles, die Auswahl der Handlungsmittel etc. e r ö f f n e t wird. Die S i n n d i m e n s i o n unterscheidet die eben beschriebene Handlung als ein akustisches Experiment von der Beleidigung, bei der die Handlung von der Antizipation: „Bezeigung der Mißachtung" her bestimmt und geleitet ist. Das damit gegebene Sinnelement steckt in der Handlung als einem Produkt des menschlichen Geistes selbst darin und unterscheidet die Beleidigungshandlung von dem vorher beschriebenen physikalischen Experiment und würde sie von jeder anderen Handlung mit einem anderen Handlungssinn unterscheiden: Etwa vom Gegenteil einer Beleidigung, nämlich der Erweisung der Ehre. Alle diese verschiedenartigen finalen Handlungsstrukturen bestehen völlig unabhängig von den „Zwecksetzungen der Rechtsordnung". Zwei der eben genannten Handlungen (das physikalische Experiment und die Ehrerweisung) sind rechtlich völlig irrelevant; nur die Beleidigung ist rechtlich er-

---

[10] Bekanntlich ist es ein Beispiel, das nicht etwa von Kritikern des naturalistischen Handlungsbegriffs erfunden worden ist, sondern das *Liszt* selbst in der 2. Auflage seines Lehrbuches (S. 107) zur Erläuterung seines Handlungsbegriffs anführt.

[11] A. a. O. S. 525.

[12] Vgl. die bei *Maurach*, Allgemeiner Teil, 2. Aufl. S. 126 ff., und in meinem Lehrbuch, 8. Aufl. S. 33, genannte Literatur.

[13] A. a. O. S. 525.

heblich, aber als V e r b a l beleidigung auch nur solange, als an sie Rechtsfolgen geknüpft sind, was nicht in jeder Rechtsordnung der Fall zu sein braucht: Sollte sich eine Rechtsordnung nicht mit der Verbalbeleidigung beschäftigen, so verliert diese weder ihre „Sinndimension" noch sinkt sie zum bloßen „materiellen Geschehensablauf" herab! Auch die „Sinndimension" von Handlungen ist dem Rechte vorgegeben, und es wäre einfach grotesk, anzunehmen, daß erst das Recht die Sinndimension in den Bereich der Handlungen hineinbrächte[14].

In Wahrheit ist die Funktion des Rechts hier eine weitaus bescheidenere. Weder erzeugt es die Handlung noch ihre finale Struktur noch die mit ihr eröffnete Sinndimension, sondern es wählt aus: Es verbietet solche Handlungen, die mit einer von ihr gewünschten sozialen Ordnung unverträglich sind, und gebietet solche, die diese Ordnung fördern. In d i e s e r Funktion allerdings ist das Recht „frei" und „schöpferisch", jedenfalls im Verhältnis zur Finalstruktur der Handlung, — ob und wieweit es anderen Bindungen unterliegt, möge hier zunächst dahingestellt bleiben[15].

Zum kategorialen Charakter der Finalstruktur, die j e d e menschliche Handlung aufweisen muß und die darum bereits an d e r Handlung aufgezeigt werden konnte, mit der „der erste Mensch einen Stein als Werkzeug benutzte", steht der geschichtliche Wandel der rechtlichen Ordnungswelt nicht im geringsten „Antagonismus". Im Gegenteil! Dieses Strukturgesetz des menschlichen Tätigwerdens eröffnet überhaupt erst die Möglichkeit für den geschichtlichen Wandel menschlicher Lebensvollzüge. Während die Betätigungsformen der Tiere festgelegt sind durch die Bindung ererbter Verhaltensformen an ererbte Auslöser und sich nur durch die Änderung der Erbgesetze ändern, ist der Mensch von einer solchen Bindung frei: Er kann sich beliebige Ziele vornehmen, die für sie erforderlichen Mittel auswählen und sie zweckbewußt in Gang setzen. Allein hierauf beruht die Möglichkeit und die unerschöpfliche Mannigfaltigkeit des kulturellen und zivilisatorischen Schaffens der Menschheit. Der Erwerb der Fähigkeit zu final gesteuerten Handlungen macht neben dem Erwerb der Sprache den entscheidenden Teil der Menschwerdung aus; offenbar gehen beide auf die gleiche Wurzel zurück. Und wie die Fähigkeit zur Ausbildung der Sprache ein Wesensmerkmal des Menschen ist unbeschadet der geschichtlichen Vielfalt der Sprachen, so ist auch die Fähigkeit zu finalgesteuerten Handlungen ein Charakteristikum des Menschen unbeschadet der geschichtlichen Mannigfaltigkeit menschlicher Handlungsvollzüge. Darum ruht vermöge dieses finalen Strukturgesetzes der menschlichen Handlung auch die Rechtsordnung auf etwas Bleibendem, im Wechsel Beharrendem auf, das sie nicht ändert und nicht ändern kann, das sie nur benutzt, indem sie die nach ihm voll-

---

[14] A. a. O. S. 527. Anders kann ich den Satz *Roxins* nicht verstehen: „Nimmt man aber die Sinndimension in den Handlungsbegriff hinein, dann verliert er seine Vorgegebenheit, wird ein rechtlich-normatives Gebilde par excellence". S. 527.

[15] Hierüber s. u. S. 358.

zogenen Handlungen reguliert und normiert. Infolgedessen kann auch die Rechtswissenschaft über die Handlung einige bleibende Aussagen machen, in denen sie gegenüber der „Willkür" des Gesetzgebers unabhängig ist.

Dazu gehört, daß jede Handlung — im Unterschied zum bloßen Naturvorgang — ein Sinngebilde ist, dessen Rückgrat der sie gestaltende und formende Handlungswille ist[16]. Wie das Recht zu dieser Finalstruktur der Handlung nichts hinzufügen und von ihr nichts wegnehmen, sondern sie nur normieren und bewerten kann, so geht die primäre Aufgabe der Strafrechts wissenschaft dahin, die Handlungsstruktur sachgemäß zu begreifen und die auf sie bezüglichen Rechtsbegriffe nach ihr auszudeuten. Wo dabei das Recht in seinen Tatbeständen gerade solche Handlungsmuster herausschneidet, in denen die Finalität auf die Verwirklichung eines sozial unerwünschten Vorgangs oder Zustands gerichtet ist, da geht in deren subjektiven Teil die sinnbeseelende Funktion des finalen Handlungswillens notwendig mit ein. Darum muß die Rechtswissenschaft in ihren Begriffssbildungen — also in dem Begriff des Vorsatzes — diese finale Funktion des Handlungswillens als des gestaltenden Handlungsfaktors sachgemäß nachvollziehen[17].

Was dabei den Umfang des Vorsatzes anlangt, der für eine bestimmte Tatbestandshandlung vorausgesetzt ist, so hängt er von eben diesem Tatbestand ab. Ist also das Handlungsmuster, das das Recht aus der Fülle der Handlungsvollzüge herausstanzt" (Armin *Kaufmann*), die Wegnahme einer fremden Sache, so muß sich der Vorsatz auf die Wegnahme einer fremden Sache beziehen, und es genügt die vorsätzliche Weg-

---

[16] Wieweit die Verwirklichung des intendierten Handlungssinnes gelingt, ist natürlich eine andere Frage. Alle Handlungen können im Versuchsstadium steckenbleiben. Das ist besonders bei den Ausdruckshandlungen zu beachten, d. h. bei den Handlungen, die einen gedanklichen Gehalt zum Ausdruck bringen wollen. Wer bei einer Übersetzung den falschen sprachlichen Ausdruck verwendet, dem gelingt nicht der Handlungssinn, den er verwirklichen will. An diesen Ausdruckshandlungen zeigt sich besonders deutlich, daß sich auch die Handlungsvollzüge — wie die Sprache — im sozialen Raum ausbilden.

[17] Das ist für den Vorsatz heute insoweit anerkannt, als er sich auf das Ziel, auf die ausgewählten Mittel und auf solche Nebenfolgen bezieht, von denen der Handelnde erkennt, daß sie mit dem Einsatz seiner Handlungsmittel oder mit dem Eintritt seines Zieles notwendig verknüpft sind. Dagegen ist strittig, ob und wieweit die für möglich gehaltenen Nebenfolgen zum finalen Handlungswillen gehören. *Engisch* hatte sich (Kohlrausch-Festschrift, S. 155) für die Einbeziehung sämtlicher für möglich gehaltenen Nebenfolgen in den Finalitätsbegriff ausgesprochen und hat mit seiner Meinung mehrfach Nachfolge gefunden; auch für *Roxin* bildet dieser weite Begriff der Finalität das wesentliche Element seiner Tatherrschaft (Täterschaft, S. 181 ff.). — Dennoch übersieht diese Ansicht einen entscheidenden Gesichtspunkt an der Finalstruktur des menschlichen Handelns, nämlich die Begrenztheit des menschlichen Vorherwissens. Auch der scharfsinnigste und scharfsichtigste Täter kann nur in einem beschränkten Umkreis die

nahme einer beliebigen Sache nicht[18]. Vorsatz[19] im Sinne des Tatbestandsvorsatzes ist ein auf einen Tatbestand bezogener und darum von ihm her zu definierender Spezialfall des finalen Handlungswillens, womit aber an der Funktion, die dieser Handlungswille als steuernder Faktor in der Tatbestandshandlung erfüllt, sich nichts ändert[20].

Folgen seines Handelns voraussehen und vorausberechnen. Die Handlung wirkt stets in einen nur unvollständig und vielfach unsicher bekannten Weltlauf hinein. Der Handelnde kann darum nie gewiß sein, ob seine Handlung nicht zum Auslöser zahlreicher weiterer Folgen wird, wobei sich seine Ungewißheit nicht nur auf solche Folgen erstreckt, die später wirklich eintreten, weil ihre Vorbedingungen schon vorlagen, als vielmehr auch auf solche, die ausbleiben, weil ihre Vorbedingungen gar nicht bestanden! Der Handelnde muß in weitem Umfange darauf vertrauen (und darauf vertrauen können), daß unbestimmt viele bekannte und (noch) unbekannte Möglichkeiten nicht eintreten. Das Vertrauen auf das Ausbleiben zahlreicher bekannter und unbekannter Möglichkeiten gehört ebenso zum menschlichen Handeln wie die zukunftgestaltende Finalsteuerung selbst. Darum scheiden alle nur für möglich gehaltenen Nebenfolgen, auf deren Ausbleiben der Handelnde vertraut, aus dem Inhalt der Finalsteuerung aus (und es erhebt sich hier die Frage, wieweit er darauf vertrauen darf — das Problem der Fahrlässigkeit); vielmehr fallen in den Inhalt der Finalsteuerung nur solche Nebenfolgen, deren Eintritt der Handelnde bei der Handlung „einkalkuliert", d. h. mit deren Eintritt er rechnet (vgl. dazu mein Strafrecht, 8. Aufl., S. 61 f.).

[18] Auf diese Relationalität, nämlich ihre Bezogenheit auf die Handlungsart (das „Handlungsmuster"), habe ich immer wieder hingewiesen: Eine finale Injektion ist etwas anderes und ihrem finalen Umfang nach begrenzter als eine finale Tötungshandlung mittels Injektion (vgl. Lehrbuch S. 30), und für das Strafrecht ist es der Tatbestand, auf den die rechtlich relevante Finalität (d. h. der Tatbestandsvorsatz) bezogen ist (Lehrbuch S. 59). *Roxin* hat das, wie seine Bemerkungen (ZStW 74 S. 525) zu dem oben im Text wiederholten Beispiele zeigen, offensichtlich nicht gesehen. — Umgekehrt gibt gerade er im Bereiche des Rechts die Bezogenheit der Finalität auf den Tatbestand auf und setzt an die Stelle des Tatbestands den „konkreten Handlungssinn" (Täterschaft, S. 214). Wo aber die Begriffe „blind" (unvorsätzlich) und „sehend" (vorsätzlich) im Bereiche des Rechts nicht mehr an den Tatbeständen, sondern am „konkreten Handlungssinn" orientiert werden, muß die Grenzziehung des rechtlich maßgeblichen Handlungssinnes der Willkür des Interpreten anheimfallen (charakteristisch Täterschaft S. 214—217); s. auch Anm. 28.

[19] Der Vorsatz ist nicht „kraft ontologischer Vorgegebenheit auf die Kenntnis der Tatumstände beschränkt" (wie *R.* mir [S. 526] imputiert), sondern weil das *Gesetz* die Handlungsmuster seiner Verbote in „Tatumstände" umschreibt (§ 59).

[20] Ich habe den Verdacht, daß die Unklarheit über das Verhältnis von Tatbestandsvorsatz und finalem Handlungswillen der wichtigste Ansatz für die Kritik an der finalen Handlungslehre ist. Darum zur Klarstellung: Jeder Tatbestandsvorsatz ist ein finaler Handlungswille, aber nicht jeder finale Handlungswille ist ein Tatbestandsvorsatz. Weil „Tatbestandsvorsatz" nur derjenige finale Hand-

Aber selbst in den vergänglichen, dem geschichtlichen Wandel unterworfenen Handlungsmustern[21] wahrt der Handlungswille seine beherrschende Stellung insofern, als er sich beliebiger Manipulierbarkeit entzieht. Mit der Änderung — sei es der Ausweitung oder der Einschränkung — des Handlungswillens ändert sich der Sinngehalt der Handlung. Ist der Handlungswille auf die Beibringung einer Körperverletzung gerichtet, so bleibt die Handlung auch dann eine Körperverletzungshandlung, wenn in ihrem Gefolge der Tod eintritt, wie umgekehrt die auf eine Tötung gerichtete Handlung eine (versuchte) Tötungshandlung bleibt, auch wenn sie nur eine körperliche Verletzung (oder überhaupt keinen Schaden) herbeiführt. Knüpfen die Tatbestände einer Rechtsordnung an die unterschiedlichen Handlungsmuster des Verratens (als des bewußten Offenbarens eines Geheimnisses) auf der einen Seite und des Ausspähens (als des wissentlichen Ausforschens eines Geheimnisses) auf der anderen an, so erfüllt der, der ein Geheimnis in Unkenntnis, daß es geheim ist, einem anderen ausplaudert, nicht den Handlungssinn des Verrats, wie um-

---

lungswille ist, der sich „auf die objektiven Merkmale eines Tatbestandes richtet", ist er insoweit „normativ mitgeprägt". Wenn man hier von der „Synthese einer ontologischen und einer teleologischen Betrachtungsweise" sprechen will (*Roxin,* Täterschaft, S. 319), so ist das zwar richtig, aber eine Binsenwahrheit, denn im Strafrecht interessieren wirklich nur die Handlungen, die in den Tatbeständen ausgewählt wurden. Aber die Tatsache, daß im Recht die Finalität auf den Tatbestand bezogen ist, bedeutet nicht, daß sie vom Tatbestand erst geschaffen wird. Das jedoch scheint *Roxin* im Fortgang von seiner Habilitationsschrift (S. 319) zu seiner Streitschrift (S. 548) jetzt u. a. behaupten zu wollen.

Wie unklar die Vorsatzauffassung *R*'s in seiner Streitschrift geworden ist, darauf macht Armin *Kaufmann* (Festschrift für *von Weber* S. 218) aufmerksam: Bisweilen (z. B. S. 530) scheint ihm ein Vorsatzbegriff vorzuschweben, der jede determinative Funktion verloren hat und ein bloßes Spiegelbild des äußeren Geschehens „in meinem Kopf" ist.

[21] Diese Handlungsmuster sind in den gesetzlichen Tatbeständen nicht überall inhaltlich voll ausgeführt. Das hat Mißdeutungen zur Folge gehabt, die auch mir unterlaufen sind: Ich muß *Gallas* (ZStW 55 S. 25 f.), H. J. *Hirsch* (Die Lehre von den negativen Tatbestandsmerkmalen S. 308), *Roxin* (Offene Tatbestände und Rechtspflichtmerkmale) Recht geben, daß es „offene" Tatbestände nicht im eigentlichen Sinne, sondern nur im Sinne von ergänzungsbedürftigen Tatbeständen gibt und daß auch die soziale Adäquanz nur ein Auslegungsprinzip innerhalb des Tatbestandes ist (wo ich sie allerdings im Unterschied zu *Hirsch,* ZStW 74 S. 134 f., nicht für entbehrlich halte). Den Grund, weswegen ich meine ursprünglich abweichende Auffassung aufgegeben hatte, hat *Hirsch* ZStW 74 S. 79 zutreffend angegeben.

Umfang und Inhalt der Tatbestände zu bestimmen ist, worauf ich bei dieser Gelegenheit hinweisen möchte, keine spezifische Aufgabe der finalen Handlungslehre. Hier hat der „Finalist" keinem anderen Interpreten etwas voraus. Darum sind Irrtümer, die ihm hier unterlaufen, kein Argument gegen die finale Handlungslehre!

gekehrt der zweite, der den ersten zur ahnungslosen Preisgabe des Geheimnisses veranlaßt, eine Ausspähungstat vornimmt, aber nicht an einem Geheimnis verrat des ersten „teilnimmt". Beschränkt eine Rechtsordnung die Rechtsfolgen allein auf das Handlungsmuster des Verratens und läßt das des Ausspähens rechtsfolgelos, so beruht es auf einer Verfälschung des Handlungssinnes, wenn die Ausspähungstat des zweiten als Teilnahme an einer „Verratshandlung" des ersten mit Rechtsfolgen belegt wird[22]. Darum ist der Gesetzgeber auch an die inneren Konsequenzen der von ihm ausgewählten Handlungsmuster gebunden: Er kann nicht, „ohne sich in Widerspruch mit sich selbst zu setzen, im Rahmen der Teilnahmeregelung unter tatbestandsmäßiger Tat etwas anderes verstehen als, was mit den Tatbeschreibungen der gesetzlichen Tatbestände jeweils gemeint ist"[23].

Derartige Verfälschungen des Handlungssinnes, die durch das Absehen vom tatbestandsmäßigen Handlungswillen notwendig eintreten, und die damit verbundene Ausuferung der Tatbestände sind oft genug von den verschiedensten Autoren dargestellt worden[24], und ich habe mich auch von der gegenteiligen Argumentation *Engischs* nicht überzeugen lassen können, und das um so weniger, als *Engisch* selbst vor der „Charybdis" „fragwürdiger Konstruktionen" warnt, die hinterher durch „Mobilisierung von Auslegungskünsten" wieder eingeschränkt werden müssen[25].

---

[22] Diese Verfälschung des Handlungssinnes führt also praktisch zu einer Überdehnung der Strafbarkeit: Wenn z. B. § 100 Abs. 2 die Ausspähung eines Staatsgeheimnisses nur dann bestraft, wenn sie in der Absicht des Verratens geschieht, so wird die Strafbarkeit über diese Tatbestandsgrenze ausgeweitet, wenn die ohne Verratsabsicht vorgenommene Ausspähung, die nur durch die Ausnutzung eines Irrtums des Geheimnisträgers erreicht wird, als „Teilnahme zum unvorsätzlichen Geheimnisvorrat" nach § 100 Abs. 1 bestraft wird! Das hat *Roxin* (Täterschaft, S. 373 ff.) nicht beachtet.

[23] *Gallas*, Deutsche Beiträge zum VII. Internationalen Strafrechtskongreß in Athen 1957, S. 22.

[24] Meine eigene Stellungnahme habe ich besonders in ZStW 69 S. 634 ff. dargelegt. Vgl. ferner Niederschriften über die Sitzungen der großen Strafrechtskommission Bd. 2 S. 99 f.

[25] *Engisch*, Zur Natur der Sache im Strafrecht, in: Festschrift für Eberhard *Schmidt*, S. 116. — Noch weniger haben mich *Roxins* Ausführungen (Täterschaft, S. 371 ff.) überzeugt. Während *R.* sonst die Täterschaft mit Recht als Form des tatbestandlichen Unrechts versteht (S. 329), soll — ausgerechnet — bei den „Pflichtdelikten" der „Strafgrund" — also offenbar das Unrecht — die bloße (kausale) Rechtsgutverletzung, nicht aber die Sonderpflichtverletzung sein; diese solle nur die Täterschaft konstituieren! — *Roxin* knüpft hier an die von *Lange* vor 20 Jahren entwickelte Auffassung an, gegen die ich mich schon in meiner Besprechung der *Lange*schen Schrift geäußert und dort auch auf die von *Roxin* gestellte Frage geantwortet habe, welchen Sinn es hat, die Strafbarkeit einer Person davon abhängig zu machen, daß ein anderer eine ihn allein treffende Pflicht verletzt (ZStW 61 S. 211 ff.). Auch *Roxins* Ausführungen enthalten wieder die Überdehnung der Strafbarkeit: Das zeigt sich bei der Teilnahme am „objektiven" Geheimnisverrat (s. dazu oben Anm. 22) oder an der „objektiven"

Indem das Recht bestimmte, ausgewählte Handlungsmuster in Tatbeständen umschreibt und mit Rechtsfolgen verknüpft, erhebt es sie in eine neue Dimension, nämlich in den Bereich der r e c h t l i c h e n W e r t u n g e n. In diesem Bereich ist das Recht — von der Handlungsstruktur aus gesehen — „völlig frei". Darum ist hier der zentrale Bereich der geschichtlichen Wandlungen des Rechts: „Diesseits der Pyrenäen Wahrheit, jenseits Irrtum ..." Hier bestimmt es „souverän", welche Handlungsmuster es gebieten oder verbieten und wann und unter welchen Voraussetzungen es eine verbotene Handlung erlauben will.

Hier ist es im gewissen Umfange auch „schöpferisch", zwar nicht in dem Sinne, daß es die Wertungen „erzeugt" oder „erfindet", wohl aber so, daß es zwischen den verschiedenen vorrechtlichen Wertungen des sozialen Lebens autoritativ entscheidet, eine von ihnen zur verbindlichen Richtschnur erhebt und sie durchsetzt. Wenn es dabei das Handlungsmuster einer Verbotsnorm (z. B. die Abtreibung einer Leibesfrucht) aus höherrangigen Werterwägungen (z. B. im Falle ihrer Erforderlichkeit zur Rettung der Mutter) zu verwirklichen z u l ä ß t, so bedeutet das nicht, daß damit „der soziale Sinn dieses Tatbestandsgeschehens" annulliert werde, vielmehr bleibt dieser voll erhalten — er bleibt eine Abtötung der Leibesfrucht —, nur wird sein Unwert, weil die Handlung für die Erreichung eines höherrangigen Gutes (Rettung der Mutter) notwendig ist, von diesem höheren Gut überwogen. Daher kann keine Rede davon sein, daß der „soziale Sinn eines Tatbestandsgeschehens" „unweigerlich zerstört" werde, „wenn man den rechtfertigenden Umständen keinen Einfluß darauf einräumt"[26], d. h. wenn man den Rechtfertigungsgründen nur die Funktion zuweist, die R e c h t s w i d r i g k e i t einer Tatbestandsverwirklichung aufzuheben, nicht aber die T a t b e s t a n d s m ä ß i g k e i t zu beseitigen. Im Gegenteil: Der soziale Sinn dieses Tatbestandsgeschehens bleibt voll erhalten; er bleibt die Abtötung einer Leibesfrucht — ein leidvoller Eingriff in einen Lebensprozeß — und sinkt nicht zum bloßen „materiellen, wertfreien Geschehensablauf" herab, gleichgültig, ob dieser Eingriff mutwillig vorgenommen wird oder aus höherrangigen Gesichtspunkten erforderlich ist. Umgekehrt läuft gerade die von *Roxin* verteidigte Lehre von den negativen Tatbestandsmerkmalen darauf hinaus, d i e s e n sozialen Sinngehalt des Tatbestandsgeschehens zu „zerstören". Man mag zur Stützung der Lehre von den negativen Tatbestandsmerkmalen vielleicht einige Gründe vorbringen können, — die Behauptung, daß allein diese Lehre den sozialen Sinngehalt der Tatbestände bewahre, die gegnerische Lehre ihn aber zerstöre, gehört zu solchen Gründen sicherlich nicht[27, 28].

Untreue (S. 377 f.) und an der „objektiven" Rechtsbeugung (S. 428 ff.), bei denen er nachträglich die Strafbarkeit durch Auslegungskunststücke wieder einschränkt!

26 *Roxin*, ZStW 74 S. 549.

27 Im übrigen verweise ich auf die alles Wesentliche enthaltende Monographie von H. J. *Hirsch*, Die Lehre von den negativen Tatbestandsmerkmalen, 1960.

28 *Roxins* „Kritik an der finalen Handlungslehre" ist wesentlich unter dem Ge-

Auch im Bereich der Schuld ist der Gesichtspunkt der Finalsteuerung das bleibende Konstitutionselement. Allerdings bezieht er sich hier auf einen neuen, noch nicht herangezogenen Orientierungspunkt: Ging es bisher —

---

sichtspunkt einer Rechtfertigung der Lehre von den negativen Tatbestandsmerkmalen gegen die „strenge“ Schuldtheorie konzipiert worden. Von hier aus erklärt sich *Roxins* merkwürdige Deutung der Entwicklung der finalen Handlungslehre in den letzten 15 Jahren. Nach seiner Meinung hat sich die „anfangs sehr im Hintergrund stehende strenge Schuldtheorie zu einem Kernstück der finalistischen Doktrin“ entwickelt, wobei „der Tatbestand aus der geschichtlichsozialen Ordnungswelt so weit wie möglich gelöst und auf eine begrifflich-abstrakte, dafür aber kategorial-exakte und zeitenthobene Überdetermination von Kausalverläufen reduziert“ worden sei (S. 538). — Hiergegen ist zunächst darauf hinzuweisen, daß es sich bei den in der „Lehre von den negativen Tatbestandsmerkmalen“ aufgeworfenen Problemen nicht um Fragen der Finalstruktur, sondern um Tatbestandsprobleme (Fragen des Tatbestandsumfangs) handelt und daß diejenigen, die den Tatbestand auf die Verbotsmaterie oder den Deliktstyp (oder wie man ihn sonst nennen will) beschränken, ihn nicht als Sinngebilde „zerstören“ und noch weniger ihn zur Lenkung „völlig wertfrei zu verstehender Kausalfaktoren“ (S. 538) machen! Ferner ist auch nach meiner Überzeugung die Abgrenzung des Tatbestandsumfangs für den Deliktsaufbau entscheidend wichtig und für die Schuldfrage präjudiziell. Aber für ein „Kernstück“ der finalen Handlungslehre habe ich sie noch nie gehalten. Daß sie nach dem berühmten Plenarbeschluß des Bundesgerichtshofs über den Verbotsirrtum besonders lebhaft diskutiert wurde, ist wegen ihrer praktischen Bedeutung aus der noch heute fortbestehenden Problemsituation verständlich, nachdem sie schon einmal — vor 25 Jahren — im Streit um den Tatbestandsbegriff mit vielfach vertauschten Fronten hart umkämpft war (vgl. dazu *Hirsch,* a. a. O. S. 143 ff.). Diese damaligen Auseinandersetzungen sollten nicht völlig dem Schweige-Tabu verfallen; denn sie enthalten Gesichtspunkte, die — unabhängig von ihrer politischen Zuspitzung — einen dauerhaften Gehalt besitzen und darum auch heute wieder von Bedeutung sind. Aufschlußreich ist besonders die Kontroverse zwischen dem sog. „Ganzheits-“ und dem sog. „Trennungsdenken“. Die Versuche, einen Tatbestandsbegriff zu bilden, der als „höhere Einheit eines unrechtskonstituierenden Gesamttatbestandes“ „sämtliche sozialen Sinnbezüge der Handlung“ „vollständig“ (S. 548) umfaßt, entspringen einem neuen „Ganzheitsdenken“, dem das Auseinanderlegen der sozialen Sinnbezüge in Tatbestands-, Rechtfertigungs- und Schuldelemente „sinnzerstörend“, nämlich „Ganzheitssinnzerstörend“ erscheint. Darum wird die Polemik für den ganzheitlichen oder „konkreten“ Handlungssinn mit Vorliebe auf Grund von solchen Strafbestimmungen geführt, bei denen die Verbrechenselemente in der Tat ineinander übergehen wie z. B. dem groben Unfug oder — vor allem — den neuen Strafbestimmungen mit „Gesinnungsmerkmalen“ (*Roxin,* Offene Tatbestände S. 131). In den letztgenannten Strafbestimmungen kommt der Gesetzgeber der modernen „Ganzheitsbetrachtung“ am weitesten entgegen, da er, wie *Stratenwerth* (Festschrift für *von Weber* S. 171 ff.) eindrucksvoll nachweist, hier Merkmale verwendet, die „auf eine die Unrechts- und Schuldmerkmale *übergreifende* Wertung abzielen“. Wo der Gesetzgeber sich keine Mühe mehr gibt, das Unrecht sachlich zu umschreiben, sondern dem Richter eine „Unrecht und Schuld übergreifende“

bei der Konstituierung der Handlung — um die Steuerung der Handlungsmittel nach dem Handlungsziel und auf dieses hin zur Ausführung des Handlungsentschlusses (Handlungssteuerung), so geht es jetzt um die Steuerung der die Entschlußfassung motivierenden Antriebe (Antriebssteuerung). Betrifft die Handlungssteuerung ein vornehmlich technisches Problem, nämlich die vom vorgesetzten Handlungsziel her geleitete Auswahl der erforderlichen Handlungsmittel und deren zwecktätigen Einsatz für die Erreichung dieses Zieles, so betrifft die Antriebssteuerung eine dem Ausführungsakt vorgelagerte Stufe und enthält kein technisches Problem, sondern ein solches der Wertentscheidung für und gegen die Antriebe, die für die Entschlußfassung maßgeblich sind. Bei dieser Wertentscheidung geht es um die Einordnung des oder der Antriebsziele in einen übergreifenden überindividuellen Sinngehalt, dem sich die Person in ihrer Lebensführung unterstellt und verpflichtet sieht.

Mit dieser Annahme eines verpflichtenden Lebenssinnes greift jedoch die Analyse in einen axiomatischen Bereich hinaus, von dem aus wohl Beweise geführt werden können, der aber selbst nicht mehr bewiesen werden kann und der darum aufs stärkste umstritten ist. Um diese Ungewißheit auszuschließen, hat man immer wieder versucht, die axiomatische Annahme eines verpflichtenden Lebenssinnes einzuklammern und dahingestellt sein zu lassen. Kürzlich hat das wieder *Engisch* in einer feinsinnigen Analyse des menschlichen Freiheitsproblems getan: Das Freiheitsproblem dürfe nicht mit dem axiologischen Problem der Werte verknüpft werden, da es weder auf die objektive Wertwidrigkeit noch auf die Problematik der Objektivität der Werte überhaupt ankomme[29]. Vielmehr seien wir dann frei, wenn unsere Handlungen unserer innersten Persönlichkeit entspringen[30]. Darum sieht *Engisch* die sachlich berechtigte „Varietät des Freiheitsbewußtseins" im „Bewußtsein, unserer ureigenen Persönlichkeit gemäß gehandelt zu haben" — einem Bewußtsein, das sich „mit dem Gefühl, für das eigene Sosein einstehen zu müssen, dieses verantworten zu müssen, aufs beste verträgt"[31].

Engisch behandelt das Freiheitsproblem unter dem Gesichtspunkt der

---

„Gesamtwertung" des Verhaltens zuschiebt, da wird die alte Unterscheidung der Verbrechenselemente letztlich überflüssig und sogar unanwendbar. Dann aber erhebt sich die Frage, ob die neuen Gesinnungsmerkmale künftig die Leitbilder für die Ausgestaltung des Strafrechts und für den Aufbau der Verbrechenslehre abgeben sollen oder nicht. (*Roxin* will das Gesinnungsmerkmal „mutwillig" sogar in die §§ 212 und 223 hineininterpretieren! Ist dann also die Euthanasie noch strafbar?) Die Konsequenzen für die Rechtsstaatlichkeit liegen auf der Hand.

[29] Karl *Engisch,* Die Lehre von der Willensfreiheit in der strafrechtsphilosophischen Doktrin der Gegenwart, 1963.

[30] So *Engisch,* a. a. O. S. 64, unter Berufung auf die Lebensphilosophen *Bergson* und *Simmel.*

[31] Kaul *Engisch,* a. a. O. S. 64.

Schuld und der Verantwortung für die schuldhafte Tat, einem Gesichtspunkt, von dem wir selbst in unserem Zusammenhang ausgehen. Dennoch ist dieser Gesichtspunkt ein wenig einseitig und kann leicht in die Irre führen. Denn wenn man das Freiheitsproblem primär unter dem Aspekt sieht, warum und unter welchen Voraussetzungen die Person für ihre unrechte Tat einzustehen hat, so verliert man leicht aus den Augen, daß schon die Feststellung der Unrechtmäßigkeit einer Tat ein Freiheitsproblem aufwirft. Man kann es auch anders ausdrücken: Wenn die Freiheit darin besteht, unserer ureigenen Persönlichkeit gemäß zu handeln, so gilt diese Feststellung nicht nur für den Übeltäter, sondern ebenso auch für den Gesetzgeber, der über Recht und Unrecht von Handlungen entscheidet. Kann und darf sich aber auch der Gesetzgeber gegenüber der Kritik seiner Gesetzgebungsakte darauf zurückziehen: Sie seien seiner ureigenen Persönlichkeit gemäß ausgefallen? Wenn es beim Freiheitsproblem kein anderes Kriterium als das der Persönlichkeitsadäquanz von Handlungen gibt, was kann dann die Rede von der „Notwendigkeit", „das Zweckmäßige und Gerechte mit der rechtlichen Regelung zu finden"[32], überhaupt bedeuten? Auch hier bliebe als einziges Kriterium nur die „Persönlichkeitsadäquanz"; und im Widerstreit der Gerechtigkeitsvorstellungen bzw. Zwecksetzungen käme es allein darauf an, ob sich genügend gleichgeartete Persönlichkeiten — genügend nach Zahl oder Wirkungskraft — zusammenfinden, die i h r e Gerechtigkeitsauffassung gegenüber den „anderen" durchsetzen könnten. Wenn das Leben keinem übergreifenden Sinngehalt u n t e r s t e h t, also einem Sinngehalt, der dem Leben (und den Gesetzgebern) t r a n s z e n d e n t ist, oder wenn dieser Lebenssinn — selbst nur hypothetisch — eingeklammert wird, weil er außerhalb rationaler Beweisbarkeit steht, dann bleibt in der Tat, wie *Dilthey* es wiederholt ausgesprochen hat, als „letzter Erklärungsgrund der Welt ... die Tatsächlichkeit, die reine Faktizität"[33]. Dem Historiker und Freund der Geschichte mag — hier darf ich einige Sätze aus meinem „Naturrecht" zitieren — „diese Einstellung noch die Möglichkeit lassen, das Auf und Ab der Lebensfluten ästhetisch zu genießen; für die Deutung des Rechts ist sie schlechthin verhängnisvoll. Denn wer in der Geschichte nur das faszinierende Schauspiel miteinander ringender ‚Mächte und Kräfte' sieht, für den muß sich das Recht im jeweilig stabilisierten Machtverhältnis erschöpfen"[34]. Im sozialen Felde ist die Alternative zur Annahme eines transzendenten Lebenssinnes — und hier zitiere ich zur Abwechslung einmal Hans *Ryffel* — „das gegenseitige Einschlagen der Köpfe. Auch wenn dies glücklicherweise nicht jederzeit praktiziert werden mag, so ist es doch — sofern die Ausrichtung auf das Absolute als tragenden Grundsinn verworfen wird — die nunmehr letztlich alles tradene Grundannahme, und zwar als ständig gegenwärtige Möglichkeit, die jederzeit aktualisiert werden kann ... Die vermeintlich wissenschaftlich

[32] Karl *Engisch,* Zur Natur der Sache im Strafrecht, *Schmidt*-Festschrift S. 120.
[33] *Dilthey,* Gesammelte Schriften VIII S. 53.
[34] Naturrecht und materiale Gerechtigkeit, 4. Aufl. S. 205 ff.

legitimierte Wertaskese verkehrt in der Verwerfung des Grundsinnes der Praxis diesen in sein Gegenteil, indem sie den Menschen der Alternative ausliefert[35]."

Die Annahme eines transzendenten, verpflichtenden Lebenssinnes ist die einzige Voraussetzung, unter der sowohl von „Recht" und von „Gerechtigkeit" wie von „Freiheit" und von „Schuld" sinnvoll überhaupt geredet und — gehandelt werden kann. Was dabei Recht und Gerechtigkeit anlangt, so bedeutet das Gesagte nicht, daß wir — wie die Naturrechtler alter und neuester Provenienz meinen — das Gerechte unmittelbar dem verpflichtenden überindividuellen Lebenssinn entnehmen können — das können wir leider nicht[36] —, sondern daß nur unter seiner Voraussetzung die Rede von und die Suche nach einer „richtigen" oder „gerechten" Ordnung sinnvoll ist. Recht kann immer nur der Deutungsversuch für eine richtige Sozialordnung unter den wechselnden Bedingungen unserer geschichtlichen Existenz und unter der Notwendigkeit einer allgemeinverbindlichen Regelung sein[37].

Was Freiheit und Schuld anlangt, so sind auch sie nur unter der Voraussetzung einer „objektiven", sinngebenden „Instanz" denkbar, nach der die Person ihre geistigen Akte selbst richten kann. Freiheit und Schuld setzen die Fähigkeit voraus, sich an den Kriterien des „Richtigen" einsichtig zu orientieren — im Theoretischen ebenso wie im Praktischen. Niemand wird die Richtigkeit eines Erkenntnisaktes danach bestimmen, daß er „der ureigensten Persönlichkeit des Erkennenden gemäß" (statt den sachlichen Gründen gemäß) ausgefallen sei. Aber auf praktischem Gebiet glaubt man die Frage nach der Richtigkeit ablehnen und alles auf die Persönlichkeitsadäquanz abstellen zu können. Gewiß ist auf praktischem Felde das Finden des „Richtigen" dem Zweifel besonders stark ausgesetzt, insbesondere weil es die Person des Suchenden miteinschließt, dafür sind wenigstens die Bedingungen einsehbar, unter denen unter Menschen die Suche nach dem Richtigen allein möglich ist: vor allem die Voraussetzung des gegenseitigen Respekts vor dem gewissenhaften Bemühen des anderen um das Richtige

---

[35] *Ryffel,* Kritik an Arnold *Brechts* Politischer Theorie in „Studia Philosophica", Jahrbuch der Schweizerischen Philosophischen Gesellschaft XXII S. 198 f. Meine eigene Darstellung der Alternative siehe im „Naturrecht" S. 236 ff.

[36] Ich zitiere hierzu Hans *Barth,* Revolution und Tradition, in: Neue Züricher Zeitung vom 18. 11. 1962: „Wäre die Erkenntnis absolut, dann könnte auch die Ordnung absolut sein. Wenn die Erkenntnis und Bestimmung des Gerechten einen Vorgang darstellt, der seinem Wesen nach unabgeschlossen und unvollkommen sein muß, dann hat — das ist die zwingende Folge — die politische Ordnung gerade diesen Umstand zu berücksichtigen, weil sonst die Gefahr entsteht, daß ein Vorläufiges äternisiert und der kritischen Auseinandersetzung entzogen wird".

[37] Vgl. hierzu, insbesondere zu den Einschränkungen, die damit dem Recht auferlegt sind, mein „Naturrecht und materiale Gerechtigkeit" 4. Aufl., vor allem S. 236 ff.

(die „gegenseitige Toleranz"). Wo aber die Möglichkeit einer Orientierung am „Richtigen" völlig gestrichen wird, weil es das Richtige nicht gäbe (oder weil es „eingeklammert" wird), da bleibt die Auslieferung an das gegenseitige Köpfeeinschlagen die einzige Alternative. Die andere Alternative ist das Anerkennen einer objektiven, sinngebenden Instanz auch im Gebiete des praktischen Handelns, an der die Person ihre Entscheidungen zu orientieren vermag[38].

Schuld ist dann — unter der Voraussetzung der Fähigkeit zur sinnmäßigen Steuerung der Antriebe — das Unterlassen des Aktes der sinnmäßigen Selbststeuerung, das Verhaftet- und Abhängigbleiben, das Sichtreibenlassen von wertwidrigen Antrieben. Schuldhafter Wille ist insofern unfreier Wille[39, 40]. Allerdings gilt nicht auch der umgekehrte Satz, daß unfreier Wille schuldhafter Wille sei. Freiheitsakte, d. h. Akte der sinnmäßigen Selbstbestimmung, sind keine häufigen Akte im menschlichen Dasein. Zum überwiegenden Teil regulieren sich die Handlungsantriebe aus einem durch Erziehung und eigene Erfahrung, durch passives Aufnehmen und aktives Tun aufgebauten unbewußten Haltungsgefüge unserer Person[41]. Nur den Neurotiker stellt jede Handlung erneut vor eine „letzte

---

[38] Von hier aus ergibt sich das wichtigste Argument für die „Willensfreiheit", d. h. für die Freiheit zu sinnmäßiger Selbststeuerung: das Erkenntnisargument. Da Erkenntnis nur möglich ist, wenn der Erkenntnisprozeß nicht durch blinde Ursachen festgelegt ist, sondern wenn die Person ihre Erkenntnisschritte nach einsichtigen Gründen selbst steuert, muß sie auch die Gewinnung der Erkenntnis als eine sinnvolle Aufgabe und damit in eigener Verantwortung zu übernehmen in der Lage sein.

[39] Vgl. *Römer* 7, 19 ff.; ferner Karl *Barth* (bei *Thielicke-Schrey*, Glaube und Handeln, 1956, S. 55 f.) „Was wäre das für eine Freiheit, in der der Mensch neutral wäre, in der seine Wahl, seine Entscheidung, sein Entschluß, seine Tat sich ebensowohl auf das Unrecht wie auf das Recht richten könnte. Was wäre das für ein Können? Frei wird und ist er, indem er sich selbst in Übereinstimmung mit der Freiheit Gottes wählt, entscheidet und entschließt ... Der Sünder ist kein freier, sondern ein gefangener, ein versklavter Mann."
Über Mißverständnisse bei R. *Lange*, Handbuch der Neurosenlehre V, vgl. Hilde *Kaufmann*, JZ 62 S. 197 f.

[40] Daß in der Annahme einer Freiheit zur Selbstbefreiung ein „Erdenrest ungelöster Problematik" steckt, wie *Engisch* S. 37 meint, habe ich von Anfang an zugegeben (vgl. mein Strafrecht, 8. Aufl. S. 131, Neues Bild 4. Aufl. S. 51). Aber jeder Erkenntnisakt setzt voraus und beweist, daß wir dieses „Wunder" fertigbringen (s. o. Anm. 38).

[41] Vgl. hierüber meinen Aufsatz „Persönlichkeit und Schuld", ZStW 60 S. 428 ff. Zur Aufhellung der hieran beteiligten Mechanismen dürfte uns die neuentstandene Kybernetik wichtige Aufschlüsse geben. Daraus nun aber den Schluß ziehen, daß auch die Selbststeuerung des Menschen nach verpflichtenden Sinngehalten nur „hochkomplizierte rückgekoppelte Kausalverläufe" seien, ist eine jener bedenklichen Analogiebildungen bei der Grenzüberschreitung einer in ihrem Bereich berechtigten Einsicht. Abgesehen davon, daß sich Erkenntnisakte niemals als „rückgekoppelte Kausalverläufe" verständlich machen lassen, würde

Entscheidung". Meist entsteht für den Menschen nur da, wo die Antriebe ins W e r t w i d r i g e abzugleiten drohen, die Aufgabe, in einem „existentiellen" Akt sich zusammenzureißen und seine Entschlußfassung an einem v e r p f l i c h t e n d e n Sinngehalt zu orientieren. Wo das dabei in den seltenen Aufschwüngen echter Gewissensentscheidung geschieht, da kann selbst dann, wenn die Entscheidung unrichtig, z. B. dem Recht zuwider ausfällt, von Schuld keine Rede sein. Hier mag das Recht um des Bestandes einer überindividuellen Ordnung und um des Schutzes der anderen Rechtsgenossen willen, die auf diese Ordnung vertrauen, Rechtsfolgen gegen den Rechtsbrecher (z. B. auch „Strafe") verhängen, sollte aber bei der Art und der Ausführung dieser Rechtsfolge die Ehrenhaftigkeit der andersartigen Gewissensentscheidung respektieren[42].

Ist „Schuld" das Ausbleiben der sinnmäßigen Selbststeuerung beim Entschluß zu einer wertwidrigen (im Bereiche des Rechtes: rechtswidrigen) Handlung, so bedeutet es ein offensichtliches Mißverständnis, wenn gegen

---

die Übertragung jener Analogien auf das R e c h t s gebiet, wie neuerdings *Brauneck* dies propagiert (Monatsschrift für Kriminologie und Strafrechtsreform Bd. 46 [1963] S. 193 ff.), die entscheidende Rechtsfrage ausfallen lassen. Denn wenn alles menschliche Verhalten in hochkomplizierten rückgekoppelten Kausalprozessen verliefe, müßte das rechtmäßige Verhalten, etwa das des Gesetzgebers oder des Richters, nicht minder ein rückgekoppelter Kausalverlauf sein wie der des Rechtsbrechers. Wollte man den Unterschied zwischen beiden Verhaltensarten nicht lediglich in der unterschiedlichen Wirkungsmächtigkeit, also einer Machtrelation, sehen, sondern die R e c h t s frage aufwerfen (jenes Verhalten ist richtig, weil gemeinschaftsfördernd, dieses ist falsch, weil gemeinschaftsschädlich), so tritt man notwendig aus dem ganzen Kausalbereich heraus. Man setzt dann einen v e r b i n d l i c h e n Sinngehalt voraus (eine bestimmte Ordnung der Rechtsgemeinschaft) und setzt weiter voraus, daß sich einige Menschen (zumindest der Gesetzgeber und der Richter) nach ihm richten können. Auch die Thesen der extremsten Schutztheoretiker und Leugner von Schuld und Strafe implizieren daher stillschweigend nicht nur die Gültigkeit bestimmter Sinngehalte, sondern auch ein Sich-danach-richten-können. Bei *Brauneck* geschieht das innerhalb einer Wiederaufnahme der naturrechtlichen Vertragstheorie, wonach der Verbrecher bei Eingehung in den Gesellschaftsvertrag im voraus in seine Bestrafung eingewilligt habe: „Wir in unserer Rechtsgemeinschaft ... hatten uns ausgemacht, daß gewisse Verhaltensweisen bei uns nicht vorkommen sollten, weil sie im Zusammenleben unerträglich sind ... Darum mußt Du nun alles verdient auf Dich nehmen, was wir dafür angedroht hatten" (S. 198).

[42] Vgl. zu diesen schwierigen Problemen meinen Beitrag „Gesetz und Gewissen" in „100 Jahre Deutsches Rechtsleben", Festschrift des Deutschen Juristentags 1960, Bd. 1 S. 383 f.
Den Einwand, den Maurach (Allgemeiner Teil, 2. Aufl. S. 339) wegen dieser Fälle insoweit gegen meine Schuldauffassung erhebt, kann ich daher nicht als berechtigt ansehen. — *Engisch* S. 36 verfehlt m. E. das Problem des Täters aus Gewissensgründen, wenn er diesen mit demjenigen Täter gleichstellt, der sich selbst betrügt, indem er die Befriedigung seiner Begehrungen vor sich selbst maskiert.

die finale Handlungslehre eingewendet wird, daß „Affekthandlungen außerhalb der finalen Kontrolle“ lägen, weil ihre Antriebskräfte aus der Tiefe des Unterbewußtseins hervorbrächen, ohne zuvor einer eigentlichen Steuerung zu unterliegen[43]. Hier geht es um eine Verwechslung und um eine Identifizierung der finalen Handlungssteuerung (also der Steuerung der Handlungsmittel nach dem antizipierten Ziel) und der Antriebssteuerung, d. h. der Steuerung der Antriebsimpulse nach einem verpflichtenden Sinngehalt. Die meisten unserer Antriebsimpulse durchlaufen gar nicht das Stadium jener Sinnsteuerung, sondern unterliegen der Lenkung durch ein Reservoir vorgefällter Entscheidungen, das die Antriebe schon im Un- oder im Halbbewußten abfiltert oder zuläßt[44]. Aber die Ausführung aller dieser Impulse im äußeren Handlungsvollzug wird nach der jeweiligen äußeren Situation final gesteuert: Nur so ist die Realisierung von Antriebsimpulsen in der stets wechselnden Außenwelt überhaupt möglich! Auch das heimwehkranke pyromanische Dienstmädchen hält sein Streichholz zweckbewußt an das Stroh oder die Bettfedern, um das Haus seines Dienstherrn anzuzünden, auch der Leidenschaftstäter (in BGH 11 S. 20) führt seine Stiche zweckbewußt gegen sein Opfer, um es zu töten[45].

Damit kommen wir auf den inneren Zusammenhang zwischen Handlung und Schuld. Die Schuld hat sich als ein Mangel oder als ein Versagen

---

[43] So *Jescheck*, Der strafrechtliche Handlungsbegriff, *Schmidt*-Festschrift S. 148, im Anschluß an Heinrich *Henkel*, Der Mensch im Recht, Studium Generale 1960, S. 238, und *Hall*, Fahrlässigkeit im Strafrecht, 1959, S. 39 ff. Ich habe auf diese Unterschiede wiederholt hingewiesen, vgl. Naturalismus und Wertphilosophie im Strafrecht, S. 79 f.; Studien zum System des Strafrechts, ZStW 58, S. 503; Persönlichkeit und Schuld, ZStW 60, S. 447 f. und meine Darstellung in § 20 meines Lehrbuchs.

[44] Die Schuldauffassung der finalen Handlungslehre ist also alles andere als „intellektualistisch“ (wie es *Mayer*, Festschrift für von *Weber*, S. 159, meint).

[45] Wenn der BGH in dieser Entscheidung unter Berufung auf „viele Vertreter der psychologischen und medizinischen Wissenschaft“ meint, es gäbe in seltenen Ausnahmefällen Höchstgrade der Erregung, in denen ein „völliger Mangel des Selbstbewußtseins im Sinne des intellektuellen Wissens um das eigene Sein des Täters und über seine Beziehungen zur Umwelt“ einträte, so hat *de Boor* (Über motivisch unklare Delikte, 1959, S. 163) m. E. schon methodisch durchschlagend dagegen eingewandt: Da solche Ausnahmefälle des höchsten Affekts zugestandenermaßen höchst selten sind, können sie nicht zum unmittelbaren Studienobjekt wissenschaftlicher Untersuchungen werden. Alle Aussagen über sie sind daher vage und distanzierte Eindrücke, mehr nicht. M. E. ist die Behauptung vom Ausschluß des Selbstbewußtseins und des Wissens um die Beziehung zur Umwelt nur die Übertreibung der Tatsache der Bewußtseinsverengung im Zustande hochgradigen Affektes: Man sieht nur noch „rot“, aber man sieht! (Vgl. auch *Rauch*, NJW 58 S. 2089 f.). Sollte wirklich ein Verhalten ohne Zielbewußtsein vorgenommen sein, so läge natürlich insoweit keine vorsätzliche Handlung vor.

gegenüber der Aufgabe sinnmäßiger Steuerung beim Fassen unserer Handlungsentschlüsse erwiesen, und zwar — im Bereiche des Rechts — als die mangelnde sinnmäßige Steuerung nach jenen überindividuellen Sinngehalten, die die konkrete Rechtsordnung als der geschichtliche Deutungsversuch zu einer richtigen, allgemein verbindlichen Sozialordnung verpflichtend vorzeichnet. Darum kann der rechtswidrige Handlungsentschluß dem Täter insoweit zur Schuld vorgeworfen werden, als er sich besser, sinnmäßig, rechtmäßig hätte entschließen können. Die Schuld ist insoweit die Kehrseite des „verantwortungsethischen" Grundsatzes, daß die Person für die Richtigkeit (Rechtmäßigkeit) ihrer Entscheidungen die Verantwortung trägt[46]: Sie muß sich um die Richtigkeit (Rechtmäßigkeit) ihres Handlungsentschlusses Mühe geben und macht sich schuldig, wenn sie bei der Bildung[47] des Handlungsentschlusses etwas versäumt, was sie hätte leisten können. Das Verhältnis von Handlung und Schuld ist hiermit klar vorgezeichnet. Auf der einen Seite steht die rechtswidrige Handlung, auf der anderen die Schuld mit ihrer Frage nach dem Dafür-Können des Täters für die rechtswidrige Handlung. An der Struktur der rechtswidrigen Handlung ändert die Schuld nichts, sondern fragt nur danach, ob der Täter für sie persönlich verantwortlich ist, d. h. verantwortlich als Person, die ihre Entschlüsse nach verpflichtenden Sinngehalten steuern kann.

Welche Handlungsmuster der Gesetzgeber aus der Fülle möglicher Handlungsvollzüge auswählt, das steht ihm grundsätzlich frei; in diesen Entscheidungen liegt die vergängliche, geschichtliche Komponente des strafrechtlichen Gegenstandes. Aber die Funktion des Handlungswillens (des Vorsatzes) innerhalb der Handlungen — gleichgültig, welcher Art sie sein mögen — ist dem Gesetzgeber vorgegeben, sie gehört zur gegenständlichen[48] Struktur der Handlung, die außerhalb seiner „Macht" und seines „Beliebens" steht. Ebenso sind ihm die Prinzipien der Schuld vorgegeben, sofern er seine Rechtsfolgen überhaupt an Schuld anknüpfen will. Gewiß bestimmt er durch die Auswahl der Handlungsmuster, die er verbieten will, auch den Gegenstand der Schuld im Strafrecht; dabei steht ihm auch frei, die Strafe auf eine bestimmte Schwere des Schuldvorwurfs zu beschränken. Aber alle diese gesetzgeberischen „Freiheiten" haben wiederum keinen Einfluß auf die Struktur der Handlung. Dies bringt die sog. „Schuldtheorie" zum Ausdruck: Wohl kann der Gesetzgeber den Schuldvorwurf bei der vorsätzlichen Handlung auf den bewußten Verbotsirrtum beschränken[49]; auch kann er die vorsätzliche Handlung im Falle der vermeidbaren Verbotsunkenntnis in gleichem

---

[46] Vgl. meinen Aufsatz über „Die ethischen Grundlagen der sozialen Ordnung", SJZ 1947 Sp. 400 ff.

[47] Vgl. dazu auch Armin *Kaufmann*, Festschrift für von *Weber*, S. 207 ff.

[48] „sachlogischen".

[49] Und muß dies tun, wenn der Täter ohne Kenntnis des Verbots, allein aus der Art der Handlung und der Handlungssituation heraus, gar keinen Anlaß hat, an der Erlaubtheit seines Handelns zu zweifeln.

Umfange und Maß wie die fahrlässige Handlung bestrafen, aber er kann sie nicht zur fahrlässigen Handlung „machen". Insofern ist die Handlungsstruktur auch der Schuld vorgegeben.

Bleibendes und Vergängliches bestimmen im Zusammenspiel den Gegenstand des Strafrechts. Die Handlungsmuster und ihre Auswahl durch den Gesetzgeber gehören zu den vergänglichen Bestandteilen. Die Strukturgesetzlichkeit der Handlung, die alle diese Handlungsmuster durchdringt, und die Prinzipien der Schuld, an denen sie gemessen wird, sind unabhängig von den wechselnden Gestaltungen der Handlung und machen die bleibenden Bestandteile des Strafrechts aus. Weil aber diese bleibenden Elemente, die Handlungsstruktur und die Prinzipien der Schuld, auf die wandelbaren Handlungsmuster b e z o g e n sind, entsteht der Schein, als befände sich a l l e s im Fluß, als sei der gesamte Gegenstand des Strafrechts „durch und durch ein Produkt des Gesetzes" oder eine „schöpferische Gestaltung des Gesetzgebers".

Damit stehen wir im eigentlichen Kernbereich der finalen Handlungslehre. In ihm geht es nicht um die Entscheidung einzelner Streitfragen, wie der Behandlung der sog. negativen Tatbestandsmerkmale oder um die Deutung der sozialen Adäquanz oder der offenen Tatbestände u. dgl., so wichtig sie auch sein mögen, — der Streit darum ist nach dem Ausdruck Hellmuth *Mayers*[50] bloßes „Kleingewehrfeuer" —, sondern um die Frage, ob es im Strafrecht trotz der Geschichtlichkeit seines Gegenstandes etwas Bleibendes gibt, woran der Gesetzgeber gebunden ist und woran die Wissenschaft einen festen Halt sogar gegenüber dem Gesetzgeber hat. Dieses Bleibende aufzuspüren und zur Geltung zu bringen, darum hat sich die finale Handlungslehre von Anfang an bemüht. *Roxin* hat darin m. E. ganz recht, daß der Erfolg und die Ausbreitung der finalen Handlungslehre zum guten Teile aus diesem Ansatz zu erklären sind[51], wie umgekehrt der Widerstand gegen sie wesentlich dem weitverbreiteten Unbehagen der Juristen entspringt, über den Gesetzgeber hinweg in eine ihm vorgelagerte Sphäre zu greifen. Denn trotz allem, was geschehen ist, halten sich große Teile der Juristenschaft schließlich doch lieber an die Maxime von den „drei berichtigenden Worten des Gesetzgebers"[52]. Aber kann ein Jurist noch heute wirklich mit gutem Gewissen die These vertreten, daß „der Gesetzgeber in seinen Begriffsbildungen und Regelungen völlig frei sei"[53]?

Julius von *Kirchmanns* Vortrag vom Jahre 1848 vor der Berliner Juristischen Gesellschaft über „Die Wertlosigkeit der Jurisprudenz als Wissen-

---

[50] Hellmuth *Mayer,* Vorbemerkungen zur Lehre vom Handlungsbegriff. Festschrift für *v. Weber* S. 137.

[51] *Roxin,* ZStW 74 S. 519.

[52] *Roxin,* ebenda.

[53] Vollends dann, wenn man am Abschluß einer umfangreichen Monographie das Kriterium inhaltlicher Richtigkeit seiner Thesen auf den „Widerstand der Sache" gründet. (*Roxin,* Täterschaft S. 584)

schaft" bezeichnet für die Rechtswissenschaft jene Wende, die zur gleichen Zeit alle Geisteswissenschaften einschließlich der Philosophie durchgemacht haben[54]. Die europäische Universitätswissenschaft, die 750 Jahre vorher in der Juristenschule von Bologna — gleichzeitig mit der Theologenschule von Paris — ihren Anfang genommen hatte, war im Bereiche der Rechtswissenschaft während dieser ganzen Zeit von der Überzeugung erfüllt, daß ihr Gegenstand mehr sei als bloßes Menschenwerk. Nahezu fünf Jahrhunderte lang wurde diese Überzeugung wesentlich von dem Glauben an ein Buch von ähnlichem Offenbarungscharakter wie die Bibel getragen: das Corpus Juris Justiniani und — auf dem Felde des Strafrechts — auch die Bibel selbst[55]. Als dieser Glaube verblaßte, übernahm das Naturrecht die innere Legitimation des Rechts aus den Prinzipien der allen Menschen gemeinsamen Vernunft. In den regulativen Ideen *Kants*, im objektiven Geist *Hegels* und im Volksgeist der historischen Schule klang diese Vernunftmetaphysik aus. Die Mitte des 19. Jahrhunderts brachte den radikalen Umschwung. Er kommt in den Topoi jener Zeit zum Ausdruck, daß die Philosophie vom Himmel auf die Erde herabgeholt werden müsse. Nicht nur *Marx* will, statt vom Himmel auf die Erde herab-, von der Erde zum Himmel hinaufsteigen, auch Rudolf *Haym* entwickelte den Plan, daß er das, was bisher als ein „objektives Ideelles", als ein „Ewiges" und „Fixes" gegolten hat, „zu einem rein Historischen herabholt und bis auf seinen Ursprung im bewegten Menschengeist hineinverfolgt"[56]. Mit *Marx* beginnen die „Ideologienlehren" alle geistigen Gehalte als bloße „ideologische Reflexe und Echos des Lebensprozesses" zu „entlarven". In *Hayms* „Pragmatisierung der Idee" spricht sich der kommende Historismus unzweideutig aus. In dieser Götterdämmerung der Ideen- und Vernunftwelt[57] wurde das Recht zum bloßen Menschenwerk, so daß von *Kirchmann* nur das aussprach, was er als notwendige Konsequenz kommen sah, ohne es selbst zu wollen[58].

Allerdings, wenn auch „die Sterne auf die Erde gefallen"[59] waren, so galt der Gesetzgeber — jedenfalls in der ersten Periode — noch keineswegs als „völlig frei". Im Gegenteil! Besonders in der Strafrechtswissenschaft der zweiten Hälfte des 19. Jahrhunderts setzte sich unter dem Einfluß der Naturwissenschaft und der „philosophie positive" Auguste *Comtes* (mit

---

[54] Der Vortrag von *Kirchmanns* ist auch darum denkwürdig, weil er diese Wende so früh in einer hochkonserativen Wissenschaft ausspricht, die geistige Wandlungen meist erst ein Menschenalter später nachholt.

[55] Vgl. dazu *Oehler*, Wurzel, Wandel und Wert der strafrechtlichen Legalordnung, 1950; *v. Weber*, der Dekalog als Grundlage der Verbrechenssystematik, *Sauer*-Festschrift S. 44 ff.

[56] Rudolf *Haym*, Hegel und seine Zeit, 1857 S. 9.

[57] Ich habe sie im 5. Teil der 4. Auflage meines Buches über „Naturrecht und materiale Gerechtigkeit", 1962, dargestellt.

[58] Er beklagt selbst, daß die Rechtswissenschaft „aus einer Priesterin der Wahrheit ... durch das positive Gesetz zu einer Dienerin des Zufalls" geworden sei.

[59] Vgl. *Haym*, a. a. O. S. 9.

seiner „Sozialen Physik") eine kausal-mechanische Denkweise durch, die alles irdische Geschehen unter „unabänderlichen Naturgesetzen" sah. Von einer Freiheit des Gesetzgebers in seinen Begriffsbildungen konnte unter diesem Blickwinkel keine Rede sein: „Von Ereignissen der Sinnenwelt ist alle Gesetzgebung und alle juristische Begriffsbildung ausgegangen, auf Ereignisse der Sinnenwelt zielt alle Rechtswissenschaft ab[60]." Auch der sog. „natürliche" Handlungsbegriff *Liszts* und *Belings* ist dem Gesetzgeber vorgegeben. Auf i h m als der „willkürlichen Verursachung einer sinnfälligen Veränderung in der Außenwelt"[61] ist die Verbrechenslehre aufgebaut; auf s e i n e r Grundlage wird der äußere Kausalvorgang scharf von der psychischen Beziehung zum Erfolg getrennt und jenem die Rechtswidrigkeit, dieser die Schuld zugewiesen. Wenn man heute diesen „historisch sehr zufälligen Kompromiß zwischen *Liszt* und *Beling*" vielfach als das klassische System" bezeichnet, so ist das, darin wird man Hellmuth *Mayer*[62] recht geben müssen, ganz gewiß „keine gute Sache" angesichts der Nichtachtung oder Nichtbeachtung der Handlungslehren *Bindings*, der Hegelianer und vor allem des Naturrechts[63]. Aber mag auch der in einer singulären historischen Situation entstandene naturalistische Handlungsbegriff *Liszts* und *Belings* unzulänglich sein, dennoch bewahrte er noch den tiefen Gedanken auf, daß das Recht nicht autark ist, daß es die Handlungen wohl normiert und reguliert, sie aber nicht „erzeugt" oder „erfindet", und daß ihm darum ihre Struktur vorgegeben ist. Gerade dieses Bewußtsein schwindet in der Folgezeit: Der Handlungsbegriff schrumpft zur „negativen Abgrenzungsformel" (Willkürlichkeit der Körperbewegung) ein oder geht in dem Begriff der Tatbestandsverwirklichung auf[64]. Da aber im Tatbestand eine „schöpferische Gestaltung des Gesetzgebers" gesehen wird, wird dieser in seinen Begriffsbildungen nun wirklich „völlig frei".

Die weitere Entwicklung müßte zum Positivismus in Gestalt eines reinen Dezisionismus führen, nach welchem die Begriffsbildungen und Regelungen des Gesetzes die „aus dem Nichts geborenen Entscheidungen des Gesetzgebers" sind. Als Aufgabe der Rechtswissenschaft bliebe dann — frei von

---

[60] *v. Liszt*, Aufsätze I S. 241.

[61] Vgl. z. B. *v. Liszt*, Lehrbuch, 10. Aufl., § 28.

[62] Hellmuth *Mayer*, Vorbemerkungen zur Lehre vom Handlungsbegriff, Festschrift für *v. Weber* S. 141.

[63] Der actio humana ist das ganze erste Buch von *Pufendorfs* Hauptwerk De jure naturae et gentium, ebenso das erste Kapitel des ersten Buches seines De officio hominis et civis gewidmet. Über den Einfluß dieser Handlungslehre auf die deutsche Strafrechtswissenschaft verweise ich auf Gottfried *Boldt*, J. S. F. *v. Böhmer* und die gemeinrechtliche Strafrechtswissenschaft, 1936. Die naturrechtliche Handlungslehre geht letztlich auf *Aristoteles* zurück. Vgl. auch meine Schrift über „Die Naturrechtslehre Samuel *Pufendorfs*", 1958.

[64] Nach dem Vorschlag *Radbruchs* in *Frank*-Festgabe I. S. 162. Dementsprechend will jetzt *Roxin* die finale H a n d l u n g s lehre durch eine finale T a t b e s t a n d s lehre ersetzen (ZStW 74 S. 548).

Sach- und Wertproblemen — lediglich die Herstellung einer einheitlichen Sprachregelung, wie es in der Richtung der modernen mathematisierten Logik läge. Von einer Orientierung der rechtswissenschaftlichen Arbeit am „Widerstand der Sache“ könnte keine Rede sein. Denn dies setzt notwendig irgendeine „Bindung“ des Gesetzgebers an Sachgegebenheiten oder mindestens eine „Beeinflussung“ durch sie voraus.

Gerade mit diesem Ansatz aber war vor über einem Menschenalter die finale Handlungslehre auf den Plan getreten: „Nicht hat sich der Gegenstand nach der Methode, sondern die Methode nach dem Gegenstand zu bestimmen“[65]. Um die Bindung der strafrechtlichen Begriffsbildungen an die Sache ist es ihr von Anfang an gegangen, wobei sie sich allerdings nicht damit begnügt hat, von einem „Widerstand der Sache“ bloß unverbindlich zu reden, sondern sich darum bemüht hat, Art und Umfang der Sachbindung des Gesetzgebers bewußt zum Problem zu machen und sie im einzelnen aufzuzeigen: An die Strukturgesetzlichkeit der menschlichen Handlung ist der Gesetzgeber schlechthin gebunden, über sie kann er nicht hinaus, sie weder ändern noch verkürzen. Dagegen ist er an die geschichtlich variablen Handlungsmuster nur „relativ“ gebunden: frei insofern, als es in seinem „Belieben“ steht, welche von ihnen er auswählt und mit Rechtsfolgen bewehrt; gebunden insofern, als er nicht beliebig „erzeugt“, sondern aus der unerschöpflichen Vielfalt menschlicher Handlungsvollzüge einer Epoche ausliest. Aber auch die Freiheit seiner Wahl ist, wiewohl nicht sach-, so doch pflichtgebunden, insofern sich das Recht als der Deutungsversuch zu einer richtigen Sozialordnung unter den wechselnden Bedingungen unserer geschichtlichen Existenz und unter der Notwendigkeit einer allgemeinverbindlichen Regelung verstehen muß. Nur von diesem Selbstverständnis aus vermag es die Rechtsgenossen zur Befolgung seiner Normen zu verpflichten (nicht bloß zu zwingen)[66] und nur von ihm aus gegen den Rechtsgenossen, der sich den Rechtsgeboten versagt, einen Schuldvorwurf zu erheben. Die Strukturgesetzlichkeit der Handlung und die Prinzipien der Schuld bilden die beiden festen Punkte, die von „außen“ — d. h. aus der Grundverfassung des Menschen heraus als eines handelnden und in seinen Handlungen einem übergreifenden Lebenssinn verpflichteten Wesens — in das Strafrecht hineinreichen und zwischen denen sich die geschichtliche Vielfalt der strafrechtlichen Regelungen bewegt.

---

[65] s. den oben abgedruckten Aufsatz „Strafrecht und Philosophie“, S. 1.

[66] Vgl. dazu meine Aufsätze „Macht und Recht (Rechtspflicht und Rechtsgeltung)“, Festschrift für Karl *Hugelmann,* Aalen 1959, Bd. 2 S. 833; „Gesetz und Gewissen“, 100 Jahre Deutsches Rechtsleben, Festschrift zum 100jährigen Bestehen des Deutschen Juristentages, Karlsruhe 1960, Bd. 1 S. 383, und das Schlußkapitel meines Buches über „Naturrecht und materiale Gerechtigkeit“, 4. Aufl. 1962.

FUNDSTELLENVERZEICHNIS

Strafrecht und Philosophie. Kölner Universitätszeitung Bd. 12 (1930), Nr. 9, S. 5; jetzt in: Erinnerungsgabe für Max Grünhut, Marburg 1965, S. 173. Ins Japanische übersetzt von Kanazawa. In: Fukuda (Herausgeber), Hans Welzel, Grundlagen der finalen Handlungslehre, 1967, S. 73.

Kausalität und Handlung. ZStW 51 (1931) S. 703.

Über Wertungen im Strafrecht. Der Gerichtssaal 103 (1933) S. 340.

Naturalismus und Wertphilosophie im Strafrecht — Untersuchungen über die ideologischen Grundlagen der Strafrechtswissenschaft — Mannheim, Berlin, Leipzig 1935. Ins Japanische übersetzt von Fujio. In: Niigata-Daigaku-Hokei-Ronshu, Bd. 17 (1968) S. 213 ff. und Hosei-Riron, Bd. 5, H. 1, S. 66 ff. (Teilübersetzung).

Studien zum System des Strafrechts. ZStW 58 (1939) S. 491.

Persönlichkeit und Schuld. ZStW 60 (1941) S. 428.

Über den substantiellen Begriff des Strafgesetzes. In: Probleme der Strafrechtserneuerung. Festschrift für Ed. Kohlrausch, Berlin 1944, S. 101.

Über die ethischen Grundlagen der sozialen Ordnung. SJZ 1947, S. 409.

Der Irrtum über die Rechtswidrigkeit des Handelns. SJZ 1948 S. 368.

Das Gesinnungsmoment im Recht. Festschrift für Julius von Gierke, Berlin 1950, S. 290.

Zur Systematik der Tötungsdelikte. JZ 1952 S. 72.

Naturrecht und Rechtspositivismus. Festschrift für H. Niedermeyer, Göttingen 1953, S. 279; jetzt in: Naturrecht oder Rechtspositivismus, hrsg. von W. Maihofer, Bad Homburg 1966, S. 322. Spanisch: Derecho natural y positivismo juridico, übersetzt von Ernesto Garzon Valdés. In: Mas alla del derecho natural y del positivismo juridico, Universidad nacional de Cordoba, Argentinien, 1962. S. 11.

Macht und Recht (Rechtspflicht und Rechtsgeltung). Festschrift für Hugelmann, Aalen 1959, Bd. II S. 833. Spanisch: Derecho y poder. In: Mas alla del derecho natural y del positivismo juridico, Universidad nacional de Cordoba, Argentinien, 1962, S. 45.

Gesetz und Gewissen. Hundert Jahre deutsches Rechtsleben, Karlsruhe 1960, Bd. I S. 383. Spanisch: Ley y conciencia. In: Mas alla del derecho natural y del positivismo juridico, Universidad nacional de Cordoba, Argentinien, 1962, S. 67.

Fahrlässigkeit und Verkehrsdelikte. Karlsruhe 1961. Französisch: L'imprudence et les délits de la circulation. In: Revue Internationale de Droit Pénal (32) 1961 S. 985. Spanisch: La imprudencia y los delitos de la circulacion. Aus dem Französischen übersetzt von Josefina Núnez und Jorge E. de la Rúa. In: Cuadernos de los Institutos, Cordoba, Argentinien, No. 84 (1965) S. 113.

Vom Bleibenden und vom Vergänglichen in der Strafrechtswissenschaft. Marburg 1964; abgedruckt auch in: Erinnerungsgabe für Max Grünhut, Marburg 1965, S. 173. Ins Japanische übersetzt von Kanazawa. In: Seikeironshu, Bd. 15 (1966) S. 97 ff.